JN308210

北朝仏教造像銘研究

倉本尚徳

法藏館

口絵　北斉天保元年（550）阿弥陀像
（詳細は第二部第七章第四節を参照）

北朝仏教造像銘研究　目次

目次

第二部　造像銘と仏教経典

結論

附録

凡例

一、漢字の字体については、本文では現代日本の通用漢字を、引用文（漢文）と表には基本的にいわゆる正字体（旧字体）を用いた。ただし、例えば固有名詞については、文字の区別等のため、一部本文においても正字体を用いた場合がある。

一、書名は原則として『』で表示した。巻数などの漢数字に関しては、十代は十、十一、十二……と表記、二十以降は二〇、二一、二二……と記した。ただし、造像記の題名などに見える漢数字の場合は「廿」を「二十」、「卅」を「三十」、「卌」を「四十」と改め、それ以外は原文の表記に従った。

一、石刻資料や敦煌文書などの引用の場合、原則として、異体字を正字体に変えて示した。ただし、例えば「无」など、よく知られている文字で記されている時は、正字体に変えずにそのまま示した場合がある。また、造像記の改行は通常省略するが、必要に応じて適宜／で示す。……は字数不明の欠損、□は一字欠損または判読不能文字を表す。残画あるいは前後の文字から推定可能な文字は□内にその字を表記した。

一、造像銘において通仮字が用いられている場合、例えば、「離苦得洛《樂》」のように、本来の漢字をルビで示した場合がある。

一、本文及び註釈において引用した先行研究文献は本書末の「**参考文献一覧**」を参照。例えば、佐藤智水［一九七七a↓一九九八］一五〇頁という場合、一九七七年発行の雑誌論文の頁数ではなく、この論文が収録された一九九八年出版の書物の頁数を示す。

一、『大正新脩大蔵経』は「大正蔵」という略称を用いる。大正蔵からの引用文は、Tという略号を用い、上、中、下はそれぞれa、b、cで示した。例えば第八五巻一二三頁上段の場合、［T85：123a］のように表記した。

『大日本続蔵経』は「続蔵」という略称を用いて表記する。本書では新文豊出版社のリプリント版を用い、典拠を示す際はZという略号を用いて右上、右下、左上、左下をそれぞれa、b、c、dで表す。例えば第二八巻四八葉右上の場合、［Z28：48a］と表記した。

正統道蔵所収道教経典は、翁独健編『道蔵子目引得』（哈仏燕京学社、一九三五年）の該当する番号の該当する番号をHYの略号を用いて示した。

凡　例

一、脚註は（1）のように表示し、各章本文のあとに一括して示した。

一、造像記の典拠について、多数の書に収録されている場合、網羅せず代表的なもののみ示す。基本的には本書末付録の**「書名・雑誌名略称一覧」**に従った略称で示し、かつ、該当箇所の巻数あるいは最初の頁のみ記す。ただし、図版No.あるいは録文No.で示したものもある。その場合「書名・雑誌名略称一覧」の概当する文献の発行年の下に註記した。略称のうち、特に頻出するものは、京（京都大学人文科学研究所所蔵石刻拓本資料データベース）、拓（北京図書館金石組編『北京図書館蔵中国歴代石刻拓本匯編』）、魯（北京魯迅博物館・上海魯迅紀念館編『魯迅輯校石刻手稿』）、大村（大村西崖『支那美術史彫塑篇』）、松原（松原三郎『中国仏教彫刻史論』）、萃（王昶『金石萃編』）、瓊（陸増祥『八瓊室金石補正』）、百品（顔娟英主編『北朝仏教石刻拓片百品』）、山右（胡聘之『山右石刻叢編』）などである。

一、表においては、年号は西暦に換算し、月日は銘文に記されたものを四桁の数字で示し、西暦の月日には換算しない。例えば、孝昌三年二月廿五日と造像記に記されていれば、年の欄には527、月日の欄には0225と記す。

北朝仏教造像銘研究

序論

はじめに

中国には、「家家観世音、處處（戸戸）彌陀佛」という諺がある。これは、各家庭、あるいはいたるところに観世音菩薩や阿弥陀仏がまつられ、信奉されているという意味である。この二尊のうち、前者は現世における衆生の救済、後者は死後の救済を主に担う代表的尊格と言える。

時代を遡ってみると、観世音菩薩については、竺法護による『正法華経』、さらには鳩摩羅什による『妙法蓮華経』の訳出によって有名となり、人々に篤く信仰された。ただし、北魏時代では、釈迦や弥勒が造像の中心であった。佐藤智水氏によれば、観音が釈迦・弥勒よりも造像数において凌駕するのは、北魏王朝が東西に分裂した後の東魏・北斉時代である。[1] また、「無量壽佛」にかわり、「阿彌陀佛」という尊名が地域社会において普及し始めるのも北斉時代である。

そしてこの北斉時代、それまでの先例を破り、「釋・老は當今の重たり」[2]という理由によって、北魏王朝の歴史を記した『魏書』の中に、仏教と道教の歴史について論述する「釋老志」が設けられた。仏教が中国に伝来して以降、王朝の正統的歴史書である正史において、仏教について論述する「志」が設けられた前例はない。また、以降の正史について見てみても、『元史』に釈老伝が設けられただけであり、『魏書』に釈老志が設けられたのは極めて異例のことである。

その釈老志における道教関係の記述は、仏教に比べれば簡潔であり、仏教に重点が置かれたことは疑いようのない事実である。これはつまり、王朝側から仏教と道教、とりわけ仏教が当時の社会において無視できない不可欠な存在と見なされたことを示している。このことに代表されるように、北朝時代は、中国史上における国家や社会の仏教受容という観点から見た場合、最も重要な時代といっても過言ではない。

そして仏教はしばしば「象教（像教）」と呼ばれたことに象徴されるように(3)、仏像は仏教を代表するものと考えられ、この時代仏教が地域社会に普及する過程において大きな役割を果たした。北朝時代の仏像を多く有する石窟として、雲岡石窟や龍門石窟が一般的によく知られている。この両石窟は、北魏時代、当時の都であった平城と洛陽の近郊にそれぞれ開鑿され、現在ではともに世界遺産に登録されている。

雲岡・龍門石窟以外にも、華北の各地では、北朝時代の仏教石窟や摩崖造像、単立の仏像や造像碑などの現存作例が多く確認され、また、近年の経済開発や考古発掘調査にともない、新たに仏像が出土する事例も毎年のように報告されている。例えば、二〇一二年には、東魏・北斉の都であった鄴城遺址付近の北呉荘村から約二九〇〇件もの仏像が出土している(4)。

仏像や造像碑には発願文と造像に関わった人物の名を記した、いわゆる造像銘（造像記とも言う）が付される場合も多く、また、経典や仏名が刻まれる場合もある。これらは、歴史学・仏教学研究において同時代の貴重な資料である。中国仏教史研究の大家である塚本善隆氏は、北魏龍門石窟造像銘を詳細に分析し、雲岡や龍門石窟における北朝から唐にかけての造像から窺うことのできる中国仏教の変化に関して、以下のように総括する。

雲岡の石窟には「印度の悉達太子が如何にして仏になったか」という釈迦伝中心の仏教が現われている。これ、外来仏教の素朴なる初期受容の姿である。龍門北魏窟には、「印度の釈迦仏は何を説いたか」が示される。そして更に唐代造像になると、「中国の我々は如何にして救われるか」という中国国民のものになった仏教が表現せられている。第一、第二の仏教は、共に「印度の釈迦が仏になった教」であるが、第三は、「中国の国民が成仏を求める教」に、即ち釈迦を中心にした考え方から自己を根本とする考え方になっている。即ち外来印度の仏教が、中国国民の仏教にまで発展したことを示している(5)。

氏が述べるとおり、北朝時代はまさに、中国人が試行錯誤しながら仏典を主体的に解釈し、外来の仏教を自らの救済を求める仏教へと変えていった時代なのである。北朝時代、各地において様々な形で、このような主体的解釈に基づく仏教実践がなされていた。ある土地では土着の習俗と融合し、またある土地では道教と接触し、さらには必要に応じて、実践的性格の強い中国撰述のいわゆる偽経を用い、それに基づき、時には独自の解釈を加えた実践がなされていた。

北朝仏教史研究の基本文献としては、『続高僧伝』や『魏書』釈老志などを最初に挙げることができ、これらが重要な資料であることは多言を要しない。しかしながら、これら伝世文献については、複雑な編纂過程や、テキストの増広・変遷の問題、あるいは、撰者による史実の誤認や改竄等、幾多の複雑な問題が指摘されており、無批判に利用することはできない状況になりつつある(6)。たとえ仮に正確なテキストが得られたとしても、『続高僧伝』はあくまで後世である初唐時代に編纂された高僧の伝記であり、釈老志は王朝の立場から見た仏教史である。北朝時代の広汎な地域社会において、僧侶でもない人々がいかに仏教を信仰し実践していたかという問題に関しては、両者が語るところは極めて少ない。

それに対し、造像に刻まれた銘文、すなわち造像銘は、造像に関与した当事者が、その意義・造像に至る経緯・像主の祈願・供養者の姓名などを記した、同時代の文献資料の少ない北朝時代において、非常に貴重な一次資料である。

北朝造像銘研究の第一人者である侯旭東氏も、造像銘の長所として、それが造像当事者の主観的願望や認識を直接的に表現していることを挙げ、さらにその大衆性、つまり、造像者のほとんどは史書に名の見えない人物であり、民衆の心的世界を明らかにするのに重要な資料であることを指摘している(7)。以上に加え、筆者はさらに二点造像銘の特徴及びその長所を指摘しておきたい。

第一に、北朝造像銘には造られた年月日や旧所在地・出土地が明らかなものも多く、その数も千単位で存在するので、年代別・地域別の詳細なデータを得ることができることである。この点は非常に重要であり、数多く造像銘資料を収集し、分類・整理を加えることで、個々の造像銘の全体における位置づけが明確にできるのである。

第二に、定型的表現の多さである。造像銘には一定の定型表現があり、これも地域や時代によって差異がある。第一の特徴を生かしつつ、この定型表現の事例を収集し、統計的な処理を行うことによって、その地域性や時代的変化を明らかにすることができるであろう。

以上、造像銘の長所や特徴について述べたが、文物資料としての造像の情報量の多さも伝世文献資料にはない長所である(8)。すなわち、像が現存しているもの、あるいは像が残っていなくとも拓本が残っているものについては、像の造形・材質・大きさ・造像銘、さらに銘が刻まれる位置・その書体・字の大きさ・造像の設置された周囲の環境（地理的情報）など、すべての情報を貴重な資料とみなすことができる。こうした像そのものを扱う考古学や美術史学など各分野の先行研究にも注意を払う必要がある。

本書は、造像銘を主な資料として、北朝地域社会において行われた主体的仏典解釈に基づく仏教実践と信仰の具体的様相を明らかにすることを目標とする。造像銘の分析による仏教研究を行う本書は、一人の高僧の著作あるいは思想を研究するという、一般的な仏教教理研究書とはその性格を異にするものである。それゆえ、あるいは読者諸氏に雑駁な印象を与えるかも知れない。しかし、筆者は中央の統制下にあるものではない、各地において次々に生み出された仏教思想・実践の多様性の中にこそ、禅や浄土など後世まで続く新たな仏教思想を生み出す原動力としての価値を見出しているのである。後世には忘れ去られてしまったこの時代の仏教の特殊性と多様性を掘り起こすことこそが本書で追究すべき課題である。

第一節　本書で用いる基本的語句の説明

先述したように、本書は北朝地域社会における仏教信仰と実践の様相を、造像銘を主な資料として明らかにするものである。主に用いる造像銘は、邑義・義邑などと呼ばれる、僧俗ともに参加する仏教の信仰集団によるものである。本節では、以下に示すA～Dの四つのキーワードに筆者なりの定義を与え、自身の意図するところを述べてみたい。

A、造像銘・造像記

本書で主に資料として取り扱うのは中国の北朝時代（五胡十六国・南朝・隋代も一部含む）の仏像あるいは道教像に付された銘文、いわゆる造像銘である。あるいは造像記とも言う。中国の学者は造像題記あるいは造像記という語を用いる場合が多い(9)。本書では、造像銘と造像記の両者を特に区別しないで用いるが、個別具体的なものを指すときは「……造像記」と記す場合が多い。

造像には、その意義・経緯や祈願内容を記した願文以外に、造像に関わった供養者の題記、あるいは造像碑などで、「観世音佛」などと、各龕の像の尊名を記す場合がある。本書では、以上の供養者題記、仏名や願文もすべて含めて造像銘と言うことにする。

また、造像銘以外に、同類の仏教資料として寺院の建立の由来などを記した寺碑銘や、石碑に経を刻んだ刻経記などがある。その文章において仏像を造ったことを記していたり、碑首の部分に龕を彫り、仏像を造っていたりするものもあり、本書において造像銘という時、これらも含めて考える。

造像を材料で分類すると、一般に金銅像と称される、銅に鍍金が施された金銅像や、石像・塑像・乾漆像・木彫像・布製の繍像などがある。金銅像においては、銘文は台座や光背の背面に記される場合が多い。石像においても同様であるが、例えば有名な龍門石窟古陽洞の始平公像記のように、造像龕のとなりに特別に造像銘を刻む碑形の区画を設ける場合がある。なかには、複数の仏像を造ったことを記した銘文を仏像とは別の石碑に刻むこともあり、必ずしも像と造像銘が一対一で対応しているわけではない。

B、地域社会

「地域社会」という語であるが、この語については、一九八〇年代、中国明清史研究において、森正夫氏が、「地域社会の視点——地域社会とリーダー」というシンポジウムの内容を総括した「中国前近代史研究における地域社会の視点」というタイトルの論文で詳細な説明がなされた(10)。氏によると、この語は一定の具体的地理的界限をともなった実体概念として用いられる場合と、方法概念として用いられる場合がある。氏は、後者の方法概念としての地域社会を、「階級的矛盾、差異を孕みながらも、広い意味での再生産のための共通の現実的課題に直面している諸個人が、共通の社会秩序の下におかれ、共通のリーダー（指導者、指導集団）のリーダーシップの下に統合されている地域的な場」と定義した。筆者がこの語を使用したのは、上記の、地理的な実体概念としての意味と、方法概念としての意味をともに含意している。

第一の地理的実体概念としての地域社会について、松原三郎氏や石松日奈子氏らの美術史研究者によって、北朝の造像に地域差が顕著に表れていることは、既に明らかにされたところである(11)。同様に造像銘についても、各地域の特徴があるはずであり、これを明らかにする必要がある。筆者がこの語を用いた意図の一つはここにある。

筆者が「地域社会」という語を用いる第二の意図は、方法概念としての地域社会を邑義造像の場に適用するためである。北朝時代においては、義邑・邑義などと呼ばれる信仰集団によって多くの仏像が造られた。このような集団による造像では、造像という行為を、上記の「リーダーシップの下に統合されている地域的な場」として理解することも可能であるように思われる。

従来、造像銘に表された仏教思想や信仰は、曇鸞に代表される義学僧らエリート仏教とは異なる、仏教の教理的理解に疎い、中国の土俗的な思想が表現されたものと理解され、「民衆仏教」の典型とされることが多かった(12)。造像は無官の在俗者が資金を拠出し主体となって行う場合が多いので、造像銘に表された思想もエリート義学僧によるものに比べれば往々にして仏教の教理的理解の程度が低いものとなっているのは当然であろう。しかし中には、州郡僧官の長や僧伝に名を残す高僧が指導する造像も有り、造像銘の内容を単純に低俗な民衆仏教としてしまうことはできない。

そして、集団による造像を主導した在俗者は、地域社会における中国伝統文化、儒教的教養を備えたいわゆる漢人貴族、もしくは在地の有力豪族である場合も多い。筆者は造像という場を、僧と地域社会のリーダーである在俗者との交流・統合の場として把握したいという考えのもと、「民衆仏教」という語は敢えて使わず、「地域社会の仏教」という語を用いる。

C、偽経

本書の特徴の一つとして、翻訳経典ではない、中国撰述経典、いわゆる偽経を多く取り扱うことが挙げられる。筆者は、翻訳ではない中国撰述の経典という意味で偽経という語を用いる(13)。この語は、『出三蔵記集』巻五「新集疑経偽撰雑録第三」に以下のように見える語である。

『長阿含經』云、「佛將涅槃、爲比丘説四大敎法。若聞法律、當於諸經推其虚實。與法相違則非佛説」。又『大涅槃經』云、「我滅度後、諸比丘輩抄造經典、令法淡薄」。種智所照、驗於今矣。自像運澆季、浮競者多。或憑眞以構僞、或飾虚以亂實。昔安法師摘出僞經二十六部、又指慧達道人以爲深戒。[T55 : 38c]

『長阿含經』に云く、「佛將《まさ》に涅槃せんとし、比丘の爲に四大敎法を説く。若し法と律とを聞かば、當に諸經に於いて其の虚實を推すべし。法と相違せば則ち佛説に非ず」と。又た『大涅槃經』に云く、「我が滅度の後、諸の比丘輩經典を抄造し、法をして淡薄ならしむ」と。種智の照す所、今に驗《あき》らかなり。像運澆季より、浮競たる者多し。或いは眞に憑りて以て僞を構え、或いは虚を飾りて以て實を亂す。昔し安法師僞經二十六部を摘出し、又た慧達道人に指《しめ》して以て深戒と爲せり。

偽経と認定された経典は、歴代の経録撰者によって、仏説を騙るものとして翻訳経典(「眞經」)と区別され排除されてきた。本書ではこの歴史的事実をふまえ、偽経という語を用いるが、筆者がその価値を貶めようとしてこの語を用いるわけでは決してない。当時の社会からの要請や宗教的課題に対して、敢えて新たに経として撰述し、新たな思想・信仰を鼓吹し、具体的実践形式を提供しようとしたものであるから、中国人の宗教として中国仏教を研究するという立場から見れば、むしろ逆に翻訳経典よりも重要な資料と言えよう。

牧田諦亮氏はその著『疑経研究』において、「中国の仏教の歴史――仏教とは仏の教であり、人がそれを信ずることによって、それを実践することによって、魂の救済を得、生きる力を与えられる――その仏教の歴史の真実を知ろうとする時、私たちはそこに多くの困難を見出すものである」と述べた上で、偽経研究の重要性を主張する[14]。特に、本書の第二部において取りあげる偽経は、特定の信仰を鼓吹するものであり、なおかつ、実践的性格が強いものである。こうした偽経が地域社会においていかに用いられていたかの一端を造像銘を資料として探り、偽経の中国仏教史研究における重要性を再評価するのは、本書の目的の一つでもある。

D、義邑・邑義

造像は集団で行われた場合があり、その集団は、研究者によって「邑義」「義邑」「社邑」などと様々に呼ばれている。この呼称については地域的な差異が有り、本来一義的なものではないが、本書では便宜上、集団を指す分析概念としては「義邑」、人を指す場合「邑義」という語を用い、邑義たちによる造像を「邑義造像」と呼ぶことにする。この呼称については、次章で詳しく検討する。

第二節　造像銘に関する先行研究とその課題

本節においては、造像銘に関する先行研究を概観し、その課題を提示してみたい。なお、本書各章の内容に関わる、より詳細な研究史は各章の「はじめに」において述べる。造像銘に関する研究史を整理したものとしては、侯旭東［一九九八ａ］を挙げることができる。氏の議論と重なる部分もあるが、筆者なりの観点からもう一度まとめておきたい。

現在は亡佚したが、造像銘の著録として、早くも南朝梁の僧祐に『法苑雑縁原始集』（あるいは『法苑』『法苑記』『法苑集』）[15]十巻（後補十五巻）の著作があり、その中の『雑図像集』上下二巻に、いくつかの造像銘が収録されていたことが、『出三蔵記集』巻十二に収録されたその目録より分かる。また、梁の元帝にも『内典碑銘集林』の著作があったことは、『広弘明集』巻二〇に収められたその序文より分かり、すでに同時代において造像銘も著作に収録する価値のあるものと僧が認識していたことと推測される。[16]

時代が下って、宋代の欧陽脩『集古録跋尾』、趙明誠『金石録』は、造像銘も収録した金石類の考証・目録として有名であるが、本格的な金石学は清代に始まり、造像銘についても多くの関心が払われるようになった。目録や抄録ではなく、金石の文章全体を移録し、金石学の書として画期となったのは王昶『金石萃編』一六〇巻である。その巻三九に附された「北朝造像諸碑總論」は簡単なものであるが、他書に滅多に見られない造像銘に関する概括的記述であり、造像銘研究の端緒として知られている。『金石萃編』の後には、汪鋆『十二硯斎金石過眼録』十八巻、陸耀遹纂・陸増祥校訂『金石続編』二〇巻、陸増祥『八瓊室金石補正』一三〇巻などが続いた。特に、『八瓊室金石補正』は、萃編の誤りを数多く正し、造像銘の収録数も多く重要である。また、胡聘之『山右石刻叢編』四〇巻、畢沅・阮元『山左金石志』二四巻など、各地の石刻をまとめたものも多く、地方志にも金石・芸文において、すでに失われた造像の銘文が収録される場合があることも忘れてはならない。

ただし、侯旭東氏の指摘する如く、以上の金石学者の考証は、真偽、年代考証、字体の弁別、史実の実証や裏づけ、文字の書体に重点をおき、個々の造像銘の録文の後に跋語を附するという形式で行われたものであり、総括的記述はほとんど見られず、造像銘に表された仏教信仰を儒教の立場から低俗なものとして見ているものが多い。

今世紀初頭における金石学の集大成の書として著名であるのは、葉昌熾『語石』や馬衡『中国金石学概要』（馬衡［一九七七］所収）である。[17]『語石』は石刻を体系的に分類し叙述したものであり、現在でもその分類は有用である。ただし、造像銘に関しての記造像に関して、形状にも大きな注意を払っている点が以前の金石著録より優れている。ただし、造像銘に関しての記述は『金石萃編』収録「北朝造像諸碑總論」の補足的なものにとどまる。

以上、金石学の諸成果は、文字学や歴史学的研究には重要であるものの、仏教学的視点からの造像銘の研究はほとんどなされず、その後の課題として残された。

造像や造像銘に関して、美術史学・仏教学的価値を最初に見出したのは、日本や西欧の学者であった。二〇世紀初頭、造像銘資料収集と整理の面で、目覚ましい成果を挙げたのは日本の大村西崖氏である。氏は羅振玉氏所蔵の多くの拓本も利用しつつ、二千以上もの銘文を蒐集して考察を加え、図版も付して出版した。それが『支那美術史雕塑篇』[18]である。早くも一九一五年に出版されたこの書は、一世紀過ぎた現在でも資料集として頻繁に利用される古典的名著となっている。造像銘を王朝ごとに、石像・金銅像・石窟摩崖の種別・年代順に整理して多数収録し、その分類ごとに釈迦・弥勒・観音・阿弥陀などの尊名の数を集計した。それによって、北魏の弥勒から唐の阿弥陀・観音へという尊格の時代的変遷を初めて明確にし、関連する伝世文献資料も多く紹介しているのがその特長である。

この頃、日本や西欧の学者による、中国の仏教遺跡の学術的現地調査が行われ始める。フランスの中国学者シャヴァンヌ氏は、一九〇七年華北各地、特に雲岡石窟や龍門石窟を重点的に調査し、後にその成果を公刊した[19]。またオスワルド・シレン氏の著書（Sirén［1925］）は、造像を地域ごとに分類して示し、中国仏教彫刻史の地域性の問題を初めて本格的に取りあげた成果として重要である。

日本では、仏教学者松本文三郎氏が一九一七年に約八〇日間中国を訪問し、その成果を取り込んで『支那仏教遺物』[20]にまとめた。この書には、「六朝時代の彫像題銘より見たる浄土思想」という論考が収録されており[21]、造像銘を用いた浄土思想研究に先鞭をつけたものとして重要である。

建築学者関野貞氏と仏教学者常盤大定氏は、中国各地の仏教遺跡を現地調査し、後に『支那仏教史蹟』一～五巻にまとめた[22]。この書には、現在では失われた仏像の写真なども多数収録されており、貴重な資料集となっている。また、道端良秀氏による山西・山東の造像や刻経の調査も忘れてはならない[23]。

雲岡・龍門・響堂山の仏教石窟、とりわけ雲岡に対して厳密な学術調査を行ったのは、水野清一・長廣敏雄の両氏であり、各石窟に関する研究成果が後に大部の書にまとめられた(24)。これら三書には、網羅的な石刻録も附されており、現在でもそれぞれの石窟を研究しようとする際の基本図書となる重要な成果である。

一方、石窟以外の単立造像について言うと、国内外の美術館・博物館・個人所蔵の作例を博捜した書が松原三郎［一九六一］である。氏の研究の集大成である松原三郎［一九九五］は、中国仏像研究の基礎的資料集となっている。ただし、造像銘については省略されたものも少なからずある。

次に、造像銘を用いた研究について見てみると、一九三〇年代には、小笠原宣秀［一九三二］［一九三四］、山崎宏［一九三三→一九四二］など、義邑に関する論考がいくつか発表されている。塚本善隆［一九四一a→一九七四b］は、『魏書』などの伝世文献資料や仏典を縦横に援用し、造像銘研究に飛躍的進歩をもたらした画期的論考である。氏は、北魏龍門石窟造像銘について、造像者の種別に貴族・僧尼・集団（義邑）と分類整理して論述し、また、龍門石窟造像銘における北魏から唐にかけての尊像名の変化を表の形で明確に示した。そして、尊像の名が北魏の釈迦・弥勒から、唐の阿弥陀・観音へと変化することに関して、雲岡石窟における「印度の悉達太子がいかにして仏になったか」という釈迦仏伝中心の仏教から、龍門北魏窟における「印度の仏は何を説いたか」という仏教へと変化し、さらには、唐代になると「中国の我々は如何にして救われるか」という中国人自身の仏教になったと解釈した。

氏の研究が中国仏教の変化の大枠を提示したという点で優れたものであることは言を俟たない。ただ、龍門石窟の造像銘に限定したところにやはり限界があった。特に、北魏王朝滅亡後、都が洛陽から他の場所に遷って以後、東魏・西魏、それに続く北斉・北周、さらには隋代の龍門石窟においては造像銘が少なく、ほとんど言及されることはなかった。しかし、華北地域全体を見渡せば、この東西王朝並立時代こそ北魏にも増して華北の広範な地域で造像が盛行した時代であり、この時代の造像銘の分析は大きな課題として残されたのである。

塚本善隆氏の研究以後、浄土教研究者である藤堂恭俊氏による論考が挙げられる程度で(25)、造像銘に関する目立った研究の進展はあまりなかったが、一九七七年に造像銘に関する画期的な論考が佐藤智水氏により発表された(26)。氏はその論考において、北朝有紀年造像銘全体について、年代的変化・地域性・像主の身分・造像銘が誰のためになされたか（奉為）、また、具体的願目や造像の集団について、各種の表を作成し、体系的な分類・整理を試みた。氏の研究により、初めて北朝造像銘の全体像が俯瞰できるようになったと言える。造像銘に関する当時の限られた資料状況において、一三〇〇件以上もの北朝紀年造像銘を収集したのは大変な労力であったと想像される。

当時における氏の研究意図は北朝仏教の国家的性格の解明にあり、造像銘に見られる皇帝のための祈願（氏は皇帝崇拝と呼ぶ）の問題に関して分析を加えた。その結果、北魏時代においては、造像銘に見える皇帝崇拝が釈迦像と弥勒像に集中し、観音と無量寿は皆無であり、教化僧は邑義に釈迦・弥勒像を皇帝のために造るように指導したとし、北魏仏教教団は「釈迦—弥勒」奉賛の教義によって国家を支える仏教を構築しようとしたと論じた。

また、別の論考では、国家をイデオロギー的に支える、「釈迦—弥勒」奉賛の教義の内実について論じ、雲岡石窟開鑿者曇曜の構想が、北魏帝室の系譜を「過去仏—弥勒」の系譜でとらえるものであり、現皇帝を弥勒とし、曇曜五窟のうち、交脚菩薩の弥勒像の第十七窟を当時皇帝位にあった文成帝の窟に比定した。[27] 氏の研究は、ここで述べた以外にも、簡潔ながら数多くの示唆的な発言がなされており、中国の学者も多く引用しているように、造像銘研究の持つ可能性を大きく高めたものであったと言えよう。

その後しばらくして、一九九〇年前後から、大陸や台湾において、造像銘、さらには、石刻経典を分析する研究がにわかに活況を呈してくる。その契機となったのが、造像銘拓本を多く収録した『北京図書館蔵中国歴代石刻拓本匯編』（鄭州、中州古籍出版社、一九八九～一九九一年）（以下『拓』と略）と、多数の造像銘を収録し、なおかつ供養者題記も含めほぼ全文を移録している『魯迅輯校石刻手稿』（上海、上海書画出版社、一九八七年、以下『魯』と略）の公刊であると思われる。

一九九〇年前後以降の研究は、歴史学的研究・仏教思想史学的研究・道教造像を主に扱うもの、というように、いくつか大きなテーマに分類できる。また、美術史の立場からの造像の研究も重要であり無視できない。これについては、筆者の課題に関わる代表的成果のみ紹介することにする。以下、テーマ順に整理して示そう。

①宗教社会史・政治史などの歴史学的研究

この方面の研究で第一に挙げるべきは、関中の氐・羌などの少数民族について、造像銘などの石刻資料を利用し論じた馬長寿［一九八五］である。この書は実質的には一九六三年に完成していたのであるが、文化大革命の影響により刊行が大幅に遅れた。特に多数の少数民族が雑居していた関中における仏教の受容状況を考えるにあたって非常に重要な研究であり、この地域の道教と仏教との関係を考察する際にも、民族問題は無視できない。

侯旭東［一九九八a］は、佐藤智水氏の統計的分析方法をおおよそでは継承しつつ、平民・官吏・僧尼という像主の区別を重視し(28)、エリート仏教に対する民衆の仏教信仰の姿を明らかにしようとしたものである。侯氏の研究は造像銘の内容について、総合的、かつ、一語一語のレベルまで検討した初めての成果として重要である。また、末尾に一六〇〇点余りの北朝紀年造像銘の目録を付したという点においても、斯界に貢献するところ大なる成果である。侯旭東［二〇〇五b］は、造像銘を多く利用し、王朝—地方政府—郷村社会の関係を探ったもので、造像銘に歴史研究資料としての新たな可能性を開いたものとして重要である。

義邑の問題について、現在までで最も詳細に論じているのが郝春文［二〇〇六］である。詳細は本書第一部第一章で述べるが、氏は中国在来の春秋二社と仏教との文化的衝突の問題について明らかにした。さらに、法社はその春秋二社の仏教化したものであり、仏教信仰を中核とする義邑とは別であるとし、義邑がいかなる組織かを邑義肩書にも注目し論じた。

劉淑芬氏は、郷村社会における義邑の果たした役割について論じ(29)、近年では、義邑に関する名称の問題や(30)、唐代・南朝・北朝の相違を王朝側の政策との関連で論じており、示唆に富むものである(31)。

筆者も拙稿［二〇〇七］（第一部第三章に増補・修正して収録）において、義邑の地域性に関して問題提起し、関中の造像銘について分析したが、本書第一部第二章ではそれを発展させ、華北のほぼ全域にわたる邑義造像銘の地域性について論ずる。

その他にも郷村社会における義邑の位置づけを論じた盧建栄［一九九五］や尚永琪［二〇〇八］、龍門石窟の義邑について分析した李文生［一九九六］などがある。また、邵正坤［二〇〇八］は北朝期の家庭形態の分析資料として造像銘を多用している。

日本においても歴史研究者による造像銘の利用は近年しばしば見られるようになった。先述した佐藤智水氏は、近年、長年の現地調査に基づき、北魏時代の初期義邑の具体的事例について詳細に分析した。その分析の結果として、地域社会においては有力者であっても無官であった豪族層は、皇帝のための造像であることを標榜するという行為を通じ、皇帝との結びつきを強く求めており、実際に名誉職である板授官が与えられ、後には実官を持つ者も輩出するようになり、社会的地位の上昇が見られる事例を見出した(32)。

他に、日本の若手歴史研究者によるものとして、国境領域における社会のあり方を造像銘を通じて探る北村一仁［二〇〇八］［二〇一三］や、造像碑・寺碑に記された地方官吏名から地方官府の行政機構や軍事機構、地方統治のあり方を探ろうとする石野智大［二〇〇六］、会田大輔［二〇〇九］［二〇一三］などがある。

②仏典と造像銘の関係、あるいは刻経の思想を探る仏教思想史学的研究

北朝造像銘の仏教思想に関する内容については、日本において浄土教関係の用語に着目した研究が古くからなされてきたが、この分野の研究としては久野美樹［一九八九］が優れている。筆者も第二部第七章においてこの問題を論ずる。

また、古くは山崎宏氏らが、『続高僧伝』の記事を根拠に『提謂波利経』と義邑との関係を論じ、龍門北魏造像銘については、塚本善隆氏が夙に『法華経』や『維摩経』との関係を指摘した(33)。特に『法華経』との関係について専門に論じたものとして、林保堯［一九九三］や顔尚文［一九九七］、『法華経』の十六王子について論じたものに、張総［一九九八］や頼文英［二〇〇六］などがある。『華厳経』との関係を探るものとしては、吉村怜［一九五九→一九九九b］、［一九九九a→一九九九b］や顔娟英［二〇〇二］がある。

石窟に関しては、『観仏三昧海経』などの禅観経典との関わりが早くに指摘されていたが[34]、近年においては、北斉から隋代にかけての河北・河南北東部・山東西部の石窟や摩崖刻経に注目する研究が盛んである。特に山東省西部から河北省南部にかけての摩崖刻経や仏名石刻、刻経碑などについて、中国・日本・ドイツにおいて研究が盛んに進められている[35]。とりわけハイデルベルク大学の中国仏教石刻研究プロジェクトは、その規模の大きさもさることながら、デジタル機器を駆使した新しい研究手法が注目される[36]。

河北や河南におけるものでは、渉県摩崖[37]、僧稠の禅観窟である小南海石窟[38]、響堂山石窟の刻経に関する研究があり[39]、隋代では、房山の雷音洞[40]、霊裕の大住聖窟[41]、曲陽県八会寺の刻経[42]に関する研究がある。石窟に刻まれた仏典や仏名に関しては、近年徐々に研究が盛んになり、特に隋代の大住聖窟の仏名や経典・偈文について、懺悔儀礼と密接に関係していたことが明らかとなっている[43]。

単立の刻経碑に関しても、特に、偽経との関係を取りあげたものがいくつかある。侯旭東［一九九八ａ］に収録された「造像〝猥濫〟与僧伽之整粛企図――以本土経典為中心」や、侯旭東［一九九八ｂ］は、偽経『仏在金棺上嘱累経』が刻まれた隋開皇九年（五八九）の紀年を有する石碑を資料として研究したものである。この経は、『如来在金棺嘱累清浄荘厳敬福経』（大正蔵八五巻所収）の前身と考えられ、北朝後期の造像の盛行にともなう造像の商品化・質の粗悪化などの問題に対し、僧団が自ら浄化を図ろうとしたものと侯旭東氏は論ずる。

また、劉淑芬［二〇〇六→二〇〇八］［二〇一〇］は、『高王観世音経』や『提謂波利経』以外に、『天公経』や、月六年三の斎を修することの功徳を説く『華厳経十悪品』と『仏在金棺上嘱累経』といった偽経が刻まれた碑があることについて、遊化僧が郷村の民の教化のためにこれら平易な経典を使用したと解釈した。

また、単立の造像碑には、仏名や懺悔、あるいは菩薩戒について説く偽経との関係をうかがわせるものがいくつかある。そうした造像銘は地域社会における仏教信仰をうかがう上で非常に貴重な資料であると考えられる。この問題を扱った近年の成果としては、仏名経典や懺悔を説く経典と造像碑に刻まれた仏名との関連を論じた王静芬（Wong, Dorocy C.）氏の論考や拙稿がある[44]（本書第二部第一章～第四章参照）。

③道教造像銘を扱うもの

道教造像銘は仏像銘に比べその数が少ないこともあり、長らくその研究は低調であったが、近年資料が相継いで整理・出版されるにともない、にわかに道教研究者の注目を集めるようになった。一九八八年に公刊された陳垣『道家金石略』（北京、文物出版社）は最初の本格的な道教石刻資料集である。道教造像銘に思想史的立場から分析を加えた本格的な研究は、神塚淑子［一九九三→一九九九］を嚆矢とする。近年中国においては、道教造像やその銘文を扱った資料集・研究書が陸続と出版されているが、その詳細は第一部第三章において述べる。

④考古・美術史学的研究（特に地域性を論ずるもの）

最後に考古・美術史方面の研究について、本書で中心的に扱う中国北朝時代の華北における造像碑の地域性に関わるもののみを取りあげておきたい。仏像の造形には時代差だけではなく、地域差も顕著に表れており、この方面の研究も盛んである。先述したように、Sirén［1925］は、中国仏教彫刻史の地域性の問題を本格的に初めて取りあげた成果として重要である。松原三郎［一九六一］は、世界各地に散在する仏像や造像碑の資料を網羅的に収集し、各地域の造像の特徴についても論じたものであり、松原三郎［一九九五］では、資料や論考が増補されている。李静傑［一九九七］は、考古学的立場から、造像碑について時代的・地域的な形式の分類を試みたものである。Wong［2004］は、単行本として総合的な視野から造像碑の地域的な特徴を論じたものであり、八木春生［二〇〇四］や、石松日奈子［二〇〇五］は、北魏時代について、雲岡石窟―龍門石窟という中央の造像とは異なる地域的な造像の伝統を論じている。

以上、造像銘に関する研究史を概観してきたが、本書の取り組むべき課題、目指すべき目標は、塚本善隆氏の龍門石窟造像銘の研究、さらに佐藤智水氏の研究においてほとんど言及されなかった、北魏王朝の東西分裂から隋に至る時代の、各地に残された造像銘の内容からうかがうことのできる地域社会における仏教信仰と実践の様相を、考古・美術史方面で盛んに研究されている地域性の問題を重視しつつ明らかにすることである。佐藤智水氏により、特に東西魏以降は、思惟像、観音や盧舎那、阿弥陀など像の尊格が多様化することが指摘されている(45)。各地に存在した仏教信仰の伝統と、中央の仏教からの影響が混合してこのような多様化が生じたと考えられ、この多様化の様相と地域性の問題とを関連させて考えていきたい。上記①②③のテーマに関わる筆者の研究も、こうした地域性の問題と関連して位置づけられる。

第三節　資料と方法

前節で述べた課題に筆者が取り組む方法として、第一に、地域差が顕著に表れている造像銘の各要素に注目し、統計的処理を行うこと、第二に、造像銘の語句の典拠調査を、経典におけるその語句の使用状況と比較対照しつつ行い、経典との関わりを明らかにする、という二種類を採用したい。この方法を採用するにあたり、まずは造像銘の資料について、どのような種類があるかを説明し、より具体的に分析方法について述べる。

造像銘には、大きく分けて五種類の性質の資料がある。第一に、造像の実物、第二に、造像の写真を収めた図録、第三に、拓本または拓本写真、第四に『金石萃編』などの歴代金石著録(46)、第五に学術雑誌や資料集に掲載される銘文の移録である。

この五種類の資料がすべてそろっているのが理想であるが、現実的には、現在実物が失われ、過去の著録にのみ収録されたもの、あるいは著録には目録に題名だけがあり、造像銘については拓本のみが残っているものも多い。また、逆に、実物が現存している、もしくは、新たに出土したが、いまだ学術的調査報告がなされずに博物館の収蔵庫に保管されたままのものも多くある。

像の美術的観点ではなく、造像銘資料という観点から見た場合も、第一の実物が重要であるのは言うまでもない。

特に採拓が困難な像の端の部分、凹凸のある箇所、龕の中に刻まれた刻銘など、拓本には採られていない文字も、実物の調査によって判読できることがある。

第二の造像の写真について、往々にして写真は像の造形重視で掲載されており、文字の部分は省略されるか、写真が小さすぎて文字の判読が困難である場合も多い。

第三の拓本・拓本写真に関して、現存する実物の銘文がすでに破損・磨滅もしくは像自体が所在不明になっている場合は、特に拓本の資料的価値が高くなる。ただし、拓本が供養者題記も含めた銘文全体を採拓したものではなく、部分拓である場合もあり注意が必要である。近年では、京都大学人文科学研究所などのように、拓本の画像データを無料でインターネット上に公開しているところもあり、拓本画像を個人のパソコン上で閲覧できる環境が徐々に整いつつある。

第四の著録に関して、実物や拓本が既に所在不明の場合は特に貴重な資料となる。ただし、この場合真偽の判断が困難という欠点がある。また、現存する拓本からは判読できない文字が移録されている場合もある。しかし、実物や拓本と対照させると文字の読み取りを誤っている場合もあり、著録を全面的に信頼するわけにはいかない。

第五について、『文物』などの学術雑誌に掲載された報告や、各省ごとに出版されている『中国文物地図集』に収録された造像銘の資料は、紙幅の都合もあるためか、銘文が部分的にしか紹介されていない場合が多い。拓本や写真などが掲載されていない場合、造像銘の録文の正誤も判断できない。

しかし喜ばしいことに、こうした資料の公開状況は二〇〇〇年前後以降、各地域の造像の実物や拓本の写真と造像銘の録文をともに収録した大型の資料集が中国や台湾において続々と出版され、徐々に改善されつつある。具体的に資料集の名を挙げると、全地域にわたるものでは、金申編著『海外及港台蔵歴代仏像――珍品紀年図鑑』、顔娟英主編『北朝仏教石刻拓片百品』(48)、毛遠明校注『漢魏六朝碑刻校注』(49)等がある。(47)また、各省については、河南省の『河南仏教石刻造像』、山西省の『三晋石刻大全』各分冊、山東省の『山東石刻分類全集』(50)、陝西省の『西安碑林全集』や『陝西薬王山碑刻芸術総集』(51)等を挙げることができる。特に『陝西薬王山碑刻芸術総集』は、実物写真・拓本写真・

銘文の移録・考証をすべて備えており、まさに理想的な資料集と言えよう。

以上第一から五までの造像銘資料の特徴について簡単に述べた。要するに、それぞれに長所と短所があり、既存の著録に全面的に頼るのではなく、それを拓本や実物写真と照合し、より精確な録文を作成するのが理想ということである。特に実物を調査することで、思いがけない発見がある場合もあり、実物が現存するものに関しては、できるだけ現地調査して確認するのが望ましい。筆者は、二〇〇四年の中国人民大学留学以降、中国華北の各地の博物館に現地調査に赴き、また、中国国家図書館や北京大学図書館、淑徳大学書学文化センター、台湾中央研究院傅斯年図書館などに所蔵された拓本を閲覧し、造像銘文資料の収集につとめてきた。特に佐藤智水氏を団長とする龍谷大学の中国造像調査団に何度も参加し、調査方法・文字の読解方法などについて学ばせていただいた。第二部第四章において移録を掲載した梁罷村邑子七十人等造像記のように、これまで未紹介の造像銘録文を提示できたのはそのささやかな成果の一つである。

以上の様々な資料をあわせて、筆者が現在までのところ収集した紀年造像銘（刻経記、舎利塔銘なども含み、ごく一部無紀年だが、銘文より年代特定が可能なものも含む）の数を、単立石像（刻経碑、造塔銘も含む）・金銅像・龍門・鞏県石窟・その他（他の石窟・摩崖造像など）に分類し、表にして示すと、上のようになる（表1）。合計では、北朝で二二九四件、隋もあわせると二九六七件になり、佐藤智水氏が『北魏仏教史論考』で用いた一三〇〇件余り、侯旭東氏が『五、六世紀北方民衆仏教信仰』にて収集した一六〇〇件余りと比べ一三〇〇件以上加えることができた。特にこれまで看過されがちである隋代のものも含めて考察したことは特記しておきたい。この表によると、東魏・北斉期が単立石像造立の最盛期であり、隋代になってもなお盛んであったと言える。また、西魏・北周時代の金銅像が

表1　王朝別紀年造像銘件數

	北魏	東魏	北齊	西魏	北周	隋
年代	386–534	534–550	550–577	535–556	557–580	581–618
龍門石窟	198	12	19	6	0	3
鞏縣石窟	3	9	30	3	0	0
單立石像	328	267	642	75	186	362
金銅	233	47	106	5	8	214
その他	54	26	25	7	5	※97
合計	816	361	822	96	199	673

※敕命による仁壽舎利塔銘16件を含む

少ないのに対し、特に隋代の金銅像の多さと、その他、つまり龍門以外の石窟や摩崖造像銘の多さが目につく。具体的な隋代の紀年造像銘を有する石窟・摩崖の地名を挙げると、河北省の北響堂山石窟（大業洞）・南響堂山石窟・曲陽県八会寺、山西省の天龍山石窟、山東省の雲門山・駝山・歴城千仏崖・龍洞、河南省の大住聖窟・博愛県石仏灘摩崖などである。

造像銘の収集にあたり、筆者が参照した図書・雑誌、及び、筆者が現地調査した場所については、附録の「書名・雑誌名略称（五十音順）」と「現地調査地リスト」に示したので、適宜参照いただきたい。(52) 未調査の場所も多く、今後とも現地調査は継続していく予定である。

造像銘は供養者題記・仏名題記と、願文とに大きく二分類できるが、この造像銘を分析するにあたって筆者が採用したのは、本節冒頭で述べたように、数多くの造像銘を地域別・年代別に分類し、数量を調査する統計的手法と、造像銘に使用されている語句の典拠となる仏典や中国の古典を調査する方法である。前者の方法について述べると、造像銘の願文は定型句や常套的表現が多く、また紀年月日や地域的情報を有しており数的処理に適している。また、後者の方法について述べると、一つ一つの語句について丁寧に調査することで、いかなる経典を参照していたか、その語が仏典においてよく用いられている語であるか、などが明らかになり、新たな発見につながることがある。

本書の特徴の一つは、特に看過されがちであった集団造像における供養者肩書（仏名なども含む）に注目したことである。供養者の肩書・仏名は、そこで行われた仏教実践の内容をなにかしら反映していると考えられる。そうした供養者肩書については、造像銘を網羅的に収集し、統計的分析をすすめるという手法が特に有効であると考えられる。

以上の方法に基づいた本書は、各地で造られた尊像や義邑に関する地域性の問題を主に統計的手法を用いて分析した第一部と、造像銘と仏典との関係を、地域性を考慮しつつ探った第二部に大きく分けられる。それぞれの章構成を述べると以下のようになる。

まず、第一部第一章では、造像や斎会などを行った信仰集団である義邑について、その定義の問題や研究史について概観し、邑義造像に多い長文の造像銘の文章構造や、造像の理論的支柱となっている感応思想について論ずる。

第二章では、各地域の義邑の特徴に基づき地域区分を行い、各地の義邑の地域的特徴を明らかにする。

第三章では、第二章で明らかとなった関中の義邑の特殊性についてより詳細に分析し、道教像と仏像が一つの碑に同居するこの地域特有のいわゆる道仏二教混淆像碑（以下「二教像碑」と略）に見える義邑について分析し、さらには道仏二教の関係についても論及する。

第二部では、銘文の思想内容や、供養者肩書・仏名などを分析し、ほぼ同時代の敦煌文献を援用しつつ、経典（特に偽経）との関係を明らかにし、一歩踏み込んだ仏教思想史的考察を行う。

第一章から第四章までは、造像銘に刻まれる仏・菩薩・神王名に着目し、その典拠となる経典や敦煌仏教文献について検討する。特に大乗仏教の懺悔との関わりについて明らかにし、東魏以降の山西において、この類の造像碑が多いことを指摘する。

具体的には、第一章では、造像碑に刻まれた仏名に着目し、北朝当時盛行していた仏名経典類との関係を地域性を考慮しつつ論ずる。

第二章では、『大方等陀羅尼経』十二夢王の図像の刻まれた石刻について、それが義邑によるものである可能性が高いことを論じ、当時の主要な懺悔行法の一つである方等懺との関係を論ずる。

第三章では、『大通方広経』という懺悔の功徳を説く偽経との関わりがいくつかの造像碑に見られることを指摘し、この経典の成立と流布の地域に関する問題、さらには、この経典が『涅槃経』の一体三宝や一闡提成仏の思想を発展的にとりこんでいることを明らかにする。

第四章では、陽阿故県村造像記が菩薩戒を説く偽経『菩薩瓔珞本業経』の四十二賢聖に関する語句に基づくことを新たに指摘し、地域社会において、邑義たちの間で菩薩戒の授与儀礼が行われていたことを論ずる。

第五章から第七章では、この時代特に盛行した観音造像と、北斉時代に勃興した阿弥陀造像について、仏典と石刻資料を関連づけて考察することにより、その勃興の要因を明らかにする。

第五章では、現代まで信仰が続く『高王観世音経』の成立事情を、観音像や孫敬徳の霊験譚、鶴壁市五巌山の小石窟に存する造像記と関連づけて再検討する。

第六章では、石刻にしばしば「観世音佛」という仏名が見られることを『観世音十大願経』などの観音の成仏を説く経典との関係から探り、『観世音十大願経』の十大願が刻まれた最も早い紀年を有する刻経碑も新たに紹介する。

第七章では、造像銘の願文に表現された浄土往生や生天の思想について、特に時代的変化に重点をおいて検討し、造像銘に見られる尊名の「無量壽」から「阿彌陀」への変化が北斉時代の河北地域を中心に起こっていること、そして、この時代の臨淮王像碑などの無量寿・阿弥陀造像銘に『観無量寿経』を典拠とする語句が新たに出現することを明らかにする。その上で、阿弥陀像名の普及には、僧稠・智舜などに代表される、『観無量寿経』に説かれる観想や念仏などの実践を重視した禅師たちの活動がその背景にあることを指摘する。

以上の造像銘を主な資料とする考察によって、北朝地域社会における仏教信仰と実践の多様性と独自性がいささかなりとも明らかになったとすれば本書の試みはいくらかの成果を収めたと言えるだろう。以下の行論において、浅学ゆえ、思わぬ初歩的な見当違いを犯している恐れもあるが、先学の研究に何かしら新たに付加するところがあることを望むものである。忌憚なき御批正をいただければ幸いである。

註

(1) 佐藤智水［一九七七a→一九九八］一二八頁表5参照。

(2)『魏書』前上十志啓。

(3)『初学記』巻二三 僧 後魏孝文帝立僧尼制詔「自象教東流、千齢以半、秦漢俗革、禁制彌密。故前代英人隨宜興引、時輕時重、以闡玄奥」。

(4) 中国社会科学院考古研究所・河北省文物研究所鄴城考古隊［二〇一三］六七五頁。

(5) 塚本善隆［一九四一a→一九七四b］四五八頁。

(6)『魏書』の編纂が、北魏王朝の鮮卑的な側面をそぎ落とし、孝文帝の漢化政策の側面だけを継承しようとする魏斉革命の延長線上にあることは、佐川英治［二〇〇五］参照。『続高僧伝』の増広過程やテキストの変遷に関しては、伊吹敦［一九九〇］、藤善真澄［二〇〇二］一七九～二七〇頁、池麗梅［二〇一三］［二〇一四］などを参照。

（7）侯旭東［一九九八ａ］四～五頁。

（8）佐藤智水［二〇〇四］一七八頁においては、「現地調査を行なって痛感したことは、銘文は造像という史料のごく一部であって、その「もの」全体、即ち置かれた環境や素材を含め、存在の全てが極めて豊富な情報を提供している、ということであった」と述べている。

（9）例えば、趙超［一九九七］、侯旭東［一九九八ａ］、毛遠明校注［二〇〇九］など。

（10）森正夫［一九八二］。

（11）松原三郎［一九九五］、石松日奈子［二〇〇五］。

（12）造像銘を主に扱った侯旭東［一九九八ａ］のタイトルは「五、六世紀北方民衆仏教信仰」である。「民衆宗教」という語について、丸山宏［二〇〇四］十二～十四頁によれば、アメリカの学会では、中国・台湾の Popular religion の研究がさかんに行われ、この Popular religion とは、非エリートの宗教だけを指すのではなく、エリートと非エリートの双方に共有され、かつ複数の宗教的伝統に属する者達、例えば儒者・道士・法師・民間の密教僧・結社の宗教者・巫覡などが互いに緊張して対立しつつ、しかも共鳴し合って統合されるような場であるとする。筆者の意図するのもこのような場である。

（13）船山徹氏も同様の意味で「偽経」という語を使用している（船山徹［二〇一三］一二一～一四八頁）。ただし、船山徹氏の主張するように、翻訳経典とも全くの中国撰述とも言い難い「編輯経典」というジャンルも想定すべきことは考慮に入れておく必要がある。船山徹［二〇〇二ｂ］［二〇〇七］［二〇一三］一四九～一七六頁参照。

（14）牧田諦亮［一九七六］九七頁。

（15）『法経録』には「法苑集記十巻」［T55 : 146b］、『歴代三宝紀』には「法苑集一十巻」［T49 : 97c］、『旧唐書』経籍志には「法苑十五巻」、『新唐書』芸文志には「法苑集十五巻」とある。

（16）『広弘明集』巻二〇「内典碑銘集林序」［T52 : 240a］。

（17）『語石』と『中国金石学概要』の石刻部分について、藤原楚水氏らが新たに図や注を追加し、日本語訳（前者については書き下し）したものが藤原楚水［一九七五～七八］である。

（18）大村西崖［一九一五］。

（19）Chavannes［1913］.

（20）松本文三郎［一九一九］。

（21）初出は松本文三郎［一九一八］。

(22) 常盤大定・関野貞［一九二五～二八］。
(23) 道端良秀［一九七二］。
(24) 水野清一・長廣敏雄［一九三七］［一九四一］［一九五一～七五］。
(25) 藤堂恭俊［一九五一→一九五八］。
(26) 佐藤智水［一九七七ａ→一九九八］。
(27) 佐藤智水［一九七七ｂ→一九九八］。ただし第十七窟は、実質的には皇帝にならなかった景穆帝のための窟とする見解が有力である。例えば、石松日奈子［二〇〇五］九八頁参照。
(28) ただし、この区分にはやや問題がある。特に、文字を刻むスペースがあまりなく、家の中に安置した小金銅像の場合など、供養者名に官職の肩書が記されていないからといって、その者が官吏でなく平民であったとは断定できない。金銅像には供養者の官位を記すものは滅多にないが、それらの像主には官吏である者もいた可能性も考慮する必要がある。
(29) 劉淑芬［一九九三］。
(30) 劉淑芬［二〇〇九］。
(31) 劉淑芬［二〇〇七］［二〇一〇］。
(32) 佐藤智水［二〇〇四］。他に北魏造像銘に関する氏の論考として［二〇〇五ｂ］［二〇〇六］［二〇〇七ｂ］［二〇一〇］［二〇一二］などがある。
(33) 山崎宏［一九三三→一九四二］七七二～七七五頁、塚本善隆［一九四一ａ→一九七四ｂ］三七四～四二〇頁参照。
(34) 劉慧達［一九七八→一九九六］。日本でこの問題を扱った論考として久野美樹［一九八八］がある。また、Yamabe［1999］が詳細にこの問題を検討している。
(35) 中国書法家協会山東分会・山東石刻芸術博物館編［一九九一］、焦徳森主編［二〇〇三］［二〇〇六］にその主な研究成果が収録されている。また、頼非［二〇〇七］も重要な成果である。
(36) Arnold［2008］はハイデルベルク大学の仏教石刻プロジェクトを紹介している。山東省の仏教石経については、王永波・雷徳侯主編［二〇一四］が出版された。
(37) 渉県刻経については、欧陽中石編著［二〇〇九］参照。
(38) 小南海石窟の刻経については、顔娟英［一九九八］、稲本泰生［二〇〇〇］［二〇〇二］参照。
(39) 北響堂山石窟の刻経については、謝振発［二〇〇六］や峰峰鉱区文物保管所・芝加哥大学東亜芸術中心［二〇一三］が詳しい。南響堂山石窟については、顔娟英［一九九一］を参照。
(40) 房山石経に関しては塚本善隆［一九三五→一九七五ｂ］、氣賀澤保規編［一九九六］、呂鉄鋼主編［一九九九］を参照。雷音洞に関しては、桐谷征一［一九八七］、Ledderose［2003］参照。

(41) 大住聖窟については、常盤大定・関野貞［一九七五～七六］第五冊解説六二～九八頁、河南省古代建築保護研究所編［一九九一］、李玉珉［一九九八］、董家亮［二〇〇二］参照。

(42) 八会寺刻経については、劉建華［一九九五］、趙洲［二〇一〇］参照。

(43) 前掲註(41)大住聖窟に関する諸論考参照。

(44) Wong［2008］、王静芬著・張善慶訳［二〇一〇］。

(45) 佐藤智水［一九七七a→一九九八］［一九七七b→一九九八］。

(46) 『金石萃編』などの著録に関しては、『石刻史料新編』台北、新文豊出版（第一輯～第四輯）にそのほとんどが収録されている。

(47) 金申編著［二〇〇七］、顔娟英主編［二〇〇八］、毛遠明校注［二〇〇八］。

(48) 王景荃主編［二〇〇九］。

(49) 太原、三晋出版社。

(50) 山東石刻分類全集編輯委員会編［二〇一三］。

(51) 高峡主編［一九九九］、陝西省考古研究院・陝西省銅川市薬王山管理局編、張燕編著［二〇一三］。

(52) なお、本来であれば筆者が収集した全造像銘の目録を掲載し、読者の便に供すべきところだが、今回は紙幅の都合上断念せざるを得なかった。ただし、北朝時代の邑義造像銘の目録に関しては、本書末の別表に掲載した。

第一部

邑義造像銘の概要とその地域的特徴

第一章　北朝邑義造像銘の概要と感応思想

はじめに

五世紀半ば、北魏太武帝による廃仏の後、文成帝によって仏教が復興され、曇曜が僧官の頂点である沙門統に任ぜられて北魏仏教界の中心人物となり、その主導の下、雲岡石窟の造営が行われた。これに続いて五世紀後半から、研究者に「邑義」「義邑」「社邑」などと呼ばれる造像や斎会などの宗教活動を行う人々の集団が、主に造像銘などの石刻資料に見え始める。造像銘では、「合邑」「合邑子」「邑義」「法義」、より具体的には、「邑義信士女等五十四人」「合邑七十人」などと称しているが、集団・組織自体の名を記したものは少なく、それゆえこうした集団の名称として何を用いるかについては近年議論が分かれている。

名称に何を用いるかについては後に議論するとして、この時代の宗教活動を記す他の文献資料が非常に少ない以上、北朝時代の地域社会における人々の仏教信仰を理解するのに、造像銘は非常に貴重な資料である。

そこで本章では、まず第一節でこの集団の名称問題について議論し、第二節では、この信仰集団に関する研究史を概観する。第三節では、比較的長文の造像銘について、表現形式や語彙のバリエーションを示し、そこに表現された思想・信仰、ならびに当時の造像に関わる活動について検討する。第四節では、造像という行為を媒介として仏と衆生を結ぶ理論的支柱となっている感応思想について、それが造像銘の中にいかに表現されているかについて論ずる。

第一節　北朝造像銘に見る信仰集団の名称とその意味

先述したように、北朝時代に盛行した造像や斎会などを行う宗教的集団の名称に何を用いるかについては、研究者の間で必ずしも意見が一致していない。この問題について、山崎宏氏は「法義・邑義の文字は銘文の初か、文の中に法義何十人・邑義兄弟十何人といふ様に見えるのが普通で、その團體の意味にとつて差支へないもの、如くである。併し他面に邑義某・法義某とある例も多く見られるので、もとその組合員を指すことは明らかである」と指摘し、さらに「邑義は邑の法義の意味で、邑人は邑義の人の略稱であらう。斯く觀る時、その團體を法義の邑、卽ち義邑とよぶことが最も理論的であると思はれる」とした(1)。一方、佐藤智水氏は、これらの団体については史料上において「邑義」「邑儀」「義邑」「合邑」「邑會」「諸邑」など様々な呼称が用いられているとした上で、史料分析上の概念として括弧つきで「邑義」を用いる(2)。また近年、郝春文氏は、「義邑」という語は唐以後に出現すると指摘し、「邑義」を用いている(3)。それに対し、劉淑芬氏は、山崎氏の議論を発展させ、資料に見える「邑義」という語はそうした組織の成員を指すのであり、組織名として「邑義」という呼称を用いるべきではなく、むしろ北朝時代の仏教信仰組織は「義」や「義邑」と呼ばれており、両者のうち「義邑」が多数を占め、その成員が「邑義」であると結論づけた(4)。

それでは改めて、北朝隋唐時代の造像銘や伝世文献資料において、「邑義」という語がどのように使用されているかについて検討してみたい。まず、「邑」の意味から調べてみよう。「邑」は、『爾雅』釈地「邑外謂之郊」の郭璞注に「邑、國都也」とあり、「京邑」「都邑」などと用いられるように「みやこ」の意味もあるが、「村邑」「郷邑」という語があるように、「村」や「郷」とほぼ同じ意味で用いられる場合もある。北朝時代の造像銘に用いられる「邑」は、『釈名』釈州国に「邑、猶俋也、邑人聚會之稱也」とある意味と同じと考えられ、人の集まり住む所、あるいは、人の集まりといったほどの意味であろう。

造像銘や仏典では、造像などを行う仏教信仰的集団を「邑」や「……邑」と記す事例が多い。例えば、『出三蔵記集』巻十二には、「法社建功德邑記第十六（出法社經）」［T55:91a］、「京師諸邑造彌勒像三會記」［T55:92b］、「定林上寺建般若臺、大雲邑造經藏記」[5]［T55:92c］などとあり、『続高僧伝』巻二七普安伝には、「年常二社、血祀者多。周行救贖、勸修法義。不殺生邑其數不少」［T50:682a］という事例がある。造像銘でも、「邑像」[6]「迭相率化入邑」[7]「敦契置邑」[8]「邑内大小」[9]「三邑併心」[10]、さらには、「邑」の前に様々な修飾語を加えた、「大邑」[11]「八關邑」[12]「聖邑」[13]「宗那邑一千人」[14]「邑子都像主員茂二部邑三百人等」[15]といった事例がある。また、「合邑」という語は「合邑千人」「合邑道俗」「合邑子女」「合邑諸人」など造像銘に頻出し、他に「同邑」や「諸邑」なども「合邑」と同様に用いられる。

次に「義」の意味であるが、これに関しては多くの研究がある。それらによると、義の原義は犠牲として捧げる羊を神意にかなうように我（鋸状の刃物）で正しく切り整えることである。[16]『釈名』釈言語には、「義、宜也。裁制事物、使合宜也」とあり、「義」は「宜」で、事物を適切に処理することとしている。

後代の解釈を参照すると、洪邁『容斎随筆』巻八「人物以義爲名」という項目では、義士・義侠・義姑・義夫・義婦の類の義の意味は「至行、人に過ぐ」であるとし、義庫・義社・義井などの義の意味は「衆と之を共にす」とし、義父・義児・義兄弟・義服などの義の意味は「外より入りて正に非ざる者」としている。また、『中国思想文化事典』の「義」の項目では、六朝から隋唐にかけての義は、様々な社会的関係におけるあるべき姿を示す語として、特に個人と個人との間で取り結ばれるものを指すことが最も多いとし、他人から受けた恩や信頼を裏切らない任侠的な意味から、「君臣の義」というように君臣関係を定義するものに重心が移動したとする。[17]またこの時代、豪族の「輕財好施」という概念に対しても「義」と評価され、これは庶民レベルにおける共同性の意識を示すものであるとする。さらに、五斗米道の義舍・義米肉など救済を目的とする公共の施設や制度に対しても「義」の字が冠せられ、これが『容斎随筆』の「衆と之を共にす」という定義を生み出すもとになるとする。

義にこれら様々な意味がある中で、相田洋氏は、義は内なる血縁的な関係やそれを支える倫理である孝や仁と対立し、非血縁的な外なる関係やそれを支える倫理であるという意味が根本にあり、そこから『容斎随筆』[19]の言うような他人と一緒に共同で行うという意味も派生したとする。[18]義が外なる関係を支える倫理であるとする指摘は、「邑義」

関連の呼称を持つには血縁者以外の参加者があって始めて「邑義」と認識されていた、という佐藤智水氏の指摘[20]とも相符合して興味深い。

一方、劉淑芬氏は南北朝時代の義が仏教的色彩を帯びたことを強調する。劉氏によると、漢代の義は忠孝仁篤といった儒家道徳を規準としていたが、南北朝時代には変化が生じ、仏教の捨田建寺、僧を敬い斎会を設ける、飢寒を救済する等の社会事業も義行の範疇に加わったとする。また、義は仏教経義や教理の代名詞として用いられる事例もあり、さらには仏教社邑の名称やその成員を指すものとしても用いられたことを指摘する。

北朝仏教石刻について見ると、後述する北斉時代の「標異郷義慈恵石柱[21]」は、戦乱によって身元不明となった遺骨を集めて埋葬し、その近くに食事を提供する場所（「義食」）を設けるなどの行為を行った人々を「郷義」として讃えるために建てられたものである。この石柱に刻まれた文章には、「義」を含んだ実に様々な語が用いられている。「義福」「念福重義」「重義輕財」「信義」といった概念として用いる以外に、「義坊園地」「義園宅地」「起義檀越」「義衆」「邑義」「義堂」「義食」「義所」「施地入義」「義主」「義夫」など、具体的な実体を有するものをも表している。このような「義」の他の事例としては、北魏太和七年（四八三）邑義信士女等五十四人造像記[22]に「義諸人」とあり、東魏天平四年（五三七）昌国県桓尹村七十余人等造像記[23]に「義等諸人」と見えるものなどが挙げられる。

以上をまとめると、「義」は、「君臣の義」など、主に非血縁的関係において結ばれる共同性・関係性を支える倫理であり、その倫理を体現するものや人物・組織も「義」とされたということである。

それでは次に、「義邑」の用例を検討しよう。劉淑芬氏によれば、「邑義」と「義邑」という語義の相違を最も明確に表現しているのは、以下に示す『続高僧伝』巻二八宝瓊伝の記事である。

率勵坊郭邑義爲先、毎結一邑、必三十人。合誦大品、人別一巻。月營齋集、各依次誦。如此義邑、乃盈千計。

[T50 : 688a]

坊郭の邑義を率勵するを先と爲し、一邑を結ぶ毎に、必ず三十人たり。大品を合誦すること、人別に一巻たり。月ごとに齋集を營み、各おの次に依りて誦す。此くの如き義邑、乃ち千計に盈つ。

ここでは、「邑義」は成員を指し、「邑」と「義邑」は集団の名称であると劉氏は説明する。唐代の事例では、劉氏が提示するように「義邑」は集団を指して用いられていることが多い。しかしながら、先述したように、郝春文氏は、「義邑」という語は唐代以後に現れるのであり、北朝の集団を指して「邑義」を用いるのは正しくないと主張する。[24]「義邑」とほぼ同じである「儀邑」という語は、北魏正光元年（五二〇）の道教的内容を有する造像銘に「合一切邑子李洪秀・李道穆?・李瓫生廿七人（約四文字缺）募、建立儀邑、共相倡導、各出家珍」[25]と見え、ここの「儀邑」は集団と解釈することも可能であろう。ただし、数多の北朝造像銘の中で、「義邑」は見えず、「儀邑」という語がこの道教造像記に見えるのみという事実を前にすると、劉氏のように集団の呼称は多く「義邑」であったと結論づけることは、躊躇せざるを得ない。もし、「義邑」が通称として北朝時代に最も多く用いられていたとするならば、「義邑人」「義邑子」「義邑主」などの肩書が北朝造像銘の中に見られてもよいはずだが（「邑義主」や「義主」「邑義人」は見られる）、そうした事例を現在のところ筆者は見出していない。

次に「邑義」であるが、これについては、劉氏が非常に多くの事例を挙げ、「邑義」が集団の名称ではなく、集団の成員を指すことを論証している。劉氏が「邑義」という語は成員を指すことを明らかにしたことについては貴重な成果として重視されるべきである。ただし、事例をより多く検討すると、「法義」や「義」が仏教の経義や教理の意味で用いられる場合があるのと同様、「邑」の仏教的徳目や造像などの徳行を指す語として「邑義」という語を用いている場合もある。さらに「法義」や「義」が集団を指す事例がある以上、「邑義」も集団を指した場合がある可能性も排除できないのではないだろうか。以下それぞれ具体的事例を挙げて説明しよう。

第一は、劉氏が幾多の事例を示して論証するとおり、集団の成員を指している場合である。この用例が最も多い。次章で述べるように、造像銘において、個々の供養者の肩書が「邑義」であるものは数例存在する。また、「眞王五年正月八日上曲陽城内唯那楊天仁等二百人邑義爲亡邑義造彌勒像一區。上爲皇家、下爲受苦蒼生、見在邑義同生淨國……」という造像銘[26]は、邑義が物故した邑義の供養のために弥勒像を造り、生きている邑義がみな浄土に生まれることを願うものであり、邑義は人を指すことが明らかである。さらに、『続高僧伝』巻一曇曜伝附曇靖伝の「隋開皇關壊、往往民間猶習提謂。邑義各持衣鉢、月再興齋」［T50：428a］という資料も、「邑義」が人を指すことを示す端的な事例である。そして、先述の「標異鄉義慈惠石柱頌」には、北斉河清三年令の佚文を含む箇所があり(27)、それが以下である。

新令普班、舊文改削。「諸爲邑義、例聽縣置二百餘人壹身免役、以彰厥美。仍復年常考列、定其進退」。便蒙 令公據狀判申、臺依下□、具如明案。於是信心邑義維那張市寧、（人名略）合二百人等、皆如貢表、悉是賢良……

新令普く班《わか》たれ、舊文改削さる。「諸《およ》そ邑義爲るは、例として縣ごとに二百餘人を置き壹身役を免ずるを聽《ゆる》し、以て厥《そ》の美を彰《あらわ》せ。仍お復た年ごとに常に考列し、其の進退を定めよ」。便ち令公（尚書令斛律羨）狀に據りて判申（判じて上申）するを蒙り、臺（尚書）依りて□（州か？）に下すこと、具さに明案の如し。是に於いて信心邑義維那張市寧、……合二百人等、皆な貢表の如く、悉く是れ賢良にして……

このうち「 」で括った部分は、各県において二百人余りの「邑義」を選び、その労役を免じ、毎年審査して入れ替えせよという令であり、邑義たちに人数限定で労役免除の特権を与えたものなのである。このように、令において「邑義」という語が人を指して使用されたことは念頭に置いておかなければならない。

第二は、「邑義」が造像などの徳行・義理・道理の意味で用いられる場合である。例えば「於今大魏門師張乾度・師道妙、率邑子七十人等、知求非常、皆同生季末、?□□微福、信受法任、愛樂瓊文、敬崇三寶、共興邑儀、思建功得《徳》、成心久著、各自竭家珍、故匠刊石造刑《形》像一傴(28)」「邑主朱永隆・唐豐七十人等（中略）、發悟自天、契達幽旨、普相率厲、敦崇邑義、（中略）造天宮一塸(29)」「佛弟子比丘□歳一百廿人（中略）、遂相約勸率、敦崇邑義、敬造釋迦□□□□龕一區(30)」「有佛弟子董黄頭七十人等正信無邪、生不值佛、故□□□契崇邑義、□造釋迦碑像一區(31)」などの事例は、造像主たちが、みな「邑義」を崇尚して、造像したことを示す。この「邑義」は仏教の義理としての「法義」と言い換えることも可能であろう。

第三の、集団を指すと考えられる事例について、以下いずれも断言はできないが、その可能性もある事例を紹介する。

まず、劉氏も例示する『続高僧伝』巻二四法通伝「於郎遊化稽湖。南自龍門、北至勝部。嵐・石・汾・隰無不従化。多置邑義、月別建齋。但有沙門皆延村邑」［T50：641c］という資料の「邑義」は、組織・集団を指すと考えた方がよいだろう。浄影寺慧遠『大般涅槃経義記』巻九迦葉菩薩品の「過去世時波羅㮈國有婆羅門、姓憍尸迦、好修福業、與其同友三十二人共爲邑義。憍尸命終爲忉利王、餘爲輔臣」［T37：861a］という事例の「邑義」も集団として解釈することも可能なように思われる。

以上の議論をまとめると、「邑」は集団を表す用語として、色々な修飾語をつけて用いられているが、北朝造像銘において、「義邑」という語は、管見の限り見られず、「儀邑」という語がただ一例見えるのみであり、北朝期の造像を行った集団が「義邑」と呼ばれることが多かったと結論づけることが適切であるとは言えない。一方、「邑義」という語は、北朝期の造像銘に頻出し、多くは集団としての名称ではなく、その成員を指すが、造像などの徳行という意味で用いられた事例もあり、また、集団の意味で用いられた可能性も排除できないということである。

集団を指す語として「邑義」という語を用いるのを避けるなら、北朝造像銘に皆無に近い「義邑」よりも、むしろ「邑」という語を使うべきであると思われる。しかし「邑」の字は多義で混乱を招く恐れがあるので、本論では劉淑芬氏に従って「義邑」という語を仏教信仰組織の分析概念として使用し、その成員、つまり人を指す場合は「邑義」を使用することにしたい。

ところで、以上のような北朝の集団の呼称が何であったかを議論するということよりも重視すべきは、北朝期の造像銘において、誰が造ったかは明確に示すが、成員とは別に集団としての名称が何であったかを記したものがほとんどないという事実である。このこと自体が、北朝時代の義邑の性格を示していると筆者は考える。義邑における造像などの仏教的徳行という行為自体を「邑義」と呼び、その徳義を実践する者も「邑義」である。そして、「邑義」の集まりは「諸邑義」などと複数形で表現される。また、北朝期の義邑は、比較的紐帯のゆるい組織のものも少なからずあることが郝春文［二〇〇六］によって既に明らかにされている。このような集団と成員との関係は、例えば、組織名が対外的に重視される現代の宗教的会合とその成員との関係とは大きく異なるものである。

すなわち、北朝時代の人々にとって、集団としての呼称が重要なのではなく、彼らが重視したのは、仏教的徳義の体現者としての人であり、そうした人が集まり心を合わせて造像という功徳行を行ったという事実であると考えられる。北魏時代の龍門石窟には邑義による造像で、造像記を刻んだ碑形の区画の碑額の部分に「邑子像」と記したものもあり、(32)これは、「邑子」である構成員全員が力をあわせ造った像であることを強調したものと言える。

ここまで冗長に議論してきたが、結論を言えば、北朝造像銘に「義邑」という語が全くと言ってよいほど見えない以上、北朝時代の仏教信仰組織の名称は「義」か「義邑」であり、とりわけ「義邑」が多数であったとする劉淑芬氏の結論はやや勇み足であろう。ただし、「邑義」という語が仏教信仰組織の成員を指す場合が多いという氏の指摘は重要であり尊重すべきである。それゆえ筆者は、先述したように集団を指す分析概念としては「義邑」を用い、人を指す場合「邑義」という語を用い、邑義による造像を「邑義造像」と呼ぶことにする。

ただし、北朝時代に集団を指す語として「義邑」が実際に多く使用されていたと筆者が考えるわけでもなく、「邑義」が集団を指す場合が皆無であったと考えるわけでもないことを断っておきたい。「法義」という呼称が山東地方に集中していることに代表されるように、彼らがどのように自称しているかは、地域ごとに大きな相違があり、資料に即して、より詳細に分析すべき課題である。これについては第二章において検討することとし、次節では、義邑の研究史を概観してみよう。

第二節　義邑に関する研究史とその課題

北朝時代の義邑に関する先行研究においては、前後の時代の社会的集団、特に中国古典の中に既に見られる「社」や、あるいは南朝の同様な宗教的集団との相違、(33)さらには、唐代の「社邑」などと呼ばれる民間結社との関係が主要な問題として取りあげられてきた。

義邑の個別事例を研究したものは数多いが、(34)総合的に論じた研究として嚆矢とされるものが、王昶『金石萃編』巻三九「北朝造像諸碑總論」である。日本では、大村西崖氏が義邑の淵源について北魏時代に設けられた僧祇戸や仏図戸と関係があると推測した。[35]高雄義堅氏も義邑に関して初歩的な考察を行い、邑師という教化僧の遊化性を指摘している。[36]

小笠原宣秀氏は、『出三蔵記集』に見える「法社經」や「法社節度」なるものから、法社は中国の南方を中心として広がり、僧俗合同の組織で、その在俗者は読書人階級であり、仏教を楽しむ雰囲気があるとした。義邑については、北方を中心とし、社会の下層階級の人々や婦人も参加し、南方に比して真摯なる信仰的気分が漂うとした。この両系統は後に同じ道をたどったとする。[37]

山崎宏氏は、小笠原氏の南朝と北朝の仏教集団の相違に関する論を承けて、義邑の淵源や性質について総合的に考察した。[38]氏は、義邑の淵源について僧祇戸・仏図戸がその源流であるとする先人の説のうち、もと重罪人及び官奴である仏図戸の方はその淵源とは考えがたいとして否定する一方、僧祇戸については、義邑に発展する可能性を有していたと述べる。また、北魏曇曜の活躍期とほぼ時を同じくして曇靖によって撰述された『提謂波利経』が、最も在家信仰団体になり易い境遇に置かれた僧祇戸の如きものが義邑へと発展する力となったとした。氏以降、義邑と僧祇戸・仏図戸との関係についてはほとんど取りあげられなくなる。

さらに、邑義の肩書については、「齋主」という肩書が造像銘に夥しく見られることから、斎会が義邑の維持発展に重要な意味を持ったことを強調した。その上で、邑義たちの指導僧である邑師は特定の義邑専属ではなく、兼任性や遊化性があったことを確認した。

また、義邑と法社との相違について、山崎氏はおおむね以下のように述べる。すなわち、義邑は仏像や塔に対する信仰を一にし、その造営を機縁として育成され、世俗的権威と妥協して国家や国主の長久を祈願し、邑人たる資格も比較的寛容であった。一方、法社は、所定の行を修めようとするところに結成の意義を見出し、厳粛な法社では節度或は社誡と相容れぬ者は拒絶されたとする。

塚本善隆氏は、北魏時代の龍門石窟造像銘を検討する中で、義邑についても言及し、主に『魏書』釈老志の記事に見える北魏王朝の仏教政策と関連づけて論じた[39]。

郝春文氏は、文化発展という視点から、造像銘を中心として義邑の資料を博捜し、義邑の概況や淵源について、包括的な見解を提示した[40]。すなわち、盧山慧遠の組織した浄土信仰集団を法社とみなしたことに代表される、小笠原氏や山崎宏氏などの日本の学者の見解を批判し、南北朝時代において義邑と法社の区別は儼然として存在したとする。具体的には、義邑と法社はともに民間組織で仏教活動に従事するが、法社は、中国伝統の春秋二社の祭祀を行う社が仏教的改変を蒙ったものであり、義邑は仏教に対する信仰心より新たに組織された団体であるとした。そして、東晋元興元年（四〇二）盧山慧遠の組織した集団は義邑の最も早い事例と見なすべきと主張する。また、義邑はただ一度の造像活動のためだけに組織されるものと、造像以外の八関斎会などの継続的な仏教活動にも従事するものとに大別され、村などの地縁的集団を母体として形成されるものが多い。しかし、その全員が参加するわけではなく、一般的に義邑の成員になるかどうかは自由であるとする。さらに、非常に多様である邑義の肩書についても、像のために出資した功徳主と、仏教や世俗の官職に由来するものとの大きく二種類に分類した。郝氏の見解は、唐代の社邑文書研究をふまえた広い視野に立つものであり、今後の義邑研究において必ず参照すべき重要な成果である。

筆者は、法社については郝春文氏の見解に基本的に同意するが、義邑に関しては、たとえその名称は同一であったとしても、南朝と北朝との差異を考慮すべきではないかと考える。北魏における邑義造像に皇帝に対する祈願が高い確率で見られることに象徴されるように[41]、北朝における義邑の発展は、王朝の仏教政策と密接に関連していると考えるからである。南朝と北朝、さらに北朝の領域内における義邑の地域的な差異に関しては、郝氏はあまり言及しておらず、今後追究されるべき課題の一つである。

劉淑芬氏は、一九九〇年代から、義邑に関する重要な論考をいくつか発表している[42]。特に近年、王朝の政策との関連から南北朝の仏教の相違や北朝時代の義邑と唐代のそれとの相違について論じた論考[43]は郝春文氏の研究において欠けていた部分を補うものでもあり、示唆に富む。また前述した義邑の呼称の問題、さらには、義邑の地域的性格に関しても一部論及する[44]。

近年の義邑に関する研究は、個々の具体事例に即したより詳細な研究がなされる傾向にある。華北地方各地の造像について長年現地調査を積み重ねてきた佐藤智水氏は、北魏時代の邑義造像について、その発生事情を探るという問題意識に基づき、地域的環境を考慮に入れた歴史学的観点から一連の論考を近年発表している[45]。また、侯旭東氏も歴史地域学的視点から并州安鹿交村の事例について精緻な考察を加えている[46]。両氏の考察では、地方の一豪族、あるいは、一般的な村の住民が共同で仏教造像を行うことを一つの媒介として、地位上昇を図り、官界への進出を果たしていくという姿が、その地域的環境とともに明確にされており注目される。

以上の研究成果は、邑義造像の背後にある歴史的側面に関して多くのことを明らかにしてきた。しかし、邑義造像の背景となる思想の問題に関してはいまだ十分に考察が進められていない。そこで筆者は、造像銘文の内容に関して、語句レベルにおいて典拠となる経典を調査し、論理構造を詳細に分析することで邑義造像の背景となる思想を明らかにすることを目標とする。

この点に関して、佐藤智水氏らの地域的環境を考慮に入れた研究を、歴史学方面だけではなく、思想や儀礼などの方面に目を向けて進めることが是非とも必要であると筆者は考える。北朝時代の邑義造像を主導した仏教経典としてこれまで指摘されてきたのは、主に『提謂波利経』や『法華経』であるが[47]、この問題に関しても、年代的な差異や地域差が大きく、歴史的・地域的環境を考慮に入れたより詳細な検討が必要である。特に、次章で検討するように、邑義の肩書については地域ごとに大きな違いがあり、これを分析することにより、背景となる仏教儀礼や思想を読み取ることが可能な場合もある。

地域的差異を検討する前に、比較的長文の邑義造像銘には、いかなる内容が書かれているのかについて、特に個々の用語の典拠に注意しながら、順を追ってその概要を述べておきたい。

第三節　邑義造像銘の概要

邑義造像銘は、比較的長文のものが多いが、その思想的内容や論理構造について、語句の典拠などに注意を払いつつ、総合的に分析した研究はいまだ数少ない状況にある。そこで本節では、比較的長文の造像銘、特に邑義造像銘に特徴的な語句を中心に、邑義以外によるものも考察の対象に加えつつ、それら銘文がいかなる思想的特徴や典故を有するかを分析し、かつ、邑義造像がいかなる経緯で行われたかを造像銘の紹介も兼ねて順を追って述べてみたい。

先述したように、先行研究においてこれら長文の造像銘の思想的内容を総合的に分析したものは少ない。佐藤智水氏がごく簡単に言及する以外、林保堯氏や侯旭東氏の研究が代表的である。佐藤智水氏が結論として提示するのは、仏の神異に頼るという側面が強いということである(48)。林保堯氏は法華一乗思想という視点から分析する(49)。侯旭東氏は仏の神異に頼るという思想からさらにすすんで、仏像を見ればただちに成仏するという思想が見られ、この思想が造像活動の理論根拠となったとして、これを「成仏像身観」と名づける。そして、この「成仏像身観」の思想は、仏像は修行の補助道具にすぎず、戒定慧の三学の修行を通じてこそ解脱に至ると考えた名僧宿徳たちによるものではなく、造像活動に参与した中・下層の僧によって創造されたものだと主張する(50)。

多数の造像銘文を通読していると、侯旭東氏のいう「成仏像身観」の思想は一部の造像銘に見うけられるものの、根幹の思想は、それとは異なる論理構造になっていると筆者は考える。そこで、最初に比較的長文の「合邑建福銘」と題する造像銘を掲げ(51)、①〜⑨の九項目に区分して提示し、各項目についてできるだけ多数の造像銘の事例を挙げて検討することで、邑義造像銘の全体像がいかなるものであるかについて考察していきたい。

①大齊天統五年歳次己丑十二月丙辰朔一日丁巳。②合邑建福銘。③夫眞軌妙絶、超然累外、慈佑倉生、殊刑《形》六道、垂諸法澤、洗除塵勞之類。自非性哲天奇、何能抱大明而獨悟。④有廣州德廣郡高陽縣人張噉鬼・張伏恭一百

人等、⑤體解无常、命同電炎、財是五家、保翫難賞。率約齊心、愧招菩提之彼岸、各割捨奇珍、採匠京都、左眄州城、右觀龍山、南觗嶺武、北據汝水、東西路側、⑥敬造天宮一區。⑦龍嶺吐姿、妙絕世侶、飛級梵境、狀若虛空之起堂閣、素像衆相、有似釋迦之應重興。靈花雜草植供聖心、高桐弱柳蔭影衢路。義井滂池充濟一切。讃頌之音演暢於道路、赴感來盈、脫目於聖前。⑧因茲之善、仰願　皇帝祚隆萬代、四夷歸化、含生之類普蒙斯福、速成正覺。

⑨都邑主張噉鬼　施地主張惠超　大都邑衞主《ママ》元始（以下供養者名略）

①紀年月日
②題
③仏法の意義と造像の意味
④義邑の主唱者と像主名、及びその履歴
⑤発願の経緯・造像の経過
⑥尊像名
⑦像の荘厳・形容・立地
⑧願目
⑨供養者名

①紀年月日

造像の紀年月日は文の最初あるいは最後に記される場合が多い。この日は、造像の起工日、あるいは像の完成日、それとも銘文の完成日のいずれを指しているのであろうか、年月日の後に「造訖」などとある場合は、像が完成した日、もしくは、銘文を刻み終わり、すべての工程が完了した日を記していると考えられ、像を造り始めた日はそれより以前である。また、「以周天和五年一月中就手、至天和六年二月□日訖工」[52]と着工日と完成日をともに記すものも稀にある。

最初に、造像の起工から完成に至るまでの期間を記した造像銘については、**表1-1-1**にまとめた。表を参照すれば、造像に要する時間は、像の大きさや諸般の事情によって様々である。二メートルを越す大型の巨始光造像碑は、県の属僚たちが参加した義邑によるもので、十旬＝百日で早くも完成している。[53]張石安や殷洪纂の息子仕□の個人的な造像も一年余りで完成している。小規模の石窟である新安西沃石窟は三年で完成している。これらはある程度他の造像の場合にも目安となるであろう。これ以外で五年以上かかっているものもあるが、かなり大規模な造像・造塔事業や、資金の欠乏など、特殊な事情のため長期間に及んだと考えられる。特に、東魏武定七年（五四九）、親が石窟を開いて造像事業を始め、父の死後、その子女や弟子たちが遺志を受け継ぎ、三五年後の隋開皇四年（五八四）によようやく完成したという事例は興味深い。

次に、邑義造像の具体的な日付に関して調査してみると、特定の日に偏っていることが分かる。この点について、邑義造像から範囲を広げ、北朝紀年造像銘全体について分析しても、同様に、特定の日に偏っている。これが実際の工事の完了日を示すとは考えられない。侯旭東氏は、この日付を仏教行事と関連させて考察し、特に釈迦誕生日とされる四月八日、盂蘭盆会の七月十五日、釈迦成道の二月八日が特別な日として重視されていると指摘した。[54]また、馮賀軍氏は、河北省曲陽県出土造像の日付が、侯旭東氏の指摘した三日に加え、『地蔵本願経』に見える十斎日（一日・八日・十四日・十五日・十八日・二十三日・二十四日・二十八日・二十九日・三十日）とも多く一致することから、信徒が意図してその期日を選択した可能性を指摘し、民間に長らく流行していた十斎日が逆にこの経典に採用されたと解釈した。[55]

しかし、北朝時代に仏教徒の間で十斎日が行われたという確かな記録は無く、北朝造像銘を統計的に分析しても、十の斎日すべてが重視されているわけではないため、馮氏の説には検討の余地がある。そこで、筆者が収集した北朝時代の有紀年造像銘に記された月日を統計的に分析し、王朝別に件数の多い順に示した次頁の**表1-1-2**を御覧いた

表１－１－１　造像期間を記した造像銘

名稱(像主)	起工あるいは發願（年）	竣工あるいは刻銘（年）	窟龕あるいは像(碑)の大きさ（高×幅×厚 cm）	期間（年）	銘文抄錄	主な典據
崇教寺（雲岡石窟内）	太和８（484）	太和13（489）	？	５年	「大代太和八年建、十三年畢」	宿白［1996］52-75
唐縣趙氏造像	太和13（489）	太和19（495）	像高370	６年	「太和十三年造像至十九成銘記」	石松187、松原93・94、OS70、世美全292、珍圖14、佐藤智水［2005b］
北海王元詳造像	太和18（494）12月11日	太和22（498）９月23日	龕138×102	３年９ヶ月	「維太和之十八年十二月十一日……其日太妃還家伊川立願母子平安、造彌勒像一區」「至廿二年九月廿三日法容剋就」	漢魏3.302、彙錄1843、龍錄580、NAN0041X、拓3040、硯５、瓊12
孫秋生造像	太和７（483）	景明３（502）５月27日	龕254×150	19年	「大代太和七年新城縣功曹孫秋生・新城縣功曹劉起祖二百人等敬造石像一區」「景明三年歲在壬午五月戊子朔廿七日造訖」	漢魏3.350、彙錄2296、龍錄583、京NAN0058X、拓3054、瓊12、萃27、世美全334、大村192
汲縣崇儀鄉白善剛東大尙村合邑儀唯那尙齊80人等造像	太和13（489）	正始２（505）	五級浮圖、像殘高188（上部缺）	16年	「大魏正始二年十一月戊辰朔十一日戊寅……造就」「以去太和十三年發願割五家之珍、造塼浮圖一區五級、玉像一區一丈二尺、今得成就」	松原121、佐藤智水［2004］、珍圖23、龍佛硏46.224、河南523
僧暈造像	太和16（492）	景明２（501）鑄鐫訖竟、正始２（505）２月４日刻銘	三丈八彌勒像二菩薩丈造素	９年	「太和十六年道人僧暈爲七帝建三丈八彌勒像二菩薩□□丈造素、至景明二□鑄鐫訖竟。正始二□歲次乙酉二月壬寅朔四日銘」	拓3019、京NAN0077X、魯二一53、定縣志18(石3.24.268)、百品24
比丘法雅等千人造像	太和21（497）	正始元（504）	九級靈廟	７年	「而建靈廟、營之以九級。九級之功由盛德而顯濟」「於其時也、始營基止、至後帝正始之元、逕載有七歲」	拓3073、京NAN0072AB、河朔（石2.12.8891b）、文博1993.3.49、龍佛硏46.208、百品15

蔣伯仙	神龜3または正光元（520）	孝昌3（527）末	淸寧天宮、造像183×74	8年2ヶ月	「起子之年、功成乙未之末」「凡用功三千日」	魏目214、OS152、石佛選粹71・72、珍圖51、百品65
王進達200人等造像（新安西沃石窟）	孝昌之始（525）	建義之初（528）4月	窟内164×178×186	3年	「建功孝昌之始、郊《功》就建義之初」	考古1986.2.132、文物1997.10.64、洛陽3.128
李道贊率邑義500餘人造像	永熙2（533）	武定元（543）	造像碑殘髙308×115	10年	「維大巍永熙二年歲在甲寅興建、至武定元年歲次癸亥八月功就」	拓6096、京NAN0429X、魯二二343、大村262、百品112、故宮院刊2009.3.121
巨始光造像	大統6（540）4月	大統6（540）7月15日	造像碑225×100×30	100日	「造缺十旬」	魯二三529、大村289附圖5、中國歷博1985.7.90、百品104
張石安造像	天和5（570）1月	天和6（571）2月	臺座24×70×69	1年1ヶ月	「以周天和五年一月中就手、至天和六年二月□日訖工」	北拓484
唐邕刻經	天統4（568）3月1日	武平3（572）5月28日	刻經	4年2ヶ月	「於鼓山石窟之所、寫維摩詰經一部・勝鬘經一部・孛經一部・彌勒成佛經一部。起天統四年三月一日、盡武平三年歲次壬辰五月廿八日」	拓8034、翰影1.62、瓊22、魯一六1091、百品252、響143、響記2.117
滎陽鄭元伯女道貴智能造像	武定7（549）	開皇4（584）	石室一門、像八萬四千軀	35年	「大隋開皇四年歲次甲辰四月癸巳朔廿日丙辰。滎陽鄭元伯（中略）去魏武定七年、敬營石室一門、復願造像八萬四千軀。其功未訖、奄從世轉。有女道貴・智能、（中略）等、（中略）構父餘業、繼軌前蹤志、今開皇四年、其功乃就」	翰影2.3、中原1986.1.10、魯二五1025
殷洪纂息仕寘造像	開皇7（587）5月10日	開皇8（588）8月8日	摩崖造像	1年2ヶ月	「大隋楊主開皇七年歲在丁未五月十日殷洪纂息仕寘、敬造釋迦像一區、幷二菩薩。言絕如終。其兄文於八年八月八日爲訖」	隋遺397、拓9044、大村388、魯二五1059、續修歷城縣志31、中原2003.1.51

表１－１－２　王朝別造像記の日付

北魏

月日	件數
４月08日	37
７月15日	16
３月23日	11
４月20日	9
３月15日	8
７月10日	8
８月15日	8
８月20日	7
３月01日	6
４月15日	6
５月23日	6
５月30日	6
６月15日	6
９月10日	6
10月07日	6

西魏

月日	件數
４月08日	5
７月15日	5
４月15日	3
３月15日	2
４月28日	2
５月03日	2
６月08日	2
９月01日	2
９月08日	2

北周

月日	件數
４月08日	15
２月08日	10
７月15日	6
９月15日	4
４月15日	3
４月20日	3
６月01日	3
６月08日	3
６月15日	3
６月17日	3
７月23日	3
10月08日	3

東魏

月日	件數
４月08日	22
２月08日	10
７月15日	8
４月15日	6
２月15日	5
３月15日	5
３月23日	5
10月08日	5
２月23日	4
４月12日	4
10月15日	4

北齊

月日	件數
４月08日	48
７月15日	31
２月08日	18
１月15日	11
７月08日	11
５月15日	10
２月15日	7
３月23日	7
４月15日	7
４月23日	7
９月15日	7

隋

月日	件數
４月08日	54
２月08日	27
７月15日	14
10月15日	13
１月15日	11
３月08日	9
８月08日	9
１月08日	8
８月15日	8
10月08日	8
５月08日	7
４月15日	6
５月01日	6
６月17日	6
９月08日	6

- 三長齋月：１、５、９月
- 六齋日：８・14・15・23・29・30日
- 十齋日：六齋日＋１・18・24・28日
- １月15日：燃燈會・上元
- ２月08日：釋迦成道の日（一說では釋迦誕生日）
- ２月15日：釋迦入滅の日
- ４月08日：釋迦誕生の日
- ４月15日：僧尼結制・結夏の日
- ７月15日：盂蘭盆會・中元
- 10月15日：下元

だきたい。最初に、隋代の表の十月十五日の十三件のうち六件、四月八日の五四件のうち六件は、隋文帝の勅命による仁寿舎利塔銘であることをあらかじめ断っておく。

まず、表を見て気付くことは、十一月や十二月の日が表に見当たらないことである。これは、北朝時代、十一月や十二月には特に大きな仏教の行事がなかったためであろう。(56) 一方、四月については八日と十五日が各王朝の表に見える。

日別に詳細に見ると、十斎日がすべて重視されているとは言えないのが明らかである。十斎日のうちである程度重視されていたと考えられるのは一日のみである。南北朝時代に一般的な斎日であったのは六斎日（八日・十四日・十五日・二十三日・二十九日・三十日）であるが、北魏時代の造像では、六斎日ではない十日や二十日も多い。時代が下ると六斎日以外の日の造像は少なくなる傾向にある。六斎日のうちでは、八日と十五日に集中しており、それに次いで二十三日が多く、逆に十四・二十九・三十日はそれほど重視されていたとは言えないことが分かる。

ここで、八日と十五日が重視されるのはなぜかを経典により探ると、『長阿含経』『雑阿含経』『増一阿含経』などの少なからざる経典が、例えば、『増一阿含経』高幢品に「十五日中有三齋法。云何爲三。八日・十四日・十五日」[T2:624b] とあるように、六斎日のうち、月の前半の八・十四・十五日を斎日としており、月の後半については具体的に何日かを言わないこととの関連が考えられる。さらに、北魏の吉迦夜共曇曜訳『雑宝蔵経』巻三龍王偈縁「我於過去作龍王、兄弟有二同處住、第一兄名爲大達、第二者名優婆達、倶不殺生持淨戒、有大威德厭龍形、恆向善趣求作人。若見沙門婆羅門、修持淨戒又多聞、變形供養常親近、八日・十四・十五日、受持八戒、撿心意、捨己住處、詣他方」[T4:462a] という箇所、すなわち、大達と優婆達という龍の兄弟が自分たちの姿を厭い、常に人に生まれかわることを願い、八日・十四日・十五日に八戒を受持していたとあるという記事も重視すべきである。十四・十五日は連続であるから十五日が重視されたと考えられる。

三長斎月（一・五・九月）について、北魏時代、曇靖によって撰述された『提謂波利経』は、この三長斎を月の一日から十五日までと規定している（『法苑珠林』巻八八　八戒功能部所引『提謂経』[T53:932bc]）。表からは特にこれが重視されていたとは言えないが、北斉王朝では、正月・五月・九月の十五日がそれぞれ表に見えている。このことで想起されるのが、北斉文宣帝に関する以下の記事である。すなわち、『続高僧伝』巻十六僧稠伝によれば、北斉文宣帝が僧稠から菩薩戒を受けたことを記すのに続けて「又斷天下屠殺。月六年三敕民齋戒。官園私菜葷辛悉除」［T50：554b］とあり、人民に、月の六斎日と年の三長斎月に斎戒するように勅を下しているのである。

次に具体的な仏教行事との関連で見てみると、二月八日・四月八日・七月十五日のうち、四月八日は全時代を通じて最も件数が多く、この日が仏教徒の間で最も重視されたことが分かる[57]。この日は釈迦の生誕の日と考えられていたことが『魏書』釈老志に記載されており、また世祖太武帝の時、四月八日に仏像を輿でかつぎ練り歩く、いわゆる行像が行われ、帝みずから散華して敬礼したことが記される[58]。『荊楚歳時記』にも、この日に諸寺では斎を設け、五色の香水を仏に注ぎ、龍華会を行ったことが記される[59]。

また、七月十五日は夏安居の終わりの日であり、盂蘭盆会の日である。表を参照すると、七月十五日は、四月八日に次いで二番目、あるいは二月八日に次いで三番目の多さであり、この日も北魏時代から重要な日として認識されていたことが表によって明らかである。例えば太和十六年（四九二）には、この四月八日と七月十五日に各州一定数の僧を得度することを常準として令に著すように詔が下されている[60]。

一方、二月八日については、北魏・西魏時代ではこの日付を有する造像銘は少なく、北魏や西魏ではこの日が仏教の特別な日として一般的には認知されていなかったように思われる。一方、東魏では表の上位を占めており、東魏時代から二月八日が仏教的に重要な日として認識され始めたことが分かる。二月八日は、一説では釈迦誕生の日であり、また釈迦成道の日ともされる。『北史』巻九七西域伝には、「焉耆國、在車師南、都員渠城、白山南七十里、漢時舊國也。……俗事天神、竝崇信佛法也。尤重二月八日・四月八日。是日也、其國咸依釋敎、齋戒行道焉」とあり、焉耆国では、二月八日と四月八日が重視され、これらの日には国をあげて斎戒行道を行ったと記されている。

上記以外の他に、仏教行事が行われる重要な日としては、一月十五日の燃灯会と二月十五日釈迦入滅の日、四月十五日の僧尼結制・結夏の日が挙げられる。表では、一月十五日は北斉時代と隋代にのみ見られ、他の王朝では見られない。一月十五日の燃灯会の風習が広く行われていたことが史書に見えるのは、『隋書』巻六二柳彧伝に収録された柳彧の上奏文に「竊見京邑、爰及外州、毎以正月望夜、充街塞陌、聚戯朋遊。鳴鼓聒天、燎炬照地」とあるのが最初である。また、隋煬帝の「正月十五日於通衢建燈夜升南樓」詩に「法輪天上轉、梵聲天上來、燈樹千光照、華焰七枝開」(61)とあることにより、それが仏教的色彩を有していたことが分かる。ただし、梁の宗懍撰、隋の杜公瞻注『荊楚歳時記』や、北斉～隋代の杜台卿撰『玉燭宝典』の記載には、正月十五日に燃灯会はもとより、その他の仏教的行事でさえも行われていたという記載が見えない。造像銘の分析結果によれば、この日が仏教において重要な日として一般的に広く認知されるのは、隋代より前の北斉時代に遡及することが分かるのである(62)。

二月十五日は、曇無讖訳『涅槃経』では釈迦入滅の日とされており(63)、『魏書』釈老志においても同様である(64)。この二月十五日は東魏・北斉王朝の表にのみ現れており、東魏・北斉王朝（高氏政権）下において、この釈迦涅槃の日が重視されたことを示している。

四月十五日は、上位には入らないが、全ての王朝の下位に列しており、ある程度重要視されていたことが分かる。この日は、『荊楚歳時記』に、

> 四月十五日、僧尼就禪刹掛搭。謂之結夏、又謂之結制。按、夏乃長養之節。在外行則恐傷草木蟲類。故九十日安居。
>
> 四月十五日、僧尼禪刹に就きて掛搭す。之を結夏と謂い、又た之を結制と謂う。按ずるに、夏は乃ち長養の節たり。外に在りて行かば則ち草木蟲類を傷つけんことを恐る。故に九十日安居す。

とあるように、夏安居に入る結制・結夏の日であり、早くも四世紀末には、夏安居が行われていた記載が『法顕伝』に見える(65)。

ちなみに隋代に十月十五日の件数が多いのは、仁寿元年舎利塔が十月十五日に全国各地で一斉に建造され舎利が奉納されたからである。隋王朝が実施した各州における舎利塔建立・舎利埋納の日にあわせて、僧が独自に舎利塔を造っている事例もある(66)。

以上の内容をまとめると、北魏時代は、十日や二十日など、造像銘に六斎日以外の日を記すことも多いが、時代が下るにつれ、六斎日などの仏教的行事の日を記すことが多くなったことが分かる。像の完成に際し、斎会が設けられたと考えられ、造像と斎会との密接な関係を示している。とりわけ、四月八日と七月十五日は早くも北魏時代から仏教において重要な日として広く認知されており、四月十五日の結制・結夏も、上記二日には及ばないものの北魏時代にある程度認知されていたと考えられる。それに対し、二月八日は北魏・西魏では重要な日としてあまり認知されておらず、重視されたのは東魏王朝に始まる。釈迦入滅の二月十五日は、東魏・北斉時代に重視されており、燃灯会が行われる一月十五日は、やや遅れて北斉時代から広く認知され始める。このように、特定の仏教の行事がどれ程地域社会に普及していたかを測定する一つの指標として造像記の月日の記銘を利用することも可能なのである。

②題

造像の題、タイトルについては記さないのが通常であるが、特別に記すものも散見される。造像碑と呼ばれる碑形の石像の場合、碑額にあたる部分に篆書で記される場合もあり、「崔氏宗門寶塔之頌」(67)（図1-1-1）のように、陽刻で記される場合もある。「邑老韓法勝・邑老楊衆興・邑正王進達、都合三十四人等造石窟像一區願文」(68)「廣業寺大邑石像壹區」(69)「邑子像」(70)などと邑義造像であることを標榜するもの、「建福之頌」(71)「讃三寶福業碑」(72)などと、造像が「福」であることを強調するものが比較的多い。さらには、「爲國造福」(73)や「道俗邑人、爲國興福、敬造□□大像一區、幷兩菩薩」(74)「邑主仇池楊大眼爲孝文皇帝造象記」(75)「上爲孝文皇帝造九級一堰」(76)のように皇帝や国家のための造像であることを碑額に相当する箇所に、時には篆書で記すものがある。邑義造像が皇帝・国家のためのものであることを造像の主題として標榜するというのは、邑義造像の動機を考察するにあたり無視できない事実である。

③仏法の意義と造像の意味

ここでは、仏教の根本真理が奥深く近づき難いものであり、この真理は、「自非性哲天奇、何能抱大明而獨悟」(77)な

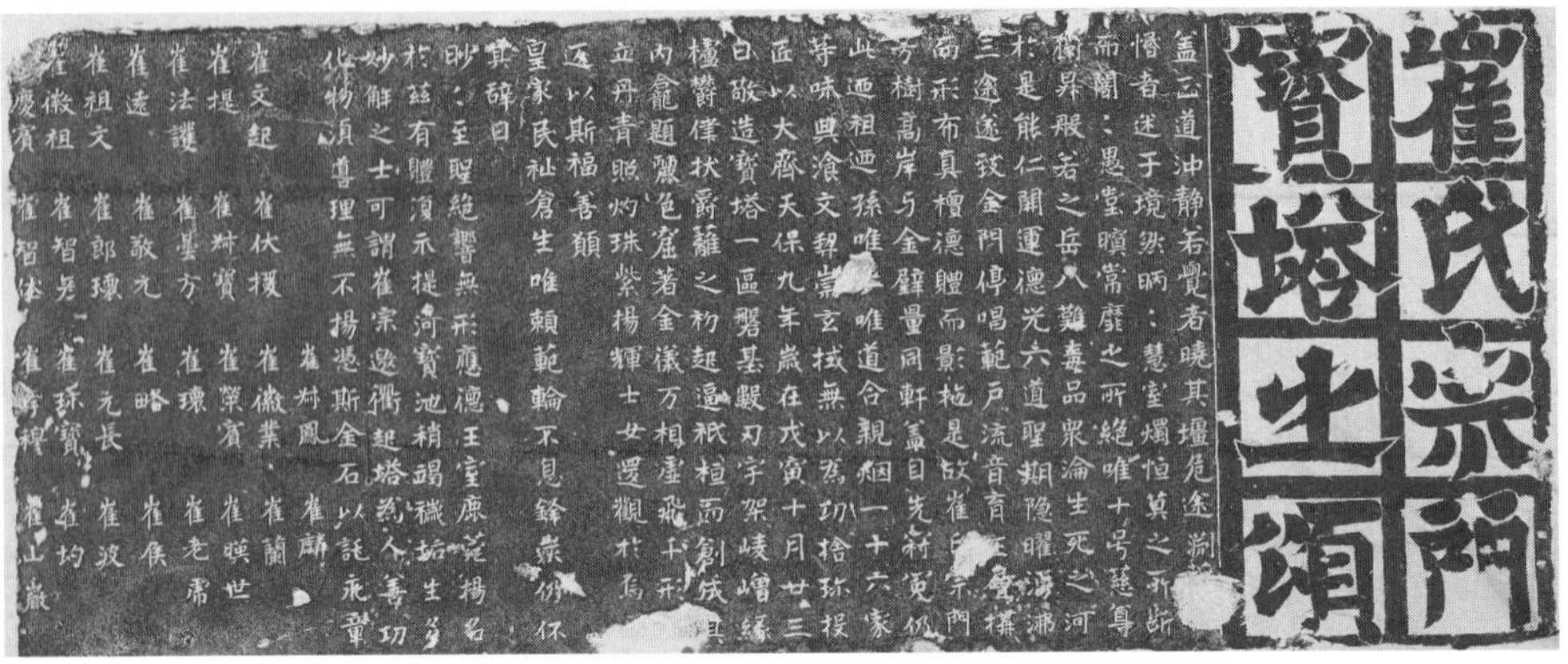

図1－1－1　北斉天保9年（558）崔氏宗門宝塔之頌

どのように、聖人のような特別な人物でなければ悟ることができないこと、さらに、真理を表すには、具体的な言語（経典）や像によらなければならないことが述べられるのが一般的である。

仏教の真理を表現するのには様々な語句が用いられているが、それを理念的に「性」「理」「道」「宗」などと表現したものと、形象化して「身」「覺」「容」「像」などと表現した用語の二種類に大きく分類可能である。前者としては、「至極」「至理」「至性」「至道」「大道」「正道」「妙道」「妙理」「妙性」「眞源」「眞軌」「眞至」「眞宗」「幽宗」「靈宗」「靈淨」「靈津」「玄始」「玄宗」「玄旨」「沖元」「沖宗」「法理」「般若」などがあり、後者としては、「法身」「法體」「妙色」「大聖」「大覺」「靈覺」「聖覺」「聖容」「眞容」「靈容」「靈像」「玄象（像）」などがある。各語はそれぞれニュアンスが異なり、各地域において多く用いられている語についても相違があるが、全体で見ると、最もよく用いられている語はそれぞれ「至道」と「眞容」である。「至道」については『莊子』在宥に、

吾語女至道。至道之精、窈窈冥冥。至道之極、昏昏默默。
吾れ女《なんじ》に至道を語らん。至道の精、窈窈冥冥たり。至道の極、昏昏默默たり。

と見える。仏教擁護の立場に立つ『牟子理惑論』（『弘明集』巻一）にも、

至道之要、實貴寂寞。佛家豈好言乎。[T52:3c]
至道の要、實《まこ》とに寂寞を貴ぶ。佛家豈に言を好まんや。

と、この語が見え、仏教の至高の真理を表す語としても古くから使用され

ている。また、劉勰『滅惑論』（『弘明集』巻八）に、

> 至道宗極、理歸乎一。妙法眞境、本固無二。佛之至也則空玄無形而萬象竝應、寂滅無心而玄智彌照。幽數潛會、莫見其極。冥功日用、靡識其然。但言象旣生、假名遂立。胡言菩提、漢語曰道。其顯跡也則金容以表聖、應俗也則王宮以現生。［T52 : 51a］
>
> 至道の宗極、理として一に歸す。妙法の眞境、本固《もと》より二無し。佛の至りなるや則ち空玄無形にして萬象竝びに應じ、寂滅無心にして玄智彌《あまね》く照す。幽數潛《ひそ》かに會し、其の極を見る莫し。冥功日び用い、其の然るを識る靡し。但だ言象既に生ぜば、假名遂《か》くて立つ。胡に菩提と言い、漢語に道と曰う。其の跡を顯わすや則ち金容以て聖を表し、俗に應ずるや則ち王宮以て生を現ず。

とあるが、これは「道」が「菩提」の訳語として用いられたという、有名な格義仏教的解釈の一つである。このような格義的解釈を含んだ「至道」という語が、北朝造像銘において仏教の真理を表す語として最も多く使用されているということは、地域社会に受容された仏教を考える際留意すべきである。

一方、「眞容」のほうは興味深い使用のされ方をしている。この語は、「眞容虛寂[78]」「眞容澄湛、栖心於无刑《形》之元[79]」「眞容光廓、超于名言之外[80]」「眞容無像[81]」などと、上記の他の語と同様、すみきった、形がないという形容とともに用いられる。一方、具体的に形を有する仏の姿、または仏像そのもの、あるいは仏像を表現・形容する語としても用いられている。例えば、「刊石出眞容[82]」「遂於龍門趙村、建立眞容[83]」などである。これは「眞容」という語には、衆生を超越した至高の存在としての側面と、具体的な形を有して衆生を救済するという側面とがともに有ることを反映している。

造像銘において、衆生がいかにして「至道」や「眞容」などの語で表現される至高の真理そのものとしての存在である仏と関わりを持つことができるか、言い換えれば、仏はいかにして衆生を救済するか、そして、そこに造像がいかに関係しているかをどのように説明しているだろうか。ここでキーワードとしてあげるべきは「感應」である。これについては第四節で改めて論ずることにする。

④義邑における主唱者と像主名、及びその履歴

郝春文氏が既に指摘するように(84)、義邑は造像のために結成された一時的なものと、恒常的に斎会などを行うものの二種類に大別できる。南北朝時代の義邑は敦煌文書に見られる唐代の社邑と比較して、一時的に造像のために結成された比較的紐帯のゆるい組織が多い。集団としての名が記されることが少ないのも、このことと関連するだろう。

通常、前者のような造像のために結成される義邑では、誰かが主唱者となり、人々を勧誘して義邑が結成されたと考えられるが、「正信佛弟子都邑維那孟貳郎、率領邑義一百人等」などと、主唱者が邑義たちを率いたことを記す場合、あるいは、「合邑七十人」「諸村合邑等」などとのみ記し、誰が主唱者か記されない場合がある。誰が主唱者か記されない場合も、供養者題記には、「邑師」や「邑主」などの肩書を有する者が記され、誰がリーダー的存在か推測できる場合が多い。しかし、中には比丘一人、その他二五人全員の肩書が無く、願文には「邑義廿六人等」と記され、リーダーが誰か不明である造像銘(85)もある。また、造像銘では、邑義造像者の自称が「合邑」「邑義」「法義」「邑人」「同邑」など様々であり、地域的な差異も存在することが既に指摘されている(86)。さらに、主唱者が僧侶か俗人か、そして「邑主」「像主」などいかなる肩書を有する者であるかも興味深い問題であるが、これについても地域的・時期的に相違が顕著であり、一概に論ずることは難しい。そこで第二章において、これらの問題について地域別に検討を加えてみたい。

最初に示した銘文には見えないが、造像主の名に続いて、造像主はいかなる人物か記される場合も多い。例えば、

大都邑主張伏惠、可謂地貫華酉、門光海望、歳寒不雕之孫、連旱不渇之胤。

大都邑主張伏惠、地は華酉を貫き、門は海望を光《かがや》かし、歳寒なるも雕《しぼ》まざるの孫、連旱なるも渇《かっ》せざるの胤と謂うべし(87)。

など、名族の出自であることや、前世において善業を積んできたこと、あるいは積んでこなかったこと等が記される。

前世の因の意識が見られるものを例示すると、雲岡石窟に現存する邑義造像銘(88)に、

邑義信士女等五十四人自惟往因不積、生在末代、甘寢昏境、靡由自覺。微善所鍾、遭値聖主道敎天下、紹隆三寶。慈被十方、澤流无外、乃使蓑夜改昏、久寢斯悟。

邑義信士女等五十四人自ら惟うに往因積まず、生まるること末代に在りて、昏境に甘寢し、自ら覺《さと》る由し靡し。微善の鍾《あつ》まる所、聖主の道もて天下を敎え、三寶を紹隆するに遭値《めぐりあ》う。慈は十方を被《おお》い、澤は无外に流れ、乃ち蓑夜昏を改め、久寢をして斯に悟らしむ。

とある。これは、前世において善因を積まなかったために末世に生まれたとしつつも、仏法を興隆する現皇帝の治世に巡り逢えたのは、微善を積んだからであると認識しているものである。

造像銘全体では、過去に善因を積んだとするものの方が積んでこなかったとするものよりもかなり多く見られる。例えば、

正信士佛弟子大唯那郭神通・張靖・馬秋・馬敬寶・董業、士女七十餘人等、竝海岱名家、燕・齊・楚彥、夙殖靈根、早解法相。

正信士佛弟子大唯那郭神通・張靖・馬秋・馬敬寶・董業、士女七十餘人等、竝びに海岱の名家、燕・齊・楚の彥にして、夙《つと》に靈根を殖《う》え、早《つと》に法相を解す(89)。

という事例や、

乃祖乃父、積德於無窮、維子維孫、脩道於祇劫。

乃ち祖乃ち父、德を無窮に積み、維れ子維れ孫、道を祇劫に脩す(90)。

という事例は、名家の出自であるとする意識と仏教の三世応報の意識が混合したものであると言える。他にも、

道俗等皆殖靈根於曩劫之始。

道俗等皆な靈魂を曩劫の始めに殖う(91)。

合邑諸人等宿殖明珠、久歷諸佛。故能異心同契、仰慕遺蹤、在於定光像前、敬造七佛寶堪。

合邑諸人等宿《つと》に明珠を殖え、久しく諸佛を歴《へ》たり。故に能く心を異にするも契を同じくし、遺蹤を仰慕し、定光像の前に在りて、敬みて七佛寶堪を造る。(92)

非夫智笇《?》高侯、能識冥空之果、建不朽之僕《業》者、或將由宿殖珠口一期、今適本願耳。

夫《か》の智笇高侯にして、能く冥空の果を識り、不朽の僕を建つる者に非ざれば、或いは將《は》た宿《つと》に珠口を一期に殖うるに由り、今、本願に適《かな》うのみならん。(93)

などの事例がある。これらは、過去世の善因が現世における造像という福業に結びつくという意識を有していたことを示すものである。

一方、現在の自身の苦境を前世における罪業の因果と認識している事例としては、

幷州上黨郡寄氏縣白木都王天扶・弟曇方、及諸邑儀等、自竭愚懐、剋憤往今、宿殖尠薄、知何可憑、仰崇三寶、建塔三區、造經十二部・銅像八區、復立僧尼二寺。

幷州上黨郡寄氏縣白木都王天扶・弟曇方、及び諸邑儀等、自ら愚懐を竭くし、往今を剋憤するに、宿《つと》に殖うること尠薄にして、何れに憑るべきかを知り、仰ぎて三寶を崇び、塔三區を建て、經十二部・銅像八區を造り、復た僧尼二寺を立つ。(94)

佛弟子楊小娘宿業不圓、往遭艱難、北邊劫掠、沒賊多久。

佛弟子楊小娘宿業圓《まど》かならず、往《かつ》て艱難に遭い、北邊は劫掠され、沒し賊《そこな》わるること多久たり。(95)

など、多数の事例が挙げられる。

以上のように、前世の行いが、善業にせよ悪業にせよ、現世での現在の状況に影響を及ぼしているという理解は、造像銘文中にしばしば現れ、北朝地域社会にもかなり受容されていたことうかがえるのである。特に、造像銘では、造像という福業をうち建てることができたこと自体が、過去世での善因によると理解されているものが多い。また、

前世での善因を長く積んできたことと、古くより代々官僚を輩出した名家であることとが、ともに造像という福業を達成できた原因として認識され、この二つの意識が、特に矛盾が意識されることなく同居しているのも北朝造像銘の特徴と言えよう。

⑤発願の経緯・造像の経過

北朝時代において、個人的な造像の動機として最もよく見られるのは亡者、特に自身の父母や夫が亡くなった時の供養のためというものである。つまり、造像という行為の功徳を亡くなった父母たちに廻向し、彼らが天や浄土に生まれることを願うのである。一方、邑義造像において発願の経緯はいかに説明されているであろうか。これも造像銘に書かれた内容に沿って見ていきたい。

まず造像にあたって、身や財は永遠に保つことができないこと、いわゆる「無常」が強調され、家財を喜捨し造像により功徳（福）をうち建てることの意義が強調されるのが一般的である。例えば、本節の冒頭で例示した造像銘には、

體解无常、命同電炎、財是五家、保翫難賞。
无常を體解し、命は電炎に同じく、財は是れ五家にして、保翫するも賞し難し。

とあり、他の事例でも、

自慨彌淪生處凡俗。竊聞、經云、「惟福可恃」。卽竭家財、遠□名匠、在四衢之內、造均塔一軀・三《?》佛六菩薩。
自ら彌淪し生まれて凡俗に處するを慨く。竊かに聞くならく、經に云く、「惟だ福のみ恃むべし」と。卽ち家財を竭《つ》くし、遠く名匠を□、四衢の内に在りて、均塔一軀・三《?》佛六菩薩を造る。[96]

知法無常、歸心正覺、以功德爲本。
法の無常なるを知り、心を正覺に歸し、功德を以て本と爲す。[97]

知身無常、財非己有。是以謹竭家珍、敬造觀世音石像一區。

身は無常にして、財は己の有するに非ざるを知る。是を以て謹みて家珍を竭くし、敬みて觀世音石像一區を造る。(98)

知財是敗身之毒、明福爲依歸之桑。

財は是れ身を敗るの毒たるを知り、福は依歸の桑爲るを明《さと》る。(99)

などとある。「惟福可恃」「財非己有」などの身・財の無常を表す語句は、仏典にも類似表現が多数見られる常套の用語である。例えば、『六度集経』巻一布施度無極章には、

昔者、菩薩爲大理家、名曰仙歎。財富無數。覩佛明典、覺世無常、榮命難保、財非己有、唯有布施功德不朽。[T3: 3c]

昔、菩薩大理家爲り、名づけて仙歎と曰う。財富は無數なり。佛の明典を覩、世の無常にして、榮命の保ち難く、財の己の有するに非ずして、唯だ布施の功德のみ朽ちざる有るを覺る。

とある。

最初の事例の「竊聞經云、惟福可恃」というのは、『大智度論』巻十一に見える。すなわち、檀波羅蜜（布施波羅蜜）にいかなる利益があるがゆえに、菩薩は般若波羅蜜に住して檀波羅蜜を円満具足するのかという質問に対して、「檀に種種の利益有り」と答えた後に、その利益の内容を様々に説明したうちの一つである、

大慧之人・有心之士、乃能覺悟、知身如幻、財不可保、萬物無常、唯福可恃、將人出苦、津通大道。

大慧の人・有心の士、乃ち能く覺悟し、身は幻の如く、財は保つべからず、萬物は無常にして、唯だ福のみ恃むべきを知り、人を將《もっ》て苦より出だし、大道に津通せしむ。(100)

という箇所を指すと考えられる。また、「財是五家」とは、『大智度論』巻十三にあるように、(101) 財は王・賊・火・水・悪子のために失われるものであることを表現した語である。以上のように、『大智度論』などの典拠をふまえつつ、

財が無常であることを認識することによって、その財を布施し、「福」をうち建てることが重要であると記されているのである。

集団による造像においては、資金を誰がいくら負担し、またいかに集めるかという経済面が大きな問題になる。当然人数が多い程、資金が豊富になり、個々人の負担額は軽減されるため、造像のために結成された義邑の中には人数が多いものもあり、時には千人を超す場合もある。義邑の中で資金集めを主に担当する者の肩書は、「勸化主」や「化主」であったとされる。[102] 中には、元来個人的な動機によって造像を発願したが、資金不足を補うため人々に呼びかけ義邑を結成することもあった。例えば次のような造像記がある。[103]

佛弟子文海珍妻周雙仁、仰爲忘《亡》夫、敬造石象一區。力不獨濟、勸率召得邑儀七十一人、共同所願、象身得成。

佛弟子文海珍妻周雙仁、仰ぎて忘夫の爲に、敬みて石象一區を造る。力獨りにては濟《な》らず、邑儀七十一人を勸率召得し、共同《とも》に願う所、象身成るを得たり。

これは、夫の追善供養のために発願した造像であるが、資金不足のため人に呼びかけ、邑儀七一人の協力を得て像の完成に至ったことが記される。

また、恩師の遺嘱を承けて浮図（仏塔）を建てようとしたが、完成せず、永光寺法師法相らから五十緡（一緡＝一千文）の援助を得て、その上さらに四方に勧進し、七十余緡を得てようやく完成に至ったという事例もある。[104] さらに、自分たちでは造像事業が成就せず、弘農楊氏の県令の援助を仰いだという例もある。以下のようにいう。[105]

清信士女楊暎香・任買女等邑義八十人（中略）□願製像四龕、因碑建號、採石求匠、事未有成。遇縣令楊君、□悟獨曉、善於開導。君字景信、弘農人也。爰自莅止、流惠爲□（中略）。今經始畢功、實蒙勸奬。

清信士女楊暎香・任買女等邑義八十人（中略）□、像四龕を製《つく》り、碑に因りて號を建つを願い、石を採り匠を求むるも、事未だ成る有らず。縣令楊君、□悟り獨り曉《さと》り、開導を善くするに遇う。君、字は景信、弘農の人なり。爰に莅止して自り、惠を流すを□と爲す（中略）。今《いま》經始し功を畢《お》うるに、實《まこと》に勸奬を蒙る。

ここでは、楊暎香・任買女によって主導された邑義八〇人が石を購入し石匠を招聘するのに、おそらく資金不足のため事が成就せず、名族弘農楊氏の県令楊景信から多大な援助を得たことが記される。果たして、供養者題記を見てみると、「當陽大象主楊暎香侍佛」とある以外に、「齋主介休縣令楊景信息師□侍佛」「碑主介休縣功曹左道榮侍佛」「碑主介休縣主簿上官□智侍佛」とあり、県令が「齋主」、県の上級役人である県功曹・県主簿が「碑主」として、それぞれ名を連ねているのである。文海珍妻周双仁と楊暎香の二事例はともに女性の発願になるものであることも、造像活動における女性の積極的姿勢をうかがうことができ興味深い。

義邑の結成にあたり、各人の財の負担額などの取り決めは必要であったと考えられ、明らかに「契約」したことを示す資料も少なからずある。例えば、「先有願、共相契約、建立法儀[106]」というのは、「契約」して後に「法儀」を結成したことを示し、「勸率崇善、四輩競臻、敦契置邑、義重三千、發言施令、聞者咸遵、異口心同、興斯福因、刊石彫玉、變成眞姿[107]」とあるのは、契約を結び邑を結成し、その義は三千大千世界に重く、発言や施令にはことごとく従い、みなが心を一つにして造像を行ったことを示す。それ以外にも、「相約勸率、敦崇邑義[108]」「志標正契、共相獎勸[109]」「敦崇邑契[110]」「夙宵央懃、惟福是務、共契成眞、傾罄資力[111]」「續英合率邑子七十人等、各竭己珍、捨家所有、契同齊願、共造浮圖一口[112]」「法義諸人智達幽原、悟身朝權、捨僞崇眞、彼我齊契、採石荊珉、借用地之宜、□令塢勢崇靈寺中、斲石段況、刊篘眞容[113]」「合邑諸人等宿殖明珠、久歷諸佛。故能異心同契、仰慕遺蹤[114]」など「契」や「約」という字は義邑の結成に関わり頻繁に用いられている。

次に、多くの人が心を一つにして行う造像であることを、「異人同心[115]」「異口同心[116]」「同音異口[117]」「體別心同[118]」「敦約齊心[119]」などと表現している。特殊な事例として、「殊形共氣[120]」のように「氣」をともにすると述べているものもある。特に「同」という字を用いて、「心」が同じであることを強調して表現しているものが多い。心をあわせるという意味での「同心」という語については、『左伝』成公十三年に「戮力同心」とあり、『周易』繫辞上にも「二人同心、其利斷金」とあるなど古くから用例があり、漢代の石刻である韓勑脩孔廟後碑（『隷釈』巻一）にも「異人同心、共術韓君德政」という語が見える。

「異口同音」「異口同聲」「異口同辭」などの語は漢代の文献にはあまり見えず、漢訳仏典に多く見える語である。

ただし、「異口同辭」は『神仙伝』巻十王真伝、「異口同聲」は『抱朴子』内篇道意など仏典以外の用例がある。とりわけ「異口同音」は仏典において頻繁に用いられている。例えば竺法護訳『正法華経』総持品に「鬼子母與諸子倶、異口同音前白佛言」[T9:130b]とあり、また、『阿惟越致遮経』釈果想品に「爾時、五億比丘志懷持信、卽従坐起、住世尊前、叉手自歸、異口同音而歌頌曰」[T9:214a]などとあるように、仏に対し、皆がそろって仏を讃嘆する場面などで多く使用されている。「體別心同」のように、体は異なるが心を同じくするという表現も、『普曜経』などを初めとし、多くの仏典に見える語である。『月光童子経』にも「形異心同、歸命世尊」[T14:817a]とある。

以上、特に心を同じくするという表現が多いことを示したが、これは次節で述べる感応思想と関わる。つまり、多くの者が共に「感」ずることで、仏の「應」を起こすことができると考えられたのである。

皆が心を同じくして、それぞれ、自己の財を喜捨するのであるが、具体的に各人がいくら供出したかを記したものはほとんど残されていない。それを具体的に記したものとして知られているのは「像主崔勳用錢九千」「法儀兄弟廿五人各錢一百、裁佛金色」という事例[121]であり、義邑内でも供出額には大きな差があったことが分かる。

資金が集まると、石を購入することになるが、邑義造像において多くの供養者が刻まれる中、「施石人劉永固」と石を布施した者の名を「塔主牟光」に次いで大きく刻んだ例もある。[122]銘文中では、「玉像」と記し、実際には白大理石や黄華石を石材として用いているものもあるように、像の石材にも注意が払われている。特に曲陽の白大理石が「玉像」として河北地域のみならず広範囲で尊ばれたことは松原三郎氏により明らかにされ、[123]さらに近年では、金申氏が興味深い資料を紹介し論じている。[124]

銘文の定型句としては、「採石名山」[125]「遠訪名山、寶玉斯□」[126]というように、名山から石を得たことを記すものの他、「採石冥山」[127]「採石幽山」[128]「採石玉山」[129]「採石珉峰」[130]という語句も見える。さらに、具体的に「採石荊山」[131]「採石金山」[132]「採石嵩陽」[133]「石出藍田」[134]「採石首陽之阿」[135]「運玉石於荊山、採浮磬於淮浦」[136]「□□華山之陽、得淸玉石一㤃」[137]「乃訪濫田美玉、琨璞京珍、敬寫靈儀」[138]と地名を記すものもある。また「卽於山巖、歩負斯石、起靈塔」[139]と具体的に山から石を運んできたことを記すものもある。

採石した場所として造像銘に最も多く見られるのは、玉の産地として古来有名な「荊山」である。実際に「荊山」の石を用いた事例としては、北魏宣武帝の発願による報徳寺丈六玉像が挙げられる。すなわち『魏書』釈老志には、北魏宣武帝の時代に恒農の荊山（現在の河南省霊宝市）[140]にて丈六の玉像を造り、永平三年（五一〇）冬には、洛水のほとりの報徳寺に像を迎えて安置したと記される。[141]このことは、東魏武定三年（五四五）報徳玉像七仏頌碑[142]に「宣武皇帝剖玉荊山、賈重連城、彫縷瑩飾、摸一佛兩菩薩、石基飄宮、樹於寺庭」とあることからも裏付けることができる。この資料からは、恒農の荊山には、実際に「玉（石）」を採掘する採石場があったことが分かる。

同様に、「往詣定州洪山、敬造玉石大像、一佛二菩薩。有敢運來、佛身丈八[143]」とあるように、定州洪山において仏像を造ってから運搬したという事例も存在する。ここで言う「洪山」は定州曲陽県の「黄山」のことである。前述したように、黄山のある曲陽は玉石像の一大生産地であり、熟練した石匠が多数いたことであろうし、この地に赴いて既製品の仏像を購入し持ち帰った場合も多かったと考えられる。

ただ、実際に銘文に記された場所から採石したと考え難い石像もあり、実際の状況にかかわらず、美辞麗句としてこれらの語が用いられた場合も多いことが既に指摘されている。[144]このような状況から、像の石材が荊山の玉に代表される名山の石を用いるべきだとする観念が非常に強く働いていたことがうかがえる。

無事に石を調達することができれば、次は石から像を彫り出す石匠を招請することになる。また、像の制作と並行して、銘文を作成することになる。義邑の場合、一般的には指導僧が銘文作成を担当したと思われるが、大規模な義邑や王侯貴族などの地位の高い者の場合、文章作成に優れた者に特別に依頼することになる。像と銘文の原稿が完成すれば、今度は書家に依頼して揮毫してもらい（いわゆる書丹）、その上で石匠に依頼して、文字を石に刻むことになる。

無論、すべての造像においてこうした手続きを経たとは考えられず、既製品を購入した事例も少なからずあった。[145]ただし、それは資金が少ない時の方便であって、資金的に恵まれた高貴な者による造像や大規模な集団による造像は、上述の手順を踏んだと考えてよいだろう。

こうした造像に関わった石匠や書丹者はその名を石碑に残す場合がある。表1-1-3は北朝から隋代の石刻（墓誌を除く）に見える石匠、銘文の撰者、書者などの肩書を一覧にしたものである。

まず石匠について見ると、この表からは、その肩書が「像師」「匠師」「石匠」「素像匠」などと記されていることが分かる。特に「像師」という肩書は、中国への仏教伝来によって仏像が造られるようになり、新たに出現した肩書であるとも考えられる。表中の北魏神亀三年（五二〇）晏僧定邑子六十七人等造像記は、実際に「像師」を雇用した具体的状況をうかがうことのできる貴重な資料であるのでここに紹介しよう（図1-1-2）。

神龜三年歳次庚子年二月乙巳朔廿三日丁卯日、涇州新平郡白土縣民、東鄉神水三□里中住、師主雍州扶風郡始平縣道人、俗姓晏、僧定、同子《童》出家。邑子合有六十七人、爲皇帝陛下・七世父母・所生父母、幷現在眷蜀《屬》、卽顧[146]雍州北地郡雲陽縣民茘非道酉、造千佛石像一偏・四面細好銘一偏・精舍一偏（下略）。

神龜三年歳は庚子に次る年二月乙巳朔廿三日丁卯日、涇州新平郡白土縣民、東鄉神水三□里中に住せる、師主雍州扶風郡始平縣道人、俗姓晏、僧定、同子《どうじ》（童子）にて出家す。邑子合わせて六十七人有り、皇帝陛下・七世父母・所生父母、幷びに現在眷蜀（屬）の爲、卽ち雍州北地郡雲陽縣民茘非道酉を顧《やと》い、千佛石像一偏・四面細好銘一偏・精舍一偏を造る（下略）。

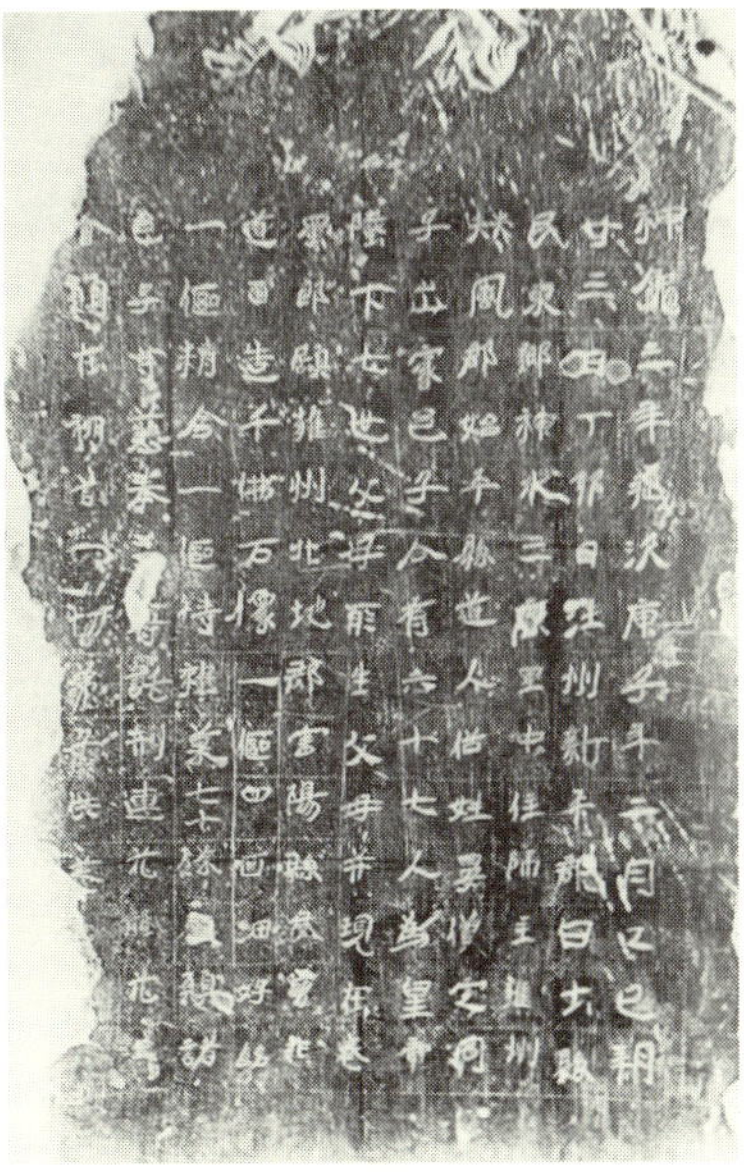

図1-1-2　北魏神亀3年（520）晏僧定造像記

この造像碑の碑陽には、「像師茘非道□」という人名が刻まれる。この人物は造像記に見える「茘非道酉」のことだと考えられ、涇州新平郡白土県民の僧である晏僧定ら邑子六七人が雍州北地郡雲陽県民の像師茘非道酉を雇い造像したことが分かる。この造像碑は、一九八〇年代に永寿県永太郷車村で発見されたが[147]、この地は、北魏当時、確かに涇州新平郡白土県に属する。碑に刻まれた供養者名にも「車」姓の者が十九名もおり、車姓が村の名となったと考

表1－1－3　北朝・隋代石刻に見える石匠・撰文者・書丹者（墓誌・墓碑類除く）

王朝	年號	名稱（像主）	石匠・撰文者・書丹者	主な典據
北魏	太延（435-440）	中嶽嵩髙靈廟碑	臺遣畫匠髙□典□□□□ 臺遣石匠田平城典□州石□ 臺遣材匠像萬□典□州	漢魏3.225、拓3005、道略8、瓊12、文物1962.11.21
北魏	太延5（439）	大代修華嶽廟碑	石匠平城□□□□斗升 石師統寧？戎？荔非薄非 刊匠（正？）寧戎桃谷荔非軺 刊匠（正？）寧戎白水荔非歸□	大代華嶽廟碑、校碑226、石交錄3（石4.6.463）
北魏	太和12（488）	暉福寺碑	秘書著作郎傅思孟制文 定州鉅鏕蘇棠刊文	漢魏3.269、拓3017、京NAN0025X、魯一四685、陝志6（石1.22.16433a）、百品1
北魏	太和22（498）	比丘慧成造像（始平公像）（龍門古陽洞）	朱義章書　孟達文	漢魏3.300、彙錄1842、龍錄579、京NAN0040X、拓3033、萃27、瓊12
北魏	景明2（501）	孫秋生造像（龍門古陽洞）	孟廣達文　蕭顯慶書	漢魏3.350、彙錄2296、龍錄583、京NAN0058X、拓3054、萃27、瓊12
北魏	景明4（503）	幽州范陽郡涿人劉雄頭等合四百人造像	書人比丘秦曇紹	拓3061、龍佛研46.197
北魏	永平2（509）	石門銘	梁秦典籤太原郡王遠書 石師河南郡□陽縣武阿仁鑿字	漢魏4.119、拓3123、萃27、京NAN0100X
北魏	永平4-延昌元（511-512）	雲峯山仙壇詩刻	魏秘書監司州大中正平東將軍光州刺史滎陽鄭道昭作	山東類2.207、漢魏4.210、拓3172、瓊14
北魏	永平4-延昌元（511-512）	雲峯山西峰東壁右闕題字	鄭公之手書	山東類2.263
北魏	熙平元（516）	定州望都山陽村諸道俗邑義38人等造像	書人張僧達	松原137、OS149、珍圖31、北大A33450
北魏	神龜3（520）	晏僧定邑子67人等造像	像師荔非道酉（北地郡雲陽縣民）	考文1999.6.59、碑林全197.1196
北魏	正光元（520）	虎頭寺石窟造像	石匠孟僧密（呂僧密）	洛陽3.101、賀玉萍［2010］94；269

北魏	正光元(520)	邑子等100人造像(像主郭萬年)	匠師方進文 匠師呉伯任	松原149b
北魏	孝昌3(527)	龍門皇甫公石窟碑	使持節安西將軍汝州刺史度支尙書汝南袁翻景翔文 長樂公國中尉汝南王國中大夫太原王實神□隷 將作軍主南陽張文道存□□	彙錄2628、京 NAN0315X、曾布川303
北魏	永安2(529)	韓小文造像	像師蘇羽生	華夏考古1998.1.58
北魏	永安3(530)	廣業寺大邑石像	南陽趙崇篆餝　太原王遵義文隷	拓5139、魯二一171、百品77
北魏	太昌元(530)	李黑城等10人造像	書生李道興	考文1984.5.32、淑德拓
北魏	永興2(533)	合諸來邑子45人等造像	書生尹子勇	戸縣碑刻5：289
北魏	永熙2(533)	儁蒙文姫合邑子31人等造像	書人夫蒙顯達	拓5179、考文1996.2.15、佐藤科研46、百品79
北魏	無紀年	雲峯山刻石	石匠于仙　石匠于仙人	拓3168、瓊14、山東通志151
東魏	元象2(539)	高永樂造像	撰文人李榮寶	文博1988.6.27
東魏	興和4(542)	常光慶兄弟造像	石匠王顯　整字手竹永貴　造頌書手張肇	現地調査(山西省藝術博物館)
北齊	天保3(552)	宋顯伯造像	都維那伏波將軍防城司馬程洛文幷書	漢魏8.274、拓7016、文叢5.127、金石續編2、北拓426、河南185
北齊	天保5(554)	比丘僧法洛合法義20人等造像	主書像人鄭光遠	藝研10.308：AS15
北齊	天保5(554)	西門豹祠堂碑	征虜將軍前開府屬太子侍書魏郡□□光族書詞 衞大將軍前左光祿大夫正字河東姚元標文纓書官寮 國史古今文字學士陳留江希遵篆 刊字匠潘顯珍	漢魏8.342、拓7043、魯一六949、京 NAN0497A、萃33、瓊20、循金(石2.20.14475)
北齊	天保6(555)	鄉郡鄉縣李淸造報德像碑	燕州釋仙書	漢魏8.361、拓7048、京 NAN0518X、魯二三633、瓊20、山右2、大村312、百品148
北齊	乾明元(560)	小南海石窟鏤石班經記	雲門寺僧纖書　□波將軍彭惠通刊	漢魏9.72、拓7102、魯二四727、瓊21、大村311、北拓476、百品174

北齊	大寧 2 (562)	彭城寺碑	僕射魏收造文	拓7113、京 NAN0554AB、魯一六 1007、定縣志(石3. 24. 270)、百品180
北齊	天統元 (565)	天柱山銘	使持節都督光州諸軍事車騎大將軍儀同三司光州刺史滎陽鄭述祖作	漢魏9. 191、瓊22、山東類2. 325
北齊	天統 4 (568)	逢略造像	王文貴書（右側）	魯二四789、昌樂縣續志17（石3. 27. 579a）、齊遺258
北齊	?	洪頂山佛名題記	大沙門僧安道壹書刊大空王佛……	山東類3. 266、賴非24
北周	天和 2 (567)	西嶽華山神廟之碑	使持節驃騎大將軍開府儀同三司大都督司宗治內史臨淄縣開國公万紐于瑾造此文 車騎大將軍儀同三司縣伯大夫趙興郡守白石縣開國男南陽趙文淵字德本奉敕書	漢魏10. 209、拓8135、萃37、陝精19
隋	開皇 5 (585)	重修七帝寺碑	素像匠邢洪演　趙文遠　蘇奉仁 桼匠劉松柏　路元和 大殿木匠王祖　李孝威　㳄君英 銘文王良預 書手劉雅 銘石匠楊靜巖　郭登　郭悅	隋遺391、拓9025、京 ZUI0014X、定縣志18（石3. 24. 273）、魯二五 1043
隋	開皇 7 (587)	寺主王子華造像	石匠小高改佛一尊	隋遺395、瓊24
隋	仁壽 2 (602)	啓法寺碑銘	隴西李寶鐫 儀同三司樂平縣開國子汝南周彪撰 州前從事譙國丁道護書	隋遺73、瓊27、金石續編 3 、湖北(石1. 16. 11990)、書跡84
隋	大業元 (605)	沙門僧脩□諸姓邑人等造像	趙超越隷書謹上 齊錄事參軍劉僧顯、御史章伏德彫餝記銘永劫	隋遺435、京 ZUI0082X、甸16、大村410
隋	大業 3 (607)	棲巖道場舍利塔碑	司濾書佐會稽賀德仁奉敎撰	隋遺44、京 ZUI0088X、金石續編 3 、山右 3 、瓊26、文物世界2003. 4. 26

えられる。この碑の出土地である車村は、長安の北西約一二〇キロメートルに位置する。北地郡雲陽県は、長安の北約五〇キロメートルに位置し、咸陽郡池陽県（現在の涇陽県周辺）からさらに少し北に行ったところにある。周辺の涇陽県や三原県では北魏時代の仏像や道教像が少なからず出土している。

「荔非」という姓は、羌族の大姓であるが、おそらくこの地域に羌族の石匠のグループが存在し、そこから招いたのであろう。表中の太延五年（四三九）大代華嶽廟碑にも荔非姓の石師や刊匠が見える。また、北魏馮太后時代、仏寺や陵廟などの主要な建築を担当した鉗耳慶時（王通）も羌族である。石匠と民族の問題も興味深いテーマであるが、今は措く。

この事例のように実際に招いたかは別として、石匠を遠くから招請したことを記すものは多くある。特に「採匠京都[148]」「引匠東都[149]」「召匠洛邑[150]」のように、都から招いたとするもの、また、「遂《？》朴求荊越國妙手[151]」「訪工呉越[152]」など、当時南朝の領域であった南方から優れた職人を招いたとするものもある。これは、南方の石匠が優れているという意識を表しており興味深い。修辞的表現の典型的事例としては、「石採嵩華、匠追揚鄴[153]」という銘が挙げられる。この「嵩華」は嵩山と華山、「揚鄴」は江南の揚都と華北の鄴都のことであろう。

また、像の形ができあがると彩色され、時には金色にも塗られる。現在でも鮮やかな彩色を残す造像が各地に存在する[154]。像の制作とともに、銘文を作成する作業が行われるのであるが、表1-1-3を参照すれば分かるように、文章の作成者は、「……造文」「……制文」「……文」「……撰」「撰文人……」と記される。また、書者は、「……書」「書生……」「書人……」「主書像人」「書手……」と記される。「……隷書」「……文隷」など、隷書であることを記すものもある。碑額などの篆書で記す部分のためには、特別に専門の人物を招いたことが「南陽趙崇篆鈁」「陳留江希遵篆」などの記銘により分かる。また、石に文字を刻む者は、「……刊文」「……刊」「……鑿字」「銘石匠……」「……鐫」などと記される。

⑥尊像名

像名の表記は、大きく分けて、以下の五種に分類できる。すなわち、A、釈迦、弥勒、観音、阿弥陀などの仏の尊名を表すもの、B、「石像」「金銅像」「金像」「玉像」など材質を表したもの、C、「四面像」「碑像」「龍樹坐像」「文石像」（模様のある石像）など像の形状を記すもの、D、「始平公像」[155]「父母像」[156]など、像の功徳主（造像の功徳を得る者）を記すもの、E、単に「佛」あるいは「像」と記すもの、である。実際の銘文では、これらを組み合わせて「觀音玉像」など様々に表記される。

このうち、仏教思想史において特に重要であるのは、Aの尊名であり、邑義たちがいかなる尊名の仏像を造ったかは、非常に興味深い問題である。北朝時代の大きな時代的変化として、北魏時代は現在賢劫の釈迦—未来仏である弥勒信仰が中心であったが、東西魏以降になると多様化し、半跏思惟形で表される太子思惟、『法華経』普門品に説かれるような現世利益的信仰を集める観音や西方浄土の教主である無量寿・阿弥陀、華厳教主である盧舎那仏などが造られるようになる[157]。

本書の第二部においては、そのような尊像名の多様化の過程・様相を、地域性を考慮しつつ、仏名信仰、観音信仰、阿弥陀浄土信仰という点にしぼって経典とのかかわりにおいて考察する。

⑦像の荘厳・形容・立地

像の荘厳・形容については、「妙相備擧」[158]「容相超奇、四八盡具」[159]「敬造釋迦石碑像二區。相好周圓、眞容若一、乃使卅二相宛如眞容、八十種好於茲再現」[160]など、仏の優れた身体的特徴である、三十二相・八十種好が像に備わっていると述べられている。そして、完成した像が、いかに仏の真容（真なる姿）を彷彿とさせるものかについて「彫剋成就、與眞容□應」[161]「敬造尊像一區二侍菩薩、嚴姿超絶、色精琨寶、光拂紫虛、暉洞皎日、崇髣髴於幽蹤、依俙於聖容者也」[162]「連剋聖容之質、狀如眞見」[163]「彫容奇麗、妙奪眞形」[164]などと述べられる。さらに、「狀若天上降來、後似地中湧出」[165]「此處忽然新佛化生、地中涌出」[166]「非是神光於西土、即是如來從地勇出」[167]「彫瑩新奇、特殊精巧、鎸鏤繁華、本無今有、未謝刻檀、焉蹔湧出[168]」など、仏が天上より下生したとするもの、あるいは、『法華経』従地涌出品に説かれる、地が裂けて無量の諸菩薩がそこから出現したという神変の喩えも用いられている。

塔の場合、阿育王塔の舎利を模倣したものであることが「造靈塔一區。摸育王之眞軌、放舎利之影跡。峩ゝ勢巧、穎越於雀離。嵑ゝ陵霄、峻高於兜率。靈像儼ゝ、濟度於恆沙[170]」のように述べられる。また、「綺麗金顏、輝映楞伽[171]」「其像眞容炳煥、上徹有頂之天、零相熙怡、下到无間之獄[172]」など、像が光を放ち輝いていることを述べるものも多いが、これも経典によく見える仏の描写に倣ったものであろう。

第四節で述べるように、像や塔を精巧に制作することは供養者の誠意を表現する一手段であり、仏の感応を起こす条件でもある。「凡人覩見、不覺崩騰如頂禮[173]」「四衆依依、慕神狀而屈膝、士□□□、投福地而和南[174]」「覩之者肅敬如踟躕[175]」など、人々が像や塔を見れば跪いて礼拝し、像や塔を見たものは「覩之者則瀅發道心、藻除塵垢[176]」「見者與見而消殃、禮者共禮而除鄣[177]」とあるように罪障が滅除し、「覩者生善、歸心政覺[正178]」「以□妙像、使見者起三千之念、覩者發□德之心[179]」など善心を生ずることが述べられる。

さらにここでは、像の立地についても述べられ、「爾其地勢、東瞻嵩嶺、矚五嶽之中台、西眺洛陽、望成公之基闕、南觀少室、對萬刃之危峰、北臨二濁、兼伊洛之合溥。其此居處、復是白公學道得仙之所、林流蓊蔚、群獸翔薩、清風出於澗側、白雲徧於高邊[180]」など、山川に恵まれた風光明媚な地、あるいは帝都が近い、または、人通りが多い大路沿いといった交通の要衝である福地が選択されたことが強調されている。

具体的な像や塔の設置場所を記したものについては、「立在油衢[181]」「安處路衝[182]」「樹在村洛之前、端立九路之側[183]」「四瞿道投、要路之置[184]」「在路交衝[185]」「竪碑於鄴路之傍[186]」「東西路側[187]」「立碑路側[188]」といったように道路の側に立てたとするものと、「樹於寺庭[189]」「置善會寺庭[190]」「在垣堋寺所[191]」「共在棲閑寺、敬造石碑像一軀[192]」「崇靈寺中[193]」「置在伽藍之所[194]」「在太行山大窮谷上寺之中[195]」「於村寺内、造立精舍、安置金剛之坐[196]」など、寺院の中に安置したとするものとがほぼ同数程度ある。他には、「在山川臨淥顯望、敬造塔一軀[197]」や「置于巖鑿[198]」と山川に恵まれた地に安置したもの、また、「於村之前[199]」「在村處中置立[200]」などと村の前や村中に建てたことを記すものなどがある。

⑧願目

ここでは、造像の功徳によって、誰のため（廻向の対象）に何を祈るのかという供養者たちの祈願内容が記される。廻向の対象（奉為）については、邑義造像では皇帝や国家が非常に重要な位置を占めており、続いて、師僧、七世父母、眷属、一切衆生に功徳が廻向されるのが一般的であることが知られている。

願目については、佐藤智水［一九九八］一三二頁の表十において、北朝造像銘の様々な願目について王朝別にその件数が整理されている。造像銘全体を見ると、現世利益を願うものは相対的に少なく、亡者あるいは現存者が死後に、天に生まれかわったり、浄土に生まれたりすることを願い、続いて、その生まれかわった先において、仏に会い法を聞き、最後には、成仏あるいは正覚を成ずることを願うというものが多い。

特に、北朝造像銘では、天に生まれかわることと、西方浄土に往生したいとする信仰が複雑に混合しており、この信仰を総体的にいかに把握すべきかは重要な課題であると思われる。この問題については、第二部第七章において改めて取りあげたい。

天や浄土、あるいは、この人間世界など、生まれかわった先において、仏に会い、説法を聴くことで悟りたいとする願望を、造像銘では主に四字句で様々に表現している。以下では、造像銘においてよく用いられる定型的語句について、その語の典拠となる経典を調査し、地域的・時代的分布状況について概要を示してみよう。

まず生まれかわりを表す語であるが、造像銘においては、「捨身受身」「生生世世」という語が多く用いられている。「捨身受身」は、後秦竺仏念訳『出曜経』、鳩摩羅什訳『大品般若』『大智度論』、曇無讖訳『菩薩地持経』など主要経典に見え、また北魏延興二年（四七二）訳出『雑宝蔵経』にも見える。造像銘における用例も古く、北涼縁禾三年（四三四）の造塔銘に現れ、[201]北魏造像銘にも少なからず用例があるが、東西魏以降はあまり見られなくなる。一方、「生生世世」という語は、北魏より前に遡る確実な経典の事例は見当たらず、『現在賢劫千仏名経』や『過去荘厳劫千仏名経』などの訳出年代不明の経典がその可能性として指摘できるにとどまる。また、北魏末（西暦五三一）菩提流支訳『勝思惟梵天所問経論』にも用いられている。この語の見える造像銘の出現も遅れ、北魏正光六年（五二五）賈智淵造像記[202]に「生生世世値佛聞法」と見えるのが管見の限り初出であるが、東西魏以降は多くの造像銘に用いられている。

常に仏と会うことを願う「常與佛會」という語句は、古く呉の支謙訳『菩薩本業経』や、西晋法炬訳『灌洗仏形像経』に見え、北魏宣武帝時代に法場が訳したとされる『弁意長者子（所問）経』にも現れる。しかし、南北朝時代までの他の漢訳経典には見えないようであり、あまり使用された形跡が見当たらない。一方で、この語句は造像銘には頻出する。主に河北・山東地域の造像銘に集中して現れ、特に金銅像に多く見える。また東西魏以降は、河北の白大理石像に多く見える。この語を有する石刻で最も早いものは、太和五年（四八一）の紀年を有する、孝文帝・馮太后の河北への行幸の折に五級浮図を建てたことを記した定州出土石函[203]である。なかには、「常與彌勒佛會」[204]と具体的に尊名を記すものもある。

「値遇諸佛」という語は、『大品般若』『六十華厳』『金光明経』『大智度論』など主要な経論に見えるが、『観仏三昧海経』『観弥勒菩薩上生経』『観薬王薬上二菩薩経』などの観仏経典類にも見えるのは、注意しておくべきである。「値遇彌勒」は早くも先述した北涼縁禾三年（四三四）石塔銘文に現れ、「値遇諸佛」も太安三年（四五七）宋徳興造像記[205]に既に見えている。類似の意味を有する語で、さらに遡る事例としては、「常見諸佛」があり、太平真君三年（四四二）永昌王常侍定州常山鮑纂造石浮図記[206]に見えるが、この語はこれ以降使用された形跡が見当たらない。ただし、仏典においては、この語は古く西晋時代の無羅叉訳『放光般若経』や竺法護訳『正法華経』に見え、さらに『六十華厳』『大品般若』『大智度論』など、多くの経典で用いられている。

次に、仏に会い、教えを聞くことを表す語句として造像銘に最も多用されているのが「値佛聞法」である。この語は、侯旭東［一九九八ａ］一九一頁が述べるように、生まれかわった先々で、仏に会って教えを聴きたいという意味の「生生世世値佛聞法」としてしばしば現れる。「値佛聞法」という語句は、北魏以前訳出の経典においてはほとんど見えず、わずかに、観仏経典と非常に類似した内容を有する失訳『文殊師利般涅槃経』[207]に見えるにすぎないが、隋唐以降の経疏の類には比較的多く見え、特に吉蔵が多用している。

「値佛聞法」の同義語としては、「見佛聞法」という語がある。この語は、『増一阿含経』『六十華厳』『大方等大集経』『大智度論』など多数の経典に見え、仏典では頻出する語である。造像銘においては、北魏皇興五年（四七一）趙知法造像記(208)に「□□□身、常見佛聞法」とあり、北魏時代の造像銘数件に見えるが、東西魏以降ではほとんど見当たらなくなる。

また最後に、「願」に関わって、「所願従心」という語は『六度集経』などに見えるが、造像銘に頻出する「願願従心」という語の経典における事例が見当たらないことも付記しておきたい。

以上、造像銘に見える様々な願目を表す語句を仏典と比較対照してきた結果、造像銘において多用される願目の語句は、必ずしも仏典においても多用されているわけではなく、中には経典ではほとんど使用されていないものもあることが明らかとなった。

仏に会いたいという願目について言えば、造像銘では、経典と比較して「見」よりも「會」や「値」をより好んで使用している傾向がある。「見」と「値」については、『荘子』知北遊に「明見无値」とある句を、成玄英疏は、「値、會遇也。夫能閉智塞聰、故冥契玄理、若顯明閙見、則不會眞也」と解釈しており、王先謙集解も「雖明見之而無所値」というように両者を区別している。このことから、「仏を見る」「仏にまみえる」という直接的表現よりも、「冥契」といった玄学的意味を含む「會」や「値」という表現が好まれたと考えることができる。

また、仏に会いたいという願いは、非常に多くの造像銘に見えることを述べたが、それは、生まれかわりを前提にして考えているものが多く、現世において仏に会い、法を聴くというのは、到底かなうことのない願いと考えられていたのかもしれない。ただし一方で、仏の真身には形がないが、現実世界においては様々に姿を変えてこの世に姿を現すという理解も、第四節で述べるように相当普及していたようである。現実的に仏に会えないのは、それを妨げている要因があるはずであり、仏に会うことを妨げているのは、はるか昔の前世より積み重ねられてきた罪業であると説くものが多い(209)。その上で、懺悔によって前世において積み重ねてきた罪業を滅し、仏にまみえることができると説くものもある。懺悔の実践は仏名信仰と密接に結びつき、造像にも関わっているのであるが、この様相については、

第二部第一章から第四章で考察する。

⑨供養者名

大型の造像碑などでは、多数の供養者名が刻まれることが多く、中には願文がなく、供養者名だけを刻んだものも少なからずある。供養者名を記すことは、世間に造像者の名を知らせること、また、造像の功徳を誰が得るかを記すという点において非常に重視されていたと考えられる。邑義造像においては、「邑主任安保」「邑子高小廣」などのように、姓名だけでなく義邑内における肩書も記されている場合が多い。この肩書は非常に多種多様であり、地域的特性が色濃く反映されているので、次章において詳細に分析を加えたい。

第四節　造像と感応思想

造像を媒介として、衆生が仏とつながることを理論的に説明する思想、言い換えれば、衆生がいかにして、「至道」や「眞容」などの語で表現される至高の真理そのものとしての存在である仏と関わりを持つことができるかを理論的に説明しているのが、感応の思想である。菅野博史［二〇〇七］によれば、感応は仏教伝来以前の中国古典にも見える語で、『周易』咸に「二氣感應以相與」とあるように、同類の相対的二者が互いに他を求めて働きかけ、それに対し互いに反応するという意味がある。もう一つの意味は、無為自然の境地に安住する聖人の行為のあり方における受動的性格を表すもので、『周易』繋辞上「感而遂通天下之故」、『莊子』刻意「聖人之生也天行、其死也物化。（中略）感而後應、迫而後動」などが典拠とされ(210)、感応は形と影、声と響の関係に喩えられる(211)。

一方、南北朝時代の仏教における感応思想に関しては、船山徹氏や菅野博史氏が既にあらましを述べている(212)。仏教では、衆生の「感」に対し仏が「應」ずるというのが基本形となった。ここでの「感」は、「感、動也」（前掲『周易』繋辞上「感而遂通天下之故」虞翻注）という訓詁があるように、動かす、働きかける、の意味である。さらに竺道生は、「機」（衆生の機根）という概念を感応思想に組み込んでいる。すなわち、仏菩薩の衆生に対する化導の多様性は、衆生側の「機」の段階性によるとし、「機」が仏菩薩を「感《うご》」かし、仏菩薩がそれぞれの「機」に対して様々に「應」ずるという主張をしたとされる。(213) その後南朝では、「感應」に関する議論が盛んに行われたようであるが、衆生の「感」に対し仏が「應」ずるという構図は大枠では継承されるのである。(214) 南北朝時代の仏教的感応思想の一般的理解を提供してくれるのは、慧皎『高僧伝』巻十三興福篇の論と『魏書』釈老志である。前者には、

夫法身無像、因感故形。感見有參差、故形應有殊別。若乃心路蒼茫則眞儀隔化。情志慊切則木石開心。……故知、道藉人弘、神由物感。豈曰虛哉。是以祭神如神在、則神道交矣。敬佛像如佛身、則法身應矣。［T50：413ab］

夫れ法身無像にして感に因るが故に形《あら》わる。感見《げん》に參差有り、故に形應《まさ》に殊別有るべし。若し乃ち心路蒼茫たれば則ち眞儀も化を隔《とざ》さん。情志慊切なれば則ち木石も心を開かん。……故に知る、道は人を藉《か》りて弘まり、神は物に由りて感ず。豈に虛と曰わんや。是を以て神を祭ること神在《いま》すが如くせば、則ち神道交わらん。佛像を敬うこと佛身の如くせば、則ち法身應ぜん。

とあり、本当の仏を敬う如くに真摯に仏像を敬すれば、法身が応ずるとする。後者は、諸仏の二種の法身について、

諸佛法身有二種義、一者眞實、二者權應。眞實身、謂至極之體、妙絶拘累、不得以方處期、不可以形量限、有感斯應、體常湛然。權應身者、謂和光六道、同塵萬類、生滅隨時、修短應物、形由感生、體非實有。權形雖謝、眞體不遷。但時無妙感故、莫得常見耳。明佛生非實生、滅非實滅也。

諸佛の法身に二種の義有り、一は眞實、二は權應なり。眞實身は、謂わく至極の體にして、妙《た》えに拘累を絶し、方處を以て期《かぎ》るを得ず、形量を以て限るべからず、感有れば斯に應じ、體は常に湛然たり。權應身は、謂わく光を六道に和し、塵を萬類に同じくし、生滅は時に隨い、修短は物に應じ、形は感に由りて生じ、體は實有に非ず。權形謝《さ》ると雖も、眞體遷らず。但だ時に妙感無きが故に、常見するを得る莫きのみ。佛の生まるるは實の生に非ず、滅するは實の滅に非ざるを明かすなり。

と述べる。つまり、「權形」（この世に仮に姿を現した釈迦）が滅したといっても、仏の真実身はなくならず、その真実

身を常見できないのは「妙感」がないからであるとする。

北朝造像銘においても、以上のような理解はおおむね共通している。まず至高の真理は本来形の無い、あるいは有無をこえたものであり、衆生が「感」ずることによってそれに対して様々に「應」ずるとされる。これは、「應隨物感[215]」などと表現され、「隨縁感應[216]」「赴感隨因[217]」「赴感隨縁[218]」など、感に対して応ずるのは「因」や「縁」に随うとされる。

そのため、例えば、「應茲白淨[219]」「如來應群縁以顯迹[220]」「如來應現王宮[221]」「應形鹿菀[222]」とあるように、釈迦がこの世である娑婆世界で説法したことも「縁」「感」に対して応じたものであると理解されている。逆に、「感竭移影、□林唱寂、自滅應以來、奕世同慕[223]」「物感不長、奄輝雙樹[224]」「隨感萬變、縁盡隱輝[225]」「隨縁應感、化縁終訖、歸眞常寂[226]」などとあるように、「縁」や「感」が尽きたので、釈迦が寂滅したと説明される。

それでは、天竺とは地を異にする中国への仏教伝来はいかに説明されているかというと、「周季顯其一證、漢中光其再瀉[227]」「但以應現無方、……現於前周、金色降於後漢[228]」などとあるように、周の時代に仏が一度応現したことに言及するものもあるが[229]、「貝葉東移、始感金人之夢[230]」「凝神虛寂、飛聲東夏、夢感漢庭、弘興再序[231]」などのように、後漢明帝が夢で金人（仏）を見たことが中国に仏教あるいは仏像が広まる契機となった事件として述べられることが多い。すなわち中国への仏教または仏像の伝来も「應現」「感」という語を用いて感応思想によって説明されている。

この感応思想は仏と現皇帝の間にも用いられる。例えば、「至哉大覺（中略）應我皇機。聖皇玄感、協揚治猷、道液垂津、冥被□□[232]」とあるように、北魏皇帝の「機」「玄感」に対し、仏が応じたと記すものがある。

また、興味深いことに、応ずるのは仏だけではなく、仏図澄という高僧の出現も「應感人間[233]」と説明され、さらには、唐邕のような在俗者も「唐邕挺固理時、生而爲世、秉文經武、來處廟堂、從扣而鳴、隨病與藥、待群方而似鏡、應衆務其如響[234]」と感応思想によって表現されている。

次に、感応思想における真理と像との関係はいかに位置づけられているかを見てみよう。そもそも、「眞容無像則隨感萬端[235]」などと述べられるように、真理・真容は形が無く、「感」によって様々な姿を現すというのが前提としてある。そして、「眞容妙極、假像以表應[236]」「赴感隨緣、應物以形[237]」などのように、真容・真理は「形」「像」をかりてこの娑婆世界に「應」じ、「法身無緣、象應通眞[238]」とあるように、像が応ずることで真に通ずるとするのが造像銘に見られる一般的理解である。また、

應雖隨感、非眞容無以標其見。故捨苦罔若歸心於眞應、脩善莫若精崇於經像。

應は感に隨うと雖も、眞容に非ざれば以て其の見《あらわ》るるを標す無し。故に苦を捨つるは心を眞應に歸するに若《し》くは罔く、善を脩するは經像を精崇するに若《し》くは莫し[239]。

と、真容＝仏の御姿＝仏像でなければ応現を示すことができないので、苦を捨て善を修するには、経典や仏像を崇拝するのが最もよいと述べたり、「若不脩崇慈顔、竟何以冥感將來[240]」と、慈顔（仏の御顔）を崇ぶ――具体的行為に即して言えば仏像を造り崇拝すること――以外に将来に冥感する手段はないと述べたりしているのも同様の意味である。つまり、仏が衆生に応ずるのは衆生の感に随うが、仏と衆生は無媒介に通ずるのではなく、「形」や「像」という媒介が必要ということである。そのことを「寂理無體、藉應以辨眞、々中無應、故託物以成□[241]」というように、真理には「體」が無いが、「應」をかりて「眞」を識別し、「眞」の中には応ずるものがないので、形有る「物」に託すと表現するものもある。

そして、「形應雖澄、藉感乃宣[242]」とあるように、形像が「應」ずるには、「感」が必要であるのだが、「所以現應金容、詮言布教者、寔由見聞之徒三千同感[243]」とあるように、多くの者が「同《とも》に感」ずることが、仏の「應」を引き起こす重要な要素である。このことは、『大般涅槃経集解』巻五純陀品に「僧亮曰、恐一人之誠不能仰感。故憑大衆令共請」［T37：398b］とある解釈と一致している。

そして、「眞容澄邃於大千、非純感無以窮其會[244]」、あるいは、「法身凝寂、非妙信無以感其像[245]」とあるように、感応を起こすためには、「純感」や「妙信」、つまり、「感」が純粋なものであること、誠心誠意であることが必要で、誠心誠意をつくせば、感応が霊験・奇跡という形で示されることになる。

では、誠心誠意をつくす行為とは具体的に何を言うのか。その代表的なものが、斎を設け懺悔行道することであ

る。例えば、東魏時代、恒・定二州刺史であった厙狄干は、干ばつで雨が降らず民が苦しんでいたのを愍れみ、山上に神泉が有るのを知り、発心して練行僧に求願させ、立斎行道させたところ、神霊に冥感し、雨が降り、千里を潤したということが東魏武定三年（五四五）厙狄干造像記（図1-1-3）に述べられている。[246] また、「建置塔、以樹歸依之心、表容像以申精誠之願」[247]というように、造像によって精誠の願を表明すると記すものもあり、

　況復妙極雕磨、巧窮巖麗、精誠感至、若斯之盛者哉。

　況んや復た妙なること雕磨を極め、巧みなること巖麗を窮め、精誠の感の至りたること、斯くの若きの盛んなる者をや。[248]

というように、像を精巧に制作することが、誠をつくすことだとする認識がここにはある。ちなみに、『魏書』釈老志では、文成帝が仏教復興の詔を下した年に、詔して皇帝の身体に似せて像を造らせたところ、完成した像には、偶然に皇帝の身体の黒子とちょうど同じところに「黒石」ができていたというが、これを「論者以て純誠の感ずる所と爲し」たと記されている。[249]

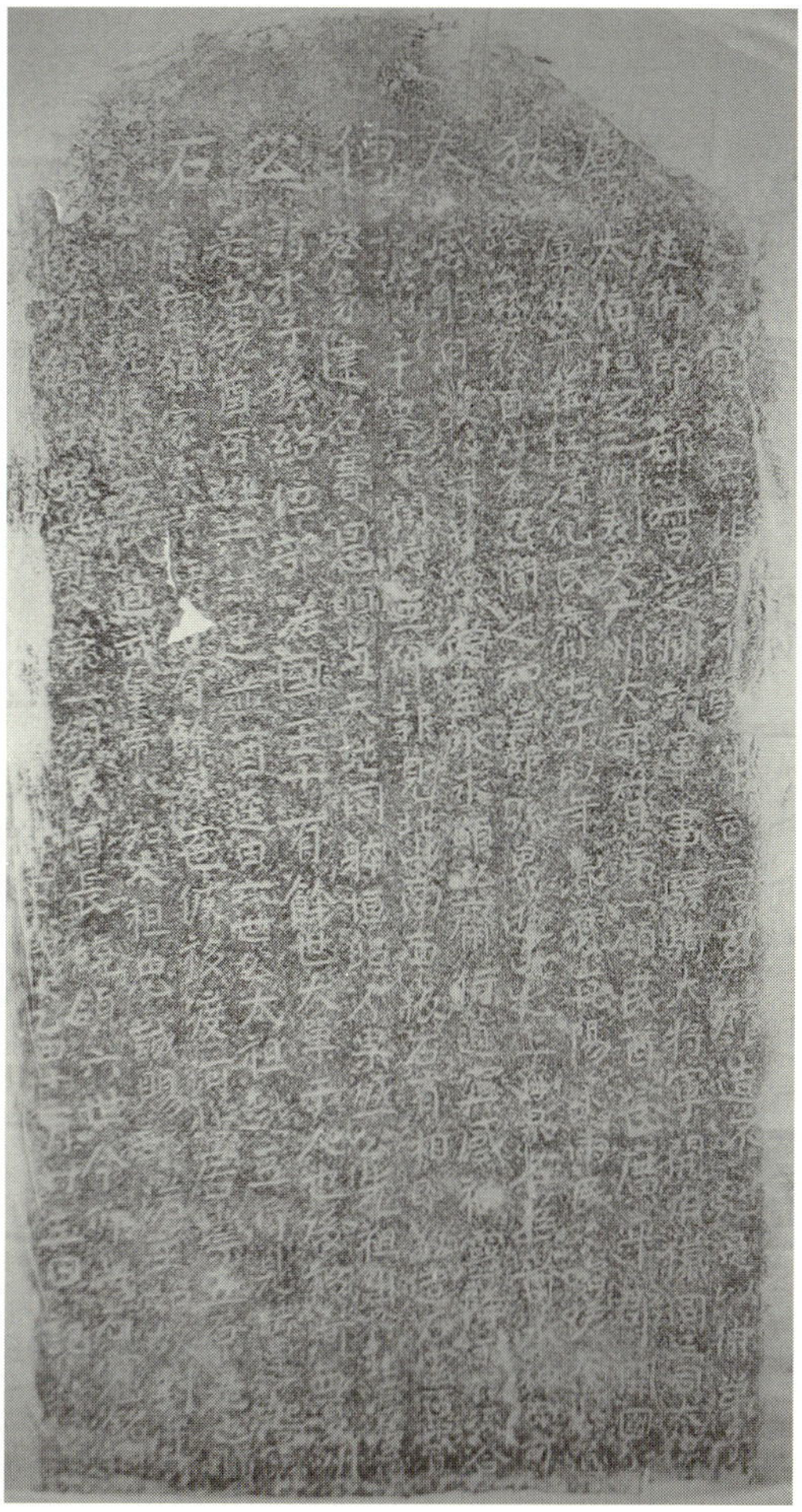

図1-1-3　東魏武定3年（545）厙狄干造像記

　このような誠意をもって完成された像は「成就等應見之容、圓滿若下生之狀」[250]、あるいは、「釋迦重應於娑婆」[251]などと述べられ、完成した仏像をさながら釈迦が再び娑婆に応現したかのように、あるいは弥勒が下生し応現したかのように形容するものもある。

「敬造釋迦牟尼像一區、高八

尺。眞應既崇、容儀圓備[252]」「冥感甫現、眞應竝陳[253]」とあるように、仏像に関わって「眞應」と表現される事例があるのも、こうした仏の真身とその応現をふまえた表現であろう。

以上述べたような感応思想に基づいて、壮大な規模で仏の応現を起こそうと考えたのが隋の文帝である。文帝は、全国各地に舎利塔を建立するという事業を、仁寿元年（六〇一）、二年（六〇二）、及び四年（六〇四）の三度行った。文帝の下した「舎利塔を立つる詔」や王劭撰「舎利感應記」（ともに『広弘明集』巻十七所収）では、「思與四海之内一切人民倶發菩提、共修福業」、つまり天下の一切人民とともに菩提心を発し共に福業を修すること、「高爽清靜」の処を選んで塔を建てるべきこと[254]、僧衆に七日間行道懺悔させること、布施は自由に任せるが十文以下に限ること、「務めて誠敬を盡くす」べきこと、「三十州同じく十月十五日の正午を刻して銅函石函に入れ、一時に塔を起つ」［T52 : 213b］べきことが述べられる。これらの行為が感応を起こそうと意図したものであることは、上述の造像銘から見て明白であろう。それを裏付けるように、文帝は舎利を各地に送り出すにあたり、「今佛法重興、必有感應」［T52 : 214b］、つまり仏法が再び興ったからには、必ずや仏の感応があるだろうと言ったと記される。また、舎利塔建立の地として、風光明媚な山水に恵まれた地が選択されたのは、そこが感応が起こりやすいと考えられていたことによる。この点については、長岡龍作［二〇〇九］が明らかにしたところである。そして、舎利の納入の際には、

人人拭目諦視、共睹光明、哀戀號泣、聲響如雷、天地爲之變動。凡是安置處、悉皆如之。［T52 : 214b］

人人目を拭いて諦らかに視、共に光明を睹、哀戀號泣し、聲響雷の如く、天地之が爲に變動す。凡そ是れ安置の處、悉《ことごと》皆く之の如し。

とあるように、各地で霊験が起こったことが詳細に記録され、この霊験を「眞身已應、靈塔常存」［T52 : 214b］と解釈しているのは、隋文帝の舎利塔事業の目的が達成されたことを記したものと考えられるのである。

おわりに

本章では、第一節において「邑」「義」「邑義」「義邑」という用語の意味について検討した。「邑義」は組織名ではなく、組織の成員を指すとした劉淑芬氏の指摘は重要であるが、「義邑」という語は造像銘にほとんど現れず、北朝時代の組織名として「義邑」が用いられる場合が多かったとは言えない。

呼称よりもむしろ重要であるのは、北朝時代の造像銘を読む限り、当時の人々は造像などを行う組織とその組織に属する成員という捉え方を必ずしもしておらず、彼らが重視したのは、仏教的徳義の体現者としての人であり、そうした人が集まり、心を一つにして造像という福業を行うということであろう。皆で造像を行うことで経済的にも各人の負担が減り、思想的にも感応が起こりやすいと考えられた。造像銘において頻出する「諸邑義」「合邑」「諸邑子」という語は、組織名を指すのではなく、その徳義の体現者としての人を複数的に表したものにすぎず、組織名を具体的に記している造像銘は極めて少ないのである。

第二節では、造像の仏教信仰集団である義邑に関する研究史を振り返り、義邑の地域性の問題や思想の問題が重要な課題であり、造像銘文に用いられている用語について、典拠となる経典を調査し、論理構造を詳細に分析することで思想的背景を再検証する必要があることを指摘した。

第三節・第四節においては、実際に多くの造像銘を紹介しつつ、その内容について邑義造像を中心に使用語句の典拠に注意を払いつつ論じた。

まず、造像銘に記された日付に関して、王朝ごとに日付の件数を多い順に整理し、仏教行事との関連を探った。その結果、従来指摘された四月八日・七月十五日・二月八日以外に、四月十五日の結制・結夏、釈迦入滅の二月十五日、一月十五日の燃灯会も重視されていることを指摘し、その王朝ごとの変遷を明らかにした。次に、採石された場所、石匠、書丹者、撰者、像の配置された場所等に関しても、造像銘に見られる用例を博捜し、その概要を明らかにした。

そして、北朝期の造像を理論的に支える仏教思想として、従来指摘された仏像を見ればただちに成仏するとする「成仏像身観」よりもむしろ、感応思想がその根幹となっていることを、造像銘の「感」「應」「緣」といった語句の使用される文脈に即して明らかにした。世界に遍満するが眼には見えない真理（法身）と、仏が入滅した時代に生きる人々とを結びつけるのが感応思想であり、その媒体として仏像が造られた。

すなわち、仏の真理を表す用語として、「至道」と「眞容」が最も多く使用されているが、そうした真理は目に見えず、「言」「像」をかりてその姿を現す。しかし、深い罪業に覆われた衆生はその真の姿（真容）を見ることができない。そうした仏の「眞容」に出会う、換言すれば、仏が「應」ずるには様々な条件が必要で、懺悔によって罪障を除くことも必要であるとされた。像の制作に際しては、名石を用い、名匠を招き、ふさわしい立地を選び、衆生が心を同じくして誠意を尽くし「同《とも》に感」ずることで、仏が「應」ずると考えられた。そして、北朝造像銘に見られる感応思想は、隋文帝の舎利塔事業にも受け継がれているのである。

註

（1）山崎宏［一九三三→一九四二］七六八頁。
（2）佐藤智水［二〇〇六］七七頁。
（3）郝春文［二〇〇六］七一頁および一七五頁註十八参照。ただし、「儀邑」と称した事例は一例のみ見える（後述）。
（4）劉淑芬［二〇〇九］二七一～二七二頁。
（5）船山徹［二〇一四］一一五～一一六頁によれば、般若台は広い意味での仏教図書館、経蔵を表示し得るとする。
（6）北魏景明元年（五〇〇）邑師恵寿造像記（彙録2282、大村191、魏目28、龍録837、瓊12）。以下同様に、造像記の典拠は基本的に本書附録の「書名・雑誌名略称一覧」に従って表記する。
（7）東魏天平三年（五三六）七宝山霊光寺造像記（定襄1〔石2.13.9949〕）。
（8）東魏興和四年（五四二）上官香合邑等造像記（淑徳拓、魯二二325）。
（9）北斉天保元年（五五〇）僧哲等四十人造像記（漢魏8.231、拓7001、山西文物1986.1.56、現地調査〔太原文廟〕）。
（10）隋開皇五年（五八五）重修七帝寺碑（隋遺391、拓9025、京ZUI0014X、定県志18〔石3.24.273〕、魯二五1043）。
（11）北魏永安三年（五三〇）広業寺造像記（拓5139、魯二一171、百品77）に篆書陽刻で「廣業寺大邑石像壹區」とある。また、隋開皇元年（五八一）李阿昌造像記（松原473、石仏選粋43、隴右1〔石1.21.15979〕、文物1983.7.48、甘石221、甘博196）にも「然諸人等、謹請比丘僧欽爲師、徒名曰大邑」とある。

(12) 北周保定二年（五六二）張操造像記（恵果寺造像記）「有像主張道元□□及四部大衆一百人等體別心同、建八關邑」（魯二五939、陝志6〔石1.22.16439〕、現地調査〔涇陽県太壺寺〕）。
(13) 北斉武平二年（五七一）木井寺観音経碑（馬忠理・馬小青［二〇〇六］二八〇～二九一頁、『駿台史学』130.142）。
(14) 北魏正始元年（五〇四）比丘法雅等千人造九級霊廟記（拓3073、河朔新〔石2.12.8891〕、文博1993.3.51、龍仏研46.208、百品15）。
(15) 隋開皇二年（五八二）員茂二部邑三百人等造像記（陝志7〔石1.22.16445〕）。
(16) 溝口雄三・丸山松幸・池田知久編［二〇〇一］一〇二～一〇七頁は、「義」の意味の歴史的変遷を要領よくまとめている。日本における「義」の先行研究については相田洋［二〇〇一］註二にまとめられている。また、陳弱水［二〇〇五］も重要な研究である。
(17) 溝口雄三・丸山松幸・池田知久編［二〇〇一］一〇二～一〇七頁。
(18) 相田洋［二〇〇一］十六～十七頁。
(19) 「義」が外なる関係を表すものとして『周易』坤「直、其正也。方、其義也。君子敬以直内、義以方外」などが挙げられる。
(20) 佐藤智水［二〇〇六］八一頁。
(21) 北斉標異郷義慈恵石柱頌（漢魏9.96、拓7116、京NAN0557A–H、魯一六1051、定興県志16〔石3.23.609b〕、文物1977.12.79、百品184、佐藤科研144）。
(22) 北魏太和七年（四八三）邑義信士女等五十四人造像記（漢魏3.262、拓3014、雲岡8.plate30、雲岡録4、魏目8、龍仏研46.184）。
(23) 東魏天平四年（五三七）昌国県桓尹村七十余人等造像記（文物1996..5.59）。
(24) 郝春文［二〇〇六］一七五頁註十八参照。
(25) 北魏正光元年（五二〇）李洪秀二十七人等造像記（魯二二113）。
(26) 真王五年（五二八）楊天仁等二百人造像記（文物2004.9.70、曲陽11、漢魏6.137）。
(27) 佐川英治［二〇〇六］二五九頁。
(28) 北魏神亀二年（五一九）劉道生等七十人（張乾度）造像記（魏目125、京NAN0208ac〔cは左側のみ、右側は別のもの〕、魯二一91、陝志6〔石1.22.16436〕、百品46、道美231、薬7.46）。
(29) 東魏武定三年（五四五）朱永隆七十人等造像記（漢魏8.14、拓6124、魯二二387、大村268、瓊19、百品118）。
(30) 北周保定二年（五六二）程寧遠造像記（漢魏10.157、咸陽碑石3、周遺62、仏影16）。
(31) 北斉天保九年（五五八）董黄頭七十人等造像記（道端5.168、高平金石志155、百品167、三晋・高平7）。
(32) 北魏景明三年（五〇二）孫秋生造像記（漢魏3.350、彙録2296、龍録583、京NAN0058X、拓3054、魏目33、瓊12、萃27、世美全334、寰図2.126、北拓277）。

(33) 唐代の社邑については、郝春文［二〇〇六］、傅暁静［二〇〇八］、孟憲実［二〇〇九］など、近年相次いで専著が公刊されている。
(34) 代表的なものとして、劉淑芬［一九九四］、顔尚文［一九九七］などがある。
(35) 大村西崖［一九一五］一七九～一八〇頁。
(36) 高雄義堅［一九三二］一～十五頁。
(37) 小笠原宣秀［一九三二］十八～二七頁。
(38) 山崎宏［一九三三→一九四二］七六五～七八五頁。
(39) 塚本善隆［一九四一ａ→一九七四ｂ］三五七～三七四頁。
(40) 郝春文［一九九一］四九～五八頁、［二〇〇六］三～一五三頁。
(41) 佐藤智水［一九七七ａ→一九九八］一一四～一二一頁。
(42) 劉淑芬［一九九三］［一九九四］［二〇〇六→二〇〇八］［二〇〇七］［二〇〇九］［二〇一〇］、Liu［2009］。
(43) 劉淑芬［二〇〇七］［二〇一〇］、Liu［2009］。
(44) 劉淑芬［二〇〇九］。
(45) 佐藤智水［二〇〇四］［二〇〇五ａ］［二〇〇五ｂ］［二〇〇六］［二〇〇七ａ］［二〇〇七ｂ］［二〇一〇］。佐藤氏はいまだ義邑について不明な点が数多く残されているとし、課題を以下の様に掲げる（［二〇〇六］七七～七八頁）。
①「邑義」結成の目的・契機・動機。
②結社の恒常性。
③行事の種類、内容。
④会合、集会の場所。
⑤構成員の規律、構成員の相互関係、入会や退会。
⑥役員の選出・改選。
⑦組織の運営方法、経費負担の問題。
⑧僧尼の指導や関与のあり方。依拠する経典など信仰の内容、傾向。
⑨男女同席の可否。
⑩伝統的な郷村秩序との関係。
これら多くの課題のうち、資料がほぼ造像銘に限られるという状況から考えて、特に、⑤⑥⑦などについて北朝時代の義邑の実態を明確にすることは非常に困難であると考えられる。本書が主に扱うのは、⑧の問題である。

(46) 侯旭東［二〇〇五］二三一～二六四頁。
(47) 山崎宏［一九三三→一九四二］七六五～七八五頁、林保堯［一九九三］。
(48) 佐藤智水［一九七七a→一九九八］一〇八～一一〇頁。
(49) 林保堯［一九九三］。
(50) 侯旭東［一九九八a］二二七～二四八頁。
(51) 北斉天統五年（五六九）張噉鬼一百人等造像記（文物1963.10.13、北拓498、斉遺264、河南198）。
(52) 北周天和六年（五七一）張石安造像記（北拓484）。
(53) 銘文には「造缺十旬」であるが、この「缺」は、『文選』巻三〇鮑明遠「翫月城西門解中」に「肴乾くも酒未だ缺《や》まず」とある「缺」と同じ意味と考えられる。
(54) 侯旭東［一九九八a］二五〇～二五二頁。
(55) 馮賀軍［二〇〇五］三四～三八頁。
(56) 例えば、十二月八日に関して、『出三蔵記集』巻十二法苑雑縁原始集目録序第七には、「臘月八日浴縁記（出譬喩經）」［T55:92a］とあり、『荊楚歳時記』には、「十二月八日爲臘日。『史記』陳勝傳有臘日之言。是謂此也。諺言、臘鼓鳴、春草生。村人竝擊細腰鼓、戴胡公頭、及作金剛力士以逐疫、沐浴、轉除罪障」とあるように、この日は沐浴によって罪障を除く日とされる。しかし、中村裕一［二〇一一］五四一～五四四頁では、上記『荊楚歳時記』の記事は隋の杜公瞻が後に加えたもので、梁代の宗懍撰述の文ではなく、南朝梁の時代に沐浴があったかは不明であるとする。
(57) 以下いくつか挙げる仏教の年中行事に関する資料については、中村裕一［二〇〇九a］［二〇〇九b］［二〇一〇］［二〇一一］にまとめられている。
(58) 『魏書』釈老志に「初釋迦於四月八日夜、從母右脅而生」とあり、「世祖初卽位、亦遵太祖・太宗之業、每引高德沙門、與共談論。於四月八日輿諸佛像、行於廣衢、帝親御門樓、臨觀散花、以致禮敬」とある。
(59) 『荊楚歳時記』「四月八日諸寺設齋、以五色香水浴佛、共作龍華會」。
(60) 『魏書』釈老志「十六年、詔四月八日・七月十五日、聽大州度一百人爲僧尼、中州五十人、下州二十人、以爲常準、著於令」。
(61) 『広弘明集』巻三〇［T52:360a］、『古詩紀』巻一三〇。
(62) 一月十五日の燃灯会の習俗とその起源に関しては、中村喬［一九八五］が詳しい。
(63) 曇無讖訳『涅槃経』寿命品「如是我聞、一時佛在拘尸那國力士生地阿利羅跋提河邊娑羅雙樹閒。爾時世尊與大比丘八十億百千人俱、前後圍遶。二月十五日臨涅槃時、以佛神力出大音聲」［T12:365c］。
(64) 『魏書』釈老志「釋迦年三十成佛、導化羣生、四十九載、乃於拘尸那城娑羅雙樹閒、以二月十五日而入般涅槃。涅槃譯云滅度、或言常樂我淨、明無遷謝及諸苦累也」。

(65) 『法顕伝』「法顯昔在長安、慨律藏殘缺。於是遂以弘始二年歲在己亥、與慧景・道整・慧應・慧嵬等、同契至天竺、尋求戒律。初發跡長安。度隴至乾歸國、夏坐。夏坐訖、前至褥檀國」〔T51：857a〕。

(66) 「大隋仁壽元年歲次辛酉十月十五日、延興寺比丘智璨、爲皇帝及法界衆生、敬造舍利塔一軀。與國家世塔同時建立」（隋遺426、咸陽碑石18）。

(67) 北斉天保九年（五五八）崔氏宗門宝塔之頌（碑刻造像161、管子学刊2008.2.110）。

(68) 北魏普泰元年（五三一）韓法勝等造像記（考古1986.2.132、文物1997.10.64、洛陽3.126）。

(69) 前掲註(11)北魏永安三年（五三〇）広業寺造像記。

(70) 前掲註(32)北魏景明三年（五〇二）孫秋生造像記。

(71) 北斉天保七年（五五六）比丘曇済等造像記（翰影1.54）。

(72) 北斉大寧二年（五六二）彭城寺碑（拓7113、京NAN0554AB、魯一六1007、定県志18〔石3.24.270〕、百品180、斉遺15）。

(73) 西魏恭帝元年（五五四）薛山倶造像記（魯二三563、松原319ab、図典503、OS172、大村295、珍図102）。

(74) 北斉天統五年（五六九）道俗邑人造像記（拓7199、大村341、斉遺262）。

(75) 北魏（無紀年）楊大眼造像記（漢魏4.13、彙録2023、龍録677、萃28、瓊12、大村191）。

(76) 前掲註(14)正始元年（五〇四）比丘法雅等一千人造九級霊廟記。

(77) 前掲註(51)北斉天統五年（五六九）張噉鬼一百人等造像記。

(78) 北周天和二年（五六七）宝寧寺比丘慧明造像記（甘石219）。

(79) 北周孝閔帝（銘文は「大魏元年歲次丁丑」）元年（五五七）王慶孫等造像記（北大c33111、松原323ab）。

(80) 北周天和四年（五六九）道民蔡振虎造像記（安徽通志稿15〔石3.11.408〕）。

(81) 北斉天保六年（五五五）王顕伯兄弟等造像記（東光県志10〔石3.23.544〕）。

(82) 北魏神亀二年（五一九）邑老田清等七十人（王守令）造像記（漢魏5.24、京NAN0079A；0207AB〔B左側〕、魯二一85、陝志6、北碑63、文物1985.4.15、道美228、薬7.30）。

(83) 北斉天保五年（五五四）趙慶祖等三百余人造像記（文物1984.5.44、中原1994.2.21、斉遺180、河南190）。

(84) 郝春文［二〇〇六］六七～一五三頁。

(85) 北魏神亀三年（五二〇）上曲陽邑義二十六人等造像記（松原174a、埋仏7、曲陽1）。

(86) 例えば山東に「法義」が多く、陝西の道教造像は「合邑」が多い。佐藤智水［二〇〇六］八二頁参照。

(87) 北斉天統四年（五六八）張伏恵造像記（松原455、文物1963.10.13、中美全146、北拓494、河南244）。

(88) 前掲註(22)北魏太和七年（四八三）邑義信士女等五十四人造像記。
(89) 東魏武定五年（五四七）郭神通等七十人造像記（文物1983.7.38、漢魏8.54）。
(90) 北斉天統三年（五六七）宋買二十二人等造像記（漢魏9.267、拓7183、京NAN0593X、魯二四777、萃34、匋12、瓊22、大村338、百品226）。以下に原文を示す（参考のため、以降の引用の際も本文中の引用文より長く引用する）。「是大都邑主宋買廿二人等、可謂知周道濟之功、圓應遍知之迹、宗尚莊老之談、景暮《慕》神仙之術、強攬博聞、辨《辯》説無㝵、宣陽《揚》金口、深識法相、乃祖乃父、積德於無窮、維子維孫、脩道於祇劫、故能知四毒之分段、五蔭之美知、遂寄財於三寶、託菓於娑羅、磬竭家珍、敬造天宮石像各一區」。
(91) 西魏大統十七年（五五一）宗慈孫道俗三十七人等造像記（魯二三559、百品140）。
(92) 北斉天統三年（五六七）韓永義等造像記（漢魏9.264、拓7182、寰図2.212、萃34、大村337、中原1985.4.89、百品228、斉遺250、河南240）。
(93) 北斉河清元年（五六二）女官洞玄弟子張定容造像記（道美345、筆者現地調査資料〔偃師商城博物館〕）。参考のため、以下に全文を示す。「河清元年七月己巳朔一己巳造。夫妙靈虚崇、邁刑《形》相之表、至理淵寂、超可聞之鄉、怗怕居无爲之竟《境》、幽潛乎、故能羅於衆聖、疏悲慈於兆億。是以三徒《塗》蒙原、五苦荷宥、群有蒼生何者不賴。非夫智竿《?》高侇、能識冥空之果、建不朽之僕者、或將由宿殖珠口一期、今適本願耳。謹有女官洞玄弟子張定容、託生女形、知劫燒將逼、捨己諮財、敬造石老君像一區。上爲皇帝・後宮眷寧、一爲過去諸師早登紫微、二願現在師徒早治正覺、三願七世父母所生父母因緣眷屬、妄者生天、現在受福、蠢動之類一時成道。小弟山卯願迴還」。
(94) 東魏天平三年（五三六）王天扶等造像記（山西碑碣14、文物世界2005.5.75、長治67、三晋・沁源9）。
(95) 隋開皇十三年（五九三）楊小娘造石浮図記（常山3、大村402）。
(96) 東魏天平四年（五三七）劉双周造像記（漢魏7.194、拓6046、京NAN0392X、大村255、匋8、昌楽県続志17〔石3.27.578〕）。
(97) 北斉天保十年（五五九）建崇寺夏侯顕穆四十人等造像記（文物1980.9.56、中美全12、斉遺209）「建崇寺邑主夏侯顯穆・邑主王紹業・邑主孫外貴・邑主夏侯景昕・維那・邑子四十人等、深體幽玄、妙閑至理、知法無常、歸心正覺、以功德爲本、皆崇三寶、敬造四面石象一區」。
(98) 東魏武定二年（五四四）王双虎法儀五十九（五十五）人等造像記（金石続編2、頼非184、東阿県志〔石3.27.3〕）。
(99) 北斉天統元年（五六五）法義優婆姨等造像記（漢魏9.197、拓7157、大村335、濰県志38）。
(100) 『大智度論』巻十一［T25 : 140b］。
(101) 『大智度論』巻十三「不與取有十罪。……十者若出爲人勤苦求財。五家所共、若王、若賊、若火、若水、若不愛子用、乃至藏埋亦失」［T25 : 156bc］。

(102) 郝春文［二〇〇六］一四二～一四三頁。
(103) 北斉天保十年（五五九）文海珍妻周双仁造像記（京NAN0542AB、魯二三717、匋11、大村326、斉遺207）。
(104) 北魏孝昌二年（五二六）道沖等造浮図記「昔道沖等承恩師之遺囑、建浮圖於寺側、毎欲完繕、屢年不果。今合永光寺法師法相等助資五十緡、兼又募化四方、得七十餘緡、遹造三級浮圖、幷列諸聖像於四旁、今得成就」（魯一四779）。
(105) 北斉武平元年（五七〇）楊暎香等邑義八十人造像記（拓8012、魯二四811、百品242、斉遺269）。
(106) 東魏武定七年（五四九）定襄県高嶺以東諸村邑儀道俗等造像記（京NAN0480X、魯二二465、大村274、金石続編2、山右1）。
(107) 前掲註(8)東魏興和四年（五四二）上官香合邑等造像記。
(108) 前掲註(30)北周保定二年（五六二）程寧遠造像記。
(109) 北周保定二年（五六二）鉗耳世標造像記（考文1994.2.50、周遺63、薬3.28）。
(110) 北周天和五年（五七〇）普屯康等三百四十他人造像記（魯二五985、周遺88、貞魂2.138、筆者現地調査資料〔藍田県蔡文姫紀念館〕）。
(111) 東魏興和二年（五四〇）廉富等造像記（京NAN0408X、魯二二283）。
(112) 北斉河清二年（五六三）梁罷村邑子七十人等造像記（淑徳拓）。
(113) 北斉河清三年（五六四）崇霊寺碑（韓山剛法義等造像記）（漢魏9.160、拓7142、寰図2.209、斉遺236）。
(114) 前掲註(92)北斉天統三年（五六七）韓永義等造像記。
(115) 北魏武泰元年（五二八）王進達二百人等造像記（考古1986.2.132、文物1997.10.64、洛陽3.128）。
(116) 北斉天保四年（五五三）邑師僧巌道俗三十八人等造像記（彙録1677、龍録571、傅23096）。
(117) 東魏天平三年（五三六）合邑一百人等造像記（松原258abc、OS176、珍図76、河南529）。
(118) 前掲註(12)北周保定二年（五六二）張操造像記（恵果寺造像記）。
(119) 前掲註(71)北斉天保七年（五五六）比丘曇済等造像記。
(120) 北魏永安二年（五二九）韓小文造像記（華夏考古1998.1.58）。
(121) 北魏神亀二年（五一九）崔懃等法儀兄弟二十五人造像記（漢魏5.35、拓4071、瓊15、大村234、石仏選粋64）。
(122) 北斉天保八年（五五七）法儀兄弟八十人等造塔記（漢魏8.396、拓7057、京NAN0527X、魯二三663、匋11、大村321、石仏選粋171、百品150、斉遺190）。
(123) 松原三郎［一九九七］。
(124) 金申［二〇〇八→二〇一〇］一四〇～一四八頁。
(125) 前掲註(29)東魏武定三年（五四五）朱永隆七十人等造像記。この「採石名山」という語は多数の造像記に見える定型句である。特に西魏・北周の造像によく見られる。

(126) 北周保定三年（五六三）杜延和合邑七百他人等造像記（石仏選粋30、山西精華159、筆者現地調査資料〔山西省芸術博物館〕）。

(127) 前掲註(12)北周保定二年（五六二）張操造像記（恵果寺造像記）。

(128) 北斉天保三年（五五二）僧済造像記（漢魏8.287、松原382、考古1990.8.717、考古学報1994.2.231、山東石仏45、斉遺165）。

(129) 東魏武定二年（五四四）比丘僧纂造像記（新絳県志9、山西文物1983.2.77）

(130) 北斉天保十年（五五九）張噉鬼三十人等（高海亮）造像記（松原379；380ab；381ab、文物1963.10.13、中美全144、世美全306、北拓472、斉遺208、河南218）。

(131) 北周保定二年（五六二）邑子合士女一百九十八人造像記（高陵碑石図録文103、周遺64、筆者現地調査資料〔高陵県文化館〕）。

(132) 北斉天保八年（五五七）劉碑造像記（漢魏9.10、拓7069、京NAN0533A–C、萃33、瓊21、大村323、校碑394、魯二三677、中原2006.2.78、北拓432、百品159、河南200）。「金山」は各地にあるが、劉碑造像碑から近いのは河南省信陽県の南にある山である。『魏書』巻八宣武帝紀永平元年十二月の条に「郢州刺史婁悦破衍將馬仙琕於金山」とある。

(133) 東魏武定六年（五四八）邑主造像記（漢魏8.83、拓6150、萃31、大村273）。この造像記は侯旭東［一九九八ａ］二八〇頁に指摘されるように、「邑主」の下に空格があり、その姓名が刻まれなかったという事例である。よって「採石嵩陽」も修辞的語句である可能性が高い。

(134) 北斉武平二年（五七一）道略等造神碑像記（萃34、大村345、中原1985.4.89、百品246、河南260）。金申［二〇〇八→二〇一〇］一四六～一四七頁にて指摘されるように、藍田は当時北斉の敵国である北周の領域であり、北斉王朝の人間が実際に藍田から採石できたとは考え難い。よってこの語句は修辞的語句と見なすべきである。

(135) 北周建徳元年（五七二）李元海造像記（漢魏10.253、拓8154、京NAN0639A–C、松原859；860ab；861、道略39、道古1.716、道美323、珍図110、周遺100）。

(136) 前掲註(90)北斉天統三年（五六七）宋買二十二人等造像記。

(137) 北魏建明二年（五三一）朱輔伯造像記（陝石41、碑林全105.45、長韻14）。

(138) 北斉武平元年（五七〇）董洪達四十人等造像記（漢魏9.314、拓8002；8031、京NAN0618AB、OS3.239；1.64、寰図2.215、翰影1.64、魯二四805、萃34、瓊22、大村343、百品238）。この造像記には、「都石像主」という肩書を「錢五百文」で購入した「用錢五百文買都石像主一區、董伏生」という銘文があり注目される。

(139) 北涼縁禾三年（四三四）白双□造塔記（敦編127、北涼石塔30；309；310；317；318；355、甘石52；203、中美全32）。

(140) 「恆農」は、北魏天安元年（四六六）献文帝拓跋弘の避諱により「弘農」を改めたものである。『通典』巻一七七弘農郡湖城県の条に「有荊山、出美玉。黄帝鑄鼎於荊山、其下曰鼎湖、即此也」とある。塚本善隆［一九七四ａ］二四四頁注一や松原三郎［一九九七］十七頁において、この山は河南省汲県地方にあるものを指すとするのは誤りである。

(141)『魏書』釈老志「先是、於恆農荊山、造珉玉丈六像一。三年冬、迎置於洛濱之報徳寺、世宗躬觀致敬」。

(142) 東魏武定三年（五四五）報徳玉像七仏頌碑（魯二二389、匋9、大村266、図典495、珍図92、百品120）。

(143) 隋開皇十一年（五九一）易県固安陵雲郷民造像記（隋遺406、拓9075、魯二五1117、大村399）。

(144) 例えば金申［二〇〇八↓二〇一〇］一四〇～一四八頁を参照。

(145) 侯旭東［一九九八ａ］二七九～二八九頁。

(146) 碑文の字形は偏《へん》が「居」、旁《つくり》が「頁」である。羅宏才［二〇〇八］では、「願」とするが、これは「顧」の異体字であり、「雇」に通ずる。

(147) 北魏神亀三年（五二〇）晏僧定邑子六十七人等造像記（考文1999.6.59、碑林全197.1197）。

(148) 前掲註(51)北斉天統五年（五六九）張噉鬼一百人等造像記。他に東魏武定四年（五四六）比丘僧道智造像記（鄴菁148）も「採匠京都」と記す。

(149) 北斉天統五年（五六九）法師道林合邑二百人等造像記（松原454、珍図109）。

(150) 隋開皇元年（五八一）重修双石宝柱像記（鞏県志16〔石3.30.15〕、河南376、筆者現地調査資料〔河南博物院〕）。

(151) 東魏武定八年（五五〇）廉天長造像記（漢魏8.131、拓6166、京NAN0489X：0490AB、魯二二483、翰影1.46）。

(152) 北斉天保二年（五五一）楊就等造像記（魯二三587、斉遺156）。

(153) 北斉河清三年（五六四）垣堈寺（比丘道政四十人等）造像記（漢魏9.151、拓7138、京NAN0567X、松原433、珍図106、百品212）。

(154) 現在でも彩色の残っている作例は華北各地で見られる。とりわけ東魏・北斉時代の青州龍興寺出土造像や西安で出土した北周時代の造像が有名である。

(155) 北魏太和二二年（四九八）比丘慧成造像記（始平公像記）（漢魏3.300、彙録1842、龍録579、京NAN0040X、拓3033、萃27、瓊12）。

(156) 北斉皇建二年（五六一）邑□人等（成双胡）造像記（拓7105、常山2、大村329、斉遺215）。

(157) 佐藤智水［一九七七ａ↓一九九八］。また、北朝時代のこれらの各尊像について比較的詳しく論じた近年の論考としては、Hou［2009］がある。

(158) 北魏正光元年（五二〇）王子悦造像記（北拓288、芸研9.235、貞魂1.42）。

(159) 前掲註(115)北魏武泰元年（五二八）王進達二百人等造像記。

(160) 隋開皇二年（五八二）員茂二部邑三百人等造像記（陝志7〔石1.22.16445〕）。

(161) 北魏神亀三年（五二〇）錡双胡造像記（漢魏5.54、拓4079、京NAN0189A–D、魯二一97、北碑74、佐藤科研27、百品50、薬1.69、道美232）。

(162) 北魏永熙三年（五三四）法義兄弟二百人等造像記（魏目250、魯二一215、匋7、大村244、松原199、OS143、石仏選粋75、珍図65、百品83）。

(163) 東魏武定七年（五四九）武安龍山寺主比丘道瓊造像記（漢魏8.102、拓6155、京NAN0479X、魯二二453、大村277、山右1、石仏選粋22、百品133）。

(164) 前掲註(130)北斉天保十年（五五九）張噉鬼三十人等（高海亮）造像記。

(165) 前掲註(138)北斉武平元年（五七〇）董洪達四十人等造像記。

(166) 北斉武平三年（五七二）興聖寺造像記（寰図2.217、魯二四835、瓊22、費県志14上〔石3.26.176〕、百品250、斉遺277）。

(167) 北斉武平年間（五七〇～五七六）法万・周栄祖一百人等造像記（文叢5.129、北拓502、河南299）。

(168) 前掲註(150)隋開皇元年（五八一）重修双石宝柱像記。

(169) 『妙法蓮華経』従地涌出品「佛說是時、娑婆世界三千大千國土地皆震裂、而於其中、有無量千萬億菩薩摩訶薩同時涌出」〔T9:39c–40a〕。

(170) 北斉武平三年（五七二）邑義主一百人等造霊塔記（漢魏9.418、拓8041、萃34、瓊22、大村348、山左10）。

(171) 東魏武定元年（五四三）道俗九十人等造像記（漢魏7.342、拓6095、京NAN0427X；0472A–C、文叢5.125、大村263、金石続編2、瓊19、魯二二337、松原291a、北拓394、百品114、河南160）。

(172) 北斉天統五年（五六九）孫昨三十人等造像記（漢魏9.300、拓7201、魯二四799、硯7、大村341、斉遺263、臨沂県志12）。

(173) 前掲註(143)隋開皇十一年（五九一）易県固安陵雲郷民造像記。

(174) 隋開皇十四年（五九四）樊当伯合邑一百人造像記（翰影2.14）。

(175) 北斉天統五年（五六九）棲閑寺邑義六十人等造像記（大村342、百品232）。

(176) 北魏太和十二年（四八八）暉福寺碑（漢魏3.269、拓3017、京NAN0025X、魏目10、魯一四685、陝志6、百品1）。

(177) 隋開皇五年（五八五）宝泰寺碑（隋遺66、山右3、長治77）。

(178) 北魏正光四年（五二三）翟興祖法義三十人等造像記（中原1985.2.21、石仏選粋6、北拓294、河南84）。

(179) 北魏孝昌元年（五二五）道啥等百八十五人造像記（文物1980.3.56、松原194ab、石仏選粋9、河南93）。

(180) 前掲註(150)隋開皇元年（五八一）重修双石宝柱像記。

(181) 西魏大統元年（五三五）毛遐造像記（漢魏8.159、考古1965.3.134、考文1996.2.13、佐藤科研50、薬2.3）。

(182) 前掲註(161)北魏神亀三年（五二〇）錡双胡造像記。
(183) 北魏正光元年（五二〇）李僧智造像記（珍図59）。
(184) 隋開皇三年（五八三）陳雲等造像記（宝豊県志14〔石3.30.133〕）。
(185) 隋開皇五年（五八五）孫龍伯建天宮義井記（隋遺66、拓9026、翰影2.4、大村396、魯二五1047）。
(186) 前掲註(111)東魏興和二年（五四〇）廉富等造像記。
(187) 前掲註(51)北斉天統五年（五六九）張噉鬼一百人等造像記。
(188) 隋開皇年間（五八一～六〇〇）洺州南和県澧水石橋前碑（拓9114、萃40）。
(189) 前掲註(142)東魏武定三年（五四五）報徳玉像七仏頌碑。
(190) 前掲註(12)北周保定二年（五六二）張操造像記（恵果寺造像記）。
(191) 前掲註(153)北斉河清三年（五六四）垣堝寺（比丘道政四十人等）造像記。
(192) 前掲註(175)北斉天統五年（五六九）棲閑寺邑義六十人等造像記。
(193) 前掲註(113)北斉河清三年（五六四）崇霊寺碑（韓山剛法義等造像記）。
(194) 前掲註(166)北斉武平三年（五七二）興聖寺造像記。
(195) 北斉武平二年（五七一）永顕寺道端等三百人造像記（拓8025、魯二四829、河内県志21〔石3.29.211〕、百品248、斉遺273）。
(196) 隋開皇六年（五八六）王女賜等造像記（筆者現地調査〔陝西省高陵県文化館〕）。
(197) 東魏武定四年（五四六）楽天祐二十人等造像記（魯一五915、大村270、匋9、未央3.14）。
(198) 北斉皇建元年（五六〇）海檀寺碑（頼非160、百品172、山東類3.284）。頼非［二〇〇七］一六〇頁には、頼非氏の調査時、この碑は山東省東平県老湖鎮北山荘村北の海檀寺址に存在したと記されている。
(199) 北斉河清四年（五六五）朱曇思一百人等造塔記（漢魏9.182、拓7150、京NAN0574X、萃33、大村334）。
(200) 北周建德元年（五七二）甍仲義八十人等造像記（大覚寺造像）。（関文1、大村374、百品256、周遺98）。
(201) 前掲註(139)北涼縁禾三年（四三四）白双□造塔記。
(202) 漢魏5.321、拓4182、京NAN0272A-B、松原166b、OS161、文物1961.12.52、石仏選粋8、世美全260。
(203) 考古1966.5.252。
(204) 北魏太和六年（四八二）劉遺通・劉遺利兄弟造像記（松原73a）。
(205) 図典438、松原27ab、OS116、魏目2、石仏選粋57、珍図6。
(206) 拓3008、大村175、松原25、図典436、匋6、魯一四677、魏目1、珍図5。
(207) この経典は『大唐内典録』では、西晋聶道真訳とされるが、『出三蔵記集』は失訳とする。内容的には、『観仏三昧海経』などの観仏経典類と非常に近い関係にあることが指摘されている。詳しくは服部法照［一九九〇］参照。

(208) 漢魏3.248、拓3011、魏目3、魯二一13、大村185、匋6。

(209) 『大智度論』巻九「法身常放光明、常説法、衆生有無量劫罪垢厚重、不見不聞」[T25 : 126b]。

(210) 南北朝時代の仏教では、気は実体を持つものとして、空の思想に基づき道教批判の際に標的とした概念なので、南北朝時代の仏教教理学において、『周易』咸卦の「二氣」の感応説が仏教の感応の典拠として引用されることは滅多に無いといってよい。

(211) 例えば、『莊子』在宥「大人之教、若形之於影、聲之於響。有問而應之、盡其所懐、爲天下配」。『管子』心術上「君子之處也若無知、言至虚也。其應物也若偶之、言時適也。若影之象形、響之應聲也。故物至則應、過則舍矣。舍矣者、言復返於虚也」など。詳しくは、池田魯参［一九七二］、菅野博史［二〇〇七］参照。

(212) 船山徹［一九九五］九四～一〇六頁、菅野博史［二〇〇七］参照。

(213) 森江俊孝［一九七二］、菅野博史［二〇〇七］。

(214) 『大乗玄論』巻五教迹義「感應第二。有三義。感應者乃是佛法之大宗、衆經之綱要。言感者牽召義。應者赴接義。衆生有善、致彼佛前、垂形赴接、理無乖越、謂之感應」[T45 : 66a]、『大乗四論玄義記』巻六感応義「夫感應義者、正談衆生與佛有相會通相關之義。正是興顯佛法爲宗也。故至人雖絶名相而機動必赴」[Z74 : 30d]、『道教義枢』巻十感応義「釋曰、感是動求爲稱、應是赴與爲名。又云、感者凡情發動之稱、應者聖道赴接之名」など。

(215) 隋開皇二年（五八二）趙仁恵造像記（隋遺379、山右3）「夫大覺無形、應隨物感。是以迦夷曜六□之儀、菴羅闡隨類之唱」。

(216) 北周天和元年（五六六）隴西李恭造像記（聞喜県志21下〔石3.31.427〕、周遺78）「夫至理幽微、妙體絶□、法身沖寂、非三世所攝。且出隱現沒、隨縁感應」。

(217) 北周天和三年（五六八）比丘僧淵造像記（北大A13830、瓊23、周遺84）「靈智極尊□□□□、赴感隨因、悲拔等一」。

(218) 東魏興和四年（五四二）李氏合邑造像記（漢魏7.318、拓6090、京NAN0424X、魯二一313、大村260、文叢5.132、北拓384、百品110、重修滑県志附金石録1〔石3.29.21〕）。

(219) 北斉大寧二年（五六二）田奥児等造像記（汾陽県金石類編83）。「白淨」は白浄王（釈迦の父）のこと。

(220) 前掲註(75)楊大眼造像記。

(221) 北周天和四年（五六九）王迎男造像記（漢魏10.230、道美319、咸陽碑石14、仏影18、周遺87）。

(222) 前掲註(83)北斉天保五年（五五四）趙慶祖等三百余人造像記。

(223) 東魏武定六年（五四八）志朗造像記（漢魏8.80、松原291b、拓6149、珍図94）。

(224) 前掲註(215)隋開皇二年（五八二）趙仁恵造像記。

(225) 東魏武定五年（五四七）王恵略等五十人造像記（漢魏8.56、拓6142、京NAN0459X、魯二二407、大村271、翰影1.44）。

(226) 北斉大寧二年（五六二）大寧仏龕記（山東通志151、斉遺222）。
(227) 前掲註(223)東魏武定六年（五四八）志朗造像記。
(228) 北斉天保三年（五五二）宋顕伯等四十余人造像記（漢魏8.274、河南185、拓7016、文叢5.127、金石続編2、北拓426、斉遺30）。
(229) これは、例えば『歴代三宝紀』巻一に「至第十九主莊王他十年卽魯春秋莊公七年夏四月辛卯夜、恆星不見、夜中星隕如雨。案此卽是如來誕生王宮時也」[T49 : 23a] などとあるように、釈迦誕生の際、魯の国において奇瑞が生じたとされたことをさす。
(230) 北斉河清四年（五六五）玄極寺碑（北大A13712、魯一六1023、斉遺36、淑徳拓）。
(231) 北斉天統元年（五六五）郭顕邕等造一切経記（漢魏9.213、拓7163、百品216、斉遺244、春秋2014.3.50）。
(232) 北魏永平三年（五一〇）南石窟寺碑（漢魏4.140、拓3130、京NAN0105X : 0106X、魯一四717、敦編164、隴右〔石1.21.15969〕、甘石105 : 210、百品32）。
(233) 前掲註(230)北斉河清四年（五六五）玄極寺碑「玄極□者、蓋石趙之世、爰有天竺名僧佛圖橙頭陁之所、其橙法師四階上地、應感人間、塗掌神呪則洞窺未兆、臨流引臓則祕奥難惻、權實互顯、不可思議」。「佛圖橙」とは仏図澄のことである。
(234) 北斉武平三年（五七二）唐邕刻経記（漢魏9.401、拓8034、翰影1.62、瓊22、魯一六1091、百品252、響143、響記2.117、斉遺308）。
(235) 前掲註(81)北斉天保六年（五五五）王顕伯兄弟等造像記。
(236) 前掲註(31)北斉天保九年（五五八）董黄頭七十人等造像記。
(237) 前掲註(218)東魏興和四年（五四二）李氏合邑造像記。
(238) 西魏大統十二年（五四六）権旱郎造像記（甘石213、甘博189）。
(239) 北魏孝昌三年（五二七）蔣伯仙造像記（OS152、石仏選粋71、珍図51、百品65）。
(240) 北斉武平二年（五七一）道□造像記（漢魏9.383、拓8027、京NAN0633X、魯二四833、匋13、斉遺275）。
(241) 北斉武平三年（五七二）暈禅師造像記（漢魏10.3、拓8043、大村348、魯二四847、斉遺282）。
(242) 北周天和元年（五六六）陳氏合村長幼造像記（拓8124、京NAN0587A–C、魯二五969、百品220、芮城県志13、周遺76）。
(243) 前掲註(218)東魏興和四年（五四二）李氏合邑造像記。
(244) 前掲註(14)北魏正始元年（五〇四）比丘法雅等千人造九級靈廟記。
(245) 東魏天平二年（五三五）嵩陽寺碑（漢魏7.135、拓6028、京NAN0375A.D、寰図2.178、魯一五817、萃30、瓊17、嵩山149 : 262、北拓259、百品85、河南144）。
(246) 東魏武定三年（五四五）厙狄干造像記（春秋1998.1.30 ; 2001.3.18）「夫大覺凝寂、非因不窮《?》。沖旨虛玄、靡造不剋。是以佛弟子使持節都督定州諸軍事・驃騎大將軍・開府儀同三司・太保・太傅・恆定二州刺史・六州大都督・第一領民酋長・廣平郡開國庫

狄干、莅任清化、民齊七子、以年春有亢陽不雨、民人咨嗟、□滿?於?道路。公慈矜百姓、不忍聞之。知望都縣界北山之上?有泉、名爲酓水、神而可感、躬自發心、幷□練僧至水求願、立齋行道、冥感祇靈、降雨茲流、合境□〻、千里蒙潤、時無仰報、見北山南面祇石有相、卽敬造石窟一口、中置容象、建名賽恩。願與天地同體、恆照人?果（下略）」。この録文は、筆者が佐藤智水氏・佐川英治氏らとともに現地調査を行い拓本を閲覧し、筆者が独自に『文物春秋』一九九八-一の移録を訂正したものである。『文物春秋』がこの石窟名を「賽思巓窟」とするのは誤りである。

(248) 前掲註(223)東魏武定六年（五四八）志朗造像記「自滅應以來、奕世同慕、周季顯其一證、漢中光其再瀉。是用建置塔、以樹歸依之心、表容像以申精誠之願、欲使寫筥傳儀、流潤千載、歴魏晉蒲姚□」。

(249) 北斉天保三年（五五二）魏蛮造像記（松原376、図典501、珍図118、斉遺168）。

(250) 『魏書』釈老志「是年、詔有司爲石像、令如帝身。旣成、顏上足下、各有黑石、冥同帝體上下黑子。論者以爲純誠所感」。

(251) 前掲註(72)北斉大寧二年（五六二）彭城寺碑。

(252) 前掲註(131)北周保定二年（五六二）邑子合士女一百九十八人造像記。

(253) 西魏大統十四年（五四八）楊標造像記（文物1994.7.84）。

(254) 前掲註(7)東魏天平三年（五三六）七宝山霊光寺造像記「至理幽玄、非善敎無以宣其□、曉昧理殊、非形像無以暢其化。是以冥感甫現、眞應竝陳」。

(255) 長岡龍作［二〇〇九］は、山水に恵まれ聖地とされるような、霊験——感応を起こすにふさわしい場所に舎利塔が設置されていることを論じている。

第二章　義邑の地域的特徴について

はじめに

北朝時代の地域社会における仏教を考えるにあたり、地域差の問題は無視できない。南北朝時代における仏教の地域的問題については、古くは山崎宏氏の研究があり、厳耕望氏の遺稿がある。(1) これら両著では、『梁高僧伝』や『続高僧伝』及びその他各種僧伝に記されたいわゆる高僧の活動地域の分布状況が明らかにされている。ただし、僧伝撰者の主観による僧の取捨選択、僧の頻繁な移動の問題など、僧伝を資料として仏教の地域的特色を探るには難題が残されている。この点、地域社会において造られ、今なお各地に存在する石刻造像を資料として地域分類を試み、地域的特色を明らかにすることは意義のあることと言えよう。

仏像の造形に関する地域性については、近年の仏教美術史の研究によって徐々に明らかにされつつある。すなわち、北朝時代の仏教造像の発展は、雲岡石窟→龍門石窟→各地域の造像という単純な一直線の流れで理解できるものではなく、地域ごとに独自の造形文化があり、像の造形にそれぞれ特徴があることが明らかになってきている。例えば、定州曲陽の白玉（白大理石）像、河南北東部の一光三尊像などは地域的特色の豊かな造像である。(2) その差異は、造像銘文にも現れていると考えられ、銘文の地域性に関する研究が残された大きな課題と言えよう。そして、銘文において地域差が顕著に現れているのが義邑に関する部分である。

義邑についてこれまで最も詳細に検討を加えているのは郝春文氏であるが、地域差についてはあまり注意を払われることはなかった。総合的に扱いつつ地域差を考慮に入れた邑義造像銘研究としては、第一に、佐藤智水氏による北魏の初期義邑についての初歩的な整理研究が挙げられる(3)。また、劉淑芬氏も簡単な検討を加えている(4)。しかし、北朝全領域における義邑の全貌把握にはいまだ程遠く、北朝全域の義邑を対象とした地域分類を行う必要がある。

そこで、本章においては、筆者がこれまで収集した北朝邑義造像銘について、邑義肩書の種類に基づく地域区分を行い、各地域の特徴について論ずる。願文に見られる邑義の自称は、「合邑」「諸邑義」などというように極めて多様であり、これのみに基づいて地域区分を行うのは困難である。しかし、造像に刻まれた供養者の邑義肩書と、願文における自称を総合的に分析すると地域区分が可能である。

邑義肩書が多種多様で非常に繁雑であることは、王昶が多数の肩書を列挙した後、「其の名目の繁わしきこと此の如し」と『金石萃編』巻三九の総論にて述べる通りである。こうした繁雑な肩書には地域差が顕著に現れており、これらを地域的・時代的に整理分類し、各地域の義邑の特色を探るのが本章の目的である。

注意すべきは、北魏から東西魏への王朝分裂と遷都にともない、地域環境に大きな変化が発生し、邑義造像がそれまで見られなかった地域に出現していることである。このことも考慮して地域分類を行う必要がある。

次に本章で扱う邑義造像銘資料の総数について説明する。現在までで義邑について最も網羅的に資料を蒐集したのは郝春文氏であり、氏が提示した東晋南北朝寺時代の造像銘を含めた義邑に関する資料は二七四件である(5)。今回筆者が蒐集した北朝の邑義造像銘資料は、無紀年のものを含めると北魏一六一件、東西魏以降三九三件、合計五五四件である。そのうち、考察の対象としたのは、資料があまりにも断片的であるもの、地域分類ができなかったものを除いた北魏一三〇件、東西魏以降二九五件、合計四二五件である。

以上の邑義造像銘を総合的に整理分類した結果、筆者が行った地域分類を具体的に提示すると以下のA～Nのようになる。なお、小分類については、北魏時代をaとし、東西魏以降をbとする。北魏時代の事例が無いか、あるいはごく少数の場合はabの分類を行わない。L地域については、義邑の呼称によって①～④の小分類を行うが、地域的には重複する。これらの分類はあくまで邑義肩書の種類に基づくおおよその区分であり、地域的に重複する部分も含んでいることをご了承いただきたい。

一、一般会員を「邑子」と称する義邑が多い地域（河南・山西・陝西省。さらに山東省西部・安徽省の一部地域）。

ア、A　北魏時代の雲岡・龍門石窟（北魏帝都近郊の石窟）。

イ、河南を中心とした地域。

B　黄河以南（東西魏以降の龍門石窟、安徽省亳県、山東省西部の一部地域も含む。B－a北魏、B－b東西魏以降）。

C　黄河以北（豫北地区。北魏時代の汲郡を中心とした地域。C－a北魏、C－b東魏以降）。

ウ、山西を中心とした地域。

D　山西中・南東部（D－a北魏、D－b東魏以降）。

E　山西南西部（いわゆる河東地域。おおよそ現在の運城市域。東西魏分裂後は西魏・北周の領域。E－a北魏、E－b西魏以降）。

F　山西・河北省境（東魏・北斉時代の帝都鄴と陪都晋陽を結ぶ交通路沿いの地域）。

エ、陝西を中心とした地域（「彈官」「邑謂」「治律」など、他地域と異なる独自の肩書を多数有する）。

G　臨潼区櫟陽鎮・富平県・耀州区を中心とした渭北地域（北魏の雍州北地・馮翊・咸陽郡。道教の義邑が多い地域。G－a北魏、G－b西魏以降）。

H　Gの西・南方地域（長安を中心とした地域。H－a北魏、H－b西魏以降）。

I　Gの東方地域（北魏時代の華州を中心とした地域。一部河南省も含む）。

J　Gの北方地域（洛川県・黄陵県などの陝北地域）。

二、K　一般会員を「邑生」と称する義邑が多い地域（甘粛省隴東地区・陝西省西部）(6)。

三、一般会員を「邑義」「邑人」「母人」と称する義邑が多い地域（河北省、山東省北部・西部、河南省の東北端である安陽市・輝県市の一部）。

L①「邑義」「邑義人」と称する義邑。
L②「邑人」と称する義邑（東魏以降新たに出現）。
L③「母人」と称する義邑（東魏以降新たに出現）。
L④ その他義邑。
四、M「王主比丘」主導の義邑（河北・山東省境の臨海地区（東魏・北斉時代の滄州））。
五、一般会員を「法義」と称する義邑が多い地域（山東省青州市・済南市（北魏時代の青州・斉州）を中心とした地域）。
N①-a「法義」と称する義邑（北魏時代）。
N①-b「法義」と称する義邑（東魏以降）。
N②「法義」と称さない義邑。

上記分類を地図で示すとおおよそ次頁のようになる（地図参照）。

なお、本論において邑義造像と認定する基準は、造像願文中に、「合邑」「法義」「邑義」「邑子」などの語が見られるもの、または、願文中にそうした語が見られなくとも、供養者の肩書に「邑子」「化主」「維那」「邑主」「邑師」「法義」「邑中正」など、邑義に特徴的な肩書が見られるものである。この基準に従って、北朝時代の有紀年邑義造像銘（一部無紀年も含む）について、地域ごとに年代順にまとめたのが、本書末尾の**別表A～N②**である。各地域に特徴的な肩書についてはゴシック太字で強調して示した。以下で言及する有紀年邑義造像銘の概要やその典拠資料については、この**別表A～N②**とその№で示す。最初に第一節で邑義に冠される主要な肩書をとりあげて解説し、その地域的分布状況を明らかにし、第二節以下で各地域の義邑の特徴を論ずるという順序で論をすすめる。

第一節　主な肩書の概要とその地域的分布状況

邑義の主要な肩書とその役割については、義邑における長（リーダー）としての「邑主」、世話役としての「維

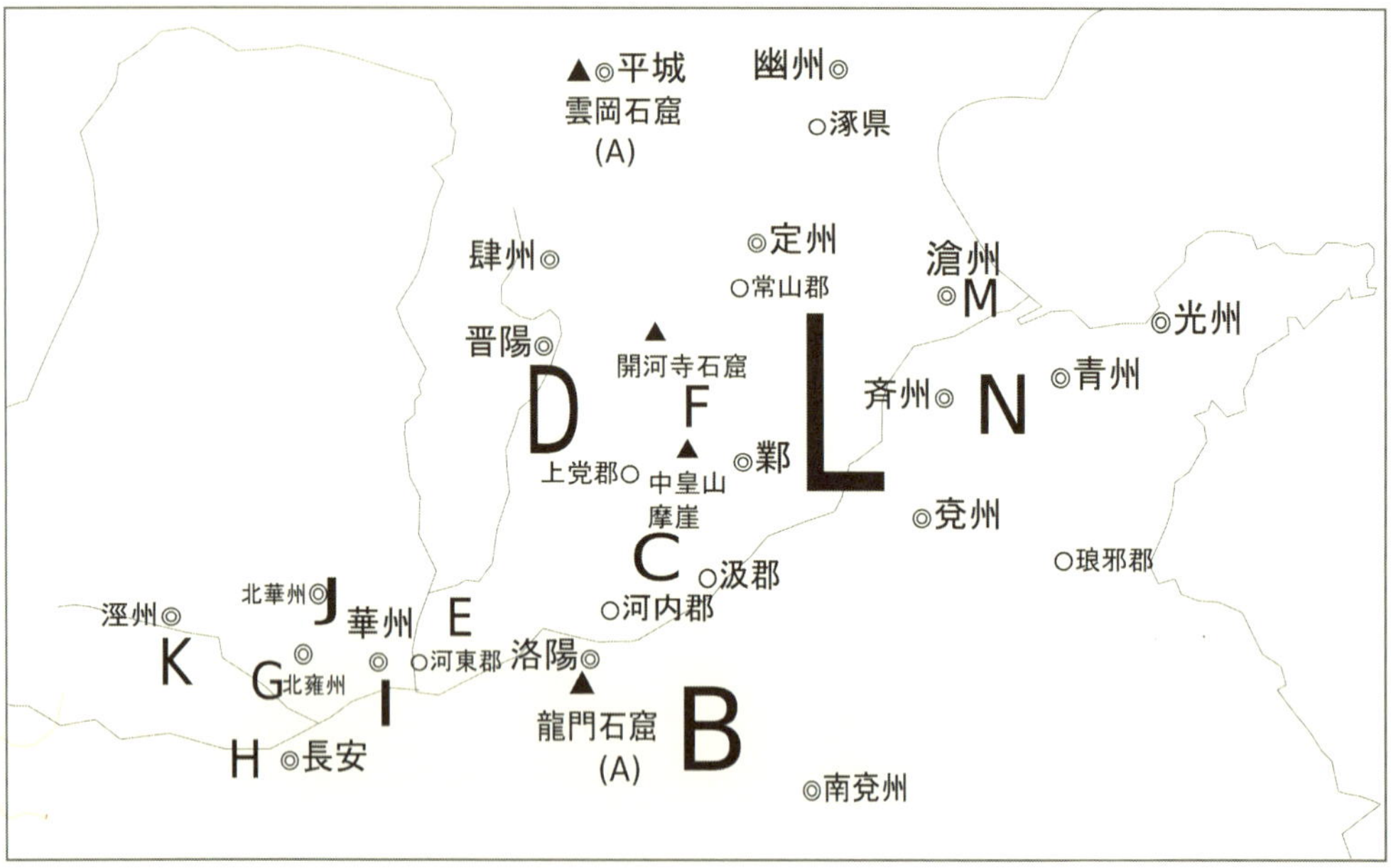

義邑地域分類地図

（譚其驤主編『中国歴史地図集』第四冊〈台北：暁園出版社、1991〉21-22頁をもとに筆者作成）

那」、普通会員としての「邑子」、邑義たちの指導に当ったと思われる教化僧「邑師」というのが、おおよそ近年までの研究者の共通理解であったと思われ[7]、現在でも一般的にはそのように理解される場合が多い。

　そのような一般的理解に対し、異なる見解を提示したのが郝春文氏である[8]。氏は多種多様な邑義肩書が、像のために出資した功徳主と、仏教や世俗の官職に由来するものとの大きく二種類に分類できることを示し、その特徴として以下の三点を指摘した。

①邑義の肩書は繁多であり、異なる時期・地域の義邑における首領（リーダー）の名称が往々にして異なるだけでなく、同じ時期・地域の首領の名称も時には異なる。

②同じ名の肩書でも、異なる義邑における地位や役割が完全には一致しない。

③各義邑における首領の数も大きな差異がある。

　郝氏の研究によって邑義肩書の淵源やその多様性が明らかになったのであるが、その地域的差異についてはほとんど言及されなかった。筆者が次節にて検討するように、邑義肩書には地域ごとにかなり明確な特徴がある。

　そこで本節では、その地域・時代的分布状況について分析を試みたい。北魏時代における主要な邑義肩書の地域的分布状況についてまとめたのが表1―2―1であり、東西魏以降についてまとめたものが表1―2―2である。地域差が視覚的に分かるように、初出の地域に●を施し、表1―2―2の最も件数が多い地域には網掛けを施した。これら二つの表からも各地域でよく見られる邑義の肩書に大きな偏りがあり、個々の肩書の初出の地域も異なることが明らかである。以下、表を適宜参照しつつ、個々の肩書の地域的偏在性について分析する。

一、邑　師

邑師は、義邑において教化面の指導的役割を担った僧の肩書と一般的に理解されており、これまでの義邑に関する研究において最もその役割が重視かつ注目されてきた。邑師の性格としては、一つの義邑にとどまらず、各地を渡り歩いて教化を行ったという、兼任性・遊化性が夙に指摘されている。その根拠として、寺院に定住せず村落を遊行する僧の取り締まりについて記した『魏書』釈老志の記述や、(9) 隋代山西の嵐・石・汾・隰（現在の山西省西部）一帯において、法通が「稽湖を遊化し」「多く邑義を置き、月別に齋を建」てた、という『続高僧伝』の記事、(10) 北魏龍門石窟の複数の造像銘に同一の邑師の名が見えること、などが挙げられてきた。(11)

そうした先行研究に対して、郝春文氏は邑師の役割が過大評価されていると批判した。すなわち、各義邑における邑師の果たす役割は異なり、一部の義邑において、邑師が発起人や組織者とはなっていないこと、また、僧尼の参加する義邑のうち、邑師の名が見えるのは約三割にすぎず、邑師という肩書を持たない僧が義邑の組織者や責任者になっている事例もあることを指摘した。

郝氏の指摘は重要であるが、その地域差については言及されていない。そこで、年代も考慮しつつ、改めて邑師の肩書の地域的分布状況を見てみよう（表1―2―1、1―2―2参照）。表によれば、北魏では、「邑師」の肩書は特にA龍門石窟とG～Iの陝西地域に多い。一方で、それ以外の地域については少ない。特にL～N、すなわち山東・河北には全く見られず、地域的に顕著な偏りがあることが分かる。

表1-2-1　北魏時代の邑義肩書地域別件数

		初出年（●が初出）	A 北魏雲岡龍門	B 河南黄河以南（豫北）	C 河南黄河以北	D 山西中・南東部	E 山西南西部（河東）	F 山西・河北省境	G 陝西渭北地域	H Gの西・南方	I Gの東方（北魏華州）	K 甘肅隴東・陝西西部	L① 河北（定州中山郡）	L④ 河北（幽州涿縣）	N① 山東青齊地域「法義」	N② 山東青齊地域その他	合計
肩書分類	義邑總數	483	24	9	19	15	9	1	18	6	2	5	3	2	14	3	130
ほぼ全地域共通	像主	503	1	3	4	4	3		4	2	1		1	● 2	2	1	28
	維那	496	●15	6	18	12	8	1	13	4	1	3	1	2	8	1	93
A～E、G～Iに共通	邑師	483	●10	2	2	2	2		12	3	1						34
	邑主	502	●12	5	3	9	9	1	10	2	2	1					54
	邑子	503	7	7	●13	5	8		17	4	1						62
Cが初出	（開）光明主	500	1	1	●13	1	2										18
	齋主	513		3	● 4	4	8		1				1				21
	八關大齋主	517			● 1												1
	（邑）中正	517			● 1		1										2
	邑母	520		1	● 1												2
	都綰主	513			● 1？												1
D・Eに偏在	高坐主	520				● 1											1
	福德主	520				● 1											1
	開明主	519				3	● 5			1							9
	扶像主	519					● 4										4
	起像主	521					● 1										1
	迎像軍主	533					● 1										1
	上轉主	521					● 3										3
	衝天王主	523					● 1										1
	供養主	528					● 1										1
	勸化主	533					● 1										1
G-Iに多いがA-Eにも見られる	香火、香火主	508	1			1			11	● 5	1	1					20
	典坐	508	1						8	● 4	1	1					15
	唄匿（明匿、敗匿）	509–517？	● 1			1			1	2							5
	邑正（邑政）	505	2	3		1	6		●15	2	1						30
	邑老	505	2	2	1				● 7		1	1					14
	化主	517					2		●10	1		1					14
	檀越主	523		1					● 4								5
G-Kに偏在	典錄	505							●13	4	1	2					20
	彈官（但官）	505							●15	1							16
	平望	517							● 8								8
	侍者	505							●13								13
	錄生	505							● 6								6
	邑長	522							● 1								1
	邑謂（邑胃）	520							● 7	1	1						9
	邑日	508							3	● 3							6
	治律	508							3	● 4							7
Kに偏在	邑生	513										● 5					5
L・Nに偏在	邑義	516											● 1				1
	法義主	504												● 1	1		2

邑義造像銘一件中に同一の肩書が複數現れても一件として數える。

邑子などの一般會員について、願文中に出現する「諸邑子」などは數に入れない。「維那」などの場合は數に入れる。

すべての肩書において「都」「大」などがつくものも數に含める。

表1－2－2　東西魏以降の邑義肩書地域別件数

			河南		山西			陝西・甘肅					河北・山東西部・山東北部					青齊地域		
			B	C	D	E	F	G	H	I	J	K	L①	L②	L③	L④	M	N①	N②	合計
		初出年	黄河以南	黄河以北（豫北）	山西中・南東部	山西南西部（河東）	山西・河北省境	陝西渭北地域	Gの西方・南方	Gの東方（北魏華州）	Gの北方（陝北）	甘肅隴東・陝西西部	「邑義」「邑義人」と稱する義邑	「邑人」と稱する義邑	「母人」と稱する義邑	その他義邑	「王主比丘」（北魏滄州）主導義邑	山東青齊地域「法義」	山東青齊地域その他	
肩書分類	義邑總數	483	53	37	31	20	12	29	9	8	3	2	21	19	8	11	5	20	7	295
全地域共通	像主	503	21	21	19	16	8	20	5	7	2	1	9	6	2	4	2	5	2	150
	維那	496	36	21	22	14	8	21	6	6	3	2	9	11	6	7	3	10	3	188
B～L 共通	邑主	502	34	18	16	16	7	20	7	8	3	1	5	6		3				144
	邑子	503	40	21	17	12	7	24	8	8	3		1	1		4				146
	齋主	513	15	13	16	17	7	2	3	4	1	1	2	1		2		1		85
B～K 共通	邑師	483	14	9	2	11	1	19	6	4	3	1								70
最多がB	（邑）中正	517	26	5	6	2	2			1			2	2		1		1		48
最多がC	（開）光明主	500	7	13	5	4	2	1		1			2	2		1		1		39
	八關（大）齋主	517		8			2													10
	邑母	520		4	1	1														6
最多がD	福德主	520			7															7
	勸化（主）（人）	533	2		4		1													7
	敎化主	536	●1		2															3
	道場主	540		2	3	1	1	1						1						9
	懺悔主	563			2															2
	高坐主	520			2	2	1			1										6
最多がE	供養主	528	3	9	5	12				1	1		1	1						33
	開明主	519	1		5	7				2				1						16
	起像主・起碑主	521		5	5	6					1		2	2						21
	迎像主	533				5														5
	扶像主	519			2	3														5
	上轉主、上輪主	521				2	1													3
最多がF	都綰（都管）（主）	513		1			7						1		1	1				11
	清淨（清靜）（主）	542	2	●1	3		5													11
	銘像（像銘）（主）	564			1		●4													5
	（轉）輪王主	561			2		●2													4
	衝天（王）主	523				1	3													4
最多がG	香火（主）	508	2	1	9	1	6	22	5	6	1	2				1				56
	化主	517	1		2	11		22	6	7	2	1				1				53
	典錄	505				9		19	6	6	1	2								43
	典坐（主）	508	3			1		15	6	5		2								32
	邑正（邑政）	505	1	1	1	7		11	1	4	3	2		1						32
	邑老	505	4	3				9		1										17
	檀越主	523	2	1	2	4		7	1	4					1					22
	邑長	522				2		9	2	2										15
	邑謂	520						11	2	1		1								15
	治律	508						9	5											14
	邑曰	508						5	1											6
	彈官（但官）	505				1		6												7
	侍者	505						1												1
	平望	517						1												1
Kに偏在	邑生	521										2								2
L～Nに偏在	邑義	516											5							5
	邑人	554												12		●1	1			14
	母人	548												●1						1
	王主	549															●5			5
	王人	554															●3			3
	法義主	504																2		2
	法義	540																●5		5

邑師という肩書の初出は、雲岡石窟の太和七年（四八三）邑義信士女等五十四人造像記（A、№1）であり、四人の邑師の名が刻まれている。別表Aを参照すると、龍門石窟においては、古陽洞の景明元年（五〇〇）邑師恵寿造像記（A、№2）に「邑師惠壽」の名がある。同じく古陽洞の永平二年（五〇九）造像記（A、№11）には「邑師道暈・邑主賈元英・維那陰王勝・韓思齊・□見喜十二人等」と見え、「邑師」→「邑主」→「維那」の序列が明確である。すなわち、北魏時代、帝都洛陽近郊の義邑においては、この序列が基本形となっていたと考えられる。ただし注意すべきことに、この序列は他地域において必ずしも見られるわけではない。特にGHなどの陝西地域における初期の義邑や、L～N（河北・山東）地域においては見られない。

もう一点注意すべきは、東西魏以降のB地域などでは僧官である「沙門都（維那）」が「邑師」となっている事例が散見されることである（別表B－b参照）。こうした現象が特殊であるのか、それとも普遍的な現象であるのかどうかは今後改めて検討する必要がある。

G（渭北）・H（Gの西・南）地域では、正始二年（五〇五）馮神育道教造像記（G－a、№1）に、「邑師馮洪標」の名が見えるが、邑師以外に、「三洞法師」の肩書を有する者がそれより上の位置に刻まれており、おそらく邑師よりも地位が上であったと考えられる。また、G～Kの陝西・甘粛有紀年銘邑義造像では、田良寛二教像碑（G－a、№2）に「邑師主」の肩書が見えるが、五二〇年代まで「邑主」の肩書が見えない。同様に、第一章で紹介した神亀三年（五二〇）晏僧定造像記（H－a、№3）では、「邑師晏僧定」が「師主」と称しているなど、この地域の初期の義邑において、教化僧的役割に加え、「邑主」的、つまり、義邑のリーダー的役割も果たしていたことが想定される。

他方、前述したように、河北・山東では、「邑師」の肩書を有する者が見当たらない。特にL地域では、北斉天統元年（五六五）造像記（L②、№8）の「大邑主練行沙門悲・敎二禪師」、武平四年（五七三）造像記の「邑主尼法元等」（L②、№14）など、「邑主」の肩書を有する者は僧尼が多数を占める。一部の例外を除けば、他地域で「邑師」と呼ばれる教化僧たちが、この地域では「邑主」と呼ばれたと考えられる。M地域では同様に教化僧が「王主」という肩書を有している。この点、N地域（青斉地区）では、邑師が見えないことは河北と同様だが、「法義主」の肩書を持つ者は俗姓の者であり、河北とはやや事情が異なる。

二、維　那

表1-2-1、1-2-2を参照すれば分かるように、維那は数多くある邑義肩書の中で、各地域に最も広く普及した肩書である。維那は『南海寄帰内法伝』巻四の原注に「授事者、梵云羯磨陀那。陀那是授、羯磨是事。意道、以衆雑事指授於人。舊云維那者非也。維是唐語、意道綱維。那是梵音、略去羯磨陀字」［T54：226b］とあるように、諸雑務をつかさどる役職であり、[12]梵語のkarma-dāna（羯磨陀那）に相当する。東晋の僧、竺道壹は、内外典に博通し、戒律も厳守したので、遠方の僧が教えを受けるため身を寄せ、時の人は「九州都維那」と称したという記述が『高僧伝』に見える。[13]北魏においては、中央や地方における僧官の長である「沙門統」に次ぐのが「（都）維那」であり、塚本善隆氏は、こうした僧官が義邑にも転用されたと推測する。[14]

維那の上位には「都維那」、その上位に「大都維那」がいる場合もある。石の四面に龕を開き像を造るいわゆる四面造像碑においては、例えば「北面維那」などと、各面に維那が見える場合もある。これは他の像主・邑主・化主・斎主なども同様である。また、斎会の幹事役と推定される「典齋唯那」[15]という肩書も見られる。

維那は、義邑における首領である場合もあり、副首領である場合もあることを郝春文氏は既に指摘しているが、この点についても時代差と地域性が大きく関わってくる。管見によると、維那の初出は、山西省高平市資積寺に現存する、太和二十年（四九六）李道興造像記（D-a、№1）である。この造像記においては、建興太守李道興と、「都惟那」である「郭僑」と「畢廣」二名以外肩書を有する者がおらず、「都惟那」の二人が義邑の実質的首領と考えることができよう。[16]しかし、やや年代が下る延昌二年（五一三）の造像銘（D-a、№3）には、既に「邑主」の肩書が見え、「維那」はそれに次ぐ地位となっている。すなわち、龍門と同じ「邑主」→「維那」という序列が見られる。

龍門石窟の北魏造像銘においては、先述したように「邑師」→「邑主」→「維那」、あるいは「邑主」→「維那」という序列で供養者名の記されている造像銘が多く、維那は副首領的立場にある。

Cの河南黄河以北地域の造像では、永安三年（五三〇）まで邑主の肩書が見えず、牛伯陽造像記（C－a、№1）、尚斉等八十人造像記（C－a、№7）などでは、維那が首領となっている。

Gを中心とした陝西地域では、維那が首領として願文中に記される事例は見当たらず、維那の肩書は他の主だった肩書と比較してもそれほど重視されていない。例えば龐氏二教像碑（G－a、№15）の供養者題記では、最上層から数えて第四層目にようやく維那が現れる。これはG地域に道教の義邑が多いことと関係するだろう。

Lの河北・山東の北・西部地域でも、北魏時代の義邑のうち高洛周造像記には「涿縣當陌村維那高洛周七十人等」（L④、№2）とあり、また、楊天仁造像記（L①、№3）にも「上曲陽城内唯那楊天仁等二百人邑義」とあり、維那は俗人の首領であったと考えられる。

Nの青斉地域においては、義邑の出現が神亀二年（五一九）と他地域よりやや遅れる。他地域で「邑主」に相当する「法義主」はあまり多くの義邑には見えず、「維那」あるいは「維那主」という肩書で義邑の首領的地位に就いていたと考えられる事例も多い。この状況は東魏以降においても同様である。

以上総じて見ると、龍門石窟やG（渭北地域）を中心とした陝西地域を除けば、五二〇年頃「邑主」という肩書が出現するまでの義邑においては、維那が首領である場合が少なからず存在した。しかし「邑主」という肩書の出現以降、維那は副首領的地位にとどまる場合が多い。

三、像　主

郝氏の説明では、「……像主」という肩書は多くの場合、義邑の首領ではなく、造像において布施した金額の多寡を示す功徳主としての標識にすぎないという。そして中には、一般会員より多く布施すれば、像主などの功徳主になれると定めていた義邑もあり、北斉武平元年（五七〇）董洪達造像碑（B－b、№42）の碑陰に「用錢五百文買都石像主一區、董伏恩」とあるのがその例証であるとする。また一方で、一部の義邑において「像主」や「塔主」は、義邑の発起人や組織者であったとする。この事例としては、神亀二年（五一九）崔懃等法儀兄弟二十五人造像記（N①－

a、No.1）を挙げることができる。この造像記には、「齊州東清河郡鄃縣人崔懃、削減身資、造石像一軀、二侍菩薩」とあり、「像主崔懃用錢九千」「法儀兄弟廿五人各錢一百、裁佛金色」と具体的な金額が記され、実質的には像主が大半を出資していることが分かる。

像主という肩書は、布施の金額が多いことを示すだけで、肩書自体に特別な役割があったとは考えられないので、中には北斉天保十年（五五九）張噉鬼・高海亮・霍早三十人等造像記（B−b、No.21）のように、「邑主」と「都像主」を兼ねる高海亮や、「都唯那」と「像主」を兼ねる張噉鬼のような事例もある。また、父が亡き息子のために造像し、像主としてその亡き息子の名を記した場合、つまり亡者が像主となっている事例もある。(17)これは像主の意味が、像主自身の出資金の多寡を示すのではなく、その布施によって生ずる功徳を主に得ることのできる人物ということにあった場合もあることを示していよう。

像主の種類については、「大像主」「都像主」以外に、「石像主」「金像主」と材質を記すもの、「當陽像主」「北面像主」などのように、四面造像碑のそれぞれの面の像に対する功徳主を示したもの、「釋迦像主」「彌勒像主」「阿難主」、「迦葉主」などのように具体的な尊名まで記したもの、「塔主」「浮圖主」「天宮主」など塔に関係するもの、(18)「佛堂主」(19)「燈明主」「飛天主」「師子主」など像の個々の箇所の功徳主を示すものなど、具体的に列挙していけばきりがないが、(20)とりわけ山西の造像銘において像主の種類が豊富である。また、北魏時代E地域（山西南西部）には、山崎宏氏が造像の発起者とみなしている「起像主」(21)、具体的役割は不明だが、「扶像主」「迎像（軍）主」などの地域色の強い肩書が見える。東西魏以降では、「起像主」の肩書がある程度の地域的広がりを見せている。

「像主」について年代・地域的分布を表1−2−1、1−2−2を参照して調査すると、初出は河北の景明四年（五〇三）高伏徳造像記（L④、No.1）である。北魏時代において、維那九三件に対し、像主は二八件である。件数はかなり少ないものの、広範な地域に見られ、義邑の首領である場合も多い。東西魏以降は、北魏の五倍以上に急増し一五〇件である。像主はいずれの地域の義邑においても高い地位を占めている。これは、造像銘を資料としているためでもあろう。

四、邑主・王主・法義主

邑主について、郝春文氏はその淵源を寺主とし、寺主は西晋時代に既に見えるとする[22]。邑主は、義邑において首領的地位にある場合が多い。この肩書の初出は龍門石窟古陽洞景明三年（五〇二）孫秋生造像記（A、No.3）である。この造像記には、「大代太和七年[23]新城縣功曹孫秋生・新城縣功曹劉起祖二百人等敬造石像一區」とあり、十五人の維那を先頭に多数の供養者の名が刻まれる。この義邑では、義邑内での肩書が不明である孫秋生と劉起祖が実質的発起人または首領であり、碑額に刻まれた「邑子像」の文字の向かって右隣に記された「邑主中散大夫滎陽太守孫道務」という人物は、実質的首領ではなく、スポンサー的役割であったと考えられる。一方、同じ景明三年の紀年を有する造像記（A、No.4）には、「邑主高樹・唯那解佰都卅二人等造石像一區」とあり、邑主高樹をこの義邑の首領とみなしてよいだろう。これら造像銘を始めとして、邑主の肩書が見える初期の邑義造像銘は龍門石窟に集中している。龍門石窟において邑師の肩書が見える場合は、「邑師」→「邑主」→「維那」の序列が明確であるが、邑師の遊行性を考えると実質的な義邑の首領は邑主であったと考えられる。ただし、「邑主都唯那」という肩書の者や[24]、「都邑維那」かつ「大都邑主」である者もいるため[25]、「邑主」と「維那」を単純に「主—副」の関係として説明できない。

「邑主」の地域的分布状況について、**表1-2-1**を参照してみると、北魏時代からすでにL～N（河北・山東）地域を除いて広く分布している。龍門石窟を含む北魏帝都の義邑の影響を受け、他地域においてこの肩書が出現したものと考えられる。D（山西中・南東部）地域では、五一〇年代前半に「邑主」が出現するが、他地域においては、五二〇年代前後になってようやくこの「邑主」の肩書が出現する。特にC地域（河南黄河以北）では、早くも五〇〇年代から義邑による造像があるが、「邑主」は五三〇年代以降の造像にようやく見られるようになる。

L地域（河北・山東の北・西部）においては、東魏以降、僧尼が「邑主」の肩書を有し、義邑の発起人あるいは主唱者となっている事例が多く、邑主が他地域における邑師のような存在であったと考えられることは既に述べた。このL地域の邑主と同様の性格を見せるのが、M（北魏の滄州）地域の「王主」である。「王主」という肩書はこのM

地域にしか見えないが、この肩書を有するのはすべて比丘である。また、N地域（山東の青斉地域）では、「法義主」という肩書が見えるが、出家者ではなく俗人である。L～N地域の義邑は北魏龍門石窟など他地域と比較して大きく異なっており、地域色が強い。

五、化主・勧化主・教化主

化主は義邑が造像などの活動を行うための資金集め、すなわち寄付を募る役割を担うとされている。郝春文氏は義邑について、造像を主とする比較的緩い組織と造像以外の活動を行う比較的厳格な組織に分類できるとした。この二種類では化主の役割が異なり、前者では、化主は往々にして義邑の発起人や組織者となり、地位が高いとする。北魏永興二年（五三三）解保明造像記（E-a、No.9）は、願文に「佛弟子解保明勸化上下邑子五十人等敬造石像一軀□四尺」とあり、供養者題記に「勸化主解保明興造」とあるので、この義邑は前者にあたるだろう。西魏大統三年（五三七）中興寺碑（B-b、No.1）を造立した「勸化大檀越主」である白双城により率いられた義邑も、銘文に「白公、名實、字雙城、（中略）、率固城上下村邑諸郡守及都督戍主十州武義等、共崇斯福、爲國主大王□史、造中興寺石像」とあり、このグループに含まれる。後者の義邑では義邑の会員が比較的固定しているので、化主の任務は、邑義以外の人に寄付を募り、会員の経済的負担を減らすことであり、例外はあるものの前者に比べ果たす役割も小さく地位も低い。

次に「化主」の地域的分布状況を調べてみると、非常に偏りがあることが分かる。**表1-2-1**を参照すれば、「化主」の肩書を有する邑義造像銘は、G地域（渭北）を中心にE地域（山西省南西部）などその周辺に見られるのみである。初出は陝西省富平県小学旧蔵、北魏熙平二年（五一七）邑子六十人等造像記（G-a、No.3）である。東西魏以降では、分布範囲が拡大する。陝西においては「化主」に限られるのに対し、B（河南黄河以南）・D（山西中・南東部）地域では、「勸化主」「教化主」という肩書が見られる。

六、斎　主

仏教伝来以前の中国において、斎とは、『孟子』離婁下に「雖有悪人、齋戒沐浴、則可以祀上帝」とあるように、神を祀るときに身心を清め、行いを慎むことを意味した。中国仏教における斎とは、心身を清浄にし懺悔すること、僧に対する食事提供、病気平癒の祈願など、様々な目的で集団で執り行われた儀礼を指す(26)。『高僧伝』などの伝世資料では、斎会において僧を自宅に招く側の主人、つまりホスト役が斎主と呼ばれているようである(27)。造像記に見える斎主は、『高僧伝』に見える斎主とは意味がやや異なり、造像に関わる斎会の費用の負担者と考えられているが、俗人が多く参加する義邑において、比丘が斎主となっている事例もまれにあり(28)、この場合は斎主が斎会において、金銭の負担ではなく、何らかの実務的役割を果したと考えられる。斎主は維那の肩書も同時に有することがしばしばある。

北魏神亀三年（五二〇）水礁泉合村邑子造像記（D－a、№10）に見える呂黒成は「唯那」かつ「齋主」であり、東魏興和四年（五四二）李氏合邑造像記（C－b、№9）には「都唯那齋主」「八關齋主都唯那」と見える。さらに、斎会を取り仕切ったと考えられる「典齋維那」という肩書も北魏永興二年（五三三）解保明造像記（E－a、№9）に見える。よって斎主は金銭的なことだけではなく、斎会の執行の世話役的な役割を果たした者である場合もあったと考えられる。

また、「八關齋主」という肩書も見られる。この肩書の初出はC地域（河南黄河以北）の熙平二年（五一七）王毛（三）郎造像記（C－a、№9）で、北朝時代を通じてC地域とF地域（山西・河北省境）に偏在する。八関斎（八戒斎）とは在家者と出家者がともに集い、一日一夜、八戒を守ってすごすもので、八関斎会において、講論などが行われた記録もある(29)。月の六斎日に八関斎を行うということが『六度集経』［T3: 48c–49a］、『増壹阿含経』［T2: 809ab］、『斎経』［T1: 911a］など多数の経典に記載されているが、半月にわたって懺悔し斎を行う「八關邑」という名の義邑もあったことを示す造像記(30)もある。ただし、様々な行事にあわせて八関斎が行われることもよくあるので、造像に記された「八關齋主」という肩書は、造像の完成などに際して行われた特定の八関斎会のことを示していると考えられる。唐代の敦煌では輪番で斎会の費用を負担しており、(31)定期的な八関斎会であれば、毎回その費用を特定の個人が負担するとは考えにくいからである。よって、「八關齋主」の肩書を持つ者がいる義邑であるからといって、その義邑において、六斎日などに定期的な八関斎会が行われていたとは即断できない。「八關齋主」以外にも様々な種類の斎主が造像銘に現れる。(32)

次に、斎主の肩書の年代的・地域的分布について表を参照して調べると、初出は、延昌二年（五一三）邑子一百人造像記（C-a、№8）である。この造像の出土地は不明ながらも河南北部に特徴的な石灰岩製の一光三尊像であり、造形も「封丘」という河南の地名が記される景明元年（五〇〇）牛伯陽造像（C-a、№1）に類似する。北魏時代においては、斎主の肩書はB・C地域（河南）とD・E地域（山西）の造像銘に集中して見える。なお、河北や山東においてもこの肩書を有するものがわずかだが見られる。ただし、この肩書が見られないからといって斎会が行われていなかったとは言えない。詳細は次章で述べるが、特に陝西の造像記においては、斎会を毎月定期的に行っていたことが多くの造像銘に記されており、また「治律」「監齋」「邑謂」「唄匿」「典坐」など、陝西地域とその周辺にしか見られない、斎会などの宗教活動と密接に関わると考えられる肩書がいくつか見られるのである。

七、光明主・開光明主・開明主

これらの肩書は、仏像が完成した時、開眼供養（いわゆる像の魂入れ）を行うその費用を負担し、その功徳を得る功徳主としての肩書とみるのが最も一般的な解釈である。造像に関わる開眼供養については、劉淑芬氏が八世紀の日本における東大寺大仏開眼供養の事例を紹介し論述している。(33)さらに資料を補充して紹介すると、西魏大統四年（五三八）比丘仇法超造像記（G-b、№5）には、「郷邑大都邑師仇法超」「比丘法超開佛眼」「比丘法忩開眉間白豪〔毫〕」という記銘があり、邑師法超が開眼供養を行い、法忩が眉間の白毫の開光供養を行ったことが分かる。このことについて、時代は下るが、『宋高僧伝』巻一金剛智伝に興味深い記事があるので以下に示そう。

其年自正月不雨迨于五月。嶽瀆靈祠、禱之無應。乃詔智結壇祈請。於是用不空鉤依菩薩法、在所住處起壇。深四肘。躬繪七倶胝菩薩像、立期以開光明日、定隨雨焉。帝使一行禪師謹密候之。至第七日、炎氣爞爞、天無浮翳。午後方開眉眼、卽時西北風生、飛瓦拔樹、崩雲泄雨。[T50 : 711b]

其の年正月自り雨ふらずして五月に迨《およ》ぶ。嶽瀆靈祠、之に禱《いの》るも應無し。乃ち智に詔して壇を結び祈請せしむ。是に於いて不空鉤を用い菩薩の法に依り、所住の處に在りて壇を起つ。深さ四肘なり。躬《みずか》ら七倶胝菩薩像を繪《えが》き、期を立つるに開光明の日を以てし、定んで隨いて雨ふらんと。帝は一行禪師をして謹みて密かに之を候わしむ。第七日に至り、炎氣爞爞、天に浮翳無し。午後方《まさ》に眉眼を開くに、卽時に西北の風生じ、瓦を飛ばし樹を拔き、雲を崩し雨を泄らす。

すなわち、金剛智が祈雨の修法を行う時、七倶胝菩薩像を描き、第七日の午後にその像を開眼すると、すぐさま風が起こり雨が降ったというのであるが、この記事により、開光明＝開眉眼であることが分かる。

また、隋の禅師静内等合村□□人造像記[34]に「深州司兵參軍事當廣敬爲亡母開菩薩眼目、願見光明、常爲像主」とあるのは、開眼供養が亡者に廻向されていることを示し注目される。さらに、像だけでなく、経典に対しても同様の儀礼を行ったことが「開經主比丘」[35]「開法華經主比丘」[36]などの肩書により分かる。

造像に関して、像の開眼供養は最も重要な儀礼であると言えるが、造像銘における初出も早く、C地域（河南黄河以北）に属する景明元年（五〇〇）牛伯陽造像記（C-a、№1）に「光明主」の肩書が見える。この光明主の類の肩書は、北魏時代においては、C地域（河南黄河以北）に集中して多く見られる。東西魏以降は、C地域以外に、河北・山東・陝西にも少なからず見られるようになる。造像碑の場合、「右葙開菩薩光明主」「開彌勒佛光明主」など、対象となる具体的な尊像を記したものは、特にこのC地域において多く見える。

一方、「開明主」という肩書は、D地域（山西中・南東部）とE地域（山西南西部）とに集中している。役割は「開光明主」と同じであると思われる。

八、邑老・邑正・邑中正・邑長

郝氏によれば、「邑長」は北魏の三長、「邑老」は郷里の三老にそれぞれ由来する。また「邑中正」は、魏晋南北朝期において官吏登用に関わり人物の郷品を定める中正官を淵源とし、「邑正」はその略称であるとする。さらに、義邑において「邑中正」と「邑正」の地位は決して高くないこと、「邑長」は西魏北周で六例見えるにすぎず、地位も高くないこと、「邑老」は義邑内において年老いた人望のある者の尊称で、具体的職務はないが、邑義造像銘においては常に首領と同列にあることを指摘する。(37)

郝氏が「邑正」を「邑中正」の略称とするのに対して、劉淑芬氏や張沢珣氏は異なる見解を提示する。(38)すなわち、「邑正」は戦国時代以来の「里正」、あるいは里社の役職に由来すると述べる。その事例として紹介される西晋の当利里社碑(39)には、「社老」や「社正」という肩書が見える。G地域（渭北地域）の義邑においても、「邑老」と「邑正」がセットで見られる事例が多い。また、「中正」と「邑正」の肩書が同一の造像碑に見える事例もあるので(40)、劉・張両氏の指摘はおそらく正鵠を得ているであろう。ただし、劉氏は、「中正」については義邑内の役職の場合もあるが、「邑中正」については、『魏書』などの正史に見えるので、これをすべて朝廷の官属と見なすことができると述べる。(41)しかし、一つの邑義造像銘に「都邑忠《中》正」が五名見える場合もあり（B-b、№27）、むしろこの官属を義邑内の役職として流用したものである場合が多いと見なすべきであろう。

次に筆者が収集した義邑資料中における各肩書の初出と地域分布について、表を参照し検討してみたい。

「邑老」の初出は、G（渭北）地域の正始二年（五〇五）馮神育道教造像記（G-a、№1）である。この肩書は北魏・東西魏以降を通じて陝西と河南に集中して見られる。

「邑正」の初出は、「邑老」と同じく馮神育道教造像記である。分布範囲は「邑老」よりも広く、北魏においては、河南・山西・陝西に分布し、東西魏以降ではL地域（河北・山東西部・北部）にも見える。

「邑中正」の初出は、熙平二年（五一七）孔恵超造像記（C-a、№10）である。東西魏以降特にB地域（河南黄河以南）に多く見られ、その分布状況は「邑正」と大きく異なっている。

「邑長」の初出はやや遅れ、富平県文廟所蔵の北魏正光三年（五二二）王氏百三十人造像記（G-a、№10）である。

分布地域は、EGHI、つまり、すべて西魏・北周王朝の領域内である。

九、香火・典坐・唄匿（梵唄・梵音）

これらの肩書は、すべて仏教儀礼に関わるものである。道安の制定した僧尼典範・仏法憲章三例のうち第一は「行香・定座・上經・上講之法」である。[42]「行香」（僧衆その他参加者の焼香）の役割は「香火」が果たし、「定座」（各自しかるべき座に就くこと）に関する役割は「典坐」が果たしたのであろう。北魏延昌二年（五一三）法慧造像記（K、№1）には「定坐」という肩書が見える。郝氏が「香火」の役割として焼香以外に点灯（灯明の点火などの管理）も含めているのは妥当な見解である。東魏元象元年（五三八）呂猛虎等八十人造像記（C-b、№4）には「香火供養主」という肩書が見え、仏像を香火によって供養する、あるいはその儀礼を金銭的に負担する役割であったと考えられる。

仏典では「典坐」は「典座」と記されることが多い。義浄訳『根本説一切有部毘奈耶雑事』巻十九では、典座は斎会において供養すべき僧衆の人数を施主に報告する役目を果たしている［T24:295b］。後代の資料だが、『大宋僧史略』巻中には、

典座者、謂典主床座。[43]九事擧座一色以攝之。乃通典雜事也。［T54:245a］

典座とは、床座を典主《つかさど》るを謂う。九事、座一色を擧げて以て之を攝《おさ》む。乃ち通じて雑事を典《つかさど》るなり。

とある。つまり、「九事」を「座」によって代表させている。ここの「九事」とは、『摩訶僧祇律』巻六［T22:280a］にいう、「付床座」「差請會」「分房舍」「分衣物」「分花香」「分果蓏」「知暖水人」「分雜餠食」「知隨意擧堪事人」のことである。

「唄匿」は梵語 bhāṇaka の音訳で、「梵唄」「梵音」とも言い、偈頌を管弦楽の伴奏つきで音楽的に歌讃する役目の人である。[44]魏の曹植が魚山に遊んで巌谷の水声を聞いて感得し、曲譜を制したというのが中国における梵唄の始まりという伝承がある。[45]講経の場においても「唄匿」は「都講」「香火」とともに欠かせない存在であったことは『続高

僧伝』の僧意あるいは宝意（勒那摩提）の霊験譚によりうかがうことができる。(46)

造像銘において「唄匿」は、「敗匿」「抜匿」など様々に表記される。僧ではなく俗人がこの肩書を有している場合が多く、この場合、「唄匿」本人が唄を唱えたのではなく、専門の僧を雇う費用を負担したのかもしれない。龍門石窟古陽洞には、多数の「維那」に続いて「香火」「典坐」「唄匿」が並んで記される北魏の造像記がある（A、No.10）。また、正光元年（五二〇）邑子等一百人造像記（D-a、No.11）においても、碑陽の中央から向かって左側に「高坐主」「香火主」「唯那主」「唄（唄）匿主」の順に並んでおり、「高坐」を「典坐」と考えれば、前述した古陽洞の造像記と肩書が共通する。

表1-2-1を参照しこれら肩書の地域分布を調べてみると、北魏時代においては、ここで例示した古陽洞の造像記と邑子一百人造像記二件以外は、GHIKの陝西～甘粛省にかけての領域に集中して見られる。この地域における邑義肩書は、他地域と異なり仏教や道教儀礼にかかわると思われるものが多い。

東西魏以降になると、「香火」がB（河南黄河以南）、D（山西中・南東部）、F地域（山西・河北省境）にも見られるようになるのに対し、「典坐」の分布地域は北魏と比べそれほど変化がなく、一方「唄匿」は見られなくなる。ただし、「唄匿」にかわって「梵音」が薬王山碑林所蔵の北周保定二年（五六二）鉗耳世標造像基座（G-b、No.17）に見える。あるいは西魏の宇文泰が曇顕に命じて編纂させ、「今に迄ぶまで流行す」「香火・梵音・禮拜・嘆佛に至るまで、悉く是れ其の内なり」という、『菩薩蔵衆経要』『一百二十法門』の影響であろうか。(47)

十、典録・弾官・平望・侍者・録生・邑謂・邑曰・治律

これらの肩書は、G～Kの陝西・甘粛省、とりわけ、G（渭北地域）とH（Gの西・南）に集中して分布する。「典録」の初出は正始二年（五〇五）馮神育道教造像碑（G-a、No.1）である。北魏時代には陝西地域に見られるのみだが、東西魏以降、西魏・北周の領域となったE地域（山西省南西部）にも多く見られる。一方、東魏・北斉領域においては見られない。その役割は不明である。典録以外の肩書のうちいくつかについては、道教と仏教との相違にかか

わるので、改めて次章で説明する。

十一、輪王主・上転主・中転主・上輪主・中輪主・衙天（王）主

これらの肩書はおおよそ現在の山西省の領域、DEF地域に集中して見られる。山西省南西部万栄県出土、山西省芸術博物館所蔵の北周保定三年（五六三）杜延和合邑七百他人等造像碑（E-b、№16）の供養者題記には、「轉輪主」「下輪主」「中輪主」「上輪主」「北面王主」「東面王主」「衙天主」といった肩書が見られる。これと類似するのは同じ山西省南西部、北周から隋代と推定される山西省郷寧県千仏洞の供養者題記である。[48]すなわち、「輪主」「上轉王」「中轉主」「大轉主」「衙天王主」「東面王主」「西面王主」「南面王主」「北面王主」の肩書が見られる。これら肩書は、転輪王と関係を有していると思われる。北斉河清二年（五六三）阿鹿交村邑子七十人等造像記（F、№8）には、「轉輪王主」「衙天王主」「東王主」「南王主」「西王主」「北王主」の肩書が見られる。もう一件注目される造像記は、同じく河清二年（五六三）の紀年題記を有する陽阿故県村造像記（D-b、№24）であり、「水精王主」「金輪王像主」「銀輪王像主」「銅輪王像主」の肩書が見られる。この造像記については、第二部第四章でその内容を詳細に検討するが、結論を先に言えば『菩薩瓔珞本業経』を主な典拠とする。おそらく、「上輪」や「上轉」は金輪王、「中轉」「中輪」は銀輪王、「下轉」「下輪」は銅輪王のことである蓋然性が高い。[49]偶然かもしれないが、王朝が異なるにもかかわらず、同年に転輪王に関する類似した肩書を持つ供養者題記を刻んだ造像記が複数現れているのは注意すべきである。

次に四天王を指すと考えられるものとしては、「四天主」「東王主」「南王主」「西王主」「北王主」「東面王主」「南面王主」「西面王主」「北面王主」などがある。四天王と転輪王との間には密接な関係があり、この点についても、第二部第四章で論じてみたい。

「衙天（王）主」とは、「衙天王」に対する供養者、あるいはその像の功徳主であると考えられる。「衙天王」は仏典には見えず、『魏書』などの史書に見え、王朝に叛旗を翻した者がしばしば自称に用いた号である。[50]特に東西魏以

降の造像銘に顕著なように、衡天王と仏教の転輪王があたかも同等の存在と見なされ供養者の肩書として用いられているのは非常に興味深い現象であると言える。

十二、邑子・邑生・邑人・邑義・法義

義邑における一般会員として人数的に最も多く見えるのが「邑子」である。「邑子」という語自体は、古く『史記』巻八九張耳陳餘列伝に「臣之邑子、素知之」と見え、同郷の人の意味である。同じ意味を表す「邑人」はさらに早く『左伝』定公九年に見える。

北朝造像銘における最初期の事例は山西東部の太和二〇年（四九六）建興太守李道興等造像記（D-a、No.1）に「邑子□皇帝陛下、造石像一區」とあるものである。龍門石窟古陽洞において、孫秋生造像記（A、No.3）や楊大眼造像記（A、No.7）の碑額部分に「邑子像」とあるのはよく知られている。[51]ただし、上記二事例ともに、供養者個人にはこの肩書が冠せられていない。個々人の供養者に「邑子」の肩書が見えるのはC地域（河南黄河以北）の北魏景明四年（五〇三）閻村邑子七十二人等造像記（C-a、No.5）が最も早い。河南・山西・陝西の三地域では義邑の一般会員はほとんどが「邑子」という肩書を有している。ただし陝西西部と甘粛では「邑生」という肩書が用いられている。筆者の調査によれば「邑生」の初出は北魏延昌二年（五一三）比丘僧法慧造像（K、No.1）であり、右側面に「忘者邑生任安平」と見える。

一方、河北・山東（L～N地域）では、それらの地域と事情が大きく異なる。L地域に属する北魏熙平元年（五一六）山陽村邑義三十八人造像記（L①、No.1）では一般会員が「邑義」という肩書を有している。また、鄴に都が遷された東魏以降では、「邑人」「母人」という肩書が新たに登場する。さらに、M地域には一般会員が「王人」という特殊な肩書を有している造像記も存在する。N地域では、一般会員が「法義」という肩書を有する義邑が多く見られる。

造像銘において供養者個人に「邑人」という肩書を有する事例の初出は非常に遅れ、黄驊市で一九八〇年代初頭に

出土した北斉天保五年（五五四）高城県王主比丘僧法洛合法義廿人等造像記（M、No.3）である。

まとめ

以上、邑義造像に見える主要な肩書の役割や地域的分布状況について検討してきたが、表1-2-1、1-2-2を再び参照して地域の分布状況をもとに邑義肩書を分類し、本節のまとめにかえたい。

まず、北朝全地域に共通するのは、「像主」と「維那」である。特に「維那」は最も広く普及した肩書である。ついで、「邑師」「邑主」「邑子」が、L~N（河北・山東）以外の地域において普及した。L地域においては、「邑師」が見えず、比丘が「邑主」となっている。この地域における僧尼の「邑主」が果たしていた役割は他地域における「邑師」であったと考えられる。

C地域（河南黄河以北）に初出する肩書「光明主」「齋主」「邑中正」「邑母」のうち、前三者は東西魏以降華北の広範囲に普及した。しかし、「邑母」は河南・山西の範囲にとどまった。

一方、D（山西中・南東部）において初出する肩書は「福徳主」「高坐主」、E地域（山西南西部）にて初出する肩書は「開明主」「扶像主」「起像主」「供養主」「迎像（軍）主」などである。これらのうち、「供養主」「起像主」は東魏以降C地域（河南黄河以北）にも普及し、C以外の地域にもごく僅かに見られる。このほか、「轉輪王主」「輪王主」「上轉主」「衝天王主」など転輪王関係の肩書が、DEFの山西地域に集中して見られる。東魏以降、都の鄴と陪都晋陽を結ぶ交通路に位置する重要な地域となったF地域においては、「都綰主」「清淨主」「銘像主」など、他地域ではあまり見られない独特な肩書が普及した。

次にG地域においては、この地域が初出の肩書が多数あり、独自の地域圏を形成している。特徴的であるのは、道士によって主導された義邑の多さである。この道教の義邑には、仏教の義邑と異なり、旧来の里社などの社会組織の役職肩書を模倣して命名されたと推測される肩書がいくつか見られる。里社や里正を模倣したのが「邑老」「邑正」であり、他に「平望」や「彈官」もその可能性がある。

また、仏教や道教の儀礼・実践にかかわると推測される肩書のうち、「侍者」「録生」は道教、「邑謂」「邑曰」「治律」は仏教系の義邑に多く見られる。これらも他地域ではほとんど見られない。

K地域では基本的にGH地域の影響を受けながらも、一般会員を「邑生」としている。

L～N地域においては、既に述べたように「邑師」が見られない。L地域では比丘が「邑主」となっている。「邑子」といった、他地域に普遍的な肩書さえもほとんど見られない。「母人」「邑人」という肩書は東魏以降L地域において出現する。「王主」「王人」といった特殊な肩書は東魏以降のM地域に出現し、この地域にのみ見られる地域性の強い肩書である。

「法義」の肩書はN地域に集中して見られる。この地域では肩書を有する者が非常に少ない。

総じて言えば、多種多様な邑義肩書は、そのすべてが洛陽周辺の中央から生み出されたとは必ずしも言えず、相互に他地域の影響を受けながらも、地域ごとに独自性を有しているのである。特に、A北魏雲岡・龍門石窟を基準にして考えると、G～Kの陝西・甘粛、L～N（河北山東）では大きく異なっている。次節以下では、地域的相違をより明確にするため、各地域の義邑の特徴について検討してみたい。

第二節　各地域の義邑の特徴

一、一般会員を「邑子」と称する義邑が多い地域

A、北魏時代の雲岡・龍門石窟

北魏における邑義造像の最初期の事例は雲岡石窟に存在する。雲岡石窟は、北魏の帝都平城近郊に開かれた石窟である。北魏時代の平城における造像に関する史書の記録や、造像の遺品が比較的よく残存している。単立像について見ていくと、太武帝の廃仏前には、永昌王常侍定州常山鮑纂が父母のために石浮図を造り、『涅槃経』も書写したこ

とを記す銘が存在する。[52] 平城では、仏塔も盛んに造られたことが釈老志の記述により分かる。皇興元年（四六七）には皇子宏（後の孝文帝）の誕生を記念して、永寧寺が建立され、高さ三百余尺の七重の塔が建てられた。また、皇興年間（四六七〜四七一）には高さ十丈の「三級佛圖」が石で造られた。さらに、銘文に都の平城で造ったことを記し、復仏後の天安元年（四六六）の紀年を有する石塔が現存している。[53] この石塔は台北の国立歴史博物館所蔵であり、第一層の四面に仏龕を開き、交脚菩薩などを造像する以外は、第九層まですべて小仏龕（いわゆる千仏）で埋め尽くされている。山西ではこのような小仏龕を多数造ることが非常に好まれたようである。

『魏書』釈老志の記述によると、太武帝の廃仏後、興安元年（四五二）十二月に復仏の詔が下され、師賢を僧官最高位の道人統とし、有司に詔して五級大寺内で石像を造らせ、「帝身の如く」させた。興光元年（四五四）秋には有司に勅して、太祖以下、現皇帝まで歴代皇帝五帝のために丈六釈迦立像五躯を鋳造させた。師賢が卒すると、和平初年（四六〇）に沙門統となった曇曜の働きかけで和平年間（四六〇〜四六五）雲岡石窟第十六〜二〇窟のいわゆる曇曜五窟が開鑿された。これら五窟は興光元年の五級大寺の五体の釈迦像をモデルとして五帝のために造られたという。

雲岡石窟ではこの後も帝室を中心に造像活動が行われたが、石松日奈子氏の論によれば曇曜の失脚により、雲岡石窟の造像事業は帝室の手を離れることになる。それのメルクマールとなるのが、以下に紹介する邑義造像とされている。[54] それは、雲岡石窟第十一窟東壁上部に存在する、北魏太和七年（四八三）邑義信士女等五十四人造像記である（図1-2-1）。初期の義邑の性格を考察する上で、この造像記の内容を把握しておくことは避けては通れないので、皇帝との関係を述べた前半部と、邑義たち自身とその関係者のための祈願を表した後半部に分けて全文を示しておきたい。

（前半部）

太和七年歳在癸亥八月卅日、邑義信士女等五十四人自惟往因不積、生在末代、甘寢昏境、靡由自覺。微善所鍾、遭値聖主、道教天下、紹隆三寶。慈被十方、澤流无外、乃使甍夜改昏、久寢斯悟。弟子等得蒙法潤、信心開敷、

図1－2－1　雲岡石窟第11窟東壁上層南端　北魏太和７年（483）
邑義信士女五十四人造像記

意欲仰酬洪澤、莫能從遂。是以共相勸合、爲國興福、敬造石廟形像九十五區、及諸菩薩。願以此福、上爲皇帝陛下・太皇太后・皇子、德合乾坤、威踰轉輪、神被四天、國祚永康、十方歸伏、光揚三寶、億劫不隧。

太和七年歳在癸亥八月卅日、邑義信士女等五十四人自ら惟うに往因積まず、生まること末代に在りて、昏境に甘寢し、自ら覺る由し靡し。微善の鍾まる所、聖主の道もて天下を敎え、三寶を紹隆するに遭値《めぐりあ》う。慈は十方を被い、澤は无外に流れ、乃ち萇夜昏を改め、久寢をして斯に悟らしむ。弟子等法潤を蒙るを得、信心開敷し、仰ぎて洪澤に酬いんと意欲せんも、從りて遂《と》ぐ能うる莫し。是を以て共に相い勸合し、國の爲に福を興し、敬みて石廟形像九十五區、及び諸菩薩を造る。願わくは此の福を以て、上は皇帝陛下・太皇太后・皇子の、德は乾坤に合し、威は轉輪を踰え、神は四天を被い、國祚永康にして、十方歸伏し、三寶を光揚し、億劫隧ちざらんが爲にせん。

（後半部）

又願義諸人命過諸師・七世父母・内外親族、神栖高境、安養光接、託育寶花、永辭穢質、證悟无生、位超群首。若生人天、百味天衣、隨意飡服。若有宿殃、墮洛三途、長辭八難、永與苦別。

又願同邑諸人從今已往、道心日隆、戒行淸潔、明鑒實相、暈揚慧日、使四流傾竭、道風堂扇、使慢山崩頽、生死永畢、佛性明顯、登階住地。未成佛間、願生生之處、常《?》爲法善知識、以法相親、進止倶遊、形容影響、常行大士八萬諸行、化度一切、同等正《?》覺、逮及累劫先師七世父。

又た願わくは義諸人の命過ぎにし諸師・七世父母・内外親

族、神を高境に栖ませ、安養光接し、寶花を託育し、永えに穢質を辭し、无生を證悟し、位は群首を超えんことを。若し人天に生ずれば、百味天衣、意に隨いて湌服せんことを。若し宿殃有りて、三途に墮洛すれば、長《とこし》えに八難を辭し、永《とこし》えに苦と別れんことを。

又た願わくは同邑諸人今從り已往、道心日び隆んにして、戒行清潔、明らかに實相を鑒、慧日を暈揚し、四流傾竭し、道風堂《たか》らかに扇がしめ、慢山崩頽し、生死永えに畢き、佛性明顯にして、住地を登階せしめんことを。未だ成佛せざるの間、願わくは生生の處、常に法善知識と爲り、法を以て相い親しみ、進止倶に遊び、形容影響し、常に大士八萬諸行を行じ、一切を化度し、等正覺を同にすること、累劫先師七世父に逮《およ》ばんことを。

前半部のあらましを述べると、邑義たちは、前世で善因を積まなかったので末世に生まれ、自ら悟るすべがなかったが、皇帝陛下が三宝を興隆し、仏道によって天下を教化し、私たちはその法沢を蒙り信心を得ることができた。この偉大な恩沢に対して報いようとかねがね思っていたがそれを果たせないでいた。そこで、ここにともに力をあわせ、国のために造像し、この福徳を皇帝陛下・太皇太后・皇子ひいては国祚が永く興隆するために廻向するという。すなわち、彼ら邑義たちの造像の目的は、皇帝陛下が仏法を興隆し、教化を垂れたその恩沢に対して報いるためであると述べており、「爲國興福」、つまり、仏像を造りその功徳を国に廻向することなのである。したがって、邑義が、造像の功徳を真先に、皇帝陛下（孝文帝）・太皇太后（馮氏）、さらには、この年の閏四月に誕生し天下に大赦したばかりの皇子（おそらく孝文帝の長子廃太子恂）のために廻向しているのも当然であると理解できる。

この造像記には「邑師法宗」「邑師曇秀」「邑師普明」「邑師道育」の四人の供養者名のみ記され、邑義五四人の名は記されない。俗形の供養者像は女性形が三六人、男性形十六人であり、それぞれ先頭に僧形の像がいると指摘される[55]。よって、これは女性を主とする義邑であったことが推測され、また四体の僧の像が在俗供養者像に比べ一・五倍ほどの大きさで造られており、この義邑においては、邑師が主導的役割を担っていたと考えられる。邑師が邑義信士女たちに皇帝・国家の恩沢を強調し、造像の功徳を皇帝に廻向すべきであると指導したことはこの文章から十分にうかがうことができる。

この造像のある第十一窟も皇室造営の窟とされ、完成を待たずに途中で工事が中断されたという。[56] そうした皇室の事業の中断をうけて邑義たちによる造像がなされたのである。

太和七年五月戊寅朔には、雲岡石窟へ皇帝が行幸しており、一般的にはこれが雲岡石窟への皇帝の最後の行幸とされる。[57] 造像記の日付は八月卅日である。造像銘の紀年月日は完成の日付を表すことがほとんどであるので、おおよそ四カ月前の皇帝の行幸の時に既に邑義たちによる造像の工事が始まっていた可能性も十分にある。いずれにしろ、皇室造営の窟に造ったという事実や皇帝の恩徳に報いるため造像したという銘文の内容から考えて、この造像が石窟を管理する側から何らかの後押し、あるいは、認可を得ていた可能性は高い。

既に、太和七年邑義信士女五十四人等造像記に、皇帝の恩沢に報いることが目的であることが明確に標榜されており、当初より、教団側も皇帝のための祈願を主たる目的として義邑を結成し造像を行うよう勧めていたことが示唆される。雲岡石窟における邑義造像はこの事例のみが確認される。

さて、五世紀末、平城から洛陽へ遷都が行われたが、それと前後して洛陽の南、伊闕の地に開鑿されたのが龍門石窟である。龍門石窟の供養者についての先行研究は塚本善隆氏や Amy McNair 氏の成果を代表として多数あるが、[58] 特に義邑に焦点をあてたものとして、李文生氏の論考がある。[59] 李氏は龍門石窟における北魏の義邑から唐代の結社までの変化を概観し、龍門石窟の義邑を表に整理した。筆者は氏の論考をふまえ、邑義たちの自称や肩書の問題にしぼってより詳しく論ずることにする。

龍門石窟において最も早い紀年を有する邑義造像記は、古陽洞窟頂の景明元年（五〇〇）邑師恵寿造像記（A、№2、図1-2-2）である。題額部分には「邑像」とある。「邑師惠壽」の題記も見えるが、それ以外の供養者は肩書無しの三名が記されるに過ぎない。

その次に早いのは同じく古陽洞の景明三年（五〇二）に完成した孫秋生造像記（A、№3、図1-2-3）[60] であり、こちらは供養者名全体をうかがうことができる。碑の形状に造られた造像記の区画の題額には「邑子像」とあり、その向かって右側に「邑主中散大夫滎陽太守孫道務」、左側に「寧遠将軍中散大夫潁川太守安城令衛白犢」とある。願文

▲図１－２－２　北魏景明元年（500）邑師恵寿造像記

◀図１－２－３　北魏景明３年（502）孫秋生造像記

には、「新城縣功曹孫秋生・新城縣功曹劉起祖二百人等敬造石像一區」とあり、龍門石窟の南西程近くに位置した新城県の功曹二人が中心となった造像であることが分かる。滎陽郡と潁川郡は、洛陽の東方にあり、やや離れている。供養者としては、維那十五人と、肩書無しの一二五人が名を連ねているが、この新城県功曹二人の名は見えず、二人がいかなる肩書だったのか不明である。既に述べたように、邑主という肩書は、必ずしも邑義たちの実質的指導者ではなく、最も地位が高く、おそらく最も多く出資した者に与えられた場合もあったと推測される。

以下、**別表Ａ**を参照しながら龍門石窟の義邑の特徴について検討していきたい。邑義たちの自称としては、「邑像」「邑子像」「娣女」と碑形の造像記の題額部分に刻まれたものがある。それ以外では、「邑儀兄弟」「邑宜兄弟」「邑子等」「諸邑子等」と称している。山東に多い「法義（法儀）」という呼称も、永熙二年（五三三）造像記（A、№18）に「法儀之衆」として一件存在する。「合邑」という呼称は初期には見えず、正光六年（五二五）の義邑（A、№17）一件のみである。邑義造像の尊像名は北朝時代を通じて弥勒と釈迦に集中しているが、有官者が名を列ねる義邑は少なく、皇帝や国家のための祈願がないものも少なからずあることは注意すべきである。

北魏時代における龍門石窟の義邑の構成は、おおむね一名の「邑師」と「邑主」、複数名の「維那」、その他一般会員である「邑子」という形をとるものが多い。例えば、「邑主高樹・維那解佰都卅二人」（A、№4）、「邑師道暈・邑主賈元英・維那陰王勝・韓思齊・□見喜十二人等」（A、№11）などと、「邑師」→「邑主」→「維那」の順に記す場合が最も一般的なケースである。ただし、初期には邑師や比丘の名が見えないものが多い。一般会員については、初期は肩書を有さず、後期には「邑子」の肩書を有するようになる。「邑子像」という題額を有するものが複数あることから、初期にあって「邑子」という用語は、邑主・維那なども含めた個々の構成員全員を指していたと考えられる。その他の肩書で、注意すべきこととしては、C（河南黄河以北）地域の邑義造像に多く見える「光明主」が龍門では一件の義邑にしか見えず、五二〇年代から「邑老」という肩書も見えること、陝西によく見られ、斎会などの仏教儀礼と関連する「典坐」「唄匿」「香火」という肩書を持つ者が名を列ねる義邑が一件あることである。

繰り返しになるが、帝都洛陽に近い北魏龍門石窟における義邑に関して重視すべきは、「邑師」→「邑主」→「維那」→「邑子」という、義邑の基本形の形成が確認できることである。この序列は、他地域にも影響を及ぼしていくことになるのである。東西魏分裂以降は、都が移り、この地域が東魏と西魏の両王朝が対峙する地域となったこともあり、龍門石窟の造像活動は下火になった。再び造像が盛んになるのは唐代を待たなければならない。

B、河南を中心とした地域　黄河以南

B-a　北魏時代

北魏時代のこの地域は、都の洛陽を擁し、『洛陽伽藍記』を一読すれば洛陽周辺で造像が盛んに行われたことは疑いないが、龍門石窟を除けば、意外にもこの地域における邑義造像は五二〇年以降の事例が確認できるにすぎない。今後の発掘調査による発見が期待されるところである。この地域の邑義造像は、石窟造像と単立造像との二種類に分けることができる。

北魏洛陽周辺の石窟造像は龍門石窟以外に、鞏県石窟、水泉石窟、万仏山石窟、鴻慶寺石窟、西沃石窟、虎頭寺石窟、石門石窟、登封石窟、鋪溝石窟、呂寨石窟、委粟山石窟、鴉嶺山石窟を挙げることができる。それらのうち、多くが幹線道路の重要拠点沿い、特に後漢末洛陽を封鎖した八関の地付近に開鑿されている(61)。このうち、義邑により開鑿されたものは、虎頭寺石窟（B-a、№1）と西沃石窟（B-a、№6・8）である。虎頭寺石窟は、洛陽盆地の西南端に位置し、八関都尉が設置された場所と洛河を挟んで対岸南側、虎頭山の北斜面に開鑿されている。西沃石窟は黄河南岸の岸壁に開鑿された。窟下には桟道の跡があり、付近には漢代以来の渡し場の遺跡が存在するという。こうした交通の要所に石窟を開鑿することは、寄付を募るのに有利であったとされている(62)。

単立造像については、浮図・天宮・塔と記した造像銘の数が他地域と比較して際立って多いのがこの地域の特徴である。特に洛陽周辺で浮図が多く造られたようである。代表的なものが、汝南王元悦による塔の修理事業を記念した石刻文である(63)。都の洛陽では熙平元年（五一六）に胡太后によって永寧寺が開基された。そこには、高さ九十丈にもなる九層の浮図（塔）が建てられ、菩提達摩が讃嘆したことで知られるように、北魏帝都洛陽のシンボルとなった(64)。また、景明寺において正光年間（五二〇〜五二四）に七層の塔が建てられ、永寧寺の塔に次ぐ威容を誇った。他地域に比べ、この地域に浮図・塔・天宮が際立って多いのは、これら都洛陽における高層の塔の建立に刺激されたものであると考えられる。そうした状況を反映して、邑義肩書についても「天宮主」や「浮圖主」の多さがこの地区の特徴である。

次に、洛陽近郊出土邑義造塔（浮図）記の貴重な事例を二件紹介しておきたい。ともに洗練された線刻が印象的である。第一は、現在偃師商城博物館に所蔵される、正光四年（五二三）翟興祖造像碑（B-a、№2、図1-2-4）である。これは、北魏洛陽の邑義造像碑の形式を伝える現存唯一の極めて重要な事例であるので、李献奇氏の考証に基づき詳しく紹介しておきたい。この造像碑は、高さ一一一、幅約四〇、厚さ十一センチメートルという扁平形である。一九六四年に偃師市宋湾村東北約四百メートルの地点で発見された。出土時は金と朱色の彩色が確認できたという。李氏は、北魏洛陽城青陽門を出て東へ三里の孝義里北に存在した宝明寺の遺物であると推定する(65)。この造像は正面のみ仏龕を彫り、C（豫北）地域の一光三尊像とは異なり、一仏・二比丘・二菩薩の五尊形式をとっている。龕の下部には、通常の香炉とは異なり、瓶に大きく開花した蓮華が挿されている線刻図像がある。これの供養者が最下層に見える「香花主」であろう。この香花の下は願文と供養者題記である。

願文には、「法義卅人等建造石像一區、菩薩立侍、崇寶塔一基、朱彩雜色」とあり、法義三十人が石像と宝塔を造ったことが記される。願文の横には「天宮主維那掃逆将軍翟興祖」「天宮主平昌令劉伏生」「天宮主邑主汝南令石靈鳳」「天宮主紇豆隣侯地拔」と四人の天宮主の名が記される。願文の下部は供養者線刻像と供養者題記である。第一

図1－2－4　北魏正光4年（523）翟興祖造像碑碑陽・碑側

層は向かって右から順に「邑子翟阿興」「菩薩主王明洛」「師子主邑正徐珍貴」「大像主趙買徳爲亡父母」「邑主石靈鳳爲亡父母」「維那翟興祖」「加葉主沮渠顯遵」「邑子蘭伏奴」とあり、石霊鳳と翟興祖が重複して刻まれる。この二人が造像の中心人物であると推測できる。第二層・第三層は、「香花主支僧安」を除いてすべて邑子である。

一方、碑陰上部は線刻によって山々が連なり樹木が茂る様子が表現され、坐仏や禅定比丘、蓮華化生童子が表される。「檀特山」「樹主」などの題記も見られる。檀特山は釈迦の前世である須達拏太子の修行地である。その下部は供養者像の線刻と題記である。最上部第一層には二名の「邑師比丘」が中央で香炉を挟んで向きあっており、その両側に「化生主宋老徳」と「後面像主」、さらに外側に「禪師主徐玄明」「邑子」の題記が見られる。「化生」は蓮華化生童子像の供養者、「禪師主」は禅定比丘像の供養者のことであろう。

碑の両側面は上層に線刻思維像があり、西面のみ、その下に鐘をつり下げた建物と鐘つきを持つ僧の線刻がある。さらにその下には供養者像が線刻される。「思維像主宋老徳」「邑子侯法生」以外は全員「淸信女」の肩書を有する女性である。

この義邑は、邑義造像によく見られる一姓や二姓が供養者の大半を占めるものとは異なり、特に「乙弗」「紇豆隣」「斛斯」「沮渠」など、胡族を含む多数の雑多な姓によって構成される。下級有官者も数名見られ、「掃虜將軍京邑東市司馬王安興」は洛陽東市の治安を守る役人である。

もう一点李氏が指摘する重要な点は、この事例が仏教造像の商品化を表しているということである。すなわち、この造像は願文中には「法義卅人」とあるが、実際は八二名の供養者が刻まれ、供養者線刻図像には、その人物の題名が空白になっている部分がある。これらのことから、李氏は、①仏像と供養者像などの線刻が彫られる→②施主の要求に応じて発願文が彫られる→③喜捨の前後に応じて供養者題名が刻まれる、という順番をたどって造像碑が制作されたと結論づける。このような造像の商品化の事例は時代が下るにつれさらに多くなり、「邑子」など肩書のみ刻まれて姓名がないものも見られるのである。(66)

洛陽近郊出土邑義造塔記第二の事例は、正光五年（五二四）劉根造浮図記（B-a、No.3、図1-2-5）である。こ

図1－2－5　北魏正光5年（524）劉根造浮図記

れについては、周到［一九七八］が紹介している。劉根造浮図記石刻は光緒年間に偃師市韓旗屯村の西で出土した。この地も北魏洛陽城東に位置する。高さ三九・五、幅一四四、厚さ十六センチメートルの横長の石である。当初は塔の下部に嵌めこまれていたと推測されている。

願文には、「於此迭相奬勵、異心影附、法義之衆、遂至卌一人有餘。各竭己家珍、抃勸一切、仰爲皇帝陛下・皇太后・中宮眷屬・士官僚庶・法界有形、敬造三級塼浮圖一堰」とあり、「法義之衆」四一人が家財を喜捨し、皇帝・皇太后（霊太后）中宮眷属その他士庶・一切衆生のために三重の塼塔を建てたことを記している。

供養者題記には、僧の名が見えず、「浮圖主」が九人、「齋主」が一人、「唯那主」が二人、「唯那」が一人、「邑子」が三一人である（削られている二人を含めると三三人）。劉根は「浮圖主」兼「唯那主」である。これら以外に、翟興祖造像記に比べて高位の官僚が「侍中・車騎大將軍・儀同三司・右衞將軍・御史中尉・領左右・武陽縣開國公侯剛」「前將軍・武衞將軍・領細作令・寧國伯乞伏寶」「武衞將軍・景明寺都將元衍」「冠軍將軍・中散大夫・華林都將・領右衞司馬孟永」とその名を列ねている。侯剛・元衍・乞伏宝は正史や墓誌にその名が見える[67]。「細作令」は、北魏では確認されていないが、『隋書』百官志上に梁の官職として見える。「景明寺都將」「華林都將」は、それぞれ景明寺の塔や華林園の造営にかかわり臨時に設置され、将作大匠に属した官職である可能性が高い[68]。これらの官吏達は邑義肩書を有していないので、彼らは法義四一人の中には含まれていないと見なすことができる。彼らはおそらく法義達に勧められて大口の寄付を行ったのであろう。侯剛については不明であるが、他の三人は建築に関する専門的知識を有し、実際に塔の造営の指揮をとったと思われる。

以上二例の造塔記を紹介したが、ともに「法義」と称しているのが注目される。「法義」は山東の青斉地域（N地域）に多く見られる義邑の自称である。龍門石窟蓮華洞の永熙二年（五三三）元□造像記（A、№18）も「法儀之衆」と自称する集団であるが、「元□」という姓から、塚本善隆氏は宗室の元氏が関わったもので、願文が劉根造浮図記と極めて類似すると指摘する。(69) 元□造像記は供養者が不明であるが、ここで紹介した二件の法義造塔記の共通点は、供養者中に有官者が見られ、雑多な姓で構成され、場所が帝都洛陽近郊であることである。北魏帝都洛陽では、郷村などの地縁的関係を連想させる「邑義」ではなく「法義」という呼称が普及していた可能性がある。

これと関連して、帝都洛陽においては、法貞が僧建と「義會之友」となり、聴衆が千人にもおよび、清河王元懌・汝南王元悦も頂礼して戒訓を受けたという。そして得た布施によって仏像を千体造り、頒布・供養したという記述が存在する。(70) 法貞と僧建二人は北魏の霊太后が実権を掌握していることを嫌い、梁朝を「正朝禮義之國」として梁の普通二年（五二一）に南渡を決行した。法貞は渤海東光、僧建は清河の人であった。このような「義會」の事例から考えると、帝都洛陽において造像記に見られるよりおそらく早くから「法義」という名称は使用されていたと推測される。

B-b　東西魏以降

東西魏分裂以後、この地域の西部や南部は、東西二王朝の争奪地となり、両王朝の造像がともに見られる。表1-2-2を見れば分かるようにこの地域の邑義造像が全地域の中で最も多い。有官者が名を列ねる大型の造像碑がいくつも造られているのも注意すべきである。特に目立つものは、嵩山における造像群（B-b、№19・20・27・29・42・53）、洛陽平等寺の大型造像碑（B-b、№31・43）、襄城県における張噉鬼・張伏恭による一連の造像（B-b、№21・36・41）などである。特に№21（図1-2-6、図1-2-7）は「順陽郡沙門都」という地方僧官が「邑師」となっており注目される。また、「邑師」→その他の僧→「邑主」→「都唯那」→「唯那」→「忠正（中正）」→「邑子」という義邑内の序列を明確にうかがい知ることができる点でも貴重な資料である。

これら以外に、両王朝の争奪地となった、穎川地区の邑義造像（B-b、No.2・9・13）については北村一仁氏が詳細な考察を加えている。(71) 特に禹州の杜氏は、西魏と東魏の両王朝を跨いで造像を行い、東魏王朝の正朔を奉じた武定八年（五五〇）造像碑には、為政者勃海王高歓の名を冠した『高王経』を刻んでいるのが興味深い（『高王経』については第二部第五章にて論ずる）。この地域の邑義造像は安徽省にまで及ぶ。亳県（亳州市）咸平寺址出土造像碑群がその例である（B-b、No.25・30・47）。

▲図1-2-6　北斉天保10年（559）高海亮造像碑碑陽

◀図1-2-7　北斉天保10年（559）高海亮造像碑碑陰

　邑義肩書の特徴としては、全地域のうち、「邑中正」がこの地域に最も多いことを第一に挙げるべきである。表を参照すれば分かるように、この肩書を有する者は二人いる場合が多い。次に挙げるべき特徴は北魏時代と同じく「天宮主」「浮圖主」の多さである。なぜ東魏以降この地域にこれだけ多数の邑義造像が存在するかについては、一つはこの地域は南朝や西魏北周王朝の境域と接しており、それらの王朝との対抗のために集団造像の場を借りて結束をはかるという理由が考えられる。それ以外にも何か原因が考えられるかについては今後の課題としておきたい。

C、河南を中心とした地域　黄河以北（豫北地域）

C-a　北魏時代

龍門石窟古陽洞における造像の開始にほぼ時を同じくして、六世紀初頭前後から河南省の黄河以北の豫北地域、すなわち、輝県・新郷（北魏の汲郡）周辺においても義邑による造像が盛んに行われた。この汲郡一帯は、河北から、あるいは洛陽・山東方面からも交通路が通っており、交通の要衝であった地域である。北朝時代の黄河はこの地域において現在の河道よりもかなり北を流れており、汲県や滑県は黄河の北岸すぐ近くに位置した。

この地域における北魏の造像は、王景荃氏や石松日奈子氏によって詳しく紹介されている[72]。石松氏は、これら造像の特徴として、①石灰岩製、②線刻浮彫等の絵画的表現、③三尊形式、④中国式着衣、⑤中国式飛天、⑥仏教図像と神仙図像の混在、⑦庶民の邑義による造像という点を指摘する。

また、佐藤智水氏も石松氏の論考をうけ、この地域における北魏時代の邑義造像題記について考察を加えている。特に汲郡汲県尚氏の造像活動について検討し、国家との結びつきを持たない一地方豪族が太公望呂尚の末裔と称して造像供養を行い、皇帝のために造像したという銘文を記し、国家から板授官が授与され、次第に地位を上昇させていくという過程を明らかにした[73]。

それでは、具体的に別表C-aを参照し、この地域の義邑の特徴について調べてみよう。まず何を造っているかを見てみると、浮図・天宮を造る義邑が最も多く、釈迦がそれに次ぐ。

次に邑義肩書を詳しく見てみると、この地域における義邑の特徴として第一に指摘すべきは、別表C-aに太字で強調したように、「光明主」がほとんどの邑義造像に見えることである[74]。ちなみに龍門石窟ではこの肩書は一件の邑義造像記に見えるのみである。龍門石窟の義邑とさらに比較すると、「邑師」は五一七年、「邑主」は五三〇年代まで見られない。一方で、「像主」あるいは「浮圖主」「天宮主」といった、像の功徳主を示す肩書が比較的多い。正始二

図1-2-8　北魏正光元年（520）楊文憘造像

年（五〇五）尚斉八十人等造像記に見える「施專」は塼浮図の建材である塼を布施したということであろう。また、北魏龍門石窟義邑では見えなかった「齋主」という肩書もこの地域が初出で他に数件見える。特に熙平二年（五一七）王毛（三）郎造像記（C-a、No.9）に見える「八關大齋主」は八関斎が行われていたことを示す肩書として重要である。この肩書は、河南の義邑では、東西魏以後も新郷や淇県・滑県など、当時の汲郡周辺に集中して現れる。無紀年の邑老田邁造像記（C-a、No.18）の「起像齋主」や「興像齋主」も具体的内容は不明ながらも像に関する特定の行事に関わる斎会が行われたことを示唆する注意すべき肩書である。

さらに、正光元年（五二〇）楊文憘造像記（C-a、No.12、図1-2-8）に「邑母」が見えるのも看過できない。永熙二年（五三三）趙見憘等造像記（C-a、No.16）には「邑父」も見える。これらの肩書は、「邑子」「邑女」[75]「邑儀兄弟」「法義兄弟姉妹」などの表現とともに、邑義たちの紐帯を擬制的血縁関係に見立てていることを想起させる。第一章で述べた非血縁の倫理的共同性という「義」の意味を想起すれば興味深い現象である。

C-b　東魏以降

東魏・北斉時代には、西魏北周に対抗するため、この地域の戦略的重要度が増した。洛陽方面から東魏・北斉の都である鄴へ至るには必ずこの地を通過することになる。北魏時代に多く造られた一光三尊像以外に、東魏・北斉時代には有官者を含む邑義百人以上による、「碑像」「交龍石碑像」などと呼ばれる石碑状の造像碑が、この地域にも少なからず見られるようになる。そして、そのうちいくつかには、幹線道路の路傍に井戸を設け、川に橋を架けるなどし

図1－2－9　東魏興和4年(542)李氏合邑造像碑

て交通の便に供するという公益活動を行ったことが記される。

例えば、東魏興和四年（五四二）李氏合邑造像碑（C-b、No.9、図1-2-9）は、名族の趙郡李氏によるものである。この碑は清光緒年間（一八七五～一九〇八）滑県城北の康李村から出土した(76)。滑県には黄河の有名な渡し場、白馬津が存在したが、朝に鄴都を出発すると暮にはここに到着したという記載もある(77)。

銘文は、李次・李顕族百人余りが村に寺を建てたことを述べた後、以下のように記す。

復於村南二里大河北岸、萬路交過、水陸俱要、滄海之賓攸攸、伊洛之客亦屆。逕春溫之苦渴、涉夏暑之炎噢、愍茲行流、故於路傍、造石井一口、種樹兩十根、以息渴乏。由斯建立、遐途稱善。由前生後、信心彌著、重福輕珍、復竭家玩、次造天宮浮圖四堰・交龍石碑像一軀。

復た村南二里大河北岸に於いては、萬路交ごも過《よぎ》り、水陸俱に要たり。滄海の賓攸攸にして、伊洛の客も亦た屆《いた》る。春溫の苦渴を逕《へ》、夏暑の炎噢に涉る。茲の行流を愍れみ、故に路傍に於いて、石井一口を造り、樹兩十根を種《う》え、以て渴乏を息《や》ましむ。斯の建立に由りて、遐途善と稱《たた》う。前に由り後を生じ、信心彌《いよ》いよ著《あら》われ、福を重んじ珍を輕んじ、復た家玩を竭《つ》くし、次いで天宮浮圖四堰・交龍石碑像一軀を造る。

すなわち、村を南へ二里行くと黄河の北岸に至り、そこは水陸の交通路が幾重にも交差する交通の要衝になっており、はるばる黄河下流の臨海地区、あるいは洛陽からも人々がやって来ていた。彼らが春の喉の渇きや夏の酷暑に苦しむのを愍れんで、路傍に井戸を設け、樹木を二十本植えた。そしてさらに家財を喜捨し「天宮浮圖」を四堰と、「交龍石碑像」、すなわちこの銘文が記された造像碑を造ったという。この造像碑には、「法華經主」という肩書の供養者も見え、銘文にも「開三爲級小之心、演一爲接大之則」という法華一乗思想が見られるなど、この義邑が『法華経』を信奉していたことは顔尚文氏が指摘するところである。(78)

また、もと汲県の西三〇里、廉堰（現在の衛輝市連岩村？）(79)奶奶廟に存在した興和二年（五四〇）廉富造像記（C–b、No.6）には、廉富が「興造天宮壇廟、幷芑嶺之北、鑿井通涼……竪碑於鄴路之傍」と言うように天宮壇廟を建て、井戸を掘り、鄴都へと続く道路の路傍に碑を建てたことが記される。廉富の息子による武定八年（五五〇）廉天長造像記（C–b、No.18）においても、父廉富が「羣仙形像兩千餘區、橋梁義井處處皆置」というように、仏像を二千体以上、それに加えて橋や井戸を造り、この地にやって来て「京鄴萇逹之傍、率我鄉邦三十人等、敬造義井」と、鄴都への幹線道路の路傍に「義井」を造ったことを記し父を讃えている。

さらに、武定七年（五四九）武徳于府君義橋石像碑（C–b、No.17）は、「懷州長史行武德郡事」于子建による橋の建設を顕彰したものである。この事例は表向きは地方官による公共事業だが、銘文にはこの事業における実際の発起者は楊膺寺の僧であることが述べられる。そして、数箇寺の僧が積極的に協力して木材を提供し、楊膺寺が「橋主」となったことが記されている。(80)官の命令による事業でないゆえに「義橋」と表記されたと考えられる。

以上の例のように、交通の要衝に「義井」や「義橋」を設ける義邑がこの地域にいくつか現れたのは新しい現象と言えよう。そして、邑義肩書の種類も増え、有官者が多く見られるようになっている。北魏時代に比べ、この地域における邑義造像に対する有官者の関わりが強くなっている傾向を看取できる。

邑義造像の尊像名は、北魏と同様、浮図・塔・天宮が最も多い。北魏からの大きな変化は、この地域において北魏にはほとんど見られなかった「碑像」と称するものが五件見られることである。「碑像」とは、既に述べたように石碑に仏龕を造ったものである。碑の四面ともに用いる場合が多い。文字を多く刻むことができ、供養者が多数で長文の文章を記したい場合により適したものと言える。北斉時代になるとこの地域においても仏時寺造像碑（C–b、No.35、図1–2–10）のような、幅と厚さがほぼ同じ長さで屋根が付いた方柱状の四面造像碑も見られるようになる。この造像碑は、「釋迦大像主」「彌勒大像主」「阿彌陀大像主」「無量壽大像主」といった各仏龕の具体的な尊格を記し、

図1－2－10　北斉武平3年（572）仏時寺造像碑

「無量壽」と「阿彌陀」が同時に造られている点が貴重である。

次に、邑義肩書について見てみると、東魏以降のこの地域において特徴的な肩書は、「八關齋主」と「邑母」である。また、「供養主」も北魏では見られなかったが、東西魏以降では九件も見られる。「供養主」は河南・山西で多く見られる肩書である。

さらに、義邑の大規模化にともない、邑主には「大都邑主」や「都邑主」が多く見られるようになり、維那や中正にも同様に「都」や「大」を冠する肩書が多くなる。碑像が造られるようになったことによって、例えば「西面上堪像主」など、各面の各龕の像主ということを明示したり、具体的に「阿難主」などと尊格を明示したりする肩書が多く見られることも北魏からの変化と言えよう。

D、山西中・南東部

D-a　北魏時代

この地域において現在までに確認されている邑義造像の北限は、雲岡石窟を除けば、定襄県である。よってD地域はこれより以南と設定する。平城から南下し、太原を経て、山西省の東側、上党郡（現長治市の北）や泫氏県（現高平市）、河内郡（現沁陽市）を経て洛陽へと至る交通路沿いに石窟や摩崖、単立造像が多く見られる。開鑿年代が洛陽遷都以前に遡る石窟もいくつか存在する。子洪鎮石窟（祁県）、良侯店石窟（武郷県）、羊頭山石窟（高平市）がそれに該当する。[81]

紀年を有するものでは、太和十六年（四九二）銘の願文が刻まれている太谷県塔寺石窟には「比丘法尤爲所生父母

図1－2－11　北魏太和20年(496)李道興等邑子造像碑

図1－2－12　北魏無紀年（5世紀末）王黄羅造像碑

図1－2－13　北魏神亀3年(520)水醮泉合村邑子造像碑

眷屬造像十區」「比丘曇正爲所生父母眷屬造像十區」などとあり、小仏龕が壁面に多数造られている。造像活動の中心になっているのは白氏である。塔寺石窟は、複数の姓からなる供養者集団による造像ではあるが、「維那」「邑子」などの肩書は見られず、義邑の前段階にあったとみなすことができる[82]。

この地域における邑義造像最初期の事例は、太和二〇年（四九六）李道興等邑子造像碑である（D-a、No.1、図1-2-11）。この造像碑は四面が小仏龕（いわゆる千仏）で覆われている。供養者は郭氏が中心である。高平市邢村出土の五世紀末から六世紀初頭の作とされる王黄羅造像碑（D-a、No.2、図1-2-12[83]）も正面下半部に大龕を造り、背面に供養者名を刻む以外、千仏龕で埋めつくされている。以上のように、この地域はとりわけ千仏、多仏信仰が早くから盛んであった。ただし、北魏時代のこの地域の邑義造像記は、「千佛」などとは記さず、単に「石像」と記すものが大半である。これらの二つの造像碑に刻まれた邑義肩書は、「維那」のみであり、総称として「邑子」

という語が使用されているものの、各個人にこの肩書は冠せられていない。

それから少し時代が下り、六世紀、延昌年間（五一二～五一五）になると、現在の沁水県（北魏時代の端氏県一帯）で義邑による造像活動が盛んになったようである。この時期の義邑には、「邑主」や「邑子」の肩書を有する者が見られるようになる。沁水県の造像活動は、酒氏・呂氏・馬氏が互いに協力しつつ主導している様子を表から看取することができる。

造形についても少し言及しておこう。神亀三年（五二〇）水礁泉合村邑子造像碑（D－a、№10、図1－2－13）を、すでに紹介した洛陽近郊出土翟興祖造像碑（B－a、№2、図1－2－4）と比較してみると、前者には後者のような精緻な線刻はなく、地方色が豊かで素朴な雰囲気を有している。

最後に北魏時代のこの地域の邑義肩書についてまとめてみると、初期は「維那」のみ見られ、五一〇年代頃から「邑主」「邑子」「像主」等の肩書が出現し、五二〇年前後から「開明主」「齋主」などの肩書も見られるようになるということである。龍門石窟に見られた「邑師」が少ないことも注意すべきである。

D－b　東魏以降

東魏以降は、他地域と同じく、有官者の参与する義邑が増加し大規模になり、それに従って邑義肩書の種類も増加する。何を造ったかについては、北魏ではほとんど「石像」と記すのみであったのに対し、東魏以降では、具体的に尊名を記すものも多くなる。特に釈迦と記すものが最多である。ただし、釈迦だけでなく様々な仏像を造ったことを記すものが多い。塔・浮図・天宮や四面像もいくつか見られる。

東魏以降の邑義肩書を具体的に見てみよう。肩書の種類が増えていることは既に述べたが、特に造像碑の一部分に対する功徳主を示すと考えられるものとして、像主の場合、四面のどちら側かを示す「當陽」「東面」など、あるいは、「上龕」「下龕」など仏龕の上中下の位置を示すもの、さらには、像主の中でのランクを示す「大」「都」「副」などを冠するものがある。また、釈迦、弥勒など具体的に尊名を示すものもある。菩薩主の場合は、主尊仏像の左右どちら側にあるかを示す「左葙」「右葙」を記すものが多い。開光明主については、北魏は「開明主」と表記されるものが多かったが、東西魏以降は、「開光明主」とするものも少なからずあり、さらに像主と同様、「都」や「南面」「上甚」などを冠する肩書も多い。これ以外にも造像碑の一部分に対する供養者を示す肩書は、「阿難主」「迦葉主」「金剛主」「師子主」「交龍主」「香爐主」「神龜主」「飛天主」など枚挙に暇がない。像の一部分に対する功徳主を示す肩書の種類が極めて豊富であるのが、この地域における邑義肩書の第一の特徴である。

この地域の邑義肩書の独自性は北斉時代の造像にさらに顕著に見られる。特に表中において太字で強調した「福徳主」や「懺悔主」はこの地域独自の肩書と考えられる。また、北斉天保九年（五五八）董黄頭七十人等造像碑（D-b、№19）や河清二年（五六三）陽阿故県村造像記（D-b、№24）の供養者肩書には多数の仏名や転輪王・菩薩名が刻まれており注目される。これらの碑については、第二部でより詳しく検討を加える。

E、山西南西部（河東地域）

E-a　北魏時代

この地域は、現在の地名で言えばおおよそ山西省の運城市域、それより少し北部も含んだ地域である。いわゆる河東と呼ばれる地域で、北魏洛陽時代は司州の領域、東西魏以降はおおむね西魏・北周の領域となった。この地域には、有名な塩湖が存在し経済的にも極めて重要であり、柳氏・裴氏・薛氏といった名族が存在した。この三姓の中では、薛氏が造像活動に最も積極的に関与し、北魏永安三年（五三〇）薛鳳規造像碑（E-a、№8）、西魏恭帝元年（五五四）薛山倶造像碑（E-b、№7、**図1-2-14**）など、大型の造像碑を複数建造している。**別表E-a**を一見すれば分かるように、この地域における邑義造像が確認できるのは、D

図1-2-14　西魏恭帝元年（554）薛山倶造像碑

図1－2－15　北魏永安2年(529)杜延勝造像碑

地域に比べてかなり遅れ、五二〇年代前後からである。邑義肩書の内容についても、D地域とは大きな相違を見せている。

まず、**表1-2-1**、**表1-2-2**を参照すると、北魏時代において、この地域の邑義造像銘に初出し、なおかつ東西魏以降においてこの地域が最多である肩書が「扶像主」「起像主」「迎像（軍）主」「供養主」「開明主」と複数存在する。このうちの「迎像軍主」は、下級の軍吏である軍主や幢主(84)といかなる関係にあるか不明であるが、同様に「軍主」「幢主」を含んだ「像軍主」「採像幢主」などの肩書が見えるのもこの地域の義邑の特徴である(85)。

次に、**別表E-a**を見てみると、北魏時代の全九件の義邑のうち、「邑主」がすべての義邑に見え、「維那」「邑子」「齋主」が八件、「邑正」が六件、「開明主」が五件、「扶像主」が四件と、かなりの共通性を有している。正光四年（五二三）董成国造像（E-a、№4）に「□沙門統」という僧官の名が見られ、軍主や幢主の存在もあり、この地域の義邑がかなり組織的に結成された可能性が高い。「邑正」は北魏のD地域では見えず、陝西やA（龍門石窟）・B（黄河以南）に見られる肩書である。「化主」はG（渭北）地域に多い肩書であり、陝西方面との関係も見られる。

具体的事例について見てみると、永安二年（五二九）杜延勝造像碑（E-a、№7、**図1-2-15**）は、建義元年（五二八）杜善勝造像碑（E-a、№6）と邑義肩書や造形が非常に類似し、ともに杜氏によるものである。杜延勝造像碑に刻まれた「杜延和」は北周保定三年（五六三）万栄県出土杜延和合邑七百他人等造像碑（E-b、№16）において「邑主」となっている。

E-b　西魏以降

北魏王朝分裂以後、この地域は基本的に西魏・北周の領域となり、対東魏・北斉戦の最前線に位置することになった。そのため、将軍号を有する者や郡県官僚も多数参加する、政治的・軍事的性格を濃厚に帯びた義邑も多く見られる。**別表E-b**によると、西魏・北周の義邑では、全二〇件中、十五件において、何らかの官職を有する供養者が見られ、その割合は七割以上である。

具体的事例を挙げると、西魏大統六年（五四〇）巨始光造像碑（E-b、No.2）は、前高涼県令巨始光が、当時目覚ましい戦功を挙げていた建州刺史・正平太守楊標の協力を得、高涼県の属僚や在地豪族とともに建てたものである。北周保定元年（五六一）延寿公碑（E-b、No.11）は万紐于寔が勲州総管府下の属僚や在地の有力者、勲州下の僧官たちとともに建てたものである。(86)両者ともに対東魏・北斉の最前線の地である。

邑義肩書は北魏時代のものがほぼ踏襲されるが、西魏以降新たに見えるものとして「典録」「邑長」「彈官」が挙げられる。これらの肩書は陝西地域に集中して見られる。この地域が西魏・北周王朝支配下に入ったことにより、陝西からの人の移動があり、「典録」「邑長」「彈官」の肩書がこの地域に見られるようになったと考えられる。

北魏時代には見られなかったもう一つの特徴として挙げられるのは、芮城地域に道教像を造る義邑が出現することである（E-b、No.4・No.10・No.19）。G地域（渭北地域）の義邑による道教像は西魏時代に入ると激減しており、あるいは一部の者が北魏末における渭北地域の戦乱を避けて芮城地域に移住し、当地の道教徒に刺激を与えた可能性も考えられる。山西省の北朝邑義道教像はその南西端に位置する芮城県に集中して見られ、芮城が道教の盛んな地域であったことが分かる。

F、山西・河北省境地域

このF地域においては、太行山脈が河北省と山西省の省境を南北に走っている。高氏が政権を掌握していた東魏・北斉時代、太行山脈を横切って都の鄴（現河北省南端の臨漳県）と陪都晋陽（現山西省太原市）を結ぶルートは、執政者の高氏が実に四〇回近くも往来した非常に重要な交通路であった。(87)

この地域の邑義肩書について見てみると、**別表F**に太字で強調したように、「清浄主」「銘像主」「香火主」「都維

（主）」という肩書が多く見られるのが特徴である。このうち、「香火主」は他地域にも多く見られるが、これ以外の三種は、この地域に最も多く見られる。また、奉為の項目で東魏時代の造像銘の大半に「勃海大王」や「大王・令公」などが見られるのもその特徴である。以上の特徴に基づき設定したF地域は、一定の地理的範囲を指すと言うよりも、重要な交通路沿いに設定される地域を指し、例えば山西省の東端にあり河北省と接する和順県出土造像（D-b、No.4）や昔陽県の造像（D-b、No.14）は、このF地域の特徴を有するか判断できないのでD地域に含めた。

この地域の邑義造像に関わる重要な交通路は二本ある。第一は、晋陽から、寿陽城、平潭城（現在の陽泉県）、石艾県（平定県）を経て井陘関を抜け、定州常山郡（河北省石家荘）に出る交通路である。第二は、太原から上党郡を経て潞城、刈陵（現在の黎城県）、壺口関を抜け、渉城（河北省渉県）、滏口陘を通過し鄴都（臨漳県）へと至る交通路である。

第一の井陘関を通過する交通路沿いに位置するものとしては、元象元年（五三八）紅林渡仏龕（F、No.2）、開河寺石窟の一連の造像（F、No.1・4・7・8）、武平四年（五七三）般石合村邑義人等造像（F、No.12）を挙げることができる[88]。

紅林渡仏龕（紅林湾摩崖）は山西省平定県移穣村の西、桃河沿いに走る道路傍の崖面に現存する。この仏龕の題記は龕内ではなく、龕外の龕口上部に記される。願文には、「石艾縣唯那道淵」と「使持節驃騎大將軍開府儀同三司大行臺令公并州刺史下祭酒通大路使張法樂」が「邑義七十□人」とともにこの仏龕を造営したことが記される。つまり、石艾県の僧官と、并州刺史高澄の属僚で「通大路使」である張法楽が主導した、いわば官主導の造像である。続いて願文には「皇祚永休、八表寧安。又願大王・令公神算獨超」と、皇帝だけでなく、大王＝高歓や令公＝高澄のためにも祈願することが記される。願文に続いて記される供養者題記には、張法楽の他に、少なくとも各二名の「別將」「統軍」、十名の「都督」が名を列ねている。おそらく高澄の命令で道路を修治し、その記念に仏龕を路傍に造り、高氏への忠誠も表明したものであろう。

次に、開河寺石窟は、紅林渡仏龕と同じ交通路沿いに桃河を約十キロメートル遡った対岸にある。これについて

図1－2－16　開河寺石窟

は、侯旭東氏が詳しく論じている。[89] この石窟では、造像記が石窟の窟門外上部に彫られ、「皇帝陛下・勃海大王」の為の造像と記される。造像記が大道を通行する多くの人の目にとまることが強く意識されている（図1-2-16）。また、開河寺石窟における北斉時代の造像記（F、No.7・8）には、「轉輪王主」や「輪王主」といった転輪王に関する肩書も見られる。特にNo.7の願文に「皇帝陛下金輪應庭」とあるのが、北斉皇帝と転輪王との関係を示唆しており注目される。

般石合村邑義人等造像については、紅林渡仏龕から交通路沿いに桃河の下流方向に進むと上盤石村と下盤石村があるが、その両村の境界の路側に存在したという。

第二の滏口陘を通るルートでは、響堂山石窟や渉県中皇山の大規模な北斉摩崖刻経などが有名であるが、この摩崖刻経のすぐ西に位置する索堡鎮普光寺には、北斉河清三年（五六四）尹景穆造像碑（F、No.9）がかつて存在した。現在所在不明のこの碑は、中央研究院傅斯年図書館に碑陽・碑陰の拓本が残されている（図1-2-17・図1-2-18）。願文には以下のように記される。

佰等合邑、□屬神邦畿甸、密邇兩都。帝居皇里、式瞻儀形。親承音旨、偏沐恩光、特蒙慈覆、仰爲皇帝陛下、敬造金石像一軀、光趺一丈。鏤玉彫瓊、裁金錺寶、容顏奇妙、相好□絕。……。建仙堂於御路之前、……。然顯佰・度延等、皆冠履之兒孫、劍帶之弟姪。遂相勸率、仰爲　皇帝陛下、敬造斯福。

佰等合邑、神邦畿甸に□屬し、兩都に密邇たり。帝皇里に居し、式て儀形を瞻る。親しく音旨を承け、偏えに恩光に沐し、特に慈覆を蒙り、仰ぎて皇帝陛下の為に、敬みて金石像一軀を造る、光趺一丈たり。玉を鏤《きざ》み瓊を彫り、金を裁ち寶を錺り、容顏奇妙、相好□絕たり。……仙堂を御路の前に建つ。……。然るに顯佰・度延等、皆

図1－2－18　北斉河清3年(564)尹景穆造像碑
碑陰

図1－2－17　北斉河清3年（564）尹景穆造像碑
碑陽

な冠履の兒孫、劍帯の弟姪たり。遂《か》くて相い勸率し、仰ぎて皇帝陛下の爲に、敬みて斯の福を造る。

この願文では、皇帝の勅旨を蒙り、その恩沢に浴し、皇帝の為に「金石像一軀」を造り、「御路」、すなわち皇帝が通る大道の前に「仙堂」（仏堂）を建てたことが記される。その上さらに、顕佰・度延たちの主導によってこの碑を建立したのである。

これら以外に、陽摩山摩崖東魏武定四年（五四六）造像記（F、№3）は、寿陽県の北端に位置し、太原から盂県へと通じる道の途上から少し入った山に彫られている。

また、東魏武定七年（五四九）肆州永安郡定襄県高嶺以東諸村邑義道俗等造像記（F、№5）は、「先有願、共相契約、建立法儀、造像一區。平治道路、刊石立碑。以此之功、上爲　皇帝陛下・勃海大王延祚無窮」と、仏像を造ったことと、道路修理という慈善事業を記念して碑を建て銘記したものであり、この功徳を皇帝と勃海大王（高澄）に廻向したものである。この事業には、「州沙門都僧觀」と「梁寺曇喬」、比丘九名が参加しており、さらに「厲武將軍智道善」ほか八名、「勇士都將鐔伏安」、その他肩書の無い者二〇名余りが参加している。供養者姓氏を見ると、邢氏が七名で最多である。僧官が指導し、道路修理を記念して立碑しているという点、紅林渡仏龕と類似していると言えるだろう。

この碑の旧所在地興道村は、盂県城より北上して五台山に向かう道の途上、盂県城から北に向かって約二〇キロメートル北上した地点にある。五台山から東向すれば龍泉関を越えて河北省定州曲陽を経て石家荘へと通じる。これは入唐僧円仁も通った道である。この興道村には、天保二年（五五一）邢多五十人等造像（F、№6）と天統五年（五六九）潘百年造像碑（F、№11）が存在した。邢多五十人等造像記には、「邢多五十人等、昔因封而居、子孫留偶、今在肆土、爲人領袖」と先祖が肆州の地に移住し、この地にて「領袖」となったこと、さらに、北斉王朝を称讃し、自身の武雄が皇帝の知るところとなり、召される恩寵にあずかったことを記している。続けて、出征し無事生還することができたら造像するという願を立てていたが、今ここに像が完成し、造像の功徳を皇帝に廻向することを記している。[90]

他にも盂県には「千像主前趙郡太守嘉殷州刺史河間邢生」による東魏興和三年（五四一）の摩崖千仏造像が存在する。[91] 盂県は北朝時代定襄県に属するが、定襄県七岩山にも邢氏による造像がある。さらに二〇一三年発見された、忻州出土東魏武定二年（五四四）二月十五日の紀年を有する造像記にも故新興太守邢陽の家族が済南太守楊道らとともに勃海王高歓に対する報恩のために造像したことが記されているという。[92] 邢氏は定襄県一帯における造像活動の主導的役割を果たしていたことが分かる。

以上の内容を総括すると、東魏・北斉時代の両都を結ぶ当時の幹線道路沿いにおいて、時の実権者高氏を強く意識して造像が行われているものが多いことがこの地域の邑義造像の第一の特徴と言えよう。

G、臨潼区櫟陽鎮・富平県・耀州区を中心とした渭北地域（北魏の雍州北地・馮翊・咸陽郡）

H、Gの西・南方地域（長安を中心とした地域）

I、Gの東方地域（北魏時代の華州を中心とした地域。一部河南省も含む）

J、Gの北方地域（洛川県・黄陵県などの陝北地域）

二、K、一般会員を「邑生」と称する義邑が多い地域（甘粛省隴東地区、陝西省西部）

a　北魏時代

陝西・甘粛地域の邑義造像は、GからKの五地域に分類できる。まず、道教像や二教像が集中して出現する地域をG地域とする。Gの西・南のH地域は長安を中心に仏教が発展した地域である。Iは北魏時代では邑義造像が目立たないが、東魏・北斉に対抗するため、西魏以降軍事的に重要な土地となったことで、表で示したすべての邑義造像に将軍号や官職を有する者が参加している。J地域は北魏時代より造像は行われているが、邑義造像は西魏以降確認できる。

以上のG～K五地域には共通した特徴があるので時代ごとに一括して論じたい。これら五地域の中心となるのは渭水流域にあたるG・H・Iの関中地域である。[93]このうち、最も邑義肩書の種類が豊富であるのがG地域であり、以下、H、I、J、Kと種類は少なくなる。関中において邑義肩書の種類が多いのは、仏教以外に道教が関係することもその要因の一つである。道仏二教の関係より見た義邑の分類は事情が複雑になるため、次章で詳しく扱い、本章では概要を説明するにとどめる。

G・H・I地域にまたがる関中は、北魏以前においては、後秦王朝の庇護の下、鳩摩羅什が翻訳活動を行った長安を中心として仏教が栄えた。長安が実質的に北魏政権の支配下に入ったのは西暦四三〇年頃より後である。この地域では、氏・羌など多数の少数民族が雑居し、彼らはしばしば北魏王朝に対し反乱を起こした。北魏太武帝の時代には、匈奴系の盧水胡であった蓋呉が、居住地の杏城（陝西省黄陵県）で叛旗を翻した。沙門が非法を行い、この反乱に加担していると疑われたことがきっかけとなり、この地域では、太平真君七年（四四六）廃仏が他地域に先駆けて厳しく行われた。[94]そのため、廃仏前の石仏像の確実な事例は未だ発見されていないようである。[95]復仏後も官権の仏教に対する監視の目は他地域より厳しかったと思われる。おそらくそのような事情もあり、北魏時代のG地域には道教像が多く見られ、四面に道教像と仏像がそれぞれ彫られた二教像碑も存在する。

この地域に紀年銘を有する邑義造像が出現するのは、六世紀以降である。現在確認される事例で最も早いものは正始二年（五〇五）の馮神育道教造像記（G-a、No.1）である。G地域において、北魏の邑義造像は二教像碑が多い。邑義肩書について、**表1-2-1**と**1-2-2**を参照すれば、G〜K地域の邑義肩書が他地域と大きく異なっていることは一目瞭然である。

G地域について言えば、**表1-2-1**と**別表G-a**を参照すると、その特徴として以下四点挙げることができる。

①「邑師」が十二件の造像に見られ、全地域の中で最多である。また、「邑子」という肩書も田良寛造像を除きすべての造像に見られる。これらはともに最初期の造像から見られる。一方、「邑主」「像主」はやや遅れ、五二〇年から出現する。

②「光明主」「開明主」「齋主」といった、河南や山西地域である程度普及していた斎会や開眼法要の金銭的負担者

と考えられる肩書については、「齋主」が外来者の県令主導による青龍魏碑一件に見えるのみである。
③この地域に多いが、A～Eにも見られる肩書は、「香火（主）」「典坐」「唄匿」「邑正」「邑老」「化主」「檀越主」である。
④G～Kに偏在する肩書は「典録」「彈官（但官）」「平望」「侍者」「録生」「邑謂」「治律」「邑曰」「邑謂」である。
③④で挙げたこの地域に特徴的な肩書については、以下の四種類に分けることができる。第一に仏教儀礼・実践に関わる肩書、第二に既存の社会組織の職掌から転用した肩書、第三に寄附に関わる肩書、第四に道教に関わる肩書である。

第一の肩書について、「香火」「典坐」「唄匿」は仏教儀礼に関わるものであることは第一節において既に言及したとおりである。「治律」「邑謂」「邑曰」については次章で説明するが、これらも同様に仏教儀礼や実践に関わると推測される。一方、「邑正」「邑老」は既に述べたように「社老」「社正」などの転用、「平望」「彈官」についても次章で解説するが、これらもやはり郷村秩序を担っていた者の肩書を義邑の肩書に転用したものと推測される。第三に属する「化主」は寄附を募る役割、「檀越主」は大口の寄付者である。第四には「侍者」「録生」が属する。「典録」は不明であるが、最初期の事例が正始二年（五〇五）馮神育造像記（G-a、No.1）であり、あるいは道教由来の肩書かもしれない。

これらの事実と「齋主」「開光明主」という肩書がほとんど見られないことを考え合わせると、この地域の義邑は造像のための一時的な集団ではなく、既存の社会組織や秩序を利用あるいは模倣して道教や仏教の信仰集団を結成し、斎会を定期的に行っていたと考えられる。造像はそうした恒常的な義邑を基礎にして、さらに「化主」が外部に寄附者を募って行った活動であるということである。無論、他地域にも斎会を恒常的に行っていた義邑は少なからず存在したであろうが、少なくとも以上で見た肩書の相違からは、そういった他地域との基本的な邑義造像の性格の相違が浮かび上がってくるのである。関中において斎会が盛んに行われていたことについては、次章においても資料を提示してより詳細に論ずる。

図1－2－19　北魏普泰元年(531)乾県出土邑子合有一百人造像碑

H地域には、渭水南岸の長安周辺の造像、長安から西北方向、関中平原と山間部の境界に位置する乾県の邑義造像などが見られる。すべてが仏像を造る義邑である。この地域においては、道教像の出現以前から仏像の作例がいくつも確認されており、G地域のような、素朴な土俗的表現を感じさせない、洗練された像も中には存在する。例えば、義邑の構成員のほとんどが僧よりなる乾県出土の邑子合有一百人造像碑（H－a、№5）はその典型例である（図1－2－19）。

H地域の義邑においてGと共通する邑義肩書は、「香火」「典坐」「唄匿」「邑曰」「治律」など仏教儀礼にかかわるものである。「典録」も多く見える。逆にGに多く見られ、Hに少ない、あるいは全く見られない肩書は、「侍者」「録生」などの道教に関わるもの、「彈官」「平望」「邑老」などの既存の社会組織や秩序を利用したものと思われる肩書である。IとK地域においては、H地域に見える肩書のうち「邑曰」「治律」がほとんど見えない点が異なるが、おおよそH地域と同様の傾向を示している。

b　西魏以降

西魏以降は、G地域に多数見られた義邑による道教像や二教像が激減する。それにともなって、「侍者」「録生」はほとんど見られなくなり、「平望」も同様に一件確認できるのみである。逆に、北魏時代と比較して大幅に増加した肩書は「像主」である。山西・河南で多く見られる「……像主」「菩薩主」「佛堂主」などの造像碑の一部分の功徳主を示す肩書が多く見られるようになる。また、西魏時代「邑長」の数も増加する。将軍号など官職を有する者が多数参加する義邑が西魏・北周では増加することは、河南と同じ傾向にあるが、特にI（Gの東部）華州地域においては、すべての義邑に何らかの官職、特に将軍号を有する者が参加していることは特筆すべきである。この地域は東魏・北斉との対抗上、軍事的に非常に重要な地域になったことがその主要な原因である。

また、E地域（山西南西部）が西魏・北周の領地となったことで、特にI地域との関係がより密接になり、北魏時代にG～Kの陝西地域に偏在していた「典錄」や「彈官」といった肩書がE地域でも見られるようになった。

さらに、西魏以降に新たに邑義造像が現れるのはJ地域（洛川・黄陵県などの陝北）である。この地域は、G地域の多種多様な肩書に比べると肩書の種類がかなり少ない。また、「起像主」「供養主」などの肩書は、E地域とのつながりを示唆するものである。

三、L、一般会員を「邑義」「邑人」「母人」と称する義邑が多い地域
（河北省、山東省北部・西部、河南省の東北端である安陽市・輝県市の白鹿山）

L地域の義邑は、これまで見てきたA～K地域のものと大きく異なる特徴を有する。第一の特徴は、G地域とは対照的に、邑義肩書の種類が極めて少ないことである。**表1-2-1**を参照すれば一目瞭然であるように、特に北魏時代は「像主」「維那」、一般会員としての「邑義」という、ほぼ三種類のみである。第二に、上記の点と関連するが、これまでの義邑研究において、その役割が重視されている「邑師」が見られない。これはM・N地域も同様である。L地域においては、僧尼は「邑主」という肩書を有する場合が多い。第三に、一般会員に「邑子」という肩書を付す義邑が極めて少ない。北魏時代は「邑義」、東魏以降はそれに加えて「邑人」「母人」が多くなる。一般会員を「邑義」「邑人」「母人」とする造像記は、河北省から山東省の北部（おおよそ黄河以北）と西部にかけて広く分布する。そこで、この地域をL地域と設定した。この地域に関しては、一般会員の呼称別に別表をL①～L④まで作成した。以下ではこれらの表を参照しつつ、時代順にこの地域の邑義造像を見ていこう。

L-a　北魏時代

後趙の仏図澄が都の鄴で仏教を弘めたことに代表されるように、河北地方における仏教の歴史は古く、北魏の太武

帝の廃仏（四四六年）前の紀年を有する仏像も数点現存している。しかし、邑義造像と確認できる事例は、現在のところ六世紀以降である。L地域に属する北魏時代の邑義造像は二地域で確認できる。第一は、幽州范陽郡涿県（現在の河北省涿州市）、第二は定州中山郡（現在の河北省定州市）である。

第一の地域の事例は、幽州范陽郡涿県当陌村の高氏一族が中心となり、景明四年（五〇三）から正始元年（五〇四）にかけて連続して行われた三件の造像である。このうち、**別表L④**に収めたのは「維那」の肩書を有する供養者が名を列ねる二件である。この事例についても佐藤智水氏が詳しく検討している[96]。この後、涿県における邑義造像の事例は見られなくなる。

第二の地域である定州中山郡の邑義造像は、望都県に一件、上曲陽県に二件確認できる（L①、№1〜3）。特に北魏時代、中山は北魏王朝の河北平原経営における最重要拠点都市であった。孝文帝と文明太后馮氏がこの地に巡幸し、太和五年（四八一）五級浮図を建てる勅命を下したことを記した石函銘も一九六四年に出土した[97]。また、太和十六年（四九二）道人僧暈が歴代皇帝七帝のために高さ三丈八尺もの大弥勒金銅像の造立を発願し、景明二年（五〇一）に像の鋳造が完了した。そして、正始二年（五〇五）、この偉業を三州に公布し教化に資したことを記した造像記[98]も存在する。また、定州唐郡唐県の趙氏一族による全高三・七メートルの太和十九年（四九五）銘大型石仏像にも「皇帝陛下七廟之零」のために定光像を造営したことが記されている[99]。

図1−2−20　北魏熙平元年(516)山陽村邑義卅八人造像

このほかに、定州で有名であるのが、曲陽県で産出する白大理石を用いた比較的小型のいわゆる「白玉像」であり、一九五三年から五四年にかけて曲陽県修徳寺址から出土した白玉像は紀年銘のある造像だけで二七〇点余りある[100]。

北魏時代のこの地域における有紀年邑義造像は、全五件と数少ないが、うち定州の義邑三件はすべて

「邑義」と自称し、弥勒像を造っている。肩書としては、「維那」や「像主」が見える。官職を有する者の参加は見られない。注目されるのは、熙平元年（五一六）山陽村邑義三十八人造像（L①、No.1、図1-2-20）である。願文には定州中山望都山陽村の「大像主張布《?》」が「諸道俗邑義卅八人」とともに丈六の弥勒像を造ったとある。[101] この造像の光背背面に刻まれた供養者題記には、龍門石窟や豫北地域で景明年間（五〇〇〜五〇四）にすでに出現している「邑子」という肩書が見られず、「邑義」という肩書を有する者が多く見られる。また、叛徒杜洛周が用いた年号である「眞王」五年（五二八）の紀年を有する楊天仁造像記（L①、No.3）には「上曲陽城内唯那楊天仁等二百人邑義爲亡邑義造彌勒像一區。上爲皇家、下爲受苦蒼生、見在邑義同生淨國」とあり、おそらく戦乱に巻き込まれて亡くなった邑義（「亡邑義」）の供養のため、上曲陽城内の邑義二百人によってなされた造像である。[102]

このほか、「邑師」や「邑主」が見られないことも見逃せない。これは、北魏時代、帝都洛陽や龍門石窟で流行していた義邑に関する情報がこの地まで届いていなかった、あるいは、届いていたとしても受容されなかったことを示していよう。

L-b　東魏以降

次に、東魏・北斉時代の邑義造像を見てみよう。東魏時代には、洛陽から鄴へ遷都がなされ、洛陽仏教の大部分が鄴に移ったこともあり、この地域の仏教は隆盛を極めた。このことは鄴の周辺地域の仏教にも大きな刺激を与えたと考えられる。実際に、北魏時代は、定州・幽州といったやや北側に邑義造像が集中していたが、東魏以降は、鄴都と定州を中心に、河北と山東との境界地域や、兗州などの山東省西部にも邑義造像が多く見られるようになる。

定州は北魏時代から造像が盛んであったが、東魏以降はさらに盛んになる。北斉時代には、当地の刺史であった趙郡王高叡が定国寺の修繕事業を行い、幽居寺に無量寿・阿閦・弥勒・釈迦仏の四方仏を造った。[103] 造像銘文に「趙郡大王」の為にと記すものが現れるなど、[104] 彼は奉仏の王として知られていた。隋代には、易州易県固安陵雲郷民が仏像を造るため定州洪山（黄山）に赴き、そこで玉石大仏像を造って、わざわざ運んで帰った。すると、州の長官自ら礼拝に訪れ、喜捨を行ったという記録[105]もあるほどである。易県から黄山のある曲陽までは約百キロメートルの距離である。曲陽県では加工しやすい良質の白大理石を安価で大量に産し、現在でも石彫を生業とする職工が多い。この白大理石を用いたいわゆる白玉像は、山西省東部から山東省北部の博興県まで広範に分布しており[106]、いかに定州の白玉像が尊ばれたかが分かるのである。この白玉像には三メートルを超す大型のものも見られるが、五〇センチメートル程度の小型のものが圧倒的に多く、そうした小像の多くは、家族や個人向けに造られたと考えられる。

一方、この地域の帝都鄴では、これまであまり多くの造像が発見されていなかったが、二〇一二年、東魏・北斉時代の都であった鄴南城遺址の東側に位置する臨漳県北呉荘村から二九〇〇件近くの仏像（破片等含む）が発掘された。その一部は既に報告書等で公開されており、曲陽出土造像のように小型の白大理石像が多いが、鄴城遺址出土造像のものには、光背を双樹形にして二重三重の透彫にする「龍樹背龕式」という独特の形式（図1-2-21）もあることなど、造形面で両者に相違があることが指摘されている[107]。ただし、いまだ全体像を提示する詳細な報告がなされておらず、その全貌が明らかになるのは数年先のことであろう。

以下、L地域における東魏・北斉時代の義邑の特徴を二点指摘したい。第一は、この地域の義邑が刻経碑や一切経を多く造っていることである。北斉時代には王朝の中枢にいた唐邕などを中心に大規模な刻経事業が行われた。小南海石窟の僧稠禅師の禅観に基づく『涅槃経』聖行品などの刻経をはじめとして、鄴都近郊に開鑿された北響堂山石窟刻経洞には唐邕の発願による『維摩経』『弥勒成仏経』『勝鬘経』『孛経』『無量義経』徳行品が刻まれている。また、南響堂山石窟にも『華厳経』『大品般若経』『文殊般若経』の一節が刻まれている。さらに、鄴から晋陽（現在の太原付近）に至る交通路にあたる渉県中皇山（媧皇宮）には『十地経』『深密解脱経』『思益梵天所問経』『盂蘭盆経』『遺教経』などの大摩崖刻経が現存している。

こうした刻経事業は鄴周辺の石窟だけではなく、山東東平の洪頂山・鄒城・泰山など、山東省西部においても大規模に行われている。これらは大部分が義邑によるものではないが、北周大象元年（五七九）の鉄山摩崖（図1-2-22、L②、No.19）は義邑による刻経事業である。鉄山摩崖は、山の斜面を石碑に見立て、『大集経』の一節を刻んだもの

▲図1－2－22　北周大象元年（579）鉄山摩崖刻経

図1－2－21　北斉無紀年臨漳県習文郷太平渠出土造像▶

で、全長五三、幅十五・六メートルにもなる。僧安道壹の指導のもと、匡喆・匡顕兄弟が同義人李桃、湯□奴らとともに「邑人」を率いて行った事業である。供養者題記には「寧朔将軍大都督任城郡守經主孫洽」「齊任城郡功曹南平陽縣功曹大都維那趙郡李巨敖」「任城郡主簿大都維那閭長嵩」などの名が見え、北斉時代の当地の郡太守やその属僚たちが主な出資者と推測される。

以上のような大規模な摩崖刻経以外に、L地域においては、「經碑」「經像」と呼ばれる、石碑に経典を刻んだ刻経碑が義邑によって多く造られている。刻経碑は碑額にあたる部分に仏龕を彫る場合が多い。義邑により造られた刻経碑の事例として、山東東平の北斉皇建元年（五六〇）海檀寺観音経碑（L①、№14）、皇建元年（五六〇）郷老百余人による維摩経碑（L④、№9）、龍花寺比丘法玉と邑人による武平四年（五七三）遺教経碑（L②、№13）、河清三年（五六四）鉅野県石仏寺の華厳経十悪品刻経碑（L④、№11）、兗州の名族である羊氏による北斉無紀年文殊般若経碑（L②、№17、図1－2－23）などを挙げることができる。

このような刻経碑にとどまらず、「一切經」を造ったとする義邑も見られる。この事例として、天保十年（五五九）慧炬寺僧道潤造像記（L④、№8）、河清四年（五六五）玄極寺碑（L②、№7）、天統元年（五六五）郭顕邕等造一切経記（L②、№8）を挙げることができる。

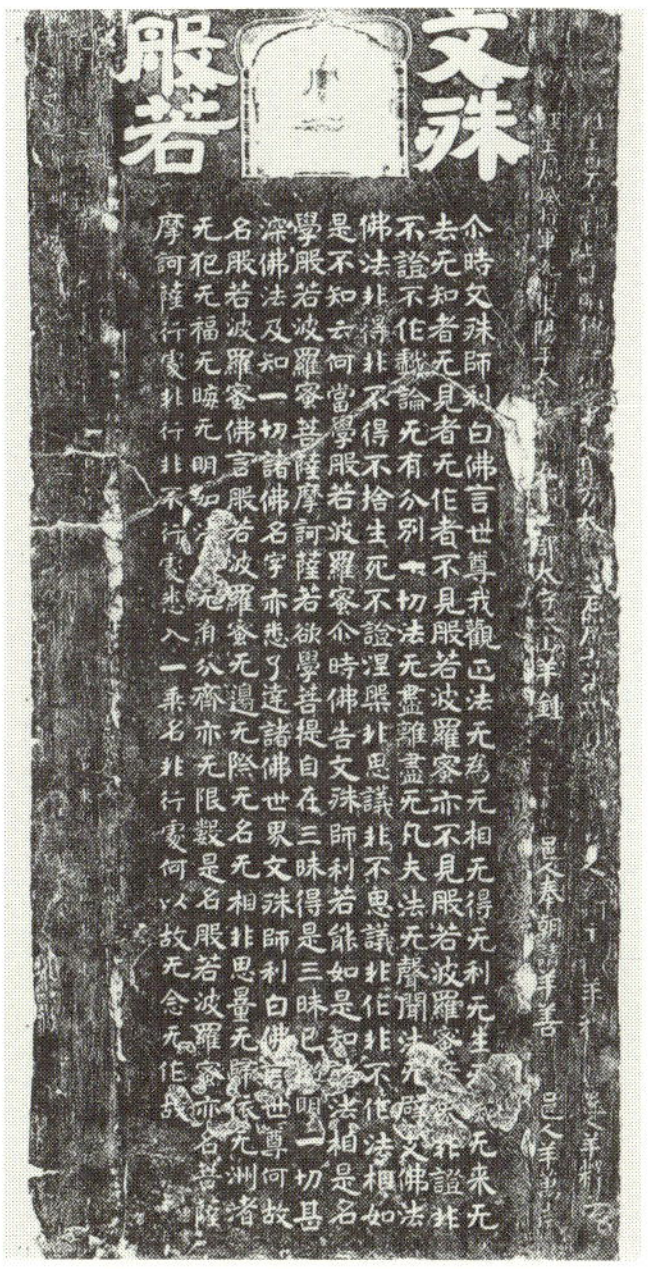

図1－2－23　北斉無紀年文殊般若経碑碑陽・碑側

L地域における義邑の第二の特色は、北斉時代における阿弥陀像の造立である。阿弥陀像の最初期の事例としては、北斉天保元年（五五〇）鄴都遺址出土像（口絵参照）があるが、[108]これは陸氏が亡夫北徐州刺史長孫柬の供養のため造ったもので、義邑によるものではない。義邑による事例としては、河清三年（五六四）邑義人等造像記（L①、№17）、武平元年（五七〇）舜禅師造像記（L④、№13）、武平三年（五七二）暈禅師造像記（L②、№12）などがある。特に、舜禅師・暈禅師ともに、義邑において「邑主」となり、阿弥陀仏を造っていることが注目される。この点は新たな浄土信仰の興起を示す事実として重要であるので、第二部第七章で改めて詳細な検討を加える。

次にL地域の邑義肩書について検討しよう。東魏・北斉時代においては、北魏時代と比べて義邑の見られる地域が非常に拡大しており、邑義肩書の種類が豊富な造像も増えるが、それでも全体的に見ると他地域に比べてその数は少ない。以下、個別の肩書を見てみると、この地域の邑義肩書は、「邑師」が見えないかわりに、比丘や比丘尼が「邑主」となっている事例がかなり多いことがその特徴である。

一般会員の肩書については、「邑義」「邑人」「母人」の三種類に分けられる。

「邑義」について、東魏・北斉時代、一般会員の呼称としてこの肩書を冠する造像は、山東省の西部と南部に多い。具体例を挙げると西部は山東省済南市長清区五峰郷石窩村南部蓮華洞にある乾明元年（五六〇）銘造像（L①、№12）と肥城市南四五里南陽荘の大寧二年（五六二）造像（L①、№16）、そして、南部は臨沂市（北斉時代の北徐州琅邪郡）出土の天統五年（五六九）銘を有する造像二件（L①、№18・19）、臨沂のごく近くに位置する費県の武平三年（五七二）興聖寺造像碑（L①、№23）に見られる。

「邑人」については、別表L②を参照すると、その分布範囲は河北省と山東省の黄河以北の地域に多い。注意すべきは山東省博興県張官村の武平四年（五七三）劉貴二十人等造像記（L②、No.15）で「□社正」は「法社正」つまり「法社」の「社正」であろう。無紀年だが同じく北斉時代のものと推測される博興県博物館所蔵の造像基座に「法社正公乘洛周」「三老王道聰」という供養者題記が見える。これらは貴重な「法社」の資料である。(109)

「母人」について、別表L③を参照すると、地域が判明するNo.1と8の二件はともに河北省の白大理石像である。地域不明のものも白玉像であることから、この地域のものである可能性が高い。「母人」が主体となっている義邑では「像主」「維那」は見えるが、「邑主」が見られないのが特徴である。No.6とNo.8は、ともに「～母～」という表記で誰の母であるかを示している。

最後に、一般会員で「邑義」「邑子」「邑人」など、異なる肩書を有する者が一つの造像に見られる興味深い事例を三例紹介しておきたい。

第一の事例は、山東省費県（北斉時代は北徐州琅邪郡）の武平三年（五七二）興聖寺造像碑（L①、No.23）である。碑陽には、中央部に「興聖寺主諸葛始興」と大書してあるように、興聖寺は諸葛氏の菩提寺であったと考えられる。願文には「都維那王子□群虎高□高□□等……率領道俗邑□卌人」とあるので、王氏と高氏が主導して邑義四〇人を率領して行った造像事業である。しかし、碑陽と碑陰だけで供養者の数は四〇人を優に越えている。供養者題記には、義邑の一般会員として、「邑義」が三二名、「邑子」が十五人見られる。

「邑義」の肩書を持つ者が刻まれるのは碑陰である。碑陰最上層には、「大邑義諸葛寄生」や「大像主顏□鬼・顏煞鬼」などの供養者が見られ、第二層以下には、「□維那杜豫」をはじめとし、「邑義」が多く見られる。「邑義」という肩書を持つ者の姓は「諸葛」が十二と最多であり、他には「王」四、「張」「薛」「羊」各二、「顏」「高」「怨」「范」「彭」「常」「徐」「貳」が各一である。例えば唐代における各地の郡望を記した『新集天下姓望氏族譜』（S二〇五二）によれば、琅邪郡郡望には十二姓あり、前掲の姓のうち「王」「顏」「諸葛」「苻」が郡望にあげられている。よって、これら「邑義」は当地の人間と考えられる。

「恵民県出土造像録文」（傍点は筆者が付加）

【台座左側】
樂陵縣
人邑子
李祥伯
侍佛時

【台座正面】
武定六年三
月十四日濕沃人
唯那像
主王叔義
邑義人定州
中山郡魏昌
縣人劉兖貴
趙景仲

【台座右側】
般縣人
王景延
王定國
張陵侍佛

【背面】
邑子李
樂陵縣　慶邑儀等
李□侍佛時　李儀　上願　皇帝
樂陵縣　□侍　陛下哈生之
邑人李□保　佛時　類生々世々治
侍佛　佛聞法
李業　李祥伯妻
王奉貴

一方、「邑子」が見られるのは碑右側[110]である。第一層から第四層までは比丘が多く、俗姓の者としては「上堪定光像主原苟」「太子像主馮先興・弟廣達」が見える。第五層と六層に「邑子」が見え、姓は、「張」が六、「扈」が四、「原」「石」「馮」「吉」「陳」各一である。このなかに琅邪郡郡望の姓は見当たらない。「邑子」と「邑義」に共通する姓は「張」のみである。特に注目すべきは碑左側の供養者である。左側の供養者の姓は「扈」「原」「馮」「吉」など右側と共通するものが多い。そして、「邑中正」「供養主」など、この地域ではほとんど見られない珍しい肩書が見られる。さらに、「揚州刺史息陽翟郡邑中正黄臺縣主簿扈銀寶」という供養者名が確認できる。「黄臺縣」は現在の河南省禹州市東に位置する。「邑中正」は河南の黄河以南（B地域）に多く見られる肩書である。以上の考証から、碑側に刻まれているのは、おそらくこの地域からやってきた邑義たちであり、当初の四〇人には含まれておらず、少し遅れてこの造像事業に参加したと推測できる。

第二の事例は、河清四年（五六五）玄極寺碑（L②、No.7）である。玄極寺は輝県西北の白鹿山に有り、白鹿山は僧稠禅師はじめ僧の修行地としても知られていた[111]。C地域とL地域の境界となる事例である。願文では、「三寶邑人敬造」とあり、全体を指す語として「邑人」という語が用いられている。しかし、この一般会員は、一名の「邑人張子昴」を除いてすべて「邑子」である。この玄極寺碑の供養者題記には張子彦・皇甫亮といった、鄴都にも一時期住していた正史に見える人物も確認することができる[112]。断定はできないが、この「邑人張子昴」は張子彦と同じ一族で鄴都あるいはその周辺から来た人間である可能性が考えられる。

図1－2－24　東魏武定6年(548)王叔義造像

第三の事例は、東魏武定六年（五四八）王叔義造像である。これは山東省北部の恵民県から出土した白玉像（L④、№6、図1-2-24）である。高さ三八・五センチメートルの小型の菩薩像である。この事例は、異なる地域の藉貫を記した供養者が銘記されているという点で極めて貴重であるので録文を提示する。(113) 台座正面題記には「濕沃人唯那像主王叔義」とあり、湿沃県（現浜州市西南）の王氏が造像の主導者である。左側には「樂陵縣人邑子李祥伯」、背面には「樂陵縣邑人李□保」その他李氏合計五人を刻み、さらに「李祥伯妻王奉貴」という女性の名も見える。この地域では「邑人」はよく見られるが、「邑子」が用いられるのは珍しい。楽陵県は現楽陵市の南、般県は現楽陵市の西南に位置し、距離的に近い。つまり、姻戚関係にあった湿沃県人王叔義と楽陵県李氏を中心に王叔義と同姓の般県人も加わった造像とみなすことができよう。

ただ、この題記で最も注目すべきは「邑義人定州中山郡魏昌縣人劉瓫貴・趙景仲」と正面台座に刻まれていることである。特に定州中山郡を本貫とする人物が他の地元人と異なる「邑義人」と名乗っている点が興味深い。この像は定州曲陽出土菩薩像と極めて造形が類似しており、(114) 小型の像であるので、この人物が何らかの形で定州で造られた既製品の像をこの地にもたらした可能性が高い。「邑義人」という表現は、定州の武定五年（五四七）豊楽七帝二寺邑義人等造像記（L①、№7）に見える。義邑の地域性という点でも、また、定州白玉像の分布という点でも非常に貴重な事例である。

以上の三つの事例より、同一の石に刻まれた義邑における一般会員の肩書が異なるのは、出身地域が異なることにより生じた相違である可能性が高いと言えよう。これらが同一の造像に現れるということは、自身の出身地域における邑義としてのアイデンティティを保持していたことを示す興味深い事例と見なすことができる。

四、M、「王主比丘」主導の義邑

M地域に属するのは河北省黄驊市より出土した像三件、山東省無棣県何庵村出土の像二件である（別表M参照）。上記地域はともに黄河河口付近の北側に位置する。上記五件すべて東魏・北斉時代の紀年銘を有し、当時滄州に属した。北魏末の武泰元年（五二八）、滄州城は叛徒葛栄の攻撃に遭い、「居民死者十八九」（『魏書』巻九孝明帝紀武泰元年三月条）という悲惨な状態であった。

これらの義邑の共通点は集団の指導層の肩書が「王主比丘」である点であり、他地域の義邑においては、この肩書を有する者は皆無である。これは僧が「王主比丘」となっている点でL地域の「邑主比丘」と類似している。願文における自称は「諸王母卅一人等」「合法義廿人等」「王維那張洪慶・維那張蓿昌三十五人」「諸邑義廿七人等」とそれぞれ異なる。供養者題記中には「故人」が多く見える。No.2の造像は、女性の集団によるものであり、「王母唯那」という肩書の者がリーダー的存在で、他のメンバーは「王母」であったと推測できる。

黄驊市出土の三件のうち一件は、一般会員が「邑人」である。表を参照すれば、尊像名には五件中四件で「玉」や「白玉」がつくように、白大理石が用いられている。この四件のほか、山東省恵民県出土の石灰岩製の無紀年造像（東魏末～北斉初、別表L②、No.16）にも「邑人」「故人」とともに「王母」の肩書が多数見える。この地域においてなぜ「王」という呼称が用いられたかについての詳細は不明である。

図1－2－25　北斉天保9年(558)諸邑義廿七人等造像

劉建華氏は黄驊市出土造像の造形面について、台座に神王像を刻むものもある点が鄴城出土造像と共通し、二仏並立像・二仏並坐像・二尊思維菩薩並坐像などの二尊並列形式が見当たらない点で、曲陽造像との相違を指摘する。[115] 無棣県出土の北斉天保九年

（五五八）諸邑義廿七人等造像（M、No.5、図1-2-25）についても、底面が広く背が低い肉髻を有する、といった東魏時代に鄴付近で出現した形式が見られると指摘する。[116]

五、N、一般会員を「法義」と称する義邑が多い地域
（山東省青州市・済南市〔北魏時代の青州・斉州〕を中心とした地域）

N-a　北魏時代

この地域は五世紀初頭に一旦南朝の支配下に入った後、皇興三年（四六九）に北魏の統治下に入った。その時一部分の住民は「平齊戸」として平城の近郊に強制的に移住させられた。N地域における最初期の邑義造像（N①-a、No.1）とかかわる東清河崔氏の名臣崔光もその一人である。この地域において金銅仏像を造る伝統は古くからあり、北部の博興県では、一九八三年に、北魏太和二年（四七八）から隋の仁寿三年（六〇三）までの有紀年銘像三三件、無紀年も含めると九四件にものぼる金銅仏像が出土した。[117]山東の初期仏像は金銅仏が多く、石仏が目立つようになるのは、五二〇年前後からである。済南市南郊の黄石崖には北魏の紀年造像銘が数点残っている。この地域にはいわゆる造像碑はほとんど見られず、「背屏式」と呼ばれる一光三尊像、あるいは光背を持たない単立像が主流である。北魏時代の単立石像は大型のものが多く、博興県には高さ六メートルを超える立仏石像が現存する。

次に、この地域の邑義造像について見てみよう。山東地域の義邑の特徴として「法義」と自称するものが多く、「法義兄弟」「法義兄弟姉妹」などと表現するものが多いことが諸氏によって指摘されている。[118]山東と言ってもほとんどが北魏の青州と斉州の領域に含まれる。さらに限定すると北魏の邑義造像は青州斉郡臨淄県や斉州の黄石崖に多い。他の自称としては「邑義（儀）」が二件である。この二件はともに青州斉郡臨淄県の義邑であるが、臨淄県の造像でも法義と称するものがあるので、呼称の差が生じた原因についてはさらなる検討が必要である。

続いて別表N①-aとN②を参照して邑義造像の尊名が分かるものについて確認すると、[119]一件が「専塔」であるのを除いて、みな弥勒像を造り、皇帝に言及しない正光三年（五二二）張勝男百六十余人等造像（N②、No.1）は釈迦

図1-2-26　北魏神亀2年（519）法儀兄弟廿五人造像台座

像を造っている。特に、「帝主元氏法義卅五人」の造った像も弥勒である。これらの事例から、北魏時代のこの地域において弥勒像を造ることが最も皇帝の功徳になると考えられていたと言えよう。

さらに邑義肩書について調べてみよう。この地域の北魏の邑義肩書はLやM地域と同じか、それ以上に種類が少ない。北魏孝昌三年（五二七）邑義六十人造像に至っては、供養者誰一人として肩書を有していない。また、集団の首領であることを示す「法義主」や「義主」の役職には俗姓の者がついているので、邑主が僧である場合の多いL地域とも性格が異なる。N地域の北魏の義邑では一般会員には肩書が冠せられていないようである。

最後になぜこの地域で「法義」が多く用いられたかについて考えてみたい。そのためには、この地域における「法義」の最初期の事例について検討することが重要であろう。この地域で最も早い「法義」による造像記は、東清河崔氏によるもので、北魏神亀二年（五一九）の紀年銘を有する（N①-a、№1、図1-2-26）。移録を以下に示そう。

【東面】

法儀兄弟廿五人各錢一百裁佛

金色　陳安生

賀孟奴　馬文智　焦伯奴　史曇貞　皇市　仇猛略

仇僧利　王曇玉　徐敬□　侯叵當　孫文　徐惠愛
翟㲉　魏繼叔　王智通　仇迷　仇强　榮文敬　賀僧德
□主崔懃　法儀主賀神達　史僧度　王承　王文　展次葙

【正面台座】

魏員外散騎常侍中堅將
軍三公郎中中散大夫高
陽王右司徒府右長史
崔鴻　平西府益州
長流參軍盪寇將軍齊
州別駕司徒府城局參軍
東中郎九州二郡賈板臺
使徐州倉曹參軍崔鸝
齊州錄事參軍廣川
太守崔鷃
唯大魏神龜二年歲次巳
亥九月戊寅朔十一日辛巳
齊州東淸河郡鄃縣人崔
懃削減身資造石像一
軀二侍菩薩上爲皇帝陛
下三公主司後爲居家眷
屬咸同斯福

像主崔懃用錢九千

この造像記と崔氏一族の仏教信仰については、邱忠鳴氏が既に詳細な分析を行っているので、ここでは簡単に述べるにとどめる。(120)この造像は、崔懃が銭九千を布施し像主となり、法儀二十五人が銭百ずつ喜捨して金色に装飾したというものである。崔鴻・崔鶣・崔鵾は兄弟でその父は崔敬友である。崔敬友は兄の崔光と同じく熱心な仏教徒であった。(121)先行研究によって、崔懃は崔光の子であり、つまり彼ら三人と従兄弟の関係にあったと推定されている。(122)銘文では、崔鴻は『魏書』巻六七崔光伝に附伝されており、墓誌も存在する。(123)墓誌によれば、崔鴻は、孝昌元年（五二五）十一月に享年四八歳、洛陽にてその生涯を閉じている。願文には造像銘としては珍しく「三公主司」とあるが、崔鴻は「高陽王右司徒府右長史」、崔鶣は「司徒府城局參軍」である。おそらく三兄弟と親しかった崔懃が、彼らも造像の功徳を得られるようにその名を刻んだのであろう。この義邑のその他の供養者は、法儀主賀神達、陳安生、それ以外に、仇と王が各四人、賀・史・徐が各二人、馬・焦・皇・侯・孫・翟・魏・栄、不明各一名と多様な姓で構成される。布施金額の極端な差から見て、像主崔懃がこの法義において主導的立場にあったと考えてよいだろう。

次に、「帝主元氏法義」と称する孝昌二年（五二六）邑義造像（N①‐a、№9）について、高瀬奈津子氏の論考に基づき紹介する。(124)この造像記の供養者題記には「鄧恭伯」「崔令姿」の名が見えるが、崔令姿には墓誌が出土している。(125)墓誌によると、崔令姿は清河武城の人で父延伯は清河太守であった。そして、夫が鄧恭伯である。鄧恭伯は正史にも名が見え、名臣鄧淵の曾孫である。鄧淵一族は孝文帝期より次々と斉州刺史や長史を輩出している家柄である。「帝主元氏法義」と記した背景にはこうした朝廷と関わりを有していた有力氏族の義邑への参加があったと考えられる。

ところで、山東地方に法義という名称が広まった理由について、劉淑芬氏は、この地域に流行した経典との関係を考慮すべきとし、具体的に『像法決疑経』や『華厳経』を挙げる。(126)しかし、筆者は必ずしも具体的な経典との関係を考える必要はないと考える。

ここで想起したいのは、既にB地域の項目で紹介した北魏時代帝都洛陽の邑義造像である正光四年（五二三）翟興祖造像記（B－a、№2）と正光五年（五二四）劉根四十一人造像記（B－a、№3）においてともに「法義」と名乗っていることである。この両者の共通点は、官吏が名を列ねていることである。既に述べたように、帝都洛陽の官吏たちの間では、郷村など地縁的なものを連想させる「邑」という称呼よりも、「法」、つまりより仏法を重視する表現が好まれたと推測できる。特にN地域で「法義」という呼称が広まったのは、帝都洛陽と郷里の間で密接な関わりを有していた崔氏をはじめとする名族達が、この地域において帝都で普及していた「法義」という呼称を郷里でも使用したことが主な原因であると筆者は推測する。

N－b　東魏以降

N地域において東魏以降ではさらに造像が盛行したようである。一九八四年には臨朐県明道寺址、一九八八～九〇年には諸城市、一九九六年には青州龍興寺址で北朝期の大量の仏像が出土した。像の様式からその多くが東魏～北斉期の仏・菩薩像であることが分かっている。ただその大半は無銘であった。

この時代の邑義造像の特徴として、北斉時代（五五〇～）になると、盧舎那像が突如多数造られ、数で首位の座を占めるようになったことが挙げられる。義邑による盧舎那造像は青州に集中して見られる。東魏以降の邑義肩書についても、北魏と同じく依然として種類が少ない。北魏時代と比較すると、いくつかの邑義造像において、一般会員にも「法義」の肩書が冠せられるようになった点が異なる。

他の肩書としては、「龕主（堪主）」や「菩薩主」など、造像の一部分についての功徳主と思われる肩書も見られるようになる。また、「齋主」や「中正」も現われる。この地域は西魏・北周王朝から遠いためか、河南地域と異なり地方官や将軍が名を列ねるような義邑は非常に少ない。

おわりに

以上、地域ごとに義邑の特徴について概述したが、最後に、各地域の義邑の特徴を表1－2－3にまとめておきたい。本章で明らかにしたように、邑義肩書の地域差が顕著であることは、北朝時代の義邑が願文に皇帝崇拝を表明していながらも、中央政府あるいは中央の僧官による地方末端までのピラミッド型の統制のもとにあったのではないことを示している。義邑は、それぞれの地域環境（地理・政治・軍事・経済・宗教文化など含めて）に応じた多様な形態をとっている。特に太行山脈以東の河北・山東においては、他地域においてかなり普遍的に見られる「邑師」「邑子」という肩書を、洛陽仏教が鄴へと移って以後もあまり受容しなかった。

しかし、広範な地域ごとにかなりの共通性を有していることは、義邑が各個別事情を有しながらも、全くばらばらであったわけではなく、それぞれの地域において、義邑がどのようなものであるべきか、あるいは邑義造像に関わって行われた宗教儀礼や背景にある宗教思想について、教化僧、あるいは地域社会における主導的な立場の人々の間で、ある程度の共通認識を有していたことを意味している。地域社会の宗教文化を考えるにあたり、その時代性だけではなく、こうしたある一定範囲の地域性を考慮することは必要不可欠であろう。

次章では、本章において明らかとなった、陝西関中地域における宗教実践と関連性の強い邑義肩書に注目し、道教・仏教との関わりという観点から分析を行う。さらに、第二部以下では、造像銘と仏典との関わりという観点から、北朝地域社会における仏教実践・信仰の具体的様相について、その地域性に留意しつつ論ずる。

表1-2-3　各地域の義邑の特徴

	a　北魏時代	b　東西魏以降
A、北魏雲岡龍門	「邑師」→「邑主」→「維那」→「邑子」という基本形の形成。	
B、河南黄河以南	浮図・天宮・塔が多い。洛陽の「法義」。	全地域で件数が最多。有官者多数の大型造像碑。「邑中正」が最多。「天宮主」「浮圖主」。
C、河南黄河以北（豫北地域）	一光三尊像。「光明主」最多。「光明主」「齋主」「八關大齋主」「邑中正」「邑母」「都綰主」初出。	交通の要衝に「義井」「義橋」設置。「光明主」「八關（大）齋主」「邑母」最多。

D、山西中部・南東部	龍門石窟以前に遡る初期の邑義造像の存在。千仏・多仏信仰。酒・呂・馬・郭氏が主導。	像の一部分に対する功徳主を示す肩書の種類が極めて豊富。千仏・多仏信仰。「福徳主」「懺悔主」はこの地域独自の肩書。
E、山西南西部	名族薛氏、楊、杜、解、張氏など有力豪族による造像碑。「扶像主」「起像主」「供養主」「開明主」「迎像軍主」「採像幢主」「上轉主」「衝天主」などが初出。	敵対王朝に対峙する前線という地域環境による、政治的・軍事的性格が濃厚な大型の造像碑。E－aの欄の肩書に加え、陝西地域の影響を受け「典録」「邑長」「彈官」が出現。
F、山西河北省境		鄴と晋陽を結ぶ幹線道路沿いの造像。道路修理を記念。「勃海大王」など、為政者高氏を意識した造像。「清淨主」「銘像主」「香火主」「都綰（主）」「輪王主」などが特徴。
G、渭北地域 H、Gの西・南 I、Gの東 J、Gの北 K、陝西西部、甘粛隴東	北魏において最も肩書の種類が豊富。道教の義邑による二教像碑（G地域）。斎会など儀礼に関わる肩書が多い。他地域にも見えるがこの地域で最多は「香火（主）」「典坐」「唄匿」「邑正」「邑老」「化主」「檀越主」。G～Kに偏在する肩書は「典録」「彈官（但官）」「平望」「侍者」「録生」「邑謂」「治律」「邑日」「邑謂」。Kの一般会員は「邑生」。	G地域における邑義道教像の激減。「像主」「邑長」の増加。 I地域における政治・軍事的重要度の高まりにより有官者の参加が増加。 J地域における邑義造像の出現（E地域の強い影響）。
L、河北省、山東省北部・西部（河南省北部も一部含む）	涿県と定州中山郡の二箇所。邑義肩書の種類が少ない。定州の義邑の一般会員は「邑義」。「邑師」「邑子」は見られず。 定州の義邑は弥勒像を造る。	鄴を中心に、河北と山東との境界地域や、兗州などの山東省西部にも邑義造像が分布。「母人」「邑人」が出現。「邑主」は僧が担当の場合多い。刻経碑・一切経・阿弥陀像を造る義邑の出現。
M、河北省黄驊市・山東省無棣県（滄州）		「王主比丘」「王母」「王人」「王母唯那」「王維那」などはこの地域独自の肩書。
N、青・斉州	一光三尊像。「法義」「法義兄弟姉妹」「帝主元氏法義」	一般会員に「法義」の肩書。

などの呼称。 東清河崔氏などの名族の参加。 邑義肩書の種類が極めて少ない。	北斉時代における盧舎那像の造立。 地方官や将軍号を有する者は少ない。

註

(1) 山崎宏［一九四二］第一部第五章・第七章、厳耕望［二〇〇五］。
(2) 定州曲陽の白玉（白大理石）像については楊伯達著・松原三郎訳・解題［一九八五］、松原三郎［一九九五］本文編一〇七～一二二頁、河南の一光三尊像については石松日奈子［一九九七b→二〇〇五］二六九～二八六頁参照。
(3) 佐藤智水［二〇〇六］。
(4) 劉淑芬［二〇〇九］二五三～二七二頁。
(5) 郝春文［二〇〇六］七三頁以下の表一を参照。
(6) この地域については事例が少ないので隋代の邑義造像銘も表に加える。ただし、表1-2-2の数には含めない。
(7) 例えば佐藤智水［一九七七a→一九九八］一一八頁。
(8) 郝春文［一九九二］。増補して郝春文［二〇〇六］に収録。
(9) 『魏書』釈老志「延興二年夏四月、詔曰、比丘不在寺舍、遊渉村落、交通姦猾、經歴年歳。令民間五五相保、不得容止。無籍之僧、精加隱括、有者送付州鎮、其在畿郡、送付本曹。若爲三寶巡民教化者、在外齎州鎮維那文移、在臺者、齎都維那等印牒、然後聽行。違者加罪」。
(10) 『続高僧伝』巻二四法通伝［T50:641c］。
(11) 高雄義堅［一九三一］、山崎宏［一九四二］七六七～七八五頁を参照。
(12) 『十誦律』巻三四にも「佛在舍衛國、爾時祇陀林中僧坊中、無比丘知時限唱時、無人打揵稚、無人掃灑塗治講堂食處、無人次第相續敷床榻、無人敎淨果菜、無人看苦酒中蟲、飲食時無人行水、衆散亂語時、無人彈指。是事白佛。佛言、應立維那」［T23:250b］と維那の役割が記されている。
(13) 『高僧伝』巻五竺道壹伝「頃之郡守琅琊王薈、於邑西起嘉祥寺、以壹之風徳高遠、請居僧首。壹乃抽六物遺於寺、造金牒千像。壹既博通內外、又律行清嚴、故四遠僧尼咸依附諮稟。時人號曰九州都維那」［T50:357b］。
(14) 塚本善隆［一九四一a→一九七四b］三六六頁。
(15) 北魏永興二年（五三三）解保明造像記（E-a、No.9）。

(16) 佐藤智水［二〇〇五b］八八頁では、この集団は二人の都維那を世話役とする邑子の集まりであると述べる。

(17) 北斉天統五年（五六九）曹景略造像記（拓7202、大村341、斉遺263）に「大齊天統五年歳次己丑四月庚申朔廿三日壬午、佛弟子曹景略爲亡息慶紹、造盧舍那像一軀。願使託生宮殿、恆在佛所。又爲居家眷屬見在安隱」とあり、「像主曹慶紹、父曹景略、母趙羅、祖母蔣弟、伯父曹忻」とある。

(18) これらの肩書が特にB地域で多く見えることは後述する。

(19) 「佛堂主」とは、造像碑全体を安置するような大きな堂に出資した功徳主のことではなく、造像碑において龕像が彫刻される際、龕の中の像が堂に鎮座するように彫刻されるが、その彫刻された堂の功徳主のことと考えられる。例えば「維大隋仁壽二年歳次壬戌四月戊申朔八日乙卯、三交村合村諸邑等爲此畫像。有邑子以上空位未顯名之處、共相綏化唱發、敬造佛堂一行」（隋遺428、拓5141：9154、京NAN0344A–D：NAN0346X、寰図2.167、魯二一179、百品71、文物1990.8.58）とあるのを参照。

(20) 郝春文［二〇〇六］一三六～一三八頁の表に列記している。

(21) 山崎宏［一九四二］七七八頁。

(22) 郝春文［二〇〇六］一四六頁。

(23) この造像記には、太和七年（四八三）以外に末尾に「景明三年歳在壬午五月戊子朔廿七日造訖」とあり、それぞれ、造像の発願年と完成年を示していると考えられている。塚本善隆［一九四一a→一九七四b］三四八～三五〇頁参照。

(24) 東魏武定元年（五四三）道俗九十人造像記（C–b、№13）に「邑主都唯那法猛侍佛時」と見える。

(25) 北斉大寧二年（五六二）孟貳郎造像記（L①、№16）に見える孟貳郎は「都邑維那」かつ「大都邑主」である。

(26) 斎会に関する先行研究については、劉淑芬［一九九三］、船山徹［一九九五］とその註(68)を参照。

(27) 斎主に関しては『高僧伝』巻七道温伝［T50：372c］に見える。

(28) 北斉河清三年（五六四）鉅野石仏寺刻経碑碑陰（碑陰は筆者現地調査資料による）においては、「齋主張伏德」とある以外に「齋主比丘僧始」「齋主比丘靜振」と二名の「齋主比丘」が見える。

(29) 船山徹［一九九五］参照。

(30) 北周保定二年（五六二）張操（恵果寺）造像記「有像主張道元□□及四部大衆一百人等體別心同、建八關邑。半月懺悔、行籌布薩、夙宵不眠、慚愧自懐、策列五情、心居企念、改往脩來、志超彼岸、故能各捨己珍、慕崇眞趣、於周武成二季歳次庚辰、仰爲　皇帝陛下・晉國公・群僚百辟及法界有形、造无量壽像一區、菩薩・侍童・金剛・天華皆剋木度金、五色神幡六十五口、建立寶幢高六十尺」（G–b、№16）。

(31) 郝春文［二〇〇六］六四頁註(40)参照。

(32) 斎主関連の肩書として、「都齋主」「大齋主」「副齋主」などの他に、四面造像碑における「南面齋主」などがある。さらにおそらく特定の斎との関わりを示す肩書がいくつかあり、仏像の開眼供養の斎会を示すと思われる「開明齋主」、道教像に見られる「長生齋主」、さらに女性だけの斎会があったことをうかがわせる「婦女齋主」、他にも「起像齋主」「興像齋主」などの肩書の者もいる。また、斎の場所を提供したか、あるいはその費用を負担した「齋場主」という肩書も見える。

(33) 劉淑芬［一九九三］など。

(34) 隋遺377、拓9002、山右3、大村392、文物1997.1.73、魯二五1019。

(35) 東魏興和四年（五四二）李氏合邑造像記（C-b、№9）。

(36) 西魏大統十七年（五五一）宗慈孫道俗三十七人等造像記（B-b、№3）。

(37) 郝春文［二〇〇六］一四七〜一四八頁。

(38) 劉淑芬［二〇〇九］二三六-二三七頁、張沢珣［二〇〇九］二五頁。

(39) 寧可［一九七九］。他に見える肩書は、「社掾」「社史」「社民」である。

(40) 北周天和五年（五七〇）普屯康等三百四十他人造像記（I、№8）。

(41) 劉淑芬［二〇〇九］二六六頁。

(42) 『高僧伝』巻五道安伝「制僧尼軌範・仏法憲章、条爲三例。一曰、行香・定座・上經・上講之法。二曰、常日六時行道、飲食唱時法。三曰、布薩・差使・悔過等法。天下寺舍遂則而從之」［T50：353b］。

(43) この「九」は大正蔵では「凡」であるが、宋本に従い「九」に改める。

(44) 船山徹［二〇一五］。

(45) 湛然『法華文句記』巻五中「經云唄者、或云唄匿、此云讃誦。西方本有。此土案梁『宣驗記』云、陳思王、姓曹、名植、字子建、魏武帝第四子。十歳善文藝。私制轉七聲。植曾遊漁山、於巖谷間、聞誦經聲、遠谷流美、效之而制其聲」［T34：245b］。

(46) 『続高僧伝』巻二五釈僧意伝「不久天帝請師講經。願因一言得免形苦。意便洗浴燒香、端坐靜室候待時至。及期、果有天來入寺及房。冠服羽從偉麗殊特。衆僧初見、但謂、是何世貴入山參謁、不生驚異。及意爾日無疾而逝、方知靈感。其都講住在光州、自餘香火・唄匿散在他邑。後試檢勘、皆同日而終焉」［T50：647a］。なおこれと極めて類似する説話が同じ『続高僧伝』巻一菩提流支伝附宝意（勒那摩提）伝に以下のように記載される。「初寶意沙門神理標異、領牒魏詞、偏盡隅隩。帝每令講『華嚴經』、披釋開悟、精義每發。一日正處高座、忽有持笏執名者、形如大官、云、「奉天帝命、來請法師講『華嚴經』」。意曰、「今此法席尚未停止。待訖經文、當從來命。雖然、法事所資、獨不能建。都講・香火・維那・梵唄、咸亦須之。可請令定」。使者卽如所請見講諸僧。既而法事將了、又見前使、云、「奉天帝命、故來下迎」。意乃含笑熙怡、告衆辭訣、奄然卒於法座。都講等僧亦同時殞」［T50：429a］。ここでは、「維那」が加わり、さらに「唄匿」のかわりに「梵唄」となっている。

(47) 『大唐内典録』巻五［T55：271b］。

『周衆經要』二十二巻。

『一百二十法門』。

右二部二十三巻。魏丞相王宇文黒泰、興隆釋典、崇重大乘、雖攝萬機、恆闡三寶。第内毎常供百法師、尋討經論、講摩訶衍。遂命沙門釋曇顯等、依大乘經、撰『菩薩藏衆經要』及『一百二十法門』。始從佛性、終至融門。而開講時即恆宣述、永爲常則、以代先舊五時教迹。迄今流行。山東・江南雖稱學海、軌儀揩則、更莫是過。乃至香火・梵音・禮拜・嘆佛、悉是其内。

(48) 文物世界2009.2.17。

(49) 例えば、吉蔵は『仁王経』の人中九品の果報を釈して、上品の上中下にそれぞれ順に金輪王、銀輪王、銅輪王を配している。吉蔵『仁王般若経疏』巻三下護国品「九品者、九品人上中下各有三品。三三合九種。上品上中下者、上品道種性金輪王、中品性種性銀輪王、下品習種性銅輪王。中品上中下者、上品鐵輪王、中品粟散王、下品小國王。下品上中下者、上品刹利大姓、中品波羅門大姓、下品居士大家等」［T33：345a］。

(50) 「衝天」を王や将軍の称号として用いているのは以下の諸記事である。『晋書』巻一一六　載記　姚萇伝「雷悪地率衆降萇、拝爲鎭東將軍。魏褐飛自稱大將軍・衝天王、率氐胡数萬人、攻安北姚當城於杏城」、『魏書』巻七上　孝文帝紀上　太和元年正月条「己酉、秦州略陽民王元壽聚衆五千餘家、自號爲衝天王」、『旧唐書』巻二〇〇下　黄巣伝「尚譲乃與羣盗推巣爲王、號衝天大將軍、仍署官屬、藩鎭不能制」。なお、『北斉書』巻十一安徳王高延宗伝には、「安徳王延宗、文襄第五子也。母陳氏、廣陽王妓也。延宗幼爲文宣所養、年十二、猶騎置腹上、令溺己臍中、抱之曰、可憐止有此一箇。問欲作何王、對曰、欲作衝天王。文宣問楊愔、愔曰、天下無此郡名、願使安於德。於是封安德焉」という興味深い逸話も収録されている。

(51) 古陽洞における碑形の区画の碑額部分に記された北魏造像記の題額については、佐藤智水［二〇一二］一一六～一一七頁参照。

(52) 拓3008、大村175、松原25、魯一四677。

(53) 拓3009、松原30b：30abcd。

(54) 石松日奈子［二〇〇三→二〇〇五］。

(55) 石松日奈子［二〇〇六］。

(56) 工事が中断した原因については、石松日奈子氏の主張する曇曜の失脚説（石松日奈子［二〇〇三→二〇〇五］）、馮太后に何らかの異変があったとする曾布川寛氏の説（曾布川寛［二〇〇八］）などがある。

(57) ただし、翌年太和八年の条には、「秋七月乙未、行幸方山石窟寺」とある。方山に石窟寺は現在発見されておらず、また他に史書に方山の石窟寺に関する記載は全く見当たらないので、この記事を方山と石窟寺に行幸したと解釈する説もある。また

『資治通鑑』巻一三六では、ここのところ、「乙未、魏主如武州山石窟寺」となっており、方山ではなく武州山石窟寺に行幸したと記されている。詳しくは張焯［二〇〇六］を参照。

(58) 塚本善隆［一九四一a→一九七四b］、McNair［2007］。

(59) 李文生［一九九六］。

(60) この造像記には「太和七年」（四八三）という、洛陽遷都の約十年前に遡る年号があり、古陽洞の開鑿年代をめぐって研究者の意見が分かれているところである。先行研究に関しては、石松日奈子［二〇〇五］第六章註(3)参照。

(61) 塩沢裕仁［二〇一三］八四～一二四頁。

(62) 賀玉萍［二〇一〇］九九～一〇一頁。

(63) 汝南王元悦の修塔記は筆者が確認したもので、正光三年八月と十一月、正光五年閏月の三件存在する。八月のものは、魏目153、魯一四753、匋7、十一月のものは拓4128、正光五年のものは文物1984.5.47に収録される。

(64) 『洛陽伽藍記』巻一城内永寧寺。

(65) 李献奇［一九八五］。

(66) 北魏永熙三年（五三四）韓顕祖造須弥塔記（B-a、№9）、北周保定二年（五六二）鉗耳世標造像記（G-b、№17）。

(67) 侯剛は『魏書』巻九三恩倖に立伝される。北族であり、料理が得意で、宮中の膳を取り仕切り、太和年間から歴代皇帝に重用された。墓誌銘も『漢魏南北朝墓誌彙編』一八八頁（孝昌二年）に収録される。元衍は元頤の弟であり、『北史』巻十七に立伝される。乞伏宝は高車の部族出身で『北史』巻八四孝行に「乞伏保」として立伝され、墓誌銘も『漢魏南北朝墓誌彙編』三〇四頁（永熙二年）に収録される。

(68) 景明寺の塔は霊太后の発願により、正光年間（五二〇～五二五）に完成した（『洛陽伽藍記』巻三城南・景明寺）。臨時に設置される「都將」という役職については、兪鹿年［二〇〇八］二八八頁参照。

(69) 塚本善隆［一九四一a→一九七四b］三二四～三二八頁参照。

(70) 『続高僧伝』巻六法貞伝「及至年長、善成實論、深得其趣。備講之業、卓犖標奇。在於伊洛、無所推下、與僧建齊名。時人目建爲文句無前、目貞爲入微獨歩。貞乃與建爲義會之友。道俗斯附、聽衆千人。隨得嚫施、造像千軀、分布供養。魏清河王元懌・汝南王元悦竝折腰頂禮、諮奉戒訓。會魏德衰陵、女人居上、毀論日興、猜忌逾積、嫉德過常、難免今世。貞謂建曰、大梁正朝禮義之國。又有菩薩應行風教、宣流道法。相與去乎。今年過六十。朝聞夕死、吾無恨矣。建曰、時不可失、亦先有此懷。以梁普通二年相率南邁」［T50：474b］。

(71) 北村一仁［二〇〇八］。

(72) 王景荃［二〇〇二］。石松日奈子［一九九七b→二〇〇五］二六九～二八六頁。

(73) 佐藤智水［二〇〇四］。別表C－aでは№7の尚斉八十人等造像記と№13の尚天賜等七十人等造像記。
(74) この点は佐藤智水氏が既に指摘している。
(75) 「邑女」は西魏大統十三年（五四七）杜照賢造像記（B－b、№2）などに見える。
(76) 『滑県金石録』巻一（石3.29.22）。
(77) 『文選』巻二七　王粲　従軍詩五首「朝發鄴都橋、暮濟白馬津」。
(78) 顔尚文［一九九七］。
(79) 佐藤智水［二〇〇五b］四頁。
(80) 「楊膺寺・金城寺・雍城寺・恆安寺・苟塚寺・朱營寺・管令寺諸師等、見風燭以生悲、覩泡沫而興歎、遂乃落髪以湊玄門、抽簪而□梵轍、嗟往還巨難、愍揭厲多辛、咸施材木、構造橋梁。楊膺寺發善之源、以爲橋主」。
(81) 石松日奈子［二〇〇五］一八五頁、佐藤智水［二〇一〇］十四～十五頁参照。
(82) 佐藤智水［二〇一〇］。
(83) 石松日奈子［二〇〇五］一八五頁参照。
(84) 北魏時代の軍主と幢主については、宮川尚志［一九五五］、兪鹿年［二〇〇八］一六二頁参照。
(85) 『魏書』律暦志上には「謹案洪等三人前上之曆、幷駙馬都尉盧道虔、前太極採材軍主衛洪顯・殄寇將軍太史令胡榮及雍州沙門統道融・司州河南人樊仲遵・定州鉅鹿人張僧豫所上、總合九家、共成一曆、元起壬子、律始黃鍾、考古合今、謂爲最密」とあるが、この「採材軍主」と何らかの関係があるのかもしれない。
(86) この碑については、会田大輔［二〇一三］参照。
(87) 毛漢光［一九九〇］九七頁によると、統治者高氏が晋陽と鄴都を往復した回数は三七回である。
(88) この交通路と造像との関係のより詳細な検討は侯旭東［二〇〇五］二三一～二六四頁参照。
(89) 侯旭東［二〇〇五］二三一～二六四頁。
(90) 「是以黑太逋寇、假息關隴、侯景拔扈、苟存江佐、鼠竊之徒敢闚問鼎。今我大齊、咨天心如承主、廓四海以爲居、坐太極如壽禪、闇與契如同苻。巍〻乎以白日如竝光、堂〻如無能名焉。若用梟禽二虜、必如指掌、未卽誅勠、寛待歸順。是以廣□嚮豪、立爲督將、弟相部領坊。茲醜豎邢多五十人等、昔因封而居、子孫留偶、今在肆土、爲人領袖。其人可謂天姿桀邁、幹笏明□、圓弓連闊、飛刀揺刃、爲帝所知、召國□□武藝之士、實自孤絕一時、寢蹇酋勇亦難量者哉。遂在合州、發弘大願、〻令軍侶行還、建□像一區。經營尋就、藉因斯福、咸□發上願令　皇祚遐□、業化清熙、澤沾九區、恩過八極」。
(91) 山右1、道端5.151；238。
(92) 中国新聞網「山西出土39尊千年仏教石造像　初定横跨魏唐四朝」http://www.chinanews.com/cul/2013/12-25/5663893.shtml

（二〇一三年十二月二五日の記事）。

(93) 関中は、戦国末の函谷関以西の秦の故地を指す場合、『史記』集解に引く徐広『音義』に「東函谷、南武關、西散關、北蕭關」とあるこの四関の中を指す場合もあるが、本稿では劉淑芬［二〇〇八］六頁に従い、関中平原及びその付近一帯の意味で用いる。

(94) 太武帝の廃仏の経緯については、『魏書』釈老志参照。

(95) 石松日奈子［二〇〇五］一九〇～一九一頁。

(96) 佐藤智水［二〇〇七b］。涿県には、永楽村東禅寺にあったと伝えられる、五世紀後半に遡る桓氏一族による全高三メートルを超える大型石仏像（大倉集古館現蔵）も存在する。この像については石松日奈子［二〇〇五］一八八頁参照。

(97) 漢魏3.260、考古1966.5.252。参考のため以下原文を引用しておく。「維大代太和五年歳在辛酉春二月、輿駕東巡狩、次於中山、御新城宮。北幸唐陂、路逕州市、臨通逵而覿川陸、践纏術而觀險易、詳眺四矚、脩然興想。帝后爰發徳音而詔群臣曰、「夫佛法幽深、應召理玄、非夫觸遇斯因、在所致興、將何以要福冥期、取證來果」。遂命有司以官財顧工、於州東之門顯敞之地、造此五級浮圖。夏五月廿八日基刹始建。二聖乃親發至願、緣此興造之功、願國祚延萇、永享無窮、妙法熙隆、災患不起、時和年豊、百姓安逸、出因入果、常與佛會、與一切臣民、六宮眷屬、十方世界六趣衆生咸同斯福、剋成佛果」。

(98) 僧暈造像記（拓3019、京NAN0077X、魏目56、魯二一53、定県志18〔石3.24.268〕、百品24）。

(99) 佐藤智水［二〇〇五b］七五～八三頁。

(100) 馮賀軍［二〇〇五］一四〇～一四二頁。

(101) 「定州中山望都山陽村大像主張《?》布諸道俗邑義卅八人等、自惟先緣有幸、忝生上國、目覩遺容、遭遇眞法、各萇儉之年、剋己身命、敬造彌勒石像一區、通光連夫一丈六尺」。

(102) この造像については、胡国強［二〇〇四］参照。定州城はちょうどこの年の一月に陥落している。

(103) 劉建華［一九九九］。

(104) 天保八年（五五七）黄海伯造像記（松原398、大村321、祈り112）。

(105) 開皇十一年（五九一）馬長和等造像記（隋遺406、拓9075、魯二五1117、大村399）。

(106) いわゆる定州系白玉像の分布については、李静傑・田軍［一九九九］を参照。

(107) 何利群［二〇一四］。

(108) 考古2013.7.685、鄴菁154。

(109) 法社と義邑の区別については郝春文［二〇〇六］三～一九〇頁参照。

(110) 筆者は現物を確認できていないため、ここでは『魯』の表記に従った。

(111) 拙稿［二〇一三］参照。

(112) この「張子彦」という人物は『北史』巻八九張子信伝に「張子信、河内人也。頗渉文學、少以醫術知名。心恆白鹿山、時出遊京邑、甚爲魏收、崔季舒所重。大寧中、徵爲尚藥典御。武平初、又以太中大夫徵之、聽其所志、還山」とある張子信であり、銘文の「尚□□」は「尚藥典御」ではないか。拓本を確認すると「典御」の文字は辛うじて確認できる。ちなみに、『隋書』巻四二李德林伝に「武平初、加通直散騎侍郎。又勅與中書侍郎宋士素・副侍中趙彦深別典機密。尋丁母艱去職、勺飲不入口五日。因發熱病、遍體生瘡、而哀泣不絕。諸士友陸騫・宋士素・名醫張子彦等、爲合湯藥」と見える人物も同一人物であろう。

皇甫亮については、河清三年四月に勅命によって陳に使者として派遣されている（『北斉書』巻七武成帝紀河清三年条）。

(113) この像の光背背面部分の供養者題記については報告されていなかったので、奈良国立博物館の岩井共二氏に拓本・写真の画像を御提供いただき筆者が録文を作成した。ここに記して厚く御礼申し上げる。

(114) 定州曲陽出土菩薩像の同時期作例については胡国強主編［二〇〇九］四六～五四、八二～八五頁を参照。同類型の像が大量に制作されていることが分かる。

(115) 劉建華・魏蘭香［二〇〇八］二九九～三二六頁。

(116) 八木春生［二〇一三］一八五～一八六頁。

(117) 山口県立萩美術館・浦上記念館編［二〇〇四］参照。

(118) 佐藤智水［二〇〇六］、劉淑芬［二〇〇九］二五四～二六〇頁。

(119) 北魏時代の山東の石仏像銘については、佐藤智水［二〇一五］が表にまとめているのでそちらも御参照いただきたい。

(120) 邱忠鳴［二〇〇六］。

(121) 『魏書』巻六七崔敬友伝「敬友精心佛道、晝夜誦經。免喪之後、遂菜食終世。恭寬接下、修身厲節。自景明已降、頻歲不登、飢寒請丐者、皆取足而去。又置逆旅於肅然山南大路之北、設食以供行者。延昌三年二月卒、年五十九」。

(122) 崔勲は墓誌や正史に見えず不明であるが、邱忠鳴［二〇〇六］や劉淑芬［二〇〇九］などによって、おそらく崔鴻の伯父にあたる崔光の子、つまり崔鴻の従兄弟である可能性が指摘されている。正史に崔光の子として名の見える者は、励・勗・勉・勸・劼・劾・勍・劬・勣・勦・勉の十一子で、勲の名は見えない。しかし、輩行を考えると、十一子の名の漢字にはみな「力」を有しており、「つとめる」という意味が崔光の子に共通するものが多く、「勲」も崔光の子である蓋然性が高い。

(123) 崔鴻一族の墓誌は山東省文物考古研究所［一九八四］を参照。訳注として、佐伯真也［一九九八］［一九九九］がある。

(124) 高瀬奈津子［二〇〇七］七六～七七頁。

(125) 『漢魏南北朝墓誌彙篇』三二五～三二六頁。

(126) 劉淑芬［二〇〇九］二五六～二六一頁。

第三章　北朝時代の関中における道仏二教の義邑について

はじめに

関中、とりわけ渭北地域においては、北朝時代の道教像碑や道仏混淆の二教像碑が多く現存する。これは当該地域の特色の一つであると考えられる。本章では、この地域の義邑に対し分析を加え、道教と仏教の関係についても若干の考察を試みる。

日本においては、北朝時代の関中地域の道教像や二教像碑に関して、神塚淑子氏による道教思想史学の立場からの先駆的研究を除けば(1)、主に美術史学の研究者によって注目されてきた。古くは松原三郎氏の論考があり、また、魏文朗造像記の「始光元年」という紀年に疑義を呈した石松日奈子氏の研究、さらに齋藤龍一氏による像の平行線紋様に着目した研究がある(2)。他に書道史学の立場からこれらを取り扱った研究もある(3)。

一方、海外においても数多くの研究成果が存在する。Abe［2002］は、様々な図像が混ざり合うこの地域の造像について、それらを道教、仏教、あるいは土俗信仰という異なるカテゴリー間における影響として理解すべきではなく、異なる出自・背景を持つ者が最も自らに適した図像を選びとるその範囲の問題として理解すべきと述べる(4)。二教像碑を理解するに際し、しばしば援用されるのが、Zürcher［1980］の所論である(5)。すなわち、仏道二教を共通の土台からそびえる大きな二つのピラミッドに喩え、そのピラミッドの頂点にエリート宗教者がおり、共通の土台には二教が混淆した下層の一般大衆の土俗的信仰があるとする論である。そして、朝廷において道仏論争を行ったのは前者のエリート達であり、二教像碑が反映するのは、後者の一般大衆の信仰であるという解釈がなされる。

この見解に対しては、Bokenkamp［1996］が、北朝道教造像記としては最も長文の姚伯多造像記と霊宝経典類との関係を論じつつ、異論を提出した[6]。すなわち、上記の譬喩は、外来の仏教には該当しても、霊宝経典類に顕著なように、初期から仏教を意識し利用していた道教については該当しないとする。そして、二教像碑の多くは、霊宝経典を信奉する集団によるとまではいえないにしても、霊宝経典類の性質と同じく、仏教を道教内に包摂しようとする傾向に由来するという仮説を提示した。二教像碑でこの仮説が適用できる事例はいくつかあるだろう。しかし、仏教僧によって指導された義邑あるいは一族による二教像碑をいかに理解するかといった疑問については答えられていない。

前述したZürcher［1980］に代表される理解に対し異議を唱えたもう一つの研究は、Mollier［2008］である。すなわち、二教が混淆した実用的な宗教書を撰した者は、自らの宗教的アイデンティティを明確に有していたこと、そしてそのような宗教書に権威づけしたのは官位を有するようなエリート達であり、彼らがそれらを流布させたとする。これは、直接二教像碑を研究対象として得られたものではないが、示唆に富んだ見解である。

北朝道教造像記の研究は、中国において近年盛んに行われている。劉昭瑞氏は、仏道並坐の龕を有することで有名な魏文朗造像碑について、その造像記に見える「佛道像」は仏像と道教像の意味ではなく、「佛道」は仏教と同じ意味で、魏文朗は碑の像をすべて仏像とみなしていたとする[7]。この見解は李淞氏によって否定されたが[8]、仏教信者による二教像もあることに注意を促している点は重要である。また、劉昭瑞氏は、寇謙之による道教改革の実際の社会的影響は限定されていたことを姚伯多造像記から読み取る[9]。張勛燎氏・白彬氏は、関中の道教造像が尹喜や老子化胡説を重視する楼観道によるものであることを主張する[10]。一方、劉屹氏は、姚伯多造像記からは「霊宝派」「楼観道」、あるいは寇謙之の「新天師道」といった、特定の派への所属を読み取ることは困難であり、むしろ「北方関中道教」とみなして、南方道教との関係を考えた方がよいとする。また氏は、姚伯多一族が通説のとおり後秦王朝羌族姚氏の後裔ではなく、南方から移住した漢族であるとも指摘している[11]。

以上の研究は主に道教造像記の願文に注目したものであるが、二教像碑には多数の供養者名が刻まれているものも多くある。この供養者題記に関わる研究としては、羅宏才［二〇〇八］が造像碑という語の定義と四面造像碑の四面の序列、供養者の序列に着目した研究を行っている。また、張沢珣［二〇〇九］は、北魏時代に限り道教像と二教像碑の銘文を、供養者名にも注意しつつ道教の立場から考察する。張氏の立場は、Bokenkamp 氏の説に近く、道教徒にとって仏教は道教の一部分であるとするものであり、仏教側の立場や西魏以降についてはあまり顧慮されていない。

筆者は、二教像碑の理解には供養者名の分析が不可欠であると考えるが、いまだ十分に研究されているとは言い難い。それは銘文資料が研究に利用しやすい形で整理・公開されてこなかったためであろう。そこで、関中の造像銘文資料の公開状況について概観してみよう。一九八五年、民族学の立場から関中の造像記を分析した馬長寿氏の先駆的成果には、それまで未公表であった造像記が多数収録された。(12) 一九九六年には、『北朝仏道造像碑精選』が出版され、薬王山や臨潼博物館所蔵の代表的な造像碑十八点について拓本と実測図・移録が公開された。(13) さらに、二〇〇五年発行の、佐藤智水（研究代表）『4—6世紀における華北石刻史料の調査・研究』（科研費報告書）（以下『佐藤科研』と略）は、仏像銘も含め耀県薬王山碑林所蔵造像碑の大部分の銘文資料を幾度にもわたる実地調査に基づき、供養者題記の配置が一目で分かる形で移録したものであり、貴重な成果と言える。

道教像や二教像碑に関しては、二〇一二年、李松『中国道教美術史』第一巻（以下『道美』と略）が出版され、道教像（二教像も含む）に関する資料を網羅的に収集し、考証を加えつつ紹介している。(14) 翌二〇一三年には、薬王山博物館、臨潼博物館とその他渭南諸県の博物館所蔵造像碑の詳細な資料集『陝西薬王山碑刻芸術総集』（以下『薬』と略）が出版された。(15) これは薬王山や臨潼博物館所蔵造像碑の資料集として決定版とも言えるものである。今後は、富平県文物管理所や西安碑林博物館所蔵の造像碑についても詳細な資料の公開が待たれる。

上記の研究状況に鑑みて、本章では、主に関中の道仏二教の像を造った義邑の構成員に注目して研究を行いたい。最初に関中の義邑と斎会の関係について述べ、次いで、二教像碑における仏像と道教像との配置状況や各面に刻まれた供養者題記、特に邑義肩書を主要な分析対象とし、二教像碑が造られた事情について考察する。(16)

第一節　関中における義邑と斎会

関中の主要都市長安は、後秦時代、姚氏政権の庇護のもと鳩摩羅什が主導した訳経事業の行われた場であり、仏教教学の一大中心地であった。また、道教に関して言えば、後漢末、張魯が曹操に降伏すると、五斗米道の中心地であった漢中の民がこの地に遷されたという記録もある。[17] 北魏太武帝時代の有名な道士である寇謙之の郷里は馮翊郡万年県（現西安市臨潼区櫟陽鎮）である。さらに、老子化胡の逸話で老子から道徳経を授かったとされる尹喜の信仰で有名な道教の一中心地である楼観[18]も関中に属するように、道教も早くから盛行していた。

神䴥三年（四三〇）北魏は関中を支配下に収めたが、関中一帯は、「戎狄居半」と言われるように[19]、多種の民族が雑居する地であった。彼らの中には剛強な者が多く、しばしば北魏の支配に反抗し、統治が非常に困難であった。太平真君六年（四四五）には杏城（現黄陵県西南）で盧水胡の蓋呉が反旗を翻し、これに呼応するものが多く大規模な反乱となった。この反乱鎮圧のため長安の一寺院に太武帝が駐留していたところ、寺院の私室から大量の武器が発見され、さらに酒の所蔵や婦女との通淫も暴かれ、蓋呉に通謀するものとしてこの地域に廃仏令が下された。[20] 興安元年（四五二）復仏の詔が下されたが、そこでは仏教は本来「王政の禁律を助け」るものであるという位置づけがなされ、国家秩序に寄与すべき仏教としての性格がうちだされた。[21]

関中における義邑に関連して注目すべきは、復仏後の曇靖による『提謂波利経』の編纂である。この『提謂経』は、在家信者に五戒を持《たも》ち斎会を設けることの重要性を説く中国撰述経典であり、この経典が広く流布したことは塚本善隆氏や牧田諦亮氏が明らかにしたところである。[22] 関中においては、隋代になってもなお『提謂経』を習う邑義たちによって斎会が設けられ、戒律を儀範として互いに点検しあっていたという記事が『続高僧伝』に見える。[23]『提謂経』は、教理的知識のない者にも分かりやすくその功徳として特に天に生まれかわること、すなわち生天を強調する。[24] これは本書第二部第七章で論ずるように、陝西地域の北魏時代の造像記において盛んに亡者の生天を祈願していることと相通ずる。斎や造像などの功徳を積むことで生天の果報を得るという因縁譚は、復仏後の仏教界のリーダーとなった曇曜と西域三蔵吉迦夜共訳の『雑宝蔵経』にも多出する。(25) 一方で、斎会のような私的集団活動は、当然国家からも警戒されたことであろう。特に氐や羌などの少数民族による反乱が日常的に起こっていた関中ではなおさらである。事実、北魏時代の太和末頃関中において斎会が盛んに行われており、国家側から反乱の温床になるものとして警戒されていたという以下のような記事も存在する。(26)

臣又聞流言、關右之民、自比年以來、競設齋會、假稱豪貴、以相扇惑。顯然於衆坐之中、以謗朝廷。無上之心、莫此之甚。愚謂、宜速懲絕、戮其魁帥。不爾懼成黄巾・赤眉之禍。

臣又た流言を聞く、關右の民、比年自り以來、競いて齋會を設け、假りに豪貴と稱し、以て相い扇惑す。衆坐の中に顯然たりて、以て朝廷を謗る。上を無みするの心、此より甚しきは莫し。愚謂えらく、宜しく速やかに懲絶し、其の魁帥を戮すべし。爾らざれば懼るらくは黄巾・赤眉の禍を成さん。

また、造像銘にも関中における斎会に関する資料が仏教・道教ともに見える。月に一度または二度行った、あるいは半月行ったという記載もある。以下事例を掲げる。

・北魏神亀二年（五一九）邑老田清等七十人（王守令）造像記「減割五家財、建齋求神仙、奉師敬三寶、愛樂靈文篇」（章末の表1-3-5、No.13）。

・北魏正光三年（五二二）茹氏造像記「勸化鄉人、月設一盒、復冥心火發、解悟□田、仿習聖跡、刊石聖容」（表1-3-5、No.22）。

・北周保定二年（五六二）張操造像記（恵果寺造像記）「有像主張道元□□及四部大衆一百人等體別心同、建八關邑。半月懺悔、行籌布薩、夙宵不眠、慙愧自債、（中略）愍愍四部、半月懺悔、戒行明潔、十地无导」（表1-3-5、No.65）。

・北周天和五年（五七〇）普屯康等三百四十他人造像記「卽告都督孫祥、率鄉人、共崇勝福、聘請邑師僧震三人、月別營會」（表1-3-5、No.81）。(27)

・隋開皇元年（五八一）李阿昌造像記「佛弟子李阿昌等廿家、去歳之秋、合爲仲契、毎月設齋[28]」。

道教の斎法儀礼との関連を示すものとして、馮神育造像碑（表1-3-5、No.4）に「施地安壇」という銘記がある。さらに注目すべきは龐氏造像碑（表1-3-5、No.29）碑陰に見える題記である（第四節参照）。「三洞法師[29]」が香炉の両側にならび[30]、その下部には、「監齋」「侍經」「侍香」という肩書が見える。これらは道教の斎会の六種の斎官（上記の三種に「高功（法師）」「都講」「侍燈」を加えたもの）のうちの三種であり、指教斎法を記した『正一指教斎儀』（HY797）宿啓儀に見え、霊宝斎の儀軌にも見える[31]。具体的職掌について、『無上秘要』巻三五所引『敷斎経』（『敷斎威儀経』）8abには、

署高功大法師。當擧高徳、玄解妙義。
次署都講法師。當擧才智精明、閑練法度。
次署監齋。當擧司察衆違、彈糾愆失。
次署侍經。當須營侍經文、整理巾蘊。
次署侍香。當須料理鑪器、使香火不絶。
次署侍燈。當須景臨西方、備辦燈具。
次署侍座。當令四坐席地、拂飾齊整。

高功大法師を署す。當に高徳にして、妙義を玄解するを擧ぐべし。
次に都講法師を署す。當に才智精明にして、法度に閑練するを擧ぐべし。
次に監齋を署す。當に衆違を司察し、愆失を彈糾するを擧ぐべし。
次に侍經を署す。當に須く經文を營侍し、巾蘊を整理すべし。
次に侍香を署す。當に須く鑪器を料理し、香火をして絶えざらしむべし。
次に侍燈を署す。當に須く西方に景臨し、燈具を備え辦ずべし。
次に侍座を署す。當に四坐をして地に席《し》き、拂飾齊整せしむべし。

とあり、また、『霊宝斎説光燭戒罰灯祝願儀』（HY524）13a～bには、

監齋　其職也司察衆過、彈糾愆失、秉執科憲、隨事擧白、必使允當、不得隱濫。
侍經　其職也營侍尊經、整理巾蘊、高座几案、四座席地、拂拭齊整、不得怠懈。
侍香　其職也當料理爐器、恆令火然灰淨。六時行道・三時講誦、皆預備辦、不得臨時有闕。

監齋　其の職たるや衆過を司察し、愆失を彈糾し、科憲を秉執し、事に隨いて擧白し、必ず允當ならしめ、隱濫するを得ざれ。
侍經　其の職たるや尊經を營侍し、巾蘊を整理し、高座几案、四座席地、拂拭齊整し、怠懈するを得ざれ。
侍香　其の職たるや當に爐器を料理し、恆に火然《も》え灰淨らかならしむべし。六時の行道・三時の講誦、皆な預め備え辦じ、時に臨みて闕くる有るを得ざれ。

とある。こうした役職名が造像碑に見えることは、実際に道教経典儀軌に基づいた斎会が造像に際して行われたことを意味するであろう。以上のことから、関中の道仏二教の義邑においては、二教ともに斎会が盛んに行われており、朝廷から反乱に結びつくものとして警戒されていたことが理解される。

第二節　造像碑の分類

石材の各面を利用して多数の像と銘文を彫刻する造像を一般に造像碑と称する。石松日奈子氏によれば、造像碑は、方板状の石材を用い碑首に交龍などを刻む漢碑の伝統を受け継ぐ石碑形式と、方柱状の石材を加工した四面形式の二種類に大別できる[32]。関中の造像の一つの特徴は、後者の四面形式の造像碑が多く見られることである。四面形式の造像碑の頂部は現在欠失しているものが多いが、屋根状の覆いが現存しているものもある。二教像碑とは、この四面に道教像と仏像が刻まれたものである。羅宏才氏は北朝関中の造像碑の形態・図像などを分析し、造像碑における各面の像の配置で南面が重視されていること、また、男女老少など供養者の配置にも強い序列の意識があることを明

らかにした[33]。特に北朝の二教像碑には、仏教と道教が本来同一であるとして仏教を肯定し、その思想を吸収しながらも、道教を仏教より上位に置くという古霊宝派の思想があらわれているとした[34]。氏は造像碑の方位（正面＝南面）を決定する基準として、銘文に方位を明示するもの以外に、

①日月、双鳥の図像。

②上下、左右、生死、男女などの尊卑・陰陽概念。

③州郡令長および主要人物の題名。

④「天宮」「佛堂」の題記（主に隋代）。

⑤経典の教義（釈迦と弥勒の組み合わせの場合、多く釈迦が南面となる、など）。

をあげており、これらを総合的に判断することが重要だとしている。このように南面を決定することがなぜ重要かと言えば、造像記にはしばしば路傍に置いたという記述が存在するが、どちらの面をより人目に触れる道路に面した方に向けるかという問題が関わるからである[35]。邑義造像碑においては、供養者の邑義肩書や官職などが多く刻銘されており、方位を記していない場合でも、上記③の主要人物の題名、特に「邑師」がどの面に見えるか、あるいは、碑側の供養者像が向いている方向、などによって碑の方位を定めることができる。

氏の論には傾聴すべき点が多いが、筆者は氏の論をふまえた上で、道教像と仏像の各面への配置の仕方、特に仏像と道教像のうちどちらを南面に配置しているかによって、邑義造像碑を、

①仏像

②仏像を主とする二教像（以下「仏道像（碑）」とよぶ）

③道教像

④道教像を主とする二教像（以下「道仏像（碑）」とよぶ）

の四種に分類する。特に②と④の区別はこれまで明確には認識されてこなかった。そこで、北朝の二教像碑の各面の像容と注意すべき造像記の題記を表にまとめた（表1-3-1）。まず表について説明しておくべきことは、『薬』にお

表1－3－1　北朝・隋代関中における二教像碑各面像容

造像名稱	主體	年代	出土地または原所在地	分類	南面	東面	西面	北面	備考（南面・道佛の判斷材料その他）	表1-3-5、No.
田良寛	邑	北魏 504–515頃	出土地不詳	道佛	一坐道二立侍※ 冠鬢帯麈	一坐道 冠鬢帯 【願文】	一坐佛	一坐佛二菩薩	南面「邑師主田陽仁」	7
邑子60人（呂氏）	邑	北魏 熙平2（517）	原在富平縣小學	道佛	一坐道二立侍 冠鬢帯麈	一坐道 冠鬢帯	一交脚菩薩 【願文】	一坐佛二菩薩	南面「邑師李元安」	12
邑老田清等70人（王守令）	邑	北魏 神龜2（519）	臨潼櫟陽鎭出土	道佛	一坐道二立侍 冠鬢麈	一坐道 冠鬢 【願文】	一坐道 冠鬢	一交脚菩薩 二菩薩	南面「邑師王神傑」。北面には思惟菩薩と二佛並坐像の小龕もあり。	13
劉道生等70人（張乾度）	邑	北魏 神龜2（519）	臨潼櫟陽鎭出土	道佛	一坐道二立侍 冠鬢帯麈	一坐道 冠鬢帯麈	一坐佛 【願文】	一坐道二立侍 冠鬢帯麈	南面「□壇衞主劉漫特」 願文「門師張乾度・師道妙」	14
張安世	一族	北魏 神龜年間（518–520？）	耀縣北寺原（安里鄉柏樹原村）出土	？	上龕一坐像 下龕一坐像 【願文】	無像	無像	上龕一坐像 下龕一坐道 冠 龕下は未加工	造像記中の語句は「大聖如昧」「至言若訥」等道教特有のもの多し。 像頭部が破損し、道佛の判別困難、すべて道教像として造られたか。	15
茹氏	邑	北魏 正光3（522）	「[咸陽] 郡靈[武縣]」？	道佛	一坐道 冠鬢麈	一坐道　冠 【願文】	一坐佛	一倚坐菩薩像 二菩薩	南面に日月・雙鳥の圖像、「邑師張祖歡」の題記。北面倚坐像は両手を垂下し、腰帯を結び、一般的倚坐菩薩像と大きく異なる。北面像龕側「佛道□」	22
師氏71人	邑	北魏 正光4（523）	原在臨潼徐陽鄉鄧王村	道佛	一坐道二立侍 帯麈	一坐道　帯	一坐佛 【願文】	一坐佛二菩薩 小佛龕多數	南面「邑師王白龍」「南面像主」 願文「歷劫仙師」「佛道合慈、无爲是一」	24
龐氏	邑	北魏 孝昌3（527）	原在臨潼代王鄉張賈村	道佛	一坐道（太上老君）二立侍 麈？	一坐道　冠	一坐道二立侍 麈【願文】	一交脚菩薩二菩薩【願文】	南・東面像は風化激しい。 南面龕左「□太上老君一軀」 願文「太上道君石像」	29

李氏邑子70人（合右邑子）	邑	北魏 516–528頃	？（藥王山碑林現藏）	道佛	一坐道二立侍 塵帯	一交脚菩薩	一坐佛 【願文】	一坐道二立侍（左立侍缺損） 鬚	南面「邑師張□」「邑師張□生」「邑主」。北面「張乾度邑師」。南面の像は破損するが、『道美』は主尊右手に塵尾有りと指摘。	32
邑子70人（辛延智）	邑	西魏 大統14（548）	？（藥王山碑林現藏）	道佛	一坐道二立侍 帯塵	一立菩薩	一立佛 【願文】	一坐道二立侍 鬚	南面「邑師王阿伯」。北面龕二立侍は笏を持つ。願文「大道如來二聖眞容」	52
殘碑（一）	？	隋	？（藥王山碑林現藏）	道佛？	一坐道二立侍 冠鬚塵	龕主尊殘損	一坐道 冠鬚	龕主尊殘損	下半分殘佚し南面の決定困難。南面龕上部に六名の供養侍者。北面龕上部に六名の綫刻半身比丘像。南北、東西面がそれぞれ逆で佛道像の可能性も有り。	92
魏文朗	一族	北魏 6c初	1934年耀縣漆河出土	佛道	佛道竝坐（佛左） 冠鬚帯	一坐佛二菩薩	上龕一坐道二立侍 冠塵 下龕一坐道二立侍 冠帯	一半跏思惟像 【願文】	南面「魏文朗」。北面「女夫蕭萇生一心供養佛時」。願文「佛道像」「佛弟子魏文朗」	3
朱奇兄弟	一族	北魏 延昌元（512）	1959年華縣瓜坡支家村出土	佛道	一坐佛二菩薩 【願文】	上龕一坐佛 下龕二半跏思惟對坐	上龕一坐佛 中龕一立佛 下龕一坐道 冠鬚塵	一坐佛二菩薩	南面「門師比丘曇海」。道像龕傍に「道像主」	8
正光五年邑子60人（楊法映）	邑	北魏 正光5（524）	富平縣長春檀山學校出土	佛道	左龕：一坐佛 右龕：一坐道 帯	一坐像（佛？） 【願文】	一坐道 冠鬚帯	無	北面は壇山安衆寺碑記（宋代）。	26
朱黒奴	邑	北魏 531前後	1959年華縣瓜坡支家村出土	佛道	上龕：一倚坐佛二菩薩、中龕：一坐佛二菩薩、下龕：一坐佛二比丘二菩薩、さらに13の小佛龕。	碑面上部14層小佛龕（合計56）下部龕、一倚坐佛二菩薩 【願文】	最上龕：一坐佛 第二龕一坐佛 第三、四龕：二佛竝坐 最下龕：一坐道二立侍　冠鬚	南面と同じ。54の小佛龕	南面「邑師比丘僧銀」 東面下部「比丘僧振造五十三佛」	38

朱輔伯	一族	北魏 建明２ (531)	1959年華縣瓜坡支家村出土	佛道	碑額龕：一倚坐佛二菩薩 上龕：一坐佛二菩薩、左右側龕に文殊維摩像。下龕：一坐佛二菩薩×２	一坐道二立侍冠鬚【願文】	上龕：一坐佛 下龕：一坐佛 龕下に綫刻雙峰駱駝	碑額有上下二龕、上龕一坐佛、下龕二佛竝坐。 碑中部大龕：一坐佛二菩薩。大龕周圍に小佛龕。	南面には一騎象菩薩と二つの小佛龕も有り。	37
夫蒙氏	一族	北魏 516–528頃	原在耀縣石柱鄉生寅村廣嚴寺	佛道	一坐佛二菩薩	一坐道二立侍冠鬚帯麈	一倚坐像二立侍 【願文】	一坐佛二菩薩	南面龕上部兩端に圓形紋様。南北、東西面がそれぞれ逆の可能性有り。 西面倚坐像は花冠を戴き、冠上飾に髪笄がはね上がる。	33
夏侯僧□	邑	北魏 514–528頃	1936年耀縣漆河出土	佛道	一坐佛二菩薩	無像 【願文】	一坐佛	一坐道二立侍冠鬚帯麈	南面「邑師僧均」「邑主夏侯早」。『道美』は南北、東西面逆とする。	34
岐法起	一族	西魏 大統16 (550)	原在長安	佛道	一坐佛二比丘二菩薩	一坐道冠鬚笏	無像 【願文】	一坐佛二比丘一淺刻菩薩	南面やや高く、北面やや低い。東西面の供養人像は皆南面を向く。偽刻の疑いあり。	55
仇僧	？	西魏	？（藥王山碑林現藏）	佛道	一坐佛二菩薩	一坐道二立侍	一立菩薩 【願文】	一坐佛二菩薩	南面「像主仇僧」「比丘僧□」、北面「比丘尼」「沙門」。『道美』は東西面を逆とする。	58
絳阿魯	邑	北周 武成元 (559)	原在耀縣城内西街小學	佛道	左龕：一坐佛二菩薩 右龕：一坐道二立侍　冠鬚	一坐佛二菩薩	一坐道二立侍冠鬚帯麈 【願文】	一坐佛二菩薩	南面に香爐、騎馬圖有り。東面龕の位置は西面龕より高い。	59
李曇信	一族	北周 保定２ (562)	1934年耀縣阿子鄉雷家崖出土	佛道	一坐佛二菩薩	一立菩薩 【願文】	一立佛	一坐道二立侍冠鬚帯麈	南面「門師比丘尼釋法照」、兄弟の名字。造像記「佛弟子李曇信兄弟等」「釋迦太上老君諸尊菩薩石像」。輩行が上の供養者を南面以外に配置する事例は他にも多くあり、供養者の輩行を根據に南北、東西面逆にする『道美』の說は誤り。『藥』の說が正しい。	63

合邑40人等	邑	北周 保定５ (565)	？（涇陽縣文廟現藏）	佛道？	一坐佛二菩薩	一坐道二立侍 冠鬚	一倚坐菩薩二比丘【願文】	一坐道二立侍 冠鬚帯塵	「師僧父母」「昔千佛化生」など、銘文内容は佛敎的。南面頂部両角に日月輪有り。ただし南北、東西面が逆の可能性も完全には排除できない。	70
王迎男	邑	北周 天和４ (569)	？（咸陽博物館現藏）	佛道	一倚坐佛二比丘二菩薩【願文】	一坐道二立侍 冠鬚塵挾軾	一坐佛二比丘	一倚坐菩薩四比丘	願文「邑師比丘道先合邑子五百廿人等」。南北、東西面逆の可能性有り。	80
魏苟安（雷小豹、楊洪義）	邑	北周～ 隋	1934年耀縣東山出土	佛道	一坐佛二菩薩	一坐道二立侍 冠鬚塵	一倚坐佛二菩薩	一坐道二立侍 冠鬚塵	南面「南面都像主」。南面龕側に僧形供養者綫刻像。『道美』は北周時代とし、『藥』は隋代とする。	86
任閏	一族	北周	？（西安碑林現藏）	佛道	一坐佛二菩薩	一立道　冠鬚	一立菩薩	一坐道二立侍 冠鬚帯塵	南面「像主任閏」	87
西墻村佛道造像碑	？	北周	耀縣稠桑鄉西墻村發見	佛道	一坐佛二比丘	一立道　冠笏	一坐佛	一倚坐菩薩二比丘	無銘。倚坐菩薩の面が北面。	88
石季祥	邑？	北周	（扶風縣法門寺博物館藏）	佛道	上龕：一坐佛二菩薩 中間小龕：一坐佛二思惟菩薩・二坐菩薩 下龕：一坐佛二菩薩	最上龕：殘。 第二龕：坐道一立侍(右殘)冠鬚塵帯。 第三龕：一坐像一立侍（右殘)。 第四龕：一坐道一立侍（右殘)。 第五龕：四像竝坐（禪定印？）	最上龕：一坐佛二比丘。 第二龕：一坐佛一菩薩（右殘)。 第三龕：一交脚菩薩二脇侍菩薩。 最下龕：三尊小坐像。	上龕：一坐佛二菩薩。 中間：四尊坐佛。 下龕：一坐佛二菩薩。碑面下部に五像。中間に三尊小蹲像、左右に小交脚像各一尊	東面第二龕傍に「老君主馬宜和」の題記あり。造像記見えず。	89
下元三年造像碑	邑	隋 下元３ (584)	原在臨潼櫟陽鎮南門外	佛道	一坐佛二菩薩	一立道　鬚 【願文】	一立佛	三尊坐道 冠鬚塵	南面「邑師僧略」等４人、「南面像主」	90

王龍姫	邑	隋	原在下高埝郷張家坡萬佛寺（推定）	佛道	一坐佛四比丘二菩薩	龕主尊：帯、上部殘損。龕下に三尊綫刻道像	一坐佛二比丘（殘損）【願文】	一坐佛四比丘二菩薩	南面「都像主王龍姫」	91
殘碑（二）	？	隋	？（藥王山碑林現藏）	佛道	一坐佛二菩薩	一坐佛	一坐佛	一坐道二立侍冠麈	下半部殘佚	93
唆華	一族	隋−初唐	？（淳化縣博物館現藏）	佛道	一坐佛二比丘二菩薩	上龕：一坐道二立侍　麈帯几　下龕：二道立坐　麈帯几	上龕：殘　下龕：二倚坐佛立坐	一倚坐菩薩四比丘	南面「文虎牙將軍陰山縣令唆馬仁」「長息前族正三原縣録事」など主要な供養人題記有り。他に小佛龕有り。願文見えず。	94
四面造像	？	隋−初唐	？（咸陽博物館現藏）	佛道	上下二龕：一坐佛二比丘二菩薩	一坐道四立侍×2　上龕：蓮華冠鬚　下龕：蓮華冠鬚麈几	一坐道四立侍×2　上龕：蓮華冠鬚麈几　下龕：蓮華冠鬚麈几	上龕：一倚坐佛二比丘二菩薩　下龕：一坐佛二比丘二菩薩	佛像面は道像面より幅が廣い。倚坐佛の面が北面。無銘。	95

○道教像の判定のため、以下の四指標を用い略稱で示す。
道冠：「冠」、鬚：「鬚」、腰帯：「帯」、麈尾：「麈」、笏板：「笏」、憑几：「几」
※表中「一坐道二立侍」は「一尊道教神坐像と脇侍立像二尊」の略稱、「一坐佛」は「一尊如來坐像」の略稱
○灰色の部分は道像面、斜綫部分は佛・道像ともにある面、あるいは不明

いては、道仏像碑の交脚像が道教像と見なされているものもあることである。張燕氏の論の主な根拠は龐氏造像碑南面の主尊像の傍に「太上老君」と刻まれるが、北面の願文では「太上道君」と記され、これが北面の交脚像のことを指すというものである（『薬』第七巻七一頁）。しかし、願文はこの造像碑全体に対するものであるから、願文の「太上道君」が北面の交脚像を指すわけでは決してない。北朝時代の交脚菩薩像は通常弥勒菩薩とされる(36)。例えば太和二三年（四九九）男官傅氏による道教造像（交脚像有り）の願文には「龍花初會、願在先首恩」とあり(37)、薬王山の景明元年（五〇〇）楊阿紹道教造像碑や同年の楊縵黒道教造像碑願文にも「龍花三會、道在初手《首》」とあるように(38)、弥勒信仰に関する語句は関中の道教像の願文においてしばしば見られる。また、『太上霊宝老子化胡妙経』（S二〇八一）に

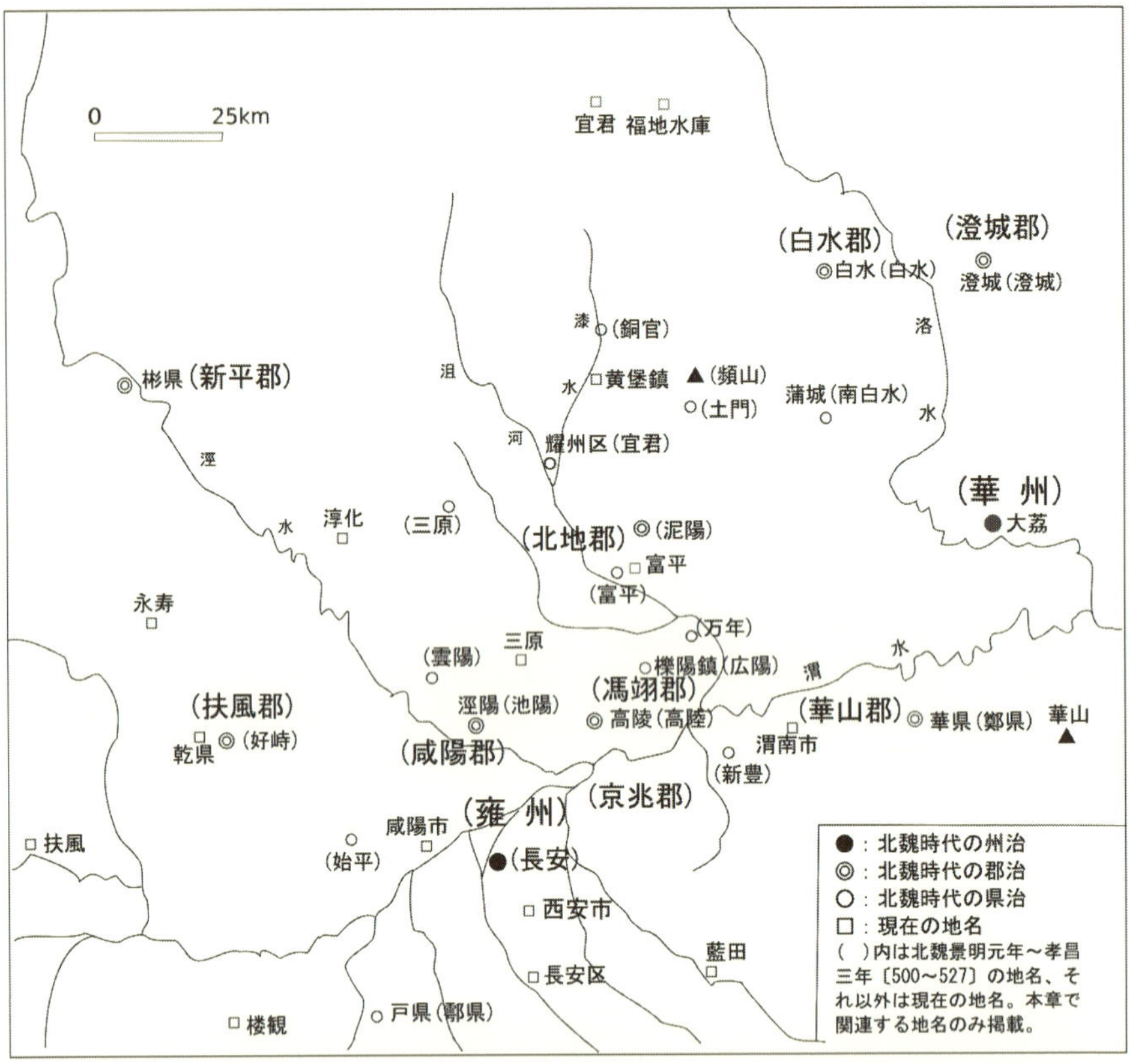

長安付近地図

（譚其驤主編『中国歴史地図集』第四冊〈台北：暁園出版社、1991〉54-55頁をもとに著者作成）

は、末劫の後、真君の降来とともに弥勒衆聖の教化統治が説かれており(39)、仏教の弥勒下生信仰は、道教側にすでに取り込まれていたと考えられる。よって、交脚像を弥勒と見なしてもよいのではないだろうか。この場合、交脚像を仏像とみなすか道教像とみなすか区別することは必要ないかもしれないが、ひとまず従来の説どおり仏像として表に示しておく。以下、表より分かることを五点あげよう。

・仏道像である魏文朗造像碑(40)・李曇信造像碑はそれぞれ、「佛道像」「釋迦太上老君諸尊菩薩石像」と称し、道仏像である辛延智造像碑は「大道如來二聖眞容」と称し、前後の序列が意識されている。

・道仏像は俗姓の者（おそらく道士）が邑師や門師に、仏道像は僧が邑師や門師になっている(41)。

・二教像は義邑によるものが多い。道仏像は不明なものを除けばほぼすべてが義邑によるものである。ただし仏道像には、義邑ではなく家族による造像も少なからずある。

・道仏像では、不明なものを除けば、上位である南面・東面（左側）に道教像を配置するものが四件と最も多く、南北面を道教像、東西面を仏像とするものが二例、北面以外を道教像にするものが二例、西面のみ仏像が一例である。仏道像では、北魏時代は南面以外の配置はかなり自由である。西魏以降では東面を道教像にするものがほとんどであり、また、そのうち北面も道教像にするものも半数弱ある。

・南面が仏像・道教像並坐の場合、仏が左側、道が右側であり、東面には仏像、西面には道教像を配置する。

・願文の位置について、願文を有する九件の道仏像中、西面に有るものは五件、東面三件、西・北二面は一件である。十六件の仏道像中、西面七件、東面六件、南面二件、北面一件であり、道仏像と仏道像の間でそれほど大きな相違はない。

・道仏像は地域的に見ると（**長安付近地図**参照）、現在の西安市臨潼区櫟陽鎮（北魏の馮翊郡広陽県・万年県）、耀州区、富平県（北地郡富平県・泥陽県）という比較的狭い地域に集中する。時代的にも、北魏時代に集中し、北周以降ほぼ見えなくなる。一方、仏道像は北周・隋においても多く造られ、地域的に見ても、耀州区・富平県以外に華県にあり、北周以降は咸陽市・扶風県・淳化県というように、より広範囲に分布する。

以上より、僧指導の義邑では仏像を南面に据え、道士指導の義邑では道教像を南面に据えるという、明確な仏・道の序列意識に基づいて像が制作されていたが、北周以降、何らかの事情で道士が宗教的指導者となる道仏像がほとんど造られなくなったことが分かる。

さらに北魏関中の造像碑に刻まれた邑義肩書の統計をとり、その差異が明確になるようにまとめたのが**表1-3-2**である。**表1-3-2**から明らかになる北魏関中邑義造像銘の特徴を列挙してみると、

・全二八件の邑義造像のうち、仏像が十一、仏道像が三、道教像が二、道仏像が八、不明四となる。北魏関中においては、仏教を主に信奉する義邑では仏像を造り、道教を主に信奉する義邑においては道仏像を造る傾向があったのではないかと推測できる。つまり、義邑が仏道像を造るというケースは仏像に比べて少なく、北魏時代にお

いて道教側の方が仏教の取り込みに熱心だった状況をうかがうことができる。この点においても地域差を考慮すべきで、仏像を造った義邑は、扶風県・長武県・乾県・戸県など広範囲にわたっている。邑義造像の分布範囲から見る限りでは、北魏時代の雍州およびその周辺において道教が信仰の中心であった[42]、とは必ずしも言えず、道教が優勢あるいは道仏二教が拮抗していた状況は、より狭い地域（第二章でいうG地域）に限定して想定すべきで、それ以外の関中では仏教が信仰の主流であったと考えるべきであろう。

・北魏の造像記に見える義邑では、中核となる一姓があるのがほとんどだが、神亀二年（五一九）邑老田清等七十人（王守令）造像碑、劉道生等七十人（張乾度）造像碑、正光四年（五二三）三県邑子二百五十人造像碑（青龍魏碑）など主たる二姓合同の義邑により造られたものもある。

・きわめて多種多様な肩書が現れる。中には「平望」「治律」「彈官」「邑謂」「邑曰」など他地域において全くと言ってよいほど見られない特殊な肩書も見受けられる[43]。

・道仏像の義邑と仏像の義邑との間に肩書の相違が見られる。「彈官」「侍者」「平望」は道教（道仏）像に多く見られ、逆に「邑謂」「治律」「唄匿」は仏像に多い。この他、道教（道仏）像に特有の肩書として「壇衞（主）」が挙げられ、仏（道）像に見られる肩書として「錄事」あるいは「都錄」「都鑒」などがある。この肩書の相違は、おそらく二教の斎会の内容の相違に由来する部分もあると推測される。また、仏教語である「維那」は仏像だけでなく、道教（道仏）像にも初期から多く見え、施主を意味する仏教語の「檀越」は道仏像碑である師氏七十一人造像碑にも見えるように、道仏像においては、仏教由来の肩書も積極的に取り込んでいる。

・五一九〜五二三年にかけての紀年を有する臨潼博物館所蔵の三件の道仏像と薬王山碑林所蔵の李氏邑子七十人（合右邑子）道仏像において、願文に記す人数は、七〇人または七一人である。また、西魏大統十四年（五四八）邑子七十人（辛延智）道仏像にも「合諸邑子七十人等」と記され[44]、この地域の道教の義邑が基本的に七〇人単位で構成されていた可能性がある。ただし実際に刻まれた人数はこれよりも多く、おそらく造像のために寄附者を募ったので増加したのであろう。

・「……像主」を除けば、山西や河南省の北朝造像碑において見られる、「開……光明主」「阿難主」「左相菩薩主」「師子主」など造像の一部に対する功徳主（供養者）と見られる肩書が北魏にはほとんど見られない。また、「斎主」は三県邑子二百五十人造像碑（青龍魏碑）を除いて見られない。造像銘に見える「斎主」の初見は第二章第一節にて既に述べたように、河南のものと思われる延昌二年（五一三）邑子一百人造像記であり(45)、「斎主」の肩書は、北魏時代においては山西や河南の邑義造像銘で多く見られる。

・他地域でよく見られる題記である「邑主」が正光元年（五二〇）王子悦造像碑(46)より以前には見られない。五二〇年代以前、道教像（道仏像を含む）において「邑師」の肩書を持つ者の姓は、義邑の中核の姓氏とほぼ一致する（呂氏造像を除く。邑師が太守であるため特殊）。五二〇年代以降は一致しない。無紀年だがその様式より北魏正始～延昌年間（五〇四～五一五）のものとみなされる田良寛造像碑(47)に「邑師主」とあるのが注目され、造像初期段階の道教（含道仏）像碑では「邑師」が邑義たちのリーダーとしての「邑主」のような役割であった可能性もある。また同じく仏教儀礼に由来する「典坐」「香火」は、五二〇年より前の道教（含道仏）像には見られない（表1－3－2）。

次に西魏以降の紀年銘を有し、題記が比較的よく残っている邑義肩書をまとめたものが表1－3－3である。表には、「邑長」「斎主」という、北魏には王氏百三十人造像碑（表1－3－5、No.21）や三県邑子二百五十人造像碑（青龍魏碑）（表1－3－5、No.25）を除いて見られなかった肩書が見られる。また、北魏時代と異なり、「釋迦像主」「開明像主」など像の功徳主と見られる肩書が多く現れる。さらに、北魏時代、碑身に銘文を刻むものが多く、尊名を記すものは少なかったが、西魏以降、台座に銘文を刻み、釈迦像など尊名を具体的に記すものが多くなる。北魏は中核となる一姓・二姓があるものが多かったが、西魏以降、多姓によって構成される義邑が増える、などのことが分かる。

以上、北魏とそれ以降では現れる肩書に相違があり、北魏の三〇年ほどの短期間であっても、肩書にかなり変化があることが分かった。また、北魏に多く見られた道仏像が北周にはいるとほとんど見られなくなり、逆に仏道像の数は北魏時代に比べ北周・隋代になると微増しているのが最大の変化と言っていいだろう。邑義造像の数から比較する

関中における邑義肩書

道教像に多い肩書						佛像に多い肩書												
侍者	彈官	平望	道士	道民	錄生	邑謂	邑曰	治律	唄匿	檀越主	比丘（尼）	沙彌	弟子	肩書無	不明	願文位置	その他肩書、備考	表1-3-5. No.
○	○		○	○	○									○	○	碑西	「邑師馮洪標」「門師張明玉」「萬年縣寇文安」三洞法師	4
○	○		○	○							○	○	佛	○	○	碑東	「邑師主田陽仁」道人	7
○	○	○	○				○				○		○	○		碑西	「邑師李元安」	12
○	○				○											碑東	「邑師王神傑」壇衛、仙師、仙童、典邑子、典錄生	13
○	○	○		○	○						○		佛		○	碑西	「門師張乾度、師道妙」壇衛主	14
○	○	○														碑西	「邑師錡雙胡」「富平令王承祖」	16
○	○				○										○	碑東	「邑師張祖歡」「佛道□茹武落」	22
○	○			○			○			○			佛	○	○	碑西	「邑師王白龍」（道士形）「邑師段法昌」（僧形）	24
○	○	○	○	○				始律	拔匿				○		○	碑西・北	三洞法師、侍經、侍香、監齋	29
○	○	○			○									○	○	碑西	「張乾度邑師」「邑師張□」「邑師張□生」、典錄生、侍香	32
															○	？	（全體的に磨滅激しい）	42
○	○					邑胃									○	碑東	（碑陽缺）	23
○	○	○			○	邑胃									○	碑側	門師	27
○		○													○	碑西	錄事、忠正、宗正邑子	35
○	○													○	○	碑東	（南面龕下部磨滅、北面は宋代壇山安衆寺碑記）	26
○	○	○				○				○				○	○	碑東	「邑師僧均」、都鑒、彭官	34
						○					○	○	佛	○	○	無	都錄、「邑師比丘僧銀」	38
							○	○			○				○	碑	錄事	6
											○			○		像身	忘者、定坐	9
						○			○						○	碑北	像師、錄事、大鮮胡上	17
						○	○	○		○	○	○	佛	○	○	碑東	二丈四像主、第壹上施	18
															○	？	都錄（全體的に磨滅激しい）	20
		○				○		○			○			○	○	碑東	都佛堂主、□□宗主、南面（西面、東面）佛堂主、邑長	21
						○				○	○	○			○	碑西	齋主、都…、南面…、賢者	25
							○	○			○	○		○		碑東	門師、外花主	31
							○	○	○			○			○	碑南	僧の集團	37
	○							○							○	碑北	書生尹子勇（願文北東兩面）	40
	○					○					○	○				碑東	書人	41

注５　願文位置に關して、「座」は基座（臺座）に刻まれたことを、「碑北」は碑身の北面に刻まれたことを示す。その他方向も同様である。
注６　邑子100人造像記に「敬造石像、釋迦一區、无量壽一區、思惟二區、小像六十七區、觀世・普賢二區」の文有り。

表1－3－2　北魏時代

造像名稱	出土地または原所在地	年代	規模(人)	分類	像名	中核姓	共通して見られる肩書 像主	邑師	邑主	化主	維那	典錄	典坐	香火	邑正	邑老	邑子・邑生	清信士女
馮神育	臨潼櫟陽鎮出土	505	220	道	石像(太上)	馮		○			○	○			○	○	○	○
田良寬	出土地不詳	504-515	45	道佛	石像	田		邑師主			○	○			○			
邑子60人(呂氏)	原在富平縣小學	517	60	道佛	石像	呂		○		○	○	○			○	○	○	
邑老田清等70人(王守令)	臨潼櫟陽鎮出土	519	70	道佛	?	王、張		○							○	○	○	
劉道生等70人(張乾度)	臨潼櫟陽鎮出土	519	70	道佛	刑像	劉、田									○	○	○	
錡雙胡(錡石珍)	耀縣漆河出土「富平令」	520	20	道	石像	錡		○				○	○	○	○		○	
茹氏	「[咸陽]郡靈[武縣]」?	522	100	道佛	?	茹		○	?	○	○	○	○	○	○	○	○	○
師氏71人	原在臨潼徐陽鄉鄧王村	523	71	道佛	石像	師	○	○		○	○	○	○	○	○		○	
龐氏	原在臨潼代王鄉張賈村	527	(約115)	道佛	太上道君石像	龐			○	○	○	○	○		○	○	○	
李氏邑子70人(合右邑子)	?(藥王山碑林現藏)	516-528	70	道佛	石像	李		○	○		○			○			○	
荔非周歡	原在耀縣稠桑鄉西牆村	北魏	?	?	?	荔非			○			○	○	○			○	
※袁永等50人	高陵縣出土	522	50	?	石像	嚴、袁、靳			○	○	○	○		○	○		○	○
※魏氏	原在富平縣	524	?	?	像	魏			○	○							○	
雷氏50人(雷標)	?(藥王山碑林現藏)	北魏	50	?	像	雷			○		○		○	○	○		○	
正光五年邑子60人(楊法暎)	原在富平縣長春檀山學校	524	60	佛道	石像	無(女性多い)	○		○		○							
夏侯僧□	耀縣漆河出土	514-528	90	佛道	石像	夏侯		○	○	○	○	○	○	○	○		○	○
朱黑奴	華縣支家瓜村出土	531前後	(約70)	佛道	?	朱	○	○	○	○	○	○	○	○	○		○	○
※僧光(樊令周)	?	508		佛	?	張					○		○	○				○
僧法慧	長武縣丁家鄉直谷村出土	513	(約51)	佛	?	鄭					○	○		○		○	○	
晏僧定	永壽縣永泰鄉車村出土	520	67	佛	千佛石像、四面細好銘	蓋、車		○			○	○	○	○			○	
王子悅	涇陽縣城南側涇惠渠旁先鋒隊農田出土	520	(約395)	佛	天宮石像	王	○		○	○	○	○	○	○	○		○	
法門寺三駕村	扶風縣法門寺三駕村出土	521	?	佛	?	呂、董			○	○	○	○	○		○		○	
王氏130人	原在富平縣蓮湖小學「雍州北地□富平縣東鄉邑子」	522	130?	佛	石像	王		○	○	○	○	○	○	○	○		○	
三縣邑子250人(青龍魏碑)	原在耀縣石柱鄉青龍村	523	250	佛	石像	夫蒙、同琋	○	○	○	○	○	○	○	○	○	○	○	○
※杜和容	不詳	528	(約90)	佛	石像	尹		○	○	○	○	○	○	○			○	○
邑子100人	乾縣出土	531	100	佛	石像		○	○	○			○		○			○	
邑子45人	原在戶縣東焦將村北雲游寺遺址	533	45	佛	石像	?					○	○	○	○	○		○	
儁蒙文姫婦女合邑31人	「黃堡縣」(銅川市西南30里)。漆河出土	533	31	佛	石像	同琋			○		○	○		○	○		○	○

注1　肩書の前に「南（または東・西・北）面」「都」「大」「副」等の字を含むものも含める。例えば「南面都邑主」も「邑主」に含める。
注2　男官・女官・三洞法師・洞玄弟子等の道士と見なせる者を「道士」に含める。ただし「邑師」「門師」は除外。
注3　造像名稱に「※」を付したものは筆者實物未見、あるいは實物が既に失われたもの。
注4　弟子の欄中に「佛」としたものは「佛弟子」を指す。

と、造像活動において北周時代には仏教が道教を圧倒する状況になったことが分かる。関中における西魏以降仏像の銘文には鮮卑などの北族の姓も見えるようになるが[48]、西魏以降の仏教勢力の伸長はこの北族の流入と関連している可能性も考えられる。以下、具体的にいくつかの注意すべき肩書を見てみよう。

第三節　いくつかの注意すべき肩書

○邑師・門師・三洞法師・道士

北朝時代の関中の造像銘には、義邑の宗教的指導者としての「邑師」以外に、一族お抱えの師である「門師」も道教・仏教を問わずしばしば現れる。造像銘に見える関中の道士の肩書と姓名を整理した**表1-3-4**を参照いただきたい。神亀二年（五一九）劉道生等七十人（張乾度）造像碑では「門師」として邑義たちを率いた張乾度は李氏邑子七十人（合右邑子）造像碑において「邑師」として現れる。また、正始二年（五〇五）馮神育造像碑で道教徒として駆け出しの「録生」であった張道生は約二〇年後、孝昌三年（五二七）龐氏造像碑において道士として最高位の「三洞法師」となり、指導的役割を担っていることになる（ありふれた名前なので同姓同名の他人である可能性もある）。その他にも太昌元年（五三二）樊奴子造像碑における「道師張道洛」、正光三年（五二二）茹氏造像碑における「邑師張祖歓」など張姓の道士が多く見える。

また王姓の者も多く見られる。馮神育造像碑において門師「張明玉」の母は「王阿練」であり[49]、三洞法師「王平定」の名も見える。さらに神亀二年（五一九）邑老田清（王守令）造像碑は王氏と張氏の合同造像である。正光四年（五二三）師氏七十一人造像碑においても邑師「王白龍」が指導にあたり、大統十四年（五四八）辛延智造像碑の邑師も「王阿伯」である。また、邑老田清等七十人造像碑の「邑老田清」が劉道生等七十人造像碑に「道民田清」として見える。義邑による道教像（含道仏像）の分布範囲は仏像に比べて狭く、とりわけ現在の地名で言うと耀州区（旧耀県）・富平県・臨潼区櫟陽鎮を中心とした地域に集中する。これらの事実から、道教の義邑は相互間に深い関係を有していたことがうかがえる。

○弾官

「弾官」は、一説では、共同で田を購入し、その収穫を父老職の負担に充当した後漢時代の石刻に見える組織である「僤」[50]に由来するという[51]。この肩書は道教系の邑義造像のほぼ全てに見られ、多く「但官」とも記される。初出は正始二年（五〇五）馮神育造像碑である。管見の限り、陝西以外では、山西省南西端芮城県の永楽宮所蔵西魏大統十四年（五四八）蔡氏道教造像碑に見られるのみであり、蔡氏造像碑が関中における道教を信奉する義邑からの影響を受けたと考えられる。仏道像にも見られるほか、五三〇年代の仏像碑にも見られることは注意すべきで、西魏以降の仏像にもいくつか見え、道教側から仏教側へと採り入れられたと考えられる。

○平望

この肩書は北魏正光二年（五二一）錡麻仁造像記に「州都平望五郡宗主像主錡麻仁」と見え[52]、北周保定二年（五六二）李曇信造像記（表1-3-5、No.63）や、隋代の家族の発願による四面仏像供養者題記にも「縣平望」[53]と見えることから、義邑内に限った肩書ではなく、地方行政府から何らかの認可があったと考えられる。他の肩書を兼ねている事例として、他に「平望社豪」[54]「邑主平望」[55]などがある。あるいは義邑内における「平望」は、これを転用し、義邑内の役職にしたものかもしれない。造像銘では、北魏時代の道仏像に多く見られるが、西魏以降はほとんど見られなくなる。陝西以外の他地域では見られない。平望は南面の顕要な位置に来ることが多い。

ちなみに、この語と類似する「民望」という呼称は、在地の有力者として『魏書』巻六献文帝紀　和平六年九月条「今制、刺史守宰到官之日、仰自擧民望忠信、以爲選官」や『魏書』巻七下孝文帝紀　太和二〇年三月条「詔諸州中正各擧其郷之民望、年五十以上守素衡門者、授以令長」など史書に多くの用例があり、河南の東魏武定七年（五四九）「武徳于府君等義橋石像之碑」に「民望士豪」や「民望」が、おなじく河南の東魏興和二年（五四〇）敬史君碑[56]

時代関中における邑義肩書

清信士女	侍者	彈官	平望	道士	道民	錄生	邑謂	邑日	治律	唄匿	比丘(尼)	沙彌	檀越主	弟子	肩書無	不明	願文位置	その他肩書、備考	表1-3-5. No.
		○														○	碑西		53
		○				○							○		○	○	無	師	85
				○	○										○	○	壁面		44
				○			○				○	○			○	○	碑西	都錄	59
																○	無		86
	○						○				○		○			○	碑東		90
		○	○				○									○	碑南		45
											○		○			○	座		46
											○	○				○	碑東	鄉邑大都邑師	47
		○						○			○	○				○	碑西	和上、鄉邑主	48
											○					○	像背	邑謂	49
								○	○								碑北		50
								○	○		○	○				○	座	邑師同官縣維那比丘法安	51
									○				○			○	碑南	望鄉唯那	52
								○				○				○	碑	門師	54
								○			○					○	碑南	邑師比丘王德安	56
○											○		○				碑北	大像開明主、侍童、清信優婆夷、幢主	57
							○				○		○			○	座	行唯那、天宮主、塔主、鍾主、登明主	60
									○		○					○	？	浮圖主、長史、優婆塞	61
											○		○			○	座		62
		○					○		○		○					○	碑東		64
	○								○		○						座	燈明主、釋迦像主、無量壽像主	65
		○					○				○						座	行維那、直維那、梵音、像檀主、像都檀主	66
							○				○		○			○	座		67
							○		○		○						座		68
											○		○				碑南	高坐王、釋迦、彌勒、觀世音、無量壽像主、開明像主	69
○		○							○		○		○				座	八面大天宮主、佛堂	71
																○	？	佛堂主、侍幢、光明主、邑員	72
							○				○					○	座	書生	73
							○				○		○			○	座		74
											○					○	座		75
								○	○		○					○	座	光明主	76
							○		○		○					○	座		77
							○		○		○	○				○	碑南	菩薩主、□住主、都錄	78
○							○									○	座		79
											○					○	碑南	邑越主、邑越	81
								○	○		○					○	座	行維那、道場主	82
							○		○		○					○	座		83

表１－３－３　西魏・北周

造像名稱	出土地または原所在地	年代	規模（人）	二教分類	像名	中核姓	像主	邑師	邑主	化主	維那	典錄	典坐	香火	邑正	邑老	邑長	齋主	邑子邑生
邑子70人(辛延智)	？(藥王山碑林現藏)	548	70	道佛	大道如來二聖眞容	無	○	○	○	○	○	○		○	○	○			○
杜龍祖	原在長安縣子午鎭	北朝	？	道	？	杜	○		○	○			○		○				○
※福地水庫石窟	宜君縣福地水庫	535	？	佛道	？	無			○	○		○		○					
絳阿魯	原在耀縣城内西街小學	559	？	佛道	？	絳	○	○	○	○	○		○	○	○	○			○
魏苟安（雷小豹・楊洪義）	耀縣東山出土	北周−隋	？	佛道	？	楊、雷	○		○	○	○	○		○					○
下元三年造像碑	櫟陽鎭北門外出土	584	？	佛道	靈像	無	○	○	○	○	○			○	○				○
毛遐	耀縣縣城沮河出土	535	？	佛	石像	無			○	○	○	○	○	○	○	○			○
和伏慶	？(藥王山碑林現藏)	538	20	佛	觀世音	無	○	○	○	○									○
比丘仇法超	原在富平縣東門外豪村小學	538	30	佛	石像	仇、齊	○	○						○		○			○
富平令曹續生	原在富平縣杜村鎭蓮湖書院	539	44	佛	像四區	焦		○	○	○	○	○		○	○	○	○		○
※祭臺村佛背銘	原在咸寧縣南關（現青龍寺）	544	27	佛	定光像	無		○	○	○	○	○	○	○	○			○	○
佛弟子30人等	西安市青龍寺遺址出土	545	30	佛	釋迦石像	劉	○	○	○	○	○	○	○	○					○
茘非郎虎・任安保等60人	耀縣稠桑鄉壇村寺廟遺址發見	546	60	佛	□□石像	茘非	○	○	○	○	○	○	○	○					○
王龍標	？（藍田蔡文姫紀念館現藏）	548	？	佛	定光像丈六幷碑花像	無	○	○	○	○	○	○					○		○
※呉神達	原在涇陽縣	549	？	佛？	？	呉、劉	○	○	○	○	○	○	○	○					○
※秦從等40人	？	556	40	佛？	？	無	○	○	○	○	○	○		○					○
茘非廣通合邑子50人	白水縣北宋妙覺寺塔地宮出土	556	50	佛	石像	茘非	○	○	○	○	○			○				○	○
王妙暉邑子50人等	「長安城北渭水之陽」原在咸陽	560	50	佛	釋迦石像	無	○	○	○	○	○	○	○	○					○
※太原四部邑子	原在長安縣圓通寺	560	240＋	佛	七級浮圖	皇甫、梁	○	○	○	○	○	○	○	○			○		○
合方邑子等	原在渭南縣泰莊村	560	100＋	佛	釋迦像	斛斯、宇文	○	○	○	○	○	○	○	○				○	○
同琋龍歡（同琋清奴）	耀縣漆河出土	562	100	佛？	？	同琋	○		○	○	○	○	○	○	○	○	○	○	○
張操(惠果寺造像)	在涇陽縣城内惠果寺	562	100	佛	無量壽釋迦	王	○	○	○	○	○	○	○	○			○	○	○
鉗耳世標	耀縣演池鄉呂村發見	562	？	佛？	像	鉗耳		○	○	○	○	○	○	○	○				○
合士女198人	高陵縣外貿公司出土	562	198	佛？	石像	拓王、成	○	○	○	○	○	○	○	○			○		○
楊仵女等30餘人	櫟陽鎭北門外出土	562	30＋	佛	釋迦石像	楊	○	○	○	○	○	○	○	○	○				○
※聖母寺碑	原在蒲城縣椿林鄉敬母村	564	150	佛	四面像	昨和、屈男、雷	○		○	○	○		○	○	○		○	○	○
鄉義邑子200人等	原在淳化縣方鎭于寨村	565	200	佛	八面石像	無	○	○	○	○	○	○		○	○	○	○		○
※昨和拔祖合邑128人等	原在蒲城縣	566	128	佛	釋迦像	昨和	○		○	○	○	○		○	○			○	○
※張興等17人(宋金保)	原在同州府城内(現大茘縣)	566	17	佛	釋迦石像	無	○	○	○	○	○	○	○	○	○				○
老少82人（紀乾）	櫟陽鎭北門外出土	566	82	佛	無量壽像	無	○		○	○	○	○		○	○		○		○
李男香等	原在涇陽縣	567	？	佛？	？	無					○	○	○	○			○		○
蔣哲等40人	？(涇陽縣文廟現藏)	567	40	佛？	石像	蔣	○	○	○	○	○	○	○	○	○	○			○
合諸邑250他人	櫟陽鎭北門外出土	567	250＋	佛	盧舍那石像	無	○	○	○	○	○	○	○	○	○				○
※邑義160人等(碑陽缺)	原在咸寧縣南鄉	566−571	160	佛？	石像	無	○		○	○			○					○	○
※諸邑子淸信女優婆夷等	原在涇陽縣	569	？	佛？	石像	無	○	○	○	○	○			○		○	○		○
普屯康等340他人	？（藍田蔡文姫紀念館藏）	570	340＋	佛	碑像	無	○	○	○	○	○	○	○	○	○		○		○
※趙富洛等28人	原在涇陽縣	571	28	佛	觀世音像	趙、李	○	○	○	○	○	○	○	○			○		○
※費伯達	原在長安縣	571	？	佛？	像	費	○	○	○		○	○	○	○				○	○

表１－３－４　北朝関中造像銘に見える道士の肩書と姓名

造像名稱	出土地または原所在地	年代	中核姓	道士肩書	道士姓名	表１－３－５、No.
男官傅氏	西安西南５km 晾經寺出土	499	傅	男官	傅□ 傅安喜	1
劉文朗	？(藥王山碑林現藏)	499	劉	門師	劉萬…	2
				道士	姚文殊、劉道□	
馮神育	臨潼櫟陽鎮出土	505	馮	三洞法師	劉洪安、任平定、牛垂蔭、郄□孫	4
				道士	洛高生、李□、馮還盛、馮盛、馮道顏、楊伯懷、楊伯洛、楊永洛	
				門師	張明玉	
				邑師	馮洪標	
馮長壽	不詳	504-508？	馮	門師	范雯度	5
				過去門師	范道承	
田良寛	不詳	504-515	田	邑師主	田陽仁	7
				道士	田陽生、田良紹、顏桃湯顏未生、景作剋？	
張相隊	原在涇陽縣	513	張	道士	張相隊	10
呉洪標	耀縣雷家崖出土	516頃	呉	門師	呉神貴、呉叔仁	11
邑子60人(呂氏)	原在富平縣	517	呂	邑師	李元安	12
				道士	李景尚、李醜奴、呂陽□、呂榮孫	
邑老田清等70人(王守令)	臨潼櫟陽鎮出土	519	王、張	邑師	王神傑	13
劉道生等70人(張乾度)	臨潼櫟陽鎮出土	519	劉、田	門師	張乾度、師道妙	14
錡雙胡(錡石珍)	耀縣漆河出土	520	錡	邑師	錡雙胡	16
錡麻仁	耀縣漆河出土	521	錡	籍師	錡石生	19
茹氏	不詳	522	茹	邑師	張祖歡	22
師氏71人	原在臨潼徐陽郷鄧王村	523	師	邑師	王白龍	24
魏氏合邑	原在富平縣	524	魏	門師	節□□	27
郭法洛	涇陽縣出土	526	無	道士	郭法洛、楊迴壽	28
				郷元師	李道仙	
龐氏	原在臨潼代王郷張賈村	527	龐	三洞法師	張道生、龐歡度、田神景、陽老□、陽廷榮	29
王阿善	不詳	527	王	道民女官	王阿善	30
李氏邑子70人(合右邑子)	？(藥王山碑林現藏)	516-528	李	邑師	張乾度、張□、張□生	32
樊奴子	原在富平縣	532	樊	道師	張道洛	39
				道士	？	
王法略	在長安縣臥佛寺	北魏末-西魏	王	道士	王法略	43
福地水庫石窟	在宜君縣	535	無	道士	呂清黒	44
邑子70人(辛延智)	？(藥王山碑林現藏)	548	無	邑師	王阿伯	53
絳阿魯	？(藥王山碑林現藏)	559	絳	道士	□神慶	59
劉歡慶	高陵縣一中内高陽塔出土	572	不明	道士	劉道慶	84

にも「民望」が見える。

○治律

この肩書も仏像に多く見える。『提謂経』を奉じた邑義たちが「正律を儀範とし、遞《たが》いに相い鑒檢し」たという、さきの『続高僧伝』の曇靖伝の記事との関連から、おそらく戒律に違反していないか点検する役どころであったと推測できる。

○邑謂・邑日

「邑謂」は仏像に多く見える肩書であり、王昶『金石萃編』[57]以来「邑胥」ではないかとされてきた。この邑謂の地位は造像記を通覧していると「邑主」や「像主」に次ぐ、かなり高位の肩書であり「胥」と解するにはいささか躊躇される。さらに注目すべきは王子悦造像碑（表1-3-5、No.18）の東面に「東面謂」とあることである。「東面謂」銘以外には下方に願文が刻まれるほか、「東面像主」の供養者題記のみ見える。「謂」の義を考えると、あるいは願文などを読唱したのかもしれない。筆者はこの「邑謂」というのは、先程挙げた「都講」の「先自法師、次引衆官、禮拜揖讓、皆當讚唱」という役どころになるのではないかと考える。

また、「邑日」「邑白」とされてきた肩書は、正しくは「邑曰《えつ（おつ）》」であろう。例えば師氏七十一人造像碑（表1-3-5、No.24）の「邑曰」の字形は願文の「廿六日」の「日」とは異なる。そして「謂」と「曰」は『論語』八佾「曰使民戰栗也」の梁の皇侃義疏に「曰者、謂也」とあるように、字義が通ずるので「邑謂」と「邑曰」の両者は同じ役職ではないかと考えられる。表1-3-2、1-3-3を見ればこの両者が王子悦造像碑を除いて同時にあらわれないことが分かる。さらにこのことを傍証する資料が薬王山碑林の無紀年だが西魏のものとされる雷伏娥・荔非郎虎造像碑座の題名である。基座の北面と東面で邑主と化主の間にそれぞれ「邑謂」と「邑曰」があらわれている。[58]また師氏七十一人造像碑には願文のある西面に「邑曰」が見えることも、王子悦造像碑の願文がある東面に「東面謂」が見えることとの関連性をうかがわせるものである。

第四節　義邑により造られた二教像碑の具体的事例

上記の道仏像・仏道像の分類は、どちらに重点が置かれているかという観点から見た単純な二分類であり、実際は像ごとに供養者の構成等に違いがある。二教像碑が造られた原因については、李松氏が以下の四点にまとめている。[59]

一、公共性……家族内あるいは義邑内において異なる宗教信仰が存在し、集団としての共同性に配慮し二教像を造った。

二、相互作用性……道教は仏教の承認、仏教も道教の承認が必要である。特に道教は既によく知られていた仏像の形式を利用して道教の形象を創造した。よって北魏時代の道教像と仏像は大変似ている。

三、民間性……①民間の文化は本来、正統的宗教教団と異なる。信仰の重点は教義ではなく、「福」といった世俗的利益の獲得にある。

②道仏ともに「神」の牌位の下にある。「神」の世界には排他性はない。

四、文化的寛容性……これは中国文化の伝統精神であり、異域文明に対する態度である。

これ以外にも道仏像については、本章冒頭で紹介したように、道教徒にとって仏教は道教の一部であったとする指摘もある。本節では、紙幅の関係上四件にしぼって、道仏像と仏道像のそれぞれ興味深い事例を挙げ、検討を加えてみたい。特に重要な田良寛造像碑と龐氏造像碑のみ録文も提示する。

①田良寛造像碑（表1-3-5、No.7、図1-3-1・1-3-2）　道仏像　北魏無紀年

この造像碑は西安碑林博物館に所蔵される。高さ一五四、幅四三、厚さ三三センチメートルの柱状の碑である。頂部に突起があり、おそらく当初は屋根付きであったと考えられる。出土地は不明で紀年の部分が欠けているのが惜し

まれるが、像の衣の形状や供養者の服装が漢化される以前の胡服であることなどから、李松氏は五〇四~五一五年頃の作と推定している（『道美』二五三頁）。この義邑の首領である「邑師主田陽仁」の見える面が南面（碑陽）である。南面（碑陽）と東面が道教像、北面（碑陰）と西面が仏像であり、明確に道教主導の道仏像と判別できる最初期の事例として貴重である。

図１－３－１　北魏無紀年田良寛造像碑

図１－３－２　北魏無紀年田良寛造像碑南面下部

東面に刻まれた願文の語句「九玄」「受練朱陵」「逍遙金闕」「遷昇福堂」などは道教経典に基づく語句である[60]。仏教的語句は見られない。願文中に「邑子等四十五人建立石像」とあるように、邑子四五人によるものであるが、実際に刻まれた供養者は、欠損部も数に入れると七一人にのぼる。ただし、碑陽と碑陰の最下層の肩書を持たない供養者、さらに西面の肩書を持たない者を除けば、ほぼ四五人に合致する。

刻まれた供養者のうち田氏は三一人、全体の約半数弱を占める。南面の香炉を挟んで右側（向かって左）に「邑師主田陽仁」、左側に「田良寛」の名が刻まれており、田氏の同族結合を核とした義邑であることが分かる。

「邑師主田陽仁」を除き、香炉の右側（向かって左側）は田以外の姓、香炉の左

【東面】（道教像）
道民呉道學　姜阿面?　…………………
邑子等四十五人建立石像…
道民顏面生?　道民耿阿亂?　隆要葨歸□道教常興群刑隱…
苦肅發九玄七祖遷昇福堂降?…
會門族大小永享利貞?命終葨…
道民田安都　道民田春和　學道成就受練朱陵逍遙金闕…
勸助一豪之施名掇像側者成…
道民田天國?　道民田阿十?　道民顏榮族
道士景仵勍

【南面（碑陽）】（道教像）
道士田陽生　道民田祖起　道民田□□　道民田阿豐　田安□
田良寛
道士田良紹　道民田雍誠　道民田安都　道民田豹子　田天□
邑正田格　道民田文跋　典錄田瓚　道民田保憙
田由朗
道士顏桃湯　道士顏未生　道民劉市得　道民董蚝□
呉簡?那
邑師主田陽仁　唯那董光武　道民呉□然?　道民兆思　道民姜伏光
呉道□
侍者景苟?□　…………　………胡　道民劉迴歡

田良寛造像碑東面・南面

側はみな田姓である。「邑師主」以外にも「侍者」「邑正」「典錄」「唯那」などの特別な肩書を持つ者は南面に集中しており、他には、北面に「唯那」と「彈官」が見える。東面の田姓は向かって左半分（南面に近い側）に集中し、向かって右半分はそれ以外の姓となっており、やはり田姓が他姓と区別されている。「佛弟子」の肩書を持つ者に田姓はおらず、邑師主が田姓であるので、田氏一族は道教を信仰していたと考えられる。供養者肩書も道教像の面には「道士」や「道民」、仏像の面には「比丘」「道人」「沙彌」「佛弟子」という肩書が見え、かなり截然と分かれている。道教を信奉していた田姓の者が中心となり、仏教徒も会員中に含まれる義邑において道教の斎会が行われていたのであ

【西面】（佛像）
道人師僧集　王喬生
田漫　田懽洛
田三仁　田洛子　董治龍
董治虎
呉杜老
沙彌惠香
【北面（碑陰）】（佛像）
比丘道□　□弟子馬□□　田英宗
佛弟子張俀　佛弟子鄭歡　田道擧
佛弟子呉天世　佛弟子趙白養　田道貴
趙初成
佛弟子陽休　彈官趙黑　田憙洛
田石奴　耿客
唯那田洪保
比丘僧□　田文□
佛弟子鄭高山　…………道□

田良寛造像碑西面・北面

ろう。造像においては義邑外にもさらに出資者を募ったので、実際の刻まれた人数は四五人を越えたと推測できる。あるいはこうした道仏像を造ることによって他姓の仏教徒を道教側に取り込もうとする意図を読みとることも可能かもしれない。

②師氏七十一人造像碑　道仏像　北魏正光四年（五二三）（表1-3-5、No.24、図1-3-3）

この造像碑は、臨潼徐陽郷鄧王村の南で出土した。高さ二一五、幅七七、厚さ二七センチメートルの大型の円首碑である。道教像の龕内に「南面像主」と刻まれており、南・東面が道教像、西・北面が仏像の道仏像とみなすことができる。供養者は邑師二名、劉姓の仏弟子二名を除いて全て師姓である。「合宗邑子七十一人」とあるが、実際は、二百人以上刻まれている。

図1－3－3　北魏正光4年（523）師氏七十一人造像碑

図1－3－4　北魏正光4年（523）師氏七十一人造像碑南面「邑師王白龍」

図1－3－5　北魏正光4年（523）師氏七十一人造像碑西面「邑師段法昌」

この造像碑で興味深いのは、僧と道士がともに邑師となっていることである。「邑師王白龍」は鬚をのばし笏を持ち、南面の主尊道教像龕の右側につり下げられた鐘の右傍に刻まれる（図1-3-4）。おそらく道士であろう。一方、「邑師段法昌」は碑の西面、仏像龕の下に蓮花を持つ僧形の線刻で表され（図1-3-5）、おそらく仏教僧であろう。つまり師氏造像は、師氏一族の中に道教を信奉する者と仏教を信奉する者、というよりむしろ、二教ともに信奉する者が多くいたため、道士と僧侶をともに「邑師」として招いて指導を仰ぎ、一族の結束を図ったと推測できる珍しい事例である。僧と道士の邑師によって指導されていることは、願文に「佛道合慈、无爲是一」と反映されている。ただし、この道士と僧の関係は対等ではなく、南面が道教像であり、「佛弟子」の肩書を持つ師氏がわずか一名であることから、師氏が主に道教を信仰しており、道士が優遇されていたのは確かである。ちなみに劉道生等七十人（張乾度）造像碑では張乾度とともに師道妙が「門師」となっている。

③龐氏造像碑　道仏像　北魏孝昌三年（五二七）（表1-3-5、No.29、図1-3-6）

この造像碑は高さ一五〇、幅六五、厚さ二四センチメートルである。臨潼岱王郷張賈村で発見され、現在は臨潼博物館に所蔵される。損傷が激しいが、南面の主尊像の傍に「太上老君」と刻まれ、これは北面の願文では「太上道君」ともされている。願文はこの造像碑全体に対するものであるから、願文の「太上道君」が北面の交脚像を指すわけでは決してない。東面・西面ともに道教像であり、北面は交脚菩薩像である。

願文には、「登无爲」「洞玄」「紫宮」など道教関連の語句が多く見られる。この碑の南面は、老齢の者に国家から与えられた板授官が多く記され、ほとんどが龐氏で占められる。龐氏以外には、趙氏二名と傅氏一名が見える。この龐氏と傅氏は西羌族で、古くから関係があったことが指摘されている[61]。そうであるとすると、趙氏も羌族の趙氏である可能性が高い[62]。また、「宗主秦雍盟統主[63]」「平望社豪」などの肩書からは龐氏が羌族の中でも有力な一族であったことが裏付けられる。東面は欠損し不明であるが、西面は道教像で父・母・妻・弟・姪など、おそらく像主の家族の名を刻んだものであろう。

図1-3-6　北魏孝昌3年（527）龐氏造像碑南面

北面については、「邑主」「邑子」などの肩書が見え、義邑の構成員を表したものである。「邑主」は龐双歓と傅和順の二名であるが、人数構成でみると、判読できる限りでは龐氏が大半を占め、傅氏はわずか七名である。

また、前述したように、道教経典に見られる「三

龐氏造像碑　南面・西面・東面

【南面（碑陽）】（道教像）
龕右側（向著左側）「□太上老君一軀」。

………………　板假陰槃令龐□　平望社豪龐興　道民龐道璨　板假京兆太守趙利　板假陰槃…
祖板假北地太守龐□　祖板假河北太守龐雙□板假□□令龐度　宗主板假京兆太守趙文和　□主板假□□太守盟統主龐鳳□　道民…
祖板假拒祿太守龐□　祖板假好正(?)令龐斑子　板假栢□令龐小元　洛軍主龐叔慶　道民龐鳳起　板假京兆…
板假京兆太守龐壽　板假龐輔祖　道民龐朗仁　宗主秦雍盟統主　宗主萇…
板假京兆太守龐伯□　板假牽安太守龐道□　道民龐隆　板假京兆太守龐鳳祖　板假□…
………………　板假京兆太□龐伯寧　板假牽安太守龐延宗　道民龐之　平望社豪龐□起　道…
祖錄事參軍龐□德　板假京兆太守龐□　板假京兆太守龐安宗　板假牽安太守龐叔仁　板假北地太守傅外
祖板假牽安令龐□□　板假□□太守龐□　□□妻□□□□□　平(?)望(?)□趙□保　板假北地太守傅□

【東面】（缺損。像容不明、道冠の痕跡あり）
【西面】（道教像）
母史神姜　弟娣馬□娥　弟娣王西□
父道然
母王慶黑　妻劉巴女　弟娣…（下缺）
弟顯廷　弟和□　姪…
弟和順　弟平田　…
…　弟平難　…

龐氏造像碑　北面

【北面（碑陰）】（交脚菩薩像）
………□□□一心□養（以上龕左傍）…　施□供養（以上龕右傍）
邑正龐□□　侍經□□□　□□龐胡仁　邑子龐□・邑子□□□
邑主龐雙歡　典録龐海賓　□坐龐豊世　邑子龐迴飛　邑子龐□□　邑子□景□
三洞□□陽老□　監齋龐神憙　邑子傅□□　唯那龐□秀　邑子□□□　□□□□
三洞法師田神景　監齋龐威歡　邑子傅永?□　邑子龐乾?憙　□□□元達　弟龐進達
三洞法師張道生　彈官龐□㳽　拔匿傅□□　唯那龐道英　道民龐□□　弟龐要□
彈官傅狄扶　侍香龐甫國　始律龐社慶　□子趙?□□　兄?龐要達
邑老茹□□□侍香龐定傅　始律龐英…　□念慈?施龐□　道民龐□珍
三洞法師龐歡度　邑老傅老　拔匿龐英□　邑子龐扶?國　弟子龐□　弟龐仕德
三□法師陽廷榮　邑正龐神施?　典坐龐要□　邑子龐□和　化主龐□□　邑子龐遠達
邑主傅和順　典録傅天慶　平望□方　邑子龐伏生　化主龐□□　邑子龐元□
侍者龐祖□　侍經龐元資?　平望龐神?□　邑子龐□□　□□□常□　□妻張□好
……………　……龐□□　□?主龐國洛　邑子□□□　……………　……孫?寧?侯?

□…
化…
□倡…
是□後代…
□□登无爲…
感悟三寶□…
遂者哉功□?見京…
佛□殖根…
重蔭太清妙景…
家之隆與物不…
星夜驅馳建造
太上道君石像一軀…
相好无邊萬聖歸宗…
帝主老壽延祀無窮…
萬福治化太平三宗…
妙樂天宮面睹眞道資…
人蘭根千尋業鄉?流注上…
域而志栖方外稟?□奇□…
高悞有德勢力人殖資財但…
姿赴洞□□海无窮功德惠…
□以得□神□錯亂壽命延萇…
罪滅福生□□□宗廣皆諸法□
官高遷位□□□珠輪累□□爲…
證九空?言德□□遊歩紫宮七…
道群生咸蒙□脱　道士田神…
龐恭祖□儁孝昌三年四月八日

洞法師[64]」「侍經」「侍香」「監齋」という肩書が見えるのは注目すべきであり、まさに斎法儀礼が道教の経典に基づき行われたことを示している。一方、僧や仏弟子の肩書は見られない。

もう一点興味深いのは、「始律」（治律か？）、「拔匿」（唄匿か？）、「唯那」など、仏教義邑に多く見られる肩書が、上述した道教関連の肩書の下層に刻み込まれていることである。おそらく、実際の斎会においてもこのような席次であったと考えられる。「治律」「唄匿」は、表1-3-2を参照すれば分かるように、他の道仏像には見えず、仏像を造った義邑にのみ見える肩書である。願文中には「……佛□殖根……」とあり、あるいは元来龐氏一族は代々仏教を信奉し善根を積んでおり、後に道教に改宗し、それがこうした形で残ったのかもしれない。

以上道仏像については三例を挙げたが、道仏像には、道士が邑師となっているが僧の名も見えるもの、僧侶と道士がともに邑師となっているもの、僧が加わっていないものがあることが明らかとなった。ただいずれの事例においても、道教と仏教の序列が明確に意識されている様子をうかがうことができる。

④夏侯僧□造像碑　仏道像　北魏無紀年（**表1-3-5、No.34、図1-3-7、1-3-8**）

この碑は一九三六年に漆河から出土し、現在は薬王山碑林に保存されている。高さ一五三、最大幅七九、厚さ二三センチメートルである。供養者の配置を示した録文については、『佐藤科研』四三～四五頁を参照いただきたい。この造像碑は無紀年であるが、南面の像の衣は龕外に下垂しているが、北面の像の衣は下垂していないことから、張燕氏は北魏延昌年間（五一二～五一五）から正光年間（五二〇～五二五）とする（『薬』第一巻一五六頁）。また、李凇氏も同様の観点と泥陽県という地名から、五一四～五二八年と推定する（『道美』二五八頁）。いずれにせよ、これは仏教僧によって指導される義邑による北魏時代の仏道像として非常に貴重な事例である。南面・西面は仏像、東面には像がなく願文が刻まれ、北面は道教像である。李凇氏は南北、東西面逆とするが[65]、西面の供養者の向きや邑師・邑主などの主要な肩書の配置を考慮すると、仏像龕の有る方を南面とすべきである。道仏像については、霊宝経典類において、すでに仏教や僧を礼敬することを奨励する記述が存在したことが指摘されている[66]。しかし、仏典には道教を崇拝

図1－3－8　北魏無紀年夏侯僧□造像碑北面

図1－3－7　北魏無紀年夏侯僧□造像碑南面

することを勧めるような記述はない。仏教僧によって指導されている義邑であり、道士も見当たらないにもかかわらず、道教像を組み込んだ二教像碑を敢えて造った理由については、個別の造像に即して考えなければならない。

まずは、夏侯僧□造像碑の願文を紹介しよう。

……造訖。北地郡泥陽縣夏侯僧□合邑子九十人供相携帥、採石名山、劵《勸》助延匠、造石像一區。上爲帝主延康、邊境寧太、下爲歷劫師徒・七世父母・所生父母、願生西方妙樂國土。又願眷屬捨身受身、常都《覩》聖容、稟浪法嚮《響》、一聞總?給、果鍾菩地。□□見在眷屬七珍供足、一切衆生減《咸》同斯願、果成佛道。

……造り訖れり。北地郡泥陽縣夏侯僧□合邑子九十人供《とも》相に携帥し、石を名山に採り、劵（勸）助し匠を延《まね》き、石像一區を造る。上は帝主延康にして、邊境寧太ならんことの爲にし、下は歴劫師徒・七世父母・所生父母の、願わくは西方妙樂國土に生まれんが爲にす。又た願わくは眷屬身を捨て身を受くるに、常に聖容に都《まみ》（覩）え、法嚮（響）を稟湌し、一たび聞かば總て給《た》り、果は菩地に鍾《あつ》まらんことを。□□見在の眷屬は七珍供足し、一切衆生は滅《ことごと》（咸）く斯の願を同じくし、果は佛道を成ぜんことを。

この願文には道教的要素はどこにも見られず、一般の仏像の願文と何ら異なるところがない。「西方妙樂國土」へ生まれることを願うのは、北朝仏教造像銘に頻出する常套句である。願文からは手がかりが得られないので、供養者を分析してみよう。

まず南面の主尊龕の左傍に「邑師僧均」、右傍に「邑主夏侯早」「邑正張安祖」と刻まれる。龕下は、最下層左端の「典坐呉僧顯」と下から第二層の左端「邑子張僧賢」を除いて全て夏侯姓の供養者である。主要な肩書は南面に集中し、「彈官」「侍者」など道教系の造像に多い肩書も見られるが、「都鑒」「彭官」という特殊な肩書も見える。また、「道士」「録生」「道民」など、道教徒と判別できる者は皆無で、これは他の面でも同様である。西面には、「清信士」の肩書を持つ者がほとんどだが「□□功曹夏侯天□」という題記が注目される。おそらく泥陽県の功曹であろう。一方、道教像の北面は龕の傍と龕下中央より左側には「清信士」、右側には、「邑子」の肩書が多い。清信士は邑子より上に位置づけられている。注目しておきたいのは、龕の右傍に「清信士呉伯始」、龕下第二層に「邑子呉景穆」、第三層に「呉牛生」と呉氏が三人見えることである。この造像には夏侯氏以外に呉氏と張氏が主に参加しているが、この呉氏と張氏は長期にわたって婚姻関係を結んでいたことが『薬』第二巻、一〇六頁において指摘されている。

この造像で最も注意しなければならないのは、同じく北地郡泥陽県に属した北魏無紀年造像呉洪標道教像碑（表1−3−5、No.11、図1−3−9）との関係である。龕像の衣裙の形状から、呉洪標造像碑の方が夏侯僧□造像碑よりも時代的に先行すると『薬』は指摘する。呉洪標造像碑は呉氏一族によるものであるが、碑陰に「聖皇巡方假靈武令父呉石鳳」とあるように、呉洪標の父が板授官を得ており、呉氏が泥陽県の有力な豪族であったと分かる。呉洪標造像碑の南面には、呉氏一族の題記以外に主尊龕左側に「北地太守」「泥陽令杜恭」と刻まれる。県令が供養者に加わっているのは、県令が道教を信奉していたことを示し無視できない。また、呉氏一族の中に、泥陽県の属僚である、「泥陽縣戸曹掾呉道養」が見えるのは、県令と県の属僚との上下関係を示しており注意すべきである。それ以外では、「門師呉神貴」を始め、一名を除いてすべて呉氏である。その唯一他姓の供養者は「弟夏侯安熙」という夏侯姓の人物である。「弟」とあるのは、おそらく妹の夫で呉氏と夏侯氏も姻戚関係にあったと考えられる。

これら両碑は年代的にも近いと判断され、夏侯氏、呉氏ともに泥陽県の有力な一族であり、県の属僚を輩出していた。それぞれ主たる信仰は道教と仏教で異なるが、互いに交流があったことであろう。夏侯氏一族が仏道像を造った背景に、夏侯氏が仏教だけでなく道教も尊崇していたという可能性とともに、こうした同地域の有力豪族である呉氏への配慮を読み取ることはできないであろうか。

図1－3－9　北魏無紀年呉洪標造像碑南面

第五節　造像銘文中の老子（尹喜）化胡

道仏像が造られた理論的根拠の一つと考えられるのが老子化胡説である。老子化胡説とは、簡潔に述べると、仏教の起源は老子あるいは弟子の尹喜が西域へ行き、胡を教化したことにあるという説である。この説が道教側にとって極めて魅力的であったのは論を俟たない。信者や宗教指導者の理解のレベルや布教の場を考えることの重要性を強調した前田繁樹氏は、老子化胡経の布教の場として儒家的知識層ではなく、富裕ともいえない階層、そして「戎」「晉」雑居する隴右地方を想定した[67]。布教の場が胡漢雑居で、二教が拮抗していたという点では、むしろ二教像碑が多く建てられた関中がよりふさわしいと思われる。

『笑道論』によると、『文始伝』では老子が尹喜を推薦して先生とし、胡人を教化したとあるが、一方、『消氷経』では、尹喜が老子を推薦して先生としたとある。また、『文始伝』では無上道（即ち老子）が尹喜にゆだねて仏とならせたと説くが、『化胡経』や『消氷経』においては老子が自ら仏となって罽賓を教化したとする[68]。東晋初の『老子西昇経』の元の形では、釈迦が老子の師であったことが語られていた[69]。さらに、劉宋の『三天内解経』（ＨＹ１１９６）では、「老子遂《か》くて尹喜をして白象に乗らしめ、化して黄雀と爲し、飛して清妙口中に入らしむ」（４ａ）とあるごとく、尹喜が仏となったとしている。以上のように道教側において様々な説があったが、この状況を北周の『笑道論』巻上「明五佛竝興」[70]は、罽賓というひとつの国に老子・尹喜・老子の妻など五人の仏がいたことになると批判しているのである。

この老子化胡の説話は、事例はそれほど多くないが北朝造像銘にも見える。以下五例掲げるが、地域はすべて現在の陝西省に属するものである。

①北魏太和二〇年（四九六）姚伯多造像記[71]（道教像）

芒芒太上、疊疊幽微、於矣皇老、誕精云湄。純風漸鼓、品物沾暉、非至非咸、熟啓冥機。洸洸尹生、妙契玄理、遠其城都、皓變素起。微言既暢、萬累都止、陳文五千、功不在己。沖虚纏邈、如味兪深、不知其誰、像帝先人。

化治西域、流波東秦、至感無其、崇之者因。

②北魏正光三年（五二二）茹氏造像記（道仏像）（表1-3-5、No.22）。
夫大道洪遠、非常情所□、眞覺體形?、非□□□。老子託生於西境、如應現於室□。

③西魏大統十四年（五四八）邑子七十人（辛延智）造像記（道仏像）（表1-3-5、No.53）。
……下降託民生李氏、契應合平?、構車發興、揚乎皓?首、日月吐暉、迴照八極。南化則濱海啓悞心、西渉則胡王啓顙、北訓夷狄體善、東據則現生季俗。重利群生、教與仙藥。精成則白日昇天、豈非人天神尊、福起九劫者矣。

……

④西魏恭帝三年（五五六）某為父造道像記(72)（道教像）
……姓李、名聃、字伯陽、□苦縣人、生東周之末、□□□□化服西戎、……

⑤北周天和三年（五六八）強也谷造像記(73)（道教像？）
……可謂娑婆百年、再度於尹喜。……

①④は老子が西域を教化したとするもの、②は老子が西域に生まれかわったとするものである。③は化胡が述べられるものの、特に西域のみが強調されているわけではなく、老子が四方を教化したことの文脈の中で語られる。⑤については不明であるが、『笑道論』に引く『化胡経』に見える、老子が罽賓国を教化して立ち去るときに百年後に釈迦が兜率天から人間として下生し、尹喜を阿難として仏に仕えさせようと言った、という話(74)と関連すると考えられる。あるいは一歩すすんで、百年後に下生した釈迦自身が尹喜だという教説が存在した可能性もある。

以上の数少ない事例からだけでも、経典に様々な説があるのと同様、造像銘においても化胡説の語り方は一様ではないことが分かる。実際の布教の場においても、道士によってバリエーション豊かに化胡の説話が説かれたのであろう。いずれにしろ、道と仏とが同源であり道をその源として上位に置くという化胡説の構図が、「佛道合慈」でありつつも道教像を南面に据える道仏像の重要な教理的根拠の一つとなったのはほぼ間違いないであろう。

ただし、化胡説は道仏二教論争において仏教側から激しい批判がなされた説であり、道士と僧がともに参加する場において、化胡説が強調されたとは想像し難い。実際、以上掲げた①から⑤までの造像の供養者には、茹氏造像や辛延智造像などの道仏像も含め僧の名は見えない。仏道像や仏像の銘文にも化胡説は見られず、二教像碑の流行に化胡説の影響を過大評価してよいかはやや躊躇される。

第六節　北魏末における北地郡の動乱と道教像・道仏像の減少について

『薬』の造像目録を一覧してまず気付くことは、北魏の造像では、道教像と仏教像がほぼ同数であるのに対し、西魏では仏像が十三件、道教像が皆無、道仏像が一件、仏道像が一件と激減することである。本節では北魏末の動乱と地方官の関係からこの問題に迫ってみたい。

臨潼博物館に所蔵される北魏時代の道仏像碑には、龐氏造像碑に板授官が見えるのみで、郡県の地方長官の名は見えない。この地区においても、西魏以降道仏像は忽然とその姿を消し、北周時代には仏像の台座が数件見られる。櫟陽鎮北門外で発見された北周保定二年（五六二）楊仵女伯仲兄弟三十人釈迦仏像台座には、「開府儀同馮翊郡守侯莫陳昇」「開府儀同前馮翊郡守宇文擧」という題記があり、鮮卑などの胡族がこの地域の郡太守となり、仏像を造っていたことが分かる。[75] 北魏から西魏への王朝交替期の鮮卑雑胡の関中流入については馬長寿氏が既に論じており、[76] この地域に道教像や道仏像が見えなくなるのもこの影響が考えられる。

一方、旧所在地が富平県や耀県の造像には、太守や県令などの地方官やその属僚の肩書を有するものが少なからずある。現在の耀州区（旧耀県）や富平県はおおむね北魏時代の北地郡の領域に属する。北魏時代の北地郡は、戸籍に登録されない氏・羌が多く雑住し、彼らは頻繁に反乱を起こし、統治が困難な土地であった。[77] 北魏正光中（五二〇～五二五）に北地太守、当郡別将に任ぜられた唐永は、四年間の在任中、賊と数十戦も交え一度も負けず恐れ崇められたという記述もある。[78] 唐永は部下の扱いが上手で、士人は競ってその部下になることを望んだと記されるが、[79] 北地郡の統治には在地有力者の協力が不可欠であり、一方在地有力者も地方官との良好な関係を望んだであろう。実際、有力豪族による造像に、北地郡に属する富平県や泥陽県の県令が名を残している。こうした具体事例は第四節で言及した呉洪標造像碑や錡双胡造像碑・錡麻仁造像碑に見られる[80]。これら造像碑では県令の名は諸邑義あるいは一族の指導者である邑師や門師をさしおいて、碑陽龕の左側（向かって右）という最も顕要な位置に刻まれている[81]。

また、北地郡太守の名も造像銘に現れる。それは梁氏と郭氏の一族と僧尼による延昌四年（五一五）比丘郭曇勝造像碑[82]である。この造像碑は、比丘郭曇勝が亡くなった弟子曇豊のために造像を発願したものであるが、「但（檀）越主梁洪相」「北地太守梁祐」、その息子を始め、梁氏一族の題記が多数見え、資金面では梁氏が多額の援助をしたと思われる。梁祐は、『魏書』巻七一に立伝される名行政官で「出爲北地太守、清身率下、甚有聲稱」というようにその統治が称讃された。この造像記には、「神生天堂、縱志八定、彌勒一其、値生不退」とあるが、「八定」というのは四禅と四無色禅のことで、北朝時代関中の他の造像銘にはほとんど見えない仏教教理的色彩の強い語である。このような性格の語が、北地郡宜君県令も参加し、北地郡下の宜君・同官・土門三県合同諸邑義二五〇人の発願による正光四年（五二三）青龍魏碑にも「遊神三空、縱志八定、彌勒一期、直生不退」と見える。さらに道教像であり、「富平令王承祖」の題名のある正光二年（五二一）の錡麻仁道教造像碑[83]の願文にも「託神紫宮、縱志八定、大道一（以下缺）」と転用されているのは興味深い。こうした地方官の名を記した造像は、当地の人々の宗教信仰にある程度の影響を与えたに相違ない。その典型的な事例が以下で説明する毛遐造像碑である。

梁祐や唐永らの優れた太守の統治によって辛うじて秩序を保っていたと思われる北地郡は、大都督蕭寶夤が関中の賊との戦いに敗れ長安に帰還し、賊帥の宿勤買奴が北地において自ら京兆王と号して自立すると、再び騒乱状態に陥った。さらに、孝昌三年（五二七）、朝廷より処罰されるのを恐れた蕭寶夤は、長安において北魏王朝に叛旗を翻した。

北地において、この戦乱状況を収束させたのは毛遐・毛鴻賓兄弟である。毛遐は北地郡三原県の人、おそらく氏族であり、代々「酋帥」であった。曽祖天愛は太武時の定州刺史で始昌子を授爵している。「遐少任俠、有智謀、世爲

図1-3-10　西魏大統元年（535）毛遐造像碑南面

豪右、貲産巨億、士流貧乏者、多被賑贍[84]」とあるように、毛氏は資産家で代々「豪右」であり、貧窮者がいれば手を差し伸べていた。毛遐は、前述した不穏な情勢を察知して官を辞し郷里に還った。そして、弟の鴻賓とともに郷曲豪傑を集め、周辺四方を討伐したところ、「氏羌多赴之、共推鴻賓爲盟主[85]」と多くの氐・羌族が仲間に加わり、弟の鴻賓を盟主に推した。さらに、毛遐は宿勤買奴を撃破して賊を平定し、弟と連携し、北地郡に来寇した蕭宝夤の部将をも攻め破った。蕭宝夤が巴中に敗走し、雍州が平定されたのは武泰元年（五二八）正月である。毛鴻賓と毛遐兄弟が賊の平定に大きな功績をあげたので、北魏王朝は、北地郡を北雍州、三原県を建中（忠）郡とし、毛兄弟を顕彰した[86]。雷漢仁造像碑には、永安二年（五二九）十一月十日に七六歳の雷阿□が忠部太守を板授されたことが記されており[87]、『薬』は、雷氏も毛遐兄弟の逆賊討伐軍に加わっていたと推定している。おそらく賊平定後にその戦功を表彰されたのであろう。

注目すべきは、この毛遐が西魏大統元年（五三五）諸邑子とともに仏像碑を建てていることである（表1－3－5、No.45、図1－3－10）。碑には南面龕右下傍に「大行臺尚書北雍州刺史宜君縣開國公毛遐」と刻まれている。碑には州の属僚の官職名は見られないが、羌族の大姓夫蒙氏・雷氏はじめ多数の姓の者が義邑の構成員として名を列ねている。そして、「立在通衢」と銘文にあるように、この碑は人目に付く大通りに建てられた。当時の西魏王朝の政権中枢に近かった人物による仏像碑は、道を行き交う人々の注目を集めたことであろう。

本節冒頭で西魏時代になると道教像が激減することを述べたが、北魏太昌元年（五三二）樊奴子造像碑の題記にうかがうことができるように、おそらくこの一連の戦乱で戦死、あるいは戦乱に巻き込まれて亡くなった者も少なからずいたと思われる(88)。また、こうした戦乱を経て、毛遐兄弟による討伐に参加した氐・羌族の地位上昇や、道教を信奉する漢族の移動があり、道教と仏教の勢力図に変化が起きたのかもしれない。事実、西魏・北周時代には雷・鉗耳・同琋・荔非・夫蒙・仇・毛といった氐・羌族による仏像碑の建立が非常に多く見られるのは、『薬』の目録を見れば一目瞭然である。毛遐と諸邑子が建てた仏教造像碑の影響もおそらくあり、仏像碑が多く造られる一方、道教像や道仏像は減少するという事態になったのではないだろうか。

おわりに

本章では、造像碑に記された邑義肩書の詳細な分析がこれまでなされてこなかったことに鑑みて、まず、従来道仏二教混淆造像などというように漠然と称されてきたものが、道仏像と仏道像の二種に区別できることを示し、仏像・仏道像・道仏像・道教像の四種に分類した。そして、二教像碑の各面における仏像と道教像の配置状況を調査し、北魏時代は道仏像が多いが、北周以降になると仏道像が大半を占めることを明らかにした。

次いで、邑義たちの肩書を上記四種区分に従って分析した。その結果、道教・仏教の二教が密接に関わる関中の一種特殊な状況下における序列化意識や、仏像を造った義邑と道教像（道仏像）を造った義邑との間で、邑義肩書に相違があることを明らかにし、その相違の一部分はおそらく二教が行った斎会の内容の相違に由来していると推測した。第三節ではそれらの特殊な肩書について説明し、道士の姓が張や王などに集中し、道仏像を造った義邑同士は互いに密接な関係を有すること、また、「邑謂」などの肩書について従来とは異なる説を提示した。斎会の儀礼と密接に結びついた関中の邑義肩書の特殊性が少しは明らかになったと思われる。

次いで第四節では、道仏像三例、仏道像一例についてより詳細に供養者銘の分析を行い、道仏像にも、僧が加わっていないもの、道士が邑師となっているが僧の名も見えるもの、僧侶と道士がともに邑師となっているものがあり、すべて道教を上位に序列してはいるが、それぞれ道と仏に対する扱いに差があることを明らかにした。造像の主体である一族や義邑の仏道二教に対する立場には相違があり、またその宗教的指導者との関係（例えば指導者が一族内の者であるのか、など）の相違もある。よって、道仏像は仏教を道教の一部分と見なした道教徒によって造られたものである、と単純に言ってしまうことはできない。

一方、仏道像は二教ともに信奉する一族によるものが多いと思われる。しかし、仏教僧が指導する義邑によるものもあり、その事例として夏侯僧□造像碑の供養者肩書を分析し、同じ泥陽県の呉洪標道教造像碑との関係について検討した。その結果、夏侯氏一族が道仏ともに信奉したという可能性とともに、道教を信奉する有力豪族である呉氏への配慮があった可能性を指摘した。

第五節では、道教像碑や二教像碑に見られる老子化胡説の影響について検討し、僧が参加する二教像碑や仏像の願文において老子化胡に関連する記述は見られず、実際僧がいる場においても老子化胡が強調されたとは考えられず、二教像碑の流行に与えた影響力は限定されるのではないかと述べた。

第六節では、西魏時代になるとこの地域の道仏像や道教像が減少する理由について、北魏末の北地郡の戦乱と毛遐による賊討伐に参加した氐・羌族（特に羌族）の地位上昇という視点を新たに提示した。

最後に、以上で明らかにした事実や指摘した論点をもとに、本章の冒頭で紹介した二つのピラミッドの図式とBokenkamp氏の説についてコメントしておきたい。二教像碑がなぜ北朝時代の関中で多く造られたかといえば、や

は り仏・道をともに崇めるというこの地域の宗教的土壌に由来する部分が大きいと思われる。「佛道像」を造り、「供養平等」を説く魏文朗造像碑など、指導にあたった僧が一族内の者である場合、その傾向は特に強かったと思われる。「天宮石像」と言われることもあるように、造像碑は、天上の仏や老君が居する天上を象徴したものでもある。二教像を造った在俗信者たちにとって、天上世界は諸仏も老君も同居する世界なのである。教理的知識のない在俗信者にとっては、そこに生まれかわるということが第一であり、仏・老君どちらも有り難い存在である以上、両方祀る方がより一層功徳があると考えるのはある意味自然であろう。

ただし、この場合、上層の中央エリート僧や道士の二教論争と下層の郡県地域社会における二教信仰とを二つのピラミッド図式で理解するのはやはり問題があるように思われる。北周の武帝も当初は三教調和を望んでいたし[89]、李松氏が論じた福地水庫仏道二教石窟の場合も、県令は二教や民族対立の矛盾の調和を企図したことが論じられている[90]。また、隋末には県令のもとでも道仏論争が行われていた[91]。皇帝のもとで行われた仏道論争と県レベルで起こっていた論争にそれほど差があるようには思えない。

また、道仏像については、北魏と西魏のものが中心だが、Bokenkamp 氏の説が適用できる事例が多いと思われる。「三洞法師」を始めとする道士にとって、その教理的拠り所であった霊宝経類は、仏教の大乗思想や仏教用語を大幅にとりこんでいることは周知のとおりであり、仏教を否定することは自らの否定につながりかねない。道仏像の造像を主導した道士などの指導者側に道教を上位に位置づけようとする意図は見られるものの、二教共に敬うこと自体を否定するような考えは、北魏の道仏像を見る限りでは見られない。道仏像の制作は当時においておそらく新しい試みであっただろうし、「三洞法師」という肩書や道教教理用語を含んだ銘文からは、そうした造像には教理に対して無知な者ではなく、むしろ教理的に豊富な知識を有した道士が関与したと推察される。

しかし、北魏時代の道仏像に見られるような二教の関係は北周以降変化を生じているようである。すなわち、北周時代には義邑による仏像の数が増加し、また、仏道像の造立も増えており、むしろ仏教側が道教を包摂しようとしているような感さえ受ける。逆に義邑による道教像あるいは道仏像は西魏以降激減しており、関中における信者獲得競争において道教が劣勢に立たされ危機感を持つようになったことが推測されるとともに、(92) 道教教団側としても何か布教方針に変更があったのかもしれない。果たしてそのような布教方針の変更があったとすればそれはいかなるものであったのか、この問題は今後の課題として残しておきたい。

註

(1) 神塚淑子［一九九三→一九九九］四六四～五四五頁。
(2) 松原三郎［一九五四］［一九九五］三五～五二頁、石松日奈子［一九九八→二〇〇五］二八七～二九九頁、齋藤龍一［二〇〇六］。
(3) 古川徹［一九九三］。
(4) Abe［2002］p.312.
(5) Zürcher［1980］p.146.
(6) James［1989］や柳揚［二〇〇三］が二教像碑の理解にZürcher［1980］の説を援用している。また、この立場とはやや異なるが、神塚淑子氏も「四面のうちの一面もしくは二面に道教像を入れるという形態の四面像碑を造った人々の意識においては、道教と仏教の境界はきわめて希薄であって、道教像を釈迦・弥勒・観世音・無量寿など何種類かある仏・菩薩像と同一線上に並ぶものというほどの捉え方をしていたのではないかと思われる」（［一九九三→一九九九］四八四頁）と述べ、さらに、「仏教や道教の理論家ではない一般の人々にとって、仏教と道教の教理・思想の優劣とか細かな相違点が問題であったのではなく、むしろ、小さな差異を越えた両者の共通性・連続性の方が重要であったのである」（同四八五頁）と述べる。
(7) 劉昭瑞［二〇〇七］二〇五～二一〇頁。
(8) 李松［二〇一二］二〇五頁。
(9) 劉昭瑞［二〇〇七］二九八～三〇七頁。
(10) 張勛燎・白彬［二〇〇六］第三巻、七三〇～七五三頁。
(11) 劉屹［二〇一一］二八一～三〇二頁。
(12) 馬長寿［一九八五］は前秦から隋初までの碑銘の録文を二五件収録している。この書の翻訳として、氣賀澤保規（訳・序文）、梶山智史（翻訳協力）［二〇〇五］がある。
(13) 陝西耀県薬王山博物館・陝西臨潼市博物館・北京遼金城垣博物館合編［一九九六］。

(14) 李松［二〇一二］。

(15) 陝西省考古研究院・陝西省銅川市薬王山管理局編、張燕編著［二〇一三］。

(16) 本章は拙稿［二〇〇七］発表後に道教像や薬王山に関する大型の資料集が相継いで出版されたことに鑑みて、旧稿に大幅な改訂・増補を加えたものである。旧稿と論の大枠に変更はないが、部分的に旧稿の誤りを訂正した箇所もあり、第四節と第六節は新たに書き下ろした。今後は旧稿ではなく、本章の論考を参照いただきたい。

(17) 『三国志』巻十五張既伝「(張) 魯降、既説太祖抜漢中民數萬戶以實長安及三輔」。『華陽国志』巻二「時先主東取江州。巴漢稽服。魏武以巴夷王杜濩・朴胡・袁約爲三巴太守、留征西將軍夏侯淵及張郃・益州刺史趙顒等守漢中、遷其民於關隴」。

(18) 楼観における道教については、陳国符［一九六三］所収「楼観考」、張煒令［一九九〇］［一九九一］、愛宕元［一九九二］などを参照。

(19) 『晋書』巻五六江統伝「徙戎論」「且關中之人百餘萬口、率其少多、戎狄居半」。

(20) 蓋呉の反乱と廃仏の関係については、劉淑芬［二〇〇一→二〇〇八］三〜四五頁を参照。

(21) この事情は、佐藤智水［一九九八］第一章を参照。

(22) 『提謂波利経』については、塚本善隆［一九四一b→一九七四b］一八七〜二四〇頁、牧田諦亮［一九六八・一九七一→一九七六］一四八〜二一一頁を参照。

(23) 『続高僧伝』巻一曇曜伝附曇靖伝「隋開皇關壤、往往民閒猶習提謂。邑義各持衣鉢、月再興齋、儀範正律、遞相鑑檢、甚具翔集云」［T50：428a］。

(24) 例えば「行十善、得生天」とある。さらに、不偸盗戒を持すことに関する記述で、年に三度布施を行う三福徳として「一者生天上、衣食自然。二者得豪富、三者閉三惡道」とあり、また、五戒を全て持つことで得られる功徳について「持五戒完者、得三善道。一者生天上、二者生人中、三者生十方佛前」と述べている（牧田諦亮［一九七六］所収『提謂波利経』校定本による）。

(25) 『雑宝蔵経』巻五・巻七には、「天女本以受持八戒齋生天緣」「舍利弗摩提供養佛塔生天緣」「長者夫婦造作浮圖生天緣」「外道婆羅門女學佛弟子作齋生天緣」「長者女不信三寶、父以金錢雇令受持五戒生天緣」など数多くの生天の因縁譚が見える。

(26) 『魏書』巻四七盧淵伝。孝文帝が南征しようとした際にそれを諫めた上表。太和二十一年。

(27) 『魯』では「月」の文字「巳」となっているが、筆者が実地で銘文を確認したところ「月」であった。

(28) この造像記は、正確には関中ではなく、甘粛省涇川県に属するが、周辺地域のものとしてここで紹介しておく。松原473、石仏選粋43、隴右1（石1.21.15979）文物1983.7.48、甘石221、甘博196。

(29) 三洞説の成立時期については小林正美［一九九〇］第二篇第一章を参照。三洞法師は道士の位階の最高位。

(30) 薬7.69。

(31) 小林正美［二〇〇四］［二〇〇五ａ］、王承文［二〇〇二］参照。
(32) 石松日奈子［一九九六］［一九九八→二〇〇五］。
(33) 羅宏才［二〇〇八］二二〇〜二三六頁。
(34) 同上。羅氏は前掲王承文［二〇〇二］をふまえて述べる。古霊宝派があったかどうかについて、少なくとも唐代には天師道一派しかなく、霊宝派・上清派など無かったという説も提出されている。小林正美［二〇〇三］を参照。
(35) 例えば、邑老田清等七十人造像碑（表1-3-5、No.13）には、「刊石出眞容、輅於路首邊」「南俠大衢道」とある。
(36) 石松日奈子［一九八八→二〇〇五］二一九〜二四〇頁。
(37) 男官傅氏造像（表1-3-5、No.1）。
(38) 楊阿紹造像碑（漢魏3.330、北碑44、考文1987.3.26、長芸369、道芸44、佐藤科研14、道美214、薬1.47）、楊縵黒造像碑（漢魏3.332、北碑47、魏目27、考古1965.3.134、考文1987.3.26、長芸369、道芸46、佐藤科研13、道美215、薬1.52）。「道在初手」は仏教造像銘でよく見られる「願在初首」を改変したものと推測される。
(39) 「天尊爾時在廣城中、與諸國王大臣人民百千萬人及諸道士、共會說法。汝等從今以去、廣宣吾敎。大劫將終、示化人民勤作功德、起立寺塔精舍、遼理福業、廣救衆生及一切蝖飛蠕動有形之類、過度惡世、得見太平、與眞君相値。末劫之後、山河石壁無有高下、香水洗身、然後眞君來下。及彌勒衆聖治化、更生日月星辰、列布在空中、普照十方、諸天善神皆共來下」。王卡氏はこの経典を四一六〜四二三年、寇謙之の作と推定する（『中華道藏』第八冊二一〇頁）。
(40) 魏文朗造像碑の制作年代については、始光元年（四二四）ではなく六世紀初頭であるという説が提出されている。石松日奈子［一九九八→二〇〇五］一八七〜一九九頁。氏の議論は説得力に富み、筆者も六世紀初頭のものとみなすことにする。
(41) ただし後述するように師氏七十一人造像碑は例外で、道士と僧がともに邑師となっている。
(42) 張沢珣［二〇〇九］一一二・一二四頁。
(43) 管見では「治律」は陝西省のみ、「邑謂」は甘粛省正寧の北周人中釈迦造像（考文1985.4.109、甘石216）に一件、「但官」が山西省南西部の西魏蔡洪造像碑（拓6020、京NAN0692A、大村300、山右1、瓊16、道略31、道古1.721、道美292）に一件、ともに陝西省からほど近く、陝西からの影響をうかがわせる。
(44) 邑子七十人（辛延智）造像碑（表1-3-5、No.53）。
(45) 松原124b、珍図30、龍仏研46.235。
(46) 王子悦造像碑については、羅宏才［二〇〇七→二〇〇八］三三七〜三六一頁参照。ただし、羅氏は、願文を「靈武池陽郡城雍光里邑子等」と釈読し、この碑を「雍光里邑子造像碑」と命名すべきと述べる。しかしこれは誤読であり、願文は正しくは「靈武池陽郡城鄉老諸邑子等」であろう。

(47) 表1-3-5、№7。本章第四節参照。

(48) 西魏以降、造像銘に鮮卑雑胡の姓が見られるようになることは、馬長寿［一九八五］五二～六八頁に述べられている。

(49) 張沢珣［二〇〇九］一二二頁において、「邑師母王阿嫂」とするのは誤りである。

(50) 「僤」については、渡辺義浩［一九九五］第一篇第三章第二節に先行研究がまとめられている。

(51) 李凇［二〇〇二］、張沢珣［二〇〇九］。この可能性は大いに考慮に入れる必要がある。後漢の「彈」は河南の偃師（侍廷里父老僤買田約束石券）や延津県（劉熊碑）などで見られるのに対し、「彈官」が河南に見られず、陝西の道教像や道仏像を造った義邑に集中して見られるというのは、道教系の義邑がこうした古い組織の伝統をいくらか受け継いでいると言うことであろうか。

(52) 錡麻仁造像碑（表1-3-5、№19）。

(53) 隋開皇四年鉗耳神猛造像記（京ZUI0013X、陝志7、碑林全106.183、魯二五1039）、隋開皇十一年（五九一）盧誼（蘆誼）兄弟造像記（考古1965.3.26、考文1996.2.19、石仏選粋44、佐藤科研76、薬5.96）。

(54) 後述の臨潼博物館蔵龐氏造像碑（表1-3-5、№29）。

(55) 西魏毛遐造像記（表1-3-5、№45）。

(56) 拓6153、京NAN0478X、寰図2.195、萃31、瓊19、大村275。

(57) 『金石萃編』巻三九　附北朝造像諸碑総論「邑謂、疑同謂、亦同胥」。

(58) 雷伏娥・荔非郎虎造像碑座（考文1994.2.45、薬2.54）「香火雷周女／像主鉗耳男光／邑主舍僧妃／邑曰荔非歡姫／化主王女賜」（以上西面の左から右）。「……／化主衞進姜／邑謂桓好姿／邑主雷早花／像主張孤女／像主雷伏花／邑主秦桃姫／邑謂衞求容／化主王妃足」（以上北面の左から右）。

(59) 李凇［二〇一二］二七八～二七九頁。

(60) 張沢珣［二〇〇九］九五～九六頁。

(61) 薬7.71-72。

(62) 羌族の趙氏については、陳連慶［一九九三］二八九頁参照。

(63) 「統主」については、『晋書』巻一一四苻堅下に「關中堡壁三千餘所、推平遠將軍馮翊趙敖爲統主、相率結盟、遣兵糧助堅」と見える。

(64) この龐氏造像碑に「三洞法師」の肩書が見られることは拙稿［二〇〇七］が初めて指摘した。

(65) 李凇［二〇〇二］三九三～三九四頁では南北面を正しく指摘していたが、李凇［二〇一二］では龕の斜め上左右に日月輪の図像があることを根拠に、南北面を逆に設定している。

(66) 王承文［二〇〇二］三一～一三七頁。
(67) 前田繁樹［二〇〇四］一五七～二二三頁。
(68) 『広弘明集』巻九「笑道論」「又『文始傳』、老子化胡、推尹喜爲師而化胡。『消氷經』云、尹喜推老子爲師也。『文始傳』云、吾師號佛。佛事無上道。又云、無上道承佛威神、委尹喜爲佛。……又『化胡』『消氷經』皆言、老子化罽賓、身自爲佛」［T52：146a］。なお笑道論については、六朝・隋唐時代の道仏論争研究班［一九八八］参照。
(69) 前田繁樹［二〇〇四］一五七～二二三頁参照。
(70) 『広弘明集』巻九所収［T52：145c］。
(71) 拓3026、魏目14、松原99b、魯二一23、陝志6（石1.22.16434）、寰図2.129、石璋如5、考文1987.3.25、北碑9、長芸366、道芸35、佐藤科研3、世美全365、道古1.686、百品4、陝精6、道美210、薬3。
(72) 長芸404、道美303、碑林全105.94。
(73) 薬7.130。
(74) 『広弘明集』巻九「笑道論」老子作仏［T52：148bc］。
化胡經云、老化罽賓、一切奉佛。老曰、却後百年、兜率天上更有眞佛、託生舍衞白淨王宮。吾於爾時、亦遣尹喜下生從佛、號曰阿難、造十二部經。老子去後百年、舍衞國王果生太子、六年苦行成道、號佛、字釋迦文。
(75) 表1-3-5、No.68。
(76) 馬長寿［一九八五］五二～六八頁。
(77) このことを裏付けるのは、『魏書』巻七〇劉藻伝に見える「時北地諸羌數萬家、恃險作亂、前後牧守不能制、姦暴之徒、竝無名實、朝廷患之、以藻爲北地太守、藻推誠布信、諸羌咸來歸附、藻書其名籍、收其賦稅、朝廷嘉之」という記事である。
(78) 『北史』巻六七唐永伝「俄而賊將宿勤明達・車金雀等寇郡境、永擊破之、境內稍安。永善馭下、士人競爲之用。……在北地四年、與賊數十戰、未常敗北。時人語曰、莫陸梁、恐爾逢唐將。永所營處、至今猶稱唐公壘也」。
(79) 前掲註『北史』巻六七唐永伝の記事参照。
(80) 錡雙胡造像碑（表1-3-5、No.16）、錡麻仁造像碑（表1-3-5、No.19）。
(81) このような地方長官の造像碑における位置づけについては羅宏才［二〇〇八］三〇〇～三一四頁参照。
(82) 魏目113、考古1965.3.134、考文1996.2.13、佐藤科研17、百品36、薬1.221。
(83) 錡麻仁造像碑（表1-3-5、No.19）。
(84) 『北史』巻四九毛遐伝。
(85) 『北史』巻四九毛遐伝。

(86)『北史』巻四九毛遐伝附毛鴻賓伝「明帝以鴻賓兄弟所定處多、乃改北地郡爲北雍州、鴻賓爲刺史。詔曰、此以晝錦榮卿也。改三原縣爲建中郡、以旌其兄弟」。

(87) 雷漢仁造像碑（魏目226〈碑側のみ〉、魯二一169〈碑陰のみ〉、馬90、佐藤科研41、薬1.279）。

(88) 樊奴子造像碑は、樊奴子が亡兄たちのために建てた碑であり、題記には「亡兄□前統軍身故増北地太守」「積射将軍泥陽富平三原三縣令州主簿……廣陽縣開國子復從隴西王征西都督史持《ママ》節□池縣開國子身故増逕州刺史樊客生」など、おそらく賊の討伐戦に従軍し戦死したことによって与えられた贈官が記されている。また、願文には「上爲帝主延境、遐方啓化、偃甲攸兵、人民寧怗」と戦争が終息するように祈願がなされている。北魏永熙二年（五三三）傷蒙文姫婦女合邑三十一人造像記（表1-3-5、№41）に記される「亡邑主」「亡邑子」なども、義邑が世代を越えて続いていたことを表すのではなく、あるいは義邑のメンバーであったが、直近の戦乱に巻き込まれて亡くなった者を記したものかもしれない。

(89) 北周武帝の意図については塚本善隆［一九七四b］四六三～六四〇頁。

(90) 李凇［二〇〇二］四五三～四八四頁。

(91)『続高僧伝』巻二慧浄伝［T50 : 442a］。

　遇始平令楊宏集諸道俗於智藏寺、欲令道士先開道經。于時法侶雖殷、無敢抗者。淨聞而謂曰、明府盛結四部、銓衡兩教。竊有未喩、請諮所疑。何者、賓主之禮、自有常倫、其猶冠屨不可顚倒。豈於佛寺而令道士先爲主乎。明府敎義有序、請不墜績。令曰、有旨哉。幾誤諸後。卽令僧居先坐、得無辱矣。有道士于永通、頗挾時譽、令懷所重、次立義曰、有物混成、先天地生。吾不知其名、字之曰道。

以上を簡単に説明すると、大業初年（六〇五）、道教に肩入れする始平県（治所は現在の陝西省興平市）県令楊宏が道俗を智蔵寺に集めて、僧をさしおき、道士にまず道教の経典を開講させようとしたところ、慧浄は「豈に佛寺に於いて道士をして先づ主たらしめんや。明府、教義に序あり。請う、績を墜さざれ」と反論し、楊宏は一旦は僧を先座に居らしめた。それに対し道士于永通が「物有り混成し、天地に先んじて生ず、吾れ其の名を知らず、之を名づけて道と曰う」と『老子』を引用し道が先であることを主張した。最後は慧浄が道士を打ち負かし楊宏も恥じ入ったというのが話の大筋である。

(92) 例えば皇帝という最大のスポンサーを信者として獲得することは劣勢を一挙に覆すことに繋がるであろう。実際に北周の武帝の時代にそれを狙った動きが起こっていることについては、塚本善隆［一九七四b］四六三～六四〇頁参照。

（附記）陝西省の造像調査の過程でたくさんの方々からご支援・ご協力をいただいた。特に龍谷大学佐藤智水氏、西安碑林博物館館長趙力光氏、耀県薬王山碑林王耀銀氏、上海大学羅宏才氏には格別のご厚誼を賜った。王氏、羅氏、張氏には造像に関する貴重な資料を閲覧させていただき、佐藤氏には陝西省造像調査に同行させていただいた。薬王山碑林・西安碑林・蔡文姫紀念館・涇陽県文廟・太壺寺の造像について今回使用した資料にもその成果が反映されている。その他にも北京首都博物館張燕氏や北京大学李松（李凇）氏には陝西省の造像に関して貴重なご教示を賜った。また、本章は二〇〇七年一月の道教文化研究会例会（於早稲田大学）における口頭発表原稿に加筆修正したものである。研究会参加の諸先生から貴重な御意見・御指摘を賜った。ここに厚く御礼申し上げたい。

表１－３－５　北朝隋関中造像記目録（年代順）

No.	造像名稱	年代	現藏	主な典據
1	男官傅氏	太和23(499)	シカゴ・フィールド自然史博物館	松原101ab、OS123b、長藝487、道藝41、道美213
2	劉文朗	太和23(499)	藥王山碑林	北碑39、長藝368、道藝39、佐藤科研11、道美212、藥1.42、漢魏3.310
3	魏文朗	６c初	藥王山碑林	考古1965.3.134、考文1984.5.46、北碑１、長藝364、陝藝28、道藝26、佐藤科研１、道美202、藥1.117、漢魏3.219
4	馮神育	正始２(505)	臨潼博物館	拓3085、京NAN0079CD；0207B（右側）；0208B、魯二一55、文物1985.4.15、長藝370、道藝48、北碑50、龍佛研46.217、百品26、道美217、藥7.3、漢魏4.45
5	馮長壽	正始年間(504-508？)	シカゴ・フィールド自然史博物館	松原130ab、OS130、長藝488、道藝101、藥7.25、道美254
6	僧光（樊令周）	正始５(508)	不詳	魏目73、北大c3347
7	田良寛	504-515	西安碑林	松原132ab、長藝391、道藝106、碑林全105.87、道美252、長韻22
8	朱奇兄弟	延昌元(512)	西安碑林	陝石39、陝美45、陝藝48、長藝372、碑林全105.20、道美220、長韻７
9	僧法慧	延昌２(513)	長武縣博物館	文物2006.1.68、龍佛研46.234
10	張相隊	延昌２(513)	不詳	拓4010、萃27、大村300附圖621、長藝373、道藝55、道美222、漢魏4.233
11	呉洪標	516頃	藥王山碑林	拓3028、魯二五1013、考古1965.3.134、考文1987.3.20、長藝397、道藝95、佐藤科研97、藥1.95、道美262
12	邑子60人（呂氏）	熙平２(517)	西安碑林	碑林全105.27、陝美47、陝藝49、長藝375、道美225、長韻９
13	邑老田清等70人（王守令）	神龜２(519)	臨潼博物館	京NAN0079A；0207AB（B左側）、魯二一85、陝志６、北碑63、文物1985.4.15、道美228、藥7.30、漢魏5.24
14	劉道生等70人（張乾度）	神龜２(519)	臨潼博物館	京NAN0208ac（c左側西面）、魯二一91、陝志６、文物1985.4.15、長藝380、百品46、道美231、藥7.46
15	張安世	神龜年間(518-520)？	藥王山碑林	魏目114、考古1965.3.134、北碑69、長藝377、道藝71、佐藤科研21、道美227、藥1.140、漢魏5.33
16	錡雙胡（錡石珍）	神龜３(520)	藥王山碑林	拓4079、京NAN0189A-D、魏目136、魯二一97、北碑74、長藝381、道藝74、佐藤科研27、道美232、藥1.69、漢魏5.54

17	晏僧定	神龜 3 (520)	永壽縣文化館	考文1999. 6. 59、碑林全197. 1196
18	王子悅	正光元(520)	涇陽縣太壺寺	北拓288、藝研9. 235
19	錡麻仁	正光 2 (521)	藥王山碑林	魏目146、魯二一121、陝志 6 、北碑80、長藝382、道藝78、佐藤科研30、道美234、藥1. 84、漢魏5. 123
20	法門寺三駕村	正光 2 (521)	扶風縣博物館	文物世界2002. 5. 7、現地調査
21	王氏130人	正光 3 (522)	富平縣文廟	陝志 6 (石1. 22. 16436)、宋莉70、現地調査
22	茹氏	正光 3 (522)	西安碑林	故宮院刊2002. 4. 32；2003. 4. 68、長藝384、碑林全105. 33、佐藤科研28、道美236、長韻12
23	袁永等50人	正光 3 (522)	不詳	萃29、大村236、百品52
24	師氏71人	正光 4 (523)	臨潼博物館	文物1985. 4. 15、北碑86、長藝387、道藝82、道美239、藥7. 55、漢魏5. 210
25	三縣邑子250人（靑龍魏碑）	正光 4 (523)	藥王山碑林	佐藤科研35、藥1. 250
26	正光五年邑子60人(楊法映)	正光 5 (524)	富平縣文廟	道美242、宋莉72、現地調査
27	魏氏合邑	正光 5 (524)	不詳	拓4166、萃32、瓊16、金石續編 1 、關文 1
28	郭法洛	孝昌 2 (526)	涇陽縣博物館	拓5019、關文 1 、金石萃編補遺 1 (石2. 2. 1501)、道美243、漢魏5. 385
29	龐氏	孝昌 3 (527)	臨潼博物館	文物1985. 4. 15、道藝87、長藝389、北碑95、臨潼碑石80、道美244、藥7. 69、漢魏6. 100
30	王阿善	隆緒元(527)	中國國家博物館	拓5076、魏目215、道藝118、道美246
31	杜和容	武泰元(528)	日本個人藏	松原203abcd、陝精13、珍圖56
32	李氏邑子70人（合右邑子、李天寶）	516-528	藥王山碑林	考古1965. 3. 134、考文1984. 5. 46、長藝395、道藝113、佐藤科研93、道美258、藥1. 170
33	夫蒙氏	516-528	藥王山碑林	長藝396、道美260、藥1. 182
34	夏侯僧□	514-528	藥王山碑林	考古1965. 3. 134、考文1984. 5. 46、長藝393、道藝110、佐藤科研43、道美257、藥1. 154
35	雷氏50人（雷標）	516-528	藥王山碑林	拓8101、佐藤科研79、道美265、藥1. 192
36	朱輔伯	建明 2 (531)	西安碑林	陝石41、碑林全105. 45、長韻14
37	邑子100人	普泰元(531)	西安碑林	松原212ab；213ab、碑林全105. 49、長韻17
38	朱黑奴	531頃	西安碑林	陝石42、松原151abcd、碑林全105. 79、長韻20
39	樊奴子	太昌元(532)	不詳	拓5165、京NAN0356A-D、魏目240、大村243、魯二一211、關文 1 、寰圖2. 168、漢魏6. 368、道美247

40	邑子45人	永興２(533)	戸縣博物館	戸縣碑刻５；289
41	雋蒙文姫婦女合邑31人	永熙２(533)	藥王山碑林	拓5179、考文1996.2.13、佐藤科研46、百品79、藥1.288
42	荔非周歡	北魏	藥王山碑林	考文1994.2.45、長藝400、道美275、藥1.147
43	王法略	北魏末－西魏	長安縣臥佛寺	長藝399、道美275
44	福地水庫石窟	大統元(535)	宜君縣	文物1989.4.60、文博1997.3.89、長藝401；453、道美280
45	毛遐	大統元(535)	藥王山碑林	考古1965.3.134、考文1996.2.13、佐藤科研50、藥2.3、漢魏8.159
46	和伏慶	大統４(538)	藥王山碑林	佐藤科研102、藥5.48
47	※比丘仇法超	大統４(538)	富平縣文廟	碑林全197.1246、漢魏8.171、陝精15
48	曹續生	大統５(539)	富平縣文廟	萃32、大村289、碑林全197.1252
49	※祭臺村佛背銘	大統10(544)	不詳	陝志６、金石續編２
50	佛弟子30人等	大統11(545)	西安青龍寺	考古1992.7.624、青龍寺66
51	荔非郎虎・任安保等60人	大統12(546)	藥王山碑林	考文1994.2.45、藥2.26
52	王龍標	大統14(548)	藍田蔡文姫紀念館	現地調査、貞魂2.103（碑陽拓）
53	邑子70人（辛延智）	大統14(548)	藥王山碑林	北碑100、長藝402、道藝127、佐藤科研51、百品131、道美299、藥2.185、漢魏8.206
54	呉神達	大統15(549)	不詳	萃32、大村293
55	岐法起	大統16(550)	上海博物館	道美301
56	秦從等40人	恭帝３(556)	不詳	寰圖2.174、大村295
57	荔非廣通合邑子50人	恭帝３(556)	白水縣文化館	考文2005.4.17、貞魂2.107
58	仇僧	西魏	藥王山碑林	道美305、藥2.197
59	絳阿魯	武成元(559)	藥王山碑林	考古1965.3.134、考文1984.5.46、陝古46、長藝405、道藝130、北碑106、佐藤科研56、道美306、藥3.257、漢魏10.145
60	王妙暉　邑子50人等	武成２(560)	西安碑林	萃36、瓊23、關文１、大村364
61	太原四部邑子	武成２(560)	不詳	萃36、大村365
62	合方邑子等	武成２(560)	西安碑林	碑林全106.104
63	李曇信	保定２(562)	藥王山碑林	拓8108、考古1965.3.134、考文1984.5.46、陝古45、北碑119、長藝407、道藝140、佐藤科研60、道美310、藥3.275、漢魏10.166
64	同琋龍歡（同琋清奴）	保定２(562)	藥王山碑林	魯二五945、佐藤科研113、藥3.36
65	張操（惠果寺造像）	保定２(562)	涇陽縣太壺寺	魯二五939、陝志６（石1.22.16439）現地調査
66	鉗耳世標	保定２(562)	藥王山碑林	考文1994.2.45、藥3.28

67	合士女198人	保定2(562)	高陵縣文化館	高陵碑石圖2錄文103
68	楊作女等30餘人	保定2(562)	臨潼博物館	文博1992.2.72、臨潼碑石90、藥7.87
69	聖母寺碑	保定4(564)	陝西省博物館	拓8114、京NAN0569A-C、魯二五949、萃36、瓊23、大村366、藥7.95、漢魏10.180
70	合邑40人等	保定5(565)	涇陽縣博物館	文博2007.5.20、道美313
71	鄉義邑子200人等	保定5(565)	淳化縣博物館	淳化金石文存19、現地調查
72	昨和拔祖合邑128人等	天和元(566)	不詳	瓊23、闕文1
73	張興等17人(宋金保)	天和元(566)	不詳	拓8128、魯二五975、闕文1
74	老少82人(紀乾)	天和元(566)	臨潼博物館	文博1992.2.72、臨潼碑石92、藥7.119
75	李男香等	天和2(567)	不詳	萃37、大村369
76	蔣哲等40人	天和2(567)	涇陽縣博物館	現地調查
77	合諸邑250他人	天和2(567)	臨潼博物館	文博1992.2.72、臨潼碑石94、藥7.124
78	邑義160人等(碑陽缺)	天和年間(566-571)	不詳	闕文1
79	諸邑子淸信女優婆夷等	天和4(569)	不詳	萃37、大村370
80	王迎男	天和4(569)	咸陽博物館	咸陽碑石14、道美319、佛影18、漢魏10.230
81	普屯康等340他人	天和5(570)	藍田蔡文姬紀念館	魯二五985、貞魂140、現地調查
82	趙富洛等28人	天和6(571)	不詳	拓8147、京NAN0630X、匋14、大村372
83	費伯達	天和6(571)	不詳	萃37、大村373
84	劉歡慶	建德元(572)	高陵縣文化館	道美320
85	杜龍祖	北朝	西安碑林	碑林全105.71、長藝429、道美386
86	魏苟安(雷小豹・楊洪義)	北周-隋	藥王山碑林	考文1984.5.46、長藝413、道藝153、道美332、藥4.293
87	任閏	北周	西安碑林	碑林全106.152、長藝416、道美336
88	西墻佛道造像碑	北周	藥王山碑林	考文1994.2.45、道美337、藥3.288
89	石季祥	北周	法門寺博物館	道美339
90	下元三年造像碑	下元3(584)	臨潼博物館	文物1985.4.15、驪勝209、長藝421、臨潼碑石114、碑林全198.1328、道美390、藥7.133
91	王龍姫	隋	藥王山碑林	道美396、藥4.279
92	殘碑(一)	隋	藥王山碑林	道美400、藥4.311
93	殘碑(二)	隋	藥王山碑林	道美400、藥4.316
94	啖華	隋	淳化縣博物館	現地調查
95	四面造像	隋-初唐	咸陽博物館	長藝431、道美394、佛影20

第二部

造像銘と仏教経典

第一章　北朝時代の多仏名石刻——懺悔・称名信仰と関連して——

はじめに

第一部においては、造像銘に刻まれた仏・菩薩の尊名や邑義の肩書を統計的に分析し、その地域的特徴について論じた。第二部では、仏教経典と仏教石刻との関係を調査し、造像銘に表された思想内容について論ずる。

まず第一章では、造像碑や摩崖石刻に見える多くの仏名について、その典拠となる経典や懺悔・称名などの仏教実践との関係を考察し、地域社会における仏名信仰の様相を探りたい。

中国においては、仏名を唱え礼拝することで懺悔滅罪する儀礼が南北朝時代頃から盛行し始めた。日本においても中国からの影響を受け、古代から現代に至るまで仏名会が執り行われてきた。仏名会の所依経典の一つであった『仏名経』については井ノ口泰淳氏や塩入良道氏の詳細な論考があり[1]、中国と日本で行われた仏名会の儀礼についてはKuo Li-ying（郭麗英）氏の論考がある[2]。また、日本の七寺で発見された十六巻『仏名経』に関連して、その研究成果をまとめたものもある[3]。

『仏名経』以外にも仏名を唱えることによる懺悔の功徳を説く経典は少なからず存在する。特に南北朝時代には仏名を列記する形式の経典が盛んに翻訳、撰述、または他の経から抄出され、作成された。塩入氏作成の表を参考にしつつ[4]、現存する経録で古いもの二部、すなわち梁の僧祐撰『出三蔵記集』（『僧祐録』）と隋の法経等撰『衆経目録』（『法経録』）から仏名経典と推測されるものを抽出したもの[5]が表2-1-1である。塩入氏が指摘するように、南北朝時代の仏名経は、異訳や諸経の抜粋が多く、ほとんどが極く短い一巻本であるという特徴を有する。これらが実際の読誦に適したものとして流布したことを裏付けるだろう。

これだけ多くの仏名経典が南北朝時代に翻訳、撰述、あるいは経典から抄出された背景として、当時における称名信仰の盛行が予想できる。その地域社会における流行状況を明らかにする一つの手段として、造像碑や石窟に刻まれた仏名に着目する方法が考えられる。

北朝時代の雲岡を始めとする石窟において、壁面全体を埋めつくすように、いわゆる千仏像が造られる場合がある。石窟以外に、柱状あるいは碑状の石の二面、三面、あるいは四面にそれぞれ龕を穿ち仏像を彫刻する造像碑においても、主尊の龕や銘文以外の余ったスペースに小仏龕を多数造る場合がある。これら小仏龕の脇に供養者名が刻まれることは多いが、仏像の尊名まで刻み込まれることは稀である。

しかし、なかにはそれぞれの小仏龕ごとに仏名が刻み込まれているものもある。この造像碑に刻まれた仏名については、資料紹介さえなされていないものも多い。このように多くの仏名が石に刻まれた背景としては、仏名を唱え礼拝することによる懺悔の功徳を説く『仏名経』関係経典類との関連が予想される。

石刻資料は紀年や像の供養者名を有するものが多く、制作地についてもある程度特定できるという長所がある。石刻資料を用いることで、伝世文献資料からだけでは明らかにできない、より具体的な地域社会における経典の使用状況に迫ることが可能であろう。

そこで本章では、冒頭で述べたように、多くの仏・菩薩名が刻まれた摩崖・石窟や単立造像碑（本論では「多仏名石刻」と便宜的に称する）のうち特に注目すべき諸事例を紹介し、その仏名の典拠となる経典を解明しつつ、北朝時代の仏名信仰の特色を明らかにすることを第一の目的とする。特に、釈迦・弥勒・観音などの有名なものではなく、一般的にはあまり知られていない仏名の方に重点を置いて考察する。また、その検討結果を踏まえつつ、隋代の仏名信仰への展開についても少し言及してみたい。

表2－1－1　『僧祐録』『法経録』の仏名経典類（七仏関係経典除く）

譯者	經名	經錄名（大正藏第55巻該當箇所）	大正藏經典番號
竺法護	賢劫經七卷	僧祐錄７b	425
竺法護	滅十方冥經一卷	僧祐錄８a	435
竺法護	諸方佛名經一卷	僧祐錄９a	缺
竺法護	十方佛名一卷	僧祐錄９a	缺
竺法護	百佛名一卷	僧祐錄９a	缺
竺法護	決定毘尼經一卷	僧祐錄12a	325
曇無蘭	賢劫千佛名經一卷	僧祐錄10b	缺
鳩摩羅什	新賢劫經七卷	僧祐錄10c	缺
鳩摩羅什	稱揚諸佛功德經三卷	僧祐錄11a	缺
鳩摩羅什	十住（毘婆沙）論十卷　易行品	僧祐錄11a	1521
曇無讖	悲華經十卷	僧祐錄11b	157
求那跋陀羅	現在佛名經三卷（麗本なし）	僧祐錄13a	缺
失譯（涼土異經）	賢劫五百佛（名經）一卷	僧祐錄19a	缺
失譯（抄出？）	諸經佛名二卷	僧祐錄21c	缺
失譯	觀藥王藥上二菩薩經一卷	僧祐錄22b	1161
抄出	有稱十方佛名得多福經一卷（抄）	僧祐錄22b	缺
失譯	三千佛名經一卷	僧祐錄22b	缺
失譯	千佛因緣經一卷	僧祐錄22b	426
抄出	稱揚諸佛功德經一卷（抄三卷稱揚佛功德經）	僧祐錄22b	缺
抄出	過去五十三佛名（經）一卷（出藥王藥上觀、亦出如來藏經）	僧祐錄22b	缺
失譯	五十三佛名經一卷	僧祐錄22b	缺
抄出	三十五佛名經一卷（出決定毘尼經）	僧祐錄22b	缺
失譯	八部佛名經一卷	僧祐錄22b	缺
失譯	十方佛名經一卷	僧祐錄22b	缺
失譯	賢劫千佛名經一卷（唯有佛名、與曇無蘭所出四諦經千佛名異）	僧祐錄22b	缺
失譯	稱揚百七十佛名經一卷（或云百七十佛名）	僧祐錄22b	缺

抄出	德內豐嚴王佛名經一卷（抄）	僧祐錄22b	缺
失譯	南方佛名經一卷	僧祐錄22b	缺
失譯	滅罪得福佛名經一卷	僧祐錄22b	缺
抄出	觀世音求十方佛各爲授記經一卷（抄悲華經）	僧祐錄22b	缺
失譯	賢劫五百佛名（經）一卷	僧祐錄32b	缺
失譯	現在十方佛名經一卷	僧祐錄32b	缺
失譯	過去諸佛名（經）一卷	僧祐錄32b	缺
失譯	千五百佛名（經）一卷	僧祐錄32c	缺
失譯	三千佛名經一卷	僧祐錄32c	缺
失譯	五千七百佛名經一卷	僧祐錄32c	缺
菩提流支	佛名經十二卷	法經錄115a	440
失譯	十吉祥經一卷	法經錄121a	432
抄出	佛名經一卷（出華嚴經）	法經錄123b	缺
諸經所出	受持佛名不堕悪趣經一卷	法經錄125a	缺
諸經所出	佛名經十卷	法經錄125a	缺
諸經所出	佛名經一部三卷	法經錄125a	缺
諸經所出	十方佛名經一部二卷	法經錄125b	缺
諸經所出	三世三千佛名一卷	法經錄125b	缺
諸經所出	十方佛名功德經一卷	法經錄125b	缺
諸經所出	五百七十佛名一卷	法經錄125b	缺
諸經所出	千佛名一卷	法經錄125b	缺
諸經所出	現在千佛名一卷	法經錄125b	447？
諸經所出	過去千佛名一卷	法經錄125b	446？
諸經所出	當來星宿劫千佛名一卷	法經錄125b	448？
諸經所出	同號佛名一卷	法經錄125b	缺
諸經所出	十方佛神呪經一卷	法經錄125c	缺
僞撰	大通方廣經三卷	法經錄126b	2871
僞撰	十方佛決狐疑經一卷	法經錄126c	缺
僞撰	八方根原八十六佛名經一卷	法經錄126c	缺
僞撰	普賢菩薩說（此）證明經一卷	法經錄126c	2879

第一節　主な多仏名とその信仰

まず、経典中に説かれる代表的な多仏名について、行論に関わる範囲で概観しておこう。多仏名は、大きく分けて二種の概念によって構成される。それは、過去・現在・未来の三世の時間的な広がりを表すものと、四方四維上下の十方の空間的な広がりを表すものとである。そのうち代表的なものに関しては、既に塩入氏が諸テキスト間の仏名の異同などに着目し詳論している。(6) 一方、筆者は称名・礼拝や造像などの実践面に重きを置いて解説してみたい。

①過去七仏……過去七仏とは、釈迦以前に成道した六仏に釈迦を加えた七仏をいう。これには、大きく分けて、[A]『長阿含経』や『仏説観仏三昧海経』念七仏品などと、[B]『七仏八菩薩陀羅尼神呪経』などの二系統あることが知られている。[A]系統は、過去七仏を「毘婆尸佛」「尸棄佛」「毘舎婆佛」「拘樓孫佛」「拘那含佛」「迦葉佛」「釋迦牟尼佛」とする。一方、[B]系統は、過去七仏を「維衞佛」「式佛」「隨葉佛」「拘留秦佛」「拘那含牟尼佛」「迦葉佛」「釋迦牟尼佛」とする。造像銘においてもこの七仏名を刻んでいるものは数多い。ただし造像銘では、北涼石塔をはじめとして初期密教的色彩を有する経典に基づく[B]の系統が多く採用されているのは留意すべきである。これは、過去七仏が単に過去から現在、そして未来へという三世にわたる法灯の継承を表すというだけではなく、七仏の称名には、病気や災難の除去などの現世利益的功徳があるという信仰が流布していたことと関係があるだろう。この信仰は主に、六朝隋唐期成立の複数の偽経に見られる。例えば、『普賢菩薩説証明経』には、六方の九仏の名号を唱えることで、横死や八難を免れると述べるのに続き、七仏の名号を誦すことで病気や様々な困難が消滅すると述べている。(7) また『護身命経』にも、苦難・災厄に遭ったり病気になったりした時、七仏の名号を唱えるようにと述べている。(8) さらに『救疾経』では、百日の間、法師を請い招いて斎を行い、毎日、七仏の名号や金剛密迹・無量寿仏を礼拝し、行道懺悔し、毎日一巻ずつこの経を写し、百巻写し終わることで病気が治癒するとしている。(9) 沮渠京声訳『治禅病秘要法』においても、坐禅に際し、鬼神によって惑乱された時、七仏・弥勒菩薩の名を唱え、数息観を

行じ波羅提木叉を誦すことで、悪鬼を調伏できるとしている。[10] 七仏の称名は諸々の懺法にも取り込まれ、『国清百録』巻一「請観世音懺法」には、「一心頂禮本師釋迦牟尼世尊。一心頂禮西方無量壽世尊。一心頂禮七佛世尊」[T46：795b]とある。また、『大方等陀羅尼経』には、過去七仏に無量寿仏・過去雷音王仏・秘法蔵仏を加えた十仏の前で至心に懺悔すれば、九十二億生死の罪が滅するという。[11] 以上のように、七仏の名号を唱え礼拝することで病気や災難を免れ罪が滅するという信仰が、六朝時代、広範に流布していたことが推察される。

②三十五仏……三十五仏の名は竺法護訳『決定毘尼経』に見え、五無間罪などの重罪を犯した時、三十五仏の前で至心に懺悔するようにと述べられている。[12]『観虚空蔵菩薩経』には、滅罪するには十方仏を礼拝し、三十五仏・虚空蔵菩薩の名を称《とな》えよとある。[13]『治禅病秘要法』にも、犯戒による禅病の治癒に、釈迦仏↓七仏↓三十五仏と順に念ずべしとある。[14] これらの資料から、三十五仏が懺悔と非常に関わりの深い仏であったことが分かる。

③五十三仏……五十三仏は『観薬王薬上二菩薩経』に見える過去仏であり、その名を聞けば万億阿僧祇劫も悪道に堕ちず、唱えれば生まれかわった先で常に十方諸仏に会うことができ、至心に敬礼すれば、四重・五逆・大乗を謗るなどの重罪を除滅できるという。[15] 釈迦も遠い過去世において、妙光仏のもとでこの仏名を聞き、人に教え、その人がまた他人に教え、最後には三千人になり、皆ともにこの仏名を誦し敬礼した。その功徳によって無数億劫の生死の罪を超越し、最初の千人は過去千仏となり、次の千人は賢劫千仏となり、最後の千人は未来の千仏となるという。十方現在諸仏も過去世にこの仏名を聞いたために成仏した。[16] また四重・五逆・十悪や謗法の重罪を除滅するには、薬王薬上二菩薩呪を誦し、十方仏・過去七仏・五十三仏・賢劫千仏・三十五仏を敬礼し、その後、十方無量一切諸仏を遍く礼すべしという。[17]

僧伝には、五十三仏に関する話がいくつか述べられている。慧重は隋の仁寿年間（六〇一～六〇四）、舎利を隆州禅寂寺に送り、斎を設けたところ、様々な霊瑞が現れたが、再び都に帰って後、禅定と懺悔を専ら修すようになり、昼夜十二回にわたり五十三仏を礼し、それ以外の時は跏坐正念し、生涯を終えたという。[18]

また、五十三仏と三十五仏はセットにされることが多い。隋の開皇（五八一～六〇〇）の初め、雲門寺にて具足戒を受けた僧倫は、武陽の理律師のもとで仏法を聴聞した。そして、初めて半夏（夏安居の中日）を迎えた際、僧倫は五色の光が車輪のような形になり自身の心を照らすのを僧衆とともに見た。僧倫はその光に包まれた中で五十三仏を礼拝したが、光は消えず、更に三十五仏を礼すると光は収まったという。[19] 次節でみる東魏の嵩陽寺碑碑陰においても、五十三仏と三十五仏の名がともに刻まれている。また、北魏普泰元年（五三一）朱法曜造像碑[20]には「比丘僧振父母造卅五佛」とあり、同時期に造られたと推測される朱黒奴造像碑[21]には「比丘僧振造五十三佛、爲曠劫諸師・現在諸師・但越施主……」と刻まれ、おそらく同一人物が三十五仏と五十三仏の像を異なる碑に造っている。五十三仏の像を造ったことを記す北朝時代の紀年銘としては、他に、龍門石窟古陽洞の北魏永平四年（五一一）黄元徳造像記[22]、フリア美術館所蔵の正光二年（五二一）比丘劉法蔵造像銘[23]などがある。

④十方（諸）仏……四方四維上下の仏であり、各方角に一仏ずつであれば、十方十仏となる。東西南北の四方仏、東西南北上下の六方仏、四方四維の八方仏として表される場合も多い。有名であるのは、『金光明経』の東方阿閦・南方宝相・西方無量寿・北方微妙声仏という四方四仏、また、次に述べる『法華経』に見える八方の十六王子、そして『十住毘婆沙論』あるいは『観仏三昧海経』に見える、東方善徳仏以下の十方仏名などである。しかしこれら以外にも、他の経には多くの十方仏名が見えることに注意しておきたい。十方仏でも千を超えるものとして『現在十方千五百仏名并雑仏同号』がある。[24] 具体的な数を言わなくなると、十方一切諸仏となる。諸仏名の礼拝による懺悔儀礼においても、さきほど例示した『観薬王薬上二菩薩経』のように、個々の仏名を礼した後に、十方諸仏を礼拝するという形式をとるものも多い。十方諸仏信仰は北魏のかなり早い段階からあったことが、興安三年（四五四）五月十日の紀年題記を有する『大慈如来告疏』に、十方諸仏を一心に敬礼するという語が見えることからも分かる。[25] また、『出三蔵記集』巻四新集続撰失訳雑経録に「有稱十方佛名得多福經一巻（抄）」[T55:22b] という経名が見えるように、十方仏もその称名による功徳が期待されていたと考えられる。

十方仏に関わる造像について、梁の武帝は同泰寺にて十方銀像や十方金銅像を造り、無遮大会を執り行っている。[26] 造像銘においても、北周保定二年（五六二）「十方四面石像」[27]や北斉天保十年（五五九）「十方釋迦像十軀」を造ったという事例[28]、さらに邑義道俗が十方諸仏一切賢聖に敬白するという東魏武定七年（五四九）の事例[29]も見られる。

⑤**十六王子**……十六王子は『法華経』化城喩品に見え、大通智勝仏の十六人の王子が沙弥となり、その仏の説法を聴き、教えを広めた因縁により、後に成仏して四方四維の八方の仏となったものである。第一番目の仏が東方の阿閦、第九が西方の阿弥陀であり、最後の第十六の仏が娑婆国土の釈迦である。なお、『法華三昧懺儀』に、「一心敬禮法華經中過去二萬億日月燈明佛・大通智勝佛・十六王子佛等一切過去諸佛」[T46：951c]とあるように、十六王子仏名は懺悔儀礼にも導入されている。十六王子を石刻造像にとりいれることについてはかなり流行していたようであり、その事例は少なからずある。このことは、張総氏・頼文英氏の論考[30]に詳述されている。

⑥**千仏**……千仏といえば、現在賢劫に出現するとされる千仏を指す場合が多い[31]。『維摩詰所説経』法供養品には、過去無量阿僧祇劫に薬王如来がおり、宝蓋という名の転輪聖王が月蓋をはじめとする王子千人とともに仏を供養したが、その時の月蓋が釈迦であり、王子千人は迦羅鳩孫駄仏から楼至仏までの現在賢劫の千仏であるという[32]。千仏の因縁には異説が多く、経により異なるが、この例のように、ともに仏の説法を聴いた千人が後に千仏となるという構成をとるものが多い。先程五十三仏のところで言及した『観薬王薬上二菩薩経』では、千人ではなく、三千人が過去・賢劫・未来の三千仏となるとしている。現存する経典のうち、個々の千仏の具体名が見えるのは、竺法護訳『賢劫経』、失訳の『過去荘厳劫千仏名経』『現在賢劫千仏名経』『未来星宿劫千仏名経』などである。大正蔵所収の『現在賢劫千仏名経』(No.447a)では、第一から順に「拘那提佛」「拘那含牟尼佛」「迦葉佛」「釋迦牟尼佛」「彌勒佛」「師子佛」「明焔佛」[T14：376a]となっており、過去七仏のうち、後の三仏が組み入れられている。

千仏の礼拝は実践を重視する僧たちによって修されていた。例えば、南斉の永明十年（四九二）に七三歳で遷化した超辯は、定林上寺に止住すること三十余年、『法華経』を日ごとに一遍誦し、さらに千仏を礼拝すること百五十余万拝に達したという[33]。

また、北斉天保六年（五五五）、八〇歳で入寂した僧範は、「華嚴に意を留むるを來報の業と爲し、夜ごとに千佛を禮するを一世の常資と爲し[34]」たという。『仏祖統紀』巻三九開皇三年（五八三）の条には、海陵の沙門恵盈が昼夜六時に三千仏を礼し、民の饑苦を救おうとしていたが、ある日『法華経』を講じたところ、五道大神と称する神が戒法を授けてくれるように御願いしたとある［T49:359c］。

千仏の造像については、早くも東晋時代に竺道壹が嘉祥寺にて「金牒千像」を造っている。(35) また、次節で示すように炳霊寺石窟に存在する五世紀初め頃の題記にも、千仏を造ったという記録が残されている。北魏時代に開鑿された敦煌莫高窟第二五四窟壁面の千仏像の榜題には『過去荘厳劫千仏名経』と『未来星宿劫千仏名経』所載の仏名とおおよそ一致する仏名が記されている。(36) さらに、詳しくは次章で述べるが、龍門石窟蓮華洞には、方等懺法に基づく行道を修し、賢劫千仏を造り、皇帝以下衆生までが生々世々賢劫千仏に侍するのを願ったことを記した造像銘文が残されている。この事例も含めて、北朝時代の紀年造像銘文に見える千仏については表2-1-2にまとめた。この表を参照すると、像の供養者は集団であるものが多く、とりわけ五五八年と五五九年の造像は、邑義千人で千仏を造るという、名目上は一人一仏の対応になっており興味深い。また、千仏という銘を有する造像は各地で見られるものの、とりわけ東西魏分裂以後の山西地方に多く分布していることが分かる。

千仏以上の数では、時代はやや下るが、一万五千仏を礼拝したという記事が僧伝に見える。(37) ここではその例として、徳美と慧聡という二人の僧を挙げたい。徳美は、隋の開皇の末に礼懺を業とし、太白山に行き仏名経十二巻を誦し、懺を行ずる時にはいつも誦しかつ礼拝した。毎年の礼懺において道場が散じた後も、七日間一万五千仏を日ごとに一遍礼誦したという。(38) かたや慧聡は、『法華経』に見える常不軽菩薩は専ら経典を読誦するようなことはせず、ただ四衆を礼拝する行を修していただけであるのに六根清浄を得たのであるから、私は諸仏世尊を礼拝しないでおられようか、と言い、別院にて門を閉ざして常に一万五千仏を礼し、経（おそらく十二巻『仏名経』）によって自ら仏名を唱え、一々の仏を礼拝した。ある寺僧がその所作を怪しんでのぞき見したところ、慧聡が頭を下げ礼拝すると、天龍八部等もまた頭を下げていた。唐の貞観年間（六二七～六四九）には、その院には人の往来が途絶えたが、毎夜常に弾指・礼拝・行道などの音が聞こえたという。(39)

以上、①から⑥まで論じてきた諸仏は、たとえ遠い過去の世界の仏であったとしても、現在この世界に関わりがな

表2－1－2　北朝時代千仏造像銘目録

王朝	元號（西暦）	月日	造像名稱	銘文拔粹	關係地・所藏	主な典據
北魏	正始5（508）	?	正始五年造千佛塔記	「正始五年造千佛塔」	山東省青州市黄樓鎮遲家莊北興國寺遺址出土	文物 1996. 5 . 59
北魏	神龜3（520）	0223	晏僧定邑子六十七人等造像記	「造千佛石像一傴、四面細好銘一傴、精舍一傴、□雜果七十餘□」	陝西省永壽縣永太鄉車村發見。永壽縣文化館藏	考文 1999. 6 . 59
北魏	孝昌元（525）	0813	中明寺比丘尼道暢等造像記	「依方等行道、願造玄（賢）劫千佛。」「生〻世〻侍玄劫千佛」	河南省龍門石窟蓮華洞Ｎ8	彙錄1133、拓5003、魏目185
東魏	天平3（536）	0927	七寶山靈光寺造像記	「千像大唯那」「造七佛・彌勒下生・當來千佛。」「咸願四海群賢英儁等迭相率化入邑、崇千佛」	山西省定襄縣七巖山千佛殿	定襄1（石2.13.9949）
東魏	興和3（541）	0625	前趙郡太守嘉殷州刺史河閒邢生等造像記	「千像主」	山西省盂縣興道村摩崖	山右1、道端5.151；238
東魏	興和3（541）	1122	豐樂寺比丘員光等造像記	「剖刊朝篆、零象一千」	山西省	拓6081、大村259、漢魏7.296
西魏	大統12（546）	0227	權旱郎等造像記	「造一？劫石象千佛」	甘肅省秦安縣出土。甘肅省博物館藏	甘石213、莊嚴70
北齊	天保3（552）	0715	討寇將軍長子縣令魏蠻等造像記	「造石像一軀、幷千像」	傳山西省將來。東京國立博物館藏	松原376
北齊	天保9（558）	0208	魯思明等合邑千人造像記	「合邑千人共……八繡像一區、合有千佛、人中石像兩區」	（原在河南省新鄉市）河南博物院藏	拓7071、百品165、京NAN0535X、魯一六979、漢魏9.13
北齊	天保10（559）	0715	比丘法悅邑子等千人造像記（禪慧寺佛幢）	「願造千像成就」「千像主」	原在山西省介休縣史村。太原文廟藏	拓7085、山右2、漢魏9.44

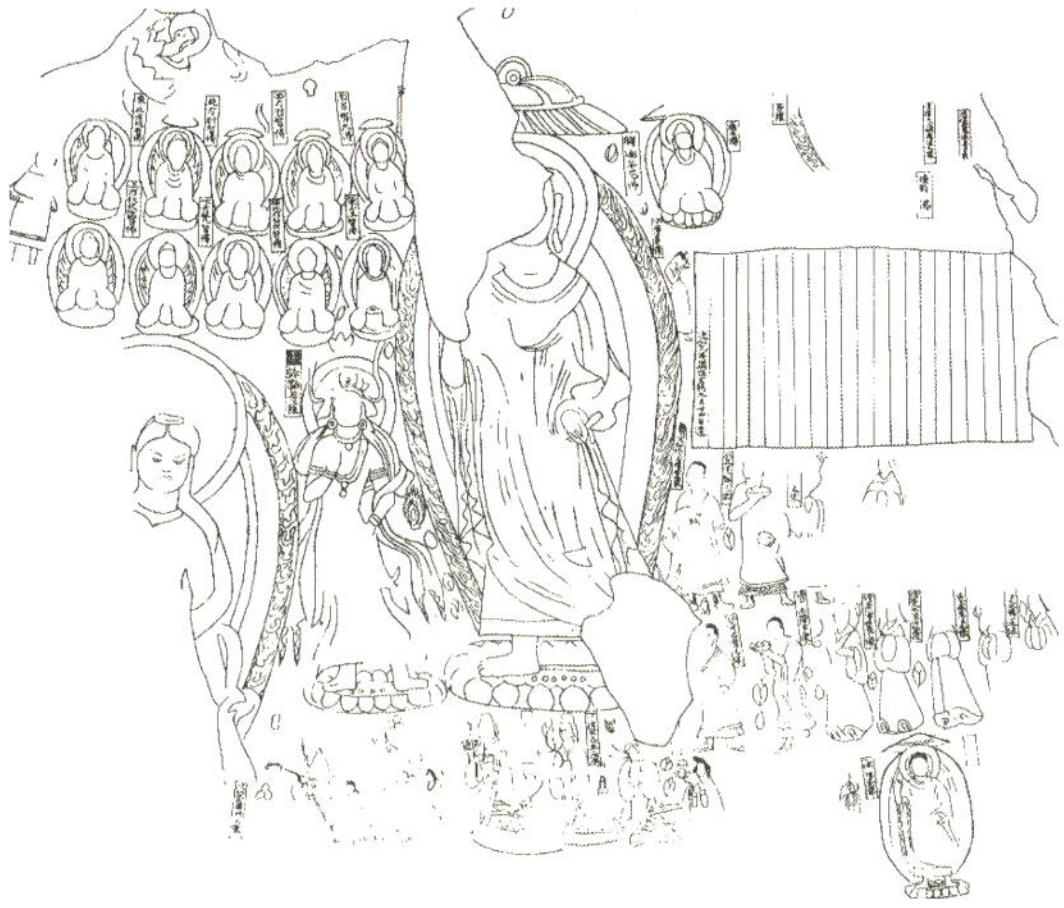

図2－1－2　西秦建弘元年（420）または5年（424）大禅師曇摩毗等造像　描き起こし図

図2－1－1　西秦建弘元年（420）または5年（424）大禅師曇摩毗等造像

いのではなく、その名号の礼拝・称名によって現実に功徳がもたらされると経典に説かれている。僧伝にも仏名の称名・礼拝が懺悔滅罪の行として実践されていたという記載があり、造像もなされていたことが分かる。次節では、個々の造像に刻まれた仏名について、より詳しく具体的に典拠となる経典を調査しつつ、経典の使用のされ方やその配列などに関しても検討してみたい。

第二節　北朝時代の多仏名石刻諸事例

北朝時代の造像には、実に多様な仏名が刻まれ、あるいは墨書されている。以下、年代順に注目すべき事例を紹介してみたい。なおここで取りあげる諸事例の典拠などについては、本章末尾に添付した**表2-1-3**「北朝時代多仏名石刻目録」を参照していただきたい。

①大禅師曇摩毗等造像記　炳霊寺石窟第一六九窟　西秦建弘元年（四二〇）または五年（四二四）**図2-1-1、2-1-2**

石刻ではないが、仏名を多く記した最も早期の事例は、五胡十六国時代までさかのぼる可能性がある。それは甘粛省永靖県の黄河沿いに位置する炳霊寺石窟第一六九窟に墨書された諸仏名である。この窟には西秦時代に造られた仏像が数多く存在するが、その中でも、北壁の西秦建弘元年（四二〇）、あるいは五年（四二四）の紀年を持つ発願文を有する一区画の塑像仏や壁画仏の傍には、像と対応する仏名が多く墨書されている。これについては、張宝璽氏や頼鵬挙氏によって既に明らかにされているが、早期の重要な事例であるので、両氏の報告によりつつ紹介しておきたい(40)。

図2-1-1に見える中央の本尊の傍には、「无量壽佛」、左脇侍（本尊の向かって右側）に「得大勢志菩薩」、右脇侍に「觀世音菩薩」という榜題が付され、無量寿三尊像であることが分かる。その「得大勢志菩薩」を向かって左下端に表したのが図2-1-2である。「得大勢志菩薩」の向かって右隣に「彌勒菩薩」の題記をもつ菩薩の画像があり、さらに隣に「釋迦牟尼佛」の榜題を持つ立仏画像が描かれる。その向かって右上には「藥王佛」と題される小坐仏が描かれている。「藥王佛」は、『維摩経』法供養品に見え、釈迦の前世である月蓋比丘に授記を与えた仏である。その釈迦の隣に弥勒菩薩が描かれるので、過去→現在→未来の三世にわたる法灯の継承を表していると考えられる。張宝璽氏の報告によれば、さらにその右に「□□志菩薩」、さらに「接引佛」という題記があり、「接引佛」は阿弥陀仏のことであるという。そうであるとすると「□□志菩薩」は「大勢志（至）菩薩」であると想定される。

願文の下には、上下二列の供養者画像とともにその名を記した題記がある。上列には「□國大禪師曇摩毗之像」「比丘道融之像」の題記があり、以降は磨滅している。下列には、「比丘慧普之像」以下、「博士」や「侍生」「清信女」などの肩書を持つ在俗供養者が続く。特に注目されるのが供養者行列を先導する曇摩毗であり、この人物は、『高僧伝』巻十一玄高伝に見える「外國禪師曇無毘」であることが明らかにされている。その伝によれば、曇無毘は「領徒立衆、訓以禪道。然三昧正受既深且妙」［T50：397ab］とあるように禅定に秀でた人物であった。また、北魏の太子拓跋晃が師事したことでも有名な玄高が、彼のもとをたずね法を授かったとされる。

さて、これら一群の題記において最も注目すべきは、既に指摘されているように、「東□□□□」「北方行智佛」「西方習智佛」「南方智火佛」「東北方明智佛」「東南方□□□□」「上方伏怨智佛」「下方梵智佛」「西北方自在智佛」「西南方上智佛」とある十方仏の題記である。この十方仏は一般的な『十住毘婆沙論』『観仏三昧海経』に見えるものではなく、東晋の仏駄跋陀羅訳六十巻『華厳経』（以降、『六十華厳』と表記する）如来名号品に見えるものと一致する。[41] 筆者の収集した石刻資料においても類例は見当たらず、大禅師曇無毘の高度な禅観実践に裏付けられた仏教思想が反映されたやや特殊な事例と考えるべきものであろう。ただしこれらの諸仏名がすべて統一したテーマのもとに願文と同時期に書かれたものかどうか断定はできない。[42]

また第一六九窟には、別の場所に「比丘慧眇・道弘・法□・曇願・曇要・鸞化・道融・慧勇・僧林・道元・道雙・道明・道新・曇普・法炬・慧□等、共造此千佛像。願生之處常値諸佛、（中略）供事千佛、成衆正覺」という発願文があり、千仏を造り、千仏に供事し正覚を成ずることが願われ、千仏信仰が表されている。道融は前述した造像の供養者行列において、曇無毘のすぐ後に見られ、この造像記より序列が上がっているので、上述の建弘の年号を有する題記よりも時期がやや遡るとされている。[43]

②邑義信士女等五十四人造像記　雲岡石窟第十一窟東壁上部　北魏太和七年（四八三）　図2-1-3

雲岡石窟には壁一面に小仏龕で埋め尽くされた窟がある。これら多仏龕については、長廣敏雄氏が詳論しているので、氏の説によりつつ紹介する。[44] 雲岡石窟第十一窟東壁上部には、太和七年（四八三）の紀年銘文を有する区画がある（図2-1-3）。第一部第二章で見たように、願文には「太和七年歳在癸戌八月卅日、邑義信士女等五十四人自惟、往因不積、生在末代、……是以共相勧合、爲國興福、敬造石廟形像九十五區及諸菩薩」とある。これは邑義造像の最も早い紀年を持つものとして注目される事例である。造像は中央を上下五段に分け、上から弥勒菩薩像龕、二区の坐仏像龕、二仏並坐像龕、さらに「観世音菩薩」「大勢志《ママ》菩薩」「文殊師利菩薩」という題記を持つ三菩薩並坐像である。その両側に、合計八十八仏龕が整然とならぶ。二仏並坐像龕を一区として数えると中央部分は七区になり、三十五＋五十三の八十八を加えると「九十五區」になるというのが長廣氏の説である。三十五仏や五十三仏の具体名が刻まれたわけではないが、邑義造像においてこれら多仏信仰が表現されていることは留意すべきである。

図2－1－4　北魏永熙3年（534）水泉石窟比丘尼仙造像

図2－1－3　雲岡石窟第11窟東壁層南端北魏大和7年（483）邑義信士女五十四人造像

③a、比丘曇覆摩崖造像記・b、比丘尼仙造像記

水泉石窟　北魏　図2－1－4

水泉石窟は、北魏時代に開かれた石窟で、北魏洛陽城の南、龍門石窟の東方、現在の河南省偃師市寇店郷に位置する。この石窟の開鑿者は比丘曇覆であり、窟外に北魏太和十三年（四八九）の紀年を持つ碑刻題記が残存している。先行研究によれば、石窟の開鑿やこの碑刻の建造は少し年代が下り、孝明帝・胡太后の時代であるとされる[45]。その銘文には以下のようにある（～は碑上部と下部の断裂部分を示す）。

洛州阿育王寺造銅像三區、各～長三尺、金度色、幷佛□輿。造石窟一區、中置一萬佛。造一千五百龍華像一區。／

□州鉢侯山西北、大狂水南～廿三里、造五千佛堂一區。當皆城東北四里、造一千五百龍華像一區。／

梁州項城東北三里、造萬佛三～區、浮圖一區。延酥堆上、千佛天宮一區。／

新城山伊水西、小水南等二里、～造千佛天宮一區。小水北二里、在黒山中、造五百華勝佛一區。／

郟州山西□頭五里田侯谷中、～造一千五百龍華像。陸渾川萇城西、小水北各一里、造千佛天宮一區。／

造一千五百龍華像一區。柒～里澗造一千五百龍華像一

區。造十六王子行像十六區。五縣内／
合大小像三萬八千一十六區～佛經一千卷。／
大魏太和拾參年比丘曇覆爲～□□幷□□廟三界五道受苦者、因此之福、願令普同受樂。／
曇覆姓趙、字得覆、荊州南陽人。～□趙靈王之苗冑焉（中略）／
（中略）歸山自靜、於京南大谷之左《?》面、私力崇營□□□爲　皇帝陛下・皇太后、敬造石／（以下残欠多し。省略）

洛州阿育王寺に銅像三區、各おの長さ三尺、金もて度（鍍）色せしもの、幷びに佛□輿を造る。石窟一區を造り、中に一萬佛を置く。一千五百龍華像一區を造る。□州鉢侯山の西北、大狂水の南廿三里に、五千佛堂一區を造る。當皆城の東北四里に、一千五百龍華像一區を造る。梁州項城の東北三里に、萬佛三區、浮圖一區を造る。延酥堆上に、千佛天宮一區（を造る）。新城山伊水の西、小水の南等しく二里に、千佛天宮一區を造る。小水の北二里、黒山中に在りて、五百華勝佛一區を造る。郟州山西□頭五里田侯谷中に、一千五百龍華像を造る。陸渾川萇城西、小水北各一里に、千佛天宮一區を造る。一千五百龍華像一區を造る。柒里澗に一千五百龍華像一區を造る。十六王子行像十六區を造る。五縣内合わせて大小像三萬八千一十六區、佛經一千卷なり。
大魏太和拾參年比丘曇覆□□幷びに□□廟三界五道の苦を受くる者の爲にし、此の福に因りて、願わくは普ねく同《とも》に樂を受けしめんことを。曇覆、姓趙、字は得覆、荊州南陽の人なり。～□趙靈王の苗冑たり。（中略）山に歸り自ら靜たり、京南大谷之左《?》面に於いて、私力もて……を崇營す。……皇帝陛下・皇太后の爲に、敬みて石……を造る（下略）

この題記において注目すべきは、「一萬佛」「五千佛堂」「千佛天宮」「一千五百龍華像」といった語句から多仏信仰がうかがえることである。それに加え、『法華経』に見える十六王子の行像を造っている点も看過できない。千五百という数は、『出三蔵記集』巻四新集続撰失訳雑経録に収録される「千五百佛名（經）」［T55：32c］に基づくとも考えられる。また、この水泉石窟内には北魏永熙三年（五三四）の紀年銘文を持つ屋殿形の造像区画がある（図2-1-

4)。その造像願文を以下に示す（［ ］内の字は次の字の右上に小字で刻まれている）。

大魏永熙三／年二月十三／日比丘尼仙／仰爲累劫師／僧・皇帝陛下、／敬造七佛七／區・釋迦多寶／佛・定光佛・大／慈大悲佛・日／月光明佛・彌／勒［佛］像一區・虛／空藏菩薩・十／［方］大地菩薩。／……／復願七世父／母、所生父母、／兄弟巻蜀《眷屬》、鄕《香》／火邑儀、□南／家巻《眷?》道／爲王□□子／乙開國僧護、／緣此□得《徳》、願／使衆惡頓消、／萬善普會。□／爲一切受苦／衆生離苦得／樂。所願如是。

大魏永熙三年二月十三日比丘尼仙仰ぎて累劫師僧・皇帝陛下の爲に、敬みて七佛七區・釋迦多寶佛・定光佛・大慈大悲佛・日月光明佛・彌勒［佛］像一區・虛空藏菩薩・十［方］大地菩薩を造る。……復た願わくは七世父母、所生父母、兄弟巻蜀、鄕火邑儀（以下三行欠多く難読のため略）。此の□得（功徳）に緣《よ》りて、願わくは衆惡頓に消え、萬善をして普ねく會せしめんことを。□一切の苦を受くる衆生の苦を離れ樂を得んが爲にす。願う所是くの如し。

これは比丘尼の発願による造像であるが、願文の中に「鄕火邑儀」とあるので（「鄕」は「香」と音通）、義邑がこの造像事業に関わったとみてよいだろう。先述したとおり、これらの諸仏龕は全体で屋殿形の一区画を形成しており、本尊は交脚弥勒菩薩である。その本尊の両側に各七龕、合計十四の小坐仏龕が存在する。これらの仏名の典拠となる文献はいまだ明らかにされていないが、筆者の考察によれば、梁の『慈悲道場懺法』との関係が考えられる。弥勒を本尊とするのがまず『慈悲道場懺法』と合致し、「日月光明佛」も巻三［T45 : 934b］に見える。「大慈大悲佛」は見えないが、例えば巻三に「大慈大悲、唯願救拔一切苦惱、令諸衆生卽得解脫、改往修來不復爲惡」［T45 : 933c–934a］と「大慈大悲」という語が使われ、さらに「十方大地菩薩」という表現はこの『慈悲道場懺法』巻十［T45 : 963c］にしか見えない。『慈悲道場懺法』は、南朝梁の武帝の時に主要部分が編纂されたと現在のところ考えられている。[46] ただし、この造像銘文中の仏名が完全に見られるわけではないので、直接この文献を参照したのではないと考えた方がよいかもしれない。

④嵩陽寺碑　東魏天平二年（五三五）図2-1-5

この碑は高さが三メートルを超える大型の造像碑で、河南省の嵩陽書院に現存する。碑文は『金石萃編』などの歴代の金石書に著録されており、碑文により嵩陽寺の創建者である禅師法生とその檀越裴衍との関わりや、嵩陽寺の創建の経緯をうかがうことができ、歴史資料としても貴重である。長文の銘には「天平二季四月八日、倫・豔二統乃刊石樹碑、雕餝尊像、賛貽嘉福、顯彰聖儀。高足大沙門統遵法師（中略）接引群生、舟航巨海、率諸邑義、繕立天宮、整修嚴麗、兼造白玉像一龕」とある。天平二年は東魏王朝が成立してまもない時期である。銘文によると、法生の弟子の倫・豔という名の僧が碑を建て、尊像を彫刻し、さらに高弟である遵法師が諸邑義を率いて「天宮」(47)を修造し、白玉像一龕を造ったという。銘文には他に「虔禮禪寂、六時靡輟、方爲衆聖萬劫之靈場、八輩十方三世之菀囿也」とあり、昼夜六時欠かさず礼拝禅定することによってこそ、この地が万劫十方三世にわたる賢聖の霊場苑囿となると実践行を強調している。

碑陽には、本尊である坐仏龕の下に供養者像が十体、さらにその下に過去七仏龕がならび、榜題が向かって右から順に「唯衞佛」「式佛」「隨葉佛」「拘樓秦佛」「拘那哈牟尼佛」「迦葉佛」「釋迦牟尼佛」と付されている。

さて、この碑については、碑陽の銘文の内容に関してはしばしば論及されてきたが、本尊の龕以外に多くの仏龕があり、特に碑陰に多くの小仏龕とともにその仏名が刻まれていることについてはほとんど注目されていない(48)。幸い京都大学人文科学研究所には碑陰の拓本が所蔵されているので（図2-1-5）、その仏名を本章末尾の【録文一】に表した。碑身の小仏龕の数は、縦十一列×横八行と最下列が横六行で、合計九四龕である。最下列を除く仏名は、『観薬王薬上二菩薩経』の五十三仏と『決定毘尼経』の三十五仏であり、蛇腹状に配される。ただし、三十五仏の第一番目の釈迦牟尼仏が除外され、代わりに「龍自在王佛」が33と34番の間に挿入されている。龍自在王仏は

図2-1-5　東魏天平2年（535）嵩陽寺碑碑陰

北魏吉迦夜訳『称揚諸仏功徳経』巻上において、東方の正覚世界の仏とされ、その名を唱えれば、雷・雹・霜などの災難から逃れることができるという[49]。

問題は、最下列の六方仏名であり、向かって右側の仏から順に列記すると、「西方殊勝正覺佛」「北方寶願神王佛」「下方師子尊敎佛」「上方□□如來佛」「南方□□佛刈佛」「東方寶海佛」となる。東方の宝海仏は、『称揚諸仏功徳経』において東方の第一番目の仏であり、西方の殊勝仏は、同経の西方仏において阿弥陀仏に次いで第二番目に登場する仏である。「殊勝」のあとに「正覺」がついているのは、経文の「號曰殊勝如來・至眞・等正覺・明行成爲・善逝・世間解・無上士・道法御・天人師」[T14 : 99b] という「等正覺」からとったのであろうか。南方と北方の仏については、その典拠が不明である。上方の「□□如來佛」という仏名は「如來」と「佛」が意味的に重なり、翻訳経典ではありえない奇妙な表現であるが、偽経『普賢菩薩説証明経』には「上方香積如來佛」「下方師子億像佛」とあり、これを参照した可能性も考えられる[50]。あるいは現在亡佚した経典を参照したとも想定できる。このように、異なる経の仏名を参照して組み合わせ、それが必ずしも経そのままの形ではないという事実は注目される。

最後に、碑陰全体の仏の構成をみると、最上の位置である碑首の龕に弥勒を配置し、碑身には過去仏の五十三仏、さらに釈迦を除いた三十五仏を経とは逆の順序に上から蛇腹状に配列し、最下段に六方仏を配置するという、三世六方仏の形態をとり、諸仏が時間・空間的に遍在することを表現している。また、懺悔儀礼と関わりの深い三十五仏と五十三仏名を刻んでいることから、これら仏名を唱え礼拝することによる懺悔が実践されていたと考えられる。

⑤務聖寺碑　東魏天平二年（五三五）　図2－1－6・図2－1－7

この碑は嵩陽寺碑と同年の紀年を有するものであり、関野貞・常盤大定両氏が調査した当時、少林寺の緊那羅殿に存在した[51]。碑陽の本尊は、後述する銘文によると釈迦仏であり、観音・文殊が脇侍菩薩である。本尊龕の上部には、七仏龕が横一列に並んでいる。対応する刻まれた仏名は、供養者名を省略して示すと「□波戸佛」「戸棄利佛」「□□佛」「□□牟尼佛」「句樓秦佛」「仇那含佛」「迦葉佛」となり、第一節で言及した七仏の二系列のうち、『長阿含経』

▲図 2－1－6　東魏天平 2 年（535）務聖寺造像碑碑陰

◀図 2－1－7　務聖寺造像碑碑側

の系統を採用しているのは珍しい。一方、碑陰には縦七×横六、うち上から三段目の中央二龕を釈迦多宝並坐像の一龕とする、合計四一の仏龕がならぶ。その仏龕の傍には、仏名と供養者名が刻まれている（図2−1−6）。碑側（図2−1−7）には仏立像が線刻され、願文により、それが無量寿仏と分かる。その立像の下に願文が刻まれる。願文の全文を掲げると以下のとおりである。

夫靈眞玄廓、妙絶難測。非言莫能宣其旨、非像無以表其狀。言宣二六／之教、像跡四八之璃。豈不淵玄沖漠、巍巍惟極者哉。是以務聖寺檀主／張法壽、能於五蓋重羅之下、契斷恩愛塵勞之繪網、熙平二年捨宅／造寺、宿願蹔像。福不止己、規度法界、尋其羅絡、情苞聖境。自非藉因積／劫、英貴累世者、熟《孰》能發茲宏闊願行者焉。息榮遷・脩和、行慈仁孝、世習／精懿、志慕幽寂、妙眞遐願、刊石建像、釋迦文佛・觀音・文殊。仰述亡考平／康舊願、復於像側、隱出无量壽佛。福洽法界、考妣等神、捨茲質形、悉／稟淨境、同曉薩雲、覺道成佛。／

大魏天平二年歲次乙卯四月十一日比丘洪寶銘。

夫れ靈眞は玄廓、妙絶にして測り難し。言に非ざれば能く其の旨を宣《の》ぶる莫く、像に非ざれば以て其の狀を表す無し。言は二六の教を宣べ、像は四八の璃を跡《たず》ぬ。豈に淵玄沖漠にして、巍巍として惟れ極むる者ならざらんや。是を以て務聖寺檀主張法壽、能く五蓋重羅の下に於いて、契いて恩愛塵勞の繪網を斷ち、熙平二年宅を捨て寺を造り、宿《つと》に像を蹔《ほ》らんことを願う。福己《おのれ》に止まらず、法界を度せんと規《はか》り、其の羅絡を尋ね、情は聖境を苞む。因に藉ること積劫にして、英貴累世なる者に非ざる自りは、孰《いず》れか能く茲の宏闊たる願行を發《おこ》さん。息の榮遷・脩和、慈を行ないて仁孝、世《よ》よ精懿を習い、幽寂を志慕し、妙眞遐《はる》かに願い、石を刊み像を建つ、釋迦文佛・觀音・文殊たり。仰ぎて亡考の平康の舊願を述べ、復た像側に於いて、无量壽佛を隱出す。福は法界に洽《あまね》く、考妣等の神、茲の質形を捨て、悉く淨境に稟《う》け、同《とも》に薩雲を曉《さと》り、道を覺《さと》り成佛せんことを。

大魏天平二年歲は乙卯に次る四月十一日比丘洪寶銘。

願文によると、務聖寺の檀越主であった張法寿が、熙平二年に私宅を喜捨して寺を建立した。父の亡後、息子の栄遷と修和が亡父の宿願であった仏像（この造像碑）を造った。さらに碑側に無量寿像を刻出し、亡父母の浄土への往生を願ったという。無量寿仏の造像と浄土往生信仰との結びつきが見られる貴重な資料であるが、碑陰に刻まれた諸仏名もそれに劣らず重要である。そこで、碑陰の仏名を移録したのが本章末尾に付した【録文二】であり、その仏名の典拠となる経典を示すと表2-1-4のようになる。中央やや上よりの釈迦多宝並坐仏龕が碑陰の諸仏の中心であり、これは周知のとおり『法華経』見宝塔品に基づいている。その隣には阿弥陀仏、その下には薬師瑠璃光仏と有名な仏が配置されている。他の諸仏名の主な典拠は『金光明経』功徳天品と『法華経』化城喩品の十六王子と授記品である。注意すべきは、『金光明経』で「無垢熾寶光明王相如來」[T16:345bc]とされるものを、務聖寺碑では「無垢熾寶如來」と「光明王如來」に分割していることである。これは経に忠実であろうとする態度とは異なり、むしろ『大通方広経』が諸経から仏名を借用する方法と相通ずる。[52] 仏名の順序としては、【録文二】の番号のとおり、向かって左上端より始まり右上端へとならび、次に二列目の向かって左より右へとならぶ。以下同様に最下列までならんでいると考えられる。

次に、この碑文に現れるあまり見慣れない仏名について解説しておきたい。まず「觀世音佛」と「文殊師利佛」というように、経では通常菩薩であるものが、この造像銘では仏とされていることが注目される。「觀世音佛」については十二巻『仏名経』に見えるが、他の石刻にも「觀世音佛」という名がしばしば見られる。[53] 最上列の2に「難勝如來」、上から第四列の20には「難勝佛」が刻まれている。難勝如来は『維摩経』菩薩品の末[T14:544a]に登場し、維摩が長者子善徳から献上された瓔珞を二分し、一方を最下の乞人に、もう一方を難勝如来に施したという。経の文意は、財施よりも法施の功徳を強調することにある。そして、最も軽蔑された物乞いを如来と同等に見なし、分別心無く施すことを法施とする。36「寶藏佛」は『悲華経』に見え、五百の願をたて娑婆世界に生まれかわることを願った宝海に対し、将来釈迦如来になると授記した仏である[T3:192c]。22「日月燈明佛」の名は『法華経』序品に見え、過去世において二万日月灯明仏がいました時、相継いで世に出で『法華経』を説いたという[T9:3c-4a]。24の「華光佛」については、『観薬王薬上経』過去千仏の第一である「花光佛」、または、『法華経』譬喩品に見える舎利弗の将来成仏の名という二通りが典拠として考えられる。[54] 37~40の仏はそれぞれ順に大目犍連・大迦旃延・須菩提・摩

表2－1－4　務聖寺碑陰仏名の典拠

錄文二の番號	務聖寺碑陰佛名	主な典據
1	□□如來	
2	難勝如來	『維摩經』菩薩品
3	无垢熾寶如來	『金光明經』功德天品「無垢熾寶光明王相如來」
4	光明王如來	『金光明經』功德天品「無垢熾寶光明王相如來」
5	金炎光明如來	『金光明經』功德天品「金焰光明如來」
6	金山寶蓋如來	『金光明經』功德天品
7	金華炎光相如來	『金光明經』功德天品「金華焰光相如來」
8	大炬如來	『金光明經』功德天品
9	寶相如來	『金光明經』功德天品
10	寶勝如來	『金光明經』功德天品
11	東方阿閦如來	『金光明經』功德天品
12	南方寶相如來	『金光明經』功德天品
13	西无量壽□	『金光明經』功德天品「西方無量壽佛」
14	北微妙聲佛	『金光明經』功德天品「北方微妙聲佛」
15	釋迦多寶二佛	『法華經』見寶塔品
16	阿彌陀佛	『法華經』化城喩品十六王子　西
17	文殊師利佛	
18	……那佛	
19	觀世音佛	十二巻『佛名經』など。（詳細は第六章を參照）
20	難勝佛	『維摩經』菩薩品「難勝如來」
21	藥師琉璃光佛	『灌頂經』巻12
22	日月燈明佛	『法華經』序品
23	普光佛	『觀藥王藥上經』過去五十三佛の第一、『過去現在因果經』
24	華光佛	『觀藥王藥上經』過去千佛の第一「花光佛」、または『法華經』譬喩品　舍利弗
25	常滅佛	『法華經』化城喩品十六王子　南
26	虛空住佛	『法華經』化城喩品十六王子　南
27	師子音佛	『法華經』化城喩品十六王子　東南

28	須彌頂佛	『法華經』化城喩品十六王子　東
29	大通智勝佛	『法華經』化城喩品
30	雲自在王□	『法華經』化城喩品十六王子　北
31	雲自在佛	『法華經』化城喩品十六王子　北
32	須彌相佛	『法華經』化城喩品十六王子　西北
33	多摩羅跋栴檀香神通佛	『法華經』化城喩品十六王子　西北
34	梵相佛	『法華經』化城喩品十六王子　西南
35	帝相佛	『法華經』化城喩品十六王子　西南
36	寶藏佛	『悲華經』
37	多摩羅跋栴檀香佛	『法華經』授記品　大目犍連
38	閻浮那提金光如來	『法華經』授記品　大迦旃延
39	名相如來	『法華經』授記品　須菩提
40	光明如來	『法華經』授記品　摩訶迦葉
41	寶華功德海琉璃金山光明如來	『金光明經』功德天品

訶迦葉の将来成仏の名である。

総じて見ると、『金光明経』の四方四仏、『法華経』十六王子の八方仏と、釈迦に対して授記した過去仏、釈迦が授記した未来仏という構成である。すなわち、嵩陽寺碑と同様に、過去・現在・未来の三世仏という時間・空間的広がりが意識されていると言える。さらに、『金光明経』功徳天品から採用されている仏は、みなその名を唱えることの功徳が説かれており、『国清百録』所収「金光明懺法」[T46:796ab] においても、これら功徳天品の諸仏を奉請することがその儀式次第に組み込まれている。これらの事実は、多仏名を刻むことと称名による懺悔儀礼との関係を示唆するものである。

⑥巨始光造像碑　西魏大統六年（五四〇）　図2-1-8

この造像碑の歴史的背景については、周錚氏によって詳しく紹介されている[55]。碑陽に刻まれた願文の最後に「巨始光合縣文武邑義等、仰爲皇帝陛下・大丞相・七世所生父母・存亡眷屬、爲一切衆生、敬造」とあるように、巨始光を発願主とする、県を挙げての大規模な義邑によるものである。「建義都督巣山監軍鎮遠将軍前平陽令高涼令安平縣開國侯」の巨始光が「像主」で、現職の高涼県令尹虎子も

「維那」として名を連ねる。さらに、高涼県の僧官の長と考えられる「高涼三藏比丘辯賢」が、邑義たちの宗教的指導者である「邑師」となっている。[56] ただし、この辯賢の題記は字体が他と明らかに異なり、北周時代の後刻である可能性が高い。他には県の属僚である功曹・主簿・録事・西曹掾・兵曹掾・金曹掾・租曹掾などが「邑子」として多数名を連ね、さらに「邑子族正」という肩書を有する多様な姓の者達も多数参加している。注目すべきは「使持節通直散騎□侍驃騎大將軍建州刺史正平太守當郡大都督華陰縣開國侯楊標」と碑陽の願文の下部に見える楊標である。この人物は『周書』巻三四に立伝される楊標であることが既に明らかにされている。伝によると、楊標は正平郡高涼県（県治は現在の山西省稷山県）の人で、祖父の貴と父の猛は、ともに県令であった。楊標は権謀術数に長けており、東魏との戦いにおいて大いに軍功を挙げ威名をとどろかせた。後に建州刺史の職を授かり、正平郡太守となったことも伝に記されている。つまり楊氏はこの高涼県においてかなり大きな力を持っていたと考えられる。碑陰には「光父被旨板授建興太守巨天祖」とあり、巨始光の父は建興太守を板授されるのみで他には官位に就いていなかったようである。板授（板官）とは、詔などによって人民の慰撫・奨励などの目的のため、一定以上の年齢の老人に与えられる実

図2-1-8　西魏大統6年（540）巨始光造像碑碑陽

質のない名誉職であり、造像銘にもしばしば見える。(57) 巨氏は代々官僚を輩出するような家柄ではなく、土着の豪族であったと推測される。高涼県は現在の山西省南西部に位置し、当時、西魏と東魏の抗争の最前線にあった地域である。(58) 六百字を超える造像願文中には以下のようにある。

……巨始光、自惟□因浮淺、樹業彫微、生於季葉、／長逢兵亂。王道時屯、群飛未戢、妖熒充／斥、忠良異路。値龍變虎爭之秋、列士立功之會、常／思納肝之誠、又慕孫賓之節、契闊戎行、夷嶮／備經、艱危之中、恆發私願。遂心存至道、追慕／玄津。福祐無違、精誠剋立。莅宰向周、缺期月／之化、綏民撫政、乏童雉之惠。慶福嘉祉、寔由／靈蔭、託根挺拔、因助獲善。仰惟三寶恩重、思／著聚沙之功。尋優塡養正而遺風、想育王叔／世而繼範。故葉公好龍、感至義而見眞、目連／慕德、刻圖像而尊奉。乃藉本宿心、兼規古則。／輒率文武鄉豪長秀、竝竭丹誠、敬造石像一／區。

……巨始光、自ら惟うに因を□すること浮淺、業を樹つること彫微にして、季葉に生まれ、長く兵亂に逢う。王道時に屯し、群飛未だ戢《おさ》まらず、妖熒充斥し、忠良路を異にす。龍變虎爭の秋《とき》、列士功を立つるの會に値い、常に納肝の誠を思い、又た孫賓の節を慕い、契闊して戎行し、夷嶮備さに經るも、艱危の中、恆に私願を發す。遂《か》くて心は至道に存し、玄津を追慕す。福祐違う無く、精誠剋く立つ。宰に莅《のぞ》みて周に向かうに、期月の化を缺き、民を綏んじ政を撫するに、童雉の惠に乏し。慶福嘉祉は、寔《まこ》とに靈蔭に由り、託根挺拔たるは、善を獲るを助くるに因る。仰ぎて三寶の恩重きを惟い、聚沙の功を著さんことを思う。優塡の正を養いて風を遺《のこ》すを尋ね、育王の叔世にして範を繼ぐを想う。故に葉公龍を好むに、至義に感じて眞なるを見、目連德を慕い、圖像を刻みて尊奉す。乃ち藉りて宿心を本とし、兼ねて古則に規《のっと》る。輒ち文武鄉豪長秀を率い、竝びに丹誠を竭くし、敬みて石像一區を造る。

願文には、巨始光が動乱の世において忠節を尽くして従軍し、艱難を経てきた中にも仏教を信奉し、県令となって三宝の恩に報ずるため造像したことが語られている。また、願文の中には、いくつかの逸話も見える。具体的には、龍を好きになり、至る所に龍の像を描き、ついに本物の龍を見てしまったという葉公の逸話、(59) あるいは、仏が母に説法するため忉利天に昇ってしまったので、優填王が仏を思慕して、目連の神通力により工匠たちに仏の姿を見させ、その姿を像として彫刻させたところ、仏が天から降りてくるに際して像が仏を出迎えたという逸話などである[60]。これは、誠心を尽くして造像すれば、仏の真容に見えることができるということを表現していると考えられる。この碑が建立された背景には、軍事的緊張に際し、土着の豪族も取り込んだ邑義造像という集団的宗教行為の機会を設け、皆が誠心に祈りを捧げることで、全県の結束を強めるという意図があったと考えられる。造像の功徳による仏の加護を願い、さらには、真の仏に見えることをも期待したのであろう。

以上の碑の性格から、そこに表現された仏教思想も、県を代表するような性質のものであったと考えられる。この碑には、碑陽の碑首の龕に、「左相多保佛塔證有法華經」「右相釋迦佛説法華經」とあり、釈迦多宝二仏並坐像が彫られている。碑の中央の大龕は五尊像で本尊は坐仏である。傍には「發心起像主」と「當陽大佛主」の題記がある。

碑の一側面には縦二列に七龕がならび、その傍に過去七仏名が順に刻まれる。第一は欠損しており、以下、「二名□□□佛」「□□□葉佛主」「四名拘樓□佛」「五名拘那含牟尼佛」「六名加葉佛主□□□侍佛」「七名釋迦牟尼佛主□雲」と供養者名とともに刻まれる。

碑陰の碑首の龕には、維摩・文殊像がそれぞれ脇侍菩薩を従えて彫刻され、榜題に「文殊師利説法時」「維摩詰居士示疾時」と刻まれている。その龕の下には半跏思惟菩薩像が線刻される。その下の大龕には、立仏が三童子とともに彫られている。榜題に「此是定光佛教化三小兒補施皆得須陀洹道」[61]とあり、定光仏が三童子を教化し布施させ、三小児はみな須陀洹果を得たといっている。これに関しては、定光仏授記と『賢愚経』阿輸迦施土品による阿育王施土説話が融合したものであると既に指摘されている[62]。この定光仏授記の説話は、授記による法の継承を表現したものであろう。

この大龕の両側には、それぞれ縦二列で仏龕が一列四龕ずつならんでいる。榜題には「一名阿閦佛□□」から「十六名釋迦牟尼佛」まで『法華経』の十六王子の名が刻まれている。総じて見ると、多宝仏や十六王子など『法華経』の影響が強く表れているといえよう。

⑦董黄頭七十人等造像碑　北斉天保九年（五五八）　図2-1-9

この造像碑は高さ一七六センチメートルの円首碑であり、四面に仏像や供養者像が刻まれている。現在は山西省高平市文博館に所蔵されているが、もとは市南部の鞏村の大廟にあったという。供養者題記には、董氏とともに鞏氏が多く見えるので、この造像碑は造立当時からこの鞏村に存在したと考えてよいだろう。碑陽の下部に以下に掲げる願文が刻まれている。

法性無言、寄言以詮理。眞容妙／極、假像以表應。佛有如是十力／雄猛、大悲爲勿《物》、化縁既周、雙林／取寂。佛雖去世、遺留經像訓世。／是以千載之末、有佛弟子董黄／頭七十人等、正信無邪、生不値／佛。故□□□、契崇邑義、□造／釋迦碑像一區・彌勒慈氏、及无／量壽佛・藥師・定光・思惟・多寶・阿／難・迦葉、幷諸菩薩。以此微善、願／皇　帝　陛下延祚無窮、四方／慕化。又願邑義諸人生生之處、／恆値諸佛、聞法悟解、法界衆生／發菩提心、速致作佛。／大齊天保九年歳次戊寅七月壬辰朔廿七日戊午造。

法性は無言にして、言に寄りて以て理を詮《あか》す。眞容は妙極にして、像を假りて以て應を表す。佛に是くの如き十力の雄猛なる有り、大悲もて勿《もの》の爲にし、化縁既に周《あま》ねく、雙林にて寂を取る。佛、世を去ると雖も、經像を遺留し世を訓う。是を以て千載の末、佛弟子董黄頭七十人等有り、正信無邪にして、生まれて佛に値《あ》わず。故に□□□、邑義を契崇し、□釋迦碑像一區・彌勒慈氏、及び无量壽佛・藥師・定光・思惟・多寶・阿難・迦葉、幷びに諸菩薩を造る。此の微善を以て、願わくは皇帝陛下延祚無窮にして、四方慕化せんことを。又た願わくは邑義諸人、生生の處にて、恆に諸佛に値い、法を聞き悟解し、法界衆生は菩提心を發し、速やかに佛と作るを致さんことを。大齊天保九年歳は戊寅に次る七月壬辰朔廿七日戊午造る。

図2-1-9　北斉天保9（558）董黄頭七十人等造像碑碑陰

以上の願文により、この造像碑が董黄頭をはじめとする邑義七十人によって造像されたこと、また、多くの仏像を造ったことが分かる。銘文中の仏名を実際の碑の仏像に比定してみよう。碑陽の龕は、坐像を中心に二菩薩二羅漢の五尊形式である。この本尊が釈迦であろう。この五尊像の仏龕は尖栱であり、尖栱の上に倚坐仏が彫られている。おそらくこの倚坐仏が弥勒仏で、銘文中では「慈氏」に相当するであろう。本尊の両側には蹲踞の獅子を配する。獅子のさらに外側、向かって左側の龕には、半跏思惟菩薩像があり、その傍に「思唯主」の供養者肩書がある。向かって右側の龕には、定光仏授記の説話である儒童布髪の場面を表した像があり、傍に「定光像主」という供養者肩書がある。碑西面には「无量壽像主」という供養者肩書がある。無量寿仏は西方浄土の仏であるので、西面の仏像が無量寿仏である。であるとすると、東面の仏像は東方浄瑠璃世界の仏である薬師仏であると考えられる。碑陰には二仏並坐像があり、碑陰の供養者肩書にも「釋迦像主」「多寶像主」とあるので、これが釈迦多宝仏であることは間違いない。阿難・迦葉は釈迦仏の脇侍の羅漢であると考えられるので、これで願文中の仏はすべて尊像に比定できた。以上の願文中に見える諸仏以外に、供養者肩書に「東方像主」「南方像主」「北方像主」「西方像主」「下方像主」「上方像主」「六佛都主」とある。碑陰の仏龕の下には、六仏龕が横一列に並列されているので、この六仏が四方上下の六方仏を表していると考えられる。「六佛都主」というのは、この六方仏像すべてに出資した供養者の肩書であろう。董黄頭七十人等造像碑は、属する王朝が異なるものの、弥勒・釈迦多宝・思惟・定光など、巨始光造像碑と題材が類似しており、当時よく知られていた仏名を多く用いたという共通点を有する。

⑧陳海龍造像碑　北周保定二年（五六二）　図2-1-10

この碑については第二部第三章において詳述するので、ここでは概要のみを紹介しておきたい。現在山西博物院に所蔵されているが、元来、山西省南西部に存在した。碑に刻まれた供養者は、像主である比丘尼法蔵を始めとする比丘尼・沙弥尼約四〇人、檀越主陳胤天を始めとする陳姓の者約七〇人、その他雑多な姓の者各姓一～三人で構成されている。碑の四面には、合計一百足らずの仏・菩薩名が供養者名とともに刻まれているが、そのうち、梵王仏と金光明仏の二仏を除いた全てが『大通方広経』より採用されている。『大通方広経』は南朝の梁において諸大乗経典より抄撮して作成された、三宝の礼拝・称名による懺悔の功徳を説く、当時相当の影響力を有した偽経である。この経に基づいた懺悔行法が比丘尼法蔵の主導のもと行われていたことを物語っている。

⑨陽阿故県村造像記　北斉河清二年（五六二）

この造像記については、管見の限り拓本は見当たらず、『山右石刻叢編』にのみ供養者も含めた録文が著録される。しかし、その録文も欠落部分が多い。『鳳台県志』芸文によれば、碑はもと陽阿故県（現在の山西省沢州県）大陽鎮南河庵にあり、高さ一丈ほどあったという。造像記には、この時代の邑義造像によく見られる「像主」「邑子」の他、都邑主や都唯那にさらに「大」を冠した「大都邑主」「大都唯那」「大齋主」といった肩書を持つ供養者の名が見られる。中でも「高都太守王法□妻張」や「高平令許僧賁妻周（下闕）」といった題記があり、さらに郡功曹や郡中正が数名見えることから、郡レベルの大規模な邑義造像であったことが分かる。「……妻……」という記銘も多く、女性の比率が高いのも見逃せない。

図2-1-10　北周保定2年（562）陳海龍造像碑碑陽

　この造像記で注目すべきは、十信・十住・十行・十廻向・十地という五十位の菩薩の階梯の名を冠した題記が見えることである。顔娟英氏は『六十華厳』と対照し、十地経等の思想に基づくと指摘[63]する。顔氏は指摘されなかったが、この石刻には、「水精王」「金輪王」「銀輪王」「銅輪王」という題記もある。『菩薩瓔珞本業経』によれば、「水精瓔珞」は妙覚、「金寶瓔珞」は十廻向、「銀寶瓔珞」は十行、「銅寶瓔珞」は十住に対応する。ゆえに、造像記全体の内容としては、十地・十廻向・十行・十住の四十位に等覚・妙覚を加えた四十二位と十信を一系列の菩薩の修行階梯として初めて体系化した『菩薩瓔珞本業経』に基づくものであると考えられる。この経は、『華厳経』をもとにしながらも、偽経である『梵網経』や『仁王般若経』の所説をうけて菩薩戒を説くものであり(64)、船山徹氏の考証では、四八〇～五〇〇年に南朝で成立した可能性が想定されている(65)。石刻には、同経に見える、十住・十行・十廻向・十地、第四十一地（等覚）の観行や十信、十廻向、十地の義相を要約した文章も刻まれている(66)。さらに「懺悔主」や「道場主」といった肩書を持つ者もおり、この経が実際の現場でいかに用いられたかを示す極めて貴重な資料であると言えよう。特に住前の位である十信に菩薩名を冠しているのは興味深い。この造像記の内容については第四章で検討する。

⑩玄極寺碑　北斉河清四年（五六五）　図2-1-11

玄極寺碑に関しては、管見の限り内容が詳しく紹介されたことがないようである。この碑はかつて河南省輝県の白鹿山に存在し、現在も残石が残っている。『続高僧伝』には僧の実践修行の場としてしばしば白鹿山の名が登場する。長文の銘文の中程には、以下のようにある。

至如慧據法師者、趙州人、俗姓劉氏。（中略）法師遂以巍□／和之末、擁錫來遊、躡危石而可尋、攀□梯而□坐。自迄大齊河清四年、足不履於土／地者卅餘載矣。毎禪誦動心、至誠□□、能持苦行、降□自□、吐納養神、香甘流潤。□／能福慧竝脩、異空鉢之羅漢、□□群生、同寶手之菩薩。□遒率諸四部、敬造石經□／石碑像・定光・釋迦・彌勒・□彌陀・觀世音・大勢至・普賢・文殊・十六王子像。

慧據法師なる者の如きに至りては、趙州の人、俗姓は劉氏なり。（中略）法師遂《か》くて巍の□和の末を以て、錫を擁し來遊し、危石を躡みて尋ぬべく、□梯を攀りて□坐す。自りて大齊河清四年に迄るまで、足の土地を履まざること卅餘載なり。毎に禪誦もて心を動じ、至誠□□、能く苦行を持し、降□自□、吐納もて神を養い、香甘流潤す。□能く福慧並びに脩すこと、空鉢の羅漢に異なり、群生を□□すること、寶手の菩薩と同《ひと》し。□遒ち諸の四部を率い、敬みて石經□石碑像・定光・釋迦・彌勒・□彌陀・觀世音・大勢至・普賢・文殊・十六王子像を造る。

この銘文によると、趙州の人である慧拠法師が東魏興和（五三九～五四二）(67)の末にこの山に来遊し、河清四年（五六五）に至るまで三十余年もの間（二十余年の誤りか）山に籠もり、禅誦し苦行していた。しかし、小乗の羅漢とは異なり衆生を救う大乗の菩薩であるので、道俗を率いて石経ならびに石碑像を造ったと述べている。像の尊名としては、定光・釈迦・弥勒という三世仏と、さらに普賢・文殊菩薩・十六王子というように、当時の代表的な仏菩薩の名が並ぶ。造像に阿弥陀三尊の名が見えることは注意すべきで、この事例は初期の阿弥陀三尊造像の事例としても注目される。

図2－1－11　北斉河清４年（565）玄極寺碑

碑に名を刻む供養者は数多いが、主なものとしては、「大像主邑主齋主中散大夫張思顯、父荊州刺史龕、母大施優婆姨王」「安東將軍祕書丞梁州大中正楡縣開國男兼散騎常侍聘南使主皇甫亮」「梁平西将軍永安縣開國侯天門郡太守朱豐國」などが見られる。皇甫亮は『北斉書』巻七武成帝紀河清三年（五六四）条に、「夏四月辛卯、詔兼散騎常侍皇甫亮使於陳」と、南朝の陳に使者として遣わされた記事が見える。北斉の領域の造像であるにもかかわらず、梁（後梁か？）の将軍もその名を列ねていることも注目される。他に注意すべき供養者肩書としては、「像主道場主」「像主行道主」「禪師」「法師」「律師」などが見られる。法師・律師各三名に対して、禅師が七名見えるのは、この寺においては禅定などの実践が盛んであったことを物語っており興味深い。行道とは、仏像や仏塔など崇拝の対象の周囲を右遶する儀礼のことであり、例えば『大方等陀羅尼経』に基づく方等懺などの懺悔儀礼に関わるものとしても重視される。

⑪僧安道壹又はその関係者書丹の仏名　北斉・北周時代

僧安道壹は、『続高僧伝』にはその名を留めない僧である。しかし彼は、現在の山東省西部・河北省太行山脈南部周辺において、北斉・北周時代に刻経事業を大きく展開した僧として、近年研究者の注目を集めている。「大空王佛」という仏名石刻題記を各地に残していることで有名である。特に洪頂山摩崖には経典や仏名などが多く刻まれている。この摩崖は一九九四年になってようやくはじめて報告され、それ以来内容の豊富さが注目を集めている。洪頂山摩崖は山東省西部に位置する東平湖北東岸の谷を挟んだ二峰の崖面に存在し、その谷の部分には寺院の址が存在するという。僧安道壹らによる仏名については桐谷征一氏や張総氏、頼非氏の貴重な研究成果があり、[68]近年『文物』にも詳細な報告が発表されたので、[69]それらの先行研究に依りつつ紹介しよう。

洪頂山摩崖は、僧安道壹主導の刻経事業の最初期の遺跡として位置づけられる。この摩崖の北崖面には、一字の大きさが二メートル余りもある特大の「大空王佛」という仏名が刻まれている。桐谷氏によれば、「大空王佛」は、洪頂山以外にも南北響堂山・徂徠山・尖山・雲翠山・書院山・鼓山・崗山などの各所に見られ、僧安道壹が関わったことを示すシンボルマーク的役割を果たしているという。「空王佛」という名は経典に見られるものの、「大空王佛」としては見られず、「空」観の重要性を象徴化した仏名として創作されたものとされている。

その巨字「大空王仏」の東隣に東側から順に「式佛／維衛佛／式佛／隨葉佛／拘樓　秦佛／拘那含牟尼佛／迦葉佛／釋迦牟／尼佛／彌勒佛／阿彌陀佛／觀世音佛／大勢至佛／釋迦牟尼佛／具足千萬光相佛／安樂佛」という仏名と「主法鴻」という供養者名が刻まれる。このうち、冒頭の「式佛」と末尾の「釋迦牟尼佛」「具足千萬光相佛」「安樂佛」は字の大きさが他と異なり、当初は、維衛仏から釈迦牟尼仏までのいわゆる過去七仏、未来仏の弥勒仏、さらに阿弥陀・観音・勢至の阿弥陀三尊が刻まれていたと考えられている。「具足千萬光相佛」は、『法華経』勧持品に見え、出家前の釈迦の妻であった耶輸陀羅が釈迦から授記され、未来に成仏する時の仏名である。「安樂佛」は、十二巻『仏名経』や、『現在賢劫千仏名経』などに見られる。

「大空王佛」の西隣には「釋迦雙林後一千六百廿三年／大沙門僧安道壹書刊大空王佛七／……」という文があり[70]、大空王仏と七仏名石刻の書丹者が僧安道壹であることが分かる。「釋迦雙林後一千六百廿三年」というのが何年を指すのかについて、桐谷氏は南嶽慧思の『立誓願文』の末法説によって北斉天保四年（五五三）年と結論づけるが、北島信一氏は、北周宣政元年（五七八）とする[71]。北島氏の掲げる根拠は、「大空王佛」の書体が洗練されており、特に仏の字の旁の縦画の起筆部が手の形状で装飾されている形が後期に属するものであり、「大沙門」という肩書は五七五年の尖山題記に見られること、「釋迦雙林後一千六百廿年」の紀年のある「安公之碑」について「安公」という称呼や碑文の内容が彼の初期のものとは考え難い、などである。『文物』の報告の指摘どおり、東魏興和四年（五四二）造像銘には「如來隱變雙林以有一千六百兩十五年」とあるように、釈迦入滅の年代については諸説あり、現段階で結論を出すのは慎重にならざるを得ない。

また、既に挙げた仏名以外に、洪頂山の北崖には「高山佛」「安王佛」「大山巖佛」といった仏名がやはり大字で刻まれている。また書体が安道壹のものとは異なる「藥師琉璃光佛主」という仏名も見える。桐谷・張両氏ともに、「高山佛」「大山巖佛」については、『仏名経』に山のつく類似した仏名があるものの、この摩崖の自然環境そのものを仏名化したものであり、「安王佛」「安樂佛」は僧安道壹の「安」という名にちなんだ仏名であるとされる。

洪頂山以外で僧安道壹一派が関わったとされるところでは、陶山に「阿彌陀佛」「觀世音佛」「般若波羅蜜」の題記があり、徂徠山には、「彌勒佛」「阿彌陀佛」「觀世音佛」「大空王佛」の題記がある。また、河北の北響堂山石窟刻経洞の窟外には、「大空王佛」「无垢佛」「寶火佛」の仏名題記がある。無垢仏と宝火仏は、『決定毘尼経』の三十五仏のうち、第七番目と第十一番目の仏である。字体が僧安道壹のものとはかなり異なるが、「彌勒佛」「師子佛」「明炎佛」の題記がある。この三仏は『現在賢劫千仏経』において、釈迦仏に次いで成道するとされる仏である。

以上、僧安道壹関係の仏名信仰についてまとめると、阿弥陀・観音・弥勒などの同時代の代表的な仏に対する信仰が見られるものの、独自の仏教思想に基づく仏名を創作し、特に「大空王佛」という現存経典には見えない仏名をその信仰の中核に据えているという点が、これまで見てきた石刻仏名と比較しても、一際異彩を放っていると言えよう。

⑫多仏名信仰に関するその他の注目すべき造像

上述した事例以外にも、注目すべきものは少なからずある。例えば、北魏延興二年（四七二）の紀年銘を有する書道博物館所蔵の造像には「記書學生東郡黃□相爲亡父……黄盧頭、造釋迦牟尼百七十佛像」とあり、[72] 西魏大統四年（五三八）の紀年を持つ山西省聞喜県に存在した比丘尼智先・力儁族兄弟造像記には、「比丘尼智先少厠玄門、喪親道化、心遊玄原、神靖三昧、竝知李葉命等晞露、於鉢杖之餘、共佛弟子力儁族兄弟謹捨家財、仰爲衆父兄弟・見在老親・合家眷屬、造石像一百七十□」とある。[73] この百七十という数は『出三蔵記集』巻四新集続撰失訳雑経録に見える『称揚百七十仏名経』に基づいたものであろう。

同じく山西省に属する汾陽県田村定覚寺にあったという田達等邑義八十五人造像記[74]（東魏武定七年〈五四九〉）には「大魏武定七年四月八日造釋迦・觀世音・彌勒、幷諸佛本師八十六□佛」とある。この八十六という数は、法経等『衆経目録』衆経偽妄に見える『八方根原八十六仏名経』に基づいていると考えられる。

厳密に言うと仏名ではないが、多くの神王名を刻んでいるものが、山西省晋城の青蓮寺で発見された北斉乾明元年（五六〇）の紀年を有する比丘曇始造像石刻である。この石刻は、近年『文物』にその内容が発表されたが、[75] 石刻には、『大方等陀羅尼経』の十二夢王名が、経に説かれる夢相を表した線刻画とともに刻まれ、供養者肩書として「大齋主」が見える。『大方等陀羅尼経』は懺悔行法をかなり具体的に説く経典であり、称名信仰も表されており、やはりこの造像が懺悔儀礼と密接に関係していたことを示すであろう。天台の『方等三昧行法』や『国清百録』所収「方等懺法」などを参照すれば、そのことが確認できる。また、この『大方等陀羅尼経』を典拠とする十法王子と、『法華経』序品の阿羅漢の名をともに刻んだ造像も、山東省臨朐県にて発見されている。(76)これら『大方等陀羅尼経』関連の石刻については、次章において考察を試みる。

最後に隋代の多仏名石刻について少し言及しておきたい。隋代の多仏名石刻として知られているのは、宝山の大住聖窟、(77)房山雷音洞、(78)河北省曲陽県の八会寺刻経龕(79)などである。以上の石窟・石龕には、七仏・十方仏・二十五仏・三十五仏・五十三仏・賢劫千仏などの仏名が刻まれており、特に大住聖窟には、諸仏名を礼誦して自己の過罪を仏前に発露する懺悔思想が明確に表わされている。これら隋代の石刻仏名については既に指摘されているように、(80)三階教の七階仏名と強い相関性がある。桐谷氏は、北朝摩崖には、当時一般の釈迦・弥勒・阿弥陀など個別の仏菩薩名を讃揚することを否定せず、しかも必ずしも経典にはよらない仏名が見えるのに対し、隋代の仏名信仰には、厳格に所説の経典をふまえ、普仏・多仏を徹底しようとする特徴があるとする。(81)筆者も氏の意見に賛成であり、北朝時代の雑多な仏名信仰に対し、隋代のこれら仏名が整理統一されているという印象を強く受ける。

以上、やや冗長になってしまった感はあるが、北朝時代の多仏名石刻の諸事例を紹介してきた。その特徴をいくつか指摘し、本節のまとめに代えたい。

一、地域別でみると、広範囲に見られるが、特に現在の山西省・河南省に多仏名を刻んだ造像碑が多く見られる。とりわけ山西省は既に第一節で述べたように、千仏造像碑の多さも際立っているので、造像と結びついた多仏名信仰が盛んであったことが分かる。

二、年代的には東西魏分裂以降増加する。これは北魏時代と比較して、民衆の仏教に対する理解が進み、また、教化僧がより高度な仏教儀礼を造像と関連づけて民衆に広め始めたためであろう。特に北魏時代の単立の造像碑で仏名を個別に多数列記したものは管見の限りほとんど見当たらない。

三、どのような仏を選択しているかについて、過去七仏・定光・多宝・釈迦・弥勒という過去・現在・未来の三世仏の系列と、他方仏である無量寿または阿弥陀仏と観音・勢至菩薩、そして六方仏・十方仏・十六王子、つまり広い意味での十方諸仏の系列とを組み合わせて三世十方仏を構成しているものが多い。ただし主要な仏以外に何仏の名を刻むかについては様々である。例えば、務聖寺碑のように経典の長い仏名を二仏に分けたり、嵩陽寺碑の六方仏や僧安道壹の事例のように、現存経典にそのままでは見られない仏名を用いたりしている場合もある。つまり、仏の選択について、必ずしも経典に厳格に依拠しようとする態度は見られず、かなり自由な選択がなされていたと考えられる。

四、刻まれた仏・菩薩名が、『大通方広経』『菩薩瓔珞本業経』『大方等陀羅尼経』といった実践的性格が強く、特に懺悔と関わりの深い偽経に基づいている場合がある。そうした造像はとりわけ現在の山西省の領域に集中しており、邑義たちによるものが多い。また、供養者肩書に「齋主」がよく見られ、さらに「懺悔主」「行道主」といった肩書が見られるものもある。比丘・比丘尼の指導のもと、邑義たちは仏名を唱え礼拝・行道・懺悔し、時によっては菩薩戒授与の儀礼が行われていた可能性が高く、道俗がともに行う礼懺の実践の様相を垣間見ることができる。

五、多仏名の刻まれた単立の造像碑については、おしなべて、その造立に多人数が供養者として関わっており、第一節で述べたように、千人で千仏像を造立したという事例もある。そして、例えば「阿彌陀佛主董元士」といったように、各々の仏名に供養者名が付されるものが多い。一小仏龕の供養主として名が刻まれることは、供養者にとっても功徳を積んだことをより具体的に実感できるであろうし、造像の主唱者側からみれば、寄付者を募るためには効果的な手段であったことと思われる。

おわりに

本章では、未だ紹介されたことのないものを含め、多数の仏名を記した造像銘の事例を紹介し、その仏名の典拠や配置のされ方について分析した。北朝時代の多仏名石刻は、東西魏分裂以降増加する。過去七仏・定光・多宝・釈迦・弥勒という三世仏の系列と、他方仏である無量寿または阿弥陀仏や観音菩薩という当時の代表的な仏菩薩に対する信仰を中核としつつ、六方仏・十方仏・十六王子、つまり広い意味での十方諸仏の系列を組み合わせて三世十方仏を構成しているものが多い。ただし、たとえ過去仏であったとしても単に現在への法の継承を表すのではなく、その名号の礼拝・称名によって現実に功徳がもたらされると期待されていた。

また、筆者が特に強調しておきたいのは、特定の仏を中心としつつも、それ以外の仏名が極めて種類豊富なことである。一つの石刻の仏名が多数の経典に基づいていたり、『大通方広経』『菩薩瓔珞本業経』などの中国撰述経典に基づくものもある。個々の仏名についても、嵩陽寺碑の北方仏のように現存の経典には見えないものや、務聖寺碑の仏名のように、経典の長い仏名を分割し二仏名としたものもある。全体的に見れば、かなり雑多かつ多種多様であると言える。これは本章冒頭の**表2-1-1**でみたように、この時代に仏名に関する経典が多く撰述あるいは別の経典から抄出されていたという事実と符合し、これらの経典に基づく仏名の称名礼拝による懺悔儀礼の流行を示すものであると言える。そして、特に山西地方においてこうした儀礼が造像と結びついて盛んに行われたことがうかがえるのである。

曇鸞『浄土論註』巻二には、

菩薩之法常以晝三時・夜三時禮十方一切諸佛、不必有願生意。今應常作願生意、故禮阿彌陀如來也。［T40：835b］

菩薩の法は常に晝三時・夜三時を以て十方一切諸佛を禮するも、必ずしも願生の意有らず。今應に常に願生の意を作すべし、故に阿彌陀如來を禮するなり。

とある。菩薩の法では昼夜六時に十方一切諸仏を礼拝するが、そこには必ずしも往生を願う意がないのに対し、阿弥陀仏を礼拝するというのは、常に浄土往生を願うからであるとする。これは十方一切諸仏を礼するという北朝当時主流の大乗仏教に対し、浄土教独自の立場を示した言葉であると言えよう。

これに対し三階教は、一切仏を礼する普仏信仰を説くが、儀礼としては、礼拝する仏名がかなりの程度固定されている。三階教の普仏信仰と、浄土教の阿弥陀仏信仰はしばしば対比され、両者の間で激しい論争があったことも知られている。ただし、両者はともに、以上で述べてきた、北朝時代の、主要な仏を信仰の中心としつつ三世十方仏を称名・礼拝し懺悔するという、仏名に関してかなり自由な選択がなされていた土壌において育まれたのである。主要な仏に集約するという方向を押し進めていけば阿弥陀仏信仰になり、逆の方向を極端にすると三階教の普仏思想になるだろう。しかし、ともに北朝時代の雑多な仏名を整理するという方向にある点では同じとも言えよう。

（附記）淑徳大学書学文化センター蔵拓本の閲覧に際しては、同大学国際コミュニケーション学部教授小川博章氏に、また京都大学人文科学研究所蔵拓本の閲覧については、同研究所教授船山徹氏に多大な便宜を図っていただいた。ここに謹んで感謝の意を申し上げたい。

なお、本章のもととなった旧稿［二〇〇八d］脱稿後に、Wong［2008］、王静芬著・張善慶訳［二〇一〇］という論考の存在を知った。本章の務聖寺碑の仏名に関して、筆者とほぼ同じ問題を扱っているので御参照願いたい。

【録文一】　嵩陽寺碑碑陰　上半部（数字は筆者が付加。五十三仏と三十五仏の順番を表す）

53 一切法常滿王佛　38 妙音勝佛　37 師子吼自在力王佛　22 寶蓋照空自在王佛　21 金華光佛　6 摩尼幢佛　5 栴檀光佛

52 大通光佛　39 常光幢佛　36 慧□勝王佛　23 虛空□華光佛　20 廣莊嚴王佛　7 歡喜藏摩尼寶積佛　4 多摩羅跋栴檀香佛

彌勒

51 海慧自在通王佛　40 觀世燈佛　35 日月朱光佛　24 瑠□莊嚴王佛　19 善意佛　8 一切世間樂見上大精進佛　3 普靜佛

龕主

比丘

僧馳

50 金海光佛　41 慧威燈王佛　34 日月光佛　25 普現色身光佛　18 賢善尊佛　9 摩尼幢燈光佛　2 普明佛

49 才光佛　42 法勝王佛　33 龍種上尊王佛　26 不動智光佛　17 栴檀窟莊嚴勝佛　10 慧炬炤佛　1 普光佛

48 无量音聲王佛　43 須彌光佛　32 善寂月音妙尊智王佛　27 降伏諸魔王佛　16 慈藏佛　11 海德光明佛　35 寶蓮華善住娑羅樹王佛

47 阿閦毗歡喜光佛　44 須曼那華光佛　31 世靜光佛　28 才光明佛　15 慈力王佛　12 金剛牢强普散金光佛　34 寶華遊歩佛

46 大慧力王佛　45 優曇鉢羅華殊勝王佛　30 彌勒先光佛　29 智慧勝佛　14 大悲光佛　13 大强精進勇猛佛　龍自在王佛

嵩陽寺碑碑陰　下半部（数字は三十五仏の順番を示す）

西方殊勝正覺佛

26財功德佛　25蓮華光遊戯神通佛　10寶月佛　9現无愚佛

北方寶願神王佛

27德念佛　24功德華佛　11无垢佛　8寶月□佛

下方師子尊教佛

28善名稱功德佛　23那羅延佛　12離垢佛　7寶火□佛

29紅炎幢王佛　22无憂德佛　13勇施佛　6精□喜佛

上方□□如來佛

32善遊步佛　21光德佛　14清淨佛　5精進軍□

南方□□佛刈佛

30善遊步功德佛　20无量菊光佛　15清淨施佛　4龍尊王佛

東方寶海佛

31鬪戰勝佛　19栴檀功德佛　16娑留那佛　3寶光佛

33周匝莊嚴功德佛　18堅德佛　17水天佛　2金剛不壞佛

【録文二】　務聖寺碑碑陰（供養者名略、数字は筆者が付加）

1 ……來
2 難勝如來
3 无垢熾寶如來
4 光明王相如來
5 金炎光明如來
6 金山寶蓋如來
7 金華炎光相如來
8 大炬如來
9 寶相如來
10 寶勝如來
11 東方阿閦如來
12 南方寶相如來
13 西无量壽……
14 北微妙聲佛
15 釋迦多寶二佛
16 阿彌陀佛
17 文殊師利佛
18 ……那佛
19 觀世音佛
20 難勝佛
21 藥師琉璃光佛
22 日月燈明佛
23 普光佛
24 華光佛
25 常滅佛
26 虛空住佛
27 師子音佛
28 須彌頂佛
29 大通智勝佛
30 雲自在王……
31 雲自在佛
32 須彌相佛
33 多摩羅跋栴檀香神通佛
34 梵相佛
35 帝相佛
36 寶藏佛
37 多摩羅跋栴檀香佛
38 閻浮那提金光如來
39 名相如來二佛
40 光明如來
41 寶華功德海琉璃金山光明如來

表２－１－３　北朝時代多仏名石刻目録

番號	王朝	元號（西曆）	月日	名稱	佛・菩薩名	關係地・所藏	主な典據
①	西秦	建弘元または5（420、424）	0324	大禪師曇摩毗等造像記	無量壽佛・得大勢志(至)菩薩・觀世音菩薩・彌勒菩薩・釋迦牟尼佛・藥王佛・十方佛（『六十華嚴』）	炳靈寺石窟第169窟 北 壁（甘肅省永靖縣）	『中國石窟 炳靈寺石窟』圖21-28、賴鵬擧『絲路佛敎的圖像與禪法』154
②	北魏	太和７（483）	0830	邑義信士女等54人造像記	文殊師利菩薩・大勢至菩薩・觀世音菩薩（他に彌勒・釋迦多寶・三十五・五十三佛などが形狀より推測される）。	雲岡石窟第11窟東壁上部（山西省大同市）	漢魏３.262、拓3014、雲岡８.plate30、雲岡錄４、魏目８
③a	北魏	不明		比丘曇覆摩崖造像碑記	一萬佛・十六王子行像・千佛天宮・一千五百龍華像・五千佛堂・五百華勝佛	水泉石窟窟外（河南省偃師市）	文物1990.３.72、水泉27；40；41
③b	北魏	永熙３（534）	0615	比丘尼仙造像記	七佛・釋迦多寶佛・定光佛・大慈大悲佛・日月光明佛・彌勒［佛］、虛空藏菩薩・十［方］大地菩薩	水泉石窟（河南省偃師市）	文物1990.３.72、水泉30；88
④	東魏	天平２（535）	0408	嵩陽寺碑	七佛・彌勒・三十五佛・五十三佛・龍自在王佛・西方殊勝正覺佛・北方寶願神王佛・下方師子尊敎佛・上方□□如來佛・南方□□佛□佛・東方寶海佛	中嶽嵩陽寺（河南省登封市）嵩陽書院現藏	漢魏７.135、拓6028、京 NAN0375A.D、百品85、魯一五817、萃30
⑤	東魏	天平２（535）	0411	務聖寺碑（張法壽息榮遷等造像記）	釋迦文佛・觀音・文殊・無量壽佛（以上願文）『金光明經』功德天品、『法華經』授記品の諸佛、十六王子・大通智勝佛など。詳しくは表２－１－４參照。	原在少林寺那羅王殿內（河南省登封市）	京 NAN0373AB；0374X；0378X、百品87、萃30、瓊17、魯二二241、大村252
⑥	西魏	大統６（540）	0715	巨始光造像碑	釋迦多寶佛・七佛・十六王子・維摩文殊・定光佛・思惟菩薩	山西省稷山縣出土。中國國家博物館藏	百品104、魯二三529、大村289
⑦	北齊	天保９（558）	0727	董黃頭70人等造像碑	釋迦・彌勒・無量壽・藥師・定光・思惟・多寶・阿難・迦葉・諸菩薩・六佛	原在山西省高平市鞏村大廟。高平市文博館藏	百品167、高平金石志155；156圖34、道端５.168
⑧	北周	保定２（562）	0124	陳海龍（比丘尼法藏等）造像碑	『大通方廣經』卷上の諸佛菩薩名・梵王佛・金光明佛	山西省運城市上郭卿邵村出土。山西博物院藏	松原320；321ab、百品200
⑨	北齊	河淸２（563）	0500	陽阿故縣村造像碑	『菩薩瓔珞本業經』の菩薩・王名	原在山西省澤州縣大陽鎮南河庵	山右２
⑩	北齊	河淸４（565）	0408	玄極寺碑	定光・釋迦・彌勒・阿彌陀・觀世音・大勢至・普賢・文殊・十六王子	原在河南省輝縣市白鹿山玄極寺	魯一六1023
⑪	北齊	不明		僧安道壹又はその關係者書丹佛名	七佛・彌勒佛・阿彌陀佛・觀世音佛・大勢至佛・釋迦牟尼佛・具足千萬光相佛・安樂佛・安王佛・大山巖佛・髙山佛・大空王佛・藥師瑠璃光佛	洪頂山摩崖（山東省東平縣）	文物2006.12.79

註

(1) 井ノ口泰淳［一九六四］、塩入良道［一九六四］［一九六六］［二〇〇七］二二五～三六一頁。
(2) Kuo［1995］→落合俊典編［一九九五］に日本語訳が収録。
(3) 落合俊典編［一九九五］。
(4) 塩入良道［二〇〇七］二六一～二六五頁。
(5) 仏名経典の定義は井ノ口泰淳［一九六四］註一に依拠する。
(6) 塩入良道［一九六四］［一九六六］［二〇〇七］二二五～三六一頁。
(7) 『普賢菩薩説証明経』「憐愍一切衆生故、卽稱七佛名字。第一維衛佛、第二維式佛、第三隨葉佛、第四拘樓秦佛、第五句那含牟尼佛、第六迦葉佛、第七釋迦牟尼佛。一切衆生若在病困中、若在困厄中、若在大火中、山谷虎狼中、若在險路賊盜中、若在河厄難中、常當誦七佛名字、悉皆消滅」［T85:1363c］。
(8) 『護身命経』「佛卽擧七佛名字。第一維衛佛、第二式佛、第三隨葉佛、第四拘樓秦佛、第五拘那含牟尼佛、第六迦葉佛、第七釋迦牟尼佛。若有苦厄病痛者、便當讀誦此七佛名字」［T85:1325b］。
(9) 『救疾経』「佛告諸疾人、吾敎汝、但當至心百日之中請大德法師治齋、日日禮七佛名字、日日禮金剛密迹、日日禮無量壽佛、一日之中造成一卷救疾經、百日之中行道懺悔、百卷成就、作濟度經、可免此宿殃患耳」［T85:1362c］。
(10) 『治禅病秘要法』巻下「鬼爲亂時、應當數息、極令閑靜。應當至心念過去七佛、稱彼佛名、南無毘婆尸佛・尸棄佛・提舍佛・鳩樓孫佛・迦那含牟尼佛・迦葉佛・釋迦牟尼佛。稱彼佛名已、應當憶持一切音聲陀羅尼。卽說呪曰、（中略）。若有亂心爲埠惕鬼所惑亂者、或作種種諸幻境界、應當誦持此陀羅尼・七佛名字・彌勒菩薩、一心數息、誦波羅提木叉、經一百遍、此諸惡鬼各各調伏、終不惱亂行道四衆」［T15:341c］。
(11) 『大方等陀羅尼経』巻二授記分「佛告阿難、若有善男子・善女人、修行此經者、若眼見無量壽佛・釋迦牟尼佛・維衛佛・式佛・隨葉佛・拘樓秦佛・拘那含牟尼佛・迦葉佛・過去雷音王佛・祕法藏佛、是諸佛前至心懺悔、當滅九十二億生死之罪」［T21:650c］。
(12) 『決定毘尼経』「若有菩薩成就五無閒罪、犯於女人、或犯男子、或故犯、犯塔、犯僧、如是等餘犯、菩薩應當三十五佛邊所犯重罪晝夜獨處至心懺悔」［T12:38c］、「如是舍利弗、菩薩如是觀此三十五佛如在目前、思惟如來所有功德、應作如是清淨懺悔。菩薩若能淨此罪已、爾時諸佛爲其現身、爲度衆生、亦說種種諸行」［T12:39ab］。
(13) 『観虚空蔵菩薩経』「世尊大慈弘誓無量、不捨一切、於深功德經說治罪法、名決定毘尼。有三十五佛救世大悲、汝當敬禮。汝敬禮時、當著慚愧衣、如眼生瘡、深生愧恥、如癩病人、隨良醫敎。汝亦如是、應生慚愧。既慚愧已、一日乃至七日禮十方佛、稱三十五佛名、別稱大悲虛空藏菩薩名」［T13:677b］。

(14)『治禅病秘要法』巻上「治之法者、向諸智者至誠至説、懺悔所作悪不善業。智者應當敎此比丘念釋迦牟尼佛、乃至次第、念於七佛。念七佛已、念三十五佛。然後復當念諸菩薩、念大乘心、觀於空法、深自慚愧、想一一佛」［T15：337a］。

(15)『観薬王薬上二菩薩経』「若有善男子・善女人及餘一切衆生得聞是五十三佛名者、是人於百千萬億阿僧祇劫不墮悪道。若復有人能稱是五十三佛名者、生生之處常得値遇十方諸佛。若復有人能至心敬禮五十三佛者、除滅四重五逆及謗方等皆悉清淨」［T20：664a］。

(16)『観薬王薬上二菩薩経』「爾時釋迦牟尼佛告大衆言、我曾往昔無數劫時、於妙光佛末法之中、出家學道、聞是五十三佛名。聞已合掌、心生歡喜。復敎他人令得聞持。他人聞已、展轉相敎、乃至三千人。此三千人異口同音稱諸佛名、一心敬禮。以是敬禮諸佛因縁功德力故、卽得超越無數億劫生死之罪。其千人者花光佛爲首、下至毘舍浮佛、於莊嚴劫得成爲佛、過去千佛是也。此中千佛者、拘留孫佛爲首、下至樓至如來、於賢劫中次第成佛。後千佛者、日光如來爲首、下至須彌相、於星宿劫中當得成佛。佛告寶積、十方現在諸佛善德如來等、亦曾得聞是五十三佛名故、於十方面各皆成佛」［T20：664a］。

(17)『観薬王薬上二菩薩経』「若有衆生欲得除滅四重禁罪、欲得懺悔五逆十悪、欲得除滅無根謗法極重之罪、當勤誦上藥王藥上二菩薩呪、亦當敬禮上十方佛、復當敬禮過去七佛、復當敬禮五十三佛、亦當敬禮賢劫千佛、復當敬禮三十五佛。然後遍禮十方無量一切諸佛」［T20：664ab］。

(18)『続高僧伝』巻二六慧重伝「（仁壽）四年建塔。又送于隆州禪寂寺。初至設齋、忽有野鹿、從南山下、度嘉陵江、直趣塔所。人以手摩、自然依附。乃至下訖、其鹿方去。……重還京室、改革前度、專修禪悔。晝夜十有二時、禮五十三佛。餘則加坐正念、畢世終業」［T50：669ab］。

(19)『続高僧伝』巻二五僧倫伝「至開皇初方興佛法、雲門受具、時年二十三。又於武陽理律師所聽始半夏、見五色光如車輪照倫心上。衆竝同見。卽於光中禮五十三佛、猶未滅、更禮三十五佛、光乃收隱」［T50：601c］。

(20)陝美53、陝藝54、碑林全105.55。

(21)陝石42、松原151abcd、西安碑林博物館106、碑林全105.79。

(22)「清信士呉如孫・黄元德・弟正奴等敬造彌勒像一區、幷五十三佛」とある。彙録2235、龍録613、京NAN0111X、拓3137、魏目91、大村205。

(23)「合《?》比丘劉法藏・弟子比丘法遵二僧爲弟、造一區五十三佛」とある。魏目138、松原183b、図典471、珍図43。

(24)大正蔵第八五巻所収。この経典の成立に関しては、山口正晃［二〇〇八］参照。

(25)「（前略）吾不避遠近、□□／勒佛一心敬禮、稱十方諸佛一心。牟尼佛白□／稱世尊一心禮拜稽首和南言、（後略）」（敦煌研究院〇〇〇七號）。王恵民［一九九八a］、温玉成［二〇〇三］。

(26)『南史』巻七梁本紀中・大同元年四月条「壬戌、幸同泰寺、鑄十方銀像、幷設無碍會」、大同三年条「夏五月癸未、幸同泰寺、鑄十方金銅像、設無碍法會」。

(27) 山西博物院所蔵衛超王造像碑（山西省博物館編［一九九九］一五八頁）。録文は筆者現地調査による。

(28) 山東省博物館所蔵の張疵造像碑（拓7083、大村326、斉遺206）に「敬造十方釋迦像十軀」とある。これは『観普賢菩薩行法経』「汝今應當觀大乘因。大乘因者諸法實相。是聞是語已、五體投地、復更懺悔。既懺悔已、當作是語、「南無釋迦牟尼佛、南無多寶佛塔、南無十方釋迦牟尼佛分身諸佛」。作是語已、遍禮十方佛、「南無東方善德佛、及分身諸佛」。如眼所見、一一心禮、香華供養。供養畢已、胡跪合掌、以種種偈讃歎諸佛。既讃歎已、説十惡業懺悔諸罪」［T9:392b］という箇所との関連が考えられ、十方仏の称名礼拝による懺悔が行われていたことを想像させる。

(29) 「高嶺以東諸村邑儀道俗造像記」（京NAN0480X、傅10994、魯二二465、大村274、金石続編2、山右1）に「肆州永安郡定襄縣高嶺以東諸村邑義道俗等、敬白十方諸佛、一切賢聖、過□□善、生遭季運、前不值釋迦初興、後未遭彌勒三會、二聖中間、日有□歎」とある。

(30) 張総［一九九八］、頼文英［二〇〇六］。

(31) 例えば『隋書』経籍志四・仏経に、「天地之外、四維上下、更有天地、亦無終極、然皆有成有敗。一成一敗、謂之一劫。自此天地已前、則有無量劫矣。毎劫必有諸佛得道、出世敎化、其數不同。今此劫中、當有千佛。自初至于釋迦、已七佛矣。其次當有彌勒出世、必經三會、演説法藏、開度衆生」とある。他には、『大品般若経』巻十二無作品「南西北方四維上下亦如是、各千佛現」［T8:310a］のように、十方それぞれに千仏が現れるとするものなどもある。

(32) 『維摩詰所説経』法供養品「過去無量阿僧祇劫、時世有佛、號曰藥王如來。（中略）是時有轉輪聖王、名曰寶蓋、（中略）時王寶蓋豈異人乎。今現得佛、號寶炎如來。其王千子、卽賢劫中千佛是也。從迦羅鳩孫馱爲始得佛、最後如來號曰樓至。月蓋比丘、卽我身是」［T14:556b-557a］。

(33) 『高僧伝』巻十二超辯伝［T50:408b］。

(34) 『続高僧伝』巻八僧範伝［T50:484a］。

(35) 『高僧伝』巻五竺道壹伝［T50:357b］。

(36) 寧強・胡同慶［一九八六］。

(37) この一万五千仏は、おそらく、元魏菩提流支訳出全十二巻『仏名経』［T14. No.440］（以下、十二巻『仏名経』と表記）に基づく。

(38) 『続高僧伝』巻二九徳美伝［T50:697a］。

(39) 『続高僧伝』巻二五慧聡伝［T50:663a］。

(40) 張宝璽［一九九二］、頼鵬挙［二〇〇二］一四〇～一六六頁。

(41) 張宝璽［一九九二］。
(42) この願文の紀年と「無量壽佛」の書かれた年代については、第七章で改めて議論する。
(43) 張宝璽［一九八六］二一一～二一二頁。
(44) 長廣敏雄［一九四五→一九八四］。
(45) 劉景龍・趙会軍［二〇〇六］二二一～二二三頁。
(46) 塩入良道［二〇〇七］所収「慈悲道場懺法の成立」、聖凱［二〇〇四］所収「『梁皇懺』及其作者辨析」。また、船山徹氏によると、唐の道宣による統略本成立以前の『浄住子』原本の文章表現が一部取り込まれている蓋然性が高いとされる。船山徹（研究代表）［二〇〇六］を参照。
(47) 造像銘にあらわれる「天宮」とは、張総氏の説によれば「塔」とほぼ同義で、地上の屋殿を模して造られ、中に尊像などを安置するとされる。この銘文の場合、「天宮」の中に白玉像を安置したのであろう。詳しくは、張総［一九九九］参照。
(48) 『魯』第一函第五冊八一七頁では仏名を移録している。
(49) 『称揚諸仏功徳経』巻上［T14: 90bc］。龍自在王仏は、『六十華厳』では東南方の香雲荘厳幢世界の仏とされ、『千仏因縁経』では、華光国土の仏とされるなど経典により異なる。
(50) 『普賢菩薩説証明経』［T85: 1363c］。この経名は隋開皇十四年（五九四）成立の『法経録』に初出である。Zürcher［1982］は、この経が「閻浮履地」という訳語を使用しており、これは闍那崛多訳の経典にのみ見える語という事実を勘案して、闍那崛多が中国に来た五六〇年以降の成立とする。この説は、菊地章太［二〇〇三］一一六頁やForte［2005］三六〇頁、注四九にも紹介される。そうであるとすると、この造像碑がこの経を参照できないことになる。しかし、「閻浮履」は隋開皇七年（五八七）～十五年（五九五）に訳出された『十二仏名神呪校量功徳除障滅罪経』の一箇所にしか見えず、闍那崛多の他の訳経では、「閻浮提」の方を多用している。ところで、『大通方広経』巻上の現在仏には、「十億王明諸仏」から「師子億像」まで、さらに一仏を挟んで、「普光功徳山王」「善住功徳宝王」とあり、『普賢菩薩説証明経』の仏名にほぼ一致する。一方が他方を参照したのは明らかである。『大通方広経』の仏名は、筆者の調査によると、大部分が他の経典の仏名からの借用であり（第二部第三章末尾の表を参照）、他の経典でこの仏名の配列は見当たらないので、『普賢菩薩説証明経』が『大通方広経』を参照した可能性よりも、その逆である可能性の方が高い。よって『普賢菩薩説証明経』の成立時期は『大通方広経』成立（六世紀前半）以前に遡る可能性が高いということができよう。ただし、この経については複雑な政治的事情が関係している。現存する完本は、この経受持の霊験を説く黄仕強伝と経文からなる。経文は、前半部と後半部に分かれ、両者の内容は顕著に異なる。「上方香積如來佛」などの仏名は前半部に属する。曹凌編著［二〇一一］一四五頁では、前半部分は山林にて修行する頭陀行者を特に称讃しており、北朝時代の仏教の性格に近いとする。これは首肯できる見解と言えよう。一方、後半部は「佛說證香火本因經」という内題が付される。この後半部は『大雲経神皇授記義疏』に則天武后の即位を予言するものとして、「證明因縁讖」という名で引用されており、その内容も錯綜している。菊地章太［一九九四］では、後半部分は前半部と同時の成立とは考え難く、前半部分を参照して撰述されたとする。曹凌氏も指摘するとおり、当然その過程で前半部分にも手が加えられたことが予想される。この経の成立時期については、以上の事情等を考慮し、より詳細に検討する必要があるだろう。なお、『大通方広経』の成立問題については第二部第三章参照。

(51) 常盤大定・関野貞［一九七五～七六］第二巻六〇頁。

(52) 『大通方広経』の仏名とその典拠に関しては、第二部第三章末尾の表を参照。

(53) 例えば後述する洪頂山摩崖にも「觀世音佛」が見られる。これについては、第六章で論ずる。

(54) 『観薬王薬上経』［T20 : 664a］および『法華経』譬喩品［T9 : 10bc］。

(55) 周錚［一九八五］。

(56) 経律論に通じた高僧の尊称として三蔵という語が通例用いられるが、国三蔵や州三蔵は、西魏・北周王朝においては朝廷が任命する僧官であったことは、山崎宏「南北朝時代に於ける僧官の検討」（同［一九四二］所収）、会田大輔［二〇〇七］を参照。両氏とも郡三蔵や県三蔵の存在については指摘されていない。また、北周保定元年（五六一）の紀年銘を有する「延壽公碑」（会田大輔［二〇一三］、北村一仁［二〇一五］、寰図2.224）の碑陰には、「州三藏法師」「郡三藏法師」「縣三藏法師」、さらに「郡三藏律師」や「郡三藏禪師」という肩書を持つ僧名が列記される。北周において、国三蔵や州三蔵の存在は確認されていたが、その下の郡や県にまで三蔵が存在することはこれまで知られていなかった。巨始光碑や延寿公碑は、これらの存在を明らかにした点で極めて貴重な資料である。ちなみに、延寿公碑には、「高涼縣三藏法師」として「恵」「賢」「明」の名が見える。「賢」とこの巨始光碑に見える「辯賢」は同一人物の可能性もある。

(57) 板授については、大庭脩［一九六四］、佐藤智水［二〇〇四］を参照。

(58) 東西魏の攻防については、毛漢光［一九九〇］、宋傑［二〇〇六］に詳しい。西魏大統四年（五三八）王思政が築いた玉壁城は、高涼県に属し、王思政の後、名将韋孝寛がここを守り、東魏の侵攻を何度も防いだ難攻不落の城として有名である。

(59) 『新序』雑事第五「葉公子高好龍、鉤以寫龍、鑿以寫龍、屋室雕文以寫龍、於是夫龍聞而下之、窺頭於牖、拖尾於堂、葉公見之、棄而還走、失其魂魄、五色無主、是葉公非好龍也、好夫似龍而非龍者也」。これは、本当の龍が好きなのではなく龍に似たものが好きだったという逸話であるが、造像願文においては話の重点が異なっている。

(60) この逸話に関しては、例えば、『集神州三宝感通録』巻中に「案『佛遊天竺記』及雙巻『優塡王經』云、佛上忉利天、一夏爲母説法。王臣思見、優塡國王遣三十二匠、及齎栴檀、請大目連神力運往令圖佛相」［T52 : 419b］とあるのを参照。

(61) 「補」は「布」に通ず。

(62) 李静傑［二〇〇〇］を参照。
(63) 顔娟英［二〇〇二］。
(64) 望月信亨［一九三〇］一八四～一九六頁、［一九四六］四七一～四八四頁。
(65) 船山徹［一九九六］。
(66) 一例を示すと、十廻向の第六の義相について『菩薩瓔珞本業経』本文が「習行相善無漏善而不二故。名随順平等善根迴向」［T24:1017c］に対し、石刻は「習心向善无漏善不二、名随順善」である。
(67) 文中の「巍□和」について、年数から考えて、和のつく該当する年号は「興和」しかない。
(68) 桐谷征一［二〇〇一ａ］、張総［二〇〇三］、頼非［二〇〇七］。
(69) 山東省博物館・Heidelberger Akademie der Wissenschaften・中国社会科学院世界宗教研究所［二〇〇六］。
(70) 末尾の「七」が意味するのは、張総氏の指摘する「大空王佛」を七処に刻んだということではなく、おそらく次に「佛」がつづき、「七佛」ではないだろうか。
(71) 北島信一［二〇〇六］。
(72) 松原45a、図典442、珍図11。
(73) 『聞喜県志』巻二〇下（石3.31.427）。
(74) 『汾陽県金石類編』七四頁。
(75) 劉建軍［二〇〇七］。
(76) この造像についても第二部第二章を参照。
(77) 河南省古代建築保護研究所編［一九九一］、李玉珉［一九九八］。
(78) 塚本善隆［一九三五→一九七五ｂ］、桐谷征一［一九八七］、Ledderose［2003］。
(79) 劉建華［一九九五］。
(80) 塚本善隆［一九三五→一九七五ｂ］。
(81) 桐谷征一［二〇〇一ａ］。

第二章　北朝時代における方等懺と称名信仰
――『大方等陀羅尼経』十二夢王石刻図像の新発見とその意義

はじめに

本章では、前章において言及した『大方等陀羅尼経』十二夢王石刻図像を手掛かりに、北朝時代におけるこの経に基づく懺悔法である、方等懺の実践に関わる神秘的要素や称名信仰、さらに義邑の地域的性格について論ずる。

一九九四年、山西省晋城市沢州県の名刹青蓮寺大雄宝殿の改修工事中、北斉乾明元年（五六〇）の紀年銘文とともに、両側面と背面に見慣れない仏教画像を有する石刻が発見された（図2-2-1）。[1] この石刻は、二〇〇〇年第六期の『文物世界』に初めて写真が紹介され、[2] 筆者もかねてから注目していたところ、二〇〇七年第十期の『文物』に改めて劉建軍氏により取りあげられ、[3] その画像が『大方等陀羅尼経』（以下『陀羅尼経』と略）の十二夢王に基づくものであることが明らかにされた。十二夢王とは、華聚菩薩が陀羅尼によって十二人の魔王を降伏し、十二人の護法の神王としたもので、行者が夢の中でこの神王に関わる図像を見れば、この経に基づく七日の懺悔行法を授けられるというものである。この画像はこれまで類例が発見されておらず、非常に貴重な資料であると言えよう。

『陀羅尼経』は南岳慧思や天台智顗も重視した方等懺の所依の経典として有名であり、南朝陳の文帝撰「方等陀羅尼齋懺文」も『広弘明集』巻二八［T52 : 334ab］に収録されている。また、方等懺に関する専論も既にいくつか存在する。[4] 特に山部能宜氏による『梵網経』の好相行に関する論考は、懺悔と授菩薩戒に関わる神秘的要素が中央アジア・中国において広く見られることを明らかにした、非常に示唆に富むものである。[5] 好相行とは、『梵網経』などに

図２－２－１　北斉乾明元年（560）十二夢王石刻南面

説かれ、菩薩戒を授かるときに要求される、仏を目の当たりにし、光を見るなど、種々の神秘的な体験を得るための行のことである。劉建軍氏の報告においては、この石刻の初期密教図像としての価値に重点が置かれているが、筆者は、山部氏の論をふまえた上で、この石刻造像の有する意義について別の側面から検討する。すなわち、方等懺と「好相行」と呼ばれる神秘的体験を求める行、さらに懺悔と密接に関わる称名信仰との関わりについて論じたい。

また、筆者のもう一つの関心は、義邑という、造像などを契機として結成される仏教結社の信仰と実践の内実、そしてその地域的差異を明らかにすることにある。後述するように、この石刻を造った集団も義邑とみなしてよく、義邑の仏教実践の内実をうかがわせてくれる好事例として検討するに値するだろう。

第一節　『陀羅尼経』と方等懺の盛行

最初に、『陀羅尼経』と方等懺について概要を述べておきたい。『陀羅尼経』は、別名『方等檀持陀羅尼経』ともいう。この経典は『出三蔵記集』巻二［T55:12a］では、東晋の安帝の時代（三九六～四一八）、高昌郡出身の法衆によって訳出されたとする。また、『歴代三宝紀』巻九［T49:84a］では、『出三蔵記集』の情報に加えて、張掖にて河西王沮渠氏のため訳出したとし、竺道祖『晋世雑録』に見えるとする。一方、『法経録』巻一［T55:115b］、『彦琮録』巻一［T55:151a］、『静泰録』巻一［T55:182b］はともに、法衆が高昌郡で訳出したとする。さらに、『開元釈教録』巻四［T55:519bc］では、法衆が永安年間（四〇一～四一二）に張掖にて河西王沮渠蒙遜のために訳出したとし、また、『宝唱録』では高昌郡で訳出したと述べ、どちらの説が正しいか不明であるとしている。

これら経録がおしなべてこの経を翻訳経典であると認識しているのに対し、山部能宜氏は、この経はいわゆる偽経の可能性が高いと主張する。氏は、①「十二夢王」のリストは『薬師経』の現存最古の漢訳である『灌頂抜除過罪生死得度経』（『灌頂経』巻十二）の「十二神王」のリストを改変したものであること、[6]②Vasu（婆藪）という本来サンスクリットでは一語であるものに対し、va（婆）とsu（藪）に分けてそれぞれ語源的説明をしていること、③「華聚」という漢語として意味のある語が、梵語の音写であるはずの陀羅尼の中に現れること、④五百人の声聞に授記する巻二の場面は『法華経』五百弟子受記品の改変であること、という四つの根拠を挙げ、この経典は偽経である可能性が非常に高く、そうであるとすると、成立地域であるトルファンおよびその他の中央アジアで実践されていた仏教の形態を反映している、と示唆に富む発言を行っている。[7]この経典は懺悔の儀礼について、確かに非常に具体的で、出家・在家者双方を対象に説かれている。北涼の国王である沮渠氏の要請によって、仏教の実践のために撰述されたものと考えれば、具体性に富むことも首肯できるところである。

この経典に基づいて行われたのが方等懺という大乗の懺悔行法である。北朝時代以降、道俗ともに方等懺を盛んに行ったことは、大野栄人氏が既に論じている。[8]ここではその初期の事例を紹介し、さらに、造像銘に見える事例を挙げて補足しておきたい。

方等懺を行じたという最初期の事例は、『高僧伝』巻十一玄高伝に見える。北魏が北涼を占領し、多くの僧が代都にうつされたが、北涼の名僧玄高もその一人であった。彼をかねてから敬慕していた北魏の僧正法達は、未だ教えを玄高より受けないうちに玄高が示寂したことを知って悲嘆し、連日食事もせず、玄高法師は変幻自在であるのになぜお姿を現さないのか、と叫んでいた。すると、亡き玄高が再び空から現れ、罪業が重い法達に対して、方等懺により懺悔することを勧めたという。[9]玄高の寂年は太平真君五年（四四四）である。

文献資料だけでなく、石刻資料である北魏の龍門石窟蓮華洞の造像銘においても、この経典に基づき行道したという事例が見える。この銘文については、皇甫公窟との関わりで曾布川寛氏によって詳しく紹介されているが、『陀羅尼経』や方等懺との関係については言及されていない。[10]以下その銘文を掲げよう。

中明寺比丘尼道暢・道積・道保、依方等行道、願造玄劫千佛。但《檀》越司空公皇甫度・陳夫・元夫・貴華夫人・柳夫人・諸貴人等・北海王妣《妃》樊、仰爲皇帝陛下・皇太后・曠劫諸師・七世父・所生父母・見在眷屬・十方法界六道衆生〻世〻侍玄劫千佛、發菩提心、彌勒三會、願登初首、一時成佛。大魏孝昌元年八月十三日訖。[11]

中明寺比丘尼道暢・道積・道保、方等に依りて行道し、玄劫（賢劫）千佛を造らんことを願う。但越（檀越）司空公皇甫度・陳夫・元夫・貴華夫人・柳夫人・諸貴人等・北海王妣（妃）樊、仰ぎては皇帝陛下・皇太后・曠劫諸師・七世父・所生父母・見在眷屬・十方法界六道衆（生）の生〻世〻玄劫（賢劫）千佛に侍し、菩提心を發し、彌勒三會、願わくは初首に登り、一時に成佛せんことの爲にす。大魏孝昌元年八月十三日訖る。

この造像記は孝昌元年（五二五）の紀年を有し、銘文から中明寺の比丘尼が発願し、司空皇甫度と高貴な女性達が檀越となった造像であることが分かる。北海王妃樊氏も参加している。孝昌元年はちょうど霊太后が政権に復帰した年で、霊太后の叔父にあたる皇甫度もこの年に司空公昇進を果たした。[12] 皇甫度は皇甫公窟の造営も行っている。また、この時期の北海王は龍門二十品の一つ「北海王元詳造像記」でも有名な北海王元詳の子、元顥であると考えられる。[13] 北海王元詳はその母高氏とともに造像記にしばしば見える名であり、古陽洞の開鑿にあたって資金的にかなり貢献したと思われる人物である。この造像記によって、子の世代も仏教を信仰していたことがうかがえる。

歴史的背景を簡単に紹介したところで、本題である銘文と方等懺とのかかわりについて検討したい。銘文中の「方等に依りて行道す」というのは、『陀羅尼経』に基づいて行道した、つまり方等懺を実践していたことを指すであろう。方等懺の実践と賢劫千仏の造像とはいかなる関係にあるのだろうか。『陀羅尼経』では、賢劫千仏は過去世において宝栴檀王の諸子であり、「治世暴悪で律行に順わざる」素行の悪い者達であった。諸子は国王とその弟林果のはからいにより、諸仏から妙戒を受けた。そして、妙戒を授かったことで後の世で成仏し、賢劫の千仏となったとしている。[14] また、『続高僧伝』巻二八空蔵伝にも「夏分に常に方等懺法を行じ、賢劫千佛日び禮すること一遍たり」［T50：689c］とあり、この資料からも方等懺と賢劫千仏とが深い関係にあることをうかがうことができる。

方等懺の具体的内容については、『陀羅尼経』の巻一に記述がある。ここでは、行法について、

若欲行時、七日長齋、日三時洗浴、著淨潔衣、座佛形像、作五色蓋。誦此章句百二十遍、遶百二十匝。如是作已、却坐思惟。思惟訖已、復更誦此章句。如是七日。[T21 : 645bc]

若し行ぜんと欲するの時、七日長齋し、日び三時洗浴し、淨潔衣を著《つ》け、佛の形像を座し、五色の蓋を作る。此の章句を誦すこと百二十遍、遶ること百二十匝。是くの如く作し已り、却きて坐して思惟す。思惟訖《おわ》り、復た更に此の章句を誦す。是くの如く七日せよ。

と説明されている。方等懺は、このように坐すことと行道を交互に行うのであり、この造像記は北魏王侯貴族の女性と親交のあった比丘尼たちの間で方等懺法が実際に行われ、それが賢劫千仏信仰と結びついていたことを示している。

第二節　僧伝にみる方等懺の実践とその好相行

本節では、方等懺を修する者の神秘的体験について、僧伝にはどのように記述されているか考察してみたい。

『続高僧伝』巻二九興福篇の論において、道宣は、

又有方等・佛名・般舟誦呪。多以夢王表淨。准此用顯澆淳。[T50 : 700a]

又た方等・佛名・般舟誦呪有り。多く夢王を以て淨を表す。此に准じて用て澆淳を顯す。

と述べている。また、智顗の『次第禅門』巻二には、懺悔を作法懺悔・観相懺悔・観無生懺悔の三種に分け、第二の観相懺悔について以下のように述べる。

二明觀相懺悔者、行人依諸經中懺悔方法、專心用意、於靜心中、見種種諸相。如菩薩戒中所說、若懺十重、要須見好相。乃滅相者、佛來摩頂、見光華種種瑞相已、罪卽得滅。若不見相、雖懺無益。諸大乘方等陀羅尼行法中、多有此觀相懺法。[T46 : 485c]

二に観相懺悔を明さば、行人諸經中の懺悔の方法に依りて、心を専らにし意を用うれば、靜心中に於いて、種種

の諸相を見る。菩薩戒中に説く所の如く、若し十重を懺するには、要ず須らく好相を見るべし。乃ち滅相とは、佛來りて頂を摩し、光華などの種種の瑞相を見已れば、罪即ち滅するを得るなり。若し相を見ざれば、懺すと雖も益無し。諸の大乗方等陀羅尼行法中に、多く此の觀相懺法有り。

つまり、方等懺の行法において、種種の瑞相（好相）を見ることがその滅罪の証明なのである。

以下、僧伝の中に見られる方等懺実修者の神秘的体験を見てみよう。天台智顗は慧曠律師に師事し、後に大賢山に行き、方等懺を修したところ「勝相現前」した。智顗が眼のあたりにした「勝相」とは、

道場廣博、妙飾莊嚴、而諸經像縱横紛雜。身在高座、足躡繩床、口誦法華、手正經像。（『智者大師別伝』）［T50：191c］

道場廣博にして、妙飾莊嚴せらるも、而るに諸の經像は縱横紛雜たり。身は高座に在り、足は繩床を躡み、口は法華を誦し、手は經像を正す。

というものである。智顗はこの勝相が現れた後、「心神融淨にして爽利たること常日」［T50：191c］であったという。また、法純という僧は、大興善寺に住し、隋の文帝に請われ禁中に入り菩薩戒を授けたが、その厚遇を辞退し、身の無常を嘆じて、四五年もの間、方等懺を行じたところ、以下のような「嘉相」を見たという。

遂行方等懺法四十五年、常處淨場、宗經検失。除食・便利、餘無闕廢。嘗於道場然燈、遂感燈明續焔、經于七夜、不添油炷、而光耀倍常。私密異之、爲滅累之嘉相也。又油瓮所止、在佛堂内、忽然不見。乃經再宿、還來本處、而油滿如故。每於夜靜聞有説法教授之聲、異香尋隙、氣衝於外、就而視之、一無所見。識者以爲幽祇所集故也。（『續高僧伝』巻十八法純伝）［T50：575bc］

遂《か》くて方等懺法を行ずること四十五年、常に淨場に處し、經を宗とし失を検す。食・便利を除きて、餘は闕廢する無し。嘗て道場に於いて燈を然やすに、遂くて燈明の續け焔え、七夜を經るとも油炷を添えずして、光耀常に倍するを感ず。私密《ひそ》かに之を異とし、滅累の嘉相と爲すなり。又た油瓮の止まる所、佛堂内に在るも、忽然として見えず。乃ち再宿を經て、本處に還り來たり、油の滿つること故《もと》の如し。每に夜靜において説法教授の聲有る

を聞き、異香隙を尋ね、氣は外に衝くに、就きて之を視れば、一も見る所無し。識者以爲らく幽祇の集まる所なるが故なりと。

「七夜を經るとも」とあるので、法純が行じたのは七日行法であると考えられるが、灯明が燃え続け輝きが増したことを、罪業が滅した証としている。

次に、『続高僧伝』巻二〇曇栄伝に見える、唐貞観七年（六三三）に起きたと記される方等懺の霊験譚を見てみよう。

又貞觀七年、清信士常凝保等、請榮於州治法住寺行方等悔法。至七月十四日、有本寺沙門僧定者、戒行精固、於道場内見大光明。五色間起、従上而下。中有七佛、相好非常。語僧定云、「我是毘婆尸如來無所著至眞等正覺。以汝罪銷故來爲證。然非本師不與授記」。如是六佛皆同此詞。最後一佛云、「我是汝本師釋迦牟尼也。爲汝罪銷故來授記。曇榮是汝滅罪良緣、於賢劫中名普寧佛。汝身器清淨。後當作佛、名爲普明」。［T50：589bc］

又た貞觀七年、清信士常凝保等、（曇）榮に請い州治の法住寺に於いて方等悔法を行ぜしむ。七月十四日に至りて、本寺沙門僧定なる者有りて、戒行精固にして、道場内に於いて大光明を見る。五色間《ま》ま起こり、上從《よ》り下る。中に七佛有り、相好常に非ず。僧定に語りて云く、「我れ是れ毘婆尸如來無所著至眞等正覺なり。汝の罪の銷《き》ゆるを以ての故に來りて爲に證す。然るに本師に非ざれば授記を與えず」と。是くの如く六佛皆な此の詞を同じくす。最後の一佛云く、「我れ是れ汝の本師釋迦牟尼なり。汝の罪の銷ゆるが爲の故に來りて授記す。曇榮は是れ汝の滅罪の良縁にして、賢劫中に於いて普寧佛と名づく。汝の身器清淨なり。後に當に佛と作るべし、名づけて普明と爲さん」と。

これは、僧定が方等懺の行法中に七仏に見え、釈迦から授記されたという説話である。曇栄については曇栄伝の末尾［T50：589c–590a］に『続高僧伝』の撰者道宣が直接曇栄の生前住していた潞城（現在の山西省潞城市）の地を訪ね、その事情を知ったということが述べられている。おそらく関係者から直接伝承を聞いたのだろう。この伝承には七仏が登場するが、『陀羅尼経』によれば、八日か十五日に行法を始めるので、七月十四日は七日行法の最終日にあたる。経の巻三には、七日行法の第六日目に、「爾の時、行人了《あき》らかに拘那含牟尼佛を見、及び七佛の虚空に在りて、一一の諸佛各おの七寶の蓮華座に乘ずるを見る」［T21:653b］とあり、第七日目には、十方一切諸仏が現れ、さらに釈迦が文殊や無数の大衆とともに道場に来臨して説法し、行者に浄仏国土を見させ、阿耨多羅三藐三菩提心を発させるとある［T21:653bc］。方等懺を行ずる中での神秘的体験が経典の内容に基づいた伝承になっているのは興味深い。また、この説話も滅罪の証として見仏という神秘的体験を得たという話になっている。

次に、方等懺を授戒の前に行じたという智満の事例を紹介しよう。智満は太原の人である。七歳で出家し、成人し具足戒を受け、『涅槃経』などを学んだ後、上党（山西省南東部）の石墨山に行き、徒衆を集め行道した。隋代の初頭のことである。

咸加敬仰、爲菩薩戒師。而滿不重身名、不輕正法。雖苦邀請、未即傳授。乃親爲竭誠方等行道、要取明證。夢佛摩頂、幷爲説法、宛如經相、方爲授法。故道俗思戒者、相趍不絶。（『続高僧伝』巻十九智満伝）［T50:583a］

咸な敬仰を加え、菩薩戒師と爲す。而るに（智）滿、身名を重んぜず、正法を輕んぜず。苦《ねんご》ろに邀請すと雖も、未だ即ち傳授せず。乃ち親ら爲に誠を竭くして方等行道し、明證を取らんことを要《もと》む。佛の頂を摩し、幷びに爲に説法すること、宛《さなが》ら經相の如くなるを夢みて、方《はじ》めて爲に法を授く。故に道俗の戒を思う者、相趍いて絶えず。

これによれば、菩薩戒を授けるにあたって、自ら方等懺を行じ、夢に仏が現れ摩頂し説法すること、あたかも経に説かれているようにしてはじめて授けたという。摩頂については、経の巻三、行法の第四日目に、

爾時道場行人不諂僞者、[15]今世及過去世、未曾犯毀根本罪者、了見式佛在虚空中乘寶蓮華。爾時行人見式佛已、頂禮足下。爾時式佛即以右手摩其人頂、作如是言、「善男子・善女人、汝等不久趣菩提樹、破諸魔怨、伏諸外道、當獲總持、與我無異」。［T21:653a］

爾の時、道場の行人の諂僞せざる者、今世及び過去世にて、未だ曾て根本罪を犯毀せざる者、了らかに式佛の虚空中に在りて寶蓮華に乘るを見る。爾の時、行人式佛を見已りて、足下に頂禮す。爾の時、式佛即ち右手を以て

其の人の頂を摩し、是くの如き言を作す、「善男子・善女人よ、汝等久しからずして菩提樹に趣き、諸の魔怨を破し、諸の外道を伏し、當に總持を獲ること、我と異なる無かるべし」と。

と見える。智満の行じた方等懺に関しては、『続高僧伝』巻二四曇選伝にも言及がある。

沙門智滿、當塗衆主、一川郷望、王臣傾重。創開諸宇、嚴位道場。三百餘僧受其制約。夏中方等、清衆肅然。風聲洋溢、流潤遐邇。選聞之、乃詣其寺庭。滿徒聞來、崩騰下赴。告曰、「卿等結聚、作何物在、依何經誥。不有冒罔後生乎」。滿曰、「依方等經行方等懺」。選曰、「經在何處、將來對讀」。遂將一卷來。選曰、「經有四卷。何不一時讀之」。沙門道綽曰、「經文次第、識不倶聞」。選曰、「吾識可共爾識同耶」。但四卷齊讀、文言未了、便曰、「依呪滅罪耳。可罷之」。[T50 : 641bc]

沙門智滿、當塗の衆主、一川の郷望にして、王臣傾重す。諸宇を創開し、位を道場に嚴にす。三百餘僧其の制約を受く。夏中の方等、清衆肅然たり。風聲洋溢にして、遐邇に流潤す。(曇)選之を聞き、乃ち其の寺庭に詣る。(智)滿の徒、來たるを聞き、崩騰して下り赴く。(曇選)告げて曰く、「卿等結聚して、何の物に在るを作し、何の經誥にか依る。後生を冒罔すること有らざるか」と。(智)滿曰く、「方等經に依りて方等懺を行ず」と。(曇)選曰く、「經何の處にか在る、將ち來りて對讀せよ」と。遂くて一卷を將《も》ち來る。(曇)選曰く、「經は四卷有り。何ぞ一時に之を讀まざる」と。沙門道綽曰く、「經文の次第、識、倶には聞けず」と。選曰く、「吾が識、可《あ》に爾の識と共に同じかるべけんや」と。但だ四卷齊しく讀むも、文言未だ了らずして、便ち曰く、「呪に依りて罪を滅するのみ。之を罷むべし」と。

「經文次第、識不倶聞」というのは意味がとりにくいが、経文には順序があり、一度にすべて聞くことはできないということであろうか。この資料により、智満の下、三百余人もの僧が方等懺を修していたこと、さらにその方等懺が『陀羅尼経』四巻のうち一巻を用いるものであったことが分かる。

本節では、僧伝において方等懺の行法中の神秘体験が滅罪の証明とされ、菩薩戒法を授ける前に行じられた事例もあること、行法中の神秘体験が経の内容に基づくものもあることなどを確認した。さらに、曇栄と智満の事例が潞城と上党という、ともに現在の山西省南東部に属する地域であることは注意しておいてよい。次節で詳しく検討する十二夢王の石刻がこの地域に発見されたのも偶然ではなく、当該地域に方等懺の神秘的体験を特に重んずる気風があった可能性が考えられる。

第三節　十二夢王図像石刻の形態と銘文

さて、方等懺と好相行との密接な関係について明らかになったところで、冒頭で紹介した十二夢王の図像を有する石刻の検討に移ろう。この石刻は幅四六～四六・五、奥行き四〇～四三、高さ二九～三二センチメートルで方形の台座のような形状をしている（図2-2-1）。上部は完存しているが、下部の損傷が激しい。劉建軍氏は、もともと石塔の塔身一層の主体部分であっただろうと推測する[16]。正面には亀趺を有する円首碑像が浮彫されており、碑首の形状は螭首であるが、その中央には龕を刻み、禅定印の坐仏が配される。碑身には願文が刻まれる。この浮彫碑の両側には後述する十二夢王の浅浮彫と供養者の線刻、背面には十二夢王の浅浮彫がある。その両側面と背面の図が篇末に掲げた図2-2-2（西面）・図2-2-3（北面）・図2-2-4（東面）である。また、正面（南面）の浮彫碑（図2-2-5）に刻まれた願文には、以下のようにある[17]。

大齊乾明元年、歳在庚辰、二月癸未朔八日庚寅、藏陰山寺比丘曇始、共道俗五十人等、敬造龍華象一偪、今得成就。上爲皇帝陛・師僧・父母・法界衆生同入薩婆若海。

大齊乾明元年、歳は庚辰に在り、二月癸未朔八日庚寅、藏陰山寺比丘曇始、道俗五十人等と共に、敬みて龍華象一偪を造り、今成就するを得。上は皇帝陛（下）・師僧・父母・法界衆生の同に薩婆若海に入らんことの爲にす。

「皇帝陛下」の「下」が脱落しているが、この銘文により比丘曇始が道俗五〇人と共に「龍華象（像）」を造ったことが分かる。

曇始について、唐の大和七年（八三三）「龍興寺造上方閣畫法華感應記」（別名青蓮寺碑）には、北斉時代、彼が蔵陰寺を建立し、涅槃経を講ずると様々な霊験があったという記述があり、さらに慧遠が涅槃疏を著した時の神異についても言及する[18]。ただ、この記事をどこまで信用してよいかはやや疑問である。

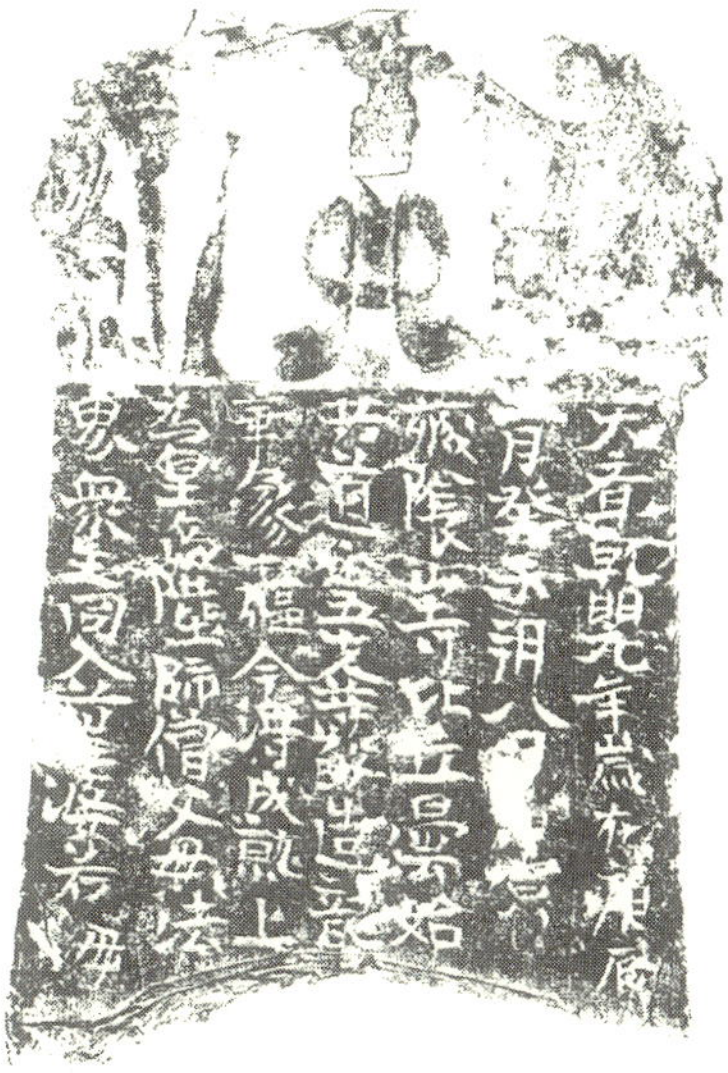
図２－２－５　北斉乾明元年（560）十二夢王石刻南面浮彫碑

また、「龍華」と十二夢王図像との組み合わせは、末法時代に弥勒を祈求した時代精神に符合すると劉建軍氏は指摘する。確かに「龍華」と言えば、龍華樹の下で弥勒仏が三度説法するという、その龍華樹のことであろう。ただし、願文には弥勒信仰が表されておらず、この「龍華象」をただちに弥勒に結びつけて考えるのは躊躇される。

図２－２－２　北斉乾明元年（560）十二夢王石刻西面（描き起こし図）

図２－２－３　北斉乾明元年（560）十二夢王石刻北面（描き起こし図）

図２－２－４　北斉乾明元年（560）十二夢王石刻東面（描き起こし図）

筆者が収集した約二三〇〇点の北朝有紀年造像銘において、「龍華」像に関しては、水泉石窟の窟外、北魏時代の摩崖碑記に見える「造一千五百龍華像一區」という事例、山東省博物館所蔵の北斉天統元年（五六五）の紀年を有する「龍華四面龕像」を造ったという事例[19]、さらに北斉武平元年（五七〇）の紀年を有する「龍華浮圖」を造ったという事例[20]があるが、残念なことにこれら全て像の形状が不明である。ただし、「四面龕像」と言うからには、石の四面に龕を造り弥勒以外の仏像も刻んでいたことは間違いない。

銘文中の「龍華象」の指すものとしては、現存しない部分も含めたこの石像全体、または、石像の中核部分である正面の浮彫の碑の碑首の部分との二通りが考えられる。前者であれば本来の形状が分からないので、失われた部分に弥勒像があった可能性もある。後者とするならば、この碑首の禅定仏像は龍華樹下での弥勒仏を表現したものと考えるのが通常であろう。ただし、禅定印の弥勒仏像というのは中国では類例がほとんど見当たらないようであり[21]、やはり弥勒とみなすのは躊躇される。また、願文中にも弥勒信仰は表されていない。筆者は経典に典拠のある「龍華」という語が、中国古代文化の「龍」のイメージと結びつき、むしろ造形的な見地から好んで造られたのであり、龍華像＝弥勒信仰とは必ずしも言えないと考える[22]。劉建軍氏は、この石刻が弥勒龍華会と十二夢王像とを融合させたもの、つまり、北朝時代における初期雑密と顕教が分化していない特徴をよく表しているとされるが、上記の考察をふまえれば、龍華像をただちに弥勒と結びつけて考えることは保留しておきたい。

もうひとつこの願文で注目したいのは、末尾の「法界衆生同入薩婆若海」という語句である。「薩婆若」とはsarva-jña の音訳であり「一切智」と意訳するが、北朝造像銘ではほとんど見られない語である。「入薩婆若海」という語の典拠は『華厳経』巻五一入法界品である。この経によると、善財童子が観音菩薩に見《まみ》えて「善知識は一切智門を開發示導す。能く一切をして薩婆若海に入り清淨無上菩提を究竟せしむ」[T9:718a]という念をなしたとある。その他、偽経である『菩薩瓔珞本業経』や『占察善悪業報経』にも見られる。先述のように、『菩薩瓔珞本業経』に基づくと考えられる造像が沢州県大陽鎮に存在した。また敦煌文献中には、地論思想に基づく『菩薩瓔珞本業経』の注釈も発見されている[23]。北斉時代の当該地域においては、地論師の代表者の一人である浄影寺慧遠が活躍しており、

「入薩婆若海」という語が造像銘に現れた原因として、その影響も考慮すべきかも知れない。

これに関して、十二夢王石刻が発見された場所である青蓮寺に現存する、唐の宝暦元年（八二五）「硤石寺大隋（隋）遠法師遺跡」碑には、浄影寺慧遠がここに居して涅槃経疏を著し、さらにその一族の住した家宅は霍秀里にお存すと記している。(24) 青蓮寺は硤石山にあり、硤石寺というのは青蓮寺の古名である。(25) 十二夢王石刻願文に見える「藏陰山寺」は、金の泰和六年（一二〇六）「大金澤州硤石山福嚴禪院記」(26) に「寺之東五里古藏陰寺、即北齊曇始禪師之所建也」とある「藏陰寺」に比定できるであろう。

『続高僧伝』巻八慧遠伝によると、慧遠は高都県（高都県の治所は現在の山西省沢州県高都鎮附近）に叔父とともに住んでいたが、十三歳の時、沢州東山古賢谷寺に赴き、(27) 僧思禅師のもとで出家した。十六歳の時、当時の都である鄴に移り、大隠や法上などに師事し名声を得た。その後、学侶を従えて高都の清化寺に戻ったという。(28) 慧遠は開皇十二年（五九二）に七〇歳で遷化しているので、その生年は北魏正光四年（五二三）である。二〇歳で具足戒を受けて大隠律師のもとで五年学び、その後、法上に七年師事した。よって、諸学侶とともに高都の清化寺に戻ったのは、北斉天保五年（五五四）以降のことと考えられる。

慧遠が清化寺に移り住んで以降、慧遠伝に「衆緣歡慶、嘆所未聞。各出金帛、爲之興會。講堂寺宇一時崇敞。韓魏士庶通共榮之」［T50：490a］とあるように、この寺院は隆盛した。また、慧遠は多数の優秀な弟子を育成した。このことについて、道宣は「本住清化、祖習涅槃、寺衆百餘、領徒者三十、竝大唐之稱首也」［T50：492a］と述べている。この清化寺というのは、高平の羊頭山にかつて存在した清化寺のことと考えられる。(29)『続高僧伝』には、沢州高平出身の僧、智徽や玄鑒が清化寺にて慧遠に師事し経論を学んだという記述がある。(30) よって、先述した「硤石寺大隋（隋）遠法師遺跡」碑の述べる、慧遠が硤石寺に住し、涅槃経疏を著したという記述は、史実ではなく創作である疑いがある。(31) ただし、清化寺と蔵陰寺の直線距離は約九〇キロメートルと距離的にそれほど遠くなく、慧遠が出家した寺院である古賢谷寺も、蔵陰寺との直線距離は約二〇キロメートルと近いので、「藏陰山寺」にも慧遠自身あるいはその教化を受けた僧が往来した可能性もある。(32)

次に、供養者画像とその題記について見てみたい。供養者の画像は左右両側面の正面側に近い方に上・下層の二層に分かれて描かれており、傘蓋や団扇をさしかける侍者を従え、蓮華を捧げ持つ先頭の供養者の傍に題記がある。左側面上層に「大齋主閻迴」、下層に「大像主趙敬容」「都維那尹來男」、右側面上層に「大齋主薛定周」、下層に「罷像主王女貴」と合計五人である。「罷」はおそらく「碑」と音通であろう。願文に五〇人とあるが、それに対し刻まれた供養者の数は少なすぎる。前述したごとく、この石の下面は損傷が激しいので、現存する石の下にさらに石があり、そこに「邑子」などの肩書を持つ供養者名が刻まれていたものと推測される。「大像主」「都維那」「大齋主」といった肩書からもこの集団は義邑と考えてよいだろう。

一方、注目すべきはその服装である。「薛定周」は胡服であり、それ以外の四人は皆漢人の服装であるが[33]、「閻迴」と、他の三人「趙敬容」「尹來男」「王女貴」とでは冠や帯の形状が異なる。「閻迴」は男性の服装、後者三人は女性の服装であろう。「敬容」「來男」「女貴」というのは女性である確率が高い名である。薛氏については、河東汾陰の名族として有名であるので、漢人であることも可能性として想定しなければならないが、『北朝胡姓考』を参照すると、鮮卑の叱干氏が後に改めて薛氏となっている[34]。よって、三城（現在の陝西省延安市附近）に居したという鮮卑の一部族である可能性も考えてよいだろう。以上の考察から、この造像の供養者の集団は男女、道俗が混淆しており姓も様々で、さらには胡漢融合である可能性もあり、非常に興味深い集団であると言えよう。

また、「大齋主」の二人が、「大像主」をさしおいて、上層に配置されていることについても注意しておきたい。というのは、造像銘では「像主」が「齋主」よりも顕要な位置に配置されるのが通例であり、「齋主」が「像主」よりも上の位置にくることは少ないからである。これは、この石刻造像における「齋」の重要性を示唆するものと言えよう。『陀羅尼経』の経中にも七日間の懺悔行法について「七日長齋」［T21:645b］という語を用いており、陳の文帝も「方等陀羅尼齋懺文」を撰している。「大齋主」という肩書の存在は、この義邑が方等懺を修していたことを示していると言えよう。

最後に十二夢王の図像とその名であるが、右側面（向かって左）から背面、左側面へと経典の順に沿って時計回り

表2-2-1　十二夢王名諸本対照表

夢を見る主體	1善男善女	2善男善女	6比丘	7比丘	9比丘	10大王	11大臣	12夫人
石刻（560年）	祖荼	斤提	波林羅	なし	窮伽林羅	迦林羅	伽林羅	波林羅
S. 1524巻1（521年）	祖荼	斤持	波林羅	檀持林羅	窮伽林羅	波迦林羅	なし	なし
羽166巻1	祖荼	斤特	波林羅	檀林羅	窮伽林羅	伽林羅	窮伽林羅	波林羅
聖語藏・房山石經本巻1	祖荼	斤持	波林羅	檀林羅	窮伽林羅	伽林羅	窮伽林羅	波林羅
聖語藏・房山石經本巻3	祖荼羅	斤提羅	波林羅	持林羅	窮伽林羅	迦林羅	窮伽林羅	波林羅
高麗再雕本巻1	祖荼羅	斤持羅	波林羅	檀林羅	窮伽林羅	迦林羅	窮伽林羅	波林羅
高麗再雕本巻3	祖荼羅	斤提羅	波林羅	檀林羅	窮伽林羅	迦林羅	窮伽林羅	波林羅
方等三昧行法（大正藏）	祖荼羅	筋持羅	波林羅	檀林羅	窮伽林羅	迦林羅	窮伽林羅	波林羅
止觀輔行傳弘決（大正藏）	祖荼羅	斤提羅	波林羅	檀林羅	窮林羅	迦林羅	伽林羅	婆林羅

に配置されている。十二夢王の名は『陀羅尼経』巻一・巻三にそれぞれ見える。この図像は、劉氏の掲げる表一によって、巻三の内容と合致することが分かる。劉氏も指摘するように、この図像には第七番目の神王「檀林羅」が脱落しており、第六と第十二番目がともに「波林羅」であり、重複している。「檀林羅」は僧が具足戒を授かるという夢の神王であり、この道俗混淆の集団としては相応しくないので意図的に採用しなかった可能性も考えられる。また、諸本の十二夢王名の異同についても劉氏は検討されているが、より明確にするため、特に問題となる王名について、諸本の異同を**表2-2-1**にまとめた[35]。今回劉氏未使用の杏雨書屋所蔵敦煌本（羽一六六）[36]、聖語蔵本（神護景雲二年御願経三）[37]も検討に加えた。その結果、この二本は、異体字などの細かな差異を除けば、房山石経本と一致することが判明した。なお、**表**の第一列目の番号は十二夢王に対応する。

表を参照してまず気付くのは、北斉石刻本と正確に一致するテキストが見当たらないことである。第一「祖荼」については、「祖」と「祖」を同じ字の字形の相違と考えれば敦煌本や聖語蔵・房山石経の巻一と一致するが、第二の「斤提」については、聖語蔵・房山石経の巻一では「斤持」、巻三では「斤提羅」であり、いわば両者を折衷したものになっている。第十の王については、諸本の巻三の方に一致する。一方、第十一の王名は『止観輔行伝弘決』とのみ一致する。

また、この石刻より古い、北魏正光二年（五二一）の紀年題記をもつ敦煌本では、十二夢王の名のうち十しか記しておらず、第七と第十の王名も他本と異なっている。この北魏本には巻三がないので断定はできないが、他本との差異の大きさから推測して、この北魏本巻三の王名が北斉石刻と一致するものであった可能性は低いと言えよう。

そもそも北魏から唐代、遼代にかけてのテキストでは、第六と第十二、第九と第十一がそれぞれ同一の王名であったり、巻一と巻三で王名が異なったりと、テキスト自体に不整合な点を含んでいる。**表**には掲げなかったが元・明本は巻一においても1番と12番目の王の名を「斤提羅」と「婆林羅」として『止観輔行伝弘決』と同じであり、古いテキストにおいて既に不整合がある場合、後代のテキストにおいてそれを修正しようとした形跡が諸本間の文字の異同となってよく表れている。

以上をまとめると、この北斉十二夢王石刻（実際には十一王）は、北魏本とも唐代以降のいずれのテキストとも異なる、独自の価値を有するものである。

第四節　十二夢王と十法王子

それではなぜ十二夢王に関する図像が石に刻まれたのであろうか。第二節の冒頭で既に述べたように、『続高僧伝』巻二九興福篇の論において、道宣は「方等・佛名・般舟誦呪有り。多く夢王を以て淨を表す。此に准じて用て澆淳を顯す」［T50：700a］と述べ、『陀羅尼経』『仏名経』『般舟三昧経』の誦呪において、夢王が滅罪の深浅をはかる基準となっているとしている。

『陀羅尼経』の特徴の一つとして、水上文義氏は、観仏（見仏）が修行者の証しとも言えるほどに繰り返し説かれていることを挙げる。(38) 実際に、巻三には、七日行法の各日について仏・菩薩を見るとされ、巻四では、懺悔において夢の中で仏や師の摩頂を見ることが清浄戒に住することの証とされる。十二夢王がこの経典において果たす役割も以上の経典の性格を反映したものである。十二夢王はこの経典に以下の三箇所見える。

巻一には、

佛告華聚、「我今語汝。莫妄宣傳如是妙法。當以神明爲證。何以故名爲神明。善男子、如是當有十二夢王。見此一王者、乃可爲說」。爾時世尊卽說陀羅尼章句、……（後略）……。[T21 : 642a]

佛、華聚に告げたまわく、「我れ今汝に語らん。妄りに是くの如き妙法を宣傳する莫かれ。當に神明を以て證と爲すべし。何を以ての故に名づけて神明と爲すや。善男子よ、是くの如く當に十二夢王有るべし。此の一王を見る者には、乃ち爲に說くべし」と。爾の時世尊卽ち陀羅尼章句を說きたまわく、（後略）。

とある。すなわち、妙法を妄りに宣伝することを誡めており、十二夢王のうちの一王を見ることが妙法（ここでは陀羅尼章句）を授かる条件である。

巻三には、

爾時、佛告文殊師利法王子、若我在世、若去世後、若有善男子・善女人來詣汝所、欲求陀羅尼經者、汝當敎求十二夢王。若得見一王者、汝當敎授七日行法。[T21 : 652a]

爾の時、佛は文殊師利法王子に告げたまわく、「若しは我れ世に在り、若しは世を去りし後、若し善男子・善女人の來たりて汝の所に詣り、陀羅尼經を求めんと欲する者有らば、汝當に十二夢王を求むるを敎うべし。若し一王を見るを得る者には、汝當に七日行法を敎授すべし」と。

とあり、十二夢王のうちの一王を夢で見ることが、七日行法、すなわちこの経典の懺悔行法を授かる条件である。巻四には、

阿難、我今以此大方等陀羅尼經付囑於汝。若有衆生來詣汝所、欲求此經、如上十二夢王、汝當善爲說其事相。[T21 : 660b]

阿難よ、我れ今此の大方等陀羅尼經を以て汝に付囑す。若し衆生の來たりて汝の所に詣り、此の經を求めんと欲する有らば、上の如き十二夢王、汝當に善く爲に其の事相を説くべし。

とあり、この経典を求めてきた者に対し、十二夢王の事相を説くべしと述べている。

つまり、この経典を求める修行者に対して、まずこの十二夢王の事相が説かれ、陀羅尼や行法を授かるために、修行者が十二夢王を見ることが求められるのである。

また、方等懺の行法次第においても、十二夢王は経典の教義に従って、正行の前の前方便において行者に十二夢王の形相を夢見ることが要求されている。「諸大乘方等陀羅尼行法」（『次第禅門』巻二［T46 : 485c］）とあるように、北朝時代以降、方等懺に精通した僧も現われ、方等懺の実践のために様々なマニュアルが作成されていた。その一つであり智顗の前期の著作であるとされる『方等三昧行法』には、

三、前方便緣者、七日行道、誦呪令利、至誠禮懺、請十二夢王、求乞見其形相。若感一一相者、方可得行如是懺法。(39)［T46 : 944b］

三に、前方便の緣とは、七日行道し、呪を誦すこと令利にして、至誠に禮懺し、十二夢王に請い、其の形相を見るを求め乞う。若し一一の相を感ずれば、方に是くの如き懺法を行うを得べし。

とあり、『方等三昧行法』より遅れて成立した『国清百録』巻一「方等懺法」にも、

念是事已、歸依十二夢王、求乞瑞夢。若不感者、徒行無益。倍加懇到、餐啜無忘、隨見一王、卽是聽許。［T46 : 797a］

是の事を念じ已りて、十二夢王に歸依し、瑞夢を求め乞う。若し感ぜずんば、徒らに行ずるも益無し。倍ます懇到を加え、餐啜にも忘るること無く、隨いて一王を見れば、卽ち是れ聽許す。

とあり(40)、十二夢王の瑞夢を見なければ、この行を修しても無益であるとまで述べている。

以上のように、十二夢王については、方等懺を行う前に、まずその事相が説明されるべきものである。十二夢王石刻造像を制作した義邑の指導僧である曇始も、方等懺を行う前に図像を見せながら十二夢王のことを説明したのであ

ろう。

　もう一点、十二夢王について指摘しておかなければならないのは、十二夢王がこの経典を受持する者の護法神としての役割を担い、その称名の功徳が説かれていることである。『陀羅尼経』(41)巻一には、

　既供養已復白華聚、我等十二大王、當受持是摩訶祖持陀羅尼章句、復當供養受持經者。如是人等、若遭苦厄、應當稱我十二神王。……我等當受持讀誦陀羅尼經、攝救行者、令其堅固三菩提心、令獲善利。［T21 : 642c］

　既に供養し已りて復た華聚に白すらく、我等十二大王、當に是の摩訶祖持陀羅尼章句を受持すべし、復た當に經を受持する者を供養すべし。是くの如き人等、若し苦厄に遭わば、應當《まさ》に我が十二神王を稱《とな》うべし。……我等當に陀羅尼經を受持讀誦し、行者を攝救し、其れをして三菩提心を堅固ならしめ、善利を獲しむべし。

（西面）
・・・　・・・延　阿㝹樓駄　劫賓那
・・・法王子　摩・・　［迦］耶迦葉　那提迦葉

（北面）
利波多
畢陵伽婆蹉
薄居羅
摩訶居絺羅

（東面）
文殊師利法王子　虚空藏法王子　觀世音法王子
・・法王子　虚空法王子？？　破闇法王子　普聞法王子

【山東臨朐出土造像石刻録文】

とあり、苦難に遭遇したとき、十二夢王の名を称える者を救済することが述べられている。

　『国清百録』巻一「方等懺法」(42)にも、前方便として「呪を受け預め誦し、十佛・十法王子・十二夢王の名を誦せしむ。憶持して忘るること勿れ」［T46 : 797a］とあり、正行の奉請三宝にも、「一心に梵・釋・十二夢王を奉請す」［T46 : 797b］とある。実際の行法においても十二夢王の称名が行われていたと考えられる。

　この護法神的性格は十法王子にも見られる。十法王子は、『陀羅尼経』巻一に以下のように説かれる。

　爾時、五百大弟子卽從座起、頭面禮足而白

佛言、「世尊、如佛所說、行此法時、當有波旬、來壞是人善根因緣。云何而知」。爾時、佛告五百大弟子衆、「此魔來時、凡有四十萬億、來至人所、發大惡聲。……此人應答、汝來甚善。作是語時、應默心中、誦摩訶袒持陀羅尼章句、復應稱言南無釋迦牟尼佛・南無文殊師利法王子・虛空藏法王子・觀世音法王子・毘沙門法王子・虛空法王子・破闇法王子・普聞法王子・妙形法王子・大空法王子。眞如法王子。如是菩薩摩訶薩、應念其名。如是諸王必往其所、擁護是人、令此人等身得安樂、無諸苦惱。是諸比丘若値諸難、應如是念諸王名字」。［T21：650b］

爾の時、五百大弟子卽ち座より起ち、頭面もて足を禮して佛に白して言わく、「世尊、佛の所説の如く、此の法を行ずる時、當に波旬有りて、來りて是の人の善根因縁を壞すべし。云何んが而して知るや」と。爾の時、佛は五百大弟子衆に告げたまわく、「此の魔の來たる時、凡そ四十萬億有り、來りて人所に至り、大惡聲を發す。……此の人應に、汝來ること甚だ善し、と答うべし。是の語を作す時、應に默して心中に、摩訶袒持陀羅尼章句を誦し、復た應に南無釋迦牟尼佛・南無文殊師利法王子・虛空藏法王子・觀世音法王子・毘沙門法王子・虛空法王子・破闇法王子・普聞法王子・妙形法王子・大空法王子・眞如法王子と稱言すべし。是くの如き菩薩摩訶薩、應に其の名を念ずべし。是くの如き諸王必ず其の所に往き、是の人を擁護し、此の人等をして身に安樂を得、諸の苦惱無からしめん。是の諸の比丘若し諸難に値《あ》わば、應に是くの如く諸王の名字を念ずべし」と。

ここでも、やはり、その称名の功徳が説かれている。この十王法子に関しては、山東省の臨朐県博物館に所蔵される明道寺遺址出土仏像の背面と両側面に、十王法子と『法華経』序品の羅漢名が刻まれていることが張総氏によって指摘されており[43]、筆者も博物館を訪問しその拓本を閲覧させていただいた（図2-2-5）。張氏の紹介したものとはやや文字に異同があるのでそれを補う意味で前頁【山東臨朐出土造像石刻録文】に筆者の移録を掲げた。背面には線刻で他にも人物像が描かれており、大説法会を表していると思われるが、両側面に十法王子名が配置されており、その説法会を守護する役割の者として描かれたのであろう。

以上のように、十二夢王の図像とその名が石に刻まれた背景には、十二夢王を見るという神秘的体験が陀羅尼や行法を授かるために必須であると経典に説かれていることと同時に、十二夢王はその名を称《とな》えた者を救済するという守護神の性格を有し、実際の行法でも十仏・十法王子とともにその名が称えられたと考えられることが挙げられる。

第五節　敦煌本『陀羅尼経』について

本節では、敦煌写経における『陀羅尼経』の残存状況を確認しておきたい。敦煌写経では、スタイン本六点、ロシア・サンクトペテルブルク本五点、中国国家図書館本七点、西北師範大学所蔵本一点(44)、杏雨書屋所蔵本一点が存在する(45)。ペリオ本は見られない。うち、紀年を有するものは三点ある。他に『涅槃経』の題記で『陀羅尼経』を書写したことが分かるものが一点あり、合計四点、みな北魏の年号である。以下にその識語を掲げよう。

①大方等陀羅尼經巻第一。一交竟。延昌三年（五一四）歳次甲午四月十二日、敦煌鎭經生張阿勝所寫成竟。用帋廿一張。校經道人。典經師令狐崇哲。（S六七二七。池田温編［一九九〇］『中国古代写本識語集録』〔以下『識語』と略〕一〇五頁）。

②大方等陀羅尼經巻第二。熙平元年（五一六）、清信女庶令親爲亡夫、敬寫流通讀誦供養。（Дх〇五九九九。『識語』一〇六頁）。

③大方等陀羅尼經巻第一。正光二年（五二一）十月上旬寫訖。（S一五二四。『識語』一〇七頁）。

④大般涅槃經巻第卅一。大代大魏永熙二年（五三三）七月十三日、清信士使持節散騎常侍開府儀同三司都督嶺西諸軍事□騎大將軍瓜州刺史東陽王元太榮、敬造涅槃・法華・大雲・賢愚・觀佛三昧・祖持・金光明・維摩・藥師各一部、合一百巻。仰爲比《毘》沙門天王、願弟子所患永除、四體休寧、所願如是。（S四四一五。『識語』一一九頁）。

④の経名に見える「祖持」というのは「祖持」＝「檀持」であり、『陀羅尼経』のことであろう。北魏以降紀年を有するものが見られなくなる理由としては、同じく懺悔経典である六世紀前半成立の偽経『大通方広経』の出現が挙げられる。この経は、六朝後期以降盛んに行われ、遅れて日本でも流行した。この経を書写したことを示す敦煌写経識語の紀年は、真偽が疑われるものを除けば、西魏大統二年（五三六）、北周保定五年（五六五）、北周天和三年（五六

八）、隋開皇十年（五九〇）、仁寿二年（六〇二）、大業四年（六〇八）であり[46]、ちょうど『陀羅尼経』に取って代わったかたちになっている。無論このことは方等懺が北魏以降衰頽したことを示すわけでは決してないであろうが、敦煌写経の流行の変化を鮮やかに示していると言えよう。ちなみに、六世紀頃の敦煌写経の識語には、『大通方広経』と『陀羅尼経』、その他の経をともに書写したことを述べたものもある[47]。

もう一点、敦煌写経に関して問題であるのは、藤枝晃［一九六二］において既に指摘されているが、上記の①と③の巻一が大正蔵本の巻二にまたがり、さらに文が付加されていることである。①と③のテキストはこの文も含め、少しの脱落部分や誤字脱字などを除けば同じテキストであることが藤枝氏によって指摘されている。①の方は敦煌鎮の官営の写経事業の一環でなされたものである。このテキストは、一巻本として方等懺を行ずる際に実際の読誦に用いられ、北魏の敦煌にて方等懺の実践用に流通したものではないかと考えられる。以下に①の方の付加された文章を掲げてみたい（行数・句読点は筆者が加えた。改行は原本に従う）。

01今十一月七日、我某甲比丘爲如是某甲、作敎
02授師。如是優婆塞・優婆夷請我某甲、爲敎授
03師。我某甲常爲如是某甲、作敎授師。十方諸佛
04當證知。尊經波若當證知。應眞僧當證知。此
05某甲忍我某甲、爲敎授師。隨今八日至十五
06日、我某甲自恣往來。第二・第三白如是。十方
07諸佛當證知。尊經乃至應眞僧證知。汝某甲
08忍我某甲、爲敎授師。汝行者今諦聽、至心億（憶）
09念、受持讀誦。隨今八日十五日、汝今諦聽。次
10當說羯磨法。爾時文殊師利卽從坐起、偏袒
11右肩而白佛言、世尊、若佛在世、若去世後、其

12有善男子・善女人欲受持・讀誦・脩行大方等陀羅
13尼經者、應唱如是言。
14文殊師利說妙法　爲欲流布閻浮提
15在此道場懃脩習　繫心一境莫放逸
16面覩菩薩見諸佛　已了達者而爲說
17以此妙法入其心　三世諸佛口所宣
18行者了觀於道場　面覩彌勒聽正受
19化諸衆生出三界　令其堅固三界因
20陀羅尼經甚希有　故常久住閻浮提
21觀諸衆生應受化　故往其所說妙法
22汝當何用在世閒　阿鼻地獄極大苦
23若欲休息无能救　若欲速出无是處
24諸佛世界極妙好　汝曹何用忍苦事
25陀羅尼經而能除　引諸衆生到彼岸

これによれば、方等懺を行う期間を八日から十五日とし、前日である十一月七日に、「十方諸佛」「尊經波若」「應眞僧」つまり、三宝に対して方等懺の教授師となることの承認を要請している。

さらに『陀羅尼経』を受持・読誦・修行すべき者が唱える最後の偈文中に、この道場にて放逸にせず一心に修行すれば菩薩や諸仏に見え諸仏の説法を聴くことができるとし、地獄の苦から抜け出すには『陀羅尼経』によってこそ可能だとしている。ここでもまた、方等懺法によって見仏・聞法といった神秘的体験を得ることができると説かれていることは、『陀羅尼経』、そして方等懺法においてこのような神秘的体験が重要な構成要素であったことを物語っていると言えよう。

おわりに

以上、新発見の石刻を手掛かりとして、方等懺と、神秘的体験を求める好相行との密接な関係について述べてきた。『陀羅尼経』において、十二夢王を見るという神秘的体験が重要な位置を占めていたこと、『陀羅尼経』に基づく方等懺の実践者においても神秘的体験が滅罪の証として重視されていたことが明らかとなったことと思う。

そして、石に十二夢王と十法王子の名が刻まれていた点も看過できない。両者ともに護法神・救済者としての性格が強く、その名を称えることで様々な災難から救済されるという称名信仰とも関係している。『陀羅尼経』と同じく懺悔経典である『大通方広経』や『仏名経』においても仏名を称えることは懺悔行法の中心であり、『大通方広経』に見える仏名を多く刻んだ造像碑までもある[48]。称名信仰と懺悔との深い関係が『陀羅尼経』においても確認できるのである。

また義邑について、八関斎との関わりについて言及されることはあっても、方等懺という、八関斎に比べより専門的な懺法を実践していたと見られる義邑の事例についてはこれまで見いだされていなかった。その点においても、この石刻は非常に貴重な資料であると言えよう。

斎と密接な関わりを持ち、道仏二教の融合の様相を示す関中の義邑の実態について、第一部第三章において考察したが、現山西省南東部に属する十二夢王の画像石刻を造った義邑の事例は、関中の義邑とはかなり性格が異なる。この『陀羅尼経』の図像石刻は、当地域において、比丘の指導の下、義邑においてより専門的な懺悔行法が行われており、それが十二夢王といった神秘的要素をともなっていたことを示す好例である。方等懺は北朝時代、広い地域で行われていたことは既に挙げた諸資料よりうかがうことができる。ただし、既に見たように方等懺実践者で神秘体験を重視した曇栄や智満がこの地域と深い関わりを有していたことを考慮に入れると、この石刻は山西南東部における、方等懺の神秘的体験を特に重んずる気風を反映したものであると言えよう。

註

(1) 道端良秀氏は、昭和十六年七月から十八年十二月まで中国に仏教史跡調査のため滞在し、青蓮寺を訪問した際、北斉「乾明元年」の紀年を有する頭部を欠いた石像が大きな阿弥陀像の前に置かれていたのを確認している。道端氏は十二夢王画像のことには何ら言及されていないが、氏が見たのはこの石刻のことである可能性が高い。道端良秀［一九七二］一〇三頁参照。
(2) 郭新明［二〇〇〇］。
(3) 劉建軍［二〇〇七］。
(4) 佐藤哲英［一九六一］第二篇第六章一九〇～二二一頁。大野栄人［一九七八］など。より詳しくは、水上文義［一九九四］四八～五三頁を参照。
(5) 山部能宜［二〇〇〇］。
(6) ただし、『灌頂経』が慧簡によって編纂されたのは五世紀半ばと考えられており、『大方等陀羅尼経』の成立よりも遅いので、少なくとも直接これを参照したとは考えがたい。この経典に先行する真訳『薬師経』があり、『陀羅尼経』の編纂者がそれを参照したと考えることは可能である。薬師経の成立に関しては、新井慧誉［一九七〇］参照。十二神王以外にも「二十四戒」という語など、『灌頂抜除過罪生死得度経』と『陀羅尼経』との親近性は見られる。
(7) 山部能宜［二〇〇〇］。
(8) 大野栄人［一九七八］。
(9) 『高僧伝』巻十一玄高伝「有沙門法達、爲僞國僧正。欽高日久、未獲受業、忽聞怛化。因而哭曰、聖人去世、當復何依。累日不食。常呼、高上聖人自在、何能不一現。應聲見高飛空而至。達頂禮求哀、願見救護。高曰、君業重難救、當可如何。自今以後、依方等苦悔、當得輕受」［T50 : 398ab］。
(10) 曾布川寛［一九九三→二〇〇六］研究篇三〇五～三〇七頁。
(11) 彙録1133、拓5003、魏目185。
(12) 皇甫度は『北史』巻八〇胡国珍伝に附伝される。
(13) 元顥は『魏書』巻二一上に立伝される。
(14) 『陀羅尼経』初分余巻第二［T21 : 646c–647a］。
(15) 大正蔵「今於現」であるが、房山石経・宋・元・明本に従い「今」に改める。
(16) 劉建軍［二〇〇七］八七頁。
(17) 以下、題記も含めた銘文の文字の判読に関して、筆者は劉氏と異なる部分がままあるが、煩を避けて逐一注記しない。
(18) 「初有曇始禪師、大齊起義之首、奏藏陰寺、講涅槃經、感野雉來聽、藏神遺□、獼猴奉菓、山神獻飡。時之異人乎、其難識矣。

周朝有惠遠法師、卽晉城霍秀人也。制涅槃疏、擲筆昇空、精義入神、以驗其旨」（『山右』巻九）。

(19) 拓7155、京NAN0586X：0614X、匋12、瓊22、大村342、斉遺240。

(20) 百品234。

(21) 佐藤智水［一九七七b→一九九八］一四〇頁の表を参照。表によれば、北朝単立石像では合手坐仏（禅定印）像は釈迦と銘記されるものが多数で、無量寿が少数であるが、弥勒の事例は一例もない。

(22) 中国古代の龍については、林巳奈夫［一九九三］を参照。林氏は仏教伝来以前の龍と蓮華とがともにあらわれる図像の諸事例についても言及する。

(23) 大正蔵第八五巻経典番号二七九八（S二七四八）。

(24) 「遠公之居、以成其道、既修涅槃藏疏、絕筆石巓、擲上太虛、得以明眞、契示其同。法師稱號惠遠、生燉煌李氏之族。家數世居霍秀里、本宅猶存」（『山西碑碣』一二八頁、乾隆四九年『鳳台県志』巻十三）。

(25) 青蓮寺という寺号は唐咸通八年（八六七）の勅賜によるものであることは、「青蓮寺碑碣之所記」（『山西碑碣』一四四頁）に記載がある。

(26) 『山西碑碣』一五三頁。『山右』巻一三。

(27) 慧遠の高弟である霊璨は、隋の仁寿末年に勅命を受けて舎利を沢州古賢谷景浄寺に送り、塔を建てたが、この地は慧遠の生地であると『続高僧伝』の撰者道宣は述べている（『続高僧伝』巻一二霊璨伝［T50：506c］）。古賢谷景浄寺は、現在の陵川県城の西南、沢州県との県境付近の台南村の南東にかつて存在した。現在の寺号は古仙寺である。金正隆四年（一一五九）の「大金澤州陵川縣古賢谷禪林院重修彌勒殿記」（『山右』巻十九）には、「太行之間、山靈而水秀、地幽而勢阻、峯巒繚繞、巖谷深邃、中有平原。傳記稱爲古賢谷。蓋古賢聖之所居也。傍有九仙臺・齊雲峯・麥園洞・清涼泉、眞靈聖之福地。自北齊天保二年建置伽藍於此。更周歷隋、名景淨寺。殿閣崢嶸、廊廡岑寂、前代髙僧惠遠・靈璨相繼居之」とある。

(28) 『続高僧伝』巻八慧遠伝［T50：489c–490a］参照。なお、『続高僧伝』巻八慧遠伝の日本古写経を含めた諸本校異については、池麗梅［二〇一四］四三～五三頁を参照。

(29) 羊頭山清化寺について、明の朱載堉『羊頭山新記』（『楽律全書』巻二二）所引『高平志』には、「山之正東稍南一里餘有泉、甚清。泉西半里許有梵刹、曰清化寺、建自後魏孝文帝太和之歲。初名定國寺、北齊改名弘福、隋末寺廢、唐武則天天授二年重建改今額」とある。これによれば、清化寺の寺号は則天武后の時代以降に使用されたものである。しかし、張慶捷・李裕群・郭一峰［二〇〇〇］は、次の註で提示する『続高僧伝』の記事に基づき、北斉時代には既に「清化寺」という寺号が使用されていたとする。この説が妥当である可能性が高いことは、高平金石志編纂委員会編［二〇〇四］に収録される、清化寺に関する近年出土の北斉碑石によっても裏付けられる。すなわち、羊頭山神農城下から二〇〇三年に出土した北斉天保二年（五五一）羊頭山五仏碑には、篆書で「羊頭山清□寺之《?》碑《?》」と刻まれる。これによれば北斉天保二年の段階において、寺号が「清化寺」であった可能性が高い。清化寺の寺号の問題については、上記碑石とともに、二〇〇一年清化寺遺址から出土した武周天授二年（六九一）「澤州高平縣羊頭山清化寺碑」を仔細に検討する必要があるだろう。後考を俟ちたい。

(30)『續高僧伝』巻十五智徽伝「釋智徽、俗姓焦、澤州高平人也。年十三、志樂出家、不希世累、住本州清化寺、依隨遠法師、聽涉經論」［T50 : 541b］、同巻十五玄鑒伝「釋玄鑒、俗姓焦、澤州高平人也。天性仁慈、志樂清潔。酒肉葷辛自然厭離。十九發心、投誠釋種。愛重松林、終日庇其下、忘遺食息。後住清化寺、依止遠公、聽採經論」［T50 : 542a］。

(31) 前掲註(29)の北斉天保二年碑石の存在や、前掲註(30)の智徽伝・玄鑒伝の記述に基づけば、『續高僧伝』慧遠伝にみえる「清化寺」を「青蓮寺」の誤りと見なす李会智・師煥英［二〇〇二］の説には従えない。青蓮寺の歴史に関しては李会智・高天［二〇〇三a］［二〇〇三b］に詳しいが、二篇ともに唐代後半期以降の碑の記事をほぼそのまま受けているので、やはりにわかには従いがたい。

(32) 寺院間の交流に関して、時代は下るが、青蓮寺に存在する金大定四年（一一六四）「硤石山福嚴院重修佛殿記」碑（『山西碑碣』二四四頁）には、数ヶ寺の僧が刻まれる中に「陵川縣古賢谷禪林院主　惠圓」「羊頭山清化寺主　淨善」といった名が見える。また、同じく元の至元二年（一三三六）「福嚴院重修法藏記」（『山西碑碣』三〇七頁）にも「羊頭山清化寺」「陵川縣古賢谷禪林院」の名が見える。また、東魏時代開鑿とされる高廟山石窟（現在の高平市に存在）には、山西南東部各地の地方官や僧官が名を刻んでいることも参考になるだろう。高廟山石窟については、李裕群［一九九九］、Lingley [2010] を参照。

(33) 北朝時代の供養者像が胡服、漢族の服装であっても単純にそれぞれ胡族、漢族と言えないことは、石松日奈子［二〇一一］を参照。

(34) 姚薇元［一九五八→二〇〇七］二二一～二二四頁。

(35) 表の各テキストについては、竺沙雅章［一九九二］参照。氏は『大方等陀羅尼経』巻一の一部を校勘し、高麗蔵よりも契丹蔵を受け継ぐ房山石経本が唐代の標準的な写本の系譜により近いとする。十二夢王名の比較対照の結果も氏の説を支持するものであると言えよう。『止観輔行伝弘決』は湛然による『摩訶止観』の注釈書で、八世紀に成立している。

(36) 羽一六六（『敦煌秘笈』第三巻、四頁）。

(37) 宮内庁正倉院事務所編『聖語蔵経巻』丸善、二〇〇七年（カラーデジタル版、DVD-ROM）神護景雲二年御願経三、媒体番号九五-九七所収。閲覧に際しては、東大寺華厳学研究所中西俊英氏の御協力を得た。ここに記して感謝申し上げる。飯田剛彦［二〇一二］十三頁及び末尾の表によれば、この『大方等陀羅尼経』は宝亀年間（七七〇～七八一）に、東大寺の写経所である「奉寫一切經所」で書写された五部一切経のうちのひとつ、「今更一部一切經」（約四五〇〇巻）の一部で、占部忍男の書写であると推定されている。

(38) 水上文義［一九九四］四七頁。

(39) 大正蔵「二」だが、明永楽北蔵本により「三」に改める。

(40) 『方等三昧行法』『方等懺法』（『国清百録』）の成立順序に関しては、佐藤哲英［一九六一］第二篇第六章一九〇〜二二〇頁を参照。

(41) 「當」の字、大正蔵は「富」であるが、高麗再雕本では「當」である。

(42) 十仏とは『陀羅尼経』巻二に見える「無量壽佛・釋迦牟尼佛・維衛佛・式佛・隨葉佛・拘樓秦佛・拘那含牟尼佛・迦葉佛・過去雷音王佛・祕法藏佛」［T21:650c］を指す。

(43) 張総［二〇〇四］。

(44) 『甘粛蔵敦煌文献』第三巻、三〇〇頁。

(45) 前掲註(36)参照。

(46) 新川登亀男［二〇〇〇］参照。

(47) 『識語』一六四頁「十方千五百佛名尼道明勝題記」。大谷大学図書館蔵。「夫眞軌凝湛、絕於言像之表、理絕名相、非言辯所闢。是以大聖垂訓羣或、生於王宮、現丈六之身。但衆生道根華薄、娑羅隱滅、流經像訓誨。是以佛弟子尼道明勝自云、宿殖根尠、沈溺有不都眞聖。遇聞、造善慶勝天堂、造惡退洛三塗。是以謹割衣資之分、建寫无量壽一部・十善一部・藥王藥上一部・千佛名壹卷・涅槃一部・大方等陀羅尼一部・大通方廣一部。因微福、願七世父母・師長父母・所生因緣往生西方淨佛國土。若悟洛三塗、使濩湯止流、刀山以爲宮殿。現在之身、塵羅之蔽、雲飛雨散、勝善之果、日暈重集、有有一切衆生一時成佛」。

(48) 山西博物院所蔵「陳海龍造像碑」（北周保定二年）。この碑については次章にて考察する。

第三章　南北朝時代における『大通方広経』の成立・流布とその懺悔思想

はじめに

前章では、敦煌写経の紀年調査により、北魏から西魏・北周にかけて、『大方等陀羅尼経』にかわり『大通方広経』（以下『方広経』と略す）が多く見られるようになると指摘した。『方広経』は『大通方広懺悔滅罪荘厳成仏経』ともいい、過去・現在・未来の三世仏名、十二部経名、菩薩名の称名・礼拝による懺悔の功徳を説く全三巻の中国撰述経典である。この経は六朝後期から隋唐時代にかけて盛行し、やや遅れて八世紀の日本でもよく用いられた。日本の淳和天皇が空海らを請じてこの経に基づく懺悔法会を執り行ったという記録も残されている。(1)

本経は大正蔵第八五巻に収録されており、中巻は大谷大学所蔵の敦煌写本を底本としていたが、その中巻の首部が欠けていた。上山大峻氏は他の敦煌写本、(2)木村清孝氏は七寺の写本を用いてそれを補い、現在では経典のほぼ全容をうかがうことができる。(3)なお房山石経にも中巻の首部が収録されている。(4)

本経の内容に関しては、夙に矢吹慶輝、牧田諦亮両氏によって概要が紹介されている。(5)矢吹氏は、「要するに本経は仏名経の一種に属し始終を一貫して十方三世諸仏の敬礼によりて、懺悔滅罪乃至仏果を完成すべきを説けるもの」と経典の概要を捉える。一九九〇年代に入って、上山大峻氏により、この経の敦煌出土チベット語訳本の研究がなされ、(6)つづいて木村清孝氏により、全三巻の校訂と書き下し、および巻中の大正蔵本欠落部分の思想的特徴の説明がなされた。また、この経典は日本において『日本霊異記』研究の一環として多くの研究者によって取りあげられている。(7)これ程重要な経典であるにもかかわらず、木村氏も述べるように、本格的な本経の思想的研究は未だなされていない状況にあり、中国のみならず日本古代仏教の特質を探る上でも、本経の基本的思想内容を明らかにすることは必須であろう。

そこで、まず『方広経』の成立問題を議論した上で、この経の流布状況を調査し、この経と関連すると思われる石刻三点を紹介する。その中でも、陳海龍造像碑の仏名について詳細に分析し、『方広経』の仏名との対応関係、および、この『方広経』の仏名の典拠となった経典を探る。また、この経典に基づく敦煌文献の内容を分析し、実際の懺法と経典内容との関係について考察する。さらに、『方広経』と同様に三宝名号を列記しその敬礼を説く他の文献についても検討する。次に思想内容の分析に移り、この経の撰述にあたり、下敷きにしたと考えられる経典の典拠を全巻にわたり調査し、『方広経』が最も多く依拠している『涅槃経』との関係について論じたい。

第一節　『方広経』の成立に関する問題

この経典は、梁の僧祐撰『出三蔵記集』には収録されておらず、隋の法経等撰『衆経目録』（『法経録』）巻二「衆経疑惑」部に「大通方廣經三卷」〔T55 : 126b〕として初めて著録される。また、唐の道宣撰『大唐内典録』巻十「歴代所出疑僞經論」部には「方廣滅罪成佛經三卷」〔T55 : 335c〕とある。さらに、唐の智昇撰『開元釈教録』巻十八「僞妄亂眞錄」に「方廣滅罪成佛經三卷」と見え、その原注に「亦云『大通方廣懺悔滅罪莊嚴成佛經』、亦直云『大通方廣經』」〔T55 : 677a〕とある。

敦煌文献中にもこの経の写本は多数発見されているが、経題は『大通方広経』と『大通方広懺悔滅罪荘厳成仏経』の二グループに大別される。また、寺川真知夫氏が指摘するとおり、他の文献において引用される場合は、単に『方広経』と略称されることも多い。(8)具体的にその例を示すと、まず『方広経』の経文自体において、「若人聞是方廣經典」〔T85 : 1340b : 1352c〕、「世尊所說方廣經典」〔T85 : 1340b〕とある。また、『広弘明集』巻二八所収陳文帝「大通方廣經懺文」に「禮方廣經中所説三寶名字」［T52：333c］などとある。さらには、書体から西魏・北周期のものとされる敦煌文献に、「方廣經云、一念在禪定、勝活三千界滿中一切人」とあり、[9] 唐の大暦九年（七七四）頃成立の『歴代法宝記』にも「方廣經云、一念亂禪定、如殺三千界滿中一切人。一念在禪定、如活三千界滿中一切人」［T51：192c］とある。これは、『方広経』巻下の「一念在禪定、勝活三千界滿中一切人。謗禪壞亂衆、如殺三千界滿中一切人」［T85：1351c］という箇所を指すであろう。

日本においても『東大寺諷誦文稿』に「方廣經云、……」としてこの経が引用され、『日本霊異記』にも「方廣経に依りて先の罪を懺す」などと、この経典に基づく懺悔が実践されていたことをうかがわせる記事があるのは既に多くの研究者によって指摘されている。[10]

『方広経』の成立年代に関して、前述の陳文帝の方広懺文があることから、少なくとも陳代に遡ることが分かっており、木村氏は根拠を明示しないながらも六世紀前半には成立していたと推測する。近年、日本古代史研究者の新川登亀男氏が敦煌写本の中で『方広経』を書写したとされる識語の紀年の分布とおおまかな推定書写年代を照合し、この経典の成立と中国における流布状況について、「六世紀前半の北朝で出現し、やがて既掲の南朝陳、ひいては西域方面にも伝わり、隋代に入って盛行の極致を迎えたが、七世紀初頭の唐代になると急速に活用されなくなった」とまとめている。[11]

『方広経』を書写したとする敦煌写本の識語の紀年は、新川氏の掲げるところにより古い順に西暦で表すと、五〇九・五三六・五六五・五六八・五九〇・六〇三・六〇八・六七三年である。このうち、五〇九・六七三の紀年を有する写本は、氏も言及するように偽造されたものである可能性が極めて高いとされているので、実質的には五三六年、つまり西魏大統二年のものが最も早いと考えられる。既に筆者が前章で述べたように、同じく懺悔の功徳を説く経典である『大方等陀羅尼経』を書写したという識語の紀年は、西暦で表すと、五一四・五一六・五二一・五三三年であり、ちょうどこれと入れ替わる形になっている。『方広経』が懺悔の功徳を説くものとして西魏時代（五三五～）頃から受容されはじめ、歓迎されたことがうかがえよう。

以上見たように、『方広経』の正確な成立時期や地域について未だ明確になっていない部分が多いなか、新川氏の六世紀前半北朝成立説は注目される。しかし、結論を先取りして言えば、筆者は六世紀前半の南朝梁初の成立と考えたい。以上論及した諸氏は言及していないが、周叔迦氏が『方広経』のことではないかと推測する、その成立事情をうかがうことのできる重要な資料がある。[12] それは道宣が諸懺悔法について論ずる『続高僧伝』巻二九の「論曰」［T50：699bc］に見える以下の文章である。やや長文になるので、少しずつ解説しながら、『方広経』のことを述べている可能性が極めて高いことを明らかにしてみたい。

隋祖開皇之始、釋敎勃興。眞僞混流、恐乖遺寄、乃敕沙門法經、定其正本、所以人中造者五百餘卷、同竝燔之。餘不盡者、隨方間出、比諸經藏、惟錄正本。通數則有三千餘卷。[13] 已外別生雜集、竝不寫之。至於疑僞、時復抄錄。斯由未曾陶練故、致此涉疑。[14] 試爲論之。

隋祖開皇の始め、釋敎勃興す。眞僞混流し、遺寄に乖かんことを恐れ、乃ち沙門法經に敕し、其の正本を定め、所以に人中の造る者五百餘卷、同じく竝びに之を燔《や》かしむ。餘の盡さざる者、方に隨いて間《ま》出づれば、諸經藏に比べ、惟だ正本のみ錄す。通數するに則ち三千餘卷有り。已外の別生の雜集、竝びに之を寫さず。疑僞に至りては、時《とき》復に抄錄す。斯れ未だ曾て陶練せざるに由るが故に、此の涉疑を致す。試みに爲に之を論ぜん。

ここでまず道宣は、隋の法経が勅命をうけて経典の真偽を弁別し、偽造のものを焼却して排除したことを述べ、そこにおいても排除されなかったものがあるので、改めて真偽を論じようと述べている。また、道宣は薬師懺に関して以下のように述べる。

至如藥師行事、源出宋朝。比用在疑、頗存沿俗。隋煬洛水彦琮所翻、義節全同、文鋪少略。斯則梵本有據、祈福之元宰也。

藥師の行事の如きに至りては、源は宋朝に出ず。比用するに疑に在りて、頗る俗に沿うるを存す。隋煬洛水彦琮の翻ずる所と、義節は全く同じにして、文の鋪ぬること少しく略すのみ。斯れ則ち梵本に據有り、祈福の元宰なり。

ここで宋朝に源ありとする薬師懺の典拠となった経典は『灌頂経』巻十二の「灌頂拔除過罪生死得度經」である。「隋煬洛水彦琮所翻」というのは隋訳『薬師如来本願経』のことであり、これらのもととなる梵本が存在するとしている。薬師懺に続いて、以下、普賢懺・金光明懺について述べている。

又有普賢別行・金光總懺。名歸清衆、事乖通俗。比有行事、執著者多。遍吉[15]雖來、皆虧法利。故彼文云、「諸業障海從妄想生」。還須體妄、乃傾前業。今則緣念彼此、我所兩存、倒想逾增、故難遭聖義應。塵無以表達眞、識有以明通俗。在凡下位、行漸若斯。順舊常熏、理非筌悟。

又た普賢の別行・金光總懺有り。名は清衆に歸し、事は通俗に乖く。行事有るに比《およ》びては、執著する者多し。遍吉（普賢菩薩のこと）來ると雖も、皆な法利を虧く。故に彼の文に云く、「諸業障海は妄想從り生ず」と。還た須らく妄を體すべくして、乃ち前業を傾く。今則ち彼此を緣念し、我所兩つながら存し、倒想逾いよ增す、故に聖義の應ずるに遭い難し。塵の無なるは以て眞に達するを表し、識の有なるは以て俗に通ずるを明かす。凡下の位に在りては、行ずるに漸なること斯くの若し。舊に順じて常に熏ず、理は筌悟に非ず。

文中の「彼文云、諸業障海從妄想生」という「彼文」は『観普賢菩薩行法経』の「一切業障海皆從妄想生」［T9：393b］とある文を指す。ここでは具体的に経の真偽を論じてはいないが、普賢懺の所依経典である『観普賢菩薩行法経』、金光明懺の所依経典である『金光明経』はともに、道宣撰『大唐内典録』を含めた歴代経録において疑偽経とされたことはなく、真偽は特に問題にされなかったのであろう。この文章に続いて、本論の問題となる文章があらわれる。

梁初方廣、源在荊襄。本以厲疾所投、祈誠悔過。哀茲往業、悲慟酸涼、能使像手摩頭、所苦欻然平復。同疾相重、遂廣其塵。乃依約諸經、抄撮成部。擊聲以和、動發恆流。談述罪緣、足使汗垂淚瀉、統括福慶、能令藏府俱傾。百司以治一朝、萬化惟通一道。被時濟世、諒可嘉之。而恨經出非本。事須品藻。

梁初の『方廣』、源は荊襄に在り。本と厲疾の投《いた》る所となるを以て、祈誠し過を悔ゆ。茲の往業を哀れみ、悲慟酸涼し、能く像手をして頭を摩さしむれば、苦とする所、欻《くつ》然として平復す。疾を同じうするものは相い重んじ、遂くて其の塵を廣くす。乃ち諸經に依約し、抄撮して部を成す。聲を撃ち以て和し、恆流を動發す。罪緣を談述すれば、汗垂れ涙瀉がしむるに足り、福慶を統括すれば、能く藏府をして俱に傾かしむ。百司以て一朝を治し、萬化惟れ一道に通ず。時を被い世を濟う、諒《まこと》に之を嘉すべし。而るに恨むらくは經の出ずること本に非ず。事は品藻を須つ。

この一段の冒頭「梁初方廣」の四字は、前の文章に続いて「梁初に方に廣まり」と読む可能性も考えられるが、もしそうだとすると、この箇所が前に続いて普賢懺・金光明懺のことを述べていることになる。前述したとおり、『観普賢菩薩行法経』『金光明経』ともに、道宣撰『大唐内典録』を含めた歴代経録において疑偽経とされたことはないので、「諸經に依約し、抄撮して部を成す」や、「經の出ずること本に非ず」という内容に合致しない。逆に『方広経』は隋の『法経録』において既に「衆經疑惑」部に収録されている。後述するように、内容も当時の代表的な大乗経典から抄録した部分が非常に多いので、「諸經に依約し、抄撮して部を成す」という文は、この経典にこそふさわしい。さらに、「梁初方廣、源在荊襄」という語は、薬師懺法について述べる「至如藥師行事、源出宋朝」という語句と句形が類似している。そして何よりも、道宣はこの「論曰」において、薬師懺・普賢懺・金光明懺・梁武帝の「六根大懺」・南斉蕭子良の『浄住子』・隋代偽経の『占察善悪業報経』・方等懺・般舟懺など、代表的な懺悔を説く経典や懺法については悉く言及しており、六朝後期以降流行していた当時の代表的懺悔経典である『方広経』についてひとり言及しないはずがないのである。

以上の考察から、「方広」は『方広経』のこととして問題ないであろう。そうであるならば、道宣はこの経典が梁王朝初期の荊・襄の地を起源とする偽経であるということを知っていたことになる。また、この経が人々を感化し世を救っていたことを道宣が評価していたことも注目される。

この『方広』が『方広経』を指すとすると、この資料は、『方広経』に関して、懺悔による病気の治癒という現世利益を喧伝するものであったことを物語っており興味深い。ここから連想されるのは、『出三蔵記集』巻五［T55：40bc］に見える偽経『薩婆若陀眷属荘厳経』に関する記事である。『出三蔵記集』の記載によると、梁天監九年（五一〇）、道人妙光が、郢州（この地は襄陽の東にあり地理的にも「荊・襄」に近い）にて「勝相」を示し、諸尼嫗人がみな「聖道」とたたえた。妙光は州から追放されたが、都の建康の普弘寺に潜み、この経典を作成し、屏風に写して香華供養し、人々を多く集めたという。このケースでは、妙光は結局裁きに服することになるのだが、偽経と女性との関わりという点で示唆的である。既に指摘されているように『方広経』の写経題記に女性が非常に多いこと[16]も考慮に入れると、『方広経』の流布に女性が大きく関与していた可能性が高い。女性の間で広がりやすい経典の性格を考えたとき、病気の治癒という現世利益も一役買ったことであろう。

『方広経』と梁王朝との関係を示唆するものとして、牧田諦亮氏が或説として示すように、梁の武帝が幾度となく捨身した場所である同泰寺に正対する宮中の門名が「同泰」の反語を用いた「大通門」であり、この「大通」が梁の元号（五二七～五二九）として採用された、ということもあるいは考えるべきかもしれない[17]。

『方広経』の流布状況をうかがうことができる資料としては、梁の宝唱撰述とされる『翻梵語』[18]菩薩名第七に「陀羅尼菩薩（譯曰時）大通方廣滅罪莊嚴成佛經上卷」［T54：992a］などと、この経典の仏名・菩薩名が引用されていることがあげられる。既述の如く、陳の皇帝によるこの経典の懺悔文が有り、さらに、天台智顗も『維摩経文疏』にてこの経典の一節を引用している[19]。南朝の梁・陳時代において『方広経』が相当流布していたことは間違いないであろう。

上記以外では、先述したとおり、西魏・北周期のものとされる教団規律を記した敦煌文献にも経の一節が引用されている[20]。また、後述する西魏大統十一年（五四五）の紀年題記を有する敦煌文献には、この経典に基づく懺法の断片が収められている。西魏は後に荊州を攻略して傀儡政権（後梁）を建てたように、荊・襄は東魏よりもむしろ西魏の方が政治的・地理的に近い関係にあった。つまり、梁の荊・襄→（北魏）→西魏→北周→隋という流布のメインルートを想定してよいだろう。

さらに、北朝期の石刻資料でこの経典の影響を示すものが三例ある。一例は河南省鄧県、他の二例は山西省南西部に位置する。まず一つは、西魏大統十七年（五五一）の紀年を有する宗慈孫三十七人等造経象記で、実物は現存し

図2-3-1　北斉天保四年(553)造像碑南面(右)
図2-3-2　北斉天保四年(553)造像碑西面(左)

ていないが、『魯迅輯校石刻手稿』には「……佛」「……方妙勝佛」、「南《?》方……佛」「□方……佛」「西方……佛」「中《?》[21]……佛」という仏名が記録される[22]。これはおそらく六方仏であろうが、現存諸経典に見える六方六仏、あるいは四方四仏のなかに「妙勝佛」が見られるのは、『方広経』巻下のみである。経文には、「次復歸命稽首東方阿閦佛。亦復歸命南方寶相。稽首西方阿彌陀佛。亦復歸命北方妙勝。稽首上方香積如來。亦復歸命下方億像」［T85:1350b］とある。また、この造像記には、「□陽郡涅陽縣馬允寺香／□□□卅七人等、以大統十七／□□□□□日造石像之次記」とあり、多数の「邑子」の題名もあるので、この造像が南陽郡涅陽県の邑義たちによるものと分かる。そして涅陽県は南陽郡に属し、王仲犖［一九八〇］巻五によれば、現河南省鄧県東北六〇里の地点、つまり、「梁初方廣、源在荊襄」という荊・襄の地から程近いところにある。銘文には「敬造釋迦金像一區、石像一區、彌勒像一區、法華經一部」とあり、『方広経』との関連を示すものは仏名以外に見当たらないが、仏名に関しては、この経典を典拠としたと考えてよいのではないだろうか。

第二の事例は、山西省南西部、臨汾市丁村民俗博物館所蔵の北斉天保四年（五五三）の紀年銘を有する造像碑である（図2-3-1、2-3-2）[23]。銘文には、「唯大齊天保四年歳在水《癸》酉五月壬戌朔十六日丁丑日、合□九《?》十六人造石象一區、方廣三卷。上爲皇帝陛下、佛法興隆、邊地衆生、天下太平、萬國安寧、兵甲不起、四方夷狄□不□□。下爲□□□七世父母・生身父母・因縁眷屬、常將《?》三寶、學問訟《聡》明、士者高于《?》□□蒙身、所求如是、善願從心、常與善倶、等登善果、一時成佛」とあり、石像とともに「方廣三卷」を造ったことが述べられている。報告では指摘されていないが、これは全三巻の『大通方広経』を指すとみてよいだろう。

第三の事例は、同じく山西省南西部運城市出土の北周保定二年（五六二）の紀年を持つ陳海龍造像碑である。この造像碑には『方広経』に見える多数の仏・菩薩名が刻まれているので、以下、節を改めて検討してみよう。

第二節　陳海龍造像碑の概要

第二部第一章で言及した北周の保定二年（五六二）の紀年を持つ陳海龍造像碑（本書二五九頁、図2—1—10）は、現在山西博物院に所蔵されている。出土地は山西省南西部、運城市上郭郷邵村である。[24]当時の地名で言えば安邑県や猗氏県付近であり、北周と対立していた北斉との境界も近い。[25]造像碑の形状は、高さ一二〇、幅五六・五、厚さ十七センチメートルの扁平形で、碑陽・碑陰とも、中央には上・中・下三段にやや大きな仏龕があり、その龕を挟む形で小仏龕が両側に縦二列ずつ彫られている。碑両側面は縦一列に五龕ならび、東面（左側面）の下二龕が三尊像であるのを除いてみな二仏並坐像である。各仏龕傍には仏名と供養者名が刻まれている。碑陽の最下部には一行十字〜十五字で合計二八行にわたり願文と供養者名が刻まれる。この碑の図版は松原三郎『中国仏教彫刻史論』や『中国美術全集』彫塑編三・魏晋南北朝彫塑などに収録され、拓本は台湾中央研究院傅斯年図書館などに所蔵されている。[26]近年、王静芬（Wong, Dorocy C.）氏は、観音像の分析をするなかで陳海龍造像碑についても言及した。氏は、碑陽の仏名のみを分析対象としたが、その典拠として『仏名経』または『大通方広経』が考えられるとし、碑における定光仏の重視から、後者の可能性がより高いと指摘している。[27]また、王静芬著・張善慶訳［二〇一〇］においても、この碑の碑陽について検討し、懺悔儀礼との関係を論じている。ただ、碑陽以外の他の三面や碑の供養者・願文についてなど、十分な検討がなされておらず、碑を総体的に把握する必要があるだろう。まず願文を見てみよう。

保定二季歳次壬午正月／壬寅朔廿四日乙丑敬造。／夫道性空寂、神照之理无／源。法身玄曠、藏用之途不／測。昔如來降生維衞、託體／王宮、發神光於清夜、均／有形、示同生滅。然比丘尼／法藏體道悟眞、含靈自曉、／化及天龍、敎被人鬼。是以／知財五家、謹割衣鉢之餘、／敬造文石象一區。鐫金鏤／彩、妙擬釋迦丈六之容。遠／而望之、灼如等覺之現。仰／爲　皇帝陛下・群僚百官・／國土人民、又爲師徒・七世／父母・生身父母、託生兜率、／若遇八難、速得解脱。□生／之類同沾福澤。

保定二季歳は壬午に次る正月壬寅朔廿四日乙丑敬みて造る。夫れ道性空寂にして、神照の理は源无し。法身玄曠にして、藏用の途は測られず。昔如來維衛に降生し、王宮に託體し、神光を淸夜に發し、有形に均しくし、生滅を同じうするを示す。然るに比丘尼法藏道を體し眞を悟り、靈を含み自ら曉り、化は天龍に及び、敎は人鬼を被う。是を以て財の五家[28]たるを知り、謹みて衣鉢の餘を割き、敬みて文石象一區を造る。金を鑄り彩を鏤り、妙に釋迦丈六の容に擬す。遠くして之を望めば、灼《かがや》けること等覺の現るるが如し。仰ぎては皇帝陛下・群僚百官・國土人民の爲にし、又た師徒・七世父母・生身父母の、兜率に託生し、若し八難に遇わば、速やかに解脱を得んことの爲にす。□生の類も同じく福澤に沾わんことを。

この願文で注目すべきは、傍点を施した箇所とほぼ同じ語句が北魏洛陽の大覚寺碑文にも見えることである[29]。『洛陽伽藍記』によれば、北魏の永熙年間（五三二～五三四）、平陽王（孝武帝）が即位し、この寺に磚浮図一所を造り、温子昇に勅して碑文を撰述させたという[30]。温子昇は『魏書』に立伝される有名な文章家である。「化及天龍、敎被人鬼」という語句は造像銘において稀な表現であり、おそらく陳海龍碑の願文は、この大覚寺碑の文章を参照して作成されたのであろう。

願文によるとこの造像碑建立の中心となった人物は比丘尼法蔵であり、願文以外に、碑陽の上龕の右傍、碑陰下部題記の左端にも「像主」という肩書でその名が刻まれている。この碑には多くの供養者名が刻まれるが、その肩書と人数を示すと、比丘尼三四、沙弥尼五、斎主二、都像主・像主・当陽像主・都邑主・起像主・供養主・右葙都仏主・檀越主各一人であり、他に各仏名の供養者であることを示す「……佛主」「……菩薩主」という肩書が多くある。「都邑主」の肩書が見えるのでこの団体を義邑とみなして良いだろう。供養者の姓は陳氏が約七〇人、張氏が五人、他に李・楊・趙・景・杜・荊・邵・常・薛・郭・令胡・晁・元・路・任・呂・文・賈・王が一～三人である。陳氏が中核となり、雑多な姓の者が参加する義邑であると分かる。

次に官位を有する者を列挙すると、碑陽に、

供養主虎牙將軍陳龍歡
齋主輔國將軍中散都督陳季標
右葙都佛主持節撫軍將軍左金紫光祿大都督魏定陽令後封正平北平雉城三郡太守高陸縣開國公陳叔儁
當陽像主宣威將軍虎賁給事始平縣開國子陳迴顯

碑陰に、

阿難主殿中將軍强弩司馬陳蘭儁
光遠佛主橫野將軍員外司馬陳崇昕

碑左側面（東面）に、

寶炎佛主曾口縣令陳淸匡
阿難主訇難將軍員外司馬隆州府法曹陳征仙

とある。陳叔儁の撫軍将軍・左金紫光禄大夫や大都督などは北周の官制において八命とされる。陳季標の輔国将軍・中散（大夫）・都督はともに七命である。特に陳叔儁は公爵を有し、死後の贈官と考えるにしてもかなり高位と言えよう。[31] また、有官者すべてが陳氏であるのは注目される。碑陽上龕の左傍、「像主比丘尼法藏」と相対する顕要な位置に刻まれているのも「檀越主陳殷天」であり、この義邑に占める陳氏の優位性がうかがえる。陳氏は、『新集天下姓望氏族譜』（S二〇五二）や『太平寰宇記』巻四六河東郡姓望にはその姓を列ねてはいない。『隋書』巻六四（『北史』巻七五）に見える陳茂は河東猗氏の人で「家世寒微」ではあったが、北周の対北斉戦において、のちの隋文帝の部下として従軍し、彼に礼敬を加えられ昇進した人物である。『元和姓纂』巻七陳氏の項には、河東桑泉（桑泉とは隋開皇十六年（五九六）設置の県で、猗氏県の南西約四〇キロメートル）の人として、許昌公陳琬の名が見える。陳氏は地方の有力豪族であり、上記の供養者名に将軍号を持つ者が多いことからも、当時軍功をあげる機会に恵まれ、地位上昇がなされていたことと思われる。

この義邑においてもう一つ注目すべきは、供養者のうち、女性の占める割合の高さである。像主である比丘尼法蔵を始めとし、比丘尼が三四、沙弥尼が五人であり、男性の僧は見当たらない。在俗の供養者は男性も多いが、清信女の肩書を持つ者が十人、それ以外にも女性と推察される名を持つ者が十人余り存在し、合計で供養者全体の五割弱を女性が占める。供養者に男性も多い中で、比丘尼によって主導されているのは極めて特殊な事例であろう。既に述べたように『方広経』は写経供養者に女性が多いことなど、女性との関わりの強さが指摘されていること(32)とも考え合わせると興味深い。

第三節　陳海龍造像碑に刻まれた仏・菩薩名について

次に本題である仏・菩薩名の検討に移りたい。次頁の【仏名配置図】がこの造像碑に刻まれた仏・菩薩名を表しており、矢印は『方広経』に見える順に沿ったものである。便宜的に仏名に南面向かって右上端から順に番号を付した。まずこの造像碑の本尊は何かというと、願文中に、「鎸金鏤彩、妙擬釋迦丈六之容」とあるので釈迦仏である。造像碑では「當陽佛主」の題記のある、碑陽の下龕の仏像がこの釈迦仏に該当する。「當陽佛」は、日の当たる面、つまり南面（碑陽）の本尊を指してしばしば用いられる語である。

以下、龕傍に記された題記により、碑陽の三龕は上から順に14定光仏、15弥勒仏、17当陽仏（釈迦仏）（数字は【仏名配置図】の仏名の番号に対応）という過去・未来・現在の三世仏の構成である。それぞれ二比丘二菩薩を脇侍とする五尊像であるが、定光仏は如来立形で表される。弥勒仏は倚坐菩薩形で表され、両脇侍の菩薩は、題記から観世音菩薩と徳大世（得大勢）菩薩であると分かる。釈迦仏像は施無畏与願印を結ぶ裳懸坐の仏像であり、脇侍菩薩は龕左下傍に「菩薩主」とあり、龕右上に「藥王菩薩」、右下に「普賢菩薩」の名が見えるので、ひとまずはこの二菩薩と考えておいてよいだろう。

北面（碑陰）中央の上・中・下龕の主尊は上から順に61荘厳光明仏、63須弥灯王仏、65宝王仏の構成である。碑陰も上・中・下龕ともに五尊像であるが、上龕は、坐仏像の両脇侍が身体を曲げた二体の合掌する仏立像というやや特

【仏名配置図】　陳海龍造像碑の仏名（供養者名略・一部仏名以外の肩書も含む）

（ゴシック体太字は『方広経』では現在仏、網掛けは未来仏、それ以外の仏名は過去仏。『方広経』に見られない仏名は傍線を付す。菩薩については以上の区別は表記しない）

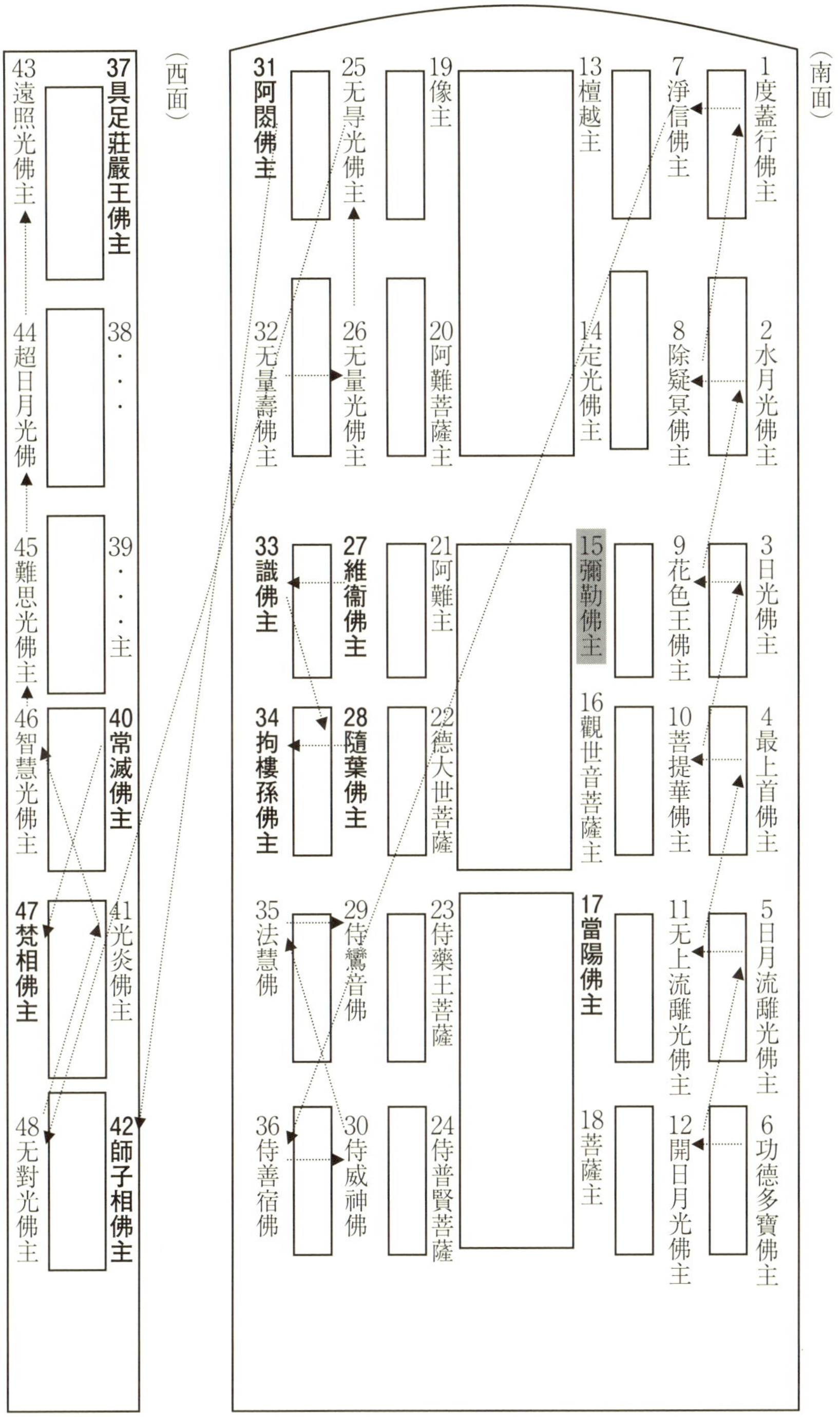

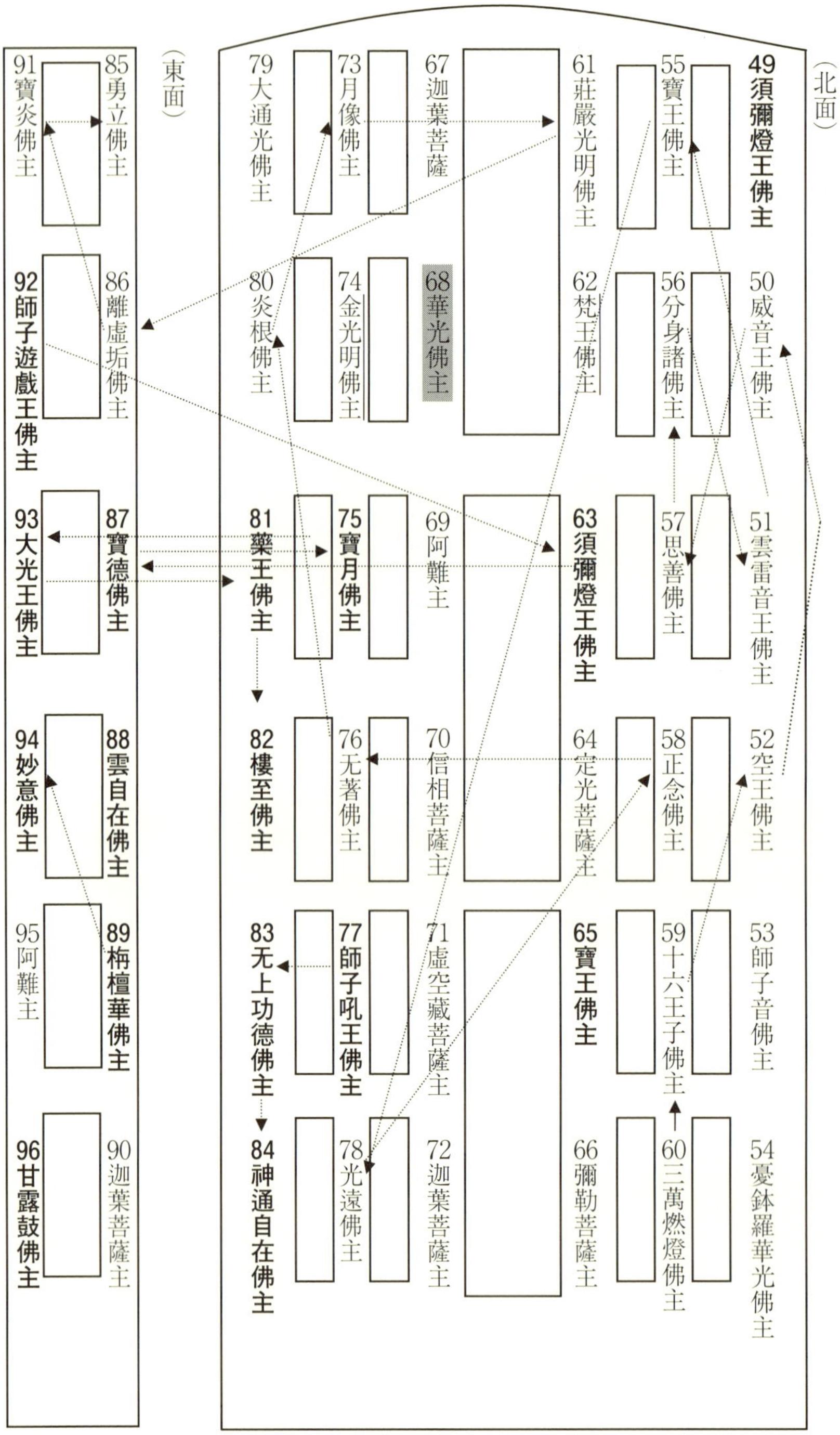
（北面）
49須彌燈王佛主
50威音王佛主
51雲雷音王佛主
52空王佛主
53師子音佛主
54憂鉢羅華光佛主
55寶王佛主
56分身諸佛主
57思善佛主
58正念佛主
59十六王子佛主
60三萬燃燈佛主
61莊嚴光明佛主
62梵王佛主
63須彌燈王佛主
64定光菩薩主
65寶王佛主
66彌勒菩薩主
67迦葉菩薩
68華光佛主
69阿難主
70信相菩薩主
71虛空藏菩薩主
72迦葉菩薩主
73月像佛主
74金光明佛主
75寶月佛主
76无著佛主
77師子吼王佛主
78光遠佛主
79大通光佛主
80炎根佛主
81藥王佛主
82樓至佛主
83无上功德佛主
84神通自在佛主
（東面）
85勇立佛主
86離虛垢佛主
87寶德佛主
88雲自在佛主
89栴檀華佛主
90迦葉菩薩主
91寶炎佛主
92師子遊戲王佛主
93大光王佛主
94妙意佛主
95阿難主
96甘露鼓佛主

殊な配置であり、二比丘よりも内側に配置されている。題記からその脇侍が梵王仏と華光仏であることが分かる。中龕は定光菩薩と信相菩薩が脇侍である。下龕は弥勒菩薩と迦葉菩薩あるいは虚空蔵菩薩が脇侍である。『方広経』との関連で言えば、須弥灯王仏と宝王仏は経の巻上［T85：1341b］において、最初に敬礼すべき仏の第一と第二である。また、経において信相菩薩や虚空蔵菩薩は仏に対する聞き手（対告衆）という重要な役割を果たしている。ただし上龕の荘厳光明仏は、『無量寿経』の五十三仏の一仏であり、『方広経』にも見えるが、なぜこの顕要な位置に配されたかは不明である。その脇侍である華光仏と梵王仏について、華光仏の方は未来仏として『方広経』にその名が見えるが、梵王仏はその名が見えない数少ない仏であり、『現在賢劫千仏名経』や『慈悲道場懺法』が典拠として考えられる[33]。

次に碑の四面につくられた小仏龕の傍に刻まれる仏名について検討してみたい。この造像碑の仏名・菩薩名と『方広経』、さらに『方広経』が典拠とした経典との対応関係については、本章末尾に付した表2-3-1、2-3-2を参照していただきたい。表によると『方広経』の仏名は、『法華経』『無量寿経』『維摩経』『涅槃経』『観薬王薬上二菩薩経』『金光明経』『大方等陀羅尼経』『普賢菩薩説証明経』『観世音菩薩授記経』などに基づいており、菩薩名は、仏名と同じ『法華経』『無量寿経』『維摩経』『涅槃経』『金光明経』『大方等陀羅尼経』に加えて、『六十華厳』『海龍王経』『大方等大集経』『大品般若』などからとられている。

これら二つの表から、陳海龍造像碑の仏・菩薩名が『方広経』に基づくものであり、また、『方広経』の仏・菩薩名の大部分が、当時の代表的な大乗経典に取材したものであることが分かる。特に注意すべきは、【仏名配置図】の矢印で示したように、ある部分については規則性をもって仏が配置されていること、特に『無量寿経』の五十三仏（78光遠仏～53師子音仏）と十二光仏（26無量光仏～44超日月仏）が重視されていることである。

以上、陳海龍造像碑の仏名について検討したが、表の仏名の一致状況からみても、この陳海龍造像碑の仏名は『方広経』が典拠とした諸大乗経典を参照したのではなく、『方広経』、あるいは『方広経』を主要な典拠にしつつ、それをアレンジして作成した懺悔実践マニュアル・手引書に基づいて刻まれたと考えられる。既に述べたように、この造像碑の出土地は山西省南西部で、北魏洛陽大覚寺碑文からと思われる引用が見られるように、南方からの影響を受けやすく、敦煌写本の紀年などからも、西魏王朝において既に『方広経』を受容していた形跡があるため、西魏を受け継いだ北周王朝にも『方広経』が流布していたことは確実である。また、『方広経』巻下には、「佛告文殊師利、若有比丘・比丘尼・菩薩・清信士女・沙彌・沙彌尼、失心錯亂、身犯如是一一禁戒、如是懺悔、若不滅罪、無有是處」[T85:1353a]とあり、わざわざ煩を厭わずに、懺悔の主体が広く道俗男女に及ぶことを説いている。そして、この義邑には「齋主」の肩書を有する者がおり、比丘尼・沙弥尼が多数その名を連ねていることから、陳氏を主体とした道俗男女混合の義邑において、比丘尼の指導の下、『方広経』に基づく懺法（以下方広懺とよぶ）が行われていた可能性が高いと言えよう。

第四節　敦煌文献　S四四九四の方広懺断片について

敦煌文献S四四九四雑呪文集は、西魏大統十一年（五四五）の紀年を有し、請観音呪や陀羅尼・受八斎会文などが記された、仏教儀礼の覚書的性格を持った文書である。この文書の冒頭に方広懺に関する資料がある。この資料は、近年阿純章氏の奉請三宝の由来に関する一連の論考で『方広経』に関する文献として言及されており(34)、現在のところ方広懺の儀式次第をうかがうことのできる唯一の貴重なものである。惜しむらくは前半が欠落しており、完全な形では残っていないのであるが、以下全文を移録し、経典と比較しながらその性質について考察してみたい（（欠）や「　」、句読点などの符号、行番号は筆者が付加した。［　］内の「菩提」という字は次の字の右上に小書される。字体については基本的にいわゆる正字体に改めたが、原表記に近い字で表したものもある）。

01　次行（下缺）
02　是（下缺）
03　遍至（下缺）

04 十方一切（下缺）
05 爲利如是佛（下缺）
06 次行請佛（下缺）
07 弟子等、今發阿耨多羅三藐三菩提心、復行方（約三字缺）
08 懺悔訪[35]法・五逆・十惡无間根本障道重罪、以是因緣、
09 沈生死河、沒煩惱海、无由得出、沈沒罪濁[36]、不能自拔。
10 是故今日无量怖畏、无量慚愧、依此經典懺悔、仰請
11 須彌登王佛・寶王佛・寶勝佛・多寶佛・阿彌陀佛・毗
12 婆尸佛・釋迦牟尼佛、及十方三世常住諸佛（約三字缺）
13 經方等正典・陀羅尼・觀□大菩薩・文殊師利（約三字缺）
14 虛空藏菩薩・藥王菩薩・藥（約九字缺）
15 菩薩、爲我證明、證知我心、我今无有救護、願作救護、
16 證知我心、受弟子請來、勸發无上菩提道意。作是語
17 已、各憶念重罪、涕泣交流、五體投地、至心頂禮、請（約三字缺）
18 從須彌登王、訖至一子大慈父已來、皆各供養、敬作禮（一字缺）
19 過一子大慈父、還唱胡跪（約六字缺）衆還（約三字缺）
20 養是諸大衆、各〻胡跪、香（約四字缺）行請佛。我弟子
21 等、今請過去十方无量諸佛、我弟子今發阿耨多羅
22 三藐三菩提心、復行方廣經典懺悔、或犯五逆・四重・
23 訪法・耶[37]見无間重罪、唯願過去无邊十方諸佛爲我
24 證明。我今无有救護、願作救護、證知我心、受弟子請

25 來、勸發无上［菩提］道意。作是（約五字缺）涕泣交流、五
26 體投地、至心頂禮、請（下缺）

内容について解説すると、六行目〜十六行目は、仏・経・菩薩に対する啓白文であり、我心を証明し、救護となって請いに応じ、菩提心を勧発するように願っている。八行目の「懺悔訪（＝謗）法・五逆・十惡无間根本障道重罪」という文に着目すると、これは、『方広経』巻下の懺悔文に、「發麁惡言、誹謗正法、造是重業、未曾改悔、心無慚愧。或犯十惡五逆等罪」［T85：1350c］とあるのにほぼ対応し、十行目に「是故今日无量怖畏、无量慚愧、依此經典懺悔、仰請……菩薩」とあるのは、同経巻下の、善見王子が三千人とともに仏に対して懺悔発露する文中の「是故今日無量怖畏、無量慚愧、歸依三寶。諸佛慈悲・方等父母・菩薩知識、聽許我等發露懺悔」［T85：1350c］という箇所にかなりの部分が対応する。文中の「□□登王佛」から「釋迦牟尼佛」までの仏名は、巻上「欲聞法者、一心當敬禮須彌燈王佛。……當敬禮釋迦牟尼佛」［T85：1341b］と一致するが、「十方三世常住諸佛」以下諸菩薩名までは、経典とそのままは一致しない。おそらく有名な菩薩を経典から選び出したのであろう。阿純章氏の指摘どおり、ここで仏・経・菩薩名を掲げているのは、三宝の来臨を請う奉請三宝の形をとるためである[39]。

次に重罪を憶念し、涕泣し五体投地をする。そして、「須彌燈王」から「一子大慈父」までそれぞれに対し供養敬礼する。「須彌燈王」から「一子大慈父」までというのは、経典の前掲「欲聞法者、一心當敬禮須彌燈王佛。……當敬禮釋迦牟尼佛。……敬禮一子大慈父」とそのまま一致する。そして再び唱え、踞跪し、（欠損箇所不明）諸大衆を供養し、また踞跪して、今度は仏・法・菩薩の三宝ではなく、過去の十方無量諸仏に対し、懺悔の証明となるよう勧請する。そして再び五体投地する。以下途中で文が終わっているが、おそらく経典の順序からすると、次に、現在無量諸仏、未来無量諸仏、経典、諸菩薩に対し、それぞれ勧請し五体投地礼するという次第であったと思われる。

以上この資料について分析したが、仏名などの一致状況から、かなりの程度経典の内容に沿った形で方広懺法が行われていたことがうかがえる。また、わざわざ「涕泣交流」と記しているのは珍しく、懺悔が至心であることの重要性を強調している。経典中の「無量怖畏、無量慚愧」という語句も『方広経』に独特な表現であり、第一節でみた

『続高僧伝』において道宣が述べる「罪縁を談述すれば、汗垂れ涙瀉がしむるに足り、福慶を統括すれば、能く藏府をして倶に傾かしむ」［T50：699c］という文と考え合わせると、この短い文書中からでも、懺悔に対して、他経典より一歩踏み込んだ内容を有する『方広経』の特色の一端をうかがうことができよう。

第五節　同時代の仏教文献にみる三宝名号の礼拝

『方広経』は、巻上にて三世仏の名号に加え十二部経・菩薩名を列記し、三宝名号を唱え礼拝するという形式をとっている。このことは上述した方広懺の儀式次第が記された敦煌文献に奉請三宝の儀礼が見られることからもうかがうことができるが、陳の文帝「大通方廣懺文」（『広弘明集』巻二八［T52：333c］）に「釋迦如來無礙力を以て娑羅の浄道に遊ぶ。……大通方廣を説き、三寶名號を出す」とあり、また「至心に本師釋迦如來を敬禮し、方廣經中に説く所の三寶名字を禮す」などとあることによっても分かる。三宝名号を列記する形式は、南斉の永明八年（四九〇）成立とされる蕭子良の『浄住子』や、梁の晋安王（在位五〇六～五三一年、後の簡文帝）の「唱導文」にも見られる。

まず蕭子良の『浄住子』について見てみたい。この文献はもと全二〇巻であったが、現在完全な形としては残っておらず、『広弘明集』巻二七に「統略淨住子淨行法門」［T52：306a］として節略した形で収録されており、船山徹氏による詳細な訳注がある[40]。この統略本は全三一門よりなり、第二五門が「禮舎利寶塔門」、二六門が「敬重正法門」、二七門が「奉養僧田門」である。

「禮舎利寶塔門」には「至心に至尊・皇后・皇太子・七廟聖靈・今日信施せし（もの）・龍神八部・廣く一切の劇苦衆生に及ぶまでの奉爲《おんため》に、十方三世一切諸刹土中の所有《あらゆる》如來形像靈廟を敬禮す。釋迦如來一切現在靈骨舎利を敬禮す。如來現在頂骨舎利を敬禮す[41]」とあり、「敬重正法門」には、「至心に至尊・皇后・皇太子・七廟聖靈・天龍八部、乃至十方一切の劇苦衆生の奉爲に、一切眞如正法藏を敬禮す。十方一切諸佛所説法藏を敬禮す。賢劫初佛拘樓孫如來天龍宮法藏を敬禮す[42]」とあり、「奉養僧田門」には、「至尊・皇后・皇太子・七廟聖靈・天龍八部、乃至十方一切の劇苦衆生の奉爲に、十方一切僧寶を敬禮す。當來下生佛兜率天彌勒菩薩僧を敬禮す。遊方大士文殊師利菩薩僧を敬禮す」とある。[43]つまり三宝名号を列記し敬礼するという形式をとっている。

次に梁の晋安王（後の簡文帝）の「唱導文」を見てみよう。この文は『広弘明集』巻十五［T52 : 205a］に収録されている。晋安王が王位にあったのは天監五年（五〇六）～中大通三年（五三一）である。文中に「至尊の奉爲に、娑婆世界釋迦文佛・歡喜世界栴檀德尊・水精刹土月電如來・寶明世界山海慧佛を敬禮す」「皇太子の奉爲に、東方寶海・南方燈明・西方無量壽・北方相德を敬禮す」「貴嬪の奉爲に、五十三佛・三十五尊・當來賢劫千・現在百七十に歸命敬禮す」「臨川・安城・建安・鄱陽・始興・豫章、又た南康・廬陵・湘東・武陵諸王・家國戚屬・六司鼎貴の奉爲に、舍利・形像・菩提妙塔・多寶踊現・釋迦碎身に歸命敬禮す」[44]とあるのが仏宝への敬礼、「逮びて天龍八部・護塔善王、乃至脩羅八臂・摩醯三目の爲に、盡く爲に尊經正典・淸淨波若・究竟涅槃・法花會一の文・淨名不二の說を敬禮す」[45]とあるのが法宝への敬礼、「今、六道四生三途八難の爲に、慈悲懇到なり。一心に遍く十住菩薩・三行聲聞を禮す。救世觀音・獻蓋寶積・西方大勢・東國妙音・四辯淨名・一土螺髻・珠頂善宿・彌勒・文殊・金剛藏・解脫月・棄蔭蓋・常擧手・十大弟子・五百羅漢を禮す」[46]とあるのが僧宝への敬礼にあたり、やはり全体として三宝名号の礼拝という形式をとっている。

最後に、『慈悲道場懺法』に言及しておく必要がある。『慈悲道場懺法』は別名『梁皇懺』ともいう。先行研究によると、この文献の少なくとも中核部分は梁代成立であることが確実視されている。[47]この文献に列記される諸仏名については、塩入良道氏によって『決定毘尼経』の三十五仏、『三劫三千仏縁起』の五十三仏、伝元魏吉迦夜訳『称揚諸仏功徳経』、失訳『十方千五百仏名経』『現在賢劫千仏名経』などに基づくことが明らかにされている。注目すべきは、諸仏菩薩の名号を掲げる際、前に弥勒仏と釈迦仏、後に無辺身菩薩と観世音菩薩を付加し、さらに最後に「又復歸命如是十方盡虛空界一切三寶」と三宝に帰依していることである。そのうち四箇所には観世音菩薩の後に続けて「南無佛陀、南無達摩、南無僧伽」と三宝帰依が付加されることもある。弥勒・釈迦・観音については非常に有名であるが、無辺身菩薩というのは聞き慣れない菩薩名である。この菩薩は、『涅槃経』に多出し、虚空等如来の教えに従って、釈迦の涅槃に際して供養するために、意楽美音という名の東方世界からやってきた菩薩である。ただ東方だけではなく、四方諸仏世界からも無量の無辺身菩薩が釈迦仏の供養のためにやってきたという。また、『慈悲道場懺法』巻五「今日六道中に在りて已に怨對を受くる者、願わくは佛力・法力・賢聖力を以て、此の衆生をして悉く解脱を得しめよ」[48]、同巻六「願わくは佛力・法力・諸菩薩力・一切賢聖力を以て、四生六道一切衆怨をして同に道場に到らしめよ」[49]、同巻六「仰ぎ願わくは三寶力を以て、同に攝受を加え、哀愍覆護し、解脱を得しめよ」[50]など、三宝の力に頼ろうとする表現が多く見られることも忽視できない。

総じて見ると、南朝にて成立した文献である『浄住子』、晋安王の「唱導文」、および『慈悲道場懺法』には、ともに三宝名号の列記とその礼拝が見られ、『方広経』もこれらと同じく南朝の成立とみなすのが妥当であろう。

第六節　『方広経』の所依経典と概要

本節以下では、『方広経』の思想内容にふみこんで考察を加えてみたい。前述の『続高僧伝』の道宣の論に「諸経に依約し、抄撮して部を成す」とあるが、実際に『方広経』の経文には、諸大乗経典と同文または類似の文が多いことが既に諸氏によって指摘されている。しかし経文には、その典拠について「……經云」などと具体的に経名を明示している箇所は一つもない。そこで筆者は、経文全体にわたって典拠を調査し、その結果を表2-3-3にまとめた（経中の仏・菩薩名の典拠については本章末尾の表2-3-1、2-3-2を参照[51]。調査漏れの典拠もあることと思われるが、その点ご容赦願いたい）。表を参照すると、典拠はすべて梁代以前の訳経であると考えられるが[52]、各巻ごとに依用する経典に偏りが見られる。

それでは『方広経』はそれら大乗経典の単なる寄せ集め、ダイジェスト版に過ぎないかといえば、決してそうではない。ある思想的基盤となる経典をもとにして、経に説く仏名礼拝の懺悔実践を教理的に根拠づけている。本論の検討結果を先取りして言えば、その経典とは『涅槃経』である[53]。まずは『方広経』全体の概要を把握するため、以下、どのような経典を用いているかを（　）内に示しつつ各巻の概要を順に述べよう。

上巻では、巻頭から『維摩経』仏国品の冒頭部を下敷きとしてつくられており、『涅槃経』の冒頭部にやや手を加え、二月十五日、涅槃に入るため娑羅双樹林へ向かう途上で説法するという舞台設定をとっている。また、十千の大魚が宝勝仏の名を聞くことで、その死後忉利天に生まれたという説話（『金光明経』巻四流水長者子品）をとりあげ、信相菩薩は諸仏の名号を説いてほしいと仏に懇願し、仏はその懇願に応じて、諸仏・十二部経・諸菩薩の名号を説く。以下に示すのが経のあらすじである。

釈迦仏は諸菩薩や諸天などとともに王舎城に住していた（『維摩経』巻上序品）。仏が涅槃に入るため、諸菩薩をはじめとする大衆とともに娑羅双樹へ向かう途上（『南本涅槃経』巻一序品）、道辺の清浄で平坦な吉祥福地があり、ここで説法しようと言った。それに対し阿難は、このような何もない場所では、遠方から来た者が多いのに食物がなくて困ると訴えた。舎利弗は、かつて自身が維摩居士に同じことを尋ねたとき、維摩居士に、邪命の衣食を思わずただ法のことを思えと諭された、と述べる（『維摩経』巻下香積仏品）。仏はそのとおりだと言い、金の華を湧出し、宝師子座に坐し、大光明を放って十方一切仏土を照らした。その時、十方諸仏は菩薩衆に対して、今、釈迦が三乗を説き、迷える者を救済するので、釈迦のもとへ行って供養し、疑問が有れば問い、その教えを聴けと告げる。

その言葉に従い、釈迦のもとに馳せ参じた菩薩たちは、釈迦に対して、我が国土では一乗のみを説くのに、あなたはなぜ三乗を説かれるのですか、と尋ねた。それに対し釈迦は、「聲聞・縁覺乘、皆な大乘に入る。大乘とは卽ち是れ佛乘なり。是れ故に三乘は卽ち是れ一乘なり」（『勝鬘経』一乗章）と答える。

この教えを聴いて無生法忍を得た菩薩たちは、釈迦仏滅後もこの経を受持し流布して絶えることのないようにしたいと願い出る。この経があれば、地獄をはじめとする悪道から免れることができる。この経を聴き、受持・読誦・礼拝・称名する者は、菩薩が自らの国土に導いて、そこに共に生まれかわることができる。諸天鬼神たちも、この経を不浄から護り、清浄に受持する者を守護したいと申し出る。

それに対し釈迦は、身体や坊舎を清浄にして室内を荘厳し、焼香・礼拝し、初日より七日まで日々の中間には経を

表２－３－３　『方広経』とその所依経典対照表

巻	大通方廣經（T85）	典據	典據の大正藏對應箇所
上	1338c25-1339a15	△『維摩經』巻上	T14：537a7-b1
上	1339b2-b7	○『南本涅槃經』巻1	T12：605a8-a13
上	1339b7-b11	△『撰集百縁經』巻1	T4：203b15-b17
上	1339b25-b28	△『撰集百縁經』巻1	T4：203b15-b17
上	1339c1-c6	△『維摩經』巻下	T14：552a6-a9
上	1340a28-b1	◎『勝鬘經』	T12：220c19-c21
上	1340b17-b18	○『觀普賢菩薩行法經』	T09：391a11-a12
上	1341a17-a23	△『金光明經』巻4	T16：352b16-353b10
上	1341a28-b4	△『金光明經』巻1	T16：336a24-a29
上	1341b14-b15	○『勝鬘經』	T12：217b2-b4
上	1341b16-b19	○『維摩經』巻上	T14：538a8-a14
中	七寺本69-86行	○『大方等大集經』巻26	T13：181a13-a29
中	七寺本91-94行	○『大方等大集經』巻2	T13：10b28-c1
中	七寺本95-97行	○『維摩經』巻中	T14：547c14-c16
中	七寺本99-108行	△『思益梵天所問經』巻1	T15：34b09-b16
中	七寺本110-119行	○『思益梵天所問經』巻1	T15：34c18-35a5
中	七寺本122-211行	○『思益梵天所問經』巻1	T15：35b1-36a26
中	1346b8-b9	○『觀普賢菩薩行法經』	T9：391a11-a12
中	1346b22-b24	△『南本涅槃經』巻6	T12：641c23-642a1
中	1346c5-c6	○『南本涅槃經』巻29	T12：795a29-b1
中	1346c6-c7	△『南本涅槃經』巻20	T12：737a28-b5
中	1346c7	△『南本涅槃經』巻17	T12：720b27-b28
中	1346c15-1347a14	△『思益梵天所問經』巻2	T15：46a5-a24
中	1347a18	○『大智度論』巻4	T25：86a11
中	1347a19-a27	○『思益梵天所問經』巻3	T15：54a7-a20
中	1347a27-b27	△『大方等大集經』巻10	T13：64c23-65b20
中	1347c6-c7	△『大方等陀羅尼經』巻4	T21：657a18-a20
中	1347c9-1348a12	○『大方等大集經』巻6	T13：37b12-c11
中	1348a15-a21	△『大方等大集經』巻7	T13：41b4-b11
中	1348a21-b1	△『大方等大集經』巻6	T13：38a11-b3
中	1348b6-b8	△『大方等大集經』巻11	T31：68a17-a21
中	1348b12-b13	○『大方等大集經』巻2	T13：12b3-b4
中	1348b16-c12	○『大方等大集經』巻13	T13：86a11-b11

下	1349a26-a28	△『南本涅槃經』巻25	T12：767a28-b1
下	1349b1-b3	○『六十華嚴』巻36	T9：630b24-b26
下	1349c24-28	○『東方最勝燈王陀羅尼經』	T21：867c18-c22
下	1350b25-c2	△『南本涅槃經』巻30	T12：800b14-b27
下	1350c7-c13	△『南本涅槃經』巻10	T12：666b28-c8
下	1350c18-c20	△『南本涅槃經』巻15	T12：707c28-708a1
下	1350c20-c23	△『南本涅槃經』巻16	T12：715b21-b29
下	1350c29-1351a8	△『南本涅槃經』巻 4	T12：626c23-627a3
下	1351a17-b4	○『金光明經』巻 1	T16：337a3-b1
下	1351b12-b15	◎『大智度論』巻 5	T25：94a27-b1
下	1351b16-b19	◎『大智度論』巻 9	T25：126a17-a20
下	1351b23-b25	◎『大智度論』巻 5	T25：97a21-a24
下	1351c7-c8	○『妙法蓮華經』巻 1	T9：8a17-a18
下	1352a9-a11	◎『大智度論』巻 7	T25：109c20-c23
下	1352a11-b1	◎『大智度論』巻10	T25：133a4-b2
下	1352b6-b10	○『妙法蓮華經』巻 6	T9：52b12-b18
下	1352c5-c18	△『南本涅槃經』巻36	T12：852a17-a29
下	1353a25-a28	△『大方等陀羅尼經』巻 1	T21：645c5-c7
下	1353a29-b1	△『大方等陀羅尼經』巻 2	T21：650b26-b27
下	1353b19-b20	◎『南本涅槃經』巻17	T12：723b7-b8
下	1353b20-b24	△『觀佛三昧海經』巻 5	T15：668b28-c3
下	1353b25-c12	○『觀佛三昧海經』巻 5	T15：668c4-c26
下	1353c12-c15	◎『南本涅槃經』巻17	T12：723b14-b16
下	1353c17-c18	○『觀佛三昧海經』巻 5	T15：669a9
下	1353c20-c25	○『觀佛三昧海經』巻 5	T15：669b5-b11
下	1353c27-c28	○『觀佛三昧海經』巻 5	T15：670a17-a18
下	1354a1-a6	△『觀佛三昧海經』巻 5	T15：668b19-b27
下	1354a11-a12	△『南本涅槃經』巻10	T12：671b7-b8
下	1354a15-b13	○『觀佛三昧海經』巻 2	T15：653c1-654a1
下	1354c2-c8	△『南本涅槃經』巻11	T12：676a23-b5
下	1354c9-c12	△『南本涅槃經』巻15	T12：702b8-b16
下	1355a8-a14	△『觀藥王藥上二菩薩經』	T20：664a16-a22
下	1355a25-a27	△『觀藥王藥上二菩薩經』	T20：664a22-a27

七寺本とは『落合俊典編［1996］』所収本を指す
◎：ほぼそのまま引用　○：かなりの程度一致　△：半分程度、または要約

読誦し、日夜六時にこの経中の諸仏・菩薩・十二部経を礼拝すれば、重罪が滅除されること疑いなしと答えた。その時、信相菩薩は釈迦に対し、宝勝仏の名を称えることで魚が忉利天に生まれかわったという説話（『金光明経』巻四流水長者子品）をとりあげ、この大衆と未来衆生のために諸仏名をお説き下さるようにと懇願する。そこで釈迦は、諸仏の名号は無数にあるが、三世諸仏の名を略説しようと言い、まずその前に、須弥灯王仏から一子大慈父までの仏を敬礼すべしと述べる。次に、過去無量諸仏から始まる過去諸仏名を羅列して説き、続けて順に現在諸仏、未来諸仏、十二部経、諸菩薩の名を説いて上巻は終わる。

中巻は、表を参照すれば分かるように、かなりの部分を『思益梵天所問経』（以下『思益経』と略）と『大方等大集経』（以下『大集経』と略）から採用しており、十善法・十法・四法・三十二相・五種法身など法数が多出するのが特徴である。

まず巻頭では、三宝についての議論がなされる。三宝の名号を唱えれば、三塗に堕ちず、願った所に往生でき、諸仏菩薩に見えることができるとする。次いで、三宝が一相であるか別相であるかの議論がなされる(54)。

次に、城に一歩踏み入れたところで一人息子のことを思って引き返すという譬喩（『大集経』巻二六宝髻菩薩品）を用い、菩薩の慈悲を強調する。続いて菩薩が必ず受けるべき十善法（十善戒）や、三界にて衆生を済度するのに行ずべき十法（『思益経』巻一）を掲げ、浄土における持戒よりも、この穢土における慈悲行を勧奨する。

以下、聞き手（対告衆）が虚空蔵菩薩にかわる。虚空蔵菩薩が、菩薩の菩提の因縁を尋ね、「何謂《なんす》れぞ菩薩は其の心堅固にして疲倦无きや」をはじめとして二〇もの質問をする。仏はその各々に対して四法をもって答える（『思益経』巻一・四法品）。そして、仏滅後の濁悪世においてこの経典を聴き受持する功徳が大きいことを、長者と一人息子の譬喩を用いつつ説き、経を見聞することが、仏を見聞することと同等であるとする。さらに、凡夫や畜生、一闡提で果報の熟する者も、ともに供養を受けることができると、この経の威徳力が説かれる。

次に、釈迦成仏の因縁が説かれる。釈迦が定光仏より授記された理由について、『思益経』を改変しつつ(55)、声聞・縁覚の二乗の行を離れ、大乗方広経典に基づいて修行し功徳を積んだためであると説く。

また、『思益経』巻三志大乗品と『大集経』巻十海慧菩薩品より大乗を讃える偈を転用し、『大集経』巻六宝髻菩薩品に基づき仏が三十二相を得た因縁が説かれる。続いて『大集経』巻七不眴菩薩品、巻六宝女品、巻十不可説菩薩品をもとにして一切法が空であるという理解が示される。そして、如来が常住であるのになぜ「廣く諸行を修す」というのかという虚空蔵菩薩の問いに対し、仏は衆生を済度するためであると答える。最後に仏の五種法身（実相・功徳・法性・応化・虚空）[56]を掲げ、釈迦が虚空蔵菩薩に授記し、この菩薩の名を聞き礼拝供養すればその世界に生まれ、この経を受持すれば十仏を経ずして授記を得るとする。

最後の巻下は、この経の核心である懺悔を中心に説き、地獄についてもかなり詳細に言及している。まず巻頭では、上巻で諸仏・十二部経・諸菩薩名を説き終わったことをうけ、大獅子吼・決定説として「明らかに如來は常住不滅なるを知」りて、「衆生盡く佛□有り」と説いた[57]。ここで獅子吼菩薩は、仏説に従うと仏法僧それぞれに帰依することになり、唯だ一乗有りとすることに反するではないかと問いを発する。それに対し釈迦は、仏は法であり、法は僧であり、僧は無為であり、みな一空に帰すると答え、さらに三宝・三乗は一有るにすぎず、「一相三寶」と名づけるとする。

すると獅子吼菩薩は大陀羅尼呪を説き、方広経を守護すると誓う。仏はそれに対し、獅子吼菩薩の名を聞き呪する者は現世にて安穏であり、死後に諸仏菩薩に見《まみ》え、自ら仏となることを知ると説く。また釈迦は諸仏・十二部経・諸菩薩名を礼拝することによって一切の悪業が消滅することを再び説いた。すると善見王子が三千人とともに忽然と仏のもとに参じ、この方法によって懺悔したいと願い出る。そこでまず十方仏・十方法・十方僧に稽首帰命し、『涅槃経』や『金光明経』懺悔品をもととした懺悔文を唱える。仏はそれに対し真の大士（菩薩）であると讃えると、善見と三千人は偈（『大智度論』巻五、巻九）によって仏を讃える。十方諸仏が偈を説くと、善見王子と三千人は歓喜して頂受し、偈（『大智度論』巻七、巻十）を述べる。

それに対して仏は善見王子と三千人に、懺悔・発露して罪を隠さない者は真の菩薩であると告げ、来世に必ず仏となると授記した。さらに仏滅後、この十方諸仏・十二部経・諸菩薩僧を至心に礼拝することができる者は三宝の恩に報いる者であるとする。

その時、文殊菩薩が仏に対して、一切衆生はどのようにすれば自ら悪事をしていることを知り、罪を滅することができるかと尋ねた。仏はそれに対し、方広経典や十方三世諸仏名・十二部経・諸大菩薩名を聞いて信じ敬い、書写・受持・読誦し、道場を清浄にして荘厳し、七日七夜眠臥せず、一日に三回この経を読誦し、日夜六時、至心に焼香・供養・礼拝・懺悔し、諸仏・菩薩・十二部経の名を称えれば、仏は無数の諸仏菩薩と共にその室に入り、滅罪を証明すると答えた。そして、夢の中で好相を見ることが、五逆罪が滅した証明となると説いた。さらに釈迦は文殊菩薩に対して、もし四重や五逆などの罪を犯したにもかかわらず懺悔しなければ、必ず阿鼻地獄に堕ちると説く。その地獄の様相については、『観仏三昧海経』巻五観仏心品や『南本涅槃経』巻十七梵行品の地獄の描写から抄出している。そして、速やかに罪を滅したい者は、懺悔発露し七日行道し、一日一食で観相を行ぜよと説く。

最後に釈迦は善見王と三千人の問いに答えて経の功徳を説き、自身が過去無量劫において妙光仏のもと十方三世仏名を聞き、処々で衆生を教化したが、ただ三千人が法儀を共にし、無量の信心を生じ、諸仏名を礼拝したので成仏したという（『観薬王薬上二菩薩経』所出『三劫三千仏縁起』）。最後に陀羅尼菩薩が経名を質問したのに対し、仏は『大通方広』『懺悔除罪得福』『三千人荘厳成仏経』などと名づけると答え、仏はこの経を説き終わって沙羅双樹へと向かったとして経をしめくくる。

以上、経の概要を述べてきたが、経全体では『涅槃経』が最も多く用いられており、また表によると、上中下三巻にわたって見られるのも『涅槃経』だけである。このことからも『方広経』の思想的基盤となる経典が『涅槃経』であると推測できるが、次節以下では、『方広経』の核心であると言える、三宝名号の礼拝による懺悔に関わる一体三宝論と一闡提の救済思想について、『涅槃経』の教説の影響を考察する。

第七節　三宝名号の礼拝と一体三宝論

梁代に編纂され、南朝における涅槃学の動向をうかがうことのできる『涅槃経集解』巻二序品には、「僧亮曰く、諸經の論ぜざる所、其の旨三有り。何ぞや。一に曰く常住。二に曰く一體三寶。三に曰く衆生悉く佛性有り(58)」とあり、『涅槃経』の代表思想の一つとして、一体三宝があげられている。『方広経』にもこの思想が見られる。本節においては、『方広経』の一体三宝説を検討し、それが『涅槃経』の影響を受けていることを明らかにしてみたい。

『方広経』は、多くの仏名経典が仏の名のみ掲げるのとは異なり、仏・経・菩薩名を掲げるという特徴を有する。すなわち仏法僧の三宝名号を敬礼するという形をとっている(59)。例えば、陳の文帝の「大通方廣懺文」に「釋迦如來は無礙力を以て娑羅の淨道に遊ぶ。……大通方廣を説きて、三寶の名號を出す(60)」「至心に本師釋迦如來を敬禮し、方廣經中所説の三寶名字を禮す(61)」とあり、『方広経』が三宝の名号の礼拝を説くものであると認められていたことが分かる。

それでは、なぜ他の仏名経典のようにただ仏名だけでなく、三宝名号という形をとったのかという疑問が生ずる。『方広経』巻中においては、三宝に帰依するのであれば一乗という原理に反するのではないかという疑問が信相菩薩により以下のように呈される。

世尊、云何名爲三寶。一相耶、二相耶、三相耶。如其一相、卽是一歸、如其三相、卽是三歸。如其三歸、佛・法別體、僧亦如是。若是三歸、衆生見三、億劫行道、不會一乘。唯願世尊、利益衆生、爲我説之。（木村著三五五頁一三行～一八行）

世尊よ、云何が名づけて三寶と爲す。一相なるや、二相なるや、三相なるや。如し其れ一相ならば、卽ち是れ一歸、如し其れ三相ならば、卽ち是れ三歸なり。如し其れ三歸ならば、佛・法は別體、僧も亦た是くの如し。若し是れ三歸ならば、衆生は三を見、億劫行道すれども、一乘に會さず。唯だ願わくは世尊よ、衆生を利益し、我が爲にこれを說きたまえ。

これは、もし三宝に帰依するのであれば、衆生が仏法僧それぞれ別々のものに帰依すると考え、一乗に帰着しなくなるという問いである。それに対する仏の答えは以下である。

善男子、一切衆生曠劫以來无明所蔽。三界牢獄、生死流轉、衆怖交集、六道往來、无歸依處。……是故大聖如來哀從定起、愍彼長迷、開演三寶、爲眞依處。初爲始學二乘之人說於梯橙別體三歸。後爲久修梵行大士說於究竟一體三寶。於一佛寶卽有法・僧。（木村著三五五頁二三行～三五六頁二一行）

善男子よ、一切衆生は曠劫より以來《このかた》无明の蔽う所となる。三界は牢獄にして、生死流轉し、衆怖交ごも集まり、六道を往來し、歸依處无し。……是の故に大聖如來は哀みて定從《よ》り起ち、彼の長《とこし》えに迷えるを愍れみ、三寶を開演し、眞依處と爲す。初めは始學二乘の人の爲に梯橙[62]の別體三歸を說き、後に久しく梵行を修せる大士の爲に究竟の一體三寶を說く。一佛寶に於いて卽ち法・僧有り。

つまり始学二乗の人のためにまず別体三帰を説き、後に久しく梵行を修した菩薩のために一体三宝を説くとする。

この別体三帰（別相三宝）とは、

別相三寶者、佛現王宮、二應・法身。言是菩薩爲度衆生、修行苦行、道場樹下、始成正覺。自覺覺人故號爲佛。佛名覺者、僧名受化弟子。從教得理、故名爲僧。僧有二種。一者和合、得名爲僧。二者无爲、亦名爲僧。得无爲者、以眞空解慧・性空无爲、斷或相續、證結盡无爲、已滅諸結、聖衆共住、和合不諍、以此二義故得名僧。善男子、法者一切善惡之法、有爲无爲諸法道理、惡法可離、善法可崇。普爲心軌皆是法寶。是故佛・僧二寶、人異體別、法與僧・佛、體同難別。何以取別。或有人言、「佛・僧二寶、但取假名行人。行人所得五分法身・諸善功德、判爲法寶」。此義不然。何以故。今因以此諸善功德、得成於人。離法无人。何得別人普爲法寶。今釋人法、有同有異。以法成人、法屬於人。是以故說「五分法身・十力・无畏・三十二相・八十種好・諸波羅蜜・无量三昧、以爲佛寶、小乘五分說爲僧寶。此諸功德、有爲无爲法相道理可爲軌用、復名法寶」。（木村著三五六頁三三行～三五八頁五二行）

別相三寶とは、佛の王宮に現ずるに、二なる應・法の身あり。言《いうこころ》は、是れ菩薩は衆生を度せんが爲に、苦行を修め行いて、道場樹下にて、始めて正覺を成ず。自ら覺り人を覺らしむるが故に號して佛と爲す。佛は覺者と名づけ、僧は受化弟子と名づく。教從り理を得、故に名づけて僧と爲す。僧に二種有り。一は和合、名づけて僧と爲すを得。二は无爲、亦た名づけて僧と爲す。无爲を得とは、眞空解慧・性空无爲を以て、或（惑）の相續を斷じ、結盡无爲を證す、已に諸結を滅すれば、聖衆共に住し、和合して諍わず、此の二義を以ての故に僧と名づくるを得。善男子よ、法とは一切善惡の法なり、有爲无爲の諸法は道理として、惡法離るべく、善法崇ぶべし。普く心軌爲るは、皆な是れ法寶なり。是の故に佛・僧の二寶は、人異なり體別なるも、法と僧・佛、體同じく別ち難し。何を以て別を取らん。或いは人有りて言わく、「佛・僧二寶、但だ假名の行人を取るのみ。行人の得る所の五分法身・諸の善功德を、判《わか》ちて法寶と爲す[63]」。此の義然らず。何を以ての故に。今此の諸の善功德に因《よ》りて、人と成るを得。法を離れて人無し。何ぞ人と別ちて普く法寶爲るを得ん。今人と法を釋するに、同有り異有り。法を以て人と成り、法は人に屬す。是を以ての故に、「五分法身・十力・无畏・三十二相・八十種好・諸波羅蜜・无量三昧を以て佛寶と爲し、小乘五分を説きて僧寶と爲す。此の諸の功德、有爲无爲法相の道理として軌用と爲すべきを、復た法寶と名づく」と説く。

というように、覚者や覚者が得た五分法身などの諸の善功徳を仏宝、受化弟子や小乗五分法身を僧宝、有為無為諸法の心軌となる道理を法宝とし、それぞれ別のものとするのである。昔日の別体三帰が「佛に苦有り、法は是れ无常、僧も亦た无常なれば、是れ苦にして眞の依處に非ず[64]」と三宝の無常を説くものであるのに対し、今の究竟の一体三宝とは、

行者覺了法性理空、永離八倒、无有生滅動求之苦、爲眞依處、名爲佛寶。所得常法、軌用至極、名眞法寶常住。行者會眞法性、證常住无爲、故名爲僧。亦以八倒永盡、與凡聖衆一切和合、求无諍訟、故名僧寶。昔日三寶異人別法、今之三寶、於一佛一體、分爲法・僧。以是義故、我爲汝説一相三寶、令諸衆生趣向一乘。（木村著三五八頁五七行〜六四行）

行者法性理空を覺了し、永えに八倒を離れ、生滅動求の苦有る無く、眞の依處と爲るを、名づけて佛寶と爲す。得る所の常法、軌用至極なるを、眞の法寶常住と名づく。行者は眞法性に會し、常住无爲を證す、故に名づけて僧と爲す。亦た八倒永《とこし》えに盡くるを以て、凡聖衆と一切和合し、諍訟无きを求む、故に僧寶と名づく。昔日の三寶は異人別法、今の三寶は、一佛一體に於いて、分かちて法・僧と爲す。是の義を以ての故に、我れ汝の爲に一相三寶を說き、諸の衆生をして一乘に趣向せしむ。

とあるように、行者自身が三宝を兼ね備えるとして、その常住を強調したものである。また、巻下においては、三宝が一空に帰すことが説かれる。すなわち、師子吼菩薩が世尊に対して、仏名・法名・僧名を聞くとみな罪を滅すというが、それは仏力か法力か僧力か、仏力なら仏を、法力なら法を、僧力なら僧を求めるべきであり、さきに唯だ一乗有るのみで衆生が三を見ると述べられたのに、仏自ら三を説くのはなぜかと質問する。仏はそれに対し、仏力・法力・僧力だけでなくみな衆力である、仏は衆生の帰処である父母で、菩薩僧は証明の知識であり、迷子の衆生は『方広経』を大船として三界の煩悩の大海から出ようとすると答える。さらに、「佛は卽ち是れ法、法は卽ち是れ僧、僧は卽ち是れ無爲、無爲は是れ空なり。無爲空・有爲空・内空・外空・大空・小空、皆な一空に歸し、更に別空無し(65)」と一体三宝を空と結びつけている。

以上の『方広経』の一体三宝説をまとめると以下のようになる。仏は始学二乗の人の為に梯橙の別体三宝を説き、後に久修の菩薩のために究竟の一体三宝を説いた。一体三宝の内容とは、行者が開悟し真の依処となることが仏宝であり、行者の得る所の常法が法宝、行者が常住無為を証し衆と和合するのが僧宝というものである。別体三宝が無常であるのに対し、一体三宝は常住である。三宝がそれぞれ別ではなく一体であるのは、仏法僧がみな一空に帰すからである。

この、三宝が一体で常住であるという説は『涅槃経』に基づくと考えられる。『涅槃経』の一体三宝説については、布施浩岳『涅槃宗の研究』(66)にて言及されているが、一体三宝説の根拠となる『涅槃経』の経文を見ておこう。

善男子、汝今不應如諸聲聞・凡夫之人、分別三寶。於此大乘、無有三歸分別之相。所以者何。於佛性中、卽有

法・僧。爲欲化度聲聞・凡夫故、分別説三歸異相。［T12：650c］

善男子、汝今應に諸の聲聞・凡夫の人の如く、三寶を分別すべからず。此の大乘に於いて、三歸分別の相有る無し。所以は何ぞや。佛性の中に於いて、卽ち法・僧有ればなり。聲聞・凡夫を化度せんと欲せんが爲の故に、分別して三歸異相を説く。

他にも一体三宝を論ずる箇所はあるが(67)、『涅槃経』では未来世の自身において成就されるところの三宝に帰依するというのがこの説の根幹である(68)。『方広経』巻下にも、「我等今は十方佛に歸命し、十方法に歸命し、十方僧に歸命し、……亦《また》復未來佛性に歸命す(69)」と未来仏性への帰依が述べられる。そして、経文にあるとおり、この説の根拠となるのが一切衆生悉有仏性説である。衆生が仏性を有し未来に成仏するとされているからこそこの論が成り立つのである。『涅槃経集解』は梁代に編纂され、諸家の注釈を収めているが、自身の未来身において完成される三宝に帰依すべしと主張する点は、諸家の一致するところであるとされる(70)。一体三宝説について『方広経』が『涅槃経』やその注釈者らの説の影響を受けているのは確実であろう。また、『方広経』における三宝の定義のうち、仏宝の「自覺覺人」「覺」「五分法身」、法宝の「軌」、僧宝の「和（合）」という用語について、南斉蕭子良『浄住子』の道宣による統略本（『広弘明集』巻二七所収）に類似表現が見えることも、『方広経』の成立地を考える上で注意すべきである(71)。

第八節　一闡提の救済について

次に、前節の冒頭で述べたとおり、『涅槃経集解』において、僧亮が三宝一体説とともに『涅槃経』の代表的思想であるとした、「常住」と「一切衆生悉有佛性」説の、『方広経』における受容状況について考察する。また、その思想で必然的に問題となる、一闡提の救済に関して検討してみたい。

『方広経』巻上の冒頭には、仏のとりまきの菩薩衆について、「曾て過去無量諸佛を供養し、明らかに佛性を見、如來の常なるを知り、常に衆生等盡く佛性有りと説く(72)」と述べられている。また同じく巻上には、仏が諸大衆に対して

「唯だ願わくは世世に諸佛に値《あ》い、明らかに佛性を見、大涅槃に到らんことを。何を以ての故に。一切有形皆な佛性有ればなり(73)」と説く。巻下の巻頭にも「佛は十方三世諸佛・十二部經・大菩薩僧を説き已りて、復た大師子吼せんと欲す。師子吼とは、決定説と名づく。決定説とは、明らかに如來の常住不滅なるを知り、□衆生盡く佛性有りと説くなり(74)」とあり、釈迦分身諸仏が異口同音に「如來常性不滅にして、諸の衆生皆な佛性有りと説く(75)」と言ったとある。虚空蔵菩薩も「如來は常住にして、法・僧は不滅なり。三界衆生は自生自滅す(76)」と述べている。以上によって、『方広経』が『涅槃経』の如来常住・一切衆生悉有仏性説を受容していることが分かる。

如来が常住であり、一切衆生に皆な仏性があるとすると、問題になるのが、人のうち成仏から最も遠い存在である一闡提にも仏性があるはずであり、彼らはいかに救済されるかということである。竺道生が極悪人である一闡提も成仏できるという説を法顕訳『泥洹経』に基づいて主張したところ、それは経典の内容と異なる説であるとされ、大きな非難を浴びて追放された。しかし、元嘉七年（四三〇）に竺道生が盧山に入ると、にわかにして曇無讖訳の全四〇巻『涅槃経』が都の建康に伝わり、彼の唱えた闡提成仏の説がこの経の内容と符合していることが明らかとなり、その説が受容されたという話は有名である(77)。

一闡提の概念については諸先学によって様々な議論がなされており(78)、『涅槃経』中でもその成立時期の相違などのため前後で内容が変化しているとされる。筆者はこの問題には深く立ち入らず、一闡提が「何等をか名づけて一闡提と為すや、一闡提とは一切の諸の善根を斷滅し、本心に一切の善法を攀縁せず、乃至一念の善を生ぜざるなり(79)」「信無きの人を一闡提と名づく。一闡提は不可治と名づく(80)」などと、善根を断ち、無信の者とされていることを確認しておくにとどめたい。しかし、「善男子よ、一闡提も亦た決定せず。若し決定すれば、是れ一闡提終《つい》に阿耨多羅三藐三菩提を得る能わず。決定せざるを以て、是の故に能く得(81)」とあるように、その状態は不変ではないとされることも注意すべきである。善根を断った一闡提がいかにして善根を得ることができるかというのは、『涅槃経』の主たるテーマの一つである。梵行品には、

大王、一闡提輩分別有二。一者得現在善根、二者得後世善根。如來善知一闡提輩能於現在得善根者、則爲説法。

後世得者、亦爲說法。今雖無益、作後世因。是故如來爲一闡提、演說法要。一闡提者復有二種。一者利根、二者中根。利根之人於現在世能得善根。中根之人後世則得。諸佛世尊不空說法。大王、譬如淨人墜墮圊廁、有善知識見而愍之、尋前捉髮而拔出之。諸佛如來亦復如是。見諸衆生墮三惡道、方便救濟、令得出離。是故如來爲一闡提、而演說法。［T12：725b］

大王よ、一闡提の輩は分別するに二有り。一は現在の善根を得、二は後世の善根を得。如來は善く一闡提の輩の能く現在に於いて善根を得る者を知らば、則ち爲に法を說く。後世に得る者にも、亦た爲に法を說く。今は益無しと雖も、後世の因と作《な》す。是の故に如來は一闡提の爲に、法要を演說す。一闡提に復た二種有り。一は利根、二は中根なり。利根の人は現在世において能く善根を得。中根の人は後世に則ち得。諸佛世尊は空しく法を說かず。大王よ、譬えば淨人の圊廁に墜墮し、善知識有りて見て之を愍れみ、尋《つ》いで前みて髮を捉え之を拔出するが如し。諸佛如來も亦復《ま》た是くの如し。諸の衆生の三惡道に墮するを見て、方便もて救濟し、出離するを得しむ。是の故に如來は一闡提の爲に、法を演說す。

とあり、一闡提には現世にて善根を得る利根の者と後世にて得る中根の者とに分けられるが[82]、仏はそのどちらにも説法し、地獄に堕ちる者に対してはそこから救済するという。同じく梵行品に、

善男子、譬如父母所愛之子捨而終亡、父母愁惱願與併命。菩薩亦爾。見一闡提墮於地獄、亦願與俱生地獄中。何以故。是一闡提若受苦時、或生一念改悔之心、我卽當爲說種種法、令彼得生一念善根。［T12：701b］

善男子よ、譬えば父母所愛の子の捨《さ》りて終亡すれば、父母愁惱して命を與《とも》に併にせんと願うが如し。菩薩も亦た爾り。一闡提の地獄に墮するを見て、亦た與《とも》に俱に地獄中に生ぜんと願う。何を以ての故に。是の一闡提若し苦を受くる時、或いは一念の改悔の心を生ぜば、我れ卽ち當に爲に種種の法を說き、彼をして一念の善根を生ずるを得しむべし。

とあり、一闡提が地獄に堕ちて苦を受け、少しでも悔い改める心が生ずれば、説法によって善根を生じさせるという。善根が生ずるのはいつかを具体的に示す資料が迦葉品の以下の記述である。

迦葉菩薩白佛言、「世尊、如是之人何時當能還生善根」。佛言、「善男子、是人二時還生善根。初入地獄、出地獄時」。[T12: 817c]

迦葉菩薩佛に白して言わく、「世尊よ、是くの如きの人何れの時にか當に能く還って善根を生ずべき」と。佛言わく、「善男子よ、是の人二時に還って善根を生ず。初めて地獄に入ると、地獄を出づる時なり」と。

ここで「是くの如きの人」というのは前をうけて断善根の人を指すが、地獄に入る時と出る時に善根を生ずるという。つまり、一闡提のうち利根の者は、如来の説法によって現在世において救済されるが、中根の者は、地獄へ堕ちて悔い改め説法を聴くことで善根を生ずるのである。

次に『方広経』において一闡提の救済がどのように説かれているかを見てみたい。巻下には、善見王子が三千人とともに仏のもとに参じ懺悔する場面がある。これは経全体で最も重要な箇所の一つである。善見王子というのは、『涅槃経』迦葉品に「羅閲耆王頻婆娑羅、其の王の太子名づけて善見と曰う。業因縁の故に悪逆心を生じ、其の父を害せんと欲するも便を得ず[83]」という、父殺しの罪を犯して病に罹り、釈迦に懺悔し救済された阿闍世王の別名である「善見」を意識していると考えられる[84]。三千人とは、既に指摘されているように[85]、『観薬王薬上経』に「此の三千人異口同音に諸佛名を稱し、一心に敬禮す。是の諸佛を敬禮せし因縁功徳力を以ての故に、卽ち無數億劫生死の罪を超越するを得[86]」とあり、最初の千人は過去千仏、次の千人は現在賢劫千仏、終わりの千人は未来千仏となるという箇所に基づいているのは間違いないであろう。善見王と三千人は十方の三宝に稽首帰命することを仏に告げ、懺悔を願い出る。それに対して仏は、「善きかな、善きかな、悕心生じ難く、善根發し難し、十悪を懺せんと欲し、五逆、乃至一闡提を懺せんと欲す。佛性を見んと欲せば、應當《まさ》に是くの如く意に隨いて之を説くべし[87]」とその懺悔を認める。一闡提の懺悔を許していることは看過できない。

さらに注目すべきことに、善見王たちによる発露懺悔文の内容は、明らかに『涅槃経』と『金光明経』の本文を借用して作成されていると思われる。経文を対照した結果を表2-3-4に掲げよう。

まず、①について、『涅槃経』の該当箇所の内容は、同経の有名な比喩の一つである「恆河七種衆生」を説く場面である。河中に入ると沈んでしまう第一種の人である一闡提が、三悪道に没して脱出できない六因縁と五事、三事を述べる部分から大半を採用している。

②について、『涅槃経』では、純陀が仏に最後の供養をした後、持戒と破戒の差別について質問したことをうけ、仏は破戒とは一闡提であるとし、一闡提とは、正法を誹謗し、または四重・五逆罪を犯し、心に慙愧が無く、仏法僧の三宝は存在しないと主張する者である、と答えた場面である。

③の『涅槃経』の前半部分については、如来が衆生のため方便によって説いた箇所であり、懺悔とつながりは薄い。続く箇所では未来世において悪事が現れた時に仏が大涅槃経を説くという、その悪事の内容である。

④の『涅槃経』は、仏が波羅提木叉や律、堕についてその具体的内容を述べ、またある人が「一切戒を破す」というその「一切」を説明し、一闡提にも言及する場面である。

『方広経』は、それら『涅槃経』の語句を巧みに組み合わせ、四重・五逆の罪を犯し、正法を誹謗するといった一闡提としての行為を行い、覆蔵して悔いないことの罪を発露懺悔するという構成をとっている。最後の⑤は『金光明経』懺悔品よりほぼそのまま引用している。『方広経』が『涅槃経』において救い難い一闡提とされる重罪を、「一闡提行」という罪行為概念としてとらえて発露懺悔文に取り込んでいるのは、そのような重罪でさえ至心に懺悔すれば救済されることを強調するためである。

次に『方広経』が『涅槃経』から借用する、釈迦の前世である大仙豫王の故事について検討してみよう。これは天台智顗の師、南岳慧思が護法思想の根拠として引用する本生譚である。(88) すなわち、釈迦は過去世において大乗経典を愛敬する大仙豫（『方広経』では「大仙譽」）という名の国王であった。王は十二年間も婆羅門たちに仕えて供養していた。ところが婆羅門たちが大乗を誹謗したため、王は即刻彼らを殺した。王はこの因縁により、以後地獄に堕ちることがなかったという。『涅槃経』梵行品にはこの話の続きがある。

諸婆羅門命終之後、生阿鼻地獄、則有三念。一者自念、我從何處而來生此。卽自知、從人道中來。二者自念、我今所生爲是何處。卽便自知、是阿鼻獄。三者自念、乘何業縁而來生此。卽便自知、乘謗方等大乘經典、不信因

表 2－3－4　『方広経』懺悔文とその典拠の対照表

	『方廣經』巻下　本文[T85：1350b23-1351b4]	所依經典の經文
①	我等或從無始世界、及今惡身、狂惑心亂、無量倒見。煩惱惡業不可具陳。所作衆罪不自覺知。惡心熾盛、不見後世、但見現在。樂習煩惱、遠離善根、惡業障隔、近惡知識。於比丘邊作非法。比丘尼邊作非法。於父母邊作非法。或復自在用僧鬘物。於五部僧邊、或作是非。或說世間無量惡業。或殺菩提善根衆生。或謗法師、法說非法、非法說法。謂如來無常、正法無常、僧寶無常。不樂慧施、信受邪法。 是故今日無量怖畏、無量慙愧、歸依三寶。諸佛慈悲・方等父母・菩薩知識、聽許我等發露懺悔。願除無量劫以來生死重罪。願又更莫造。	善男子、一闡提輩有六因緣、沒三惡道、不能得出。何等爲六。一者惡心熾盛故。二者不見後世故。三者樂習煩惱故。四者遠離善根故。五者惡業障隔故。六者親近惡知識故。復有五事、沒三惡道。何等爲五。一者於比丘邊作非法故。二者比丘尼邊作非法故。三者自在用僧祇物故。四者母邊作非法故。五者於五部僧互生是非故。復有五事、沒三惡道。何等爲五。一者常說無善惡果故。二者殺發菩提心衆生故。三者憙說法師過失故。四者法說非法、非法說法故。五者爲求法過而聽受故。復有三事、沒三惡道。何等爲三。一謂如來無常永滅。二謂正法無常遷變。三謂僧寶可滅壞故。是故常沒三惡道中。(『南本涅槃經』師子吼菩薩品［T12：800b］)
②	復次世尊、我等或從無量劫來、造作五逆、或犯過去・未來・現在諸佛禁戒、作一闡提行、發麁惡言、誹謗正法、造是重業、未曾改悔、心無慙愧。或犯十惡・五逆等罪、自知定犯如是重事、本心初無怖畏慙愧、默受供養、未曾發露。於彼正法、未有護惜建立之心。於其中間、毀呰輕賤、言多過惡。或復說言無佛法僧。或造如是十惡・五逆無間重罪。 是故今日無量怖畏、無量慙愧、歸依三寶。諸佛慈悲・方等父母・菩薩知識、聽許我等發露懺悔。願除無量劫以來生死重罪。願又更莫造。	純陀復問、一闡提者、其義云何。佛告純陀、若有比丘及比丘尼・優婆塞・優婆夷發麁惡言、誹謗正法、造是重業、永不改悔、心無慙愧、如是等人名爲趣向一闡提道。若犯四重、作五逆罪、自知定犯如是重事、而心初無怖畏慙愧、不肯發露、於佛正法、永無護惜建立之心、毀呰輕賤、言多過咎、如是等人亦名趣向一闡提道。若復說言無佛法僧、如是等人亦名趣向一闡提道。(『南本涅槃經』一切大衆所問品［T12：666bc］)
③	復次世尊、我等或從無量劫來、或四倒見、四重之法說偸蘭遮、偸蘭遮法說爲四重、犯說非犯、非犯說犯、輕罪說重、重罪說輕、淨見不淨、不淨見淨。或復邪見、讚說世典、不敬佛經、諸惡論義、畜八不淨、眞是佛語、以爲魔語。眞是魔語、以爲佛語。或復信受六師所說。或作是言、「如來今日畢竟涅槃。三寶無常」。身心起惑、無量倒見。 是故今日無量怖畏、無量慙愧、歸依三寶。諸佛慈悲・方等父母・菩薩知識、聽許我等發露懺悔。願除無量劫以來生死重罪。願後更莫造。	善男子、如來普爲諸衆生故、……四重之法說偸蘭遮、偸蘭遮法說爲四重、犯說非犯、非犯說犯、輕罪說重、重罪說輕。(『南本涅槃經』梵行品［T12：707c-708a］) 善男子、諸佛如來祕密之藏亦復如是、爲未來世諸惡比丘、畜不淨物、爲四衆、說如來畢竟入於涅槃、讀誦世典、不敬佛經。如是等惡現於世時、如來爲欲滅是諸惡、令得遠離邪命利養、如來則爲演說是經。(『南本涅槃經』梵行品［T12：715b］) 善男子、迦葉佛法實亦不滅。何以故。常不變故。善男子、若有衆生我見無我、無我見我、……淨見不淨、不淨見淨、……以眞佛語名爲魔語、實是魔語以爲佛語。如是之時、諸佛乃說大涅槃經。(『南本涅槃經』梵行品［T12：715b］)

④	復次世尊、我等或從無量劫來、及今一形、或犯招提僧物、或犯十方僧物、或犯現前僧物、或犯五部僧物、乃至一比丘物、一切檀越物。或復自稱我得正法四禪四果。緣是惡業、不善因緣、或本出家、造作四重・八禁・六重・十三僧殘・二不定法・三十捨墮・九十一墮・四懺悔法・衆多學法・七滅諍法。或犯如是一一諸戒、從突吉羅、復至四重、或復五逆、誹謗正法甚深經典、造一闡提行、覆藏不悔、日夜增長。曾聞佛說、若犯四重、乃至五逆、或謗正法、若不發露、定墮地獄。諸佛菩薩聲聞緣覺無能救護。師僧父母諸天世人亦不能救。 是故今日無量怖畏、無量慚愧。是故今日歸依三寶。過去多寶、未來千佛、現在分身諸來釋迦、諸佛慈悲、方等父母、菩薩知識、聽許我等發露懺悔。願除無量劫以來煩惱障・業障・報障・四重・無間・十惡重罪。	波羅提木叉者、離身口意不善邪業。律者、入戒威儀深經善義、遮受一切不淨之物及不淨因緣。亦遮四重・十三僧殘・二不定法・三十捨墮・九十一墮・四悔過法・衆多學法・七滅諍等。或復有人破一切戒。云何一切。謂四重法乃至七滅諍法。或復有人誹謗正法甚深經典、及一闡提具足成就盡一切相無有因緣。如是等人、自言我是聰明利智、輕重之罪悉皆覆藏。覆藏諸惡、如龜藏六。如是衆罪長夜不悔。以不悔故日夜增長。是諸比丘所犯衆罪終不發露。是使所犯遂復滋漫。（『南本涅槃經』四相品［T12：626c–627a］）
⑤	［1351a17–b4］本文略	『金光明經』懺悔品［T16：337a3–337b1］本文略

（実線の下線部は『涅槃經』と『方廣經』の字句が一致する箇所、破線を施した箇所は、字句が完全には一致せずとも内容はほぼ一致している箇所を示す）

緣、爲國主所殺、而來生此。念是事已、卽於大乘方等經典生信敬心。尋時命終、生甘露鼓如來世界。於彼壽命具足十劫。善男子、以是義故、我於往昔乃與是人十劫壽命。云何名殺。……善男子、彼諸婆羅門等一切皆是一闡提也。譬如掘地、刈草、斫樹、斬截死屍、罵詈鞭撻、無有罪報。殺一闡提亦復如是、無有罪報。［T12：702bc］

諸の婆羅門命終わりし後、阿鼻地獄に生ずれば、則ち三念有り。一は自ら念ず、我何れの處從《よ》りして此に來生せると。卽ち自ら知る、人道中從り來たると。二は自ら念ず、我れ今生ずる所は是れ何れの處爲ると。卽便《すなわ》ち自ら知る、是れ阿鼻獄なりと。三は自ら念ず、何の業緣に乘りて此に來生せると。卽便ち自ら知る、方等大乘經典を謗り、因緣を信ぜざるに乘りて、國主の殺す所と爲り、此に來生すと。是の事を念じ已りて、卽ち大乘方等經典に於いて信敬心を生ず。尋時《ついで》命終え、甘露鼓如來世界に生ず。彼に於いて壽命は十劫を具足す。善男子よ、是の義を以ての故に、我れ往昔に於いて乃ち是の人に十劫の壽命を與えたり。云何が殺と名づけん。……善男子よ、彼の諸の婆羅門等は一切皆な是れ一闡提なり。譬えば地を掘り、草を刈り、樹を斫り、死屍を斬截し、罵詈鞭撻するも、罪報有る無し。一闡提を殺すも亦《ま》復た是くの如く、罪報有る無し。

以上の本生説話の主題は、大乗を誹謗し因縁を信じない一闡提を殺しても、それは殺しにはあたらず、むしろ善行であるとする護法の功徳の強調にある。次に『方広経』がこの説話をいかに改変しているかを見てみよう。

是人命終已、卽墮阿鼻獄。既墮地獄已、卽時發三念、禮是三世佛、敬信方等經・大士菩薩僧。作是三念已、卽時出地獄。往生甘露鼓、受命十小劫、皆由生信心、敬禮十方佛。是諸波羅門初謗墮地獄、後信便得出。［T85：1354c］

是の人命終え已《おわ》りて、卽ち阿鼻獄に墮つ。既に地獄に墮ち已りて、卽時に三念を發し、是の三世の佛を禮し、方等經・大士菩薩僧を敬信す。是の三念を作し已りて、卽時に地獄を出づ。甘露鼓に往生し、命を受くること十小劫なるは、皆な信心を生じ、十方佛を敬禮するに由る。是の諸の波羅門は初め謗りて地獄に墮つるも、後には信じて便ち出づるを得。

阿鼻地獄に堕ちた婆羅門達が大乗に対する信心を得ることにより甘露鼓世界に往生し長寿を得たという基本的構成は同じだが、「三念」の内容は大きく異なる。すなわち、『涅槃経』においては、三念とは、人道中より阿鼻地獄に堕ちたのが大乗を誹謗したという業縁によるのを知ることであるのに対し、『方広経』において三念とは、三世仏を礼し、方等経・菩薩僧を敬信することである。護法の重要性を強調する『涅槃経』とは異なり、『方広経』では地獄に堕ちた婆羅門たちが救済される方法が主題となっている。さらに上文に続いて、

況汝大菩薩、具足慙愧者。本自實無罪、爲諸衆生故、懺悔四重禁及以五無間乃至一闡提。若有凡夫人身犯如是罪、若能如是懺、除滅四重禁・五逆・一闡提、必得成佛道。唯除不信者。［T85：1354c］

況んや汝大菩薩、慙愧を具足せる者をや。本自《もとよ》り實には罪無けれども、諸の衆生の爲の故に、四重禁及以《および》五無間乃至一闡提を懺悔す。若し凡夫人有りて身に是くの如き罪を犯すも、若し能く是くの如く懺すれば、四重禁・五逆・一闡提を除滅し、必ず佛道を成ぜん。唯だ不信の者を除く。

とあり、善見王子たちの懺悔が自らの罪の懺悔ではなく、衆生のための懺悔であることが明かされ、このように懺悔

すれば、不信の者でない限り、一闡提の罪でさえも除滅され成仏できるという。

父殺しの罪を背負った阿闍世王が釈迦によって救済される故事は、『涅槃経』において最も劇的な場面の一つである。五逆罪を犯しても心に慚愧をいだいて発露懺悔すれば、仏の力によって救済されることを『涅槃経』は示した。『涅槃経』の場合、大仙豫王の説話において、一闡提である婆羅門達は殺されて地獄に堕ちたが、その地獄に堕ちた因縁を反省することによってそこを脱出した。『涅槃経』が一闡提を人物の状態の概念としてとらえる傾向が強いのに対し、『方広経』は「一闡提行」というように、むしろ罪（行為）概念としてとらえる傾向がある。『方広経』は、一闡提行のような重罪すらも、三宝の礼拝称名による懺悔という具体的実践によって救済されると明確に主張したのである。

おわりに

以上、『方広経』の成立に関わる問題、陳海龍造像碑の仏名と『方広経』との関連性、敦煌文献の方広懺、三宝名号の敬礼が見られるほぼ同時代の他文献、さらには、『方広経』と『涅槃経』との関係について論じてきた。本章で明らかにしたこの経典の成立と流布、その思想内容に関して最後に整理しておこう。

最初に、『方広経』の成立地について、『方広経』に関する西魏の文献が多く見られることから北朝成立説も提出されているが、『続高僧伝』において道宣は、「梁初方廣、源在荊襄」、つまり、『大通方広経』の源流が梁初の荊・襄地方であると述べている。この経に関わる造像碑が、現在の河南省鄧県と山西省南西部にかつて存在し、地理的に「荊襄」からの影響を想定できること、また、南斉・梁代において、『方広経』と同じく三宝名号を列記し敬礼するという形式をとる文献がいくつか撰述されていること、『方広経』の三宝に関する議論で用いられた語について、南斉の蕭子良『浄住子』と類似性があることなどから、『方広経』の起源が「梁初の荊・襄」にあるという道宣の説を信頼してもよいと言えよう。

次に、『方広経』の流布の側面について、この経典が実際にどのように用いられたかについて、石刻と敦煌文献から検討した。まず、『方広経』と関係する石刻三点のうち、仏名が多く刻まれた陳海龍造像碑を取りあげ、詳細に分析した。特に、碑の四面に刻まれた仏・菩薩名の典拠を網羅的に調査し、四面の仏・菩薩名のうち、三つを除くすべてが『方広経』に基づいていることを明らかにした。そして、その『方広経』が典拠とした経典の仏名との対応関係、仏名の配置のされ方を明らかにし、供養者名に比丘尼が多く女性の占める比率が高いことなど、像の供養者達がこの経典を用いて実際に懺悔儀礼を行っていた可能性を示した。さらに、『方広経』による懺悔次第が記録に残された敦煌文献を検討し、『方広経』の独特な懺悔思想がかなりの程度経典に沿った形で反映されていることなどを確認した。

本論の主要なテーマの一つである地域性との関係で言えば、仏名信仰と密接につながる『方広経』との関係を示す造像碑が山西の地域に二点見られたことは、当地域の特色である造像と結びついた仏名信仰の一端を垣間見せてくれており、誠に興味深い。

次に思想内容について、まず、『方広経』が「諸經に依約し、抄撮して部を成」したものであるという道宣の記述に導かれ、『方広経』の典拠を全巻にわたって調査し、その結果、様々な経典から抄出しながらも、とりわけ『涅槃経』から多く採用していること、そして、『涅槃経』の一体三宝や一闡提に関する思想を巧みに取り込み、それを三宝名の礼拝称名による懺悔の思想的基盤として重視していることを明らかにした。『方広経』巻上には、

今於我法中、經行作佛事、受持及讀誦禮拜是佛名、去離衆魔事、除滅四重禁・無閒・一闡提。是人未來世必得成佛道。［T85：1341c］

今、我が法中に於いて、經行して佛事を作し、是の佛名を受持及び讀誦禮拜せば、衆《おお》くの魔事より去離し、四重禁・無閒・一闡提を除滅せん。是の人未來世に必ず佛道を成ずるを得ん。

とある。『方広経』は、一闡提の重罪すらもこの三宝の礼拝称名による懺悔によって除滅されることを明確に論じているのである。

魏晋南北朝時代に翻訳あるいは撰述された懺悔を説く経典は少なからずあるが、一闡提の救済についてここまで踏み込んで言及しているものは『方広経』の他に見当たらない。一闡提の罪ですら救済されると説き、その具体的方法を三宝の礼拝称名という分かりやすい形で提示しているこの経典は、非常に魅力的だったと想像される。すでに何回か言及したように、当時男性に比べ相対的に地位の低かった女性達の間で、この経典がとりわけ歓迎されていた理由の一つもこの点にあると言えよう。(89) また、善見王子たちが自ら罪がないのに衆生のために一闡提の罪を懺悔するという大乗の慈悲の精神を表していることは、『大通方広経』に基づく懺法が陳の文帝や日本の淳和天皇に採用された一因であろう。『方広経』の懺悔思想の特徴については、『涅槃経』の諸注釈や他の懺悔を説く経典との比較を行うことでより一層明らかになることと思われるが、今後の課題としておきたい。

（附記）本章のもととなった二篇の拙稿［二〇〇八ｂ］［二〇〇九ａ］は、二〇〇八年七月五日東京大学にて開催された中国社会文化学会大会における自由論題報告に基づくものである。コメンテータを担当して下さった京都大学人文科学研究所教授稲本泰生氏には、報告の場において貴重な御意見を賜った。ここに特記して深謝させていただきたい。

註

（1）「淳和天皇弘仁十四年十二月癸卯、請大僧都長恵・少僧都勤操・大法師空海等、於清涼殿、行大通方廣之法、終夜而畢也」（『類聚国史』巻一七八仏道五・仏名）。
（2）上山大峻［一九九五］参照。
（3）木村清孝［一九九六］。以下「木村著」と略す。
（4）中国仏教協会編［一九七八］図版十八参照。唐刻である。
（5）矢吹慶輝［一九三三］第二部、二三〇～二三七頁。牧田諦亮［一九七六］六一～六五、二九〇～三〇三頁。
（6）上山大峻［一九九五］。
（7）中田祝夫［一九七八］、寺川真知夫［一九九六］など。
（8）寺川真知夫［一九九六］。

(9) 塚本善隆［一九七五ａ］二九五頁。

(10) 牧田諦亮［一九七二→一九七六］、新川登亀男［二〇〇〇］など。

(11) 新川登亀男［二〇〇〇］五三六頁。

(12) 周叔迦［一九九一］「釈典叢録」「慈悲道場懺法十巻」の項に、「梁初有『方廣懺法』、源在荊襄、本以厲疾、祈誠悔過、疑卽僞經中之『大通方廣懺悔滅罪成佛經』也」とある。また「法苑談叢」「三、仏教的儀式」の項でもこの部分を『方広経』のこととして論じる。

(13) 大正蔵「万」だが、宋元明三本に「千」とあるのに従う。

(14) 大正蔵「疑」なし。三本により補う。

(15) 大正蔵「告」だが、三本宮本の「吉」に従う。

(16) 新川登亀男［二〇〇〇］参照。

(17) 牧田諦亮［一九七六］三〇三頁註④参照。『南史』巻七梁本紀中　大通元年条「初、帝創同泰寺、至是開大通門以對寺之南門、取反語以協同泰。自是晨夕講義、多由此門。三月辛未、幸寺捨身。甲戌還宮、大赦、改元大通、以符寺及門名」。

(18) 小野玄妙［一九三二］、落合守和［一九八〇］。

(19) 『維摩経文疏』巻十三「大通方廣經云、乃至五無間、皆生解脱相」[Z28 : 48a]。『維摩経文疏』の成立時期については佐藤哲英［一九六一］四一六～四四八頁を参照。

(20) 塚本善隆［一九七五ａ］二九五頁参照。

(21) 魯迅は「中」として疑問符を付すが、筆者は「下」ではないかと推測する。

(22) 魯二三559。

(23) 陶倩・陶富海［二〇〇六］。

(24) 運城市地方志編纂委員会整理［一九九一］（景定成が一九三四年に編纂し未出版のままになっていた『安邑県志』を点校整理し出版したもの）二二一頁に、「陳龍歡造像（北周保定二年、在邵村、石完整不少缺。京販以五千元購之、行有日矣、事爲道尹崔公聞、止之）」とある。陳海龍造像碑の願文のすぐ後に「供養主虎牙將軍陳龍歡供養佛時」という供養者題記が刻まれる。陳龍歡造像碑と陳海龍造像碑が同一の碑を指すことは疑いないであろう。この碑の傅斯年図書館所蔵拓本に書かれた署名にも「虎牙將軍陳龍歡造像。北周保定二年。石新出、頗完整。在邵村、知安邑縣事鄭裕孚署」（『百品』二〇二頁）とある。『百品』二〇〇頁で「邵村」を「仰村」と釈読するのは誤りである。

(25) 当時の河東における北周・北斉の抗争については、宋傑［二〇〇六］に詳しく述べられている。

(26) 松原320 : 321ab、石仏選粋29、中美全162、百品200。

(27) Wong [2007]。筆者は王静芬著・張善慶訳［二〇一〇］によって初めてこの論稿が陳海龍造像碑に言及していることを知ったため、本章の旧稿［二〇〇八b］においては、この論稿に言及できなかったことをこの場でお詫び申し上げる。

(28) 五家については、『大智度論』巻十三に「不與取有十罪。……十者若出爲人勤苦求財。五家所共、若王、若賊、若火、若水、若不愛子用、乃至藏埋亦失」［T25: 156c］とある。

(29) 『芸文類聚』巻七七「有溫子昇大覺寺碑云、維天地開闢、陰陽轉運、明則有日月、幽則有鬼神。初地遼遠、末路悠長。自始及終、從凡至聖、積骨成山、祇劫莫數、垂衣拂石、恆河難計。及冠日示夢、蒙羅見謁、應世降神、感物開化。顏如滿月、心若盈泉、體道獨悟、含靈自曉。居三殿以長想、出四門而永慮。聲色莫之留、榮位不能屈。道成樹下、光燭天上、變化靡躬、神通無及。置須彌於葶藶、納世界於微塵。闢慈悲之門、開仁壽之路。拯煩惱於三塗、濟苦難於五濁。非但化及天龍、敎被人鬼、固亦福霑行鴈、道洽遊魚。但群生無感、獨尊罷應、雜色照爛、諸山搖動。布金沙而弗受、建寶蓋而未留。遂上微妙之臺、永升智慧之殿、而天人慕德、象法興靈、圖影西山、承光東壁。主上乃據地圖、攬天鏡、乘六龍、朝萬國。牢籠宇宙、襟帶江山、道濟横流、德昌頹歷、四門穆穆、百僚師師、乘法船以徑度、駕天輪而高擧。神功寶業既被無邊、鴻名懋實方在不朽、抵掌措言、雖不盡意、執筆書事其能已乎」。

(30) 『洛陽伽藍記』巻四大覚寺条「永熙年中、平陽王即位、造磚浮圖一所。是土石之工、窮精極麗。詔中書舍人溫子升以爲文也」。

(31) これらは実職のない散官であるが、魏の定陽県令（現在の吉県）は実職であると思われる。「後封」である郡太守について、雉城郡の位置は不明であるが、雉陽郡であるとすれば、治所は現在の河南省魯山県東南五〇里にある（『北周地理志』四三一頁）。北平郡は恐らく河北にあり（『北周地理志』一〇〇九頁参照）、安邑の北に位置する正平郡（現在の新絳県）はともかく、北平・雉城郡太守は実職ではなく、名目の職であると考えられる。以上、龍谷大学北村一仁氏のご教示を得た。他には、曾口県の県治は現在の四川省巴中県東南三〇里（『北周地理志』三五〇頁）、隆州の治所は現在の四川省閬中県である（『北周地理志』三四〇頁）。

(32) 新川登亀男［二〇〇〇］参照。

(33) 『慈悲道場懺法』については、塩入良道［一九七七］、聖凱［二〇〇四］二九～七八頁参照。

(34) 阿純章［二〇〇五］［二〇〇七］。

(35) 「訪」は「謗」に通ず。

(36) 「灟」は「屬」に通ず。

(37) 「耶」は「邪」に通ず。

(38) 「發露」と「懺悔」の語のうち、後者については、平川彰［一九七六↓一九九〇］、船山徹研究代表［二〇〇六］の註一三九参照。平川氏によれば「懺悔」は梵語の［prati-］deśanā（告白）に対応し、船山氏によれば、「犯した罪や悪業を告白し悔い改めること」である。「發露」について、対応する『涅槃経』の蔵語訳においては「懺悔」とほぼ同義に用いられているようである。塚本啓祥・磯田熙文校註［二〇〇八］九九頁頭註十七、二四七頁頭註四・五を参照。漢語としては表2-3-4の④に見られるように、しばしば「覆藏」の反義語として用いられ、（罪などを）あらわにする、隠さず明らかにする、告白する、という意味であり、「懺悔」と意味的に重なるので、しばしば「發露懺悔」と重ねて用いられる。『方等三昧行法』には「懺悔有二種。一者眞實懺悔。所謂發露向人。二者虚妄懺悔。謂不發露覆藏衆罪。罪轉益深、禁法不成」［T46:946b］とあり、罪を隠さず人に露わにするのが（「發露」）真実の懺悔であるとする。

(39) 阿純章［二〇〇七］。

(40) 船山徹研究代表［二〇〇六］。

(41) 「至心奉爲至尊・皇后・皇太子・七廟聖靈・今日信施・龍神八部、廣及一切劇苦衆生、敬禮十方三世一切諸刹土中所有如來形像靈廟。敬禮釋迦如來一切現在靈骨舍利。敬禮如來現在頂骨舍利。……」［T52:318b］。

(42) 「至心奉爲至尊・皇后・皇太子・七廟聖靈・天龍八部、乃至十方一切劇苦衆生、敬禮一切眞如正法藏。敬禮十方一切諸佛所說法藏。敬禮賢劫初佛拘樓孫如來天龍宮法藏。……」［T52:319a］。

(43) 「奉爲至尊・皇后・皇太子・七廟聖靈・天龍八部、乃至十方一切劇苦衆生、敬禮十方一切僧寶。敬禮當來下生佛兜率天彌勒菩薩僧。敬禮遊方大士文殊師利菩薩僧。……」［T52:319bc］。

(44) 「奉爲至尊敬禮娑婆世界釋迦文佛・歡喜世界栴檀德尊・水精刹土月電如來・寶明世界山海慧佛」「奉爲皇太子、敬禮東方寶海・南方燈明・西方無量・北方相德」「奉爲貴嬪、歸命敬禮五十三佛・三十五尊・當來賢劫千・現在百七十」「奉爲臨川・安城・建安・鄱陽・始興・豫章、又南康・廬陵・湘東・武陵諸王・家國戚屬・六司鼎貴、歸命敬禮舍利・形像・菩提妙塔・多寶踊現・釋迦碎身」［T52:205ab］。

(45) 「逮爲天龍八部・護塔善王、乃至脩羅八臂・摩醯三目、盡爲敬禮尊經正典・淸淨波若・究竟涅槃・法花會一之文・淨名不二之說」［T52:205b］。

(46) 「今爲六道四生三途八難、慈悲懇到。一心遍禮十住菩薩・三行聲聞。禮救世觀音・獻蓋寶積・西方大勢・東國妙音・四辯淨名・二土螺髻・珠頂善宿・彌勒・文殊・金剛藏・解脫月・棄蔭蓋・常擧手・十大弟子・五百羅漢」［T52:205c］。

(47) 塩入良道［一九七七］、聖凱［二〇〇四］一九～七八頁参照。また、船山徹氏によると、『慈悲道場懺法』には唐の道宣による統略本成立以前の『浄住子』の原本の文章表現が一部取り込まれている蓋然性が高いとされる。詳細は船山徹研究代表［二〇〇六］二七四～三〇五頁を参照。

(48) 「今日在六道中已受怨對者、願以佛力・法力・賢聖力、令此衆生悉得解脫」［T45:942c］。

(49) 「願以佛力・法力・諸菩薩力・一切賢聖力、令四生六道一切衆怨同到道場」［T45:946b］。

(50)「仰願以三寶力、同加攝受、哀愍覆護、令得解脱」[T45 : 949a]。

(51) この表については本章第三節で言及した。

(52) ここで注意すべきは隋の闍那崛多訳とされる『東方最勝灯王陀羅尼経』を典拠とする陀羅尼が『方広経』に見えることである。これを根拠として周伯戡［二〇〇九］は『方広経』本文に隋代の増広部分があると推測する。しかし、この経典は『仏書解説大辞典』（大東出版社、一九六五、改訂再版）第八巻によれば、実は隋の闍那崛多訳ではなく、「三存一闕」の「一闕」にあたる『陀羅尼（章句）経』に相当し、六朝時代の失訳と考えられる。例えば冒頭の「孤獨精舎」という用語からして、闍那崛多訳経典が通常用いる「給孤獨園」とは異なり、西秦竺法護訳経典や六朝時代の経典によく見られる用語である。

(53) 本章においては、この経が南朝の梁初に成立したと考えられることに鑑みて、引用する『涅槃経』は便宜的に南本に統一したが、この経の撰述者が北本を使用していた可能性を排除するものではない。筆者は『方広経』に見られる『涅槃経』の引用箇所について南本と北本の文字の異同を敦煌写経も含め調査したが、北本・南本それぞれ複数あるテキスト間においても文字の異同があり、『方広経』の撰者がどちらを使用していたかを特定することはできなかった。

(54) この議論については『涅槃経』との関係をうかがうものとして重要であるため次節にて論ずる。

(55)『思益経』では「是諸如來亦不見授記。何以故。依止所行故。以是當知、若諸菩薩出過一切諸行、則得受記（是の諸如來にも亦た授記せられず。何を以ての故に。行ずる所に依止するが故に。是を以て當に知るべし、若し諸菩薩一切諸行を出過すれば則ち受記を得ん）」[T15 : 46a] であるのに対し、『方広経』では「是諸如來亦不見授記。何以故。所受禁戒多毀犯故。深著聲聞二乘行故。不聞大乘方廣經故。以是義故、若諸菩薩摩訶薩等、應當遠離二乘之行、修集大乘方廣經典、則得授記（是の諸の如來にも亦た授記せられず。何を以ての故に。受くる所の禁戒多く毀犯するが故に。深く聲聞二乘の行に著するが故に。大乘方廣經を聞かざるが故に。是の義を以ての故に、若し諸菩薩摩訶薩等、應當《まさ》に二乘の行を遠離し、大乘方廣經典を修集すれば、則ち授記を得べし）」[T85 : 1347a] と内容が改変されている。

(56) この五種法身が僧叡の説をうけていることは、船山徹［一九九五］九八頁において指摘されている。『方広経』が菩提流支や勒那摩提によって伝訳された経論に説く三身（法・報・応）説に言及していないのは、『方広経』の南朝梁初成立説を支持する一つの論拠となろう。

(57)「衆生盡有佛□」[T85 : 1349a]。□には「性」が入る。『涅槃経』に類似表現多出。

(58)「僧亮曰、諸經所不論者、其旨有三。何者。一曰常住。二曰一體三寶。三曰衆生悉有佛性」[T37 : 383b]。

(59)『方広経』が菩薩名号を三宝のうちの僧宝名号とみなすことについては、巻下の冒頭に、「佛説十方三世諸佛・十二部經・大菩薩僧已、復欲大師子吼」[T85 : 1349a] とあることよりも分かる。

(60)「釋迦如來以無礙力遊娑羅之浄道。……説大通方廣、出三寶名號」[T52 : 333c]。

(61)「至心敬禮本師釋迦如來、禮方廣經中所說三寶名字」[T52 : 333c]。

(62) この「梯橙」という語について『涅槃経』如来性品に「云何三事與我一體。善男子、我示三事卽是涅槃。如來者名無上士。譬如人身頭最爲上、非餘支節手足等也。佛亦如是、最爲尊上、非法・僧也。爲欲化度諸世間故、種種示現差別之相、如彼梯橙。是故汝今不應受持如凡愚人所知三歸差別之相」[T12 : 651a] とある。

(63) ここで『方広経』が引用し否定している、行人の得る所の五分法身、諸の善功徳を法宝とする説は成実師の説と考えられる。浄影寺慧遠『大乗義章』巻十には「成實法中、唯說假人以爲佛寶。五陰實德於彼宗中法寶所收、故非佛寶」[T44 : 654c] とある。

(64)「佛有苦、法是无常、僧亦无常、是苦非眞依處」(木村著三五八頁五六行～五七行)。

(65)「佛卽是法、法卽是僧、僧卽無爲、無爲是空。無爲空・有爲空・內空・外空・大空・小空、皆歸一空、更無別空」[T85 : 1349c]。

(66) 布施浩岳［一九四二→一九七三］後篇三七五頁～三八〇頁。

(67)「善男子、佛性卽是如來。如來卽是法。法卽是常。善男子、常者卽是如來。如來卽是僧。僧卽是常」[T12 : 687b]、「佛性者卽是如來。如來者卽是無爲。無爲者卽是常。常者卽是法。法者卽是僧。僧卽無爲。無爲者卽是常」[T12 : 687bc]。

(68)「世尊、我今亦當廣爲衆生顯揚如是如來祕藏。亦當證知眞三歸處。若有衆生能信如是大涅槃經、其人則能自然了達三歸依處。何以故。如來祕藏有佛性故。其有宣說是經典者、皆言身中盡有佛性。如是之人則不遠求三歸依處。何以故。於未來世我身卽當成就三寶」[T12 : 651a]。

(69)「我等今者歸命十方佛、歸命十方法、歸命十方僧、……亦復歸命未來佛性」[T85 : 1350b]。

(70) 布施浩岳［一九四二→一九七三］三七八頁。

(71) 船山徹（研究代表）［二〇〇六］一九四頁～一九六頁の註釈に見える諸文献も参照。

(72)「曾供養過去無量諸佛、明見佛性、知如來常、常說衆生等盡有佛性」[T85 : 1339a]。

(73)「唯願世世值諸佛、明見佛性、到大涅槃。何以故。一切有形皆有佛性」[T85 : 1341b]。

(74)「佛說十方三世諸佛・十二部經・大菩薩僧已、復欲大師子吼。師子吼者、名決定說。決定說者、明知如來常住不滅、□說衆生盡有佛性」[T85 : 1349a]。

(75)「如來常性不滅、說諸衆生皆有佛性」[T85 : 1349b]。

(76)「如來常住、法僧不滅。三界衆生自生自滅」[T85 : 1345c]。

(77)『出三藏記集』巻十五道生法師伝「以元嘉七年、投跡廬岳、銷影巖阿、怡然自得。山中僧衆咸共敬服。俄而大涅槃經至于京都、果稱闡提皆有佛性、與前所說若合符契。生既獲斯經、尋卽建講。以宋元嘉十一年冬十月庚子、於廬山精舍昇于法座。神色開明、德音駿發。論議數番、窮理盡妙。觀聽之衆莫不悟悅。法席將畢、忽見麈尾紛然而墜、端坐正容、隱机而卒。顏色不異、似若入定。道俗嗟駭、遠近悲涼。於是京邑諸僧内慙自疚、追而信服」[T55：111a]。

(78) 主な成果として、古田和弘［一九七二］、水谷幸正［一九六一］、横超慧日［一九八一］二二九〜二三二・二五〇〜二五二頁、望月良晃［一九八八］、藤井教公［一九九一］、下田正弘［一九九七］第四章第五節、奥野光賢［一九九九］、田上太秀［二〇〇〇］、辛嶋静志［二〇〇六］などが挙げられる。

(79) 「何等名爲一闡提耶。一闡提者斷滅一切諸善根、本心不攀縁一切善法、乃至不生一念之善」[T12：633c]。

(80) 「無信之人名一闡提。一闡提者名不可治」[T12：632a]。他にも、「一闡提者不信因果、無有慙愧、不信業報、不見現在及未來世、不親善友、不隨諸佛所說教誡」[T12：720c]、「一闡提輩不見佛性。云何能遮三惡道罪。善男子、若一闡提信有佛性、當知是人不至三趣。是亦不名一闡提也。以不自信有佛性故、卽墮三趣。墮三趣故、名一闡提」[T12：763c]などとある。

(81) 「善男子、一闡提者亦不決定。若決定者、是一闡提終不能得阿耨多羅三藐三菩提。以不決定、是故能得」[T12：737a]。

(82) ここでなぜ利根と鈍根ではなく、利根と中根の二種の者に分類しているのかについては不明である。

(83) 「羅閲耆王頻婆娑羅、其王太子名曰善見。業因緣故生惡逆心、欲害其父而不得便」[T12：811c]。

(84) ただし、『方広経』巻下に「爾時世尊爲諸大衆重說偈言、力士・諸鬼神・畜生・惡象王・婬女及惡龍、無量諸惡人、婆藪・阿闍世・提婆・殃崛魔、身心起逆罪、應墮阿鼻獄、生信禮三世十方無量佛、釋迦臨涅槃、爲住無量劫」[T85：1354b]と阿闍世が見え、『方広経』において必ずしも善見＝阿闍世の関係が重視されていたとは言えない。

(85) 高柳恒栄［一九二五］。

(86) 「此三千人異口同音稱諸佛名、一心敬禮。以是敬禮諸佛因緣功德力故、卽得超越無數億劫生死之罪」[T20：664a]。

(87) 「善哉、善哉、怖心難生、善根難發、欲懺十惡、欲懺五逆、乃至一闡提。欲見佛性者、應當如是隨意說之」[T85：1350b]。

(88) 『法華経安楽行義』巻一「諸菩薩但觀衆生有利益處、卽便調伏、爲護大乘、護正法故、不必一切慈悲軟語。涅槃中說、譬如往昔仙豫國王護方等經、殺五百婆羅門、令其命終入阿鼻地獄發菩提心。此豈非是大慈大悲、卽是大忍」[T46：701c]。

(89) 『方広経』巻中には「若人來世中、能解此經義、爲諸愚者說、佛雖不在世、不斷於三寶、亦如佛現在」[T85：1347c]とあり、この経を「愚者」のために説くことを奨励している。

表２－３－１　陳海龍造像仏名と『方広経』、その典拠経典の対応関係

	陳海龍造像佛名（番號は【佛名配置圖】と對應）	方廣經佛名（（　）内は異本の表記（重要箇所のみ））	主たる典據經典（（　）内は異本の表記（重要箇所のみ））
	49、63須彌燈王	須彌燈王	『維摩經』不思議品
	65寶王	寶王	『大方等陀羅尼經』卷１
		寶勝	『金光明經』功德天品、善集品、流水長者子品
		阿彌陀	
		毘婆尸	『增壹阿含經』など過去七佛の第一
		多寶	『法華經』見寶塔品
		釋迦牟尼	
過去１		過去無量諸佛	
過去２		二萬日月燈明	『法華經』序品「如是二萬佛、皆同一字、號日月燈明」
過去３	60三萬燃燈	三萬然燈	『法華經』序品「燃燈佛」
過去４		大通智勝	『法華經』化城喩品
過去５	59十六王子	十六子（十六王子）	『法華經』化城喩品「化城喩品　十六王子」
過去６	52空王	空王	『法華經』授學無學人記品
過去７		多寶	『法華經』見寶塔品
過去８		雲自在燈王	『法華經』常不輕菩薩品
過去９	50威音王	威音王	『法華經』常不輕菩薩品
過去10		無數光	『法華經』如來神力品「身放無數光」
過去11	57思善	思善	
過去12	56分身諸佛	分身諸佛	『法華經』見寶塔品、從地涌出品、囑累品
過去13		日月淨明德	『法華經』藥王菩薩本事品
過去14		淨華宿王智	『法華經』妙音菩薩品
過去15		淨莊嚴王	『法華經』妙莊嚴王本事品「妙莊嚴王」
過去16		龍尊王	『決定毘尼經』三十五佛４
過去17	51雲雷音王	雲雷音王	『法華經』妙音菩薩品
過去18		雲雷宿主華智（雲雷音宿	『法華經』妙莊嚴王本事品

		王華智）	
過去19	55寶王	寶王	『大方等陀羅尼經』卷 1
過去20		娑羅樹王	『法華經』妙莊嚴王本事品
過去21		上威德寶王	『法華經』普賢菩薩勸發品「寶威德上王佛國」
過去22		光明王	『文殊支利普超三昧經』擧鉢品、『大方等如來藏經』、『仁王般若經』散華品
過去23		百億定光	『無量壽經』卷上　五十三佛 1「錠光如來」
過去24	78光遠	光遠	『無量壽經』卷上　五十三佛 2
過去25		月光	『無量壽經』卷上　五十三佛 3
過去26		栴檀香	『無量壽經』卷上　五十三佛 4
過去27		善山王	『無量壽經』卷上　五十三佛 5
過去28		須彌天冠	『無量壽經』卷上　五十三佛 6
過去29		須彌等曜	『無量壽經』卷上　五十三佛 7
過去30		月色	『無量壽經』卷上　五十三佛 8
過去31	58正念	正念	『無量壽經』卷上　五十三佛 9
過去32		離垢	『無量壽經』卷上　五十三佛10
過去33	76无著	無著	『無量壽經』卷上　五十三佛11
過去34		龍天	『無量壽經』卷上　五十三佛12
過去35		不動地	『無量壽經』卷上　五十三佛15
過去36		琉璃妙花（琉璃妙華）	『無量壽經』卷上　五十三佛16
過去37		琉璃金色	『無量壽經』卷上　五十三佛17
過去38		金藏	『無量壽經』卷上　五十三佛18
過去39		炎光	『無量壽經』卷上　五十三佛19
過去40	80炎根	炎根	『無量壽經』卷上　五十三佛20
過去41		地種	『無量壽經』卷上　五十三佛21
過去42	73月像	月像	『無量壽經』卷上　五十三佛22
過去43		日音	『無量壽經』卷上　五十三佛23
過去44		解脱華	『無量壽經』卷上　五十三佛24
過去45	61莊嚴光明	莊嚴光明	『無量壽經』卷上　五十三佛25
過去46		海覺神通	『無量壽經』卷上　五十三佛26

過去47		水光	『無量壽經』巻上　五十三佛27
過去48		大香	『無量壽經』巻上　五十三佛28
過去49	86離慮垢	離慮垢	『無量壽經』巻上　五十三佛29「離塵垢」
過去50		捨厭意	『無量壽經』巻上　五十三佛30
過去51	91寶炎	寶炎	『無量壽經』巻上　五十三佛31
過去52		妙頂	『無量壽經』巻上　五十三佛32
過去53	85勇立	勇立	『無量壽經』巻上　五十三佛33
過去54	6功徳多寶	功德持慧	『無量壽經』巻上　五十三佛34
過去55	12開日月光	弊日月光（蔽日月光）	『無量壽經』巻上　五十三佛35
過去56	5日月流離光	日月琉璃光	『無量壽經』巻上　五十三佛36
過去57	11无上流離光	無上琉璃光	『無量壽經』巻上　五十三佛37
過去58	4最上首	最上首	『無量壽經』巻上　五十三佛38
過去59	10菩提華	菩提華	『無量壽經』巻上　五十三佛39
過去60		月明	『無量壽經』巻上　五十三佛40
過去61	3日光	日光	『無量壽經』巻上　五十三佛41
過去62	9花色主	華色王	『無量壽經』巻上　五十三佛42
過去63	2水月光	水月光	『無量壽經』巻上　五十三佛43
過去64	8除疑冥	除疑冥（除癡冥）	『無量壽經』巻上　五十三佛44
過去65	1度蓋行	度苦行（度蓋行）	『無量壽經』巻上　五十三佛45
過去66	7淨信	淨信	『無量壽經』巻上　五十三佛46
過去67	36善宿	善宿	『無量壽經』巻上　五十三佛47
過去68	30威神	威神	『無量壽經』巻上　五十三佛48
過去69	35法慧	法慧	『無量壽經』巻上　五十三佛49
過去70	29鸞音	鸞音	『無量壽經』巻上　五十三佛50
過去71	53師子音	師子音	『無量壽經』巻上　五十三佛51
過去72		龍音	『無量壽經』巻上　五十三佛52
過去73		處世	『無量壽經』巻上　五十三佛53
過去74		自在	『六十華嚴』入法界品
過去75	32无量壽	無量壽	『無量壽經』無量壽佛號
過去76	26无量光	無量光	『無量壽經』巻上　十二光佛1

過去77		無邊光	『無量壽經』巻上　十二光佛 2
過去78	25无濁光	無礙光	『無量壽經』巻上　十二光佛 3
過去79	48无對光	無對光	『無量壽經』巻上　十二光佛 4
過去80	41光炎	光炎王	『無量壽經』巻上　十二光佛 5「炎王光（光炎王）」
過去81		清淨光	『無量壽經』巻上　十二光佛 6
過去82		歡喜光	『無量壽經』巻上　十二光佛 7
過去83	46智慧光	智慧光	『無量壽經』巻上　十二光佛 8
過去84		不斷光	『無量壽經』巻上　十二光佛 9
過去85	45難思光	難思光	『無量壽經』巻上　十二光佛10
過去86		無稱光	『無量壽經』巻上　十二光佛11
過去87	44超日月光	超日月光	『無量壽經』巻上　十二光佛12
過去88		相好紫金光	
過去89	43遠照光	遠照	『無量壽經』巻下　他方佛土 1
過去90		寶藏	『無量壽經』巻下　他方佛土 2
過去91		無量音	『無量壽經』巻下　他方佛土 3
過去92		甘露味	『無量壽經』巻下　他方佛土 4
過去93		龍勝	『無量壽經』巻下　他方佛土 5
過去94		勝力	『無量壽經』巻下　他方佛土 6
過去95		師子音（師子）	『無量壽經』巻下　他方佛土 7
過去96		離垢光	『無量壽經』巻下　他方佛土 8
過去97		德首	『無量壽經』巻下　他方佛土 9
過去98		妙德山	『無量壽經』巻下　他方佛土10
過去99		人王	『無量壽經』巻下　他方佛土11
過去100		無上華	『無量壽經』巻下　他方佛土12
過去101		畏力王（無畏）	『無量壽經』巻下　他方佛土13
過去102		龍自在王	『六十華嚴』入法界品、『稱揚諸佛功德經』巻上、『千佛因縁經』
過去103		師子依王	

過去104		自在王	十二巻『佛名經』『十方千五百佛名經』『過去莊嚴劫千佛名經』『現在賢劫千佛名經』
過去105		普光	『觀藥王經』五十三佛 1
過去106		普明	『觀藥王經』五十三佛 2
過去107		栴檀香光	『觀藥王經』五十三佛 5「栴檀光」
過去108		多摩羅跋栴檀香	『觀藥王經』五十三佛 4
過去109		歡喜藏寶積	『觀藥王經』五十三佛 7「歡喜藏摩尼寶積」
過去110		無上大精進	『觀藥王經』五十三佛 8「一切世間樂見大精進」
過去111		普淨	『觀藥王經』五十三佛 3「普靜（普淨）」
過去112		摩尼幢	『觀藥王經』五十三佛 6
過去113		摩尼幢燈光	『觀藥王經』五十三佛 9
過去114		慧炬照	『觀藥王經』五十三佛10
過去115		海德光明	『觀藥王經』五十三佛11
過去116		金剛牢強	『觀藥王經』五十三佛12「金剛牢強普散金光」
過去117		普散金光	『觀藥王經』五十三佛12「金剛牢強普散金光」
過去118		大強精進	『觀藥王經』五十三佛13「大強精進勇猛」
過去119		勇猛	『觀藥王經』五十三佛13「大強精進勇猛」
過去120		悲光	『觀藥王經』五十三佛14「大悲光」
過去121		慈力王	『觀藥王經』五十三佛15
過去122		慈藏王	『觀藥王經』五十三佛16「慈藏」
過去123		栴檀窟莊嚴勝	『觀藥王經』五十三佛17
過去124		賢善首	『觀藥王經』五十三佛18
過去125		善覺	『觀藥王經』五十三佛19「善意」
過去126		莊嚴王	『觀藥王經』五十三佛20「廣莊嚴王」
過去127		金山寶蓋	『金光明經』功德天品「金山寶蓋如來」
過去128		金華炎光相	『金光明經』功德天品「金華焰光相如來」
過去129		大炬光明	『金光明經』功德天品「大炬如來」
過去130		寶蓋照空自在力王（寶蓋照空自在王）	『觀藥王經』五十三佛22「寶蓋照空自在王（寶蓋照空自在力王）」

過去131		金華光	『觀藥王經』五十三佛21「金花光（金剛華）」
過去132		虛空寶華光	『觀藥王經』五十三佛23「虛空寶花光」
過去133		琉璃莊嚴王	『觀藥王經』五十三佛24
過去134		普現色身光	『觀藥王經』五十三佛25
過去135		不動光	『觀藥王經』五十三佛26「不動智光」
過去136		降伏諸魔王	『觀藥王經』五十三佛27
過去137		千光明	『觀藥王經』五十三佛28「才光明」
過去138		慈慧勝	『觀藥王經』五十三佛29「智慧勝」
過去139		彌勒鮮光	『觀藥王經』五十三佛30「彌勒仙光」
過去140		世淨光	『觀藥王經』五十三佛31「世靜光」
過去141		善寂月音	『觀藥王經』五十三佛32「善寂月音妙尊智王」
過去142		妙尊智王	『觀藥王經』五十三佛32「善寂月音妙尊智王」
過去143		寶蓋燈王	『觀佛三昧海經』觀相品・觀四威儀品「一寶蓋燈王如來」
過去144		龍種上智尊王	『觀藥王經』五十三佛33
過去145		日月光	『觀藥王經』五十三佛34
過去146		日月珠光	『觀藥王經』五十三佛35
過去147		慧幡勝莊嚴王	『觀藥王經』五十三佛36「慧幡勝王」
過去148		無垢藏	『金光明經』功德天品「無垢熾寶光明王相如來」
過去149		光明相	『金光明經』功德天品「無垢熾寶光明王相如來」
過去150		金炎光明	『金光明經』功德天品「金焔光明如來」
過去151		金焔光明藏	『金光明經』功德天品「金百光明照藏如來」
過去152		師子吼自在力王	『觀藥王經』五十三佛37
過去153		妙音勝王	『觀藥王經』五十三佛38「妙音勝」
過去154		常光幢	『觀藥王經』五十三佛39
過去155		觀世登王	『觀藥王經』五十三佛40「觀世燈」
過去156		慧依登王	『觀藥王經』五十三佛41「慧威燈王」
過去157		法常勝王	『觀藥王經』五十三佛42「法勝王」
過去158		須彌光	『觀藥王經』五十三佛43
過去159		須摩那華光	『觀藥王經』五十三佛44「須曼那花光」

過去160	54憂鉢羅華光	優鉢羅華光(憂鉢羅華光)	『觀藥王經』五十三佛45「優曇鉢羅花殊勝王」
過去161		強勝力王	『觀藥王經』五十三佛45「優曇鉢羅花殊勝王」
過去162		慧力王	『觀藥王經』五十三佛46「大慧力王」
過去163		阿閦毘歡喜光	『觀藥王經』五十三佛47
過去164		無量音聲王	『觀藥王經』五十三佛48
過去165		才光	『觀藥王經』五十三佛49
過去166		金海光	『觀藥王經』五十三佛50
過去167		山海慧自在通王	『觀藥王經』五十三佛51
過去168	79大通光	大通光	『觀藥王經』五十三佛52
過去169		一切法常滿王	『觀藥王經』五十三佛53
過去170		現無愚	『決定毘尼經』三十五佛 9
過去171		過去無量分身諸佛	
現在 1		現在無量諸佛	
現在 2		十億王明諸佛	『普賢菩薩說證明經』「東方王明諸佛」
現在 3		離垢紫金沙	『普賢菩薩說證明經』「南方離垢紫金沙佛」
現在 4		無量明	『普賢菩薩說證明經』「西方無量華佛」
現在 5		日轉光明王	『普賢菩薩說證明經』「北方日轉光明王佛」
現在 6		香積	『普賢菩薩說證明經』「上方香積如來佛」
現在 7		師子億像	『普賢菩薩說證明經』「下方師子億像佛」
現在 8	92師子遊戲	師子遊戲	『觀世音菩薩授記經』「金光師子遊戲如來」
現在 9		普光功德山王	『觀世音菩薩授記經』『普賢菩薩說證明經』
現在10		善住功德寶王	『觀世音菩薩授記經』『普賢菩薩說證明經』
現在11		寶莊嚴王	『維摩經』佛國品「寶莊嚴佛」
現在12		難勝	『維摩經』菩薩品「難勝如來」
現在13		須彌相	『維摩經』不思議品　世界名
現在14	49､63須彌燈王	須彌登王	『維摩經』不思議品「須彌燈王」
現在15	87寶德	寶德	『維摩經』文殊師利問疾品
現在16	75寶月	寶月	『維摩經』文殊師利問疾品
現在17		寶炎	『維摩經』文殊師利問疾品
現在18		寶嚴	『維摩經』文殊師利問疾品

現在19		難勝師子響	『維摩經』文殊師利問疾品「難勝、師子響」
現在20	93大光王	大光王	『六十華嚴』入法界品　王名
現在21		不動	『維摩經』見阿閦佛國品
現在22	81藥王	藥王	『維摩經』法供養品
現在23		莊嚴	『維摩經』法供養品　劫名
現在24	82樓至	樓至	『維摩經』法供養品
現在25		月蓋	『維摩經』法供養品
現在26		普光	『觀藥王經』五十三佛１、『過去現在因果經』卷１、『思益梵天所問經』論寂品
現在27		寶王	『大方等陀羅尼經』卷１
現在28	27維衞	維衞	『大方等陀羅尼經』卷２
現在29	33識	式王	『大方等陀羅尼經』卷２「式佛」
現在30	28隨葉	隨葉	『大方等陀羅尼經』卷２
現在31	34拘樓孫	拘樓秦	『大方等陀羅尼經』卷２
現在32		拘那含牟尼	『大方等陀羅尼經』卷２
現在33		迦葉	『大方等陀羅尼經』卷２
現在34		雷音王	『大方等陀羅尼經』卷２
現在35		祇法藏	『大方等陀羅尼經』卷２「祕法藏」
現在36	89栴檀華	栴檀華	『大方等陀羅尼經』卷１「栴檀華如來」
現在37		栴檀葉	
現在38	94妙意	妙意	十二卷『佛名經』『現在賢劫千佛名經』
現在39		無上勝	『涅槃經』現病品「無上勝如來」
現在40	96甘露鼓	甘露鼓	『涅槃經』梵行品「甘露鼓如來」
現在41		毘婆尸	『涅槃經』梵行品、憍陳如品
現在42		日月光明	十二卷『佛名經』卷８　二十五佛20
現在43		無勝光	『大方等大集經』瓔珞品　菩薩名
現在44	37具足莊嚴王	具足莊嚴王	
現在45		光明遍照功德王	『涅槃經』德王品「光明遍照高貴德王菩薩」
現在46	77師子吼王	破壞四魔師子吼王	「破壞四魔」は『涅槃經』に多出、「師子吼王」は同經序品にみえる

現在47		金剛不壊	『決定毘尼經』三十五佛 2
現在48		琉璃光	『灌頂經』巻12「藥師琉璃光佛」
現在49		須彌山王	『華手經』爲法品
現在50		淨光明王	『六十華嚴』「一切世間淨光明王」、『奮迅王問經』「普無垢淨光明王」
現在51		善德	『十住毘婆沙論』易行品　十方佛の東方佛
現在52		無量光明	『華手經』衆相品、十二巻『佛名經』
現在53		陀羅尼遊戲	『大方等大集經』日密分「陀羅尼遊戲神通」
現在54		首楞嚴定三昧力王	『涅槃經』師子吼品「首楞嚴三昧力」
現在55		善見定自在王	『涅槃經』迦葉品「善見王」
現在56	83无上功德	無上功德	
現在57	84神通自在	神通自在	
現在58		無色相	『涅槃經』師子吼品「世尊、無相定者名大涅槃。是故涅槃名爲無相。以何因縁名爲無相。善男子、無十相故。何等爲十。所謂色相・聲相・香・味・觸相・生・住・壞相・男相・女相、是名十相。」
現在59		無散相〈無聲相か？〉	同上
現在60		無香相	同上
現在61		無味相	同上
現在62		無觸相	同上
現在63		三昧定自在	
現在64		慧定自在	
現在65		相覺自在	
現在66		普攝	『過去莊嚴劫千佛名經』
現在67		報德普光	
現在68		尸棄	『涅槃經』憍陳如品
現在69		毘舍浮	『涅槃經』憍陳如品
現在70		迦羅鳩村大	『涅槃經』憍陳如品「迦羅鳩村駄（迦羅鳩村大）」
現在71		迦那含牟尼	『涅槃經』憍陳如品

現在72		迦葉	『涅槃經』憍陳如品
現在73		意樂美音	『涅槃經』序品　佛土名
現在74		歡喜	『涅槃經』月喩品　旃陀羅名、十二巻『佛名經』
現在75	31阿閦	阿閦	『法華經』化城喩品　十六王子　東
現在76		須彌相	『法華經』化城喩品　十六王子　西北
現在77		須彌頂	『法華經』化城喩品　十六王子　東
現在78		師子音	『法華經』化城喩品　十六王子　東南
現在79	42師子相	師子相	『法華經』化城喩品　十六王子　東南
現在80		虚空住	『法華經』化城喩品　十六王子　南
現在81	88雲自在	雲雷自在（雲自在）	『法華經』化城喩品　十六王子　北「雲自在」
現在82	40常滅	常滅	『法華經』化城喩品　十六王子　南
現在83		帝相	『法華經』化城喩品　十六王子　西南
現在84		不梵相	
現在85		阿彌陀	『法華經』化城喩品　十六王子　西
現在86	47梵相	梵相	『法華經』化城喩品　十六王子　西南
現在87		度一切世間苦惱	『法華經』化城喩品　十六王子　西
現在88		多摩羅拔栴檀香	『法華經』化城喩品　十六王子　西北「多摩羅跋栴檀香神通」
現在89		須彌相	『法華經』化城喩品　十六王子　西北
現在90		雲自在王	『法華經』化城喩品　十六王子　北
現在91		壞一切世間怖畏	『法華經』化城喩品　十六王子　東北
現在92		百億我釋迦牟尼	
未來1		未來賢劫無量諸佛	
未來2	15彌勒	彌勒	
未來3		淨身	『法華經』序品
未來4	68華光	華光	『法華經』譬喩品
未來5		光明	『法華經』授記品
未來6		華足	『法華經』譬喩品「華足安行」
未來7		名相	『法華經』授記品
未來8		閻浮那提金光	『法華經』授記品

未來 9		法明	『法華經』五百弟子受記品
未來10		寶明	『法華經』五百弟子受記品　劫名
未來11		普明	『法華經』五百弟子受記品
未來12		普相	
未來13		普光	『觀藥王經』五十三佛 1
未來14		山海慧	『法華經』授學無學人記品「山海慧自在通王」
未來15		自在通王	『法華經』授學無學人記品「山海慧自在通王」
未來16		寶莊嚴	『維摩經』佛國品
未來17		弗沙	『大智度論』巻 4 、『賢愚經』阿輸迦施土品・波婆離品、『六十華嚴』入法界品
未來18		百億自在登王	『法華經』常不輕菩薩品「復値二千億佛、同號雲自在燈王」
未來19		寶相	『法華經』授學無學人記品
未來20		喜見	『法華經』勸持品
未來21		二萬光相莊嚴王	『法華經』勸持品「具足千萬光相如來」
未來22		三萬同號普德	十二卷『佛名經』「普德佛」
未來23		雲雷音王	『法華經』妙音菩薩品
未來24		四萬八千定光	
未來25		妙色光明	
未來26		破一切衆難	
未來27		衆香	
未來28		衆聲	
未來29		十千光明莊嚴（異本では十千莊嚴光明）	
未來30		八十億莊嚴光明	
未來31		寶華莊嚴	
未來32		上首德王	
未來33		紫金光明	
未來34		五百受記華光	『法華經』譬喩品「華光」
未來35		那羅延不壞	『六十華嚴』入法界品「次名精進金剛那羅延、次名不壞智」

未來36		好華莊嚴	
未來37		金剛定自在	
	62梵王		『現在賢劫千佛名經』『十方千五百佛名經』
	74金光明		十二巻『佛名經』『未來星宿劫千佛名經』

（注）『法華經』、『維摩經』は羅什譯、『涅槃經』は南本。表２－３－２も同樣。

表2－3－2　陳海龍造像菩薩名と『方広経』、その典拠の対応関係

	陳海龍造像碑（番號は【佛名配置圖】と對應）	方廣經菩薩名	主たる典據經典（（　）内は異本の表記（重要箇所のみ））
		文殊師利	『法華經』序品など
	64定光	定光	『四分律』受戒犍度
		龍樹	『入楞伽經』總品
	16觀世音	觀世音	『法華經』觀世音菩薩普門品など
		大勢至	『觀無量壽經』など
	23藥王	藥王	『法華經』妙莊嚴王本事品
		藥上	『法華經』妙莊嚴王本事品
	24普賢	普賢	『法華經』普賢菩薩勸發品
		法自在王	『大方等大集經』瓔珞品、『維摩經』佛國品
		師子吼	『涅槃經』師子吼品
		陀羅尼	『法華經』隨喜功德品
		寶藏	『六十華嚴』十地品、『華手經』上清淨品など
		常精進	『法華經』序品
		不休息	『法華經』序品
	70信相	信相	『金光明經』壽量品
		無勝	『維摩經』佛國品、『大方等大集經』虛空目分　四無量心品
	66彌勒	彌勒	
1		十方無量諸大	
2		文殊師利	『法華經』序品
3	16觀世音	觀世音	『法華經』序品
4	22德大世	得大勢	『法華經』序品
5		常精進	『法華經』序品
6		不休息	『法華經』序品
7		寶掌	『法華經』序品
8	23藥王	藥王	『法華經』序品

9		藥上	『法華經』妙音菩薩品
10		勇施	『法華經』序品
11		寶月	『法華經』序品
12		月光	『法華經』序品
13		滿月	『法華經』序品
14		大力	『法華經』序品
15		無量力	『法華經』序品
16		越三界	『法華經』序品
17		颰陀婆羅	『法華經』序品
18		彌勒	『法華經』序品
19		寶積	『法華經』序品
20		導師	『法華經』序品
21		德藏	『法華經』序品
22		樂說	『法華經』序品「大樂說菩薩」
23		龍樹	『龍樹菩薩傳』など
24		寶檀華	『灌頂經』卷12「寶壇華菩薩」
25		上行	『法華經』從地涌出品
26		無邊行	『法華經』從地涌出品
27		安立行	『法華經』從地涌出品
28		淨行	『法華經』從地涌出品
29		陀羅尼	『法華經』隨喜功德品
30		金剛那羅延	『六十華嚴』入法界品「金剛那羅延幢」「精進金剛那羅延」
31		常不輕	『法華經』常不輕菩薩品
32		宿王華	『法華經』藥王菩薩本事品
33		喜見	『法華經』藥王菩薩本事品
34		妙音	『法華經』妙音菩薩品
35		德勤精進力	『法華經』妙音菩薩品「得勤精進力菩薩」
36		無盡意	『法華經』觀世音菩薩普門品
37		淨藏	『法華經』妙莊嚴王本事品
38		淨眼	『法華經』妙莊嚴王本事品

39	24普賢	普賢	『無量壽經』卷上
40		妙德	『無量壽經』卷上
41		慈氏	『無量壽經』卷上
42		善思議	『無量壽經』卷上
43		空無	『無量壽經』卷上
44		神通華	『無量壽經』卷上
45		光英	『無量壽經』卷上
46		慧上	『無量壽經』卷上
47		智幢	『無量壽經』卷上
48		寂根	『無量壽經』卷上
49		願慧	『無量壽經』卷上
50		香象	『無量壽經』卷上
51		寶英	『無量壽經』卷上
52		中住	『無量壽經』卷上
53		制行	『無量壽經』卷上
54		解脱	『無量壽經』卷上
55		法藏	『無量壽經』卷上
56		等觀	『維摩經』佛國品
57		不等觀	『維摩經』佛國品
58		等不等觀	『維摩經』佛國品
59		定自在王	『維摩經』佛國品
60		法自在王	『維摩經』佛國品
61		法相	『維摩經』佛國品
62		光相	『維摩經』佛國品
63		光嚴	『維摩經』佛國品
64		大嚴	『維摩經』佛國品
65		寶積	『維摩經』佛國品
66		辯積	『維摩經』佛國品
67		寶手	『維摩經』佛國品
68		寶掌	『法華經』序品

69		寶印手	『維摩經』佛國品
70		常擧手	『維摩經』佛國品
71		常下手	『維摩經』佛國品
72		常慘	『維摩經』佛國品
73		喜根	『維摩經』佛國品
74		喜王	『維摩經』佛國品
75		辯音	『維摩經』佛國品
76	71虚空藏	虚空藏	『維摩經』佛國品
77		攜寶炬	『維摩經』佛國品「執寶炬菩薩」
78		寶勇	『維摩經』佛國品
79		寶見	『維摩經』佛國品
80		諦網	『維摩經』佛國品「帝網菩薩」
81		明網	『維摩經』佛國品
82		無緣觀	『維摩經』佛國品
83		慧積	『維摩經』佛國品
84		寶勝	『維摩經』佛國品
85		天王	『維摩經』佛國品
86		壞魔	『維摩經』佛國品
87		電德	『維摩經』佛國品
88		自在王	『維摩經』佛國品
89		功德相嚴	『維摩經』佛國品
90		師子吼	『維摩經』佛國品
91		雷音	『維摩經』佛國品
92		山相擊音	『維摩經』佛國品
93		香象	『維摩經』佛國品
94		白香象	『維摩經』佛國品
95		妙生	『維摩經』佛國品
96		華嚴	『維摩經』佛國品
97		梵網	『維摩經』佛國品
98		寶杖	『維摩經』佛國品

99		無勝	『維摩經』佛國品
100		嚴土	『維摩經』佛國品
101		金髻	『維摩經』佛國品
102		珠髻	『維摩經』佛國品
103		光嚴童子	『維摩經』菩薩品「光嚴童子」
104		持世	『維摩經』菩薩品
105		善德	『維摩經』菩薩品「長者子善德」
106		難勝	『六十華嚴』金剛幢菩薩十迴向品
107		照明	『菩薩瓔珞經』光明品、『華手經』上清淨品
108		華光	『六十華嚴』世間淨眼品「超趣華光菩薩」
109		寶檀華	『灌頂經』卷12「寶壇華菩薩」
110		薩陀波論	『大品般若』常啼品「薩陀波崙菩薩」
111		曇無竭	『大品般若』常啼品
112		法自在	『維摩經』入不二法門品
113		德守	『維摩經』入不二法門品
114		不眴	『維摩經』入不二法門品
115		德頂	『維摩經』入不二法門品
116		善宿	『維摩經』入不二法門品
117		善眼	『維摩經』入不二法門品
118		妙臂	『維摩經』入不二法門品
119		弗沙	『維摩經』入不二法門品
120		師子	『維摩經』入不二法門品
121		師子意	『維摩經』入不二法門品
122		淨解	『維摩經』入不二法門品
123		那羅延	『維摩經』入不二法門品
124		善意	『維摩經』入不二法門品
125		現見	『維摩經』入不二法門品
126		普守	『維摩經』入不二法門品
127		電光	『維摩經』入不二法門品「電天菩薩」
128		喜見	『維摩經』入不二法門品

129		明相	『維摩經』入不二法門品
130		妙意	『維摩經』入不二法門品
131		無盡意	『維摩經』入不二法門品
132		深慧	『維摩經』入不二法門品
133		寂根	『維摩經』入不二法門品
134		無礙	『維摩經』入不二法門品「心無礙菩薩」
135		上善	『維摩經』入不二法門品
136		福田	『維摩經』入不二法門品
137		華嚴	『維摩經』入不二法門品
138		德藏	『維摩經』入不二法門品
139		月上	『維摩經』入不二法門品
140		寶印手	『維摩經』入不二法門品
141		珠頂王	『維摩經』入不二法門品
142		樂實	『維摩經』入不二法門品
143		慧見	『無量門微密持經』
144		登王	支謙譯『維摩經』佛國品、『大樹緊那羅王所問經』卷1「燈王菩薩」
145		深王	十二卷『佛名經』「深王佛」
146		華王	『華手經』上清淨品
147		妙色	
148		善問	『涅槃經』師子吼品
149		善答	『涅槃經』師子吼品
150		了相	
151		定相	
152		定積	
153		發喜	『思益梵天所問經』難問品「譬如菩薩入發喜莊嚴三昧」
154		安住	『華手經』總相品
155		怖魔	
156		慧施	『超日明三昧經』卷下
157		救脱	『灌頂經』卷12

158		慧燈	『六十華嚴』盧舍那佛品「有菩薩名普智光明慧燈」
159		勇施	『法華經』序品・妙音菩薩品、『文殊師利問菩提經』など
160		智導	『十住斷結經』了空品「知道菩薩」
161		願慧	『無量壽經』卷上
162		四攝	
163		敎音	
164		海妙	『六十華嚴』入法界品「一切法海妙音聲王」
165		法喜	『十住毘婆沙論』易行品
166		道品	
167		總持	『普曜經』六年勤苦行品、『菩薩瓔珞經』普稱品、『大方等如來藏經』
168		慈王	『大方等陀羅尼經』卷1「慈王法王子」
169		大自在	『大方等陀羅尼經』卷1「大目法王子」
170		梵音	『大方等陀羅尼經』卷1「梵音法王子」
171		妙色	『大方等陀羅尼經』卷1「妙色法王子」
172		寶檀林	『大方等陀羅尼經』卷1「栴檀林法王子」
173		師子音	『大方等陀羅尼經』卷1「師子吼音法王子」
174		妙聲	『大方等陀羅尼經』卷1「妙聲法王子」
175		妙色形	『大方等陀羅尼經』卷1「妙色形貌法王子」
176		種種莊嚴	『大方等陀羅尼經』卷1「種種莊嚴法王子」
177		釋幢	『大方等陀羅尼經』卷1「釋幢法王子」
178		頂生	『大方等陀羅尼經』卷1「頂生法王子」
179		明王	
180		大光	『六十華嚴』入法界品、『大方廣三戒經』卷上、『菩薩念佛三昧經』大衆奉持品
181		奢提	『阿毘曇毘婆沙論』雜犍度智品「大論師名奢提羅」
182		密積	『陀羅尼雜集』「金剛密迹菩薩」
183		華睒	『大方等陀羅尼經』卷1「華聚菩薩」
184		上首	『大方等陀羅尼經』卷1
185		普現色身	『維摩經』佛道品

186		神通	『維摩經』不思議品
187		海德	『涅槃經』序品
188		無邊身	『涅槃經』序品
189		衣王自在	『涅槃經』序品「大自在天王」
190	67、72迦葉	迦葉	『涅槃經』長壽品、迦葉品など
191		無垢藏王	『涅槃經』聖行品
192		持一切	『涅槃經』梵行品
193		高貴德王	『涅槃經』德王品「光明遍照高貴德王菩薩」
194		琉璃光	『涅槃經』德王品
195		無畏	『涅槃經』德王品
196		海王	『六十華嚴』佛小相光明功德品「如來應供等正覺有隨形好、名曰海王」
197		師子吼	『涅槃經』師子吼品
198		陀羅尼	『法華經』隨喜功德品
199		那羅延	『維摩經』入不二法門品、『思益梵天所問經』談論品
200	70信相	信相	『金光明經』壽量品
201		持地	『法華經』觀世音菩薩普門品
202		光嚴	『維摩經』佛國品
203		光明	『菩薩善戒經』菩薩地序品、『十住斷結經』身口意品、『大樹緊那羅王所問經』卷１、『超日明三昧經』卷上
204		大辯	『正法華經』七寶塔品
205		慈力	『經律異相』卷25「慈力王」
206		大悲	『悲華經』諸菩薩本授記品
207		依王	
208		依力	
209		依德	
210		普濟	
211		普攝	
212	64定光	定光	『四分律』受戒犍度
213		普光	『六十華嚴』離世間品

214		眞光	
215		拘樓	
216		天光	『六十華嚴』入法界品
217		寶王	『六十華嚴』入法界品
218		彌光	
219		敎道	
220		導師	『法華經』序品、『大品般若』序品、『思益梵天所問經』序品、『華手經』序品
221		大忍	『淨度三昧經』卷 2
222		華王	『華手經』上淸淨品
223		華積	『華積陀羅尼神呪經』「華積陀羅尼」
224		慧光	『大方等大集經』海慧菩薩品
225		海慧	『大方等大集經』海慧菩薩品
226		堅意	『大方等大集經』海慧菩薩品
227		釋摩男	『七佛八菩薩所說大陀羅尼神呪經』卷 1
228		金光明	『金光明經』功德天品
229		金藏	『金光明經』功德天品
230		常悲	『金光明經』功德天品
231		法上	『金光明經』功德天品
232		才首	『六十華嚴』如來光明覺品、『觀佛三昧海經』本行品「財首菩薩」
233		山光	『海龍王經』行品
234		山慧	『海龍王經』行品「惠山菩薩（慧山菩薩）」
235		大明	『海龍王經』行品
236		總持	『海龍王經』行品
237		山剛	『海龍王經』行品「總持山剛菩薩」
238		登王	『海龍王經』行品「山鎧王菩薩（山鐙王菩薩）」
239		山頂	『海龍王經』行品
240		山幢	『海龍王經』行品
241		山王	『海龍王經』行品

242		伏魔	『海龍王經』行品「石磨王菩薩」
243		雷音	『海龍王經』行品
244		雨王	『海龍王經』行品「雨王菩薩（雷震雨王菩薩）」
245		雷王	『海龍王經』行品「寶雨菩薩（寶雨王菩薩）」
246		寶輪	『海龍王經』行品「(寶事菩薩)」
247		寶英	『海龍王經』行品
248		寶首	『海龍王經』行品
249		寶藏	『海龍王經』行品
250		寶明	『海龍王經』行品
251		寶定	『海龍王經』行品「寶頂菩薩」
252		寶印	『海龍王經』行品「寶印手菩薩」
253		寶場	『海龍王經』行品「寶暢菩薩（寶場菩薩）」
254		寶嚴	『海龍王經』行品
255		寶水	『海龍王經』行品
256		寶光	『海龍王經』行品
257		寶登	『海龍王經』行品「寶鐙菩薩」
258		寶現	『海龍王經』行品
259		寶造	『海龍王經』行品
260		樂法	『海龍王經』行品「樂嚴法菩薩」
261		淨王	『海龍王經』行品
262		頂相	『海龍王經』行品「嚴頂相菩薩」
263		金光	『海龍王經』行品「金光飾菩薩」
264		寶髻	『海龍王經』行品
265		千光	『海龍王經』行品
266		原瞼	『海龍王經』行品
267		照味	『海龍王經』行品「照昧菩薩（照明菩薩）」
268		月辯	『海龍王經』行品
269		月光	『法華經』序品、『決定毘尼經』
270		法輪	『海龍王經』行品「發意轉法輪菩薩」
271		光淨	『海龍王經』行品「金光淨菩薩」

272		常施	『海龍王經』行品「常施無畏菩薩」
273		普德	『六十華嚴』世間淨眼品「普德智光菩薩」
274		普明	『六十華嚴』世間淨眼品「普明師子菩薩」
275		勝幢	『六十華嚴』世間淨眼品「普勝寶光菩薩、普德海幢菩薩」
276		濡音	『六十華嚴』世間淨眼品「普勝軟音菩薩（普勝濡音菩薩）」
277		德炎	『六十華嚴』世間淨眼品「普淨德焰菩薩」
278		相光	『六十華嚴』世間淨眼品「普相光明菩薩」
279		海月	『六十華嚴』世間淨眼品「大光海月菩薩」
280		海藏	『六十華嚴』世間淨眼品「雲音海藏菩薩」
281		勝月	『六十華嚴』世間淨眼品「德寶勝月菩薩」
282		淨慧	『六十華嚴』世間淨眼品「淨慧光焰自在王菩薩」
283		超光	『六十華嚴』世間淨眼品「超趣華光菩薩」
284		月德	『六十華嚴』世間淨眼品「月德妙音菩薩」
285		日光	『六十華嚴』世間淨眼品「無量智雲日光菩薩」
286		金剛	『六十華嚴』世間淨眼品「大力精進金剛菩薩」
287		炎幢	『六十華嚴』世間淨眼品「香焰光幢菩薩」
288		尊德	『六十華嚴』世間淨眼品「光明尊德菩薩」
289		海明	
290		海廣	
291		照境	
292		慧明	
293		功德	
294		明達	
295		密敎	
296		須那	
297		色力	
298		調伏	
299		隱身	
	20阿難		

第四章　北朝期における『菩薩瓔珞本業経』実践の一事例
――陽阿故県村造像記について――

はじめに

本章で取りあげる陽阿故県村造像記は、第二部第一章において言及したように、菩薩名を多数記す、いわゆる多仏名石刻の一種とみなすことができる。この造像記については、『（乾隆）鳳台県志』巻十三及び巻十九、『（光緒）山西通志』巻九七には願文のみ、『山右石刻叢編』（以下『山右』と略）巻二には願文と供養者題記の録文が収録されている。これを初めて比較的詳しく紹介したのは顔娟英氏であり、氏はこの造像記に十住・十行・十廻向・十地という菩薩の修行項目が見えることを指摘し、『六十華厳』の関連語句との対応を表によって示した。そして造像記に華厳経主である盧舎那仏の名が見えないことから、『十地経』などの思想に基づいて短期の法会を修するため、あるいは功徳を積むため、このような石刻を残したと推測した(1)。

筆者は、この題記が『菩薩瓔珞本業経』（以下『瓔珞』と略）(2)に基づくことを既に第二部第一章において新たに指摘したが、本章では、より詳しく経文との対応関係や供養者の構成などを分析し、この造像記が有する仏教史学的価値を明らかにしてみたい。

『瓔珞』は、天台教学の特色である菩薩の五十二位の階位説や三諦三観思想の拠り所となった経典の一つとして有名であり、その思想は、地論学派や天台智顗を始めとして、後世の仏教に影響を与えたことはよく知られるところである。また、この経は独自の菩薩戒の授与をかなり具体的に説いていることでも知られており、『菩薩戒義疏』や、南朝梁の武帝の勅撰とされる敦煌本『出家人受菩薩戒法』（P二一九六）において、当時流伝していた受菩薩戒法の一つとしてその名が挙げられている。(3)

『瓔珞』は、『出三蔵記集』巻四新集続撰失訳雑経録に「菩薩瓔珞本業經二巻　或云菩薩瓔珞經」［T55 : 21c］とあるように失訳とされていたが、『法経録』巻一には「瓔珞本業經二巻　前秦世竺佛念譯」［T55 : 115b］とあり、竺仏念訳とみなされた。『歴代三宝紀』は、おそらく『法経録』の記述をうけ、巻八において「瓔珞本業經二巻」を竺仏念訳とし［T49 : 77a］、巻十では「菩薩瓔珞本業經二巻」を劉宋文帝時代の智厳と宝雲の共訳とした［T49 : 89c］。さらに同じ巻十では、「瓔珞本業經二巻」という名を再掲し、「宋世不顯年、未詳何帝譯。群錄直註云、沙門釋道嚴出。見始興錄及法上錄並載」［T49 : 94a］と、いつの皇帝の時代の訳か不明で、諸経録の原注には道厳の訳出としていると述べ、非常に錯綜した記事となっている。

この経典については、望月信亨氏が夙に『法経録』や『歴代三宝紀』の経録の記述は疑わしく、中国撰述であることを論証した。(4)氏の挙げる最も重要な根拠は、『瓔珞』の所説が、ともに氏が偽経と指摘する『仁王経』『梵網経』二経をふまえているということである。現在のところ、これはほぼ定説となっている。

佐藤哲英氏も別の論拠を提示することにより、この経が偽経であることを確認し、(5)『瓔珞』の成立に最も大きい影響を与えた『六十華厳』の訳出年と『出三蔵記集』の撰述年から、『瓔珞』の成立年代を四二〇～五一五年頃と結論づけ、より具体的には、五世紀後半と推測した。(6)

船山徹氏は、『梵網経』に関する先行研究を整理し、『瓔珞』の二諦説が、『仁王経』の三諦説に加えて、南朝において劉宋から南斉に流行した「空」と「仮名」との関係でとらえる二諦説、特に周顒『三宗論』の説に影響を受けていること、『瓔珞』仏母品に見られる頓悟思想と竺道生やその弟子の唱えた頓悟説との共通性、『涅槃経集解』に見える梁の宝亮の説に『瓔珞』の影響が見られることを指摘した。(7)その上で、この経典が宝亮説の成立した五〇〇年頃をあまり遡らない、四八〇～五〇〇年頃の間に南朝で成立した可能性を提示した。

近年、この経典について精力的に研究成果を発表したのが藤谷昌紀氏である。(8)氏は経の成立年代についての、船山氏の説を踏まえた上で、敦煌写本などの諸本を比較し、(9)複雑な経文の構造について詳細に検討した。その結果として、南斉の蕭子良撰述である蓋然性の高い『浄行優婆塞戒経』の記述が『瓔珞』の説を明らかにふまえていること、蕭子良の抄経中に『瓔珞』編纂のために不可欠な経典の抄が存在し、その著作中に「華嚴瓔珞」なる書が録されていることなどから、この経の編纂に南斉の蕭子良が何らかの関与をしたという仮説を提示した。本章との関連で言うと、特に「忍」や「王」の部分について、『仁王経』が『瓔珞』の根本的な先行説となっていることを改めて明確にしたことが重要である。

藤谷氏の説は、この経典の全巻にわたる詳細な内容の検討をふまえてなされており、注目に値する。しかし、蕭子良撰者説に関しては、いまだ仮説にとどまっており、さらなる研究の進展が期待されるところである。

第一節　『瓔珞』の四十二賢聖について

本節では、陽阿故県村造像記の内容を理解するにあたり必要な範囲内で、先行研究の成果をふまえつつ、『瓔珞』に説かれる四十二賢聖について概観しておきたい。特に藤谷昌紀氏の博士論文では各品ごとに詳しく解説されているので、経の主旨を理解するにあたり非常に有益である。(10)まず、経名である「瓔珞本業」の語義を確認しておこう。

「瓔珞」とは、例えば『法華経』信解品「卽ち瓔珞細軟上服嚴飾の具を脫ぎ、更に麤弊垢膩の衣を著《き》る」［T9 : 17a］などのように、一般的には首や胸にかける装身具を指す。「本業」とは『大智度論』巻八六次第学品に「宿命通なるが故に、一切衆生の本業の因縁もて是の間に來生するを知る」［T25 : 665c］とあるように、前世における行いの意味で用いられることが多い。『瓔珞』における用例を見てみると、集衆品に、

佛念吾等建立大志、（中略）光明神足敎誨我等、開示我意。佛本業瓔珞十住・十行・十廻向(11)・十地・無垢地・妙覺地、爲我說要。［T24 : 1010b］

佛吾等の大志を建立するを念じて、（中略）光明神足もて我等を敎誨し、我に意を開示したまえ。佛の本業瓔珞

たる十住・十行・十廻向・十地・無垢地・妙覺地をば、我が爲に要を説きたまえ。

と述べている。同様に、賢聖名字品には、

爾時、釋迦牟尼佛以金剛口告敬首菩薩言、（中略）我先天上・人中、廣開一切菩薩無量行願。是法亦是十方三世諸佛快説決定了義瓔珞、佛所行道。今當爲此大衆十四那由他一切人根、開瓔珞本業。汝心可念。（中略）佛子、欲成斯道、當先正三業、習三寶敎、信向因果。然卽所問悉可得入一切佛敎。爲菩薩者得佛不久。必諦受學四十二賢聖名門決定了義。［1011ab］

爾の時、釋迦牟尼佛金剛口を以て敬首菩薩に告げて言わく、（中略）我れ先に天上・人中に、廣く一切の菩薩の無量行願を開く。是の法は亦た是れ十方三世諸佛の快説する決定了義瓔珞にして、佛の行ずる所の道なり。今當に此の大衆十四那由他一切人根の爲に、瓔珞本業を開くべし。汝心に念ずべし。（中略）佛子よ、斯の道を成ぜんと欲せば、當に先ず三業を正し、三寶の敎を習い、因果を信向すべし。然らば卽ち問う所悉く一切佛敎に入るを得べし。菩薩爲る者は佛を得ること久しからず。必ず諦《あきら》かに四十二賢聖名門決定了義を受學すべし。

とあり、また、賢聖学観品に、

六種性者、是一切菩薩功德瓔珞、莊嚴菩薩二種法身。(12) 菩薩所著百萬阿僧祇功德行爲瓔珞。若一切菩薩不入瓔珞功德門、得入正位者、無有是處。佛子、性者、所謂習種性・性種性・道種性・聖種性・等覺性・妙覺性。復名六堅。（中略）佛子、一切菩薩及佛、無不入此六種明觀、決定了義實相法門。［1012bc］

六種性とは、是れ一切菩薩の功德瓔珞にして、菩薩の二種法身を莊嚴す。菩薩の著る所の百萬阿僧祇の功德行を瓔珞と爲す。若し一切の菩薩、瓔珞功德門に入らずして、正位に入るを得るとは、是の處《ことわり》有ること無し。佛子よ、性とは、所謂習種性・性種性・道種性・聖種性・等覺性・妙覺性なり。復た六堅と名づく。（中略）佛子よ、一切の菩薩及び佛は、此の六種の明觀、決定了義實相の法門に入らざる無し。

とあるように、瓔珞本業とは、直接的には十住・十行・十廻向・十地・等覚・妙覚の四十二賢聖の法門のことを指す。これは、賢聖名字品に、

爾時、他方敬首菩薩（中略）發小問問佛、大師、本何修行、成佛聖道。（中略）欲成斯道、當如何行。一切賢聖名字何等。[1011a]

爾の時、他方の敬首菩薩（中略）小問を發し佛に問うらく、大師よ、何の修行に本づき、佛の聖道を成じたもうや。（中略）斯の道を成ぜんと欲せば、當に如何に行ずべきや。一切賢聖の名字は何等ぞや。

とあるように、仏がいかなる修行を歴ることで成道したかという問いに対する回答でもある。つまり、一切の菩薩の功徳行であるところの四十二賢聖の法門を装身具である「瓔珞」に喩えたのであり、これは、一切の仏・菩薩が遠い過去（世）から修してきたものであるから「本業」というのだと考えられる。

藤谷氏の述べる如く、菩薩の階位説についての『瓔珞』の最大の特徴及び新しい点は、十住の前に十信を行ずる「信想菩薩（假名菩薩・名字菩薩ともいう）」を置くことと、十地と妙覚の間に等覚位を建てたことにある。ただし、この経典自体は、あくまで十信を十の階梯とはとらえておらず、十項目として並列的にとらえており、全体を五十二位ではなく、四十二賢聖と、それ以前の十信を行ずる信想菩薩としている。

この経全体の構成としては、①集衆品、②賢聖名字品、③賢聖学観品、④釈義品、⑤仏母品、⑥因果品、⑦大衆受学品、⑧集散品の八品よりなるが、このうち四十二賢聖の法門の具体的内容を説くのが、②③④である。

まず、②の賢聖名字品では、四十二賢聖の梵漢両名字[13]、初住位の概要、住前の十心（十信）の名を述べている。次に、③の賢聖学観品では、四十二賢聖の名字について、十住を銅宝瓔珞、十行を銀宝瓔珞、十廻向を金宝瓔珞、十地を琉璃宝瓔珞、等覚を摩尼宝瓔珞、妙覚を水精瓔珞として再説し、さらに各位の心名を挙げた後、「心所行法」、すなわち各位においてなされる行を説く。そして、出世間の果報として、初地以上における法性身と応化身の二種法身を挙げ、世間の果報として、銅宝瓔珞銅輪王（十住に対応）から無量功徳蔵宝光瓔珞千福相輪法界王（妙覚に対応）までを挙げる。ここで妙覚位の王が、後に検討する陽阿故県村造像記に見える「水精王」ではないことは注意しておく必要がある。

さらに、④の釈義品では住前の十信の名字と行について説き、その果報として、上品は鉄輪王、中品は粟散王、下

品は人中王となることを示す。次に、四十二賢聖の「義」が順次説明される。「義」とは、

佛子、是金剛海藏瓔珞經中、釋賢聖相義。義出體。體者菩薩體。義名功德。如是二法、一切菩薩爲體爲義。故名體義。[1017a]

佛子よ、是の金剛海藏瓔珞經中に、賢聖の相義を釋す。義は體より出づ。體とは菩薩の體なり。義は功德と名づく。是くの如き二法、一切の菩薩體と爲し義と爲す。故に體義と名づく。

とあるように、菩薩の体より出る功徳のことである。藤谷氏は、これはまさに「瓔珞」であり、菩薩の各位の「名」や、喩としての「瓔珞」のもつ「意義」「意味」が「功徳」にあるとする。また、氏は、実際の経の記述を分析した後で、「「義」「功徳」と言っても実際には、修行的意味合いが強いもの、あるいはその修行を行う「状態」を指し示していると言えようか。あるいはまた「空界に入り、空性の位に住す」「法性空の位に進入」という表現に見られる「位」的なもの、境地的なものとも言えるだろう」と述べる。また、住位以上の実質を備えた菩薩に対して、住前の十信の菩薩を「假名菩薩」「名字菩薩」であるとする『瓔珞』の記述は、「義」と「假名」「名字」を対立する概念としてとらえる『菩薩善戒経』や『優婆塞戒経』の文をふまえているという同氏の指摘も興味深い(14)。

以下で検討する陽阿故県村造像記に見える『瓔珞』に関連する部分の内容は、これまで概観してきたところの、十信と四十二賢聖の心名と・心所行法（十観心所観法、以下観法と略）・義相と世間の果報としての輪王の範囲におおよそ収まるものである。ただし、細部では経文と異なっており、その配置なども興味深い点があるので、その点を詳しく検討し、最後に、『瓔珞』に説かれる授菩薩戒儀礼と関連づけ、この造像記の示す仏教実践について考えてみたい。その前にまず次節において、この造像の所在地と、造像に刻まれた供養者について明らかにしておこう。

第二節　陽阿故県村造像記の概要

陽阿故県村造像碑は、実物やその拓本が現存していないようである(15)。そのため現状では著録に頼るしかすべがな

く、造像記の録文の文字の正しさは必ずしも保証されないが、造像記の内容は『山右』によっておおよそうかがうことができる。『鳳台県志』は、この造像について、高さ丈余の碑で四面に仏像を彫り、俗に「千佛碑」と言われていたとする。より詳細に記述する『山右』によれば、この造像は九つの石からなり、上・中・三爵にそれぞれ一・二・三石があるとしている。それぞれの石の大きさは、上爵の一石が高二尺、幅一尺一寸、二石が高一尺七寸、幅八寸、三石が高一尺八寸、幅一尺である。中爵の一石は高二尺、幅一尺一寸、二石は高一尺七寸、幅一尺一寸、三石は高一尺七寸、幅一尺二寸、三爵の一石は高二尺、幅一尺一寸、二石は高一尺七寸、幅九寸、三石は高一尺八寸、幅一尺であるという。これらの石の大きさは、上・中・三爵の各一石・二石・三石どうし、それぞれ高さと幅が、各二石の幅を除いて、おおよそ一致する。

最初に、筆者が『山右』の記述をもとに、この造像記の配置を試みに復元した**「陽阿故県村造像記復元案」**（本章末尾掲載）を御覧いただきたい。まず問題であるのは、上爵・中爵・三爵と一石・二石・三石の位置関係である。おそらく『山右』は拓本に基づいて記述し、実物を見ていないのであろう。『山右』の言う「爵」の意味が不明瞭であり、この九石がどのような位置関係にあったか、今のところ遺憾ながら確定することができていない。

次に願文を検討してみよう。『山右』によれば、願文は上爵二石の下列に一行十七字で四行にわたって刻まれているという。『山右』巻二と『鳳台県志』巻十三の録文とを比較検討して筆者が作成した願文は以下のとおりである。

大齊河清二年歳次癸未五月甲[子]朔十[五](16)日戊寅、陽阿故縣村合邑長幼等、敬造(17)石法華像一軀。(18)寶相嚴麗。(19)藉此功福、上爲皇帝(20)・齋僧・七世父母・因緣眷屬(21)・邊地四生、咸登正果。(22)

大齊河清二年歳は癸未に次る五月甲子朔十五日戊寅、陽阿故縣村合邑長幼等、敬みて石法華像一軀を造る。寶相嚴麗たり。此の功福に藉《よ》りて、上は皇帝・齋僧・七世父母・因緣眷屬・邊地四生、咸な正果に登らんが爲にす。

これによって、本造像碑が、北斉の河清二年（五六三）に陽阿故県村の「合邑長幼」によって造られたことが分かる。『鳳台県志』の記述によると、この碑は山西省南東部に位置する沢州県の北西部、大陽鎮南河庵に存在した。(23)一丈を超える大型の碑であるので、おそらく造られた当初からさほど移動されなかったと考えられる。

「陽阿故縣村」という地名について、陽阿県は『魏書』地形志上に高都郡の属県として、「陽阿、二漢屬上黨、晉罷、後復屬」と見える。漢代は上党郡に属し、晋代に廃されたが、後に復された。西燕の慕容永（在位三八六～三九四年）は、上党郡を分割して建興郡を設け、郡治を陽阿に置いた。北魏の永安年間（五二六～五三〇）には、建興郡を廃して建州を置き、その下に高都郡を設け、郡治を高都県に置いた。よって陽阿県は高都郡に属することになった(24)。

それ以後の陽阿県については、『隋書』地理志にその名が見えないことから、おそらく北斉時代に廃され、高都県に編入されたと考えられる。『山右』は北斉河清年間（五六二～五六五）には既にこの県は廃されていたことが「陽阿故縣村」という語によって証明されると述べている。ただし、北斉天保九年（五五八）董黃頭造像碑(25)には「大齋主陽阿縣功曹」という供養者題記が見え、また、河清二年梁罷村邑子七十人等造像碑(26)にも「右相齋主陽阿令」の名が見えるので、陽阿県が河清二年以前に既に廃されていたとは断定できない。『水経注』巻九沁水には、「沁水南逕陽阿縣故城西。『魏土地記』曰、建興郡治陽阿縣」とあるが、陽阿故県村とは、この陽阿県故城のことをいうとも考えられる。いずれにしろ、この造像碑は造られた当初から現在の沢州県大陽鎮に存在したとみて大過ないであろう。

この地域の仏教の伝統は古く、現在の沢州県には、北斉時代開鑿とされている碧落寺石窟がある(27)。その沢州県に北接する高平市には、北魏太和二十年（四九六）の紀年銘を有する造像碑が現存する(28)。また、高平市南部には東魏時代開鑿とされる高廟山石窟があり(29)、高平市の北部には、北魏時代に開鑿された羊頭山石窟が存在する。第二章で既に述べたように、北斉時代には、この羊頭山に存在した清化寺に鄴都から浄影寺慧遠が移り住み、多数の弟子を育成し名声を轟かせていた。北斉当時は清化寺も、陽阿故県村と同じく高都郡に属した。高都郡太守もその名を列ね、菩薩の階位という、地論教学とも密接に関わる内容を刻むこの造像の背景に、そうした慧遠の教化の影響を想定することもあるいは可能であろう。

次に供養者題記を分析してみたい。この造像は邑義たちによるものだが、比丘は一人、比丘尼は三人で、他は在俗の者である。顔娟英氏は百五十人以上と述べており(30)、欠損部も含めると、二百人以上参加していたと考えられる。供養者の肩書としては、大像主・大都福徳主・懺悔主・邑義正……・邑中・唯那が各一人、大斎主・大都邑主・大都唯那・道場主・供養主が各二人、他に……像主や邑子は多数見え、「……妻」という形で女性が多数参加し、「……息」「……女」としてその子供と家族ぐるみで名を残しているものもある。

また、官職を有する者もいる。州の軍府の府佐である長史や外兵参軍・長流参軍、郡の長である高都郡太守、郡の属僚として郡功曹・郡中正が見える。県令としては高平・広陽・胡□（胡城か?）・韋城県令の名が見える。他には大軍主・軍主の名が見える。『山右』には見えないが、『鳳台県志』巻十三によると、他にも沛郡太守・汝南県令・清河県令の名が刻まれていたという。沛郡は徐州、汝南県は広州汝南郡、清河県は斉州東清河郡に属する。高平県は高都郡に属し、高都県に隣接する県か、あるいは兗州高平郡に属する高平県、北楚州高平郡に属する県のいずれかであろう。広陽県は幽州燕郡、胡城県は潁州の西恒農・陳南二郡に属する。韋城県は『魏書』地形志には見えないが、『隋書』地理志中には、隋開皇六年（五八六）に東郡に設置されたとあり、北斉時代に既に存在したという記載はない。

以上のように県の所在地をみると、陽阿県の付近の県だけではなく、各地に分散している。既に述べたように高都郡は陽阿県の属する郡であり、太学博士郡中正周清郎など、郡中正が五人も見えるのは注目される。

次に供養者の姓をみると、最も多いのが劉氏の三一人で、大都邑主かつ長流参軍の劉……・大都福徳主かつ長史の劉郎仁・広陽令劉法洪・胡□県令劉天哥・韋城令劉匡というように、義邑の要職に就き、なおかつ官職を有する者も多い[31]。他は、許氏や王氏、史氏などみな十人以下である。周氏は六人と少ないが、郡功曹周貴和・太学博士郡中正周清・郡中正周石哥など地方属吏の中でも重要なポストについており、在地の有力姓であったことと思われる。

つまり、この造像は、有官者を多く輩出する劉氏一族を中核とし、一郡の長である郡太守を始め、州郡の属官クラスの地域の有力者も少なからず参加した、老若男女二百人以上によって造られており、かなり大規模な造像事業であったと推察される。

第三節　『瓔珞』と陽阿故県村造像記

章末の**「陽阿故県村造像記復元案」**を参照し、比較的文字に残欠が少ない十地の第八地を例として、『瓔珞』と石刻との具体的な対応関係を示してみよう。注意すべきことに、『山右』の録文には、石の欠損によると思われる欠字や移録の際の誤読と考えられるものが少なからずあり、この点を考慮に入れて経文との対応状況を見なければならない。

比較的よく文字が残っている部分を見ると、上爵二石の上から二列目に「□不思議心菩薩像主比丘尼僧雲」とあるが、これは、『瓔珞』賢聖学観品において、第八地（不動地）について「佛子、十地心者、一、四無量心。（中略）八、不思議心」［1014c］とあるのに対応する。中爵二石の二列目に「八不思議无□観。所謂无相大慧、方便□□。无有□習、无明□盡」とあるが、これは『瓔珞』第八地の観法に「八不思議無功用觀。所謂無相大慧、方便大用。無有色習、無明亦盡。百萬劫事・無量佛土事、已一念心一時行。現如佛形・一切衆生形、一念心中一時行已。無功用故」（賢聖学観品［1015b］）とある文章の前半部にほぼ対応する。また、造像記に「□救菩薩无生観、捨三界報、名不動地」とあるのは、第八地の義相である「是故菩薩無生觀、捨三界報變易果、用入中忍無相慧、（中略）、故名不動地」（釈義品［1018a］）とあるのに対応する。要するに心所行法や義相の部分については、経文を節略した表現になっているのである。

上記と同様の方法で、この石刻と高麗再雕本や敦煌本（巻上S三四六〇・巻下S六三八〇）との対応関係を示してみると**表2-4-1**のようになる。また、その結果を簡単に表すと**表2-4-2**のようになる。『瓔珞』の新説である、十住の前に十信を配置したことと、等覚を十地と妙覚の間に設けたことについてもこの石刻にそれが反映されている。すなわち、録文や**表2-4-2**の配列を参照すれば、十信→十住→十行というならびになっており、『瓔珞』における等覚観法の第四「順一切佛國、問訊一切佛」［1015c］という語句が石刻と完全に一致する。表によりうかがうことの

表2－4－1　造像記と『瓔珞』の対照表

五十二位	陽阿故縣村造像記(『山右石刻叢編』巻二)	高麗再雕本『瓔珞本業經』(造像記と一致する箇所に下線を施す。「无」はすべて「無」に改める)	敦煌本(巻上 S. 3460；巻下 S. 6380)
十信心 1		信心［1017a］	同左（巻下）
十信心 2	二進心菩薩	進心	同左
十信心 3	三念心菩薩	念心	同左
十信心 4	四□心菩薩	慧心	同左
十信心 5	五定心菩薩	定心	同左
十信心 6	六戒心菩薩	戒心	同左
十信心 7	七迴向心菩薩	迴向心	同左
十信心 8	八□法心菩薩	護法心	同左
十信心 9	□信心菩薩	捨心	同左
十信心10	□願心菩薩	願心	同左
十住心 1		一發心住［1013a］	同左（巻上）
十住心 2	二特地心□菩薩	二治地心住	同左
十住心 3	三□□心住菩薩	三修行心住	同左
十住心 4	四□□心住菩薩	四生貴心住	同左
十住心 5	五方便心住菩薩	五方便心住	同左
十住心 6	六□心住菩薩	六正心住	同左
十住心 7	七不退心住菩薩	七不退心住	同左
十住心 8	八童眞心住菩薩	八童眞心住	同左
十住心 9	九法王一心住菩薩	九法王子心住	同左
十住心10	十灌頂心菩薩	十灌頂心住	同左
十行心 1	一歡欣心行	一歡喜心行［1013b］	同左（巻上）
十行心 2	二饒益心行	二饒益心行	同左
十行心 3	三无瞋恨心行	三無瞋恨心行	同左
十行心 4	四无盡心行	四無盡心行	同左
十行心 5	五離癡欲（下闕）	五離癡亂心行	同左
十行心 6	六善現心行	六善現心行	同左
十行心 7	七无著心行	七無著心行	同左
十行心 8	八尊重心行	八尊重心行	同左
十行心 9	九善法心（下闕）	九善法心行	同左
十行心10		十眞實心行	同左
十廻向心 1		一救護一切衆生離相迴向心［1014a］	同左（巻上）

十廻向心 2		二不壞迴向心	同左
十廻向心 3		三等一切佛迴向心	同左
十廻向心 4	□一切處迴向心菩薩	四至一切處迴向心	同左
十廻向心 5	无盡□□□□□□菩薩	五無盡功德藏迴向心	同左
十廻向心 6	順平等善根迴向心菩薩	六隨順平等善根迴向心	同左
十廻向心 7	□順□一切衆生迴向心菩薩	七隨順等(1)觀一切衆生迴向心	(1)等なし
十廻向心 8	□迴向□菩薩	八如相迴向心	同左
十廻向心 9		九無縛解脫迴向心	同左
十廻向心10		十法界無量迴向心	同左
十地心 1		一四無量心［1014c］	同左（巻上）
十地心 2		二十善心	同左
十地心 3		三明光心	三光明心
十地心 4	四□慧心菩薩	四焰慧心	四炎慧心
十地心 5	一天勝心菩薩	五大勝心	同左
十地心 6	□現前心菩薩	六現前心	同左
十地心 7	七□生心菩薩	七無生心	同左
十地心 8	□不思議心菩薩	八不思議心	同左
十地心 9	九慧光心菩薩	九慧光心	同左
十地心10		十受位心	同左
等覺		入法界心［1015b］	同左（巻上）
妙覺		寂滅心［1015c］	同左（巻上）
十住觀 1		一厚集一切善根。所謂四弘誓。未度苦諦、令度苦諦。未解集諦、令解集諦。未安道諦、令安道諦。未得涅槃、令得涅槃。［1013a］	同左（巻上）
十住觀 2	二觀身受心法。□□□石□□□	二修習無量善行。所謂四念處(1)。觀身受心法。若四皆空、四到則無不壞。假名一切法故。皆如幻化者。五陰色識受想行・六大識空四大・一切法無自相(2)、無他相、如虛空故。	(1)處なし (2)相＝想
十住觀 3	三觀□一切入。妙□□時	三善習(1)佛道法。所謂觀十一切入。四大・四色・空處・識處皆如實相故。	(1)習＝集
十住觀 4	四觀八勝處。空天（无？）□時	四一切佛前受法而行。所謂八勝處。……如是觀一切法空無相故。	同左
十住觀 5	五觀八大覺。一切法	五修諸淸白法。所謂八大人覺。少欲・知足・寂靜・精進・正念・正定・正慧・不諍論。順一切法故。	同左

十住觀 6	六觀八解脱。如相時	六爲諸佛所護。所謂八解脱觀。……四空・五陰及滅定觀皆不可得故、五解脱。如相故。	同左
十住觀 7	七觀天（六？）和敬。空不（下闕）	七廣正法。所謂六和敬。三業・同戒・同見・同行、同入此法和。畢竟空故。住不退位故。	同左
十住觀 8	八觀三空。如虚□空時	八信喜大法。所謂三空。……如(1)是法如虚空故。	(1)如＝故
十住觀 9	九觀教衆□脩□諦法。空□相時	九心住四等法。所謂化衆生、教四諦法。三界非樂爲苦。無明習因、受生無窮。四諦無二。一合相故。	同左
十住觀10	十觀□（下闕）	十好求佛功德。所謂六念。……常所習現(1)前修故。	(1)習現なし
十行觀 1		一爲自得一切種智故。所謂四正法。……菩薩爾時爲求佛果故。[1013c]	同左（卷上）
十行觀 2	二觀四如意足。得无（下闕）	二爲得自身有大力故。所謂四如意足。念、守境。精進、馳求。定、檢攝。慧、照境。得法無生自在法故。	同左
十行觀 3	三觀五根。信・念・進・□（下闕）	三願無畏具足故。所謂五根。信・念・精進・定・慧(1)皆無相故。	(1)慧＝惠
十行觀 4	四觀五分法身。如虚（下闕）	四求具足三寶故。所謂五分法身。……諸法虚空無二故。	同左
十行觀 5	五觀八正俱（道？）。一合（下闕）	五爲化一切衆生故。所謂八正道。……於無生無二觀一合相故。	同左
十行觀 6	六觀□□□等	六得大慈悲故。所謂七觀。擇法・念法・精進法・護法・喜法・定法・慧法。是名觀門。入一相(1)故。	(1)相＝切
十行觀 7	七觀正櫺頂忍等一（下闕）	七爲得四無礙故。所謂五善根。正觀・燸觀・頂觀・忍觀・三界空第一觀。……第一空平等故。	同左
十行觀 8	八觀四諦（辯？）。第一義（下闕）	八入一切佛國中行(1)故。所謂四化法。法辯・議辯・語辯・樂説辯。是四名慧性。照一切法無生、入第一議(2)諦中行故。	(1)行＝行行 (2)議＝義
十行觀 9	九觀□中照一切法□□	九爲於一念中照一切法故。所謂三世十二因緣。……性實不可得故。	同左
十行觀10	十觀□□□□□□（下闕）	十爲自在轉大法輪故。所謂菩薩三寶。……轉一切衆生流入佛海故。	同左
十廻向觀 1		一二諦正直。所謂學習第一義諦。……出家菩薩共一切僧。佛法無二故。第一清淨故。[1014a]	同左（卷上）
十廻向觀 2	□□□神通□□聞□□□□時	二深第一義智。所謂五神通。是慧性差別用故、天名神心。是以天身通。天眼見三世中一切法、見微細色等。天耳得聞十方聲等。天他心智知一切人心故。天宿命智知三世六道命分故。以無生智見一切法故。	同左

十廻向観 3	□□□□□□□不壊信時	三淳至。所謂於無生慧中、四不壞淨。於佛法僧戒中、信不壞故。	同左
十廻向観 4	□□相□□□生一切（下闕）	四量同佛力。所謂三相。諸法本無、假名生。已有還無、假名滅。不空有法、假名住。是故一切通達空而不二、名世諦相空。空一諦相故。	同左
十廻向観 5	□□□□□□□□時	五善計量衆生力。所謂五陰。色者異空、色集成大、色分故、色相空。利那利那成心故、心相空。受想行識(1)無集無散。一相無相故。	(1)識なし
十廻向観 6	六觀十二□□集无散時	六佛敎化力。所謂十二入。外六境到(1)内六根、爲識所入處、故名爲入。其慧觀者、不在内、不在外、不在中間(2)。一切法無自無他故。	(1)到なし (2)不在内不在外不在中間＝不在外不在中間不在内
十廻向観 7	七觀十八界。一切法合相時	七趣向無礙智。所謂十八界(1)。六境・六根・六識一合相。一切法亦一合相故。	(1)界なし
十廻向観 8	八觀因果。无生无滅一合相時	八隨順自然智。所謂因果。善惡名因、苦樂名果。所由爲因、所起爲果。由起相待、通爲因果故。因果二空、無生無滅。皆一合相故。	同左
十廻向観 9	九觀佛法僧諦。□般若解脱无二相	九能受佛法僧故。所謂二諦空。因緣集故、謂之有。非曰有是有。因緣散故、謂之無。非曰有是無。故有無無。無(1)般若・解脱無二相故。	(1)無なし
十廻向観10	十觀以自在慧□一切衆生（下闕）	十以自在慧化一切衆生。所謂中道第一義諦。般若處中而觀達一切法而無二。其觀慧(1)轉轉入聖地故、名相似第一義諦觀、而非眞中道第一義諦觀。	(1)慧＝轉
十地観 1		一歡喜地。住中道第一議(1)諦慧。所謂二十歡喜心・十無盡願、現法身入十方佛土、作五神通、入如幻三昧、現作佛化無量功德、不受三界凡夫時果。	(1)議＝義
十地観 2	二觀金剛海藏。所謂千（十？）善	二金剛海藏法寶。所謂自行十善、敎人行十善、讚歎行十善者、讚歎十善法、現千佛土、敎化一切衆生。無相達觀皆成就故。	同左
十地観 3	三觀八（入？）如幻三昧。所謂□門禪	三入如幻三昧。所謂十二門禪。	同左
十地観 4	四觀□觀□□□□卅七道品	四遍行法寶藏。所謂身受心法・正進・如意足・根・力・八正・七覺。是菩薩大行。現億法身、化一切衆生故。	同左
十地観 5	五入法界智觀。□□諦	五入法界智觀。所謂十六諦。	同左
十地観 6	六達有□緣□□。所謂□□□十種□	六達有法緣故起智。所謂十(1)十二因緣。十種照。	(1)十なし

十地觀 7	七盡果報无彰无量□□觀三界□□□心果報□	七盡果報無障無礙智。所謂以三空智、觀三界二習。色心果報滅無遺餘。	同左
十地觀 8	八不思議无□觀。所謂无相大慧、方便□□。无有□習、无明□盡	八不思議無功用觀。所謂無相大慧・方便大用。無有色習、無明亦盡。	同左
十地觀 9	九□□。所謂四諦□不一切功德□□□心□□□□无明	九入法際智。所謂四十辯才。一切功德行皆成就、心習已滅、無明亦除。	同左
十地觀10	十无得（导？）智觀。无（下闕）	十無礙智觀。所謂無量法雲雨澍及一切衆生、二習無明今已盡滅、受大職位、神變無量不可具說、現同如佛無相用故。	同左
等覺觀 1		一學佛不思議變通［1015b］	同左（卷上）
等覺觀 2		二集菩薩眷屬	同左
等覺觀 3	重修光（先？）□行法門	三重修先所行法門	同左
等覺觀 4	四順一切佛國、問訊一切佛	四順一切佛國、問訊一切佛	同左
等覺觀 5	五仰觀尊顏	五與無明父母別	同左
等覺觀 6		六入重玄門	同左
等覺觀 7		七現同如佛現一切形相	同左
等覺觀 8		八二種法身具足	同左
等覺觀 9		九無有二習	同左
等覺觀10		十登(1)中道第一義諦山頂	(1)登＝蹬
十信行 1		十善法［1017a］	同左（卷上）
十信行 2	二脩五戒法	五戒	同左
十信行 3	三脩八戒法	八戒	同左
十信行 4	四脩六戒法	十戒	同左
十信行 5	五脩施戒法	六波羅蜜戒	同左
十信行 6	六脩持戒法		
十信行 7	七脩忍戒法		
十信行 8	八脩精進戒法		
十信行 9	九脩禪定戒法		
十信行10	十脩般若戒法		
十廻向義相 1	□□无相中□□□生離衆生相	常以無相(1)心中、常行六道而入果報、不受而受諸受、迴易轉化故、名救護一切衆生離衆生相迴向。［1017c］	(1)相＝明（卷下）
十廻向義相 2	觀一切法受（闕六字）名不壞	觀一切法但有受、但有用、但有名、念念不住故、名不壞迴向。	同左

十廻向義相3	三世諸佛法□□、名等一切佛	三世諸佛法一切時行故、名等一切佛迴向。	同左
十廻向義相4	(上闕)名至一切□廻向	以大願力入一切佛國中、供養一切佛故、名至一切處迴向。	同左
十廻向義相5	(上闕)人、名无盡廻向	以常住三寶授與前人故、名無盡功德藏迴向。	同左
十廻向義相6	習心向善无漏善不二、名隨順善	習行相善・無漏善而不二故、名隨順平等善根迴向。	同左
十廻向義相7	觀善惡父母无三舍(合？)相、名觀衆生廻向	以觀善惡父母無二一相一合相故、名隨順等觀(1)一切衆生迴向。	(1)觀なし
十廻向義相8	(上闕) 切□合相、名如相廻向	常照有無二諦、一切法一合相故、名如相迴向。	同左
十廻向義相9	(上闕)□□□合□无相	以諸法無二、般若無生、二諦平等、過去一合相、現在一合相、未來一合相故、名無縛解脱迴向。	同左
十廻向義相10		覺一切法第一義諦中道無相、一切法皆一照相故、名法界無量迴向。	同左
十地義相1	□□□□□□意□□、名歡喜地	一相無相、二身無方、通同佛土故、名歡喜地。[1017c]	同左（卷下）
十地義相2	止无相善、入衆生界□方佛世界、名離□地	以正無相善、入衆生空(1)、現萬佛世界六通變化、空同無爲故、名離垢地。	(1)空＝界
十地義相3	无恵信忍、脩書彼佛道□□經、名明地	光(1)慧信忍、修習古佛道、所謂十二部經。……以此法、度衆生、光光變通故、名明地。	(1)光＝无
十地義相4	大順无生起忍、觀一切□□觀法、名□地	大順無生起忍、觀一切法二諦相、上觀佛功德、下觀六道衆生、……入七觀法故、名焰(1)地。	(1)焰＝炎
十地義相5	順忍脩道、三界无明□皆空、名難勝地	順忍修道、三界無明・疑見・一切無不皆空。八辯功德入五明論。……故、名難勝地。	同左
十地義相6	上順諸法、觀三世一切法□相、名現前地	上順諸法、觀過去一切法一合相、現在一切法一合相、未來一切法一合相、法界因緣寂滅無二(1)故、名現前地。	(1)二＝二相
十地義相7	无生忍諸法觀、非有煩□、非无煩□□□行地	無生忍諸法觀、非有煩惱、非無煩惱、……一入一出、集無量功德、常向上地、念念寂滅故、名遠行地。	同左
十地義相8	□救菩薩无生觀、捨三界報、名不動地	是故菩薩無生觀、捨三界報變易果、用入中忍無相慧、出有入無、化現無常、自見己身當果、……故、名不動地。	同左
十地義相9	□□上觀光□佛□(下闕)	復入上觀光光佛化無生忍道、現一切佛身故、名妙慧地。	同左

表２－４－２　陽阿故県村造像記概要

	一石	二石	三石
上爵	水精王（妙覺） 金輪王（十廻向） 銀輪王（十行）	十廻向心菩薩 十地心菩薩 大齋主など 大都邑主など 大都唯那など 願文	邑子など 邑子など 邑子など 邑子など
中爵	大像主など 十信心菩薩 十住心菩薩 十行心菩薩	十廻向觀 十地觀 邑子など 邑子など 邑子など	邑子など 邑子など
三爵	等覺觀 十信行 十住觀 十行觀	十廻向義相 十地義相 邑子など 邑子など 邑子など 邑子など	金輪王（十廻向） 銀輪王（十行） 銅輪王（十住） □輪王 □□王

できる全体的な語句の対応状況から考えると、この造像記の考案者は、菩薩の階位を説く他の経典ではなく、基本的に『瓔珞』に基づきつつ、それに一定の解釈を加えたか、あるいは、『瓔珞』の注釈書・綱要書などに基づいたかのいずれかであると言えよう。

この造像記全体では、十住から十地までの四十二賢聖としての階位ではなく、十信を十段階の階位とし、全体で五十二の階位として造像記に表しているようである。それは例えば、十信位である信想菩薩の十心の行について、経では、「十善法・五戒・八戒・十戒・六波羅蜜戒」であるが、造像記では「二脩五戒法・三脩八戒法・四脩六《十》戒法・五脩施戒法・六脩持戒法・七脩忍戒法・八脩精進戒法・九脩禪定戒法・十脩般若戒法」（一脩の部分は欠）と、六波羅蜜の部分を開いて十の修行段階として提示していることからも分かる。

次に、『瓔珞』の経文との相違点について調べてみよう。例えば、先程例示した第八地では、経文でいう菩薩の名字にあたる「不動菩薩」ではなく、「不思議心菩薩」となっているように、「心名＋菩薩」として提示しているようである。また、十住と十行の義相の部分がなく、妙覚地の「水精瓔珞」を、経文には見えない「水精王」として提示しているが(32)、等覚地の「摩尼寶」や十地の「琉璃寶」の王の名は見られない。他にも細かい点についてはいくつかの相違がある(33)。

とりわけ、最も注目すべき経文との相違は、等覚の観法である。『瓔珞』賢聖学観品では、第四十一地心の所行法は「勇伏定入法光三昧」であり、この禪定中で修する「十法」として、一「學佛不思議變通」、二「集菩薩眷屬」、三

「重修先所行法門」、四「順一切佛國、問訊一切佛」、五「與無明父母別」、六「入重玄門」、七「現同如佛、現一切形相」、八「二種法身具足」、九「無有二習」、十「登中道第一義諦山頂」[1015bc]を掲げる。一方、造像記では第三から第五までしかなく、しかも、その第五が「與無明父母別」ではなく、「仰觀尊顔」となっている。この語は『増壹阿含経』巻三七・八難品[T2:752c]に「時須拔仰觀世尊顏、即於座上有漏心得解脱」とあるように、世尊＝仏の尊顔を仰ぎ観るという意味であろう。つまり、この造像記は、『瓔珞』の経文に違背してまで、菩薩の修行階梯の最高位の修行として、仏の尊顔を観ずることを掲げたと考えることができるのである。

造像と観仏との関わりについては、先行研究が多くあり、[34]『観仏三昧海経』や『普賢観経』などとの関係が指摘されているが、『瓔珞』という、通常観仏を重視しているとは考えられていないこの経典に依拠しながらも、この造像記が観仏を重視していることは看過できない。

また、十信から等覚まで、その観法や義相を刻んだ側に仏像（菩薩像？）を造っていると『山右』が記述していることも軽視できない事実である。例えば十住の第四住には「四觀八勝處空天□時。像主□□」として供養者名まで刻んでいる。これは、その供養者がそれぞれの菩薩の位階に達したことを表すものではなく、個別の像に出資したことを表すものと考えられる。『瓔珞』には直接的には四十二賢聖を礼拝供養するよう述べる文はないようだが、すでに述べたように、この経と密接な関わりを有する『仁王経』受持品[T8:831a]には、

大牟尼言、有修行十三觀門諸善男子、爲大法王、從習忍至金剛頂、皆爲法師、依持建立。汝等大衆、應如佛供養而供養之、應持百萬億天華天香而以奉上。

大牟尼言わく、十三觀門を修行せる諸の善男子有りて、大法王と爲り、習忍從り金剛頂に至るまで、皆な法師爲り、依持し建立す。汝等大衆は、應に佛の供養の如く之を供養し、應に百萬億天華天香を持し以て奉上すべし。

とあり、習忍から金剛頂までの菩薩に対して仏と同様に供養するように勧めている。他地域と比較すると、とりわけ山西地域において、一つの造像碑に多くの仏像が好んで刻まれ、それが仏・菩薩名の称名・礼拝による懺悔といった仏教実践と結びついて行われていたことを既にこれまでの数章で指摘してきたが、陽阿故県村造像記についてもおそ

らくこの傾向と無縁ではないと言える。

第四節　北朝造像銘に見る「輪王」

この造像においてもう一つ重視されているのが、『瓔珞』において世間の果報として説かれる輪王（転輪王）である。他の心名や義相・観法の像が各列およそ十龕だったと考えられるのに対し、水精王や金輪王・銀輪王・銅輪王の像は各列一龕であり、両側に侍像（供養者像）がならんでおり、輪王像を刻む石が二石あったことが『山右』の記述から分かる。

筆者が収集した北朝紀年造像銘の中から「輪王像」銘の分布を調べてみると、山西地域に集中して他に三件探し出すことができる。

最初に取りあげるべきは、既に言及した北斉河清二年（五六三）梁罷村邑子七十人等造像碑である（図2-4-1、2-4-2、2-4-3、ならびに本章末尾の録文参照）。筆者はこの造像碑の旧所在地を確認できておらず[35]、資料としても未発表であるが、淑徳大学書学文化センターには四面の拓本が収蔵されており、幸いにも閲覧の機会に恵まれた。拓本からは四面仏像碑であることが分かる。仏像の形状は不明瞭ではあるが、それ以外の供養者題記などは、ほぼ全容をうかがうことができる。まず、筆者が移録した願文を全文掲げよう。

大齊河清二年歳次八月癸酉朔廿七日己未、在此厥名梁罷村、續英合率邑子七十人等、各竭己珍、捨家所有、契同齊願、共造浮圖一口。後設大齋、造玉像。上爲皇帝陛下・臣寮《僚》百官・州郡令長、逮及師僧・七世父母・所生父母・因緣眷屬・邊地衆生咸契正覺[?]。

大齊河清二年歳は八月に次る癸酉朔廿七日己未、此の厥れ梁罷村と名づくるに在りて、續英合せて邑子七十人等を率い、各おの己が珍を竭くし、家の所有を捨て、契同齊願し、共に浮圖一口を造る。後に大齋を設け、玉像を造る。上は皇帝陛下・臣寮（僚）百官・州郡令長の爲にし、逮及《およ》び師僧・七世父母・所生父母・因緣眷屬・邊地

図2－4－2　北斉河清2年（563）梁罷村邑子七十人等造像碑碑陰

図2－4－1　北斉河清2年（563）梁罷村邑子七十人等造像碑碑陽

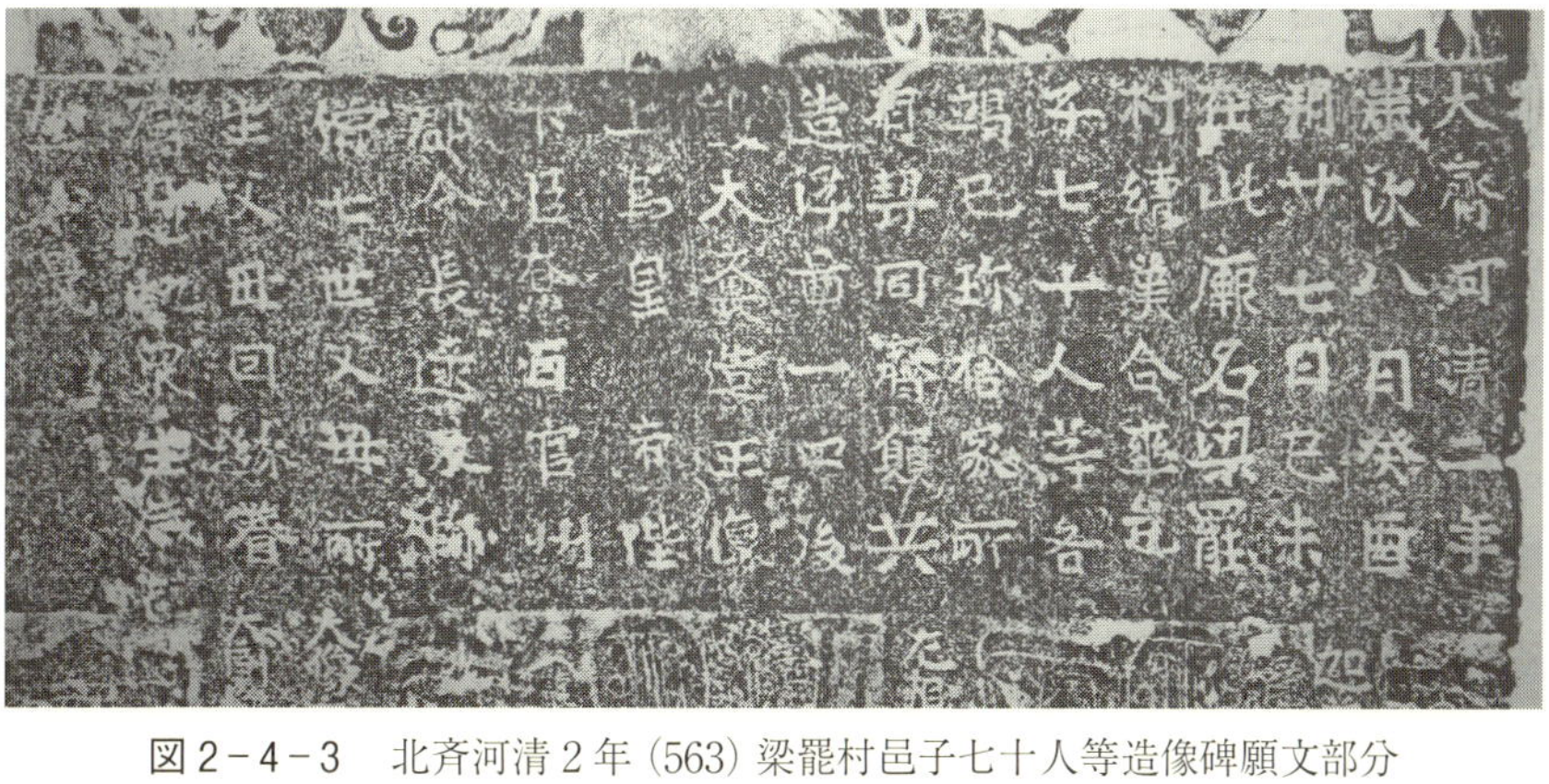

図2－4－3　北斉河清2年（563）梁罷村邑子七十人等造像碑願文部分

衆生咸な正覺を契せんことを。

この願文によれば、梁罷村の続英[36]が邑子七十人を率いて浮図（仏塔）を造り、さらに後に大斎を設けて、玉像を造ったという。供養者肩書には「輪王像主」という転輪王の像の供養者と考えられる刻字が見える。他には、「大起像主」「大像主」「大副像主」「都副《福》徳主」「思遺（惟）像主」「阿難主」「迦葉主」「佛塔主」「左相大齋主」、珍しいものとして「懺悔主」「道場主」「相徳像主[37]」などが見える。この像の正確な出土地は不明ながら、「懺悔主」「道場主」という特殊な邑義肩書が共通すること、何より「右相齋主陽阿令翟□」という供養者名が見えることから、陽阿故県村と地理的に近い場所に存在したと推測できる。

次に掲げるのは皇建二年（五六一）安鹿交村邑義陳神忻七十二人等造像記（以下、陳神忻造像記と略）と河清二年（五六三）阿鹿交村邑子七十人等造像記である[38]。これらはともに、現在の山西省平定県開河寺石窟の造像記である。この石窟は、当時の二つの都である鄴都と晋陽を結ぶ幹線道路沿いにあったこと、造像記が石窟の窟門上部にあり、外側に向けて造られているという特殊な構造をとることが知られている。さらに、侯旭東氏によって歴史学的観点からこれら造像の供養者や地理的環境の詳細な分析がなされ、安鹿交（阿鹿交）村の人的構成や地理的環境が明らかにされている[39]。ただし、氏は邑義肩書には注目していないようである。

前者の陳神忻造像記の邑義肩書としては「當陽像主」が二名、「齋主」が六名、「八關齋主」「香火主」「邑主」「輪王像主」「衝天王主」が各一名、「邑子」多数が見られる。「輪王像主」という肩書が目に留まるが、願文を全文掲げると、

唯大齊皇建二年歳次辛巳五月丙午朔廿五日庚午、幷州樂平郡石艾縣安鹿交村邑義陳神忻合率邑子七十二人等、敬造石室一區、今得成就。上爲佛法興隆。又願皇帝陛下、金輪應庭、聖祚凝遠、群遼《僚》宰守貢謁以時、國土安寧、兵駕不起、五穀熟成、人民安樂。下爲七世先亡・見存師僧・父母・因緣眷屬・蠢動衆生有形之類、越三途之苦難、居登政覺。

唯《こ》れ大齊皇建二年歳は辛巳に次る五月丙午朔廿五日庚午、幷州樂平郡石艾縣安鹿交村邑義陳神忻合せて邑子七十

二人等を率い、敬みて石室一區を造り、今成就するを得たり。上は佛法興隆の爲にす。又た願わくは皇帝陛下、金輪庭に應じ、聖祚は凝遠にして、群遼（僚）宰守貢謁は時を以てし、國土安寧にして、兵駕起らず、五穀熟成し、人民安樂ならんことを。下は七世先亡・見存の師僧・父母・因縁眷屬・蠢動衆生有形の類、三途（塗）の苦難を越え、居《とも》に政（正）覺に登らんが爲にす。

となる。特に注目されるのが「金輪應庭」という語で、「金輪」は、『長阿含経』など様々な経典に見られるが、例えば北本『涅槃経』聖行品に、

頂生大王即作是念。我昔曾聞五通仙說、若刹利王於十五日、處在高樓、沐浴受齋、若有金輪、千輻不滅、轂輞具足、非工匠造、自然成就而來應者、當知是王即當得作轉輪聖帝。[T12: 438a]

頂生大王卽ち是の念を作す。我れ昔曾て五通仙の說を聞くならく、若し刹利王十五日において、高樓に處在し、沐浴受齋せんに、若し金輪有りて、千輻滅せず、轂輞具足し、工匠の造に非ずして、自然に成就して來たり應ずれば、當に知るべし、是の王卽ち當に轉輪聖帝と作るを得べし、と。

とある文をふまえれば、この語は、皇帝が転輪聖王となることを願うものと言える。次に河清二年造像の願文を見てみよう。

唯大齊河清二年歲次癸未二月乙未朔十七日辛巳、阿鹿交村邑子七十人等、敢以天慈隆厚、惠澤洪深。其唯仰憑三寶、可以[上]答皇恩、下述民心矣。故知、寶壁非隨身之資、福林獲將來之果。其人等深識非常、敬造石室一區。縱曠東西南北上下五尺、□有三佛・六菩薩・阿難・迦葉・八部神王・金剛力士、造德《得》成就。願佛法興隆、皇帝陛下、臣遼《僚》百官、兵駕不起、五穀熟成、萬民安寧。後願七世父母・蓋家眷屬・邊地衆生普蒙慈恩。

唯れ大齊河清二年歲次癸未二月乙未朔十七日辛巳、阿鹿交村邑子七十人等、敢て以みるに天慈隆厚、惠澤洪深なり。其れ唯だ仰ぎて三寶に憑るのみにして、以て[上]は皇恩に答え、下は民心を述ぶべし。故に知る、寶壁は隨身の資に非ず、福林もて將來の果を獲るを。其の人等深く非常を識り、敬みて石室一區を造る。縱曠東西南北上下五尺、□に三佛・六菩薩・阿難・迦葉・八部神王・金剛力士有り、造り成就するを德《え》（得）たり。願わくは佛

法興隆し、皇帝陛下・臣遼（僚）百官、兵駕起らず、五穀熟成し、萬民安寧たらんことを。後に願わくは七世父母・蓋家眷屬・邊地衆生の普く慈恩を蒙らんことを。

この願文には、陳神忻造像記と類似表現が多出することを侯旭東氏が指摘しているが、供養者肩書には、陳神忻造像記と同じものと異なるものがある。「八關齋主」「齋主」「當陽像主」「邑子」「衝天王主」は両者共通して見られ、「轉輪王主」も陳神忻造像記の「輪王主」と同じであると考えられる。「都綰主」「佛堂主」「堂主」「唯那」「清淨主」「東王主」「南王主」「西王主」「北王主」が陳神忻造像記には見えないものである。この四方の王は四天王のことだと考えられるが、陳神忻造像記の「金輪應庭」という語と、四天王と転輪王との関係を示すのは『大楼炭経』巻一転輪王品「轉輪王卽ち四部兵及び家室親屬とともに悉く之に隨いて飛ぶ。四天王・天上の諸天も皆な亦た金輪の前に在りて飛行す」［T1: 281a］という経文と、姚秦の比丘道略編とされる『雑譬喩経』の次の経文である(40)。

轉輪聖王所以致金輪者、帝釋常敕四天王、一月六日、按行天下、伺人善惡。四天王及太子使者、見有大國王以十善四等治天下、憂勤人物、心喩慈父、以是事白天帝釋。帝釋聞之、慶其能爾。便敕毘首羯磨賜其金輪。毘首羯磨卽出金輪、持付毘沙門天王。毘沙門天王持付飛行夜叉。飛行夜叉持來與大國王。毘沙門天王敕此夜叉、汝常爲王持此金輪、當王頂上、畢其壽命不得中捨。是夜叉常爲持之、進止來去隨聖王意。盡其壽命、然後還付毘沙門天王。［T4: 530c–531a］

轉輪聖王の金輪を致す所以は、帝釋常に四天王に敕して、一月に六日、天下を按行し、人の善惡を伺わしむ。四天王及び太子使者、大國王の十善四等を以て天下を治め、人物を憂勤すること、心は慈父に喩うる有るを見て、是の事を以て天帝釋に白す。帝釋之を聞き、其の能く爾るを慶す。便ち毘首羯磨に其の金輪を賜わんことを敕す。毘首羯磨卽ち金輪を出だし、持して毘沙門天王に付す。毘沙門天王持して飛行夜叉に付す。飛行夜叉持ち來りて大國王に與う。毘沙門天王此の夜叉に敕すらく、汝常に王の爲に此の金輪を持し、王の頂上に當りて、其の壽命の畢うるまで中に捨つるを得ざれ、と。是の夜叉常に爲に之を持し、進止來去聖王の意に隨う。其の壽命盡くれば、然る後に毘沙門天王に還付す。

四天王は太子使者とともに月に六日、天下の人の善悪を監察し、大国王の善政を見て、それを帝釈天に報告する。報告を受けた帝釈天は毘首羯磨に命令して金輪を四天王の一人である毘沙門天に渡し、毘沙門天は飛行夜叉にそれを託し、彼にその大国王の寿命が尽きるまで、国王の頭上で金輪を持ちつづけるよう命令するのである。

以上、この安鹿交村の造像記は皇帝が仏法を守護する転輪王となることを願っていることが分かる。転輪王の思想は『長阿含経』を始めとして、様々な経典に説かれている。中でも、転輪王位を菩薩の階位説と結びつけて初めて説いたのが『仁王経』であり、『瓔珞』の転輪王説はその『仁王経』から大きな影響を受けていることが既に指摘されている。(41)『瓔珞』において輪王は各階位の菩薩の出世間の果報である二種法身に対し、世間の果報として説かれる［1016a］。つまり、輪王は、この俗世間に現れ出る王なのであり、陽阿故県村造像記が輪王像を重視していることは、菩薩の世間の果報として現世を仏教的教化によって救済する理想的国王出現の願望が表出したものと考えられる。

第五節　授菩薩戒儀礼と陽阿故県村造像記

『瓔珞』大衆受学品に「當に先ず諸の大衆の爲に菩薩戒を受《さず》け、然る後に爲に瓔珞經を説きて同見同行せしむべし」［1021b］とあり、集散品には、「先ず當に法を聽く者の爲に菩薩法戒を與授し、然る後に爲に菩薩の本行たる六入法門を説くべし」［1022c］とあるが、この造像記には六入法門の精髄が刻まれているのであるから、既に供養者達は、菩薩戒を授けられていたことが推測できる。ただし、受学品［1021b］に、「若し人有りて來たりて受けんと欲すれば、菩薩法師は先ず爲に解説讀誦し、其の人をして心開き意解け、樂著の心を生ぜしめ、然る後に爲に受けしめよ」とあるように、菩薩戒を授けるにあたっては当然事前にその意義などを解説したことであろう。

この造像記の供養者肩書には「大齋主」が見られ、梁罷村邑子七十人等造像記にも「後設大齋、造玉像」とあり、「大齋」を設けたことが知られる。「大齋」とは月六日の斎日に定期的に開催されるような小規模な斎会とは異なり、特別な機会に開かれる規模の大きい斎会のことである。(42)この陽阿故県村の邑義たちは、大斎を設け、そこでは菩薩戒の授与儀礼が行われていたと考えられる。陽阿故県村造像記には、「……妻」や「……息」という題記が多く見え、家族ぐるみで参加したことが分かるものも多いことは既に述べた。このことは、大衆受学品に、菩薩戒の授戒にあたり「其の師は、夫婦六親互いに師と爲りて授くるを得」［1021b］と述べられていることを想起させ興味深い。

『瓔珞』の授菩薩戒儀礼については、この経の大衆受学品と『菩薩戒義疏』との二箇所に比較的詳しい記述がある。[43]そこではともに、おおよそ①礼三宝、②敬受四不壊信、③懺悔十悪、④授十無尽戒という順序で説かれている。造像記には「懺悔主」という肩書が見られ、懺悔も行われていたことが分かる。この造像記に四十二賢聖の六入法門のエッセンスが刻まれているということは、僧が大斎会の場において『瓔珞』に基づく菩薩戒を授与した後、六入法門について解説し、供養者達が資金を出しあって、その内容を各像に出資した供養者名とともに刻み込んだのであろう。

斎会と懺悔・菩薩戒、そして造像との結びつきについては、船山徹氏によって詳論されている。[44]氏によると、斎会や菩薩戒を説く文献において仏像や菩薩像は重要な文脈で現れることが多く、特に普賢斎など特定の尊名を冠する斎会において、礼拝や懺悔の対象として、像は不可欠の存在であった。仏菩薩の感応を得んが為に斎会を催したのであり、そのための手段として礼拝、懺悔、経典読誦その他の様々な儀礼、あるいは経典の講義がなされたが、その根底には、仏像に誠心誠意礼拝すれば、仏の法身が必ず応ずるのだという思想が根底にあったとする。北朝造像記においてもこの感応思想が表現されていることは、第一部第一章で言及した。

陽阿故県村造像記からは、山西の一地域社会において、郡太守などの有力者を含む邑義たちが、大斎会を設けて菩薩戒を授かり、寄付金を出し合い『瓔珞』の六入法門の教えを造像に表現しつつ、菩薩の最高位の修行として、「仰觀尊顔」という『瓔珞』には直接説かれない観仏あるいは見仏の重視を敢えて掲げたことをうかがうことができる。そこには、仏に見《まみ》えたいという強い願望が表現されているのである。

おわりに

本章では、陽阿故県村造像記の内容を検討した。まず、この造像碑の原所在地及び造像供養者の構成を明らかにし、次いで、刻まれている内容が『瓔珞』の十信と四十二賢聖の心名と心所行法（十観心所観法）・義相、さらに世間の果報としての輪王であることを明らかにした。そして、経典との比較を通じて明らかとなった特徴として、菩薩の階梯が五十二位として捉えられていること、菩薩の最高位の修行として、『瓔珞』とは異なり、観仏または見仏を配置したこと、転輪王が重視されていることなどを指摘した。陽阿故県村造像記は、菩薩戒を説く経典に依拠していることを明確にうかがうことのできる北朝石刻造像記として、管見の限りでは唯一と言える貴重な事例である。

第二部の第一章から第四章にかけては、造像銘に刻まれた仏・菩薩・神王あるいは転輪王名に着目して分析をすすめてきた。第一章においても言及したように、これまで義邑で行われていた斎としては八関斎がよく知られるところであったが、方等懺などの斎懺が行われていたことは知られていなかった。十二夢王石刻などの石刻の存在によって初めて、本格的な斎懺が特に山西地域の義邑において盛んに実践されていたことが明らかになった。そして、懺悔や菩薩戒に関わる実践性の強い中国撰述経典が、ある時はそれに独自の解釈を加えつつ、実際に北朝地域社会において用いられていたことが明確になったのである。

陽阿故県村造像記復元案（列のならびは筆者の推測による。各石の最初に（　）で『山右』の記述を示す。字体は基本的に正字体に改めた。移録の際の誤りと経典から推測される場合、経典に基づく正しい文字を右に小字で記す）

【上爵一石】（首列佛一龕、兩旁侍像各三、手執幡。第二列無題字、像一龕、左右立侍像各四、手執幡。第三列像一龕、左右跪像各八、手執蓮。第四列像一龕、左右侍像兩層。上層各五人手執幡、下層左六人、右五人手執蓮苾。第五列像一龕、左右侍像兩層。左上層六人執幡、左下層六人執蓮。右上層七人、二人執斧鉞、五人執幡。下層模糊。）

〔第一列〕
水精王像主□□女□□□周買成妻劉孫□□
水精王像主太學博士郡中正周凊郎妻史

〔第三列〕
金輪王像父梁貴
金輪王像主比丘賢仲

〔第四列〕
銀輪王像主高慶安妻韓順暈
（上闕）第二□□
慶安□女英□□英鄉英

〔第五列〕
王何賴
王後興

【上爵二石　第一列〜第三列】（六行。首・二列行側皆有像龕。第三列行側有畫像二。

〔第一列〕
□《至》一切處迴向心菩薩
无盡□□□□□□《功德藏迴向心》菩薩
順平等善根迴向心菩薩
□《隨》順□一切衆生迴向心菩薩
□迴向□《心》菩薩像主王呉□
（上闕）薩像主□□世珍

〔第二列〕
四□《焰》慧心菩薩像主許□瑢
一《五》天《大》勝心菩薩像主許□和
□《六》現前心菩薩像主□慶和
七□《无》生心菩薩像主姚郭買公主
□《八》不思議心菩薩像主比丘尼僧雲
九慧光心菩薩像主比丘尼像藏

〔第三列〕
（闕）息倶仁□弟二□子□
大齋主外兵參軍高慶安息子獻第二息子威
大齋主許羽生妻楊息居仁女敬暈中女惚暈小女僯暈

【上爵二石　第四・第五列】（第四・五列行側有畫像三）　※下列四行にわたり願文を有するが省略。

〔第四列〕
大都邑主督□□□延□□□□
大都邑主長流參軍劉□□□□
大都福德主長史劉郎仁妻馬

〔第五列〕
□□□主□□□□（下闕）
大都唯那董蜀□（下闕）
大都唯那孔伯主供（下闕）

道場主劉慶標　邑義正□□□□□

【上爵三石】（共四列。多不可辨）※列の並び不明

〔第一列〕
邑子宋仲仁
邑子韓□□

〔第二列〕
邑子劉元興
邑子□榮□

〔第三列〕
邑子梁延
比丘尼恵好

〔第四列〕
像主向文□
邑子□□□

【中爵一石】（共五列。行側皆有像龕）

〔第一列〕
像主大軍主□（下闕）
像主□□都□功曹□□□妻高□□□延珍□□□□
像主中正□□□□□妻史□□息難當妻□洪□息□祖
龍□□□妻田息伯當（闕）
菩薩主韓□妻李□亡息韓□□□□□
大像主郡中正李安善
供養主周天副妻史
安善妻宋息功曹□□
供養主郡中正周石哥妻劉
像主郡中正劉永達妻韓
祖妻李

〔第二列〕
二進心菩薩像主衞□□女俜□
三念心菩薩像主□女□□□王
四□《慧》心菩薩像主（闕）
五定心菩薩像主（闕）
六戒心菩薩像主宋逈□□□
七迴向心菩薩像主史道强女仙藏
□《八》□《護》法心菩薩像主□□□□□
□《九》信《捨》心菩薩像主史阿□女□
□《十》願心菩薩像主劉買□□□□□

〔第三列〕
二特《持》地心□菩薩像主張伯珍
三□《修》□《行》心住菩薩像主武臣姜
四□《生》□《貴》心住菩薩像主□□興
五方便心住菩薩像主孟櫝生
六□《正》心住菩薩像主劉大如
七不退心住菩薩像主劉承
八童眞心住菩薩像主劉和仁
九法王一《子》心住菩薩像主史清買
十灌頂心菩薩像主□□國
性和（下闕）

〔第四列〕
一歡欣心仁《行》（下闕）
二饒益心行菩薩（下闕）
三无瞋恨心（下闕）
四无盡心行（下闕）
五離癡欲（下闕）
六善現心行菩（下闕）
七无著心行菩（下闕）
八尊重心行菩薩像主□（下闕）
九善法心（下闕）

【中爵二石　第一列・第二列】（共六列。上二列行側皆有佛龕。下四列亦有侍像）

〔第一列〕

□□□神通□□聞□□□□時
□□□□□□不壊信時
□□相□□□生一切（下闕）
□□□□□□□□時
六観十二□□集无散時
七観十八界一切法合相時
八観因果无生无滅一合相時
九観佛法僧諦□般若解脱无二相
十観以自在慧□一切衆生（下闕）
□□侍佛時

〔第二列〕

二観金剛海藏所謂千善
三観八《入》如幻三昧所謂□門禪
四観□観□□□□卅七道品
五入法界智観□□諦
六達有□緣□□所謂□□□□十種□
七盡果報无彰无量□□觀三界□□□心果報□
八不思議无□觀所謂无相大慧方便□□无有□習无明□盡
九□□所謂四諦《十辯才》□不一切功德□□□心□□□□无明
十无得《导》智観无（下闕）

【中爵二石　第三〜六列】（下四列亦有侍像）

〔第三列〕

邑子王呉容
邑子賈要勝
邑子鄭无匡
邑子□方妻趙阿醜
邑子張敬姫
邑子許阿□

〔第四列〕

邑子高平令許僧賁妻周（下闕）
（上闕）天度妻梁家母生
邑子劉阿□□□
邑子□□哥妻張
邑子孔苗妻楊
廣陽令劉法洪妻柳

〔第五列〕

唯那劉保壽妻□要沒
邑子（下闕）
邑子□□□□（下闕）
□□□□□□（下闕）
邑子（下闕）
邑子□□（下闕）

〔第六列闕？〕

道場主婁要仁供養　邑子郡中正正世隆妻史　□□□□（下闕）
邑子韓仁興妻張羅姫　邑子軍主史僧興妻許　邑子竇買（下闕）
邑子董好女□後興　邑子高敬妻耿　邑子梁□□（下闕）

【中爵三石】（佛龕五列。惟首二列下有題名）

〔第一列〕	〔第二列〕
邑子□□□	邑子李安和
邑子成賓	邑子劉元景
邑子高敬□	邑
邑子劉保哥	邑子史思立
邑子解此宋	邑子劉靜明

【三爵一石】（共五列。行側皆有像龕）※第五列闕と見なす。

〔第一列〕	〔第二列〕	〔第三列〕	〔第四列〕
	二脩五戒法像主□苗玉□楊□道明	二觀身受心法□□□石□□□	二觀四如意足得无（下闕）
重修光《先》□行法門主	三脩八戒法像主胡□縣令劉天哥	三觀□一切入妙□□時像主胡□□	三觀五根信念進□（下闕）
□□□	四脩六《十》戒法像主張何勝息張□	四觀八勝處空天□時像主□□	四觀五分法身如虛（下闕）
□□王主	五脩施戒法像主高都太守王法□妻張	五觀八大覺一切法時	五觀八正《道》俱一合（下闕）
□佛會主	六脩持戒法像主賈要劉□法□	六觀八解脫如相時	六觀□□□等
四順一切佛國問訊一切佛主劉子高	七脩忍戒法像主劉僧敬妻□□女僧□	七觀天《六》和敬空不（下闕）	七觀正檽頂忍等《第》一（下闕）
五仰觀尊顏主韋城令劉匡妻趙	八脩精進戒法像主王文標息洪建	八觀三空如虛□空時	八觀四諦第一義（下闕）

九脩禪定戒法像主□罗女女淨唯　九觀敎衆□脩□諦法空□相時　九觀□中照一切法□□
十脩般若戒法像主衞定祖妻□□女生女僧□　十觀□（下闕）　十觀□□□□□□（下闕）

【三爵二石】（共六列。首二列行側皆有佛龕。下四列行側有侍像。手執蓮）※第五・六列題字闕と見なす。

〔第一列〕　〔第二列〕　〔第三列〕　〔第四列〕

□□无相中□□□生離衆生相　□□□□□意□□名歡喜地　邑中趙世□　邑子□□妻成思弟
觀一切法受□□□□□□名不壞　止《正》无相善入衆生界□方《万》佛世界名離□地　邑子韓子起　邑子高慶安妻韓□妃
三世諸佛法□□名等一切佛　无惠信忍脩書《習》彼佛道□□經名明地　邑子功曹星文仁妻劉　邑子王文□（下闕）
（上闕）名至一切□廻向　大順无生起忍觀一切□□觀法名□地　邑子郡功曹周貴和　邑子劉金玉
（上闕）人名无盡廻向　順忍脩道三界无明□皆空名難勝地　邑子劉張買弟虽仁　邑子劉德仁
習心向善无漏善不二名隨順善　上順諸法觀三世一切法□相名現前地　邑子劉他羅　邑子高佰□
觀善悪父母无三《二》舍《合》相名觀衆生廻向　无生忍諸法觀非有熕□非无熕□□□行地　邑子劉敬□妻史　邑子張（下闕）
（上闕）切□合相名如相廻向　□救菩薩无生觀捨三界報名不動地　邑子劉伯祖妻王　懺悔主劉（下闕）
（上闕）□□□合□无相　□□上觀光□佛□（下闕）

【三爵三石】（共五列。像倶模糊）

〔第一列〕　〔第二列〕　〔第三列〕　〔第四列〕　〔第五列〕

金輪王主張山□爲亡父母　銀輪王主張□□□□□　銅輪王主□□□　□《鐵》輪王主□公珍保　□《粟》□《散》王主宋子□

梁罷村造像碑（五六三）

【南面龕両側】

大起像主冗?□將軍員外司馬閻?恵?豊?妻梁息思?奴?（龕左）

思遺?像主翟□妻張留姜息延□（龕右）

【南面龕下】

大齊河清二年
歳次八月癸酉　迦葉主李金妃供養時　唯那梁祖憘　都唯那張進興妻王迴?香供養
朔廿七日己未
在此厥名梁罷
村續英合率邑
子七十人等各　都唯那梁子士?妻李供養　唯那張延和
竭己珍捨家所
有契同齊願共　左相大齋主梁始洛?妻李孫敬賢供養　開光明主翟顯族妻劉蓬蓉供養
造浮圖一口後　都唯那翟元和妻牛供養
設大齋造玉像
上爲皇　帝陛　唯那張□□供養
下臣寮百官州
郡令長逮及師
僧七世父母所　大像主□道妻侯醜?息令和□□□　菩薩主閻寶德妻王阿娥供養　都邑主翟貴□妻梁明姫　唯那梁社□供養

生父母因縁眷　大副像主殿？中？將軍梁龍虎妻郭□玉供養　菩薩主閻高妻張妙妖息阿業　都唯主梁□國妻劉息相德　唯那王盈和供養
屬邊地衆生咸
契正？覺
都邑主梁懷璨供養
右相齋主陽阿令翟□妻閻玉陵妻梁阿姿　都副齋主梁普度妻李供養
都副德主翟伾？郎妻穆客譽
都唯□西曹梁子義供養
阿難主宣威將軍征蜀統軍侯僧弟？□？億　唯那閻求達供養

【北面】

懺悔主劉世容
輪王主劉但生供養　唯那梁方洛南降郡太守
唯那梁洪義
大像主王德龍妻續？雙暉
佛塔主朱思璨供養時　唯那閻洪達　唯那閻張買妻田買姿
迦葉主范千貴供養佛時　唯那李兆買妻梁供養　唯那梁小和妻阿那
都唯閻惠豐妻羅化
唯那鄭延伯

大副像主閻永貴妻張供養佛時　唯那嵇金寶　唯那梁慶和妻史?妙洛

大副像主李業洛妻閻供養佛時　唯那閻清仁供養佛時　唯那梁中臣妻趙金好

唯那李業珍供養佛時　邑子

唯那暴曹生

唯那梁士進妻李阿妃

阿難主梁璨遵尊義貴遵　唯那梁和仁供養佛時

大像主韓迴僖妻張世好女洛容息永遷　唯那閻明達　道場主閻沖息方伯　唯那梁黒?供養

供養主任白羅　唯那閻洛生妻董供養

邑子閻要德

邑子馮?王買

邑子侯元進

【東面】

唯那翟子?超供養

大像主梁康妻李?小光供養時　左相菩薩主翟那羅　都唯那當州倉督梁貴集　唯那閻惠德供養

大像主梁子遊供養佛時　右相菩薩梁長?□　都唯那梁榮宗妻許?

唯那梁方璨供養

【西面】

像主□僧□…………德妻梁礼?化　左相菩薩主梁□妻翟□□

副像主劉…………………右相菩薩主閻光顯妻梁□

□□梁玉買供養時　唯那田□和妻王銀□　相德像主□寺?錄?事朱□□妻……

唯那田法龍供養

唯那閻□景供養　唯那□□□供養

唯那梁珍景供養　唯那翟?□?德供

註

(1) 顔娟英［二〇〇二］。

(2) この経はしばしば『本業瓔珞経』とも呼ばれる。

(3) 土橋秀高［一九六八→一九八〇］、諏訪義純［一九九七］八五～一一二頁、船山徹［一九九五］参照。

(4) 望月信亨［一九一七］。後に論が展開・増補され［一九三〇］［一九四六］に所収。

(5) 佐藤哲英［一九二九→一九八一］。

(6) 大野法道氏もこの経典の菩薩戒について内容的特徴を簡潔に紹介し、所用資料で最も時代が下るものは『勝鬘経』の劉宋元嘉十三年（四三六）であることを指摘する。詳細は大野法道［一九六三］一五九～一六五頁参照。

(7) 船山徹［一九九六］。

(8) 藤谷昌紀［二〇〇六］。他に氏の『瓔珞』に関する既刊の論稿としては、［二〇〇二］［二〇〇三］［二〇〇四］［二〇〇五ａ］［二〇〇五ｂ］［二〇〇七］がある。

(9) ジャイルズ英蔵敦煌写本目録 Giles［1957］には、S三四六〇（巻上）、S六三八〇（巻下）、S四六三六（一部分）がこの経典として、S二七四八がこの経の注釈として挙げられている。藤谷氏はS三四六〇とS二七四八の賢聖名字品の初住位の菩薩の行願の偈の数（二十八偈、二十三願）が、大正蔵本（三十一偈、二十四願）より少ないことを発見し、おそらく敦煌本がより古い形式のテキストであると論ずる（藤谷昌紀［二〇〇六］二三～二五頁）。

(10) 藤谷昌紀［二〇〇六］三三〜三五頁。

(11) 「十廻向」大正蔵「十向」だが、宋元明三本に従い「十廻向」に改める。

(12) 「莊嚴」大正蔵「嚴持」だが、三本・敦煌本S三四六〇に従い「莊嚴」に改める。

(13) 佐藤哲英氏は、これらの梵名と漢名に翻訳経典としては種々の問題が含まれていることを、この経が中国撰述であることの有力な根拠の一つとしている。前掲註(5)論稿参照。

(14) 藤谷昌紀［二〇〇六］を参照。

(15) この造像碑の二つの残石が湯帝廟に現存するという情報もあるが、筆者は未確認。ウェブサイト百度文庫【大陽名詞解釈】（二〇一二年四月二三日アップロード）http://wenku.baidu.com/view/628b68e8aead1f346933f5b.html を参照。

(16) 陳垣『二十史朔閏表』によると、河清二年五月は甲子朔。戊寅は十五日。『山右』は「五月□□（下闕）」、『鳳台県志』は「五月甲午朔十□日」とする。「午」は移録の際に「子」を誤読したものであろう。

(17) 「法」『山右』「□」。『鳳台県志』巻十三では、「石法華像」とするが、この像は『法華経』との関連が見られず、他に類例もない。あるいは、造像記にしばしば見られる「龍華像」を移録の際に誤読した可能性も考えられる。造像銘に見える龍華像については、第二部第二章で言及した。

(18) 「寶」『山右』「具」。

(19) 「籍」『鳳台県志』「借」。

(20) 「齋」『山右』「□」。

(21) 「邊」『鳳台県志』「遍」。

(22) 「果」『山右』「□」。

(23) 大陽鎮は二〇〇八年に「中国歴史文化名鎮」に指定された由緒ある鎮である。周辺には鉄鉱と石炭を産し、特に明清時代には、針の生産で全国的に有名になった。現在でも大陽鎮の門楼には、「古陽阿縣」という扁額がはめ込まれている。南河庵は明の万暦三五年（一六〇七）創建。大陽鎮については晋城市建設局［二〇一〇］二三四〜二四三頁を参照。

(24) 以上の記述は張儐生［一九八〇］を参照した。

(25) 道端5.168、高平金石志155：156写真34、百品167、三晋・高平7。

(26) （河清二年八月）淑徳拓。

(27) 中央美術学院石窟芸術考察隊・山西省沢州県旅游文物管理中心［二〇〇五］。

(28) 北魏太和二〇年（四九六）李道興等邑子造像記（高平金石志768：844、龍仏研46.187、佐藤智水［二〇〇五b］八三頁）。

(29) 李裕群・張慶捷［一九九九］。

(30) 顔娟英［二〇〇二］三三七頁。

(31) ただし『新集天下姓望氏族譜』（敦煌文献S二〇五二）沢州高平郡（唐代には北斉の陽阿県であった地はこの郡に属する）の郡姓としては「范・巴・翟・過・獨孤」が挙げられ、『太平寰宇記』巻四四沢州高平郡の郡姓も、この五姓に「朱」が加わるのみで、「劉」氏の名は見えない。

(32) 賢聖学観品には世間の果報として、十住は銅宝瓔珞銅輪王、十行は銀宝瓔珞銀輪王、十廻向は金剛宝瓔珞金輪王であるが、妙覚は、無量功徳蔵宝光瓔珞千福相輪法界王であるとしており、「水精王」ではない［T24：1016b］。

(33) 十地の第四地の観法は「四遍行法寶藏。所謂身受心法・正進・如意足・根・力・八正・七覺。是菩薩大行」［1015a］であるが、造像記では「四觀□觀□□□卌七道品」である。三十七道品とは、伝法顕（求那跋陀羅？）訳『涅槃経』などによれば、四念処・四正勤・四如意足・五根・五力・七覚支・八正道であるので、これは経文を要約したものとみなすことができる。第九地の観法は「九入法際智。所謂四十辯才。一切功德行皆成就。心習已滅、無明亦除」［1015b］であるが、造像記では、「九□□所謂四諦□不一切功德□□□心□□□□无明」となっている。「諦」の字も「辯」の字の移録の際の誤記である可能性がある。十行の第八では、経が「八入一切佛國中行故。所謂四化法。法辯・議辯・語辯・樂説辯。是四名慧性。照一切法無生、入第一義諦中行故」［1013c］であるが、造像記は「八觀四諦。第一義（下闕）」である。ここの四化法とは四無碍辯のことなので、この「諦」の字もやはり「辯」の誤記である可能性がある。十廻向の第六の観法では、経が「六佛敎化力。所謂十二入。外六境到内六根、爲識所入處。故名爲入。其慧觀者、不在内、不在外、不在中間。一切法無自無他故」［1014b］であるが、造像記は「六觀十二□□集无散時」である。これは十廻向の第五に「受想行識無集無散。一相無相故」［1014b］とあるのを誤って混入したと考えられる。十信心名の第九は経では「捨心」であるが、造像記では「信心」である。十信の第一が「信心」であり、字形も似ているので、これも移録の際の誤りという可能性が高い。

(34) 劉慧達［一九七八→一九九六］、久野美樹［一九八八］、船山徹［一九九五］、顔娟英［一九九八］、Yamabe［1999］など。

(35) 侯旭東［二〇〇五］三一一頁によれば、李静傑氏の未刊の書『仏教造像碑』に基づき、旧所在地を山西省沁県南涅水とする。しかし、李靜傑氏に直接問い合わせたところ、旧所在地は不明であり、現在は北京故宮博物院に所蔵されているということである。

(36) この願文に見える姓名「續英」は異体字で難読であり、侯旭東［二〇〇五］三二一頁では、「繒英」とする。供養者題記にはこの姓名は見えず、北面龕左側に「大像主王徳龍妻續雙《?》暉」とあるのが唯一の同姓である。

(37) 「相德佛」は、『十住毘婆沙論』や『観仏三昧海経』に見える十方仏のうち北方の仏である。

(38) 陳神忻造像記（拓7108、魯二四737、山右2、文物1997.1.73、百品178）、阿鹿交村邑子七十人等造像記（漢魏9.121、拓7124、魯二四747、山右2、文物1997.1.73、大村314、京NAN0561X、百品208）。

(39) 侯旭東［二〇〇五］二三一～二六四頁参照。
(40) これは『経律異相』巻二四［T53 : 129a］にも収録されている。
(41) 望月信亨［一九四六］四七一～四八四頁を参照。
(42) 例えば、『続高僧伝』巻五僧旻伝「弟子諮曰、和上所修功徳誠多、未始建大齋會。恐福事未圓。旻曰、大齋乃有一時發起之益。吾寡乏人力、難得盡理。又且米菜・醤酢・樵水・湯灰・踐踰澆炙、信傷害微蟲、豈有數量。慮有此事、故不敢爲也。始復求寄王官官府有勢之家、使役雖多、彌難盡意。近識觀之、藉此開悟。智者窺人有求名之誚。要請法俗侵星早到。若不專至、有乖素心。若現斯言、猶涉譏笑。故吾不爲也」［T50 : 463bc］という記事から、大斎には資財が必要で、王や官など世俗の権勢の援助に頼りがちであるという側面をうかがうことができる。
(43) 『瓔珞』大衆受学品［1020c］、『菩薩戒義疏』［T40 : 568c–569a］を参照。
(44) 船山徹［一九九五］五二～一一四頁参照。

第五章　『高王観世音経』の成立と観音像

はじめに

北魏時代においては、釈迦・弥勒像が多く造られたが、東魏時代以降に観音の造像が増加することは既に佐藤智水氏が指摘したところである(1)。本章と次章では、南北朝時代の中国における観音信仰の新たな展開を示す偽経『高王観世音経』（以下『高王経』と略）と『観世音十大願経』について、造像銘などの石刻や敦煌出土文献資料を援用し、各経の成立事情や経典にかかわる信仰の様態について検討したい。

『高王経』は、中国で撰述された非常に短い経典であり、経典読誦による様々な霊験譚とともに広く民間に流布した。本章では、経の成立とほぼ同時代と考えられる石刻を主な資料とし、この経の成立事情について、霊験譚との関連から検討してみたい。

『高王経』については、正史である『魏書』巻八四盧景裕伝（『北史』巻三〇同伝から補ったもの）に、関連する記述が見られる。隋代以前の経録に『高王経』の名は見えないが、後述する東魏武定八年（五五〇）の紀年を有する杜文雅造像碑に「高王經」と題してこの経典が刻まれている。唐以降の経録では、『大唐内典録』巻十「歴代衆經應感興敬録第十」に収録された孫敬徳の霊験譚（後述）中にその名が見える［T55 : 339a］。『大周刊定衆経目録』巻七・巻十四では「小乘修多羅藏」の「單譯經」に収録されたものの［T55 : 416a, 468a］、『開元釈教録』巻十八では「別録中僞妄亂眞録」に収録され、偽経と判定された［T55 : 674c–675a］。それにもかかわらず、この経に対する篤い信仰はその後も長らく廃れることがなかった。

『高王経』の先行研究は多数存在するが、第一にあげるべきは、牧田諦亮氏の成果である。氏は、『高王経』に関連する基本的事項を整理し、当時における最古のテキストとして、出口常順氏所蔵トルファン本を紹介した。また、同族の謀叛によって一旦は投獄されたが、経を読誦することで鎖が外れて刑を免れ、後に丞相高歓の子弟たちの家庭教師を務めた盧景裕について詳細に考察した。(2)「高王」と高歓との関係を明らかにした先駆的業績と言えよう。

次いで、『高王経』に関する画期的な論考として、桐谷征一氏の労作をあげるべきであろう。(3)氏は、隋の房山雷音洞に刻まれたテキストを先述のトルファン本や敦煌本などの諸本と対照する形で紹介した。また、種々の書に収録された霊験譚の綿密な比較考察から、その継承関係を明らかにした。その上で、「高王経テキストの成立については、特定の人間によって一時に固定的な経文が創出されたとは考えにくい。おそらくその原形になるものは、観音信仰が実践される現場の中で、信仰基盤である『法華経普門品』をはじめ、高王経の成立に先行して観音信仰を普及せしめていた『救苦観世音経』や『請観世音菩薩消伏毒害陀羅尼呪経』など流行経の中から、真経偽経を問わず主要な教説と字句が信仰的要請によって適宜抜粋され、それがかなり時間をかけて合成され徐々に形成されていったものであろう」と述べる。(4)桐谷氏の論考が発表されて以降、この経に関する研究は、国外で特に盛んになった。以下、国外の先行研究を見てみよう。

于君方氏は、牧田氏や桐谷氏の成果に依拠しつつ、『高王経』について概観した。結論として、『高王経』は、正統的な翻訳大乗経典に依拠しながらも、より簡便な実践法を提供するものであること、その経が流布するかどうかは為政者の支持の有無が大きく関わること、経典を中国の特定の地域及び人物の経験と結びつけることで親近感や具体性が増したことを指摘し、中国撰述経典の典型的な性格がそこに現れていると論じた。(5)

李玉珉氏は、南北朝時代の観音造像資料を網羅的に収集し、観音像の形状の変遷を明らかにした。また、無紀年だが北斉時代のものと見なされるサンフランシスコ・アジア美術館所蔵造像碑（以下、この造像碑を「アジア美術館経像碑」、この碑に刻まれた『高王経』テキストを「アジア美術館本」と略）について、南北朝時代の観音信仰研究における最も重要な文物資料の一つであると注意を喚起し、『妙法蓮華経』普門品（以下【刻経A】と略称）、「佛説觀世音經」と題された『高王経』、『天公経』という観音に関係する三経典とともに、『十句観音経』と類似する中国撰述経典（以下、【刻経B】と略称）がこの碑に刻まれていると指摘した。[6] 一方、『高王経』については、六世紀前半が河北地方の観音信仰の最盛期で、『高王経』と河北地方の観音信仰の盛行は相互的因果関係にあるとした。[7] つまり、北魏末の河北には観音を信仰する者が多くいたため、その需要に応えるべく信徒が『高王経』を撰述し、それが観音信仰の更なる流行を促したとする。六世紀前半における観音信仰の隆盛と観音像の造像、さらには『高王経』を結びつけた点については高く評価すべきである。ただし、氏の主眼は観音像の造形面における変化を考察することにあるため、高氏政権側の立場と『高王経』との関係についての論及は見られない。これは本章で中心的に扱おうとする課題である。

李小栄氏は、敦煌本を中心として『高王経』のテキストを校訂し、経典中に見える語句や仏名の典拠についても一部明らかにしたが、同様に諸本を対校した桐谷氏の成果を参照していない点が惜しまれる。この経の成立については、一戍卒の孫敬徳が救済を渇望する状況として、社会が動乱状態にあった東魏天平年間（五三四～五三七）は極めて相応しく、なおかつ高歓が当時の東魏において顕要な地位にあったため、偽経撰述者は高歓と東魏天平年間をこの経が生まれた舞台として設定したとする。[8]

劉淑芬氏は、北朝時代における中国撰述経典と石刻との関係を述べる中で、『高王経』の現存最古のテキストとして、東魏武定八年（五五〇）杜文雅造像碑に刻まれた経文（以下、「武定八年本」と略）を紹介した。また、東魏から唐初まで『高王経』のテキストは基本的に同一の形であったと指摘した点も重要である。[9]

張総氏は、現代に至るまでの『高王経』の諸本について簡単に概観し、この経が中国における観音信仰において重要な役割を果たしたことを強調した。[10] 氏の二〇一〇年の論考では、コロンビア大学所蔵の『高王経』が刻まれた唐代の造像碑を紹介し、『除恐災患経』の一節が『高王経』テキストの来源の一つであると指摘した。その上で、コロンビア大学所蔵の造像碑に刻まれたテキストの方が、武定八年本より『除恐災患経』のテキストに近いとした。さらに張氏は、河南省鶴壁市の五岩寺石窟における興和元年（五三九）の造像銘に「高王寺」の名が見えることについて、高王がこの経を流布するように命令したことを契機として観音信仰が盛んになったため、寺院の住持がこれを寺号とし、観音を主尊とした窟を造営したと推測した(11)。

以上の国外の研究をうけて、田村俊郎氏は、アジア美術館経像碑に刻まれた四経典を再検討し、このうち、李玉珉氏によって『十句観音経』との類似を指摘された【刻経B】が、『高王経』テキストのルーツの一つとして桐谷氏により注目された『救苦観世音経』（S四四五六）の前半部とほぼ一致することを明らかにした。また、この碑に刻まれた四経典について、『妙法蓮華経』普門品が基本的教義を提供し、それ以外の三つの偽経が「讀誦千遍」という具体的実践法を提示する点で共通すると指摘した(12)。

この田村氏の論考をうけて、山崎順平氏は、字体を考慮に入れつつ『高王経』の諸本を詳細に比較検討した。その結果、武定八年本を杜撰なテキストであるとし、田村氏の紹介したアジア美術館経像碑の『高王経』テキストが、北魏後期を含む南北朝時代にまで遡り得るものであり、『高王経』本来の形を伝えるものであるとする(13)。

確かに、この本の字句が武定八年本と比較して整っていることは認められるが、後述するように、この本のみに見え、他本に見えない箇所を『高王経』成立当初の文とすることは難しいのではないか(14)。

本章では、以上の諸氏、とりわけ牧田・桐谷両氏の成果に多くを負いつつ、近年の諸成果にも啓発され、北朝時代の造像銘を主な資料として、この経典の成立に関して改めて検討する。特に、高歓と『高王経』、そして観音像という三者の関係については、いまだ研究を深化させる余地が残されていると思われる。

『高王経』について、桐谷氏は「やや大胆な推測」と断った上で、後述する『続高僧伝』に見える『高王経』にまつわる孫敬徳の霊験譚が著者道宣自身の創作によるものであると述べる(15)。もし、孫敬徳の霊験譚が道宣自身の創作とすれば、孫敬徳が観音像を造って礼拝し、受刑に際しその観音像が身代わりになったという部分が、東魏北斉王朝当時の説話においては存在しなかったことになる。これは、東魏時代における観音像と『高王経』、さらに高歓との関係を考察しようとする筆者の立場と相違する見解であるので、焦点を東魏・北斉王朝当時の造像の状況や高氏の置かれた立場に定め、桐谷氏の説を再検討してみたい。

第一節　高王と高歓

牧田氏は『高王経』の「高王」が高歓であることを示唆し、「高王と高歓とを直接に結びつけるのにはなお若干の抵抗もあるように思われる。しかし後には高王を高歓と無意識にうけいれたのではなかろうか」と述べ(16)、桐谷氏は、「その命名には神武帝高歓の遺徳顕彰という政治的目的も推測される高王経」と述べる(17)。これらの見解では「高王」という称号がいつ使われていたのかについて曖昧な記述にとどまっている。そこで、高歓の在世中において、既に「高王」と言えば高歓を指していたことを今一度確認しておきたい。最初に示したいのは、山東省博物館所蔵の造像基座に刻まれた銘文である。冒頭部分が欠損しているが現地調査に基づく移録を以下に示そう。

持節都督南青州諸軍事・驃騎将軍・南青州刺史・帯方侯羅煞鬼、仰爲大丞相勃海高王、敬造无量壽像一軀。藉此微善、仰資大王福壽无窮、神恵休朗、逆叛歸降、慈化寛《?》廣、威肅殊方、四海傾仰、萬福日辛《新》、百禍消盪。

持節都督南青州諸軍事・驃騎将軍・南青州刺史・帯方侯羅煞鬼、仰ぎて大丞相勃海高王の爲に、敬みて无量壽像一軀を造る。此の微善に藉《よ》りて、仰ぎて大王の福壽窮まり无く、神恵休朗にして、逆叛歸降し、寛廣を慈化し、殊方を威肅し、四海傾仰し、萬福日び辛《あら》たに、百禍消盪するに資せんことを。

この造像記には、願主である羅煞鬼が、「大丞相勃海高王」、つまり高歓のためにその長寿を願い無量寿像を造ったことが記される。羅煞鬼は『魏書』巻四四羅結伝に「殺鬼」としてその名が見える。伝によると彼は鮮卑族の羅阿奴の子であり、武泰の年（五二八）に驃騎将軍・南青州刺史に就任した(18)。高歓が「大丞相」となったのは、中興二年（五三二）二月である。よって、この造像の年代は五三二年以降、遅くとも高歓が逝去した武定四年（五四六）までとひとまず判断できる。

次に示すのは東魏天平三年（五三六）の紀年を有する山西省定襄県の七岩山に刻まれた摩崖造像銘の抄録である(19)。

……於是七寶山靈光寺道人慧顏・慧端等、……上爲皇帝陛下、造七佛・彌勒下生・當來千佛。統御天下者、非賢聖無以承其先。開基定業者、非能哲何能纂其次。……今高王神聖重光、翼弼大魏、蕩定天下、使平世累葉、芬葩無窮。當今八風相和、六律相應、雨澤以時、五穀豐熟、民安足食、兵鉀不起、四海晏安、中夏清密、禮樂日新、政和民悅。今慧顏・慧端、業果閻浮、如惡可捨、拾善爲先、同子《童》入法。非宣揚慈訓、何能暢其正覺。咸願四海羣賢英儁等、迭相率化入邑、崇千佛。

……是に於いて七寶山靈光寺道人慧顏・慧端等、……上は皇帝陛下の爲に、七佛・彌勒下生・當來千佛を造る。天下を統御する者、賢聖に非ざれば以て其の先を承くる無し。基を開き業を定むる者、能哲に非ざれば何ぞ能く其の次を纂せん。……今高王神聖重光にして、大魏を翼弼、天下を蕩定し、平世累葉、芬葩無窮ならしむ。當今八風相い和し、六律相い應じ、雨澤時を以てし、五穀豐熟、民安んじ食足り、兵鉀起らず、四海晏安、中夏清密にして、禮樂日び新たに、政和し民悅ぶ。今慧顏・慧端、業果は閻浮にして、惡の如きは捨つべく、善を拾うを先と爲し、同子《どうじ》（童子）にて法に入る。慈訓を宣揚するに非ざれば、何ぞ能く其の正覺を暢べんや。咸な願わくは四海羣賢英儁等、迭《たが》いに率化し邑に入り、千佛を崇ばんことを。

この銘文によれば、七宝山霊光寺の僧慧顏・慧端らが中心となり、皇帝のために「七佛・彌勒下生・當來千佛」を造ったという。「高王」の語は、高王＝高歓が魏王朝を輔佐し、天下を平定したという文脈で記されている。もう一つ注目すべき資料が『北史』巻五三尉興慶伝に見える以下の記事である。

及芒山之役、興慶救神武之窘、爲軍所殺。……神武使求其尸、祭之、於死處立浮圖。世謂高王浮圖云。

芒山の役に及びて、興慶神武の窘を救い、軍の殺す所と爲る。……神武其の尸を求め、之を祭り、死處に於いて浮圖を立てしむ。世に高王浮圖と謂うと云う。

この記事によれば、高歓は、邙山の戦い（五四三年）で高歓を窮地から救い自らは犠牲となった尉興慶の亡骸を探し求めてそれを祭り、その死所に浮図（仏塔）を建立したが、世間ではそれを「高王浮圖」といったという。高歓と高王、さらに仏教との結びつきを裏付ける貴重な資料である。

また『高王観世音経』以外に「高王」を冠した経典として牧田氏が指摘したものに『一切法高王経』がある。[20] これには、以下のような翻訳記が残されている。

若夫皇徳配天、則臣應聖道。魏大丞相渤海國王冥會如來勝典之目、謂一切法高王經也。子尙書令儀同高公能知通法、資福中勝翻譯之功通法之最、敬集梵文、重崇茲業、感佛法力、遇斯妙典、令知法者翻爲魏言。大乘學人沙門曇林・婆羅門客瞿曇流支、在竇大尉定昌寺譯。興和四年歳次壬戌季夏六月朔次乙未二十三日丁巳、創譯八千四百四十九字。[T17 : 858c]

若し夫れ皇徳天に配さば、則ち臣は聖道に應ず。魏大丞相渤海國王冥かに如來勝典の目を會し、一切法高王經と謂うなり。子の尙書令儀同高公能く通法を知り、福に資する中翻譯の功に勝うるは通法の最たれば、敬みて梵文を集め、茲の業を重んじ崇び、佛の法力に感じ、斯の妙典に遇い、法を知る者をして翻じて魏言と爲さしむ。大乘學人沙門曇林・婆羅門客瞿曇流支、竇大尉定昌寺に在りて譯す。興和四年歳は壬戌に次る季夏六月朔は乙未に次る二十三日丁巳、譯を創ること八千四百四十九字。

これによれば、『一切法高王経』は高歓の子である尚書令儀同高公（高澄）が命じて翻訳させ、興和四年（五四二）に完成したものである。魏大丞相渤海国王である高歓が如来の説いた経典の眼目を「冥に會」し、その名を『一切法高王経』といったという。この経には同本異訳があり、その経題は、劉宋の曇摩蜜多訳では『諸法勇王経』、隋の闍那崛多訳では『諸法最上王経』である。[21]『一切法高王経』が明らかに高王＝高歓であることを意識して命名されたものであると言えるだろう。

この経典の内容は、あらゆる世界の衆生の安楽は菩薩により生じ存在するものであり、その恩は世間の天・人・阿修羅等が報ずることができないが、無上一切の恩に報ずるには菩提心を発すことに及ぶものはない、というものである。[22] 以上のように、この経典において菩薩の地位が強調されていることに、この経典を重訳し「高王」という名を経名に用いた一因があると考えられる。本章の結論を先取りして言えば、この時には、高歓＝高王が観世音菩薩の化身であるという想定が高歓の取りまきの僧の間では存在したと推測できる。

ここまで掲げてきた諸資料により、高歓在世時に、高王の称号が仏教と深い関わりを持つ場においてすでに用いられていたことが確認できる。浜口重国氏の研究によれば[23]、高歓は僻遠の地である河州に縁の深い一族の出身であったにもかかわらず、名族の渤海高氏を詐称して、渤海王位を得たのであり、高歓が渤海王位に就いたのは北魏太昌元年（五三二）九月である。以降、高王は高歓と認識されていたと考えてよいであろう。

第二節　『高王経』の霊験譚と北魏・東魏時代の観音造像の状況

『高王経』の流布に大きな役割を果たしたのが、この経の読誦による様々な霊験譚である。諸書に記録された霊験譚の記述の相違や系統については、桐谷氏が明快に整理し図示している[24]。本節では霊験譚に説かれる内容と北魏・東魏時代の観音造像の状況や銘文との共通点に着目し、霊験譚の成立時期について検証してみたい。

この経に関する霊験譚を最初に記録したのが『魏書』であると考えられている。現行の『魏書』巻八四盧景裕伝は『北史』巻三〇から補ったものであるが、牧田氏は『北史』の盧同伝が全く『魏書』の盧同伝によっていることなどを主な根拠として、散佚した『魏書』盧景裕伝も『北史』のそれと頗る類似したものであったと推測する。まずその『北史』巻三〇盧景裕伝の記事を、前半部【資料A-a】と後半部【資料A-b】に分けて掲げよう。

【資料A-a】景裕雖不聚徒教授、所注易大行於世。又好釋氏、通其大義。天竺胡沙門道悕、毎譯諸經論、輒託景裕爲之序。景裕之敗也、繫晉陽獄、至心誦經、枷鎖自脫。

景裕徒を聚め教授せざると雖も、注する所の易大いに世に行わる。又た釋氏を好み、其の大義に通ず。天竺胡沙門道悕、諸經論を譯する毎に、輒ち景裕に託し之が序を爲らしむ。景裕の敗るるや、晉陽の獄に繫がるるも、至心に誦經すれば、枷鎖自ずから脫す。

【資料A-b】是時、又有人負罪當死、夢沙門教講經、覺時如所夢譚、誦千遍、臨刑刀折。主者以聞、赦之。此經遂行、號曰『高王觀世音』。

是の時、又た人有りて罪を負い死に當たるも、沙門の經を教え講ずるを夢み、覺むる時夢に謂う所の如く、誦すること千遍、刑に臨みて刀折る。主者以て聞し、之を赦す。此の經遂《か》くて行われ、號して『高王觀世音』と曰う。

前半部【資料A-a】は、盧景裕が仏教を愛好し、その大義に通じており、投獄された際、誠心に誦経することで枷と鎖が自然と外れたという霊験譚である。牧田氏の考証によると、盧景裕の従兄である盧仲礼が高歓に対して反旗を翻し、その乱が平定されたのが元象元年（五三八）九月であり、この時に、盧景裕も連坐して獄に繋がれたという。後半部【資料A-b】では、この盧景裕の事件と同じ頃に、ある人が、罪によって投獄された時、沙門が経を教える夢を見て、目覚めた後、夢で教えられたとおりその経を千遍唱えたところ、刑に臨んで刀が折れ、このことが奏聞されて赦免され、その経が『高王観世音経』という名で流通したと述べられている。この記事では、前半の盧景裕の逸話と後半の無名の「有人」の逸話が並列されている。盧景裕の逸話と『高王経』とのつながりについては定かではないが、【資料A-b】には「是時」とあり、『高王観世音経』という名の成立が元象元年前後であることが分かるのである。ここで問題となるのは、【資料A-b】の無名の人物に関する記事と、次の孫敬徳に関する記事との関係である。

【資料B】元魏天平中、定州募士孫敬徳防於北陲、造觀音金像。年滿將還、常加禮事。後爲劫賊横引、禁於京獄。不勝拷掠、遂妄承罪、竝斷死刑、明旦行決。其夜禮拜懺悔、涙下如雨。啓曰、「今身被枉、當是過去枉他。願償債畢、誓不重作。又發大願」云云。言已少時、依俙如夢、見一沙門、教誦『觀世音救生經』。經有佛名、令誦千遍、得度苦難。敬德欻覺、起坐緣之、了無參錯。比至平明、已滿一百遍。有司執縛向市、且行且誦、臨欲加刑、誦滿千遍。執刀下斫、折爲三段、不損皮肉。易刀又斫、凡經三換、刀折如初。監當官人莫不驚異、具狀奏聞。丞相高歡表請其事、遂得免死。敕寫此經傳之。今所謂『高王觀世音』是也。敬德放還、設齋報願。出在防像、乃見項上有三刀痕。鄕親同覩、歎其通感。見『齊志』及『旌異』等記。（道宣『集神州三宝感通録』巻中［T52：420ab］）

元魏の天平中、定州募士孫敬徳北陲に防たりて、觀音金像を造る。年滿ちて將に還らんとするに、常に禮事を加う。後に劫賊の横引するところと爲り、京の獄に禁ぜらる。拷掠に勝えず、遂くて妄りに罪を承け、竝びに死刑に斷ぜられ、明旦決を行わんとす。其の夜禮拜懺悔し、涙下ること雨の如し。啓して曰く、「今身に枉を被るは、當に是れ過去に他を枉せしがためなるべし。願わくは債を償い畢らんことを、誓いて重ねて作さじ。又た大願を發す」云云。言い已りて少時《しばらく》するや、依俙として夢の如く、一沙門の、『觀世音救生經』を誦するを敎うるを見る。經に佛名有りて、令《も》し千遍誦せば、苦難を度するを得。敬德欻《たちま》ち覺め、起坐之に緣り、了《つい》に參錯無し。平明に至る比《ころ》、已に一百遍を滿つ。有司執縛して市に向い、且つ行き且つ誦し、刑を加えんと欲するに臨みて、誦すること千遍を滿つ。刀を執り下斫するに、折れて三段と爲り、皮肉を損せず。刀を易えて又た斫すること、凡て三たび換うるを經るも、刀折るること初めの如し。監當の官人驚異せざる莫く、具狀し奏聞す。丞相高歡其の事を表請し、遂くて死を免るるを得たり。敕して此の經を寫し之を傳えしむ。今の所謂『高王觀世音』是れなり。敬德放還せられ、齋を設け願に報ず。防に在りし像を出だすに、乃ち項の上に三刀の痕有るを見る。鄉親同じく覩、其の通感を歎ぜり。『齊志』及び『旌異』等の記に見ゆ。

この記事を【資料A-b】と比較すると、話の骨格は同じだが、【資料B】の方は具体的な時期・人名・場所に言及し、また、【資料A-b】にはなかった観音像の霊験も強調しており、説明も詳しい。特に「元魏の天平中」（天平年間は五三四〜五三七年）とこの事件が起こった年代を具体的に記しており注意すべきである。【資料B】と類似するが、やや異なる資料として以下に【資料C】【資料D】を示す。訓読は上と重複する箇所が多いので省略する。

【資料C】昔元魏天平年中、定州勇士孫敬德在防、造觀音像。年滿將還、在家禮事。後爲賊所引、不堪拷楚、遂妄承罪。明日將決、其夜禮懺流淚。忽如睡、夢見一沙門敎誦『救苦観世音經』。經有諸佛名、令誦千遍、得免苦難。敬德忽覺、如夢所緣、了無差錯。遂誦一百遍。有司執縛向市、且行且誦、臨刑滿千遍。刀下斫之、折爲三段、皮肉不傷。易刀又斫、凡經三換、刀折如初。監司問之、具陳本末、以狀聞丞相高歡。歡爲表請免死。因此廣行世。所謂『高王觀世音』也。敬德還設齋迎像、乃見像項上有三刀痕。見『齊書』。（『集神州三宝感通録』巻下［T52：427ab］）

この記事は、ほぼ【資料Ｂ】と同内容であるが、細部ではやや異なる。特に典拠が『斉書』となっているのは注意すべきである。次の資料を見てみよう。

【資料Ｄ】東魏高歓爲丞相、有孫敬徳者、兵家役人也。戍于邊鎭、造石觀音像、至誠無二。後敬徳爲他罪所累、寘死刑。既迫于刑期、爽旦有僧告之曰、「吾以經授汝、至日午、但誦滿千遍則免矣」。口受訖、失僧所在。敬徳念罹身禍、誠誦弗懈。纔畢其數、法官行刑、擧刃皆折、但聞砰然、如觸石之響。敬徳被鞫曰、「無乃像應歟」。公傳往驗之。其頸果有數迹。高氏録其經、而題之曰『高王觀世音經』也。（神清『北山録』巻七［T52: 619c］）

この資料の主旨も、【資料Ｂ】や【資料Ｃ】と同じであるが、細部ではかなり異なる。【資料Ｂ】では観音を金像とするのと異なり、ここでは石像とし、処刑が執行される時に刀が折れ、石にあたった音がしたので、孫敬徳は像が感応して身代わりになったのではないかと言い、そのことを調べに行かせると、実際、像に刀傷があったという。つまり、観音石像が身代わりになったことがより明確になるように記述されている。さらに、末尾において、高氏がその経を記録して『高王観世音経』と題したと述べる。『北山録』は九世紀初め頃成立の書であるが、【資料Ｂ】や【資料Ｃ】とは別系統の資料と考えた方がよさそうである。[25]

問題は、【資料Ａ-ｂ】と【資料Ｂ】【資料Ｃ】の関係をいかに考えるかである。これに関する桐谷氏の説は、道宣の記事が「『斉志』及び『旌異』等の記」や「『斉書』に見ゆ」などと典拠を曖昧にしており、孫敬徳に関する【資料Ａ-ｂ】から増広された【資料Ｂ】【資料Ｃ】の記事を道宣の創作であるとみなすものである。[26]

そこで、道宣のあげた資料の典拠について検討してみよう。桐谷征一［一九九〇］の表7を参照すれば、典拠がともに『斉書』である【資料Ｃ】と『大唐内典録』の記事は本文がほぼ全同であり、典拠がともに「『齊志』及び『旌異』等の記」である【資料Ｂ】と『法苑珠林』巻十四の記事も本文がほぼ全同であることが分かる。『旌異記』は『隋書』経籍志に「十五巻　侯君素撰」とあり、『隋書』巻五八侯白伝にも見える。そうすると、この『斉書』と『斉志』が何を指すのかが問題になる。そこで注目されるのが『隋書』巻六九王劭伝の以下の記事である。

劭在著作、將二十年、專典國史、撰『隋書』八十卷。多録口敕、又採迂怪不經之語及委巷之言、以類相從、爲其題目、辭義繁雜、無足稱者。遂使隋代文武名臣列將善惡之迹、堙沒無聞。初撰『齊誌』、爲編年體二十卷、復爲『齊書』紀傳一百卷、及『平賊記』三卷。或文詞鄙野、或不軌不物、駭人視聽、大爲有識所嗤鄙。然其採擿經史謬誤、爲『讀書記』三十卷、時人服其精博。爰自志學、曁乎暮齒、篤好經史、遺落世事。

劭、著作に在りて、將に二十年にならんとし、專ら國史を典《つかさど》り、『隋書』八十卷を撰す。多く口敕を錄し、又た迂怪不經の語及び委巷の言を採り、類を以て相い從い、其の題目と爲すも、辭義繁雜にして、稱するに足る者無し。遂くて隋代の文武名臣列將善惡の迹をして、堙沒して聞く無からしむ。初め『齊誌』を撰するに、編年體二十卷と爲し、復た『齊書』紀傳一百卷、及び『平賊記』三卷を爲る。或いは文詞鄙野、或いは不軌不物にして、人の視聽を駭かし、大いに有識の嗤鄙する所と爲る。然るに其の經史の謬誤を採擿し、『讀書記』三十卷と爲し、時人其の精博に服す。志學爰自《よ》り、暮齒に曁ぶまで、經史を篤好し、世事を遺落す。

この記事によると、王劭は、『隋書』を撰するにあたり、「口敕」を多く録し、「迂怪不經の語」や「委巷の言」を採用し、辞義繁雑で称賛に値するところがなかったという。また、編年体の『斉誌』(『北史』では『斉志』[27])や紀伝体の『斉書』を撰したが、言葉が卑俗で常軌を逸しており、人の耳目を驚かしたという。王劭の著作が以上のような性格であれば、その『斉書』や『斉誌』には、孫敬徳の霊験譚が収録されていた可能性が高いと言えるのではないだろうか。『斉書』に述仏志があったことも、道宣が『広弘明集』巻二において、その文を引用していることから分かる。藤善真澄氏は、王劭の著述について考察したが、道宣の頃まで王劭の『斉書』が伝存していた可能性は高く、道宣の著作には『斉書』述仏志からの転載がかなりあると推測する[28]。王劭は『魏書』の編纂者魏収により辟召されて北斉王朝に仕え、後に中書舎人にもなった北斉出身の官僚であり、『高王経』の霊験譚についても当然知悉していたであろう。すなわち、道宣が典拠とする『斉書』は、道宣が『広弘明集』においてその述仏志を引用している王劭撰『斉書』であり、『斉志』は王劭撰『斉誌』(『斉志』)である可能性が高いと言える。

以上の考察により、道宣は孫敬徳の霊験譚を主に王劭の『斉書』『斉誌』に基づいて記した蓋然性が高いと判断できる。【資料A-b】の『北史』に記載される霊験譚は、孫敬徳のことを述べたもので、正史という書物の性質上、孫敬徳という一介の無名の兵士の名を敢えて出さず文も簡略にしたのではないだろうか。

また、注目すべきは孫敬徳が定州の人とされることで、定州に属する曲陽修徳寺遺址では白大理石を用いた多数の石仏像が出土しており、有紀年銘造像中では観音が最も多い。北魏全紀年銘十五件のうち、観音であることを銘記するのは六件、東魏北斉全紀年銘一六二件のうち観音は三五件を占める。それに対し、唐代全紀年銘像十件のうち観音は一件のみである(29)。

観音菩薩については、『法華経』普門品に代表されるように様々な困難からの救済という現世利益的信仰が強く、六朝時代には種々の霊験譚を記した書物が撰述されていることはよく知られている。北朝造像銘においても、他の造像では亡者のための供養が主な動機であるのに対し、観音像を造る場合には、それに加え、家族や自身の病気の平癒や平安無事を願う現世利益信仰が濃厚である。以下例示しよう。

①永平四年正月六日、佛弟子明敬武願身无病患、又爲所生父母・兄弟姉妹、壽命延長、常无患痛、敬造觀世音像一軀(30)。

②比丘尼法光爲弟劉桃扶北征、願平安還、造□世音像一區。友《又》爲忘《亡》父母、造釋加像一區。願見在眷屬・一切衆生共同斯福。普泰二年四月八日造記(31)。

③武定五年八月八日、上曲陽縣楊雙進□晉州戍、身患、願得歸家、造觀音像一區。上爲國祚彌延、三寶興世、逮及法界有形、倶登常樂。故記之耳(32)。

①は自身の無病息災と家族の無病長寿を願い、②は弟が出征から無事に生還することを願い観音像を造り、さらに亡き父母の供養のために釈迦像を造ったもの、③は、兵役先で病気になり平安無事に家に帰ることを願い、（その願いがかない）造像したものである。以上の資料より、観音像を造るという行為が、病気平癒や兵役から平安無事に帰還することを祈願するという現世利益信仰と密接に結びついていたことが分かる。これらの造像銘は、孫敬徳が兵役で郷里を離れた地にいた時、観音像を造り、祈願していたという逸話を髣髴とさせるものがある。『北史』に見える『高王経』の霊験譚【資料A-b】と孫敬徳の霊験譚【資料B】【資料C】【資料D】の大きな相違は、前者は観音像に

言及しないが、後者は観音像が霊験譚において大きな役割を果たしていることである。次節では、より具体的に高王（高歓）と観音像との関係を示す造像銘を紹介し、検討してみたい。

第三節　高王寺と観世音像——五岩山の観世音像銘——

河南省鶴壁市の五岩山南麓には、東西にわたって摩崖造像や小石窟が存在する。五岩山は東魏・北斉時代の都である鄴から南南西に約四〇キロメートル、北斉文宣帝の師であった僧稠禅師の禅定窟である小南海石窟から南に約十キロメートルの地点に位置する。『中原文物』の報告(33)ではこの摩崖・石窟群を東から西へ順に五区に分けている。ここには、有紀年造像銘が十件余りあり、それらすべてが東魏時代（五三四～五五〇）の年号である。これらのうち、最も早い紀年は、興和元年（五三九）であり、その銘文（図2-5-1）には、高王寺主道該と檀越主爾朱氏によって観音像が造られたことが記されている。この銘文は陳平氏が既に移録し(34)、張総氏も文字を補っているが(35)、筆者が現地調査により作成した録文では、両氏と釈読が異なる部分があるので筆者の試釈を以下に掲げよう。

図2-5-1　東魏興和元年（539）造観世音像石窟銘

興和元年十月十日高王寺主道該(36)・檀越主爾朱姤(37)、在五巖山、造石窟一軀、中有観世音像、并日天子・月天子、造紀銘記(38)。五巖寺主恵□・沙[?]□曇□記。

興和元年十月十日高王寺主道該・檀越主爾朱姤、五巖山に在りて、石窟一軀を造り、中に観世音像、并びに日天子・月天子有り、紀銘記を造る。五巖寺主恵□・沙□曇□記す。

銘文によると、高王寺主道該が、檀越主爾朱姤とともに、観音と日天子・月天子像を中に有する石窟を造ったという。檀越に爾朱氏の名が見え、銘文の最後に五岩寺主の名も見える。『北史』巻十四彭城太妃爾朱伝によれば、高歓は爾朱栄の娘で北魏孝荘帝の皇后であった大爾朱と、建明帝の皇后であった爾朱兆の娘小爾朱を娶っている。小爾朱は天平元年（五三四）に趙郡公琛と私通し霊州に徙された。しかし後に尼となり、高歓は彼女のために寺院を建立したという。一方、大爾朱は、正室の婁氏よりも高歓に敬重された。しかし後に尼となり、高歓は彼女のために寺院を建立したという。一方、大爾朱は、正室の婁氏よりも高歓に敬重された。高王寺の檀越主という重要な地位に就いていた「爾朱姤」はかつて孝荘帝の皇后であった大爾朱を指す可能性が高いと考えられる。孝荘帝は、爾朱栄を弑した後、爾朱氏徒党の兵に対抗するため、勃海高氏の高乾を河北大使に任じ、郷閭を招集させ援軍にあたらせている。このときの状況を『北斉書』は「乾垂涕奉詔、弟昂援劍起舞、請以死自效」と記す[39]。河北の豪族達が希望を託した明主が孝荘帝であり、孝荘帝の死後、彼らは高歓にその希望を託したのである[40]。五岩寺摩崖の第二区に「大魏孝荘皇帝時士」と大きい文字で刻む武定五年（五四七）孟□賓造像銘が存在するのもこのことと関係するかもしれない[41]。

さて、高王寺主の銘文に見える観世音像は、地面よりやや高いところにある第五区の第六窟内にあり（図2-5-2）、銘文は窟外向かって左側に存在する。窟内の大きさは幅八五×奥行き一二〇×高一一〇センチメートルである。窟内正壁の主尊は結跏趺坐の菩薩像であり、脇侍に四弟子二菩薩像を配する七尊形式の像である（図2-5-3）。陳平氏の論考を参照しつつ窟内の像容を説明すると、主尊の菩薩像は高宝冠を戴き、宝繒は耳際より上腕部にまで垂れ下がり、桃形の胸飾りをつけている。帔巾は腹前でX字状に交叉し、環を通って両臂に掛かり外に広がる。腰際で裙を束ね、裙の裾は二層になっており台座前部に垂下する。南北両側壁にはそれぞれ三尊立像があり、中央の立像は両手を袖の中に隠し胸の前でこまねく。袖は寛く大きく、両肘から逆三角形を呈し脛の前まで垂れる。衣紋は簡素な表現である。

北朝時代において観音像を菩薩坐像形式の主尊として表現することは非常に珍しく、北朝時代を通じて、立像形式の観音像の方が圧倒的に多い。李玉珉氏が作成した北朝時代の観音像の像容の表を参照しても、北周保定二年（五六二）の二件以外には見当たらない[42]。ただし、尊名は不明だが、鞏県石窟第四窟中心柱南面上龕によく似た様式の菩薩坐像が見られる。また、右足を左足上にのせず、少しくずした形の菩薩坐像は鞏県石窟一・三・四窟中心柱東面、龍

図2－5－3　東魏興和元年（539）観世音像石窟内部

図2－5－2　東魏興和元年（539）観世音像石窟外景▶

門石窟魏字洞南北両壁中尊、皇甫公窟南壁中尊に見られ、この形式の菩薩坐像は今のところ弥勒と推定されているようである。[43] 観音像は立像形式で造る伝統が根強くあり、坐像という特殊な形式の観音像はあまり流行しなかったと考えられる。さらに、主尊にも増して特異であるのは両側壁の中尊立像であり、その頭部は欠損しているが、菩薩形でも僧形でもないようである。おそらくこれが銘文中にある「日天子」「月天子」に相当すると思われるが、北朝時代においてこの尊名を有する像は、管見の限りこれ以外に皆無である。

次に、銘文に見える五岩寺と高王寺について考察しよう。銘文の最後に見える五岩寺の名は、五岩山の他の造像銘文にも現れる。五岩山摩崖の最も東に位置する第一区の石窟には、興和四年（五四二）に邑子四十人が石窟を造ったことを記した「五巖寺石窟銘」があり、[44] 五岩山に存在した寺院が「五巖寺」と呼ばれていたことが分かる。一方、高王寺であるが、『芸文類聚』巻七七寺碑には「獻武皇帝寺銘」が収録されている。おそらく碑文の抜粋と思われるが、その文には、

獻武皇帝寺銘曰、惟睿作聖、有縱自天、匡國庇民、再造區夏。功高伊・呂、道邁桓・文。雖住止域中、而神遊方外、影響妙法、咫尺天人。曉夜自分、不勞雞鶴之助、六時靡惑、非待壺箭之功。永寄將來、傳之不朽。辭曰、用分行

坐、以敦戒行、苦罪祈福、傲佷成敬。萬國咸亨、一人有慶、方傳自久、是用成詠。

獻武皇帝寺銘に曰く、惟だ睿のみ聖と作る、縱《ゆる》すこと天自りする有り、國を匡し民を庇い、再び區夏を造る。功は伊・呂より高く、道は桓・文に邁《す》ぐ。域中に住止すと雖も、神は方外に遊び、妙法に影響し、天人に咫尺たり。曉夜自ずから分たれ、雞鶴の助を勞わず、六時惑う靡きこと、壺箭の功を待つに非ず。永えに將來に寄せ、之を不朽に傳えん。辭に曰く、用て行坐を分かち、以て戒行を敦くし、苦罪は福を祈り、傲佷は敬を成す。萬國咸な亨け、一人慶有れば、方に傳うること自ずから久しからん、是を用て詠を成す。

とある。この箇所には、具体的な事跡に関する言及は見られないものの、高歓の優れた政治や、彼が仏法にも通暁していることを称讃する内容となっている。献武皇帝とは、北斉天統元年（五六五）、高歓に「神武皇帝」という諡号が与えられる前、北斉王朝成立直後（五五〇）に高歓に与えられた諡号である。この献武皇帝寺の所在であるが、『洛陽伽藍記』巻五には、「北芒山上有馮王寺、齊獻武王寺」とあり、洛陽城北の北芒山（邙山）には、「齊獻武王寺」が存在したことが分かる。『魏書』巻十二孝静帝紀・武定五年（五四七）の条には、七月戊戌に詔して、亡くなった高歓に対し「齊王」の璽紱を贈り、「獻武王」と諡したという記事がある。(45) この「齊獻武王寺」は、北斉時代に「獻武皇帝寺」と改号したと考えるのが自然である。

さらにもう一件、高歓の名を冠した寺院が別の場所に存在したことを示す、興味深い造像記が存在するので以下に掲げよう。

武平二年歳次辛卯、九月丙午朔十五日、神武皇帝寺主道淵、宿資妙善、解達苦空、幼染緇門、千言日上、誦涅槃・法華二部、維摩・勝鬘二部。武定年中、照(昭)玄辟爲州沙門都。皇建年中、除授青州(?)□□統(?)。□□□式清新。州互相遣、轉擬懷州統、自以年邁、留心本寺、割五分之資、敬造此像一區・涅槃一部。□願皇帝萬福、曩劫師僧・父母・眷屬・一切含生倶昇正覺。

武平二年歳は辛卯に次る九月丙午朔十五日、神武皇帝寺主道淵、宿《つと》に妙善に資し、苦空に解達し、幼くして緇門に染まり、千言日び上し、涅槃・法華二部、維摩・勝鬘二部を誦す。武定年中、照玄辟して州沙門都と爲す。皇建年中、青州□□統を除授せらる。□□□式て清新たり。州互相《たが》いに遣わし、轉じて懐州の統に擬せらるるも、自ら年邁《す》ぐるを以て、心を本寺に留め、五分の資を割き、敬みて此の像一區・涅槃一部を造る。□願わくは皇帝萬福にして、曩劫師僧・父母・眷屬・一切含生倶に正覺に昇らんことを。

この石刻は一九九四年に山西省臨汾市堯都区環城南巷で発見された。この地には、東魏・北斉時代、晋州の治所が置かれており、対西魏・北周戦の重要な軍事拠点であった。『北斉書』には高歓のことを「高晉州」と称する事例が見られるが、高歓は爾朱栄の推薦をうけ晋州刺史となっており、晋州は高歓と縁の深い土地である。銘文によれば、神武皇帝寺主道淵は、東魏の武定年中（五四三～五五〇）に昭玄寺により辟召されて晋州の沙門都維那となり、その後、北斉の皇建年間（五六〇～五六一）におそらく青州沙門統を拝受した。次の部分が一行欠損しており不明だが、ついで、懐州（州治は現在の河南省沁陽市）沙門統に転任することになった時、高齢を理由に辞退し、本寺（神武皇帝寺）に心を留め、武平二年（五七一）この像と『涅槃経』一部を造ったという。「神武皇帝」とは、先述したとおり天統元年に高歓に与えられた謚号であり、それ以前の寺号は「獻武皇帝寺」、さらに遡れば「高王寺」であった可能性もある。

ちなみに、高王寺村という地名は、山東省泰安市と陝西省宝鶏市鳳翔県に現存することが張総氏によって指摘されている[46]。上述した「獻武皇帝寺銘」「齊獻武王寺」「神武皇帝寺」の存在も、高王寺が複数箇所存在した可能性を高めるものである。この高王寺が五岩山に存在した寺院ではないとすると、別の場所に存在した高王寺には、この五岩山の小石窟内の像と同形式の、より大きい観音像が造られていたのではないだろうか。

観世音像を主尊として正壁に安置し、日天子・月天子を両壁に据えるという配置の典拠となる経典については該当するものが見当たらず、現在は失われた経典を典拠とするか、あるいは経典にないオリジナルである可能性が高い。いずれにしろ、この形式の三尊像は他に全く類例がなく、この観音像が通常の観音像にはない特別な力を有していることを主張していると考えられる。当時において類例を見ない形式の観音像が「高王寺主」によって造られたということは、そこに高王と観音を結びつけようとする意図が働いていた結果であろう。

河南の洛陽から河北の鄴へと遷都し、実質的な政治権力を掌握したばかりの高歓にとって、自らの名声や権威を高めることは喫緊の課題であったが、河北地方に既にかなり普及していた観音信仰を利用しようとするのは大いに有り得る発想である。そこで、自らの名を冠した高王寺において、観音菩薩像が造られたと考えられる。また、その像の権威を高めるには、像にまつわる霊験譚があった方がより人々に強い印象を与えることができる。そこで、想起されるのが、前節で考察した『高王経』の孫敬徳に関する霊験譚である。孫敬徳の霊験譚では、『高王経』読誦の霊験だけでなく、観音像の霊験も強調されている。道宣の記事では、孫敬徳の霊験譚は東魏王朝成立直後の天平年間（五三四～五三七）のこととする。一方、『北史』の【資料A-b】の記事は、「有人」の『高王経』の霊験譚を、盧景裕の事件と同じ頃、すなわち、元象元年（五三八）前後のことであるとする。いずれにしろ、高歓のとりまきの僧達は、東魏王朝成立後間もないこの時期において、『高王経』と高王寺の観音像をセットとして、霊験譚を借りつつ「高王」の名を広めることを高歓に進言し、高歓により承諾を得たと考えるのが妥当ではないだろうか。

高歓については、関中に逃れた孝武帝に対し、僧道栄を関中に派遣していること、孝静帝擁立の議に沙門が参加していること（『北斉書』巻二神武帝紀下）、造像銘や寺碑に高歓を称揚する文が見られることなどから[47]、高歓の身辺にはとりまきの僧が存在したと推察することができ、観音像と『高王経』の霊験譚に関する創案もこうした高歓のとりまきの僧によるものだったと考えられる。

ところで、造像においてこのような政治権力との結びつきをうかがわせるものが、願文中にあらわれる「上は皇帝陛下の爲に」、「皇祚永隆」などと造像の功徳を皇帝のために廻向する文であり、これを佐藤智水氏は皇帝崇拝と名づけた。氏は「北魏代の皇帝崇拝は釈迦と弥勒に集中しており観音と無量寿は皆無」「これが北魏帝国崩壊後になると、西魏・北周では前代の性格を継承しているのに対し、東魏・北斉ではいろいろな尊像に分散して現われる。即ち、観音が釈迦・弥勒を追い越して皇帝崇拝と結びつき、さらに新顔の盧舎那・阿弥陀が登場する」「北魏帝国崩壊後とくに北斉代において観音が隆盛をみるのも北斉国家の支配のあり方と無関係ではないと考えられる」と述べ、北斉王朝と観音像との関係を示唆した[48]。現在では、佐藤智水氏の論稿発表当時より利用できる資料も増えており、北魏の観音像に皇帝崇拝の見られるものもあるが[49]、少数であることにかかわりはない。氏の述べる如く、東魏・北斉時代では、観音像の数が北魏に比べ大幅に増加するとともに、皇帝のための祈願を含む観音像も増加するのである。特に北斉皇室と観音との関係を如実に表すのが、次に掲げる北斉武平二年（五七一）の石刻造像記である。

蓋大士慈悲、施无畏於六趣、菩薩弘護、恣神通於三有。皇心所以翹仰、聖意所以慇懃。皇太后以武平二年十一月十三日、敬造観世音石像一區。以此勝善、仰資武成皇帝昇七寶之宮殿、皇帝處萬國之威雄。傍兼有心之類、一時倶登聖道[50]。

蓋し大士の慈悲、无畏を六趣に施し、菩薩の弘護、神通を三有に恣にす。皇心の翹仰する所以にして、聖意の慇懃たる所以なり。皇太后武平二年十一月十三日を以て、敬みて観世音像一區を造る。此の勝善を以て、仰ぎては武成皇帝七寶の宮殿に昇り、皇帝は萬國の威雄に處らんに資せん。傍兼《かね》て有心の類、一時に倶に聖道に登らんことを。

『潜研堂金石文跋尾』巻三によれば、この造像は、臨漳県三台仏寺、つまりかつての鄴都の寺院の跡地に存在したという。「皇太后」というのは胡太后を指すが、慈悲深く神通力を自在に操る菩薩（ここでは観音菩薩のことであろう）は、皇帝が仰慕し、慇懃である対象であるので、亡き武成帝と現皇帝後主のために観音石像を造ったとする。これは、北斉皇家においても、観音菩薩が特に重視され、崇拝されていたことを示す好例と言えるであろう。

本節では、鶴壁五岩寺の石窟の興和元年銘観音像が、像の形状・脇侍の尊名ともに、非常に特殊なものであること、また、高歓の名を冠した寺院が複数存在すること、ならびに高氏政権における観音像の重視が北斉王朝でも確認されることを明らかにした。

さらに、これら明らかになった事実をもとに、このような特殊な観音像が新たに造られた背景として、孫敬徳に関する観音像と『高王経』の霊験譚の存在を想定した。そして、これらの創案が高歓のとりまきの僧によるものであったと推測した。

第四節　『高王経』現存最古のテキスト

『高王経』現存最古のテキストは、既に述べたように、杜文雅（杜文雍）造像碑碑陰下部に刻まれている武定八年本である（図2-5-4。以下【武】と略）[51]。この造像碑は碑高一七五、幅三九、厚さ二三センチメートルであり、禹州市博物館所蔵とされる[52]。現状では大部分が剥落しているが、碑の下部には、「高王經」と題する『高王観世音経』の全文が刻まれていた[53]。これは『高王経』の現存最古のテキストであり、中央研究院傅斯年図書館・京都大学人文科学研究所所蔵の拓本等[54]によりその全文を確認することができる。『（民国）禹県志』巻十四金石志、『河南文物』[55]等の記述を勘案すると、この碑は元来、西魏大統十三年（五四七）の杜照賢造像碑と同じく梁北鎮杜康寺村の杜岡寺（杜康寺）に存在した。北村一仁氏の指摘によれば、この杜文雅造像碑と西魏の大統十三年杜照賢造像碑には、共通する供養者名が数名見えるため、両碑は同じ杜氏一族が中心となって造像したものである[56]。また、この地域は、両碑の建てられた当時、東魏と西魏の争奪戦が繰り広げられた土地でもあった。つまりこの両碑の存在は、西魏の正朔を奉じていた杜氏が、その三年後の武定八年（五五〇）には西魏から離れ、東魏の正朔を奉じ、東魏王朝の支配に属したことを示しているのである。

杜氏一族が「高王經」と題した『高王観世音経』を碑に刻んだことについては、北村氏が「これは、杜氏の観世音信仰を示すと同時に、あるいは高氏一族への帰属を表明した証といえるかもしれない」（北村一仁［二〇〇八］六九頁）と述べるが、これはまさに正鵠を得た指摘と言えよう。

大正蔵に収録されている『高王経』は後代に増広されたものであるが、唐代以前の古い形を残す『高王経』のテキストとして現在知られているものは、北朝時代のものと考えられる山東省兗州市金口垻附近出土残石（【兗】と略。図2-5-5）[57]、既に言及した北斉または隋代のサンフランシスコ・アジア美術館本（【サ】と略）[58]、隋代の大業年間（六〇五～六一七）に刻まれた房山雷音洞刻経（【雷】と略）、さらに永徽二年（六五一）龍門石窟老龍洞造釈迦像記とともに

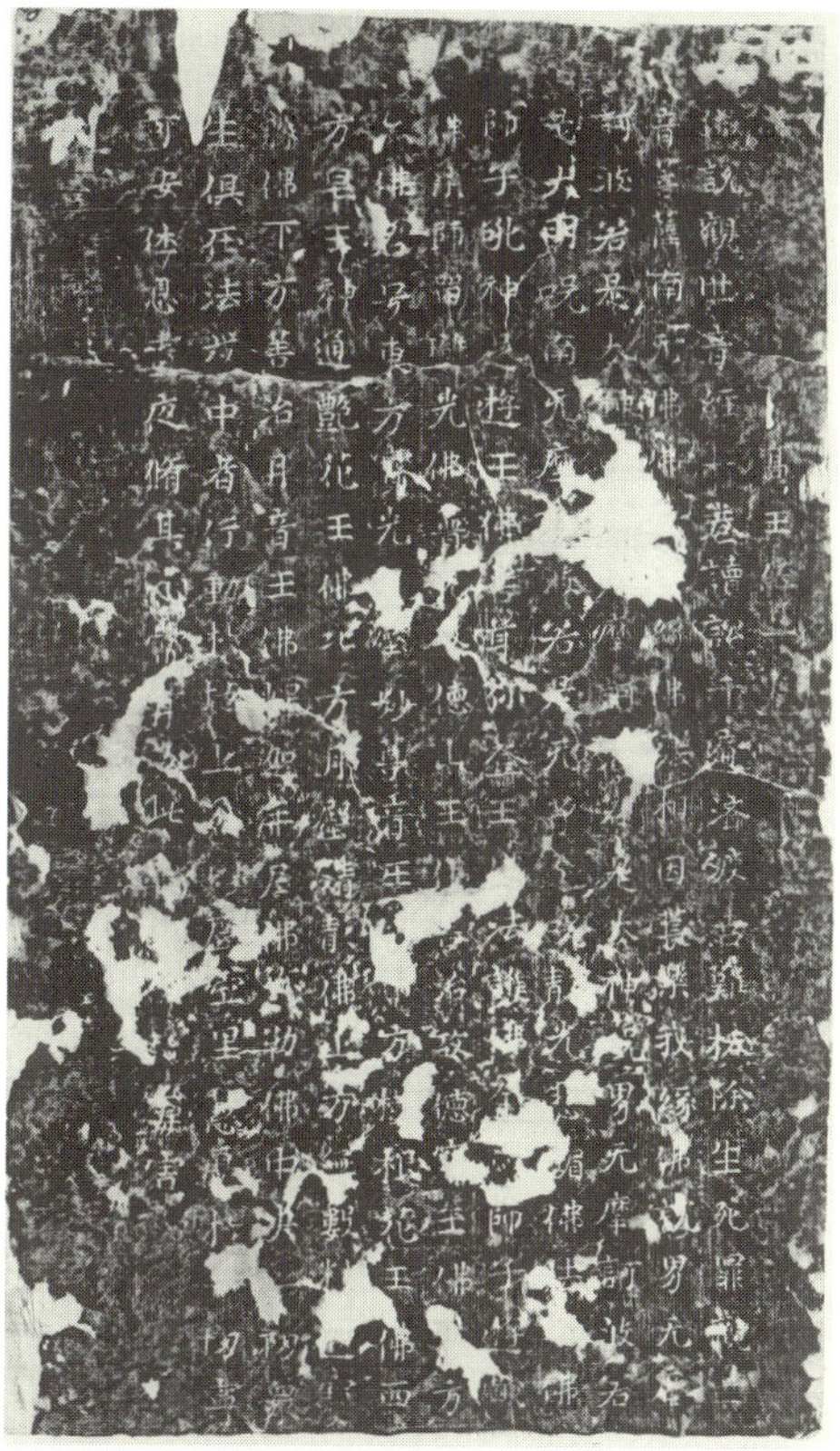

図2-5-4　東魏武定八年（550）杜文雅造像碑『高王経』

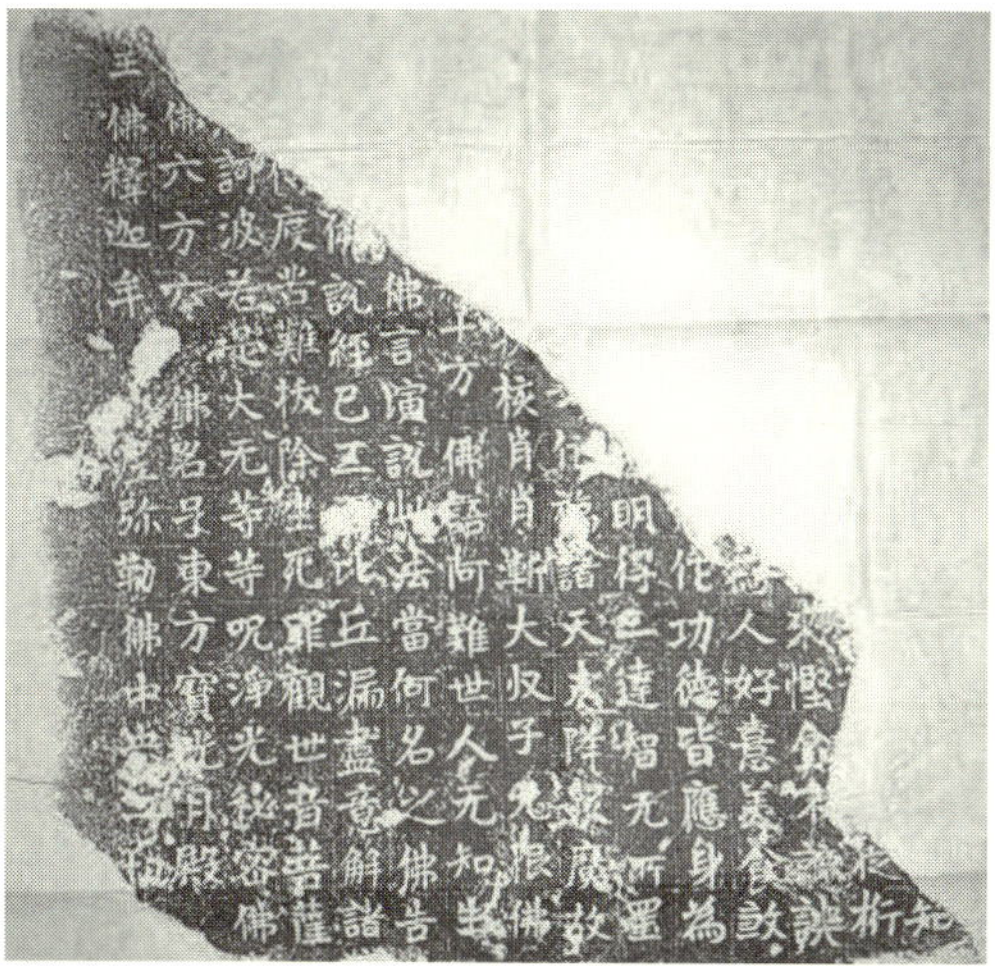

図2-5-5　山東省兗州市金口垻附近出土残石

刻まれたもの（【龍】と略[59]）、唐代総章二年（六六九）の紀年刻経記を有する『般若心経』の下に刻まれ、おそらくほぼ同年代と考えられる房山第三洞刻経（【三】と略）、大阪市立美術館所蔵永淳元年（六八二）阿弥陀造像の背面に刻まれたもの（【阪】と略[60]）、牧田諦亮［一九六六↓一九七六］によって紹介されたトルファン本（【吐】と略）、張総［二〇一〇］が紹介した米国コロンビア大学所蔵唐代観音経像碑に刻まれたもの（【コ】と略[61]）、俄蔵敦煌本ДX五三一（【甲】と略）、ДX一五九二（【乙】と略[62]）、甘粛省博物館蔵敦煌本G〇一六（【甘】と略[63]）などがある。

　このうち、山﨑氏によって隋以前に遡ると判断されているのが、武定八年本（【武】）、アジア美術館本（【サ】）、トルファン本（【吐】）、雷音洞本（【雷】）の四本である。『高王経』の原型を探るには、この四本に加え、【兗】にも特に注意する必要がある。

【竞】【阪】以外の諸本の校合については、既に山崎氏が厳密かつ詳細に行っている。山崎氏は武定八年本について、「テキストは特異で校勘の杜撰なことが改めて確認できた」とし、それに対し、アジア美術館本は「最も撰述本来の形を伝えるものである」とする。[64] 筆者が諸本を比較した結果、氏の論に賛同する部分もあり、意見が異なる部分もある。そこで、山崎氏の提示したテキストを参照しつつ、さらに文字が判読可能な部分は補い、武定八年本（図2−5−4）を底本とし、[65] 唐以前の他本との異同を以下に提示しよう。なお、□内の漢字は字の残存箇所と他本の文字から判断した推測の文字である。対校本の該当箇所全体が欠損している場合は示さないが、同じ場合は「同」と示す。なお【阪】については、明らかに後の補刻による誤りと判断できる場合、その異読は示さない。

高王經一巻（1）

佛說觀世音經一巻（2）、讀訟（3）千遍、濟渡苦難（4）、拔除（5）生死罪。觀世音菩薩、南无佛、佛□□（6）緣、佛法相因、萇樂（7）我緣、佛說男无摩訶波若是大神[呪]（8）、□□摩訶[波]若是大神呪（9）、男无摩訶波若是大明呪（10）、南无摩□波若是无等ゝ呪（11）、[彭]光悲媚佛（12）、法□（13）佛、師子吼神足遊（14）王佛、告酓彌登（15）王佛、法護（16）佛、金[剛]師子遊戲佛（17）、藥師留瓈光佛（18）、普[光]攻（19）德（20）山王佛、[善]治攻德（21）[寶]王佛、□（22）方六佛名號、東方寶光□𡐿妙尊音王□（23）、□方樹根花（24）王佛、西方皀王神通艷花王（25）佛、北方月𡐿淸彰（26）佛、上方無數[精進]寶勝佛（27）、下方善治（28）月音王佛、釋迦牟尼佛、彌勒佛（29）、中央一切衆生（30）、俱在法戒中者（31）、行動於地上（32）、及以虛空里（33）、慈憂（34）於一切、寧可安（35）休息、晝夜脩其（36）心、常有□此[偈]（37）、□□於毒害（38）。

【対校】

(1)「高王經一巻」【サ】「佛說觀世音經一巻」。【雷】「已下大王觀世音經一巻」。【吐】「佛說觀世音折刀除罪經」。【阪】「佛說高王經一巻」。【三】【コ】【甲】【乙】【甘】なし。

(2)「一巻」【雷】【三】【コ】【乙】同。【サ】【吐】【阪】【甘】なし。【甲】「一巻受持」。【甘】「受持」

(3)「訟」諸本「誦」。

(4)「濟渡苦難」【阪】同。【竞】【サ】【雷】【吐】【三】【甘】「得度苦難」。【コ】「得度□□」。【甲】「得度苦」。【乙】「□度苦難」。

(5)「除」【甘】なし。

(6)「□□」【サ】【雷】【龍】【三】【阪】【コ】【甲】【甘】「國有」。【吐】【乙】「法有」。

(7)「萇樂」【サ】【三】【吐】【甲】【甘】「常樂」。【龍】「長樂」。【雷】「□樂」。【阪】「有□」。

(8)「男无摩訶波若是大神呪」【サ】「摩訶般若是大神呪」。【吐】「摩訶般若是大神□」。【雷】【三】【龍】【阪】【コ】【甲】【乙】【甘】なし。

(9)「□□摩訶波若是大神呪」【サ】【阪】【コ】「南无摩訶般若是大神呪」。【雷】「南□□訶□□是大神呪」【龍】「南无摩訶□□是大神呪」【吐】「……訶般若是大神□」。【三】「南无摩訶般若波羅蜜是大神呪」。【甲】「南无摩訶波若波羅蜜是大神呪」。【乙】「南无摩訶般□□□□」。【甘】なし

(10)「男无摩訶波若是大明呪」【雷】「南无摩訶波若是大明呪」。【サ】【龍】【阪】【吐】「南无摩訶般若是大明呪」。【三】「南无摩訶般若波羅蜜是大明呪」。【コ】「南无摩……呪」【甲】「南无摩訶波若波羅蜜是大明呪」。【乙】【甘】なし。

(11)「南无摩□波若是无等ゝ呪」【竞】「……訶波若是大无等等呪」【雷】「南无摩訶波若是大□等等呪」。【サ】【吐】「南无摩訶般若是大无等等呪」。【阪】【コ】「南无摩訶般若是无等等呪」。【三】「南无摩訶般若波羅蜜是无等等呪」。【甘】「南无摩訶般若婆羅蜜是無等等呪」。【龍】「南无□□□若是□□□□」。【甲】「南

无摩訶波若波羅蜜是无等呪」。【乙】「佛說摩訶般若波羅蜜是无等□呪」。

(12)「彭光悲媚佛」【兗】【サ】【雷】【三】【阪】「淨光祕密佛」。【龍】「淨□□佛」【吐】「淨光祕……」。【コ】「淨光……」。【甲】「靜光秘蜜佛」。【乙】「□□□□佛」。【甘】「淨光秘蜜佛」。

(13)「□」　諸本「藏」。

(14)「吼神足遊」【サ】【雷】【乙】【阪】同。【三】【コ】「吼神足幽」。【甲】【甘】「呪神足幽」。

(15)「告弁彌登」【雷】【三】【甲】【甘】「告須彌登」。【サ】【龍】「告須彌燈」。【阪】「告須彌山登」。【コ】「高須彌登」【乙】「高須彌燈」。【吐】「高須……」。「弁」は「胥」の異体字。「胥」は「須」に通ず。

(16)「護」　諸本同。【阪】「藏」。

(17)「金剛師子遊戲佛」【サ】【雷】同。【龍】【三】【阪】【乙】「金剛藏師子遊戲佛」。【吐】「金剛師子吼遊戲佛」。【コ】「……師子遊戲佛」。【甲】「金剛藏師子遊戲佛。寶勝佛」。【甘】「金剛讙?師子遊戲佛。寶勝佛」。

(18)「留瓘光佛」【サ】【甲】「琉璃光佛」。【雷】【龍】【三】【乙】【甘】「瑠璃光佛」。【阪】「琉璃光□」。【コ】「流璃光佛」。【吐】「流離光佛。自在王佛」。

(19)「攻」　諸本「功」。

(20)「德」　諸本同。【龍】「得」。

(21)「治攻德」【サ】【雷】【龍】【三】【吐】【阪】【甲】【甘】「住功德」。【龍】「住功得」。【コ】「…功德」。【乙】「□□德」

(22)「□」　諸本「六」。

(23)「□壂妙尊音王□」【兗】「月殿……」【サ】【雷】【龍】【三】【甲】「月殿妙尊音王佛」。【乙】「月殿妙尊音□佛」。【阪】「月殿妙等音王佛」。【吐】「月殿妙尊……」。【コ】「……王佛」。【甘】「朋殿淸淨佛妙尊音王佛」。

(24)「□方樹根花」【サ】【龍】「南方樹根花」。【雷】【三】【阪】【甲】「南方樹根華」。【吐】「□方樹根華」。【乙】「南方

樹□華」。【甘】「南无樹根花」。【コ】なし。

(25)「皂王神通艶花王」【雷】【三】「造王神通艶華王」。【吐】「造王神通炎華王」。【乙】【コ】「造王神通焰華王」。【サ】「皂王神通艶花」。【阪】「造王神通艶□」。【甘】「造王神通艶華」。【龍】「造王神通艶光」。

(26)「壂清彭」【サ】【雷】【龍】【三】【阪】【乙】【甘】「殿清淨」。【吐】「殿清□」。

(27)「無數精進寶勝佛」【龍】同。【サ】【雷】【三】【阪】「コ」「无數精進寶首佛」。【吐】「无數精進寶首□」。【甲】「□□精進寶□佛」【乙】「无量精進佛」。（【甲】は以下欠。）【甘】「无數精進寶手佛」。

(28)「治」諸本「寂」。（【吐】は以下經文闕損）。

(29)「佛彌勒佛」諸本同。【竞】「彌勒佛」【サ】「佛。彌勒佛。東方快樂佛。月明□住王佛。過去堅持佛。分別七淨佛。妙法蓮華花上王佛」。

(30)「中央一切衆生」【雷】【三】【阪】【乙】【甘】同。【竞】「中央一切……」【サ】「令一切衆生類」。【龍】「一切衆生類」。【コ】「一切衆生」。

(31)「倶在法戒中者」【サ】「在土?界中者」。【三】【龍】【コ】【乙】【甘】「在於土界中者」。【雷】「在此□界中者」。【阪】「在佛土界中若」。

(32)「行動於地上」【サ】「住於地上者」。【雷】【龍】【阪】【乙】「行住於地上」。【三】「行着於地上」。【甘】「於地上」。

(33)「里」【サ】【阪】「中」。【三】【龍】【コ】【乙】【甘】「裏」。

(34)「憂」【三】【コ】【乙】【甘】同。【サ】「愛」。【阪】「優」。

(35)「寧可安」【サ】【雷】「令各安」。【三】【阪】【コ】【乙】【甘】「令各安隱」。【龍】「令各安□」。

(36)「其」【サ】「慈」。【雷】【三】【龍】【甘】「治」。【阪】【乙】「持」。

(37)「有□此偈」【サ】「念誦此偈」。【雷】「應誦此經」。【龍】「保誦此偈」。【三】【乙】「應誦念此偈」。【コ】「應誦此偈」。【阪】「應誦佳偈」。【甘】「求誦念此偈」

(38)「□□於毒害」【雷】「消伏於……」。【阪】「消除於毒害」。【サ】「消伏於毒害。常夜半起、三稱六方六佛名字、永拔三途八難之處、上衆法堂快……」。【龍】「消伏於毒害。□□□□觀世音經一卷」。【三】「消伏於毒害。佛說高王觀世音經」【コ】「消伏於毒害。高王觀……」。【乙】「消伏於毒害。高王觀世音經」。【甘】「消伏於毒害。佛說觀世音經一卷」

以上の校勘の結果に基づき、表2-5-1の典拠経典との比較も参照しつつ、『高王経』の原型を探っていこう。最初に指摘すべきであるのは、武定八年本は他本と比べ、異体字（咠＝胥、彭＝淨、瓓＝璃など）や音通による通仮字（訟＝誦、萇＝常、男＝南、波＝般、戒＝界、登＝燈、造＝皂、攻＝功、里＝裏など）が非常に多いことである。北朝時代の石刻の特徴をよく表していると言えよう。各本の相違は、一部を除いて字句レベルにとどまるものではあるが、その字句は他のテキストと異なる部分が少なからずある。以下の表で提示する典拠となる経典の仏名と比較しても、雷音洞のテキストの方が、字句がよく整っていると言える。

まず、注目すべきは、(1)と(38)の経題の相違である。経題を最初に提示するグループと経文の最後に提示するグループに大きく分かれる。古いテキスト【武】【サ】【雷】【吐】はすべて最初に提示する。【乙】【甘】は経題の次に続く経文「佛說觀世音經（一巻）」を経題とみなし、その後に改行を設けている。経題については、「佛說」を除外して考えても、「高王經」「高王觀世音經」「大王觀世音經」「觀世音經」「觀世音折刀除罪經」と五種類も存在する。欠字部分も含めて考えると「高王觀世音經」としている事例が【阪】【龍】【三】【コ】【乙】と最も多い。

次に(2)「一巻」について、『高王経』撰述の際に依拠したと想定できる『救苦観世音経』のなかに「佛經一巻」「經有一巻」とあるが、【武】【雷】には「一巻」があり、【サ】【吐】にはない。『高王経』の原型に「一巻」があったかどうかは、いずれとも判断しがたい。

(4)「濟度苦難」の方は、対応する語句を捜すと『救苦観世音経』の敦煌本（S四四五六）が「濟難度苦」、アジア美術館本【刻経B】が「得勉苦難」である。【竞】【サ】【雷】【吐】が「得度苦難」で一致し、こちらの方が『高王経』の原型であった可能性が高い。

(8)(9)については、山﨑氏が指摘するとおり、【サ】【吐】に共通する「佛說摩訶般若是大神呪、南无摩訶般若是大神

表２－５－１　『高王経』とその典拠経典

杜文雅造像碑『高王經』テキスト（全文）［　］内は他本により補う。	典據	
高王經 佛說觀世音經一卷、讀訟千遍、濟渡苦難、拔除生死罪。觀世音菩薩。南无佛。佛［國］［有］緣。佛法相因。萇樂我緣。	アジア美術館本【刻經 B】 佛說觀世音經一卷 觀世音　南无佛　佛國有因　佛法相緣　常樂我身　永離衆苦 常在佛前　經有一卷　讀誦千遍 得勉苦難	S.4456『救苦觀世音經』 救苦觀世音經 觀世音　南无佛　佛國有因　佛法相値　常樂有緣　永離衆苦 彌勒佛前　佛經一卷　□至千遍 濟難度苦
佛說。男无摩訶波若是大神呪。［南］［无］摩訶波若是大神呪。男无摩訶波若是大明呪。南无摩訶般若是无等〻呪。	『小品般若』明呪品［T８：543b］「佛言、如是、如是。憍尸迦。般若波羅蜜是大明呪。般若波羅蜜是無上呪。般若波羅蜜是無等等呪」	『大品般若』勸持品［T８：286b］「般若波羅蜜是大明呪、無上明呪、無等等明呪」
彭光悲媚佛。 法［藏］佛。 師子吼神足遊王佛。 告隹彌登王佛。 法護佛。	『大方等無想經』如來涅槃健度［T12：1098a］ 「從是南去、度三十萬恆河沙等世界、彼有世界、名須曼那、有佛世尊、號淨光祕密」「從彼南去、復度五十萬恆河沙等世界、彼有世界、名法喜寶、佛號法藏」「從彼南去、復過六十萬恆河沙世界、彼有世界、名一切池、佛號師子吼神足王」「從彼南去、復過三十六萬恆河沙等世界、彼有世界、名曰華幡、佛號高須彌」「從彼南去、復過八十萬恆河沙等世界、彼有世界、名曰寶手、佛號法護」	
金剛師子遊戲佛。 藥師留瓈光佛。 普光攻德山王佛。 善治攻德寶王佛。	『觀世音菩薩授記經』［T12：355c–357a］ 「時、初大王劫欲盡時、有世界名無量德聚安樂示現、其國有佛、號金光師子遊戲」「阿彌陀佛正法滅後、過中夜分明相出時、觀世音菩薩、於七寶菩提樹下、結加趺坐、成等正覺、號普光功德山王」「得大勢菩薩、親覲供養、至于涅槃。般涅槃後、奉持正法、乃至滅盡。法滅盡已、卽於其國、成阿耨多羅三藐三菩提、號曰善住功德寶王」	
［六］方六佛名號。 東方寶光［月］壂妙尊音王［佛］。 ［南］方樹根花王佛。 西方皂王神通艷花王佛。 北方月壂淸彭佛。 上方無數精進寶勝佛。 下方善治月音王佛。	『寶網經』［T14：79c–84c］ 「所過東方長遠無際、……彼有佛、名寶光月殿、號妙尊音王」 「南方……彼有佛、名樹根花王、現在說法」 「西方……其佛號造王神通焰花」 「北方……其佛號月殿淸淨」 「下方……其佛號善寂月音王」 「上方……其佛號無數精進願首」	
釋迦牟尼佛。彌勒佛。		
中央一切衆生、俱在法戒中者、行動於地上、及以虛空里、慈憂於一切、寧可安休息、晝夜脩其心、	『除恐災患經』［T17：555a］ 「諸有衆生類、在土界中者、行住於地上、及虛空中者、慈愛於衆生、令各安休息、晝夜勤專精、奉行衆善法。」	
常有［誦］此偈、	アジア美術館本【刻經 B】 「今當誦此經」	S.4456『救苦観世音經』 「念當誦此經」
［消］［伏］於毒害。	請觀世音菩薩消伏毒害陀羅尼呪經（經題）	

呪」という形が原型であった可能性が高い。(11)についても山﨑氏の指摘どおり、「南无摩訶般若是大无等等呪」、つまり、【尭】【サ】【雷】【吐】に共通する「大」のある方が原型であろう。

次に仏名について見てみよう。(15)「告耳彌登王佛」については、【吐】【コ】【乙】が「告」を「髙」とする。これは、『高王経』の典拠と考えられる『大方等無想経』「髙須彌」に近い形である。しかし、古いテキストである【武】【サ】【雷】が「告」であることから、『高王経』の原型も「告」であったと推定できる。つまりこれは、後に『大方等無想経』の仏名に基づいて『高王経』の仏名を改めたと考えられる事例である。(25)「皂王神通艷花王」について、「皂」と「造」は通ずる。【サ】は「王」を欠くが、【雷】【吐】にはあり、「王」のある方が原型であろう。(27)「無數精進寶勝佛」は、【サ】【雷】【吐】ともに「勝」ではなく「首」であり「无數精進寶首佛」の方が原型の可能性が高い。

(30)「中央一切衆生」については、【尭】【雷】【三】【阪】【乙】【甘】が「中央」を含む。【サ】は「令一切衆生類」であり、他本と異なり、典拠と考えられる『除恐災患経』の「諸有衆生類」に類似する。共通する本が多く、典拠と異なる独自の語「中央」を含む「中央一切衆生」が『高王経』の原型である可能性が高いであろう。

(31)「倶在法戒中者」について、これは他本には見えない特殊な形である。「法戒」というのは「法界」の意味であろう。【サ】は典拠『除恐災患経』と同じ「在土界中者」である。また、【雷】は「在此□界中者」であり、他では「在於土界中者」とするものが多い。それぞれ語句が異なるため原型の判断は保留しておきたい。(32)「行動於地上」については、逆に【サ】「住於地上者」の方が、典拠『除恐災患経』の「行住於地上」と異なる独自の語句であり、【雷】【龍】【阪】【乙】は『除恐災患経』と同じである。『高王経』原型については判断を保留しておく。(33)(34)は【サ】が『除恐災患経』と類似する表現である。『高王経』の原型がそもそもこの経に近い表現であったのか、あるいは『高王経』は『除恐災患経』と異なる表現であったのを、『除恐災患経』に近い表現に改めたのかは不明である。依拠する経典の本来の形を伝えるからと言って、それが『高王経』の原型であったとは断定できない。(35)「寧可安」については、古いテキストである【サ】【雷】がともに「令各安」であり、これを『高王経』の原型と考えてよいであろう。「令各安隠」とするのはすべて唐代以降のテキストである。

ここで、アジア美術館本にのみ見え、他本には見られない(29)(38)の二箇所について検討しよう。すなわちアジア美術館本には「東方快樂佛。月明□住王佛。過去堅持佛。分別七淨佛。妙法蓮華花上王佛」という五仏名が「彌勒佛」の後に見られ、経文の末尾にも、「三稱六方六佛名字、永拔三途八難之處、上衆法堂快……」という、常に夜半に起きて三度六方仏の名を唱えれば三塗八難から永久に免れる、と述べる六方仏の称名を奨励する主旨の文が追加されている。これらの経文について、山﨑氏は、『高王経』撰述当初の形とする。

しかしこの見解には首肯し難い。まず、すでに東方仏を含む六方仏を提示し、さらに釈迦、弥勒と主要な仏を提示した後で、再びここで東方快楽仏以下五仏を提示するというのは、いかにも後に追加された感を受ける。また、最後の「常夜半起、三稱六方六佛名字、永拔三途八難之處、上衆法堂快……」という部分は、毎夜半に起きて六方仏を三回唱えることで地獄などを含んだ三塗八難処から永遠に救済されることを願うものである。これは、読誦千遍による現世の苦難からの救済を説く経文の趣旨から明らかに外れる余計なものである。また、実際の読誦という点から考えても、「行動於地上」から「消伏於毒害」までは五字句で形成されており、意味的にも完結している。アジア美術館本にのみ見えるこの二箇所は、経に地獄などからの救済という死後の利益を追加するため、『高王経』の原型に増広された部分と考えるのが妥当である。

以上の検討結果をまとめてみよう。アジア美術館本は「彌勒佛」という仏名部分までは比較的古い形を保っているが、それ以降の部分は必ずしも古い形とは断定できない。さらにこの本のみに見える「東方快樂佛」以下の五仏と経文末尾の「常夜半起」以下の文は、『高王経』全体の構成から言えば余計なものであり、後の増広と見なすべきである。

それに対し武定八年本は、異体字や音通による仮借字が多く、現代の我々の目から見ると一見杜撰に見えるテキストであるが、それは読誦経典としての『高王経』の性格や北朝時代の石刻の特徴を反映したものと言えよう。

また、『高王経』の全体的な字句の異同の多さは、この経が民間に広く流布し、その流布の過程で、経文の字句がいかに恣意的に改変や増広されていたかを如実に示している。非常に短い経典でありながら、時代もそれほど離れていない各テキストの間にこれほど字句の異同があるというのは、留意すべきことである。この原因としては二つ考えられる。一つは、字句の校訂がなされる際、『高王経』が典拠とした経典を参照した上で、字句を改めた場合があったと考えられること、もう一つは読誦経典としての性格である。孫敬徳の霊験譚には、経を千遍読誦することで霊験が現れるとするように、この経は読誦することに大きな意義のある経典であって、さらなる読誦の功徳を求めて仏名が追加されることもあるなど、テキストの文字の厳密さは、それほど重視されなかったことが看取される。

次に『高王経』の経文の典拠について、**表2-5-1**を参照しつつ検討しよう。これについては、桐谷征一・李小栄・張総ら諸氏によってその大半が明らかにされている。「觀世音菩薩、南无佛、佛□□緣、佛法相因、𦾔樂我緣」という部分については、『救苦観世音経』（S四四五六）や『十句観音経』と類似する部分である。語句の一致度を調べると、『高王経』の経文の典拠となった経典として、前掲の『十句観音経』を考えるよりも、「□至千遍、濟難度苦」という語句が『救苦観世音経』にあることから、こちらの方がより可能性が高いであろう。

この『救苦観世音経』について、田村俊郎氏が紹介するところによると、サンフランシスコ・アジア美術館経像碑には、「佛說觀世音經一卷」と題する『高王経』以外に、『法華経』普門品（いわゆる観音経）【刻経A】と『天公経』が刻まれており、さらに、碑左側から碑陽にかけて、「佛說觀世音經一卷」と題して、「觀世音、南无佛、佛國有因、佛法相緣、常樂我身、永離衆苦、常在佛前、經有一卷、讀誦千遍、得勉苦難。龍華三會、轉大法輪、願爲初首、衣食（以下碑陽）自然、轉經行道、彌勒佛前。朝念觀世音、暮念觀世音、行念觀世音、坐念觀世音、念念從心起、念佛不離心、刀山自摧折、劍落不傷人、今當誦此經、可得勉脫身。菩薩在世時、乘船南度海、道逢疾風雨、海水揚波滿、船上五百人、首死不望佸、齊唱南无佛、一切得度脫」という文が刻まれる（【刻経B】）[66]。極めて興味深いことに、この【刻経B】は、桐谷氏が『高王経』の源流にあたる偽経として推測した『救苦観世音経』（S四四五六）の前半部分にほぼ合致するということが田村俊郎氏により新たに指摘された[67]。

もしこの【刻経B】が『救苦観世音経』のことであるとすると、北斉あるいは隋代においてすでに『高王経』と

『救苦観世音経』が別の経でありつつ関係の深いものとしてともに知られていたことを示すであろう。

ここで田村氏の論ずるように『救苦観世音経』と『高王観世音経』に共通の源流を想定する必要はない。観音経碑には、【刻経B】、『高王経』の順に刻まれており、成立年代もこれと同じであり、『高王経』が『救苦観世音経』を参照して作成されたと考えた方がよい。桐谷氏の指摘する如く、第二節で見た孫敬徳の霊験譚の【資料C】には、彼が『救苦観世音経』を読誦したと記されていることも忘れてはならない。

次に、「男无摩訶波若是大神呪、□□摩訶波若是大神呪、男无摩訶波若是大明呪、南无摩□波若是无等〻呪」という部分については、『大品般若』勧持品に「般若波羅蜜是大明呪、無上明呪、無等等明呪」[T8:286b]とあり、『小品般若』明呪品に「般若波羅蜜是大明呪、般若波羅蜜是無上呪、般若波羅蜜是無等等呪」[T8:543b]というように、類似表現があることが指摘されている。

「彰光悲媚佛」以下の仏名については、主に『大方等無想経』『観世音菩薩授記経』『宝網経』から採用されている。複数の経典から仏名を組み合わせ、しかもそのままではなく一部改変し、さらに観音・釈迦・弥勒といった有名な仏・菩薩を重視する（この経の場合、最初と最後に配置）という特徴は、当時の石刻仏名のあり方と共通する。[68]また、経の最後の「中央一切衆生、倶在法戒中者、行動於地上、及以虚空里、慈憂於一切、寧可安休息、晝夜脩其心、常有□此偈」という部分は、西秦聖堅訳とされる『除恐災患経』の偈「諸有衆生類、在土界中者、行住於地上、及虚空中者、慈愛於衆生、令各安休息、晝夜勤専精、奉行衆善法」[T17:555a]を改変したものであることが張総［二〇一〇］によって指摘された。この経では、維耶離城にて流行した疫病を治癒するため、城中の長者才明が、王舎城にいた釈迦仏の来臨を仰いだところ、釈迦がその願いを聞き入れて維耶離城に到り、聖衆・天龍・鬼神とともにその城門のしきみに触れてこの偈を唱えたところ、地が六遍大いに震動し、城内が清浄になり、人々の病も治癒したという大きな功徳があったとされる。

「常有［誦］此偈」という部分は、【雷】が「常應誦此經」とすることから推測すると、『救苦観世音経』の「今當誦此經」に基づいたのであろう。最後の「□□（消伏）於毒害」という語句は、『請観世音経』の正式名である、『請観世音菩薩消伏毒害陀羅尼呪経』からとられたものと推測される。

以上の調査の結果、このような短い経典であるにもかかわらず、『高王経』オリジナルな語句と言えるのは「抜除生死罪」「中央一切衆生」のみと言ってよい程であり、経文のほぼすべての箇所に典拠となる経典が存在する。この事実は、『高王経』が何かの必要のため、極めて短期間につくられたことを示していよう。

そこで、『高王経』の経文の作成過程について推測してみると、まず、『高王経』は基本的に上記の『救苦観世音経』の最初の部分をベースとし、そこに「抜除生死罪」という滅罪の功徳を加えた。次に『小品般若』あるいは『大品般若』からとった呪を加え、そして『大方等無想経』『観世音菩薩授記経』『宝網経』から仏名を抄撮して仏名信仰を経に組み込み、さらに『除恐災患経』に見える病気平癒という現世利益の功徳がある除災の偈を加えることで、読誦すれば大きな功徳が得られる読誦経典としての性格をさらに強化したと考えられる。つまり、『高王経』は「『救苦観世音経』の冒頭部」＋「呪」＋「仏名」＋「偈」という構成となっているのである。

『高王経』は、その内容自体を深く吟味研鑽すべき教理的意義を有する性格の経典ではなく、読誦することによる現世利益的功徳が強調された経典である。武定八年本には文字の異同、とりわけ同音異義の漢字が多く、仏名に出入があるのも、この経がいかに広く読誦され普及していたかを示すとともに、その読誦による功徳を強調する読誦経典としての性格を如実に表していると言える。唐代以後、『高王経』の経文にはさらに仏菩薩名や偈文や呪文が加えられるが、この事実も、以上述べたようなこの経が本来有していた性格から考えるとむしろ自然であると言えよう。

おわりに

『高王経』については、テキスト、霊験譚、石刻など様々な角度からの先行研究が存在するが、本章では、それらの先行研究の諸成果をふまえつつ、『高王経』成立の問題について、同時代の造像銘文、特に五岩寺石窟の高王寺主発願の観音像と銘文を、道宣などが記した孫敬徳にまつわる霊験譚と関連づけて検討した。

まず第一節において、高歓在世中、高歓が勃海王となって間もなく「高王」という称号が同時代の仏教石刻において使用されていることから、仏教を信仰した当時の人々に、高王といえば高歓のことと認められていたことを指摘した。

第二節では、道宣が記す孫敬徳の霊験譚が、『魏書』編纂者である魏収とも密接なつながりのあった北斉系官僚である王劭撰『斉書』『斉誌』からの転載である蓋然性が高いと論じた。次に、東魏・北斉王朝の河北地域における観音像の流行状況と現世利益信仰を有する造像銘の具体例、北斉帝室における観音菩薩に対する崇敬を示す造像銘文を紹介した。

第三節では、五岩山において、東魏興和元年（五三九）、高王寺主道該とその檀越主爾朱姤によって極めて特殊な形式の観音像が造られたこと、「高王寺」以外にも、「齊獻武王寺」「神武皇帝寺」など、高歓の名を冠する寺院が数箇所存在する事実を明らかにした。

第四節では、『高王経』の最古のテキストについて検討した。山﨑順平氏は、『高王経』の成立年代や制作意図を検討する際には、諸本の中でアジア美術館本を底本にすべきだと論じたが、この説に対し、筆者は改めて武定八年本を底本とし、諸本の校勘を行い再検討した。その結果、アジア美術館本は「彌勒佛」という仏名部分までは、古い形を保っているが、それ以降の部分は必ずしも古い形とは断定できないこと、さらにこの本のみに見える「東方快樂佛」以下五仏と最後の「常夜半起」以下の文は、『高王経』全体の構成から考えると、余計なものであり、後補とみなすべき部分であると論じた。また、武定八年本には、他本と比較して、異体字・同音異義の仮借が極めて多く、これは北朝時代の石刻の特徴であるとともに、読誦経典として当時この経が広く流布していたことを表すものであると論じた。

さらに、諸氏の研究成果を総合して『高王経』のテキストの典拠を検討すると、『高王経』の経文について、オリジナルな語句と言えるのは「拔除生死罪」「中央一切衆生」という語のみと言ってもよく、他はおしなべて諸経典から抽出し少し手を加えたものであった。その典拠も読誦すれば功徳があることを重視して「呪」「佛名」「偈」が加えられており、読誦経典としての性格強化を図ったものと論じた。

最後に、以上の検討結果をふまえた筆者の仮説をまとめておきたい。

『高王経』は、高歓のとりまきの諸僧によって、当時特に河北地方において盛んであった観音信仰[69]を利用し、読誦すれば大きな功徳が得られる読誦経典としての性格を強く持たせることを考慮して、ベースとなる『救苦観世音経』をもとに、『般若経』の呪、仏名、さらに偈を加え、ごく短期間に作成された。高歓のとりまきの僧たちは、この経を孫敬徳の霊験譚、さらに高王寺の造立と特殊な観音像の制作とセットにし、高王＝高歓を観音の化身であると設定することで、高王の名を広く宣伝することを高歓に進言し、高歓もそれを認めたのではないか。

僧たちが高歓を観音の化身と見なしたとすることには、疑問を持たれる方も多いであろうが、ここで、最後に紹介しておきたいのは、『弁正論』の著者法琳と唐の太宗とのやりとりである。法琳は、その著『弁正論』において、皇帝李氏の出自の偽装を暴いたことで太宗の怒りを買い、獄に繋がれた。その時の『弁正論』の内容に関する詳細な尋問が『唐護法沙門法琳別伝』に記録されている。

その中に『高王経』にかかわる興味深い尋問と応答の記録が残されている。すなわち、法琳の著作『弁正論』信毀交報篇には、観音を念ずれば刑に臨んで刀が折れると言っているが、七日後に刑を行うので、それまで観音を念ぜよという勅が下ったのである。これはまさしく『弁正論』信毀交報篇に「高王行刑而刀折」［T52 : 537b］とある箇所、つまり法琳が言及した『高王経』の霊験譚を念頭においての勅である。伝によれば、この勅が下って六日目の夜に、神人が法琳のもとに現れ、あなたは仏道のために身を捧げており、仏の厚い加護があるので心配は無用であると告げたという。明くる七日朝になり、勅使劉徳威らが法琳に対し、観音を念じていて何か霊験はあったかと尋ねたところ、法琳は以下の如く答えた。

自隋季擾攘、四海沸騰、疫毒流行、干戈競起、與師相伐、各擅兵威。臣佞君荒、不爲政化。遏絕王路、固執一隅。我皇興弔伐之心、統天立極、赦戮刑於都市、斯卽觀音。拯橫死於帝庭、寧殊勢至。論功比德、上聖道齊。琳於七日已來、唯念陛下［T50 : 210c］。

隋季擾攘してより、四海沸騰し、疫毒流行し、干戈競い起こり、師と相い伐ち、各おの兵威を擅ままにす。臣佞君荒にして、政化を爲さず。王路を遏絶し、一隅に固執す。我が皇弔伐の心を興し、天を統べ極を立て、戮刑を都市に赦す、斯れ卽ち観音なり。横死を帝庭に拯う、寧ぞ勢至に殊ならん。功を論じ徳を比するに、上聖の道に齊し。琳七日より已來、唯だ陛下を念ずるのみ。

この返答に対し、劉徳威らは、観音を念誦せよとの勅であったのに何故ただ陛下を念ずるのみであったのか、と再び法琳に尋ねたところ、法琳は、

琳聞、觀音聖鑑、垂形六道、上天下地、皆爲師範。然我皇、文思聰明、光宅海內。九夷奉職、八表刑淸。君聖臣賢、不爲枉濫。今陛下子育群品、如經卽是觀音。旣其靈應相符。所以唯念陛下［T50：211a］。

琳聞くならく、觀音は聖鑑にして、形を六道に垂れ、上天下地、皆師範と爲す。然して我が皇、文思聰明にして、海内に光宅せり。九夷職を奉じ、八表刑淸らかなり。君聖臣賢にして、枉濫を爲さず。今陛下群品を子育すること、經の如くんば卽ち是れ觀音なり。旣に其れ靈應相符す。所以に唯だ陛下を念ずるのみ。

と答えた。太宗はこの答えに対し満悦したという。これらの資料では、太宗が天下を正しく治め、人民を子のごとく養育しているのがまさしく仏教で言えば観音菩薩であり、法琳は太宗を観音とみなして七日間ひたすら太宗を念じていたと答えたことが克明に記録されている。高歓を観音の化身とみなす場合もまさしく法琳と同じ論法を用いたと推察できよう。

註

（1）佐藤智水［一九七七a→一九九八］七七～一三三頁。
（2）牧田諦亮［一九六六→一九七六］二七二～二八九頁。
（3）桐谷征一［一九九〇］。
（4）桐谷征一［一九九〇］二〇頁。
（5）于君方［一九九五］、Yu［2001］pp.93-149.

（6）『十句観音経』とは、「觀世音。南無佛。與佛有因。與佛有緣。佛法相緣。常樂我淨。朝念觀世音。暮念觀世音。念念從心起。念念不離心。」という十句からなる経典で、『仏祖統紀』巻三六［T49：345bc］によると、南朝宋の元嘉二七年（四五〇）王玄謨がこの経を千遍唱えることで刑を免れたという。

（7）李玉珉［二〇〇二］。

（8）李小栄［二〇〇三］。

（9）劉淑芬［二〇〇六→二〇〇八］。

（10）張総［二〇〇六］。

（11）張総［二〇一〇］。

（12）田村俊郎［二〇一一］。ただし、後述する東魏武定八年杜文雅造像碑に「高王經」と経題が刻まれているものを東魏時代のものではなく後刻とした上で、高王経テキストに「高王」の名が冠されるのは早くとも唐代以降とする点は筆者と意見が異なる。

（13）山﨑順平［二〇一四］。

（14）この碑に刻まれた『妙法蓮華経』普門品は「第二十四」であり、山﨑氏は提婆達多品が追加される梁の五五七年以降の末年（五五七）以前の古い形であることも、この碑の年代が「北魏後期を含む南北朝時代」である根拠の一つとする。ただし、北斉時代の普門品石刻も現在発見されている限りすべて第二十四であり、第二十五とする事例は発見されていない。例えば、北斉武平二年（五七一）木井寺観音経碑、隋代の曲陽八会寺石経龕ともに、「妙法蓮華經觀世音普門品第廿四」と経題が刻まれている。普門品の石刻については仲崇霖［二〇〇六］、曲陽八会寺石経龕については、趙洲［二〇一〇］参照。おそらく北地において、「普門品第廿五」とするバージョンが一般的に用いられるようになるのは、隋仁寿元年（六〇一）闍那崛多が普門品偈を訳出して以後であろう。

（15）桐谷征一［一九九〇］六〇頁。

（16）牧田諦亮［一九六六→一九七六］二七七頁。

（17）桐谷征一［一九九〇］六六頁。

（18）永安二年（五二九）七月には元旭（『魏書』巻十孝荘帝紀永安二年条）、普泰元年（五三一）春および永熙三年（五三四）七月〜十月には茹懐朗（『魏書』廃帝広陵王紀普泰元年条および巻八〇侯淵伝）、天平元年（五三四）十一月の時点では大野抜が南青州刺史であった。大野抜が樊子鵠とともに謀反したことは、『魏書』巻十二孝静帝紀・天平元年条に「十有一月、兗州刺史樊子鵠・南青州刺史大野抜據瑕丘反」と記されている。他にも永熙年間（五三二〜五三四）のごく短期間、毛鴻賓が南青州刺史に就いている。『洛陽伽藍記』巻四法雲寺条に「永熙年中、南青州刺史毛鴻賓齎酒之藩」とあり、『北史』巻四九本伝に「轉南青州刺史、未幾、徵還」とある。
(19) 東魏天平三年（五三六）七宝山霊光寺造像記（定襄1［石2.13.9949］）。
(20) 牧田諦亮［一九六六→一九七六］二七八～二七九頁。
(21) 泉芳璟［一九三二］参照。
(22) 『一切法高王経』において菩薩の地位が強調される箇所を例示すると、「菩薩摩訶薩天人世間無上福田。舍利弗、非菩薩摩訶薩、不消布施」［T17：853c］、「菩薩摩訶薩一切衆生無上福田」［T17：854a］、「菩薩之恩、世間天人阿修羅等所不能報。舍利弗、若善男子若善女人發起如來一切智心、則能報恩」［T17：855c］などが挙げられる。なお、同本異訳である『諸法勇王経』の概要については、泉芳璟［一九三二］参照。
(23) 浜口重国［一九三八→一九六六］。
(24) 特に桐谷征一［一九九〇］表3～表7参照。
(25) 『北山録』の成立時期については、東京大学東洋文化研究所三教交渉史研究班［一九八〇］ならびに『北山録校注』上（中華書局、二〇一四）の前言参照。
(26) 桐谷征一［一九九〇］六〇頁。
(27) 『北史』巻三五王劭伝参照。ちなみに、『隋書』経籍志には「齊志十卷」、その原注に「後齊事。王劭撰」とある。また、『史通』巻十二古今正史篇には、「隋祕書監王劭・內史令李德林竝少仕鄴中、多識故事。王乃憑述起居注、廣以異聞、造編年書、號曰『齊志』、十有六巻」とあり、その原注に「志序云三十卷、今世聞傳者唯十六卷焉」とある。ともに『斉誌』ではなく『斉志』としている。
(28) 藤善真澄［一九七三］。
(29) 馮賀軍［二〇〇五］表十一参照。馮氏は北魏の観音像を五件とするが、孝昌三年（五二七）年張買德造観世音玉像銘（曲陽147）を含めると六件である。ただしこの像は如来形である。
(30) 文物1984.5.23、中美全114、小御仏10。
(31) 拓5161、魏目237、瓊13、大村230。
(32) 曲陽48。
(33) 河南省文物研究所・鶴壁市博物館［一九八九］。
(34) 陳平［二〇〇〇］十三頁。
(35) 張総［二〇一〇］。
(36) 張総氏は「該」を「詠」とする。

(37) 張総氏は「姤」を「妬」とする。
(38) 張総氏は「造紀銘記」を「造訖銘」とする。
(39) 『北斉書』巻二一高乾伝「榮死、乾馳赴洛陽、莊帝見之、大喜。時爾朱徒黨擁兵在外、莊帝以乾爲金紫光祿大夫・河北大使、令招集卿閭爲表裏形援。乾垂涕奉詔、弟昂援劍起舞、請以死自效」。
(40) 北魏の孝荘帝・高歓・河北大族の関係については、陳爽［一九九八］一七五～一八一頁を参照。
(41) 河南省文物研究所・鶴壁市博物館［一九八九］。
(42) 李玉珉［二〇〇二］三一六～三二八頁参照。
(43) 石松日奈子［一九八八→二〇〇五］二二九～二三〇頁。
(44) 「大魏興和四年歳次壬戌三月丁卯朔十五日□□邑子四十人等、敬造石窟□□一軀。五巌寺石窟銘」とある。
(45) 高歓が死去した時に「獻武王」という諡が与えられたことは、『北斉書』巻二神武帝紀下・武定五年条にも見える。
(46) 張総［二〇一〇］三一頁。
(47) 例えば、『芸文類聚』巻七七　内典部下　寺碑の「寒陵山寺碑序」「印山寺碑」などに「大丞相渤海王」という高歓を指す語が見える。また造像銘中にも、「高王」「勃海王」「大王」「丞相」「宰輔」「大丞相勃海王」「渤海大王」「先王」など様々な呼称で高歓のために祈願している。高氏に対する崇拝を表しているものは有官位者によることが多く、また山西地方の造像に多い。高歓のために祈願しているわけではない。銘文に高歓のための祈願を表すものが少なからず存在するのは、当時における高氏の影響力の大きさとともに、造像を布教活動の一手段とした僧侶たちと高氏との結びつきを示すものである。
(48) 佐藤智水［一九七七a→一九九八］一二二頁。
(49) 例えば馮賀軍［二〇〇五］表八「北魏観音造像一覧表」には皇帝崇拝を含む造像記が二点見える。
(50) 拓8028、大村346、齊遺276、漢魏9.390。
(51) 桐谷征一［一九九〇］は隋代の房山雷音洞に刻まれた経を最古のものとして挙げたが、近年では、『拓』に収録されている西魏大統十三年（五四七）の杜照賢造像碑の刻経が最も早いとする説（李玉珉［二〇〇二］、李小栄［二〇〇三］、王振国［二〇〇六］）と、現在禹州にある東魏武定八年（五五〇）杜文雅造像碑の刻経とする劉淑芬氏の説がある。張総氏は当初西魏大統十三年が最も早いとしていたが、最新の論考である張総［二〇一〇］では東魏武定八年が最も早いと述べている。杜照賢の造像の方が紀年はより早いので、こちらを最古とするのが一見正しいようにも思われるが、京都大学人文科学研究所蔵拓本データベースのファイル（NAN0464B）や、『拓』第六巻十五～十七頁の杜照賢等十三人造像記拓本には混乱があり、両者が杜照賢のものとする『高王経』の拓本は、実は杜文雅造像のものであることが、杜照賢と杜文雅の両方の造像碑について検討した北村一仁［二〇〇八］七八頁註(63)に指摘されている。

(52) 北拓404。

(53) 田村俊郎［二〇一二］は、この経題の「高王經」の「經」の字形が冒頭の「佛説観世音經」の「經」の字形と異なり、刻まれた位置も不自然であることから、「高王經」の経題を後刻とする。しかし、これを後刻とすると冒頭の行が一行空くことになり逆に不自然である。また同じ文字を使用する際、字形を少し変えることは石刻にはよく見られ、経題の全体的な字形は経文とむしろ一致している。後述するように、隋以前の古い形をとどめる『高王経』の諸本は、おしなべて経文の前に経題がある。また、「高王經」と題した理由を、東魏王朝に属したことを表明するためと解釈する北村一仁氏の論は説得力を有していよう。

(54) なお後者は誤って西魏大統十三年杜照賢等のものとしている。http://kanji.zinbun.kyoto-u.ac.jp/db-machine/imgsrv/takuhon/type_a/html/nan0464b.html

(55) 河南省文物局編［二〇〇八］中冊、一五六九頁。

(56) 北村一仁［二〇〇八］五八～六九頁。

(57) 徐可然［二〇一二］二五～二七頁。『高王経』は『罪福報応経』の後に続いて刻まれる。大部分が欠損しているが、「觀」の字体に代表されるように、字体が北朝期のものと判断可能である。また、残存部分の文字から、この碑は元来一行六二字であったと推測でき、そうすると古い形である「摩訶波若是大神呪」の重複形と判断できる。また、残存部分には「大无等等呪」と「大」字があるので『高王経』の古い形であると言えよう。武定八年本よりこちらの方が年代が古い可能性もある。

(58) Lefebvre d'Argencé. René Yvon［1974］. pl.65、Yu［2001］. p.523. note7参照。これら書の紹介によれば像は北斉様式ということである。北京大学図書館所蔵拓に添付された整理カードでは開皇八年の紀年が碑陰にあるというが、田村俊郎氏が実物によって確認したところ、碑には紀年がないということである。碑陽の拓本写真は、藤原楚水纂輯［一九三九～四〇］二六一頁にも収録される。

(59) 王振国［二〇〇六］一一〇～一一二頁。

(60) これについては、大阪市立美術館編［一九九五］一六一頁に録文が収録されているが、筆者は、この像を実見し、録文を一部訂正した。この刻文は部分的に後から補刻されていることが明らかであり、注意を要する。なお、この像の閲覧については、大阪市立美術館学芸員齋藤龍一氏に便宜を図っていただいた。ここに感謝の意を表しておきたい。

(61) 『俄蔵敦煌文献』第六巻、三四六頁。

(62) 『俄蔵敦煌文献』第八巻、二四六頁。

(63) 『甘粛蔵敦煌文献』第四巻、一四一頁。

(64) 山﨑順平［二〇一四］五五頁。

(65) ここでは、中央研究院傅斯年図書館蔵拓、京NAN0464B、『拓』第六巻十七頁、『翰影』一巻四八頁という複数の拓本図版と『魯』二帙二巻四七八頁の録文を照合し録文を作成した（……は文字数不明の欠損部分、□は一字欠損または判読不能を表す）。
(66) 田村俊郎［二〇一一］九頁。
(67) 田村俊郎［二〇一一］十四頁。ちなみに『救苦観世音経』の異本としては、『般若心経』『続命経』と連写されている俄蔵敦煌本ДХ〇一五九一があることが山﨑順平［二〇一四］五八頁註(5)によって指摘されている。これはS四四五六や石刻本に比べ、かなり簡略化されたテキストである。
(68) 詳しくは第二部第一章を参照。
(69) 李玉珉［二〇〇二］二八〇〜二八一頁では、南北朝時代、現河北省の地域で観音菩薩像の数が諸省のうち最も多く、六世紀前半が河北観音信仰のピークであると述べられている。

第六章 『観世音十大願経』と「観世音佛」

はじめに

観世音菩薩は、『法華経』普門品などに説かれるように、現世における様々な苦難から人々を救う菩薩として、釈迦仏や阿弥陀仏に劣らず人々に篤く信仰されてきた。前章で言及した『高王観世音経』もそれを端的に物語る経典である。また、中国において観音信仰は、十一面観音、千手観音などの仏典に説かれた変化観音以外に、例えば媽祖観音に対する信仰など、民間信仰とも融合し、多様な展開を見せた。

さて、中国南北朝時代における観音信仰の展開の一例として、観音の成仏を説く偽経や「観世音佛」信仰の存在を挙げることができる。観音信仰の典拠となる最も重要な経典である『法華経』普門品においては、観音が大威神力を有する大慈悲の菩薩であることを強調するものの、観音の来歴は説かれておらず、仏教を受容して間もない中国の南北朝時代の人々にとって、観音と釈迦仏との関係をいかに位置づけて理解するか、あるいは、観音の過去世がいかなるものであり、未来世において成仏するのか、ということは、大きな関心事であったと考えられる。従来の研究においても、観音の成仏とそれに関わる「觀世音佛」信仰については、少し言及される程度であり、専論はないと言ってもよい状況にある(1)。そこで本章では、観音菩薩の来歴や成仏に関わる経典の説相について概観し、さらに敦煌文献や南北朝・隋代の石刻資料を利用しつつ、「觀世音佛」に関わる信仰の様態を明らかにしてみたい。

第一節　観音の成仏を説く主な経典

中国の南北朝時代には、多くの観音に関する経典が翻訳あるいは撰述されたが、現在は失われてしまったものも数多い。観音の来歴や来世における成仏について言及しているものは、そのうちの一部にすぎない。その主たる経典を以下に掲げ、それぞれ内容について概観してみよう(2)。

A、『悲華経』大施品・授記品　曇無讖訳

【概要】往昔、転輪聖王無諍念が刪提嵐という名の世界において世を治め、その大臣宝海の子の宝蔵が、出家して無上道を成じ、宝蔵如来となった。王の第一太子は不眴といい、第二太子は尼摩という名であった。

王は宝海梵志の勧めもあり、先に供養した善根を無上菩提に廻向し、大願を発した。宝蔵如来は、王が安楽世界において将来成仏し、無量寿如来と号するであろうと授記した。次に第一太子不眴が仏前に進み出て所願を述べ、仏は太子を観世音と名づけ、無量寿如来が般涅槃した後、成仏して遍出一切光明功徳山王如来と号すると授記した。また、第二太子尼摩を得大勢と名づけ、遍出一切光明功徳山王如来涅槃の後に成仏して善住珍宝山王如来と号すると授記した。さらに、第三太子を文殊師利と名づけ、乃至第八太子を普賢と名づけてそれぞれ授記した。最後に第九王子を阿閦と名づけて、東方妙楽世界に成仏して阿閦如来と号するであろうと授記した。最後に宝海梵志は、五濁悪世の衆生が顧みられないのを案じて、五濁悪世の衆生を救うために五百の大誓願を発し悪世において成仏せんと願った。すると宝蔵如来は、宝海梵志に対し、将来娑婆世界において成仏し、釈迦如来と号すべしと授記した。

B、『観世音菩薩授記経』　曇無竭訳

【概要】仏は華徳蔵菩薩の問いに応じて如幻三昧を説き、この如幻三昧を得た西方安楽世界の観世音・得大勢二菩

薩が此土に来詣すると述べる。次いでこの二菩薩が如幻三昧を獲得した由縁を述べる。この二菩薩は、過去世において金光師子遊戯如来の国土である無量徳聚安楽示現世界に住した。この世界に比するならば、西方安楽世界は一毛端の水滴の如くである。この無量徳聚安楽示現世界に威徳王がおり、仏を供養し、無量法印を授かった。威徳王が三昧に入ると、蓮華より宝意・宝上という二童子が化生し、その三人はともに仏のもとを訪れ、二童子は仏のもと弘誓願を述べ菩提心を発した。この時の威徳王が釈迦であり、二童子が観世音・得大勢二菩薩である。阿弥陀仏も必ず入滅の時があり、その滅後、観世音菩薩が正覚を成じて普光功徳山王如来となり、さらにその滅度の後、得大勢が成仏し、善住功徳宝王如来となる。

C、『観世音三昧経』一巻　中国撰述

この経は、経録では『法経録』巻二衆経疑惑部にその名が初出する［T55：126b］。テキストとしては、大正蔵には収録されず、守屋孝蔵氏旧蔵本を底本とし、北八二八〇・北八二八一・S四三三八などと校勘し、さらに現代語訳を付したものが、牧田諦亮［一九七〇］［一九七六］に収録されている。この経では、観世音菩薩は既に釈迦より前に成仏しており、そのもとで修行したのが後の釈迦であるとする。

【概要】観世音菩薩は釈迦より前に成仏しており、「正法明如來」と号した。その時に彼の仏のもとで苦行の弟子であったのが後の釈迦であり、この『観世音三昧経』を読誦すること七日七夜にして得道し成仏したのである。そして、釈迦仏は現在もなおこの経を受持読誦している。正法明如来は、観世音大菩薩と号して今この世に現れ、衆生を救済している(3)。この経を受持し七日七夜読誦し熟達すれば、数多の罪が滅し、①輪廻を脱し煩悩を滅する、②生まれかわっても常に仏のもとから離れない、③弥勒仏出世において龍華三会の首座となる、④悪道に墜ちない、⑤浄妙国土に生まれる、という五種の功徳を得ることができる。

D、『観世音十大願経』（『弘猛慧海経』または『大悲観世音経』）一巻　中国撰述

この経は現在失われており、後代の経疏の引用によってその梗概が知られるのみである。元来、様々な経名で呼ばれていたようであり、『法経録』巻二衆経疑惑部が経録における初出で、「觀世音十大願經一卷」とある［T55：126b］。『彦琮録』巻四には、同じく「觀世音十大願經一卷」と見えるが、その原注に「一名大悲觀世音經、竝有一卷論、名爲無畏、亦是人造」［T55：172c］とあり、この経が『大悲観世音経』とも呼ばれ、その論として『無畏』一巻があり、これも偽撰であると述べている。しかし、この『無畏』は『開元釈教録』巻十八別録中偽妄乱真録第七に「觀音無畏論一卷。隋日有人僞造、釋高王觀世音經」［T55：678a］とある『観音無畏論』のことと推測され、『観世音十大願経』ではなく『高王観世音経』の論と考えるべきである。同じく『開元釈教録』巻十八には、「觀世音十大願經一卷」と記し、原注に「仁壽錄云、一名大悲觀世音經。具題云、大悲觀世音弘猛慧海十大願品第七百」［T55：675b］とあり、「弘猛慧海」の名が見える。吉蔵や慧沼など、この経を引用する僧によっては、経名を『弘猛海慧経』とするものもあるが、後述する八会寺石刻には、「弘猛慧海經觀音願」と題しており、『弘猛慧海経』の方が正しいと考えられる。

吉蔵や慧沼などによって抄出された経文は、それぞれ若干異なる部分も見られるが、おおよそ同じ内容を述べている(4)。ここでは、それらを総合して概要を示そう。

【概要】昔、この閻浮提において善首（あるいは善首）という王がいた。彼には五百人の王子がおり、その第一王子を善光と言った。善光は空王観世音仏に会い、十大願を発した。善光は、来世において成仏すれば観世音と名乗ると誓い、衆生が病苦にあい、三度観世音の名を唱えても救われない者がいるならば、上妙色身（または正覚）をとらず、衆生を救済しつくすまでは成仏しないという誓願を発した。それ故に観世音菩薩は、ひとえにこの世界に縁があるという。

以上のAからDまでの経典のうち、Dはその全内容をうかがうことができないので不明だが、AからCまでは、すべて前世における観音と釈迦との関わりについて言及している。ABは翻訳経典であり、将来、西方浄土の阿弥陀仏（無量寿仏）を継いで仏となる補処の菩薩として観音を位置づけている。ともに、観音の来歴を説いてはいるが、観音については西方浄土の阿弥陀仏との結びつきが強く描かれる。それに対しCDは中国撰述であり、Cは観音が既に過去世に成仏していたと説き、Dは過去世において、空王観世音仏のもとで、衆生を救済しようとする誓願を発していたのが観世音菩薩であるとする。つまり、翻訳経典では十分に説明されなかった、観音の有する現世のこの世界における人々を救済する大いなる力の来歴に関して、観音を西方浄土の補処の菩薩とする翻訳経典の説とは異なる根拠づけを行ったのがCとDであると考えられる。特にDは、我々の住する世界である閻浮提において、観世音菩薩として衆生を救済する根拠を、観音が閻浮提においてかつて発した本願によるものとして説明し、現世のこの世界とのつながりをより強調している。観世音菩薩が成仏した時の名もまた「觀世音」と号すとするのも、上記の四経典の中ではこの『観世音十大願経』のみである。以下では、観世音が仏として実際に信仰されていたことを示す敦煌文献と石刻資料を見てみよう。

第二節 石刻資料・敦煌文献にみる「觀世音佛」

観音が仏として信仰されていたことを端的に示すのが、敦煌文献S七九五『観世音仏名』一巻である（図2-6-1、図2-6-2）。ジャイルズ目録では六世紀のものとする。(5) この文献の巻首は欠損しているが、第一紙と第二紙では「次禮南方卅八佛」「次禮西方十五佛」「次禮北方六佛」「次禮上方卅三佛」と題して各方位に属する仏名を書写している。これらの仏名は『現在十方千五百仏名並雑仏同号』（S二一八〇）が「次有五方、從東方至上方、有一百卅九佛。出在稱揚諸佛功德經」［T85: 1447c–1448a］として収録する「東方五十三佛」（前半部欠損）「南方卅八佛」「西方十五佛」「北方六佛」「上方廿七佛」にほぼ一致する。(6) ただし、『現在十方千五百仏名並雑仏同号』とは異なり、多くの仏

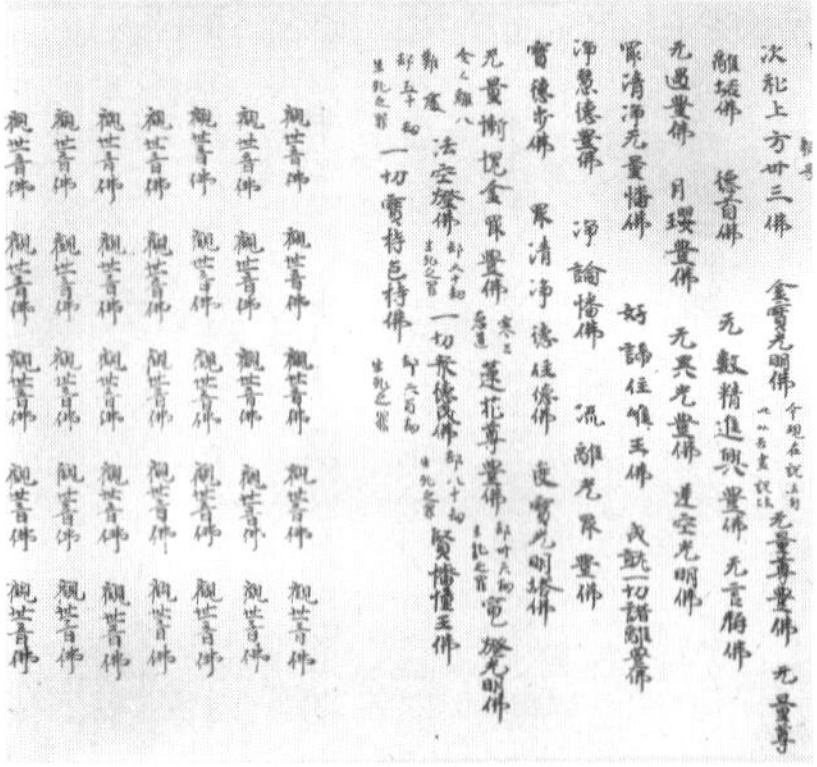

図２－６－１　S. 0795『観世音仏名』部分

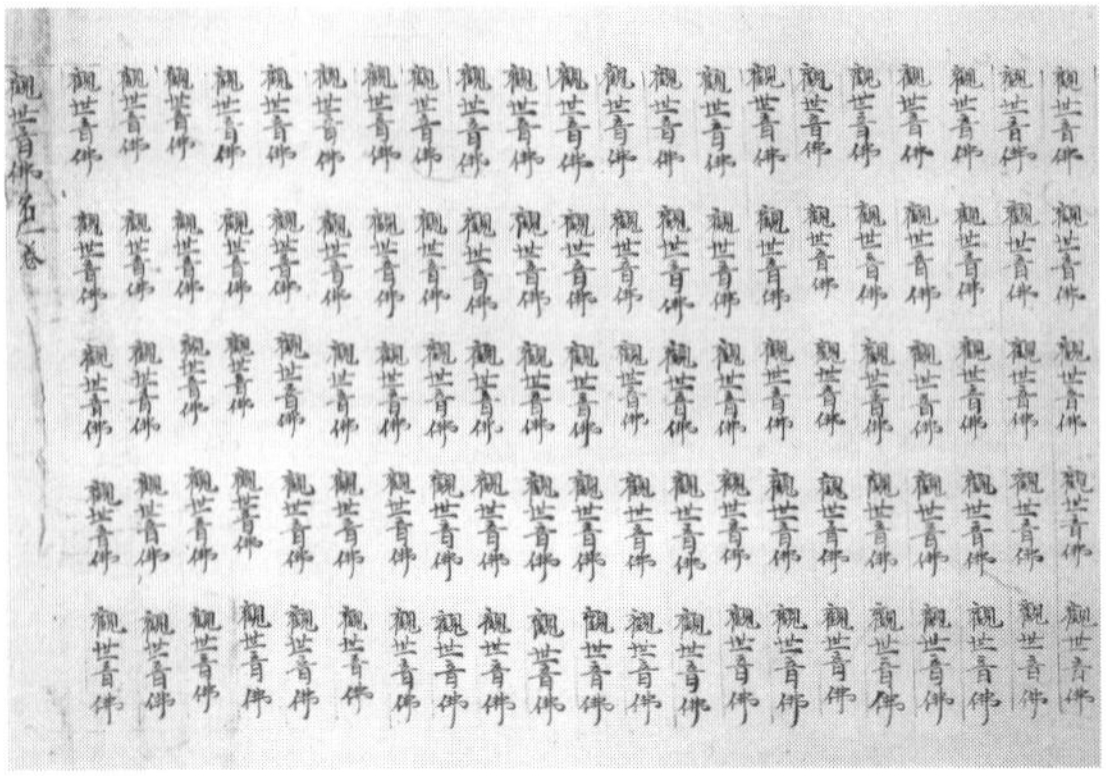

図２－６－２　S. 0795『観世音仏名』巻末尾題

名に割註を付し、「却八十劫生死之罪」などと滅罪やその他の利益について記している（図２―６―１）。第三紙以降は、これらの仏名に続いて、「観世音佛」を一行五仏で末尾まで五〇六行[7]、合計二五三〇整然と書写し、尾題に「観世音佛名一巻」と記す（図２―６―２）。この『観世音仏名』という文献からは、「観世音佛」に対する篤い信仰をうかがうことができよう。

　また、山東省博物館蔵『十方千五百仏名経』という尾題のある敦煌写本の識語にも「観世音佛」を一千書写したという記述が見える。曹凌氏の紹介に基づき、その識語を以下に示そう[8]。

大魏三年五月五日、比丘洪珍捨三衣・鉢器、幷化道俗商胡、敬造金釋迦・多寶・七佛・廿菩薩・十六天王・千釋迦牟尼金像・千毗沙門天王・千佛・五十菩薩・四果聖人五十五、敬寫十万佛名六十二巻・千観世音佛・千彌勒佛・千観世音菩薩・一万諸大菩薩・七佛八菩薩・藥王藥上・普賢菩薩・阿難比丘・四天王大王・摩醯首羅・波折天等神呪一百巻、幷畫一万佛。願法界有形同修諸善、斷一切惡、行圓滿果、倶成佛道。

大魏三年五月五日、比丘洪珍三衣・鉢器を捨て、幷びに道俗商胡を化し、敬みて金釋迦・多寶・七佛・廿菩薩・十六天王・千釋迦牟尼金像・千毗沙門天王・千佛・五十菩薩・四果聖人五十五を造り、敬みて十万佛名六十二巻・千観世音佛・千彌勒佛・千観世音菩薩・一万諸大菩薩・七佛八菩薩・藥王藥上・普賢菩薩・阿難比丘・四天王大王・摩醯首羅・波折天等神呪一百巻を寫し、幷びに一万佛を畫く。願わくは法界有形同に諸善を修し、一切惡を斷じ、圓滿果を行じ（得？）、倶に佛道を成ぜん

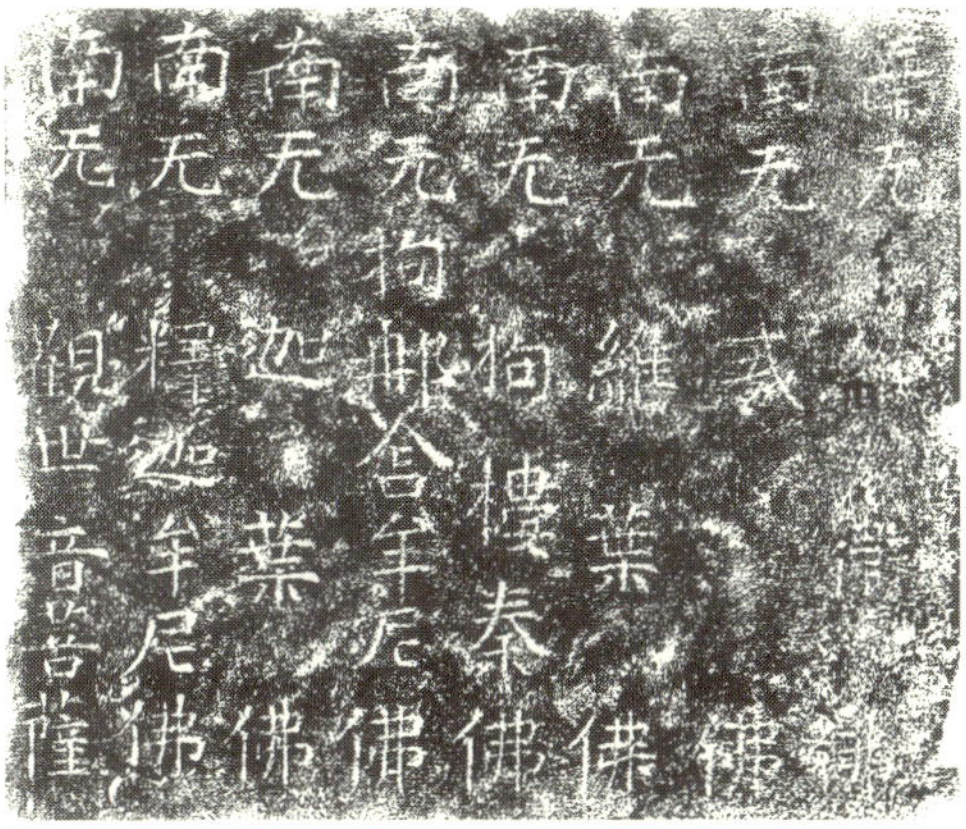

図2-6-3　北響堂山石窟大業洞七仏・観世音菩薩名

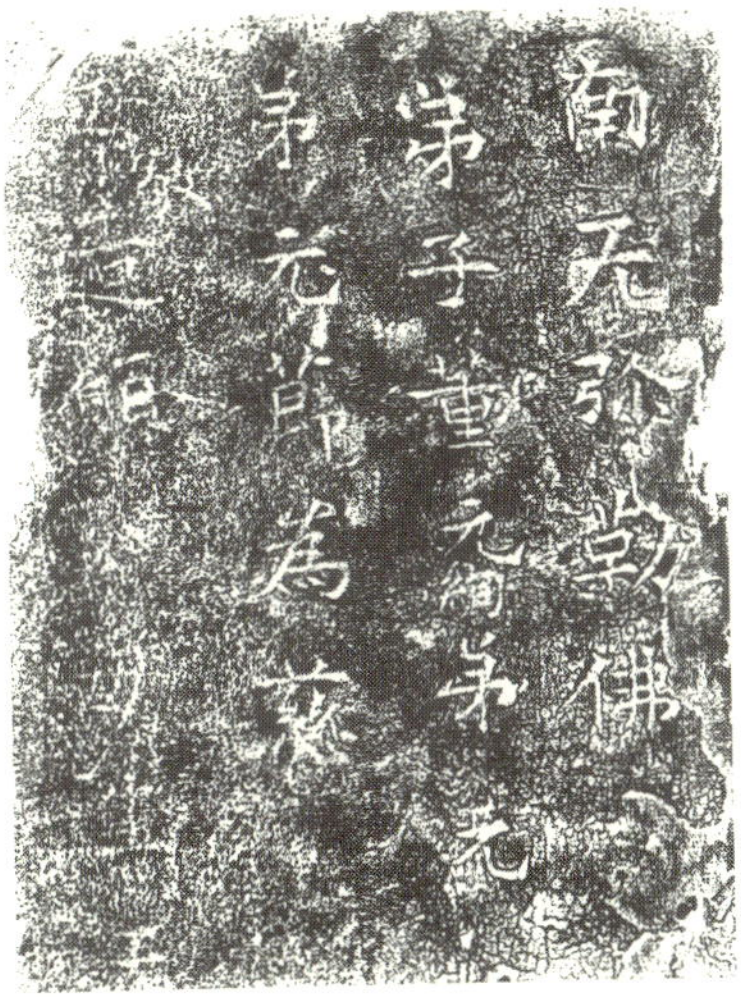

図2-6-4　北響堂山石窟大業洞弥勒仏名

図2-6-5　北響堂山石窟大業洞の七仏・観音・弥勒像

ことを。

大魏三年は西魏恭帝三年（五五六）であり、「十万佛名」は「十方佛名」の誤写であると曹氏は推測する。ここには「観世音佛」と「観世音菩薩」の名がともに見えるので、少なくともこの識語の撰者は両者を区別していたということが分かる。

さらに、「観世音佛」と表記する資料は北朝時代の石刻にもしばしば見られる。具体的に資料を提示すると以下の表2-6のようになる。

表を参照すると、早くも①南斉の建武二年（四九五）の造像銘に「敬造観世音成佛像一軀」とあり、像容も菩薩形ではなく、仏形であることから、観世音の成仏に対する信仰が、五世紀には既に存在したことが分かる。

他にも⑤東魏天平二年（五三五）務聖寺造像記に「觀世音佛主」、⑦北斉武平六年（五七五）鄭季茂六十一人等造像記にも「上坎觀世音佛主」とある。ただし、③⑥など、菩薩形でありながら「觀世音佛」と記すものもあり、すべての造像者が菩薩と仏の違いを明確に認識していたとは考え難い。また、山東省の、⑩徂徠山、⑪洪頂山摩崖、⑫陶山においては、いずれも「阿彌陀佛」の隣に「觀世音佛」という仏名が刻まれており、観音を阿弥陀仏の補処の菩薩として説く『観世音菩薩授記経』などをふまえた表現であると考えられる。

また、「觀世音佛」と刻むものではないが、釈迦と観音との関わりを示す興味深い石刻が存在する。すなわち、北響堂山石窟大業洞には、隋代のものと思われる、「南无維衞佛」から「南无釋迦牟尼佛」という過去七仏への帰命を表す刻字と「南无觀世音菩薩」という刻字（図2-6-3）、その下の段に「南无彌勒佛」の刻字（図2-6-4）があり、それぞれに対応する仏像も造られている（図2-6-5）。この事例からは、観音を三世仏の系列において釈迦を継ぐものとして位置づけようとする意図を見出すことができる。

第三節　観世音十大願の石刻

本節では、前節と同様に釈迦と観音を結びつけようとする意図を見出すことができる、前掲D『観世音十大願経』の十大願の偈を刻んだ石刻銘文を二点紹介しよう。

○渉県木井寺の武平四年（五七三）銘刻経碑

この刻経碑の碑陰額には篆書で「石垂敎／經之碑」と刻まれる。碑陽一行目に「佛垂般涅槃略説教戒經一巻」と記し、その下には、愛法の梵志が自らの皮膚を紙、身骨を筆、血を墨として書き記したという『大智度論』巻十六の一節「如法［應修］行、非法不應受、今世亦後世、行［法者安隱］」［T25：178c］を刻む（［　］内は現在欠損）。さらに、碑陽の第二行目から西面（右側）、北面（碑陰）、東面（左側）の一行目までにかけて『遺教経』（『仏垂般涅槃略説教誡

表2－6　南北朝期「観世音仏」石刻

A、造像記								
	王朝	年	月日	題名	銘文	關係地	像形狀	主な典據
①	南齊	495	0000	法明造像記	齊建武二年歲次乙亥荊州道人釋法明奉爲七世父母・師徒善友、敬造觀世音成佛像一軀。願生〻之處、永離三途八難之苦、面都諸佛、彌勒三會、願同初首、有識羣生、咸契斯□、□果菩提、廣度一切。	成都商業街出土1990（四川省）	佛坐像	文物 2001.10.9、世美全297、川南133
②	北魏	523	0323	陽景元造像記	正光四年三月廿三日清信男佛弟子陽景元供養觀世音佛時。	龍門石窟1519窟（火燒洞）（河南省）	?	瓊13、大村224
③	北魏	524	1217	胡絆妻造像記	正光五年十二月十七日胡絆妻造官世音佛一區。居加大小見世安隱、故記之耳。	?	一尊菩薩立像（持華）	松原167c、圖典474
④	北魏	529	0311	張歡□造像記	大魏永安二年三月十一日父張歡□爲亡女苟汝、造觀世音佛一區。因緣眷屬□使妄者生天、赴□□成佛。	龍門石窟0883窟（河南省）	菩薩立像	彙錄1346、龍錄357、拓5120、京NAN0339X、瓊13、大村230
⑤	東魏	535	0411	務聖寺造像記	夫靈眞玄廓、妙絶難測。（中略）息桀遷・脩和、行慈仁孝、世習精懿、志慕幽寂、妙眞遐願、刊石建像、釋迦文佛・觀音・文殊、仰述亡考平康舊願。復於像側、隱出无量壽佛、福洽法界、考妣等神、捨茲質形、悉稟淨境、同曉薩雲、覺道成佛。大魏天平二年歲次乙卯四月十一日比丘洪寶銘（以上碑左側）「阿彌陀佛主董元□」「文殊師利佛主張義容」「觀世音佛主劉道亮」他に佛名多數（以上碑陰）	原在少林寺緊那羅殿内（河南省）	佛坐像	拓6029、京NAN0373AB；NAN0374X；NAN0378X、萃30、瓊17、大村252附圖556、百品87
⑥	北齊	557	0608	靈壽縣人閻常等造像記	天保八年六月八日靈壽縣人閻常・閻神和・閻仟神等、爲亡父・見存内親、敬造雙觀世音佛一區。普爲一切小辟村。	靈壽縣（河北省）	二菩薩竝立像	松原406、圖典505、珍圖460

⑦	北齊	575	0317	鄭季茂61人等造像記	上坎觀世音佛主　釋伽佛主　多寶佛主　上坎伽葉主　上坎阿難主　上坎□□菩薩主　上坎右□菩薩主　伽葉主　阿難主　菩薩主（以上碑陰第一列） 夫法□元□、□□尺寸、理絕百非、化周感去。然化主鄭季茂・邑主鄭櫕儁六十一人等□葩姫在之胤、祖稱相□、深知三界循還□怨□羅共造石像一區。□王□□、衆相昞著、覩者除愆、況復敬禮、奉茲妙善、仰沓　皇帝福潤、群僚□□□□現在眷屬普□此益。大齊武平六年歳次乙未三月乙卯朔十七日辛未訖。	山西省？	？	山右2
⑧	北齊？	無紀年		線刻佛碑座	「釋迦佛度阿／若俱輪時／像主趙世」「彌勒成佛時／像主楊始悅」（以上正面 or 背面）「彌勒下生佛／像主趙思奴」「日月燈明佛／像主蘇伯能」（以上正面 or 背面）「觀世音佛／像主趙超」「藥師瑠璃光佛／像主徐智淵」（以上側面1）「太子成佛白／馬舐足時／像主鞏海」「太子思惟像主車英和」（以上側面2）	？	？	珍圖151
⑨	？	無紀年		比丘明儁造像記	比丘明儁敬造觀世音佛一區。仰爲師僧・父母・一切衆生成无二道。	？	？	匋14
B、摩崖佛名								
⑩	北齊	570	0000	王子椿刻經	「冠軍將軍梁父縣／令王子椿造□」「彌勒佛／阿彌陀佛／觀世音佛」「中正胡賓／武平元年」	徂徠山映佛巖（山東省）	像なし	賴非42、萃34
⑪	北齊	無紀年		洪頂山摩崖佛名	式佛／維衞佛／式佛／隨葉佛／□樓秦佛／拘那含牟尼佛／迦葉佛／釋迦牟尼佛／彌勒佛／阿彌陀佛／觀世音佛／大勢至佛／釋迦牟尼佛／具足千萬光相佛／安樂佛	洪頂山摩崖（山東省）	像なし	賴非26、文物2006.12.79
⑫	北齊	無紀年		陶山摩崖佛名	經主／阿彌陀佛／觀世音佛／般若波羅蜜	陶山摩崖（山東省）	像なし	賴非80、焦德森主編［2003］59頁圖⑳

経』）全巻、続けて観世音十大願、最後に紀年題記が刻まれる。この碑については、馬忠理氏が簡潔に紹介しているが、重要な偈の部分は省略されている。そこで、その偈の部分と願文が刻まれた碑の東面（左側）のみ録文を示そう。

【東面】（北面からのつづき。『遺教経』〈石刻では「佛說垂敎經」〉の末尾の箇所）
等且止、勿得復語、時將欲過、我欲滅度、是我最後之所敎誨。佛說垂敎經一巻　大悲觀世音願知一切法
大悲觀世音願乘般若舩　大悲觀世音願得智慧風　大悲觀世音願得善方便　大悲觀世音願度一切衆
大悲觀世音願使越苦海　大悲觀世音願得戒足導　大悲觀世音願登涅槃山　大悲觀世音願會无爲舍
大悲觀世音願同法性身　大齊武平四季歳次癸巳八月甲午十五日戊申龍花寺比丘法玉・劉貳同妻馮令興・
王靈援邑人等、敬造石經碑一區、仰爲　皇帝・一切衆生同登正覺。邑人張遵業。邑人王零慧。邑人（下缺）

馬忠理氏はこの十大願の部分の録文を示さず、その出典を『法華経』普門品とする。[9]しかしこれは、『観世音十大願経』の十大願であり、明確な紀年を有するものとしては最も早い事例で、張総氏によって既に指摘されている隋代の曲陽八会寺刻経[10]よりも時代が遡るものである。

○八会寺刻経龕

河北省曲陽県の八会寺刻経龕は、次頁の図2-6-6を参照すれば分かるように、現在石屋によって囲まれ保護されている。平行四辺形状の東西南北四方の壁には、二〇ほどの経の節文（偈が多い）が刻まれており、隋代の紀年題記も残されているが、近年趙洲氏によって、その全容がかなりの程度明らかにされた。[11]次頁の図2-6-6を参照すれば、この刻経龕の南壁には、東側から順に「弘猛慧海經觀音願」と題する観世音十大願と『遺教経』（『仏垂般涅槃略説教誡経』）とがとなりあわせに刻まれていることが分かる。

同じく観音と『遺教経』との関連を示す事例としては隋代の房山雷音洞が挙げられる。すなわち、房山雷音洞『遺教経』のとなりには、『高王観世音経』が刻まれているのである。[12]以上の事例からは、釈迦の最後の教えを説くとす

【南壁東端】

弘猛慧海經觀音願
□悲觀世音願知一切灋
大□觀世音願乘波若舩
大悲觀世音願得智慧風
大悲觀世音願得善方便
大悲觀世音願度一切衆
大悲觀世音願使越苦滌
大悲觀世音願得戒足導
大悲觀世音願登涅槃山
大悲觀世音願會无爲舍
大悲觀世音願同法性身

【南壁龕東面】

龕主定州城内
賈瓦母蘇爲七
世先亡現在眷
屬法界衆生供
養

佛垂般涅槃
［略］説教戒經
［釋迦］牟尼佛初轉法輪（以下略）

（［　］内現在缺損）

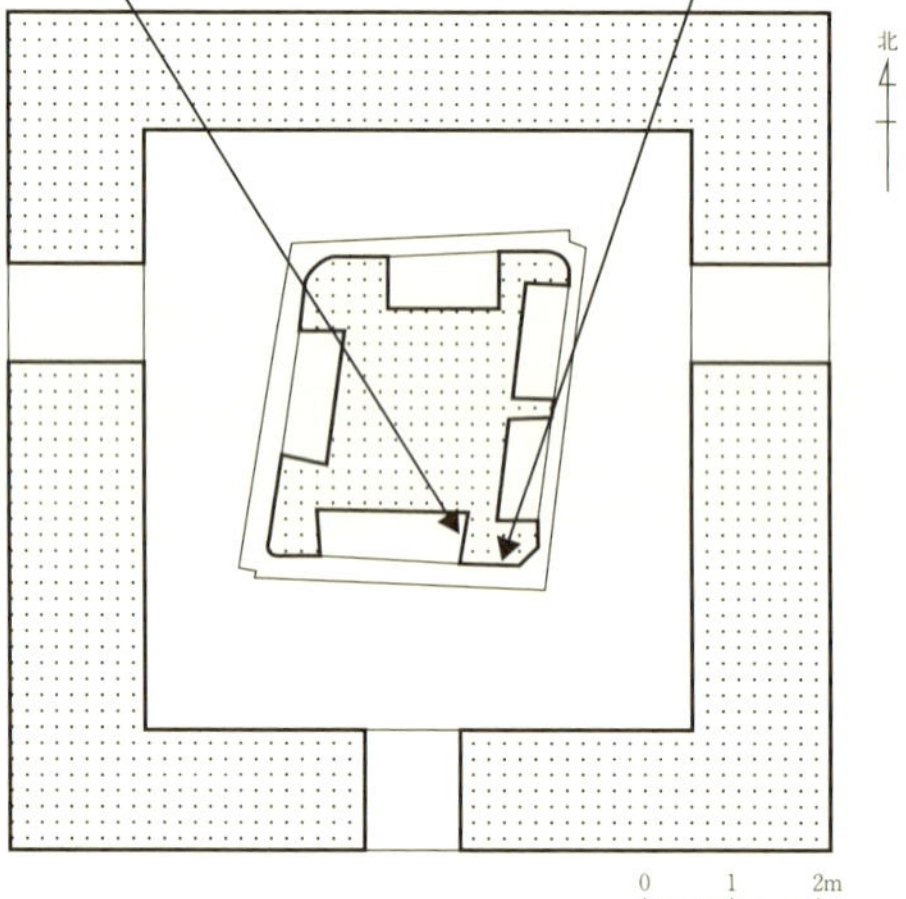

図2-6-6　八会寺刻経龕と石屋平面図

る『遺教経』と観音とを関連づけようとする意図を見出すことができる。

おわりに

中国の南北朝期においては、観音信仰の盛行とともに、観音の来歴や釈迦仏との関係についても人々の興味関心が高まったと考えられ、敦煌文献や石刻からは、観音を仏として崇拝する信仰の広汎な存在が推察される。観音の成仏を説く経典としては、西方浄土の阿弥陀（無量寿）仏の補処の菩薩としての地位を観音に与える『悲華経』や『観世音授記経』などの翻訳経典がある。しかしそれらでは満足できず、現世のこの世界における救済者としての観音の地位をより重視し、その来歴を説明する『観世音三昧経』や『観世音十大願経』などの偽経が撰述されたと考えられる。

特に『観世音十大願経』では、「空王観世音佛」が閻浮提にいた時、彼の仏のもとで観世音は、三度称名して救済されない衆生がいるならば正覚を成じないとし、将来成仏の際に、また観世音と号するという誓いをたてている。

本章の考察によって、北斉の刻経碑に、『遺教経』に続いて『弘猛慧海経』の観音願が刻まれていたことが明らかになった。このことは、他の隋代の八会寺刻経龕や、既に指摘した北響堂山大業洞の仏名題記の配列などを総合して考えると、釈迦の滅度後を承けたこの世の救済者として観音を位置づけ、それが観音の本願によることを強調したものであると言えよう。

後記

本章第三節に関する現地調査については、二〇〇九年三月、龍谷大学佐藤智水氏を中心とする調査団に筆者も参加させていただいて行ったものである。ただし、録文の文責は筆者にある。調査においては、河北省文物保護中心・渉県文化教育体育局・渉県文物保管所・曲陽県文物保管所の御協力を得た。ここに篤く御礼申し上げたい。

註

（1）中国の南北朝時代の観音信仰に関する代表的な先行研究として、佐藤泰舜［一九三〇］、小林太市郎［一九五〇→一九七四］、Yü［2001］、張総［二〇〇二］、李利安［二〇〇八］などがある。

（2）『出三蔵記集』巻四には、『観世音成仏経』という経名も収録されているが［T55：32c］、遺憾ながら既に亡佚して内容をうかがうことができない。また、続蔵経に収録されている『観世音菩薩往生浄土本縁経』は、観音の成仏を説くものではないが、観音の来歴を説いており、過去世において、観音の父が今の釈迦、母が阿弥陀仏であり、弟は今の大勢至菩薩であるとする。この経は「失譯・今附西晉錄」とされているが、『出三蔵記集』や隋唐代の経録には見えない。また、その内容については、阿弥陀浄土信仰が隆盛して以降に成立したものと考えられ、日本撰述とされており、ここでは考察対象として取りあげない。この経が日本において撰述された可能性が高いとする見解については、牧野和夫［一九九九］を参照。

（3）以下、観世音菩薩が釈迦より前に成仏していたことを記す経文を抄出しておく。「佛告阿難、（中略）觀世音菩薩於我前成佛、號曰正法明如來・應供・正遍知・明行足・善逝・世間解・調御丈夫・天人師・佛・世尊。我於彼時、爲彼佛下作苦行弟子、受持斯經七日七夜、讀誦不忘、復不念食、不念五欲、卽見十方百千諸佛在我前立、於斯悟道、今得成佛、號曰釋迦牟尼」（牧田諦亮［一九七六］二四二頁）。（牧田諦亮［一九七六］二三九頁）、「阿難稽首過去佛、於先滅度、今以出、號觀世音大菩薩」（牧田諦亮［一九七六］二四二頁）。

（4）参考までに、以下、この経を引用した諸師による記述を紹介しておく。

○吉蔵『法華玄論』巻十「弘猛海惠經明、觀音過去世値空王觀世音佛發願、願未來名觀世音」［T34：449ab］。

○吉蔵『法華義疏』巻十二「問、觀音云何於此土有緣。答、『弘猛海慧經』云、昔此閻浮提有王、名善首、有五百子。第一子名善光、値空王觀音佛、發十大願。初願得一切法、次願得波若船、三願値智慧風、四願得善方便、五願度一切人、六願使超苦海、七願得戒足、八願登涅槃山、九願會無爲舍、十願同法性身。皆以大悲觀音爲首也。觀世音發願、願我未來作佛、字觀世音、三稱我名、不往救者、不取妙色身。持此願者淸淨莊嚴一室、以於此土行菩薩道故、此土有緣」［T34：628c］。

○栖復『法華経玄賛要集』巻十「又約願立名者、准『雄猛慧海經』說、云何觀音菩薩於此土偏有緣。答、昔閻浮提有王、名曰普首、有五百王子。其第一者名曰善光、値空王觀世音佛、發十大願。一者願知一切法、二願乘般若船、三願値智慧風、四願得善方便、五願度一切人、六願越於苦海、七願得戒持、八願登涅槃山、九願證無爲毛、十願同法性身也。又願、願我來世、亦名觀世音、衆生病苦、三稱我名、若不往救者、誓願不取上妙色身。所以偏於此土有緣也」［Z53：405d-406a］。

○同巻三五「往昔南閻浮提有王、名曰普首。有五百王子、其第一名曰善光、値空王觀音佛。遂發十種大願。一者願知一切法、二者願乘般若舡、三者願値智慧風、四者願得善方便、五者願度一切人、六者願超於苦海、七者願得持戒具、八者願登菩提山、九者願證無爲善、十者願同法性身。又願我未來世中、亦名觀世音菩薩、衆生有苦、三稱我名、若不往救者、誓願不取上妙色身。又願衆生度盡、我則成佛。偏於此界有緣。故名觀世音菩薩也」［Z54：448cd］。

○慧沼『十一面神呪心経義疏』「弘猛海慧經曰、昔此閻浮提有王、名曰善首、有五百王子。第一太子名善光、値空王觀世音佛、乃發十願。一大悲觀世音願知一切法、二大悲觀世音願乘波若船、三大悲觀世音願得智慧風、四大悲觀世音願得善方便、五大悲觀世音願度一切人、六大悲觀世音願超生死海、七大悲觀世音願得戒定道、八大悲觀世音願登涅槃山、九大悲觀世音願會無爲舍、十大悲觀世音願同法性身。是觀世音發願、願我未來作佛、字觀世音、三昧稱我名、不往來度者、不取妙色身。若行此願、清淨莊嚴一室、以於此土行菩薩道故、知未成佛菩薩也。若從多者、爲已成佛。亦爲化有情故、更示成佛耳」［T39：1006c–1007a］。

この経は、「空王佛」「大空王佛」の石刻が東魏・北斉王朝時代の河北・山東地域に集中していること（北周が征服後の山東も含む）（手島一真［二〇一三］）、あるいは、本章で紹介した北斉時代の年号を有する「観世音十大願」石刻の存在、『高王観世音経』の撰述等に見る高氏政権下における観音の重視、敦煌文献にこの経典が見られないこと、などから、東魏・北斉王朝時代に、鄴都あるいはその周辺地域において、空王と観音を結びつけ、観音信仰をさらに鼓吹するために撰述された可能性も想定できよう。

(5) Giles［1957］。

(6) 『観世音仏名』では「次禮上方卅三佛」とあるが、実際書写されているのは二十六仏である。逆に、『現在十方千五百仏名並雑仏同号』では「上方二十七佛」とあるが、実際に書写されているのは三十一仏である。『現在十方千五百仏名並雑仏同号』については山口正晃［二〇〇八］参照。

(7) 『観世音仏名』の書写形式について、前半の諸仏名の書写形式にはやや雑然とした部分があるのに対し、「觀世音佛」の方は最初から最後まで極めて端正に整然と一行五仏で揃えて書写されている。これは前半の五方仏の部分が仏名の称名礼拝を目的としたものであるのに対し、後半の観世音仏名は書写の功徳が目的であるためと考えられる。

(8) 曹凌［二〇一四］七二～七三頁。なお簡体字を正字体に改めたが、「万」のみは行論の都合上そのままとしている。

(9) 馬忠理［二〇〇三］二六六頁の表による。

(10) 張総［二〇〇四］二一五～二一六頁。

(11) 趙洲［二〇一〇］。

(12) 桐谷征一［一九八七］一九〇頁図5参照。

第七章　北朝・隋代造像銘に見る西方浄土信仰の変容
――『観無量寿経』との関係を中心に――

はじめに

造像銘の願文において、願主は、亡者が天や浄土に生まれ、その生まれかわった先において、仏に会い法を聞き、最後には成仏すること、あるいは、正覚を成ずることを願うというものが多い。この、いわゆる生天・浄土信仰は北朝造像銘の願目の中心的存在となっている。本章においては、北朝から隋代にかけての生天・浄土信仰がいかなる変容をとげたかについて、造像銘を主な資料として明らかにすることを目的とする。

北朝時代の造像銘を利用した西方浄土信仰に関するこれまでの研究により、西方浄土信仰を願う場合には必ず無量寿像や阿弥陀像を造るというわけではなく、釈迦や弥勒など、様々な尊像の銘文に西方浄土信仰が表されていることが明らかにされている。また、北魏時代の造像銘に表現された西方浄土信仰については、おおむね中国の神仙・昇仙思想などに基づく天上世界への憧憬や弥勒信仰と混合した、漠然としたものであると論じられてきた(1)。

その中で、塚本善隆氏によって、龍門石窟造像銘において像の尊名が北魏時代の「無量壽」から唐代の「阿彌陀」に変化するという、極めて重要な指摘がなされた(2)。しかしその後ながらく、造像銘文に使用される語句の変遷を詳細に分析し、浄土に関する用語が北朝から隋唐時代にかけていかに変容したかを明らかにするという作業はなされなかった。

その中で、佐藤智水氏は、北朝時代の龍門石窟造像銘以外に単立像の銘文をも広範に収集し、その収集した銘文に見られる天や浄土に関する用語を分類し簡潔に表でまとめ、その用語に時期的・地域的偏りは見られないという結論に達している。[3]

また、久野美樹氏も南北朝時代の造像銘を博捜し、そこで使用される天や浄土関連の語句に年代的変化があることを見出し、その変化を像の造形とも関連づけて分析した。[4]具体的には、北朝期の造像銘中の天・浄土に生まれたいとする願望を表す用語として、北魏の龍門石窟を中心に「託生西方妙樂（洛）國土」という定型句が多用されていることを明らかにし、南北朝期の託生西方願望が、昇仙思想だけでなく、『法華経』の思想にも基づくものであることを指摘した。さらに、隋唐代につながる浄土教の新しい変化を表すものとして、河北省曲陽県出土北斉天保六年（五五五）無量寿像（**図2-7-1**）の造像記に[5]「往生西方極樂世界」という語が見えること、同じく曲陽出土の天統四年（五六八）の劉遵伯造像記に[6]「彌陀玉像、觀音・大勢二菩薩」という、いわゆる西方三聖の尊名が見えることを提示した。北斉時代の具体的な造像銘に、「極樂」などの以前とは異なる語句が用いられたことを発見し、『観無量寿経』（以下『観経』と略）を中心とした隋唐代につながる新しい西方浄土信仰の出現をそこに見出した氏の指摘は傾聴すべきである。ただし、それらの変化が「汾州付近に巻き起こっていた曇鸞を開祖とする（中略）中国浄土教の波が曲陽県にまで至っていた」ものであると推測することについては議論の余地があると思われる。

図2-7-1　北斉天保6年（555）無量寿像

さらに、近年の成果として、石川琢道氏や齊藤隆信氏の論考が挙げられる。[7]石川氏は北魏時代の造像銘に表された無量寿仏信仰に関して、曇鸞の思想との関係を考察した。齊藤氏は、僧伝類と金石資料を検討し、浄土教の時代区分として、『観経』による実践体系の整理された六世紀中葉が画期であるとし、それ以前を中国初期浄土教と命名する[8]。筆者も齊藤氏の時代区分には賛意を表しておきたい。ただ、両氏の研究ともに浄土に関する造像銘資料を提示した貴重な成果ではあるものの、銘文の語句に関する詳細な分析は行われていない。

中国における研究では、北朝有紀年造像銘を網羅的に取り扱った成果として、侯旭東氏の研究が重要である。侯氏は、五二九年以前は天に生まれたいとする信仰が比較的流行し、五二九年以降は西方浄土の信徒が優勢になるが、死後の帰趨先としての西方浄土を受容したのみで、無量寿や阿弥陀について知る者は稀であり、浄土教義に関する他の内容は受容されなかったと結論づける[9]。

また劉長東氏は、浄土信仰が表された北朝造像銘資料を多数紹介し、北朝時代の民衆の阿弥陀信仰に弥勒信仰が混在している状況を確認した。そして、北方において浄土信仰が発展した原因としては、曇鸞や地論師たちの宣揚、南朝からの影響以外に、北朝の不安定な社会状況が関係しているとする[10]。

南朝からの影響をいかに評価するかは、現存する南朝の造像が四川地域に集中し、他地域ではほとんど現存しないため難しい問題である。ただし、現存する南朝造像の銘文には阿弥陀という尊名を有するものは見られず、無量寿が使用されている[11]。また、『高僧伝』『出三蔵記集』などの伝世文献資料においても、阿弥陀ではなく無量寿という尊名が一般的に使用されていたことが分かる[12]。よって造像銘における無量寿から阿弥陀へという尊名の新しい変化は北朝で起こったと考えるべきであろう。

北朝時代の造像銘に関しては、近年、新出資料が続々と公開されてきており、久野氏が論考を発表された一九八九年当時と比較すると、利用可能な資料が大幅に増加している。北斉から隋代にかけての造像銘に表された浄土思想の重要な変化について、造像銘文が天や浄土に関していかなる語句を使用して表現し、以前のものとどのような差異があるのかなどを、無量寿や阿弥陀像銘の地域的・時期的分布状況にも注意しつつ、仔細に検討し直すことも、あながち無意味ではないだろう。

以上の問題関心に基づき、本章では、第一節において、生天・浄土信仰を含む南北朝から隋代までの有紀年造像銘について、各用語を地域・時代別に分類・整理し、それぞれの具体的用語について地域的偏在性や時代的な盛衰を明らかにし、生天・浄土信仰の全体的な動向を把握する。第二節以下では、西方浄土思想について重要な変化があったと考えられる北朝から隋代までに時代を限定し、無量寿像と阿弥陀像の有紀年造像銘を具体的に表の形式で提示し、地域的・時期的分布状況について考察する。次いで、無量寿像・阿弥陀像の銘文に限定して、北斉から隋にかけて起こった浄土信仰の変化の内実を、禅師と呼ばれる者たちの活動と西方浄土の観想を説く『観経』との関係に注目しつつ明らかにし、無量寿から阿弥陀への尊名の変化の原因について考察してみたい。

第一節　造像銘中の生天・浄土信仰を表す用語の地域・時代的分布状況

既に述べたように、北朝造像銘からうかがうことのできる当時の人々の認識では、天と浄土をあまり区別していなかったということがほぼ定説となっている。ただし、造像銘に見える生天・浄土関係の個々の語句についての地域的分布、時代的変遷については、いまだ十分に明らかにされていない。そこで、本節ではまず、この問題について検討し、北朝から隋にかけての造像銘に表された生天・浄土信仰の総体的な動向を、具体的な用語レベルで把握することを目的とする。

最初に、筆者が収集した北魏～隋代、さらに南朝の有紀年造像銘に見える天と浄土関連の用語の用例を分類し、各用語の件数を地域別、王朝別に整理したのが表2-7-1であり、用語を件数の多い順に示し、各項目について、生天・浄土、弥勒下生信仰を有する造像記の総数に対する割合の時代的変化を示したのが表2-7-2である。表によれば、時代的・地域的な偏在性がある語も散見される。中には、定型句として頻繁に用いられるものもいくつかあり、四字でひとまとまりになっているものが多い。そこで、以下代表的な語句についてとりあげ、表を参照しつつ、簡単に説明していきたい。

表2－7－1　天・浄土関連用語の地域・王朝別件数

分類	用語	河北				山東（＋江蘇）				河南（＋安徽湖北）				山西				陝西				甘肅				不明				合計				南朝		
		北魏	東魏	北齊	隋	北魏	東魏	北齊	隋	北魏	東西魏	北齊	隋	北魏	東西魏	齊周	隋	北魏	西魏	北周	隋	北魏	西魏	北周	隋	北魏	東西魏	北齊周	隋	北魏	東西魏	北齊周	隋	宋	南齊	梁
天	天	4	4	22	5		2	3		7	2	4		2	2	1		2	1		2					5	9	6	3	20	20	36	10			2
	天上	6								5								4				2				4			1	21	0	0	1			
	天宮	1				1												2								2				6	0	0	0			
	天堂　福堂						1	1		3	1	1				2		3	3		1					2	4			8	8	4	1			1
	紫微・紫宮・紫蓮・紫極									3		2						3									1	1		6	1	3	0			
	兜率		1			1		2		3	2	4			1	1		2		2							1	2	1	8	5	11	1			1
淨土	妙樂（妙洛）	3	3	7	2	2		2	1	6	4	5		1	1	1	1	1	1	5	3	1	2			1	5	9	3	15	16	29	10			
	西方	5	4	14	3	5	1	4	3	10	4	4		1	2	2	1	2		5	7					6	5	12	3	29	15	41	17			5
	淨土（靜土）	1	2	5	3	1	2	1	1	2	1	3	1		1	4	2			2	4		1	2		3	1	3	3	7	8	20	14		1	4
	淨國、淨妙、淨妙國土	1	5	3				1																				2		1	5	6	0			
	佛土　佛國　淨佛國土	1		4	1	3				2					1			2								1		1	1	9	1	5	2	1		2
	無量（壽）（佛）國※	1	1	1	1	2	1		1						1					2	2					1		1		4	3	4	4	1		1
	安養				1					3	1	2	1	1		2	1	1												5	1	4	3			
	安樂		2	3				1		6			1							1								1		6	2	6	1			
その他	境（妙境、淨境など）		1	2		2		1		9	2	3		1	1	1		1	1	1						2	1			16	6	8	0			1
	三空・九空									2		1			1			1												3	1	1	0			
神	神○　○神	1	2	4	2	2	1			9	9	5		1	3	1		4	2	2	1		1	1		4	1	2	1	21	19	15	4			3
生まれる	往生			4	1											2				1	2		2	1					1		2	8	4			
	託生（托生）	3	7	16	2	2	2	4	2	19	4	6	1	1	2	2	1			5	8					1	5	15	7	26	20	48	21			
	直生（値生）	1		1		2	1	1		2								1								1	1	1		7	2	2	0			2
あがる、のぼる、とぶ	上生　上昇	5	2	1		1				3		1						5	1			2				4	1		1	20	4	2	1			1
	○登		3					1		1	1	4				2			1	2	1		1			1	1			2	7	10	1			2
	○昇　昇○		5	1		1				4	3	4			2	2		2	3	1	1					1	1	3		8	14	11	1			2
	○騰　騰○																																			
	○飛（非）						1			8	1	1		1														1		9	2	2	0		1	
	（生天・淨土、彌勒下生信仰を有する造像記の）總數	24	27	55	17	12	10	18	7	65	28	29	3	9	11	23	5	31	8	19	17	5	3	4		39	29	37	16	185	116	185	65	2	5	18

※總數は上記項目の合計ではない。※各項目の件數は重複して數える。

表2-7-2　天・浄土関連用語の出現数とそれら用語を有する造像銘の総数に占める割合の時代的変化

分類	用語	用例とその件數（多い順）	北涼北魏	東西魏	北齊周	隋
天	天	亡（忘）者生天59、亡者昇天2	10.8%	17.2%	19.5%	15.4%
	天上	上生天上19、生於天上諸佛之所1、生天上安樂之處1	11.4%	0.0%	0.0%	1.5%
	天宮	上生天宮2、上昇天宮1、神昇天宮1、託生天宮1	3.2%	0.0%	0.0%	0.0%
	天堂　福堂	萇入天堂1、神生天堂1、神昇福堂1、永處福堂1	4.3%	6.9%	2.2%	1.5%
	紫微・紫宮・紫蓮・紫極	託生紫蓮1、託神紫宮1、託生紫微安樂之處1、登紫極1	3.2%	0.9%	1.6%	0.0%
	兜率	託生兜率4、上生兜率3、神昇兜率1	4.3%	4.3%	5.9%	1.5%
淨土	妙樂（妙洛）	託生西方妙樂（洛）國土34、託生先方妙樂（洛）國土3	8.1%	13.8%	15.7%	15.4%
	西方	託生西方妙樂（洛）國土34、託生西方23	15.7%	12.9%	22.2%	26.2%
	淨土（靜土）	神生淨土8、託生淨土5、往生淨土3、常生淨土2	3.8%	6.9%	10.8%	21.5%
	淨國、淨妙、淨妙國土	來生淨國2、託生淨（請）妙2、同登淨妙1、上生淨妙國土1	0.5%	4.3%	3.2%	0.0%
	佛土　佛國　淨佛國土	託生佛國3、遊神西方淨佛國土1、上生佛國1	4.9%	0.9%	2.7%	3.1%
	無量（壽）（佛）國　※	託生西方無量壽國2、往生西方無量壽佛國1	2.2%	2.6%	2.2%	6.2%
	安養	託生安養1　往生安養之國1、神超安養1	2.7%	0.9%	2.2%	4.6%
	安樂	託生西方安樂（洛）之處3、生天上安樂之處1、常登安樂1	3.2%	1.7%	3.2%	1.5%
その他	境（妙境、淨境など）	神昇淨境2、遊神淨境2、神期妙境1、託生善境1	8.6%	5.2%	4.3%	0.0%
	三空・九空	神騰九空2、遊神三空1、神超三空1、稟神三空之域1	1.6%	0.9%	0.5%	0.0%
神	神○　○神	神生淨土8、神昇淨境2、遊神淨境2、神騰九空2	11.4%	16.4%	8.1%	6.2%
生まれる	往生	往生淨土3、往生妙樂2、往生西方1、往生安養之國11	0.0%	1.7%	4.3%	6.2%
	託生（托生）	託生西方妙樂（洛）國土34、託生西方23、託生淨土5	14.1%	17.2%	25.9%	32.3%
	直生（値生）	直生西方2、直（値）生西方妙樂國土2、直（値）生西方無量壽國2	3.8%	1.7%	1.1%	0.0%
あがる、のぼる、とぶ	上生　上昇	上生天上19、上昇天堂2、上生天宮2、上生淨妙國土1、上昇人天1	10.8%	3.4%	1.1%	1.5%
	○登	倶登常樂2、咸登淨土1、神登紫宮1、願登紫極1、永登寶地1	1.1%	6.0%	5.4%	1.5%
	○昇　昇○	同昇妙樂3、同昇常樂（洛）2、神昇淨境2、上昇天堂2	4.3%	12.1%	5.9%	1.5%
	○騰　騰○　○飛（非）	靈飛十方4、神騰九空2、騰無哉之境1、騰遊无礙之境1	4.9%	1.7%	1.1%	0.0%

図2－7－2　北魏無紀年山西省沁県南泉郷摩崖

A、天に生まれかわることを表す語

A－a「亡者生天」

天や浄土に生まれかわる語句として最も多く現れるのは、「亡者生天」であり、管見における最初期の事例は、北魏太和元年（四七七）安憙県堤陽□劉頤造像記[13]である。安憙県は現在の河北省定州市南東に位置する。筆者の調査した北朝～隋代の有紀年銘全体では、この語句の見える造像銘は五九例あり、地域的には、陝西でほとんど見られないことを除けば、その分布は広範囲にわたる。例えば、定州中山郡に属する安憙県堤陽□劉頤造像記に「亡者生天、直語諸佛」というように、生まれかわった天上において、諸仏と会って直接話をしたい、説法を聞きたいというのが、最も典型的な願文である。天上で仏に会いたいという素朴な願望を図像に表したものとして、山西省沁県南泉郷摩崖（北魏時代）の図像が挙げられる（図2－7－2）。願文には「香火廿五人發／□願、赦《捨》身受身、□／語諸佛、生〻／處、常□□／□□」とあるが、この図像では、仏像の右（向かって左）、右下、下の三人が雲に乗っている。仏像の左側の人物は裸足である。仏の下の人物は右手で焼香しているようである。天上の世界で供養者が、仏を供養している場面を描いたものであろう[14]。

天において会う対象については、諸仏が六例、仏が五例、弥勒が一例、無量寿仏が一例[15]であり、会う相手に言及しないものも多い。この語はとりわけ北斉時代の河北地域で非常に多く見られ、「亡者生天、生者福徳[16]」「亡者生天、見存安隱[17]」のように、死者と生者を対句的に表現した定型句として頻繁に用いられている。総数としては、北斉時代までは増加傾向にあるが、隋代になるとやや減少する。

A-b「上生天上」

天に関して「亡者生天」に次いで多いのは、「上生天上」という四字句で、筆者は十九例見出した。最初期の事例は、北魏皇興五年（四七一）新城県民仇寄奴造像記[18]である。新城県は現在の河北省に位置する。表2-7-1を参照すれば、この句は、北魏時代に集中して見られ、東西魏以降は、ほとんど皆無に等しいほど見られなくなる。用例としては、「上生天上、直遇諸佛、下生人間侯王長者」[19]「願使亡者上生天上、値遇諸佛、下生人中侯王長者、衣食自然、若堕三塗、速令解脱」[20]などが挙げられる。これらの事例は「上生」と「下生」が対比され、天上に生まれかわって諸仏や弥勒に会い、（天上での福が尽きれば）人間世界に下生して、王侯長者に生まれかわりたいが、もし、三途に堕ちた場合は速く脱出したい、という文脈でしばしば語られる。この語は仏典にも見られ、例えば『灌頂抜除過罪生死得度経』（『灌頂経』巻十二）には、「佛言、假使壽命自欲盡時、臨終之日、得聞我說是藥師瑠璃光佛本願功德者、命終之後、皆得上生天上、不復歴三惡道中。天上福盡、若下生人間、當爲帝王家作子、或於豪姓長者居士富貴家生、皆當端正聰明智慧高才勇猛」[T21 : 533c]というように、上記数例の造像銘に類似する表現が見える。造像銘と特に異なる点は、天上で諸仏や弥勒に会うという記述が無いことである。

「上生天上」という語を有する造像銘が言及する、天上で会う対象については、諸仏が七例、弥勒が六例、仏が四例、三宝（仏・法・僧）が一例である。「上生天上」という語句は、「亡者生天」と比較すると弥勒に会いたいとするものが多く、弥勒信仰との結びつきがより強い。

A-c「天宮」

「天宮」は、古くから様々な仏典や中国古典に頻出する語である。仏典では、「兜率天宮」「忉利天宮」などと、具体的に天の名称を述べる場合も多い。中国の古典では、『史記』巻二八封禅書「天神貴者太一」に対する、司馬貞『史記索隠』所引『楽汁徴図』[21]に「天宮、紫微。北極、天一太一」とあるように緯書に見え、「紫微」と同義であるとしている。造像銘においてこの語は、「敬造天宮一區」「敬造天宮塔一堰」など、塔（浮図）あるいは四面像とほぼ同様の意味で用いられることが多い(22)。

　一方、生まれかわり先を表す語としてこの語を用いる最初期の事例は、太和十四年（四九〇）魯氏造像記に「如入禪定、神昇天宮、彌勒初會」とあるものである(23)。他には「願使亡父母上生天宮、値遇諸佛。若悟《誤》洛《落》三途《塗》、□得解脱」という事例があり(24)、これは先に見た「上生天上」とほぼ同様の用例である。また、第一部第三章で紹介した孝昌三年（五二七）龐氏造像記(25)には、「（上缺）妙樂天宮、面睹眞道」とあり、後述する「妙樂」と天とを結びつけた事例として注目される。生まれかわり先を表す「天宮」の事例は、北魏時代の造像銘には六件あるが、東西魏以降はあまり見られなくなる。

A-d「天堂」「福堂」

「天堂」については、例えば「悉知天堂之快樂、及知地獄之酸楚」というように(26)、造像銘においてしばしば「地獄」と対にして用いられる。最初期の事例は、北魏太和二〇年（四九六）の紀年を有する姚伯多道教造像記(27)であり、「如此種福□□萇入天堂、子孫□□、後更煩昌」とある。また、他の道教像銘にもしばしば見える。仏像銘における最初期の事例は、景明四年（五〇三）閻村邑子七十二人等造像記(28)であり、「修善者、天堂不招而自至、作罪者、可謂隧《?》洛《落》非三塗」とある。

「福堂」という語も仏典のみならず道教経典にもしばしば見える語である。最初期の事例は第一部第三章で紹介した田良寛造像記(29)（五〇四～五一五）であり、「九玄七祖遷昇福堂」とある。仏像銘における事例はそれより遅れ、永熙二年（五三三）儁蒙文姫合邑子三十一人造像記(30)に、「下願慶七世、永超八難、神昇福堂、濟生死之苦」と見える。地域的には、陝西と河南に多く、逆に河北には見えない。「福堂」を用いた四字の定型句は見られない。

A-e「紫微」「紫宮」「紫蓮」

「紫微」や「紫宮」は、『淮南子』天文訓に「紫宮者、太一之居也」とあり、『列子』周穆王に「王實以爲清都・紫微・鈞天・廣樂、帝之所居」とあるように、中国古典において既に天帝・太一の居処として見える語である。「紫極」も『抱朴子』を始めとし、道教経典に多く見えるが、南北朝時代以前の翻訳仏典には使用された形跡がない。天上世界としての「紫蓮」については、中国古典に見られず、仏教経典についても北魏以前の古い適当な用例は見当たらず典拠不明である。上記の「紫微」や「紫宮」と、「蓮華」のイメージが混合した表現かもしれない。これらの語の約半数は道教造像銘に現れ、地域的にも道教像の多い陝西や河南に多く、河北には見えない。最初期の事例はやや遅れ、永平四年（五一一）比丘法興造弥勒像記[31]に「託生紫蓮、神昇兜率、面奉慈氏、足歩虚空、悟發大解」と見える。他の用例としては、「託神紫宮、縱志八定、大道一……[32]」「託生紫微安樂之處[33]」「願登紫極、永與苦別[34]」などがある。これらの語については、特に定型句的表現はないようである。

A－f「兜率」

弥勒菩薩の居処である兜率天への上生を表す願文については、既に指摘されているように弥勒が将来下生して成仏し、龍華樹の下で説法するという下生信仰よりもやや遅れ[35]、太和二二年（四九八）比丘慧成造像記（始平公像記[36]）に「鳳翥道場、鸞騰兜率」とあるのが最初期の事例である。時代が下るにつれ増加している。

B、浄土関連の用語

次に、浄土関連の語について見ていきたい。仏典には、「淨土」「極樂」「佛土」「安樂」「安養」など様々な浄土・仏国土を表す語が用いられている。浄影寺慧遠は、『大乗義章』巻十九浄土義六門分別・釈名一において、

言淨土者、經中或時名佛刹、或稱佛界、或云佛國、或云佛土、或復説爲淨刹・淨界・淨國・淨土。刹者、是其天竺人語。此方無翻。蓋乃處處之別名也。約佛辨處、故云佛刹。佛世界者、世謂世間、國土境界。盛衆生處名器世間。界是界別。佛所居處、異於餘人、故名界別。又佛隨化、住處各異、亦名界別。約佛辨界、名佛世界。言佛國者、攝人之所、目之爲國、約佛辨國、故名佛國。言佛土者、安身之處、號之爲土、約佛辨土、名爲佛土。（中

略）。刹之與界其義則通。此無雜穢、故悉名淨。［T44 : 834a］

淨土と言うは、經中に或る時は佛刹と名づけ、或いは佛界と稱し、或いは佛國と云い、或いは佛土と云い、或いは復た說きて淨刹・淨界・淨國・淨土と爲す。刹とは、是れ其天竺人の語なり。此方に翻無し。蓋し乃ち處處の別名なり。佛に約して處を辨ず、故に佛刹と云う。佛世界とは、世は世間、國土境界の謂なり。衆生を盛る處を器世間と名づく。界は是れ界別なり。佛の居る所の處、餘人と異なる、故に界別と名づく。又た佛は化に隨い、住處各おの異なるも、亦た界別と名づく。佛に約して界を辨じ、佛世界と名づく。佛國と言うは、人を攝するの所、之を目して國と爲し、佛に約して國を辨ず、故に佛國と名づく。佛土と言うは、身を安んずる處、之を號して土と爲し、佛に約して土を辨じ、名づけて佛土と爲す。（中略）。刹と界とは其の義則ち通ず。此れ雜穢無し、故に悉く淨と名づく。

とそのことを説明している。しかし、仏典と造像銘の用語には相違があり、いわゆる浄土三部経のうち、『無量寿経』では、西方浄土を指す訳語として、「安養」や「安樂」が用いられ、『阿弥陀経』と『観経』では、「極樂」が主に用いられている。(37)「淨土」という訳語を定着させたのは鳩摩羅什とされており、『法華経』の霊山浄土や『維摩経』仏国品の「淨土」が有名である。しかし羅什は阿弥陀仏の極楽として「淨土」という語を用いていない。(38)一方北朝造像銘では、「西方妙樂國土」という、仏典では特殊な語や「淨土」が多く用いられており、「安樂」「極樂」は非常に少ない。

B－a　「妙樂」

北朝造像銘において、浄土に生まれかわることを表す最も多出する定型句は「託生西方妙樂（洛）國土」であり、筆者が収集しえたのは三四例である。このうち、生まれかわり先で会う仏に言及するものは少なく、仏・諸仏がそれぞれ三件であり、無量寿（阿弥陀）に言及するものはない。北朝造像銘において頻出する「託生西方妙樂國土」という定型句が南朝造像銘に見えないことも、注意しておくべきことである。(39)

図2−7−4　北魏太和22年（498）呉道興造光世音像背面

図2−7−3　北魏太和22年（498）肥如県比丘僧造像台座

造像銘においてこの語句を有する最初期の事例は、雲岡石窟第十八窟門口龕像銘に[40]「……方妙□□……」とあるのがこれに該当する可能性がある。確実な紀年を有するものでは、北魏太和二二年（四九八）肥如県比丘僧造弥勒像記[41]であり、「託生」ではなく「値生」であるが、「肥如縣比丘僧□□普貴爲父母造彌勒尊像一軀。史父亡者生天、値語諸佛、値生西方妙洛國土、龍華化生樹下三會說法」とある。この像の台座には鳥や仏、供養者の線刻が見られ興味深い（図2−7−3）。同じく太和二二年呉道興造光世音像記[42]には、「願居家大小・淸信士女託生西方妙洛世界、所求如意。兄弟姉妹六人、常與佛會」とあるが、この像の光背背面に、樹下において鳥に乗る菩薩像とそれを見上げる供養者が線刻されている（図2−7−4）。久野美樹氏はこの像について、「制作依頼者または制作者の頭の中で西方浄土とは「上の西の方」に飛んで行く所と考えられていたようである。そういった思考の背景には弥勒菩薩の『上生兜率天経』関係の思想があると推測できるが、むしろこの線刻図にある「鳳凰のような鳥」「羽衣のような天衣を翻す人物」をみると、道教の昇仙思想の存在を強く感じる」と述べる。(43)「天」と「西方妙樂國土」という用語の類似は、例えば、「願使來世託生西方妙樂國土、下生人間公王長者、遠離煩惱。又願己身與彌勒倶生蓮華樹下、三會說法」(44)という造像銘と、既に例示した「上生天上」の語を含む造像記とが極めてよく似ていることからもうかがうことができる。以上の図像や銘文にも見られるように、「西方」とは言っても、実質的には、天のカテゴリーで見た造像銘とあまり変わらないものも多い。

また、西方と結びつかない「妙樂」の事例はこれより早く、延興三年（四七三）比丘尼僧香造像記に「願此福上資亡甥、直之妙樂、寶華□□、長乖惡趣、面覲慈容、高悟靈敎」とある。(45)「妙樂」はほとんどが「國土」や「世界」と結びついて用いられるが、例えば、「願七世父母願生妙洛天上、恆遇彌勒」(46)「亡者生天妙洛國土」(47)など、「妙樂」を「天」と結びつけている事例もいくつかあることも注意しなければならない。

この「妙樂」という仏国土の表現が、浄土三部経には見えず、『千仏因縁経』や『大方等陀羅尼経』に見える特殊な語であることが久野美樹氏により指摘されている。(48)「妙樂」という語は、『大方等陀羅尼経』では「西方妙樂世界」［T21 : 654c］に限らず、「十方妙樂世界」［T21 : 650c］や「東方妙樂世界」［T21 : 653c］など、他方の世界にも用いられる。この経典以外にも『灌頂経』巻十二に「十方妙樂國土」［T21 : 534a］とあるほか、『称揚諸仏功徳経』『悲華経』『華厳経』において、「妙樂」は東方阿閦仏の世界の名とされている。なぜ「託生西方妙樂國土」という語が北朝造像銘の定型句として定着したかについてはさらなる検討が必要であろう。

B-b 「西方」

「託生西方妙樂（洛）國土」に次いで多いのは「託生西方」と記す場合であり、筆者は二三例検出した。そのうち、生まれかわった先で会う対象については、仏が三件、諸仏・弥勒・無量寿が各一件である。造像銘にみえる「西方」という語は、時代が下るにつれ、全体に占める割合は増加傾向にある。「西方」の最初期の事例は、延興五年（四七五）□丘県人徐敬姫《?》造像記(49)で、「願生西方、常《?》與弗《佛》會、龍花樹下□共□」と弥勒下生信仰の願目とともに見える。また、天上と西方が結びついた、「願使亡者上生天上、託生西方、侍佛佐《左》右、供養三寶時」という事例もある。(50)これは亡者が天上にのぼり西方に生まれて仏のそばで三宝を供養するようにとの銘文である。この銘文は交脚菩薩像龕の上部に刻まれており、天上の西方に仏（弥勒菩薩）がいるという認識である。また、「上爲亡夫主高懷珍命過當史、上生西方慈是《氏》佛所。□□□生、誤□□永離三塗、莨生淨土」という銘文[51]も、天上の西方に「慈是《氏》佛」（弥勒）がいるという認識を示している。さらに、南朝梁中大通五年（五三三）尹文宣造釈迦像記[52]も、「願現在父母・兄弟・眷屬、及過去七世先祖、値生西方、面睹彌勒」と西方で弥勒に会うことを願っている。なお、『高僧伝』巻五道安伝においても、兜率天が「天の西北」方にあるとされている[53]。

「西方」という概念は、西王母や崑崙山などの神仙思想と密接に結びつき、南北朝時代以前から憧憬の対象であり、造像銘において、これらの語は必ずしも無量寿仏（阿弥陀仏）の西方極楽浄土として認識されていないことは侯旭東氏が既に指摘したところである[54]。

我々は「西方」と聞くとすぐさま阿弥陀西方浄土を連想してしまうので、以上で見たような「西方」と「弥勒」が同居する造像記を見ると違和感を持ってしまう。しかしながら、弥勒や諸仏の居所として憧憬の対象であった天上の西方というイメージを「西方妙樂國土」と表現したと考えれば、こうした北朝造像銘の願文も比較的スムーズに理解できよう。

ただし、天と「妙樂」「西方」との相違を認識していた事例もあることは指摘しておかなければならない。「若存託生、生於天上諸佛之所、若生世界、妙樂自在之處[55]」という事例は、「妙樂自在之處」を「天上諸佛之所」とは別の場所と明確に認識している。また、「託生西方妙樂國土、蓮花化生[56]」なども、明らかに天と異なる表現をする事例である。さらに、東魏武定八年（五五〇）張安祖妻侯篋造觀音像記[57]には「願亡者生天、託生西方、願見无量受《壽》佛」とあり、これは、天の西方で無量寿仏に見えたいという願を記している。無量寿仏に言及する点において、後述する新しい西方浄土信仰の萌芽を示すものとして注目すべきである。このように「西方」に対する理解には、造像記によって若干の差異が認められる。

B-c　「淨土」

次に、「淨土」あるいは「靜土」という語について検討しよう。既に述べたように、この語を定着させたのは鳩摩羅什とされているが、羅什は阿弥陀仏の極楽に「淨土」という語を使用しておらず、羅什の場合には、「淨土」とは「諸佛の淨土」を指している。[58] 造像銘の「淨土」もこの文脈で理解する必要がある。既に見たように、造像銘において「妙樂」は「西方」と極めて強い結びつきを示すが、「淨土」という語は、「西方」とあまり結びつかない。また、弥勒信仰との結びつきも上記語句と比較すれば少ない。この語と結びつきが強い語句は特にないが、「悟无生忍」や「値佛聞法」などがこの語と結びつけて用いられている。

「淨土」の最初期の事例は、北魏太和八年（四八四）楊僧昌（揚僧景）造像記[59]に「遷神淨土」とあるものであり、この年には、南朝の造像記においても「淨土」という語が初めて見える。[60]「淨土」という語を有する南朝造像記は比較的多い。「淨土」を用いた四字句で最も多いのは「神生淨土」であり、八例ある。表2-7-1を参照すると、「淨土」や「靜土」の語は、北魏にはあまり使用されていないことが分かる。しかし、生天・浄土信仰を有する有紀年銘造像全体に占める割合を百分率で見ると（表2-7-2参照）、時代が下るにつれ徐々に割合が増加しており、特に北斉から隋にかけて急増し、隋代では二割を越えるまでになる。

B-d　「淨國」「淨妙」「淨妙國土」

「淨國」「淨妙」「淨妙國土」という語の最初期の事例は他の語と比較して遅れ、北魏末期の真王五年（五二八）楊天仁等二百人邑義造像記[61]であり、邑義たちが物故せし邑義（亡邑義）のために弥勒像を造り、皇家から受苦蒼生、見在の邑義に至るまでみな「同《とも》に淨國に生ぜん」ことを願ったとある。『観経』は、十方諸仏の浄土として「淨妙國土」という語を用いているが、造像記における「淨妙」の最初期の事例は「淨國」よりもさらに遅れ、東魏興和二年（五四〇）邸広寿造像記[62]に「願亡考上生淨妙國土」とあるのが最初期の事例である。また、これらの語の特徴として、河北地方と河北に隣接する山東地域に集中して現れることが指摘できる。

B―e 「佛土」「佛國」「淨佛國土」

「佛土」「佛國」「淨佛國土」について、「無量壽佛國」「無量佛國」は次に述べるので除外すると、「太歳丁未」（西暦五二七年に比定できる）の石黒奴造像記[63]に「願直生西方淨佛國土、蓮花化生、諮受妙法、供養三寶、龍花三會、願在初首、見諦得道、歴侍諸佛」とあるのが最初期の事例である。この語については、地域的には、「淨國」「淨妙」よりも広範に見られ、北魏時代に比較的多く、南朝造像記にも見られる。

B―f 「無量壽國」「無量（壽）佛國」

「無量壽國」「無量（壽）佛國」については、ともに『無量寿経』に見える語である。最初期の事例は太和二年（四七八）比丘某造像記[64]と早く、「化生西方无量佛國、蓮花化生」とある。南朝では、さらに遡る劉宋元嘉二五年（四四八）の造無量寿像記[65]に、「爲父母幷熊身及兒子起願無亮《量》壽佛國生」と、無量寿仏国に生まれることを願っている。この語は、そのほとんどが「西方」と結びついて「西方無量壽佛國」などと表現される。隋代に入ってこの語の見える造像記が増加するのも見逃せない。また、北魏永安二年（五二九）雷漢仁造像記[66]に「上爲國主大臣、下爲七世以來所生父母、見在眷屬、幷及諸師、上生兜卒、又上一切諸師伏問法、下生西方阿彌陀伏《ママ》國、隨心樂所、有刑竝同蒙福、所願如是」とあり、無量寿ではなく阿弥陀の語を使用しているものもある。

B―g 「安養」

「安養」については、竺法護訳『正法華経』薬王菩薩品に「若有女人、於五濁世最後末俗、聞是經法能奉行者、於是壽終生安養國、見無量壽佛」[T9 : 126c]と見え、『無量寿経』巻中にも同様に西方浄土を指す語として使用されている。造像銘においては、「安養」を単独で用いて「託生安養」「願生安養」などとする例が最も多く、次いで「安養之國」という事例が多い。「安養之國」という語は、南北朝以前の経典では、竺法護訳『文殊師利仏土厳浄経』にのみ「西方安養之國」[T11 : 895c]として見える。造像銘の中には「生天安養佛國」と、天と同様に見なしているものもある。[67] 最初期の事例は雲岡石窟太和七年（四八三）邑義信士女等五十四人造像記であり、[68]「安養光接」と見える。地域的には河南・山西に多い。

B-h「安樂」

「安樂」という語は、藤田宏達［一九七〇］一四一頁以下の表を参照すれば分かるように、玄奘の時代より古い漢訳経典において浄土の訳語として非常に多く用いられており、『無量寿経』巻上にも「佛告阿難、法藏菩薩今已成佛、現在西方、去此十萬億刹、其佛世界名曰安樂」［T12 : 270a］と見える。また曇鸞・道綽・善導の三師ともに、西方浄土を表す語としてこの語を多用している。しかし、造像銘においては、この語はそれほど使用例が多くない。「託生西方安樂（洛）之處」という事例が三例と最も多いが、「安養」と同様、「生天上安樂之處」と天を指して用いられる場合もある。[69]

B-i「極樂」

すでに冒頭で紹介したように、北斉天保六年（五五五）造像記には、「捨此身已、往生西方極樂世界」という、『観経』や『阿弥陀経』に見える「極樂」の語を使用した北朝造像銘としては管見の限りで唯一の事例があり、これは久野美樹［一九八九］によって新しい浄土信仰を表すメルクマールとなる事例であるとされている。

C、その他

次に「妙境」と「淨境」であるが、『無量寿経』『阿弥陀経』『観無量寿経』には見えない語である。造像銘における初出は、北魏皇興五年（四七一）造像記で、[70]「神期妙境」とある。これらの語は河南地域の造像銘に多く見られ、また、「神昇淨境」「遊神淨境」など、「神」とともに用いられる場合が多い。時代が下るにつれ減少傾向にある。

「三空」と「九空」は出現数がわずかであり、最初期の事例は北魏景明三年（五〇二）龍門石窟古陽洞の孫秋生造像記で、「來身神騰九空、迹登十地」とある。「三空」の方は正光四年（五二三）三県邑子二百五十人造像記（青龍魏碑）[71]が最初期の事例であり、「遊神三空、縱志八定」とある。やはり時代が下るにつれ減少傾向にある。

これら「境」や「空」とともにしばしば出現する「神」についての項目を見ると、最初期の事例は先述の北魏皇興五年（四七一）造像記[72]の「神期妙境」である。「神生淨土」という語については、北魏正光元年（五二〇）王富如造像記[73]が最初期の事例であり、この語の事例は八件と最も多い。

D、転生を表す用語

造像銘に見られる天や浄土に生まれることを表す用語「往生」「託生」「直生」のうち、浄土三部経で主に用いられているのは「往生」であり、「託生」「直生」は見えない。「往生」について、「所往生處、値遇諸佛」という事例は早くも北魏太安三年（四五七）の造像記[74]に見えるが、「往生」＋「天・浄土を表す名詞」の組み合わせの最初期の事例は、敦煌石窟の西魏大統三年（五三七）造無量寿像記[75]に「往生妙樂」と見えるものであり、かなり遅れる。この語は北朝時代を通じて件数は少ないものの、時代が下るにつれ全体に占める割合は増加傾向にある。

「託生」は浄土三部経には見えない語だが、『莊子』天地に「神全者、聖人之道也。託生與民竝行而不知其所之」とあるように、意味は異なるものの中国古典の典拠を有する語であり、かつ、『弥勒下生成仏経』などの仏典にも用例がある。北朝造像銘においては、この語が多用されており、時代が下るにつれその割合は増加傾向にある。一方、南朝造像記においては「往生」「託生」がほとんど見られないことも注意すべきである。

「直生」は南北朝の経典にはほとんど見えず、『観仏三昧海経』観相品「受罪畢訖、直生人中」[T15:652a]、『賢愚経』無悩指鬘品「有一祕法、由來未說、若能成辦、直生梵天」[T4:423c]などの用例があるにすぎない。最初期の事例は龍門石窟古陽洞の太和二〇年（四九六）一弗造像記[76]であるが、上記二語と異なり時代が下るにつれ減少傾向にある。

E、上昇を表す用語

次に、天のイメージと関連する、上にあがることを表す語として、「上昇」「上生」「騰」「飛」「登」「昇」などがある。このうち「上昇」「上生」「騰」「飛」は、北魏時代にかなり多く見られるものの、東西魏以降激減する。「登」や「昇」は、「常樂」や「妙樂」と結びつく事例が比較的多く、北斉代までは増加するが、隋代では総じて少なくなる。その他の、「境」や「三空」「九空」なども時代が下るにつれて減少傾向を示しており、「神」という語を使用する事例も同様に減少傾向を示している。

以上の議論を総体的に見ると、五二九年以前は天に生まれたいとする信仰が比較的流行し、五二九年以降は西方浄土の信仰が優勢になるという侯旭東氏の結論はおおむね正しいことが確認できたが、以下、より具体的な用語に即して検討を加えた結果、新たに明らかになったことを筆者なりにまとめておきたい。

天に関しては、北魏時代、河南や陝西の造像銘を中心に、「天」「天上」「天宮」「天堂」「紫微」など、様々な用語が使用されていた。天に生まれかわり、諸仏に会って説法を聞きたいというものが多い。

特に多いのは、「亡者生天」と「上生天上」という四字句である。東西魏以降になると、「上生天上」を始めとして、天に関する語は非常に少なくなり、最もシンプルな表現と言える「亡者生天」のみが隋代まで、とりわけ北斉時代に河北地方において多く使用された。つまり、造像銘を見る限りでは、天に対する思想・信仰の新たな展開はないと言える。また、天のイメージと関連する上にあがることを表す語である「上昇」「上生」「騰」「飛」は、東西魏以降激減した。「登」や「昇」は、「常樂」や「妙樂」と結びつく事例が比較的多く、北斉代までは増加するが、隋代では総じて少なくなる。その他の「境」「三空」「九空」なども、時代が下るにつれ減少し、「神」という語を使用する事例も同様に減少傾向を示している。そもそも、仏教では『大智度論』で説かれるように、一仏国土一仏が原則であるので、[77]諸仏と言うときは、仏の威神力によって化作された化仏、または、十方（の仏国土の）諸仏となる。北魏造像銘に頻見する、天上にて諸仏に会いたいという願は、上記原則と齟齬するので、仏典の理解が進むにつれ次第に淘汰されたと考えられる。

一方、浄土関連の語は、経典に多用される「安樂」が造像銘にはあまり用いられていないことに代表されるように、経典と造像銘で、多用される語の間にはかなりの相違があることが分かる。「淨國」「淨妙」「淨妙國土」の項目と「安樂」の項目を除けば、割合で見ると総じて増加傾向にあり、動詞では、「託生」や「往生」の使用される割合が増加する。北朝時代においては、「妙樂」、とりわけ「託生西方妙樂國土」という定型句が最も多く使用されているが、隋代になると、むしろ「西方」や「淨土」が特に増加し、「妙樂」よりも多くなる。また、北斉から隋にかけての「無量壽佛國」という浄土の具体名を記した語の割合の増加も、見逃すことができない。このような「天→浄土」という変容を最も端的に表しているのが陝西の造像銘である。

また、浄土を表す用語に関しては、河北地域において種類が最も豊富と言えるが、特に北斉時代の河北地域におけるそれが注目される。この地域では、北斉時代、天に関する用語はほぼ「亡者生天」に限られる一方、浄土については様々な用語が数多く確認されるのである。北斉時代の河北地域における造像銘を中心として、西方浄土の仏の尊名が「無量壽」から「阿彌陀」にかわるという重要な変化が起こっている。では、こうした用語や尊名の変化が果たしていかなる浄土に関する思想・信仰の変容を背景としているのか。この点について、特に無量寿・阿弥陀を尊名として記す造像銘に対象をしぼり、次節以降で解明していく。

第二節　北朝・隋代の無量寿・阿弥陀造像銘

伝世文献資料からは、無量寿仏の造像は東晋時代までその歴史を遡ることができる。『高僧伝』巻六慧遠伝には、廬山の慧遠が、東晋の安帝元興元年（四〇二）七月二八日、無量寿（阿弥陀）像の前で一二三人と共に西方往生を願ったその誓願文が記録されている［T50 : 358c］。さらにそれ以前にも、竺道隣が無量寿像を造ったという記録が

表2-7-3　北朝・隋代の有紀年無量寿像銘

王朝	紀年（西暦）	造像主	尊像名稱	銘文（淨土・天關係語句には下綫を施す）	關係地	主な典據
西秦	420？424？	大禪師曇摩毗等	「无量壽佛」「得大勢志菩薩」「觀世音菩薩」	（缺字多く長文のため省略）	炳靈寺169窟北壁	炳靈寺255圖版21、世美全276
北魏	464	蓋姜	无量壽佛	和平五年歳在甲辰、清信女蓋姜爲父母・兄弟姉妹、造无量壽佛。願捨身受身、常與諸佛共會。		松原32abcd、珍圖394
北魏	476	□之□	无……軀	自眞□沖……干□道化替？……難□。是以……信道□……萬□□諳……代承明元……□拾？□……等造无……軀□……識値□……化生自□宿命□□功德、普及十方六道衆生等供養佛□□□之□造	ボストン美術館藏	松原51・52ab、珍圖13
北魏	482	某	無量壽佛一軀	太和六年四月八日□□□□爲亡父母、造無量壽佛一軀、願□□□□受身、常與佛會。		松原77a
北魏	485	李伯息（恩）	无量壽佛一區	太和九年歳在乙丑二月戊戌朔廿七日甲子、佛弟子李伯恩爲余身・所生父母・兄弟・合家大小、造无量壽佛一區。		松原76a、珍圖421
北魏	518	清信女□	……无量壽……	神龜元……清信女……无量壽……夫託生西方……急願〻供？〻	龍門0632窟	彙錄0920、龍錄3、京NAN0177X、魏目123
北魏	519	杜永安	无量壽佛	夫妙景難御、甍道幽隱、自非眞□、胡可超尋。淺世凡夫□受罪積、末世古初、怨今無福。輒割資産、造无量壽佛、斯願天下一切含生有刑之類速勝妙景、及七世父母・所生父母・因屬知識、常與善遇、彌勒三唱、恆登先首。神龜二年四月廿五日、清信士佛弟子杜永安造。	龍門1443窟古陽洞	彙錄2316、龍錄636、拓4064、京NAN0202X、魏目128、瓊13、大村216
北魏	522	□相合妻公孫興姬（公孫迴姬）	无量壽佛	正光三年九月九日、□相合妻公孫興？姬爲亡父母前□□□、造无量壽佛一區。願長命老壽、恆侍佛因緣。（大村・龍錄は「九日」ではなく「廿日」）	龍門1519窟火燒洞	彙錄2615、龍錄758、京NAN0233X、魏目155、大村226
北魏	523	寶零山寶胡寺比丘僧弘□	「无量壽像一區」「无量壽佛」「大勢至菩	大魏正光四年歳在癸卯八月十九日、寶零山寶胡寺比丘僧弘□徒？等造无量壽像一區。上□皇帝陛下・師訓・父母・因緣眷屬・法界衆生、□願己身□□、伏願彌勒下生□三會、在於初	僞刻か？	魏目162

			薩」「觀世音菩薩」	唱。		
北魏	523	優婆夷李氏	无量壽像一堪	正光四年九月十五日、淸信優婆夷李爲亡女楊氏王神英、敬造无量壽像一堪。願亡者離苦得樂、普津法界。	龍門1181窟魏字洞	彙錄1522、龍錄437、拓4149、京NAN0238X、大村226、瓊13
北魏	526	周天蓋	无量壽像一軀	孝昌二年四月八日、周天蓋仰爲父母・師僧・一切衆生、敬造无量壽像一軀。願出至天鄕、三有群眇同津法澤、普登正覺。（彙錄は「四月」ではなく「二月」）	龍門1181窟魏字洞	彙錄1524、龍錄441、拓5016、京NAN0297X、魏目189、瓊13
北魏	526	丁辟耶	无量壽	孝昌二年五月廿三日、丁辟耶爲自身夫妻・居眷大小・法界衆生、敬造无量壽供養。	龍門1181窟魏字洞	彙錄1528、龍錄445、拓5026、京NAN0301X、魏目198、瓊13、大村226
北魏	526	孫妙憙	无量壽	孝昌二年五月廿三日、孫妙憙自爲□□□父、敬造无量壽。	龍門1181窟魏字洞	彙錄1529
北魏	527	黄法僧	无量壽像一區	夫三寶溢潤、沾及存亡。是以淸信女佛弟子黄法僧爲亡妣、敬造无量壽像一區。願亡者生天、捨苦得樂、居家現□恆與善會。復願脩福日進、正念無退、含生有識同歸斯澤。孝昌三年正月十五日。	龍門0712窟蓮華洞	彙錄1136、龍錄351、拓5056、京NAN0308X、魏目212、瓊13、大村229
北魏	533	陵江將軍政桃樹（段桃樹）	无量壽像一區	永煕二年九月十日佛弟子陵江將軍政桃樹敬造无量壽像一區。父母・眷屬・一切衆生離苦得洛、値遇諸佛。	龍門1443窟古陽洞	彙錄1885、龍錄654、拓5188、京NAN0364X、魏目244、瓊13、大村219
西魏	539	滑□安	无量壽佛一區幷二菩薩	夫從緣至果、非積集无以成功。是以佛弟子滑□安上爲有識之類、敬造无量壽佛一區、幷二菩薩。因斯微福、願佛法興隆、魔事微滅、後願含靈抱識離捨三途於八難、現在老苦往生妙樂、齊登正覺。大代大魏大統五年四月廿八日造。	敦煌莫高窟285窟	敦窟1.246
西魏	539	滑黑奴	无量壽佛一區幷二菩薩	夫從緣至果、非積集无以成功。是以佛弟子滑黑奴上爲有識之類、敬造无量壽佛一區、幷二	敦煌莫高窟285窟	敦窟1.245

				菩薩。因斯微福、願佛法興隆、魔事微滅、後願含靈抱識離捨三途八難、現在老苦往生妙樂、齊登正覺。大代大魏大統五年五月廿一日造訖。		
東魏	549	魏光寺尼法嵩法遷	无量壽像一區	大魏武定七年歳次己巳十月一日、魏光寺尼法嵩・法遷仰爲亡師欽、敬造无量壽像一區。願國主・父母・過現眷屬入如來藏、三界有形□成正覺。		魯二二471
北齊	555	上曲陽縣人李神景兄弟等	白玉无量壽像一區幷二菩薩	天保六年正月廿三日、上曲陽縣人李神景兄弟等仰爲皇帝陛下・亡父母、敬造白玉无量壽像一區、幷二菩薩。願使亡父母捨此身已、往生西方極樂世界、又願法界衆生・居眷大小、遠離苦津、速登正覺。	1953～1954年曲陽縣修德寺址出土	松 原410a、埋佛35、曲陽82
北齊	556	趙郡王高叡	白石无量壽像一區	大齊天保七年歳次丙子閏月癸巳十五日丁亥、趙郡王高叡仰爲　亡父（中略）琛・亡母魏女侍中華陽郡長公主元、敬造白石无量壽像一區。	舊在河北靈壽縣祁林院（幽居寺）	拓7054、魯二三651、大村320、瓊20、世美全265、文物1999. 8. 68
北周	560	張道元（惠果寺造像）	无量壽像一區、菩薩侍童金剛天華皆刻木度金、五色神幡？六十五口、建立寶幢高六十尺。	（前略）有像主張道元□□及四部大衆一百人等體別心同、建八關邑。半月懺悔、行籌布薩、夙宵不眠、慚愧自憤、策列五情、心居企念、改往脩來、志超彼岸、故能各捨己珍、慕崇眞趣。於周武成二年歳次庚辰、仰爲　皇帝陛下・晉國公・群僚百辟、及法界有形、造无量壽像一區。（後略）	「善會寺」在陝西涇陽縣城内惠果寺（太壺寺）	魯二五939
北齊	566	比丘道敬	无量壽□一區	天統二年比丘道敬、願造无量壽□一區。所［願］如是。	鞏縣石窟第268龕下	鞏窟51、鞏拓41
北周	566	馮翊郡□□子老少八十二人（紀乾）	无量壽像一區	天和元年十一月甲□廿□□戊戌馮翊郡□□子老少八十二人□□□尋經教、憂田刻木、波斯鑄金、即興心、名山採石。上爲皇帝・晉國公・群官・師僧、幷諸邑子紀乾等、爲七世父母、下及法界衆生、造无量壽像一區。十一月廿五日造記、刊石記功、千載不朽。	臨潼櫟陽鎮北門外出土	文博1992. 2. 73、臨潼碑石92
北齊	567	比丘道寧	无量壽像一軀	大齊天統三年歳次丁亥七月己亥朔十五日癸丑、比丘道寧□造无量壽像□軀。仰爲皇帝陛下・師僧・父母・亡過現在法界衆生咸同斯福。		拓7187
北周	569	□□嚴萇及妻楊熾	无量受《ママ》一區	天和四年歳次己丑正月辛卯朔廿三日佛弟子□□嚴萇及妻減割資財、敬造无量受《ママ》一區。上爲		京 NAN 0606 AB、陶14、大

				皇　陛下・天龍八□・曠劫師僧、願法界衆生値龍三會、早登菩提、等成正覺。		村370
北齊	569	張氏	无量壽像一□	……天統五年□……丑九月丁亥朔九日乙未弟子張……敬造无量壽像一……□祚興道萬方(下缺)	舊在山東諸城	瓊22
北齊	573	臨淮王婁定遠	制无量壽像一區、髙三丈九尺、幷造觀世音大勢至二大士而俠侍焉	(本文參照)	舊在山東青州龍興寺	拓8050、魯二四851、萃35、大村349、文物1999.9.71、百品258
北齊	574	淳于元皓	无量壽像一軀幷二菩薩	大齊武平五年歳次甲午四月辛卯朔八日戊戌佛弟子淳于元皓爲亡弟雙皓、敬造无量壽像一軀、幷二菩薩。願亡者託生西方、常願聞法値佛、見存同福。	舊在山東諸城	拓8056、大村352
北齊	577	張思文、李道和	无量壽像一軀幷觀音大勢至	大齊承光元年歳次丁酉正月乙亥朔十五日己丑、佛弟子張思文敬造无量壽像一軀、幷觀音・大勢至。願師僧・父母・□□眷屬善願稱心、常侍諸佛、國祚永隆、民寧道業、一切含靈咸□斯慶。	乾隆辛亥年に山東諸城の叢祠奥艸中より得る。	拓8083、瓊22、魯二四907
隋	590	□楞□	无量壽一傴	大隋開皇十年歳次庚戌三月八日、像主□楞□位亡夫李三、造无量壽一傴。供養。	山東青州雲門山	隋遺402、瓊24
隋	598	比丘尼情□	无量壽像一軀	大隋開皇十八年三月八日、像主比丘尼情□共位《ママ》身、造无量壽像一軀。供養。	山東青州雲門山	隋遺421、瓊24
隋	599	李仁女官光	无量壽像一軀	(上缺)十九年歳次己未十月□□□(缺)子李仁女官光□爲亡□(缺)、造无量壽像一軀。□□(缺)法界衆生咸(下缺)	山東青州雲門山	隋遺422、瓊24
隋	602	陳汝珍	无量壽像一軀	大隋仁壽二年四月十五日、陳汝珍□□□敬造无量壽像一軀。奉爲帝聖增□、臣僚□□・師僧・父母、□及法界衆生□至淨樂□□□□□□□□咸□□□。	山東青州雲門山	隋遺430、瓊24

表2-7-4　北朝・隋代の有紀年阿弥陀像銘

王朝	紀年	像主	尊像名	銘文(淨土關係語句には下綫を施す)	關係地	主な典據
東魏	536	鞏縣□□□□尉妻	阿□□□□像一……	衆生一□歳?、天平三年□□□□張七□□□日貴子鞏縣□□□□尉妻爲□父、敬造阿□□□□像一……	河南鞏縣石窟(佚)	鞏窟12

北齊	550	長孫東妻陸	阿彌陀像	維大齊天保元年歳次庚午五月廿八日、長孫氏陸謹爲亡夫北徐州刺史長孫東、敬造阿彌陀像一區。舉高三尺。仰願亡夫乘此善根、往生安樂世界、親近供養一切諸佛、常聞正法、永超八難、具足成就功德智慧、普及羣生皆同斯願。	2012年 河北臨漳縣北呉莊村出土	考古2013. 7. 685、鄴菁154
北齊	564	於優婆夷比丘尼寺率四衆邑義	阿彌陀連座三佛	(本文參照)	1993年 春山東兗州泗河河床中發見。兗州市博物館藏	文物1996. 3. 65
北齊	564	□條僕夫妻	白玉阿彌陀像一區	河清三年□□廿日、佛弟子□條僕夫妻爲亡女勝鑋《?》、願造白玉阿彌陀像一區。願七世父母・所生父母、亡者託生西方妙洛國土、一切衆生有形之類俱時成佛、所願如是。	2012年 河北臨漳縣北呉莊村出土	鄴城考古隊提供資料
北齊	568	劉遵伯	彌陀玉像觀音大勢二菩薩	天統四年十二月廿九日、弟子劉遵伯爲過見父母・亡姉、幷眷屬、怡及含識、造彌陀玉像、觀音・大勢二菩薩。願使存亡竝生安樂、俱登佛果。	1953～1954年 河北曲陽縣修德寺址出土	松原430b、埋佛33、曲陽147
北齊	569	法師道林合邑二百人等	「造釋迦丈六」「寫阿彌陀象」	唯大齊天統五年歳次己丑三月庚申朔十八日丁未、(中略) 合邑二百人等採石荊山、同併□率、引匠東都、俱思淨土、卽於寺□造釋迦丈六□ (中略) 寫阿彌陀象 (下略)	傳山西長子縣將來。ネルソン・アトキンス美術館藏	松原454、珍圖109
北齊	570	舜禪師	玉石阿彌陀像幷觀音大勢	(本文參照)	河北贊皇縣	拓8015、百品236
北齊	571	慕容士建	阿彌陀像幷觀世音大勢至菩薩三軀	大齊武平二年六月八日前楊領□開府行參軍慕容士建自以稟形氣像、資蔭尊□、奉法傾心、投誠竭心。敬爲□兄 (官職略) 義安王、幷儀同□□十一人等、造阿彌陀像、幷觀世音・大勢至菩薩三軀。願王永□四大、長享萬國、積□不已。傳位無窮。仍□亡考神靈託生西方妙樂國土、今身後□善緣相逢、見在內□、長蒙康善、兄弟五□幷及眷屬、率土有□之徒、沾以無形之□、竝願同日離苦、俱時登樂。	河北淸都成安	拓8024、大村345
北齊	572	暈禪師雹水村四部道俗邑	「阿彌陀玉像一區」「阿彌陀白	蓋寂理無體、藉應以辨眞、心中無應、故託物以成□。昔育王踵聖、立萬塔以表奇、龍宮暫辭、刻香木以存形。其淨行比暈丘《ママ》禪師率領邑	雹水村 (南易水＝雹水)	拓8043、大村348、魯二四847

		義五十人等	玉像一區」	義四部五十人等、乃殖良緣、廣脩寶業、敬造阿彌陀玉像一區。希往託生、仰求出世之功。是以刊金鐫石、申茲勝心、以冀不朽。其辭曰、堂ゝ慧日、仰之彌ゝ、遙暈萬國、懸影千池、非無而有、寂處難思、眞蹤一往、應蔭茲悲、模形寫狀、緣感東機、彫金鏤玉、四部歸依。（以上碑正面） 武平三……月廿三日、雹水村四部道俗邑義五十人等敬造阿彌陀白玉像一區。爲皇帝陛下・師僧・父母・法界衆生俱投淨土。（以上側面）	河北易州	
北齊	572	趙□雅	阿彌陀	武平三年三（または七）月廿日、淸信佛弟子趙□雅敬造□□□願爲皇帝、敬造阿彌陀、爲父母、因緣□□共同斯福。	龍門1787窟路洞Y4	彙錄2661、中原2000.6.22
北齊	573	眞定縣人賈思業	阿彌陀玉象兩區	大齊武平四年十一月卅日、眞定縣人賈思業敬造阿彌陀玉象兩區、師子肆枚、供養香爐一具。上爲皇帝陛下・國王・一切法界含生・過去見在未來師僧・父母、願生不動淨土修行、咸同佛果。	眞定縣人（現河北省石家莊近邊）	魯二四865、大村352
北齊	576	比丘尼靜聰姊員滿	阿彌陀像一區	武平七年正月一日、比丘尼靜聰姊員滿爲身、造阿彌陀像一區、供養。	1953～1954年河北曲陽縣修德寺址出土。河北省博物館藏	曲陽173
隋	581	……劉王趙安諸姓邑義道俗七？百人等	彌陀……世音大勢至二菩	□皇？元？秊八月十五日、□零内？／……劉王趙安諸姓邑義道／□七？百人等爲國、敬造彌陀／……世音・大勢至二菩／……衆生俱得覺道／……邑主曇……（以下略）	舊在山西平定。カナダロイヤルオンタリオ美術館藏	松原495、珍圖132、佛教藝術129.24
隋	584	寧遠將軍武强縣丞董欽	彌陀像一區	開皇四年七月十五日、寧遠將軍武强縣丞董欽敬造彌陀像一區。上爲皇帝陛下・父母・兄弟・姊妹・妻子俱聞正法。　讚曰、四相迭起、一生俄度、唯乘大車、能驅平路。其一。眞相□□、成形應身、忽生蓮座、來救迴輪。其二。上思因果、下念群生、求離火宅、先知化城。其三。樹斯勝善、慇諸含識、共越閻浮、俱湌香食。其四。	1974年西安南郊八里の村出土。西安博物院藏	圖典519、松原513～520、文物1979.3.84
隋	584	翊軍將軍順陽郡守	阿彌陀佛壹區、觀世音	大維開皇歲次甲辰四年、佛弟子翊軍將軍・順陽郡守鄭樹爲妾妻□□女華、敬造阿彌陀佛壹	南響堂山石窟第6	京ZUI0011X、大村389、響

		鄭樹	二菩薩	區、觀世音二菩薩。願法界衆生斷一切惡、脩一切善。願從今身乃至佛身、共一切衆同誦大乘。	洞外右南面	
隋	585	韓崔村崇光寺邑義八十人等	白玉彌陀像一軀幷二菩薩	□□□皇？五年歲次乙巳三月十八日、韓崔村崇光寺像。邑義八十人等爲國、敬造白玉彌陀像一軀、幷二菩薩。願法界衆生倶登妙果。	韓崔村崇光寺（河北）	松原496、佛教藝術129.24
隋	588	王景遵（王景道）	阿彌陀象一軀幷二菩薩	大隋開皇八年、王景遵敬造阿彌陀象一軀、幷二菩薩。上爲皇帝陛下、又爲高祖父□、下至玄孫・師僧和上・法界有形咸同斯福。（以上上段）四月八日訖工。（以上下段）	（山東）	魯二五1067、續修歷城縣志31（石3.25.402）、隋遺396、拓9039、大村388
隋	588	王輝兒	□□陀像一區幷二菩薩	維大隋開皇八……亥朔廿一日己酉、□□佛弟子王輝兒敬□□□陀像一區、幷二菩薩。願□身延年、無諸苦患、□□眷屬生〻世〻値遇□□。又願七世先亡及法□□生同沾此福、所願如是。	南響堂山石窟第6洞外南面壁左方	京ZUI0025X、大村389、響132、響記2.69
隋	590	李景崇	阿彌陀像一區幷二菩薩	維大隋開皇十年歲次庚戌八月丙辰朔八日癸亥、弟子李景崇知身非永固、素體難存、機變無留、生化有易。是以敬造阿彌陀像一區、幷二菩薩。上爲　皇帝陛下・師僧・父母・見存眷屬・一切衆生咸同斯福。	山東歷城南五里千佛崖洞壁内外	隋遺402、拓9064、魯二五1093、瓊24
隋	591	張茂仁	白玉彌陀像一區	開皇十一年二月八日、佛弟子張茂仁爲亡父母、敬造白玉彌陀像一區。七世先亡・現存眷屬一時作佛。	1953～54年　曲陽縣修德寺址出土	圖典522、松原537b、埋佛46、曲陽191
隋	592	徐仕相仕吹兄弟二人	阿彌陀象一區	開皇十二年正月廿三日、淸信仕佛弟子徐仕相・仕吹兄弟二人爲亡妣、敬造阿彌陀象一區。仰願亡過阿孃往生西方无量淨土、見在眷屬同登彼岸、又爲皇帝陛下・法界衆生普沾斯福。	1953～54年　曲陽縣修德寺址出土	曲陽195
隋	592	□□綽？	阿彌陀像幷二菩薩	大隋開皇十二年歲次壬子四月丙子朔八日癸未、佛弟子□□綽？爲亡考、敬造阿彌陀像、幷二菩薩。此像廻番？作。願法界衆生無諸苦患、及諸眷屬安樂延年、生〻世〻値遇諸佛。又願七世先亡善願從心、乃至佛身、共一切衆同誦大乘、倶時作佛。	南響堂山石窟第6窟洞外入口上	隋遺407、拓9076、大村389、響132、響記2.73
隋	593	大像主呉□	阿彌陀像一□	大隋開皇十[三]年歲次癸丑　三月□三日、大像主呉□爲合家卷屬、遂割生資、□造阿彌陀像一□。願共□□衆生同登政□、□□□□□保天壽。	山東歷城南五里千佛崖洞壁内外	隋遺401、瓊24、金石續編3

隋	593	母人等(范氏)	阿彌陀像一區	維大隋開皇十三年四月八日、母人等上爲皇帝、敬造阿彌陀像一區。	傳河北趙縣鄭家郭出土	松原568;569;570ab、大村414、珍圖470
隋	593	羅寶奴	北堪彌陀像幷二菩薩三軀	大隋開皇十三年歳次癸丑五月庚子朔二日、佛弟子羅寶奴爲亡父紹及亡姉阿貳、敬造北堪彌陀像、幷二菩薩三軀。	山東歴城玉函山	隋遺411、拓9086、魯二五1139、瓊25、中原2003.1.52
隋	593	劉元遵	彌陀象一區	開皇十三年七月八日、佛弟子劉元遵爲亡息德盈、造彌陀象一區。上爲梵釋・四王・龍神八部・國王帝主・師僧・父母・法界衆生俱登彼岸。	1953～54年曲陽縣修德寺址出土	曲陽203
隋	595	斐慈明邑子等	阿彌陀龕象	大隋開皇十五年歳次乙卯□月戊□□□朔四日辛□……行參軍裴慈明……彌陀……所生父母……行參軍裴慈明／□□□□□□至聖［天］地焉／□□□□□□緣則□□□□／升天□□□□不常亦不斷。□□□	龍門石窟賓陽中洞	彙録0064、龍録6
隋	596	王女暉諸邑子等	阿彌陀像一區	□皇十六年歳□□□三□□寅朔八日辛酉。夫□□□寂、眞體難逢、法□□□□若盲龜覩木□□□□失國、長避苦海。是以機倫西頽、大夜將至、佛自侮□四□隱邇。然今有諸邑子八十人等覺身危□不久多停、至如水泡※、俄亦消滅。譬若火光出石、馬能□人□能人人□已崇造阿彌陀像一區。仰爲歴劫諸師・七世父母、及自己身、以□功德、願生生世世得常□身、蓮華化生、不受五蘊之胎、方□途□而□□常□、芥城雖□、我身猶在、又願地獄休息、餓鬼飽滿、畜生解脱、人天具足、法界崩□等成正覺。	舊在陝西涇陽	萃39、大村403
隋	597	張信	阿彌陀石像一區	開皇十七年歳次丁巳五月丁未朔一日丁未、佛弟子張信爲亡息來富、敬造阿彌陀石像一區。願亡息捨此穢形、面奉彌勒、託生西方、三界无㝵。七世等歸、永離諸苦。	西安出土？（僞刻？）	隋遺420、拓9117、大村408
隋	598	某	阿彌陀象幷二菩薩	開皇十八年……五日……造阿彌陀象、幷二菩薩。上爲皇帝・師僧・父母・法界衆生往生淨土、□元上首。		大村415
隋	開皇年間	魏比丘	彌陀大象一軀、光趺一丈	□隋開□□□□□月十五日、佛弟子魏比丘敬造彌陀大象一軀、光趺一丈。　□廻輪尠福、幸遇短授之年、法果无因、致與生緣永隔、荒軀殞命、闇影騰暉、恐畏迷路難通、刀山叵越。		大村409

				又報皇恩之德、先亡七世寶樹還明、見存母兄住過三界、弟妹眷屬普及含生、永離三塗、□登正覺。		
隋	605	沙門僧脩□諸姓邑人等（劉僧顯）	彌陀大象五區、舉高一丈八尺	大隋大業元年歲次己酉二月廿六日、沙門僧脩□諸姓邑人等、合用錢百萬有餘、造彌陀大象五區、舉高一丈八尺。置在鄕城西南二里李仲化寺、幷埋舍利。函內七寶、下復有函寶。願代代紹隆、護持莫犯、悉皆成佛。趙超越隸書謹上。齊錄事參軍劉僧顯・御史章伏德彫餝記銘、永劫。		隋遺435、京ZUI0082X、匋16、大村410
隋	607	比丘僧智照	阿彌陀像一軀幷二菩薩	大業三年十月十八日……比丘智照敬造阿彌陀像一軀、幷二菩薩。上爲國王陛下・郡……父□一切衆生…… 比丘僧智照□眷屬	山東歷城龍洞	北大19737、大村411無文
隋	608	馬郭奴	阿彌陀像一區	大業四年六月廿三日、弟子馬郭奴爲七世父母・兄馬文通・因緣眷屬、敬造阿彌陀像一區。前生（以上正面）父馬崇智・母冀石暉・息文遠・息樹興永離三塗八難。（以上左側）		安徽通志稿金石古物考15（石3.11.408）南陵縣志44（石3.12.6）
隋	611	李君晉（辯）	阿彌陀像一部	大隨大業七年歲在辛未九月癸未朔廿四日丙午、李君晉爲亡妻、敬造阿彌陀像一部。資益亡者遠離三塗、超登彼岸、常聞正法。又願見存父母・眷屬恆蒙福祐、當來見在値善値佛。上爲　皇帝陛下・臣僚百官、下及蠢類含生、同沾斯福。　南无阿彌陀佛・觀世音菩薩・大勢至菩薩。	北響堂山石窟大業洞	隋遺438、瓊27、大村389、響145、響記2.97
隋	615	同義寺□□	「阿彌陀二鋪」「彌勒二鋪」	大業十一年□□……三日……同義寺□□敬造阿彌陀二鋪……彌勒二鋪……比丘……爲皇帝……僧父母……	河南博愛縣石佛灘摩崖	中原1992.1.99
隋	615	張雙夫妻	阿彌陀像一鋪	大業十一年歲在乙亥四月十五日、河內縣豐閏鄕張雙夫妻爲阿叔法智出家身亡、無福可資、爲敬造阿彌陀像一鋪。仰願法智□不離諸佛、雙夫妻供養、幷亡兒仕……	河南博愛縣石佛灘摩崖	翰影2.41、中原1992.1.100

『高僧伝』巻五竺法曠伝［T50：357a］に見える。

次に、実際に現物・拓本や著録の記事など、様々な形で資料として残されている、北朝から隋代にかけての無量寿・阿弥陀像の造像銘の諸事例を検討したい。まず筆者が収集しえた、北朝時代から隋代にかけての紀年を有し、なおかつ無量寿像、または、阿弥陀像を主尊とする造像銘について、それぞれ表2-7-3、2-7-4にまとめて提示しよう。次いで、おおよその地域的傾向をうかがうために、王朝別・地域別にその件数を表2-7-5・2-7-6にまとめた。無量寿像銘の最初期の事例は、炳霊寺石窟第一六九窟の建弘元年（四二〇）あるいは五年（四二四）の紀年を有する造像記[78]が書された区画に存在する三尊像の榜題に「无量壽佛」「得大勢志菩薩」「観世音菩薩」とあるもので、この榜題が造像記と同時とすれば、現存するものでは最も早いものである。ただし、造像記よりもこの榜題が書された時代が遅れる可能性も残されている[79]。また、北魏中期の五世紀半ば以前に遡ることが確実とされる文殊山万仏洞北壁の説法図壁画には「無量壽佛」「大勢至菩薩」「観世音菩薩」の榜題が以前には確認できたという[80]。

表2-7-3・表2-7-5を参照すると、無量寿像銘は、北魏時代では、河南、とりわけ龍門石窟に集中している。北斉・北周時代には各地に見られるようになるが、とりわけ山東で多い。隋代には無量寿像銘は急速に少なくなり、山東益都（青州）の雲門山に集中している。この時代、既に阿弥陀像銘の方が無量寿像銘をその数で圧倒しており、無量寿から阿弥陀への尊名の変化は北斉後半から隋代にか

表2-7-5　有紀年無量寿像銘の地域別件数

	山東	河南	河北	山西	陝西	甘粛	不明	合計
北魏以前	0	9(1)	0(1)	0	0(1)	1	5	15(3)
東魏西魏	0	0(1)	0	0	0	2	1	3(1)
北斉北周	4(1)	1(3)	2	0(1)	2	0	2	11(5)
隋	4	0(1)	0	0	0	0	0	4(1)

（　）内は主尊ではないが、側面などにその名が見えるもの

表2-7-6　有紀年阿弥陀像銘の地域別件数

	山東	河南	河北	山西	陝西	不明	合計
北魏以前	0	0	0	0	0	0	0
東魏西魏	0	1 ?	0	0	0	0	1 ?
北斉北周	1	1(2)	8	1	0	0	11(2)
隋	5	3(2)	9	1	3	4	25(2)

（　）内は主尊ではないが、側面などにその名が見えるもの
1？は鞏県石窟にあったとされる佚銘

けての比較的短期間で起こったことが確認できる。

表2-7-4・表2-7-6を参照すれば、阿弥陀を主尊と記す造像銘は、隋代に入るとその数が急増するが、流行し始めたのは北斉時代の後半からである。筆者の現在までの調査によれば、阿弥陀を主尊と記す造像銘で、確実な最も早い事例は、近年出土した北斉天保元年（五五〇）臨漳県鄴城遺址北呉荘村出土長孫柬妻陸氏造像記である。[81] 次に早いものは、兗州泗河発見河清三年（五六四）邑義人造像記である。阿弥陀像を主尊とする記銘は、北斉滅亡の年（五七七）までに合計十一件も見られ、「阿彌陀」の尊名が流行し始めたのは北斉後半期であることが分かる。他にも、阿弥陀を主尊とするものではないが、河南地域では、河清四年（五六五）の輝県白鹿山玄極寺碑に、[82]「敬造石經□石碑像、定光・釋迦・彌勒・□彌陀・觀世音・大勢至・普賢・文殊・十六王□像」と阿弥陀三尊の名が見え、武平三年（五七二）浚県の仏時寺造像碑[83]には「彌勒大像主」などとともに「無量壽大像主」「阿彌陀大像主」の名が見える。

　上記の合計十一件の事例を地域別に見てみると、山東地域は既述した河清三年の一件、山西地域では、釈迦像とともに阿弥陀像を写したとする天統五年（五六九）の長子県将来と伝えられる法師道林造像記一件のみである。他に、龍門石窟路洞の武平三年造像記があり、河北以外の地域は合計三件である。

　河北地域では、前述した長孫柬妻陸氏造像記をはじめ、河清三年（五六四）□條僕夫妻造像記、天統四年（五六八）劉遵伯造像記、武平元年（五七〇）舜禅師造像記、武平二年（五七一）慕容士建造像記、武平三年（五七二）暈禅師造像記、武平四年（五七三）真定県人賈思業造像記、武平七年（五七六）比丘尼静聡姉員満造像記の合計八件となり、河北地域が最も多いことが分かる。つまり、河北が初期阿弥陀造像の中心地であったといってよく、隋代でもその傾向が続くのである。

　山東では、無量寿仏の造像とともに阿弥陀仏の造像も見られるが、無量寿像銘が雲門山や諸城など、主に現在の山東省中部で見られるのに対し、阿弥陀像銘は、済南歴城の玉函山や兗州などの山東省西部で多く見られるというように、明確な地域的差異が存在する。また、隋代になると、都長安のある陝西地域においても、北周では見られなかった阿弥陀像銘が見られるようになる。曇鸞の主な教化地であった山西地域に無量寿・阿弥陀の造像銘が数少ないことも注意すべきことである。既に第二部第一章において論じたように、北朝時代のこの地域の造像では、多仏名を刻む造像碑が多く造られている。用いられていた具体的な経典名を挙げれば、例えば仏・菩薩名を多数列記しその称名礼拝による懺悔の功徳を説く『大通方広経』などである(84)。このことからも北斉時代の「無量壽」から「阿彌陀」への像名の変化に代表される阿弥陀仏信仰の興起に、曇鸞の教化の影響を想定するのは困難であると考えられる。

次に表2-7-3・2-7-4の尊像名の項目を参照してみると、見逃せない特徴が指摘できる。すなわち、既述の炳霊寺石窟の西方三聖の題記をひとまず保留すれば、北魏時代以前の有紀年銘像では無量寿像とともに脇侍の二菩薩を同時に造ったという記述がほとんど見当たらないのに対し(85)、東西魏以降、特に北斉時代では「幷二菩薩」などと脇侍の二菩薩を主尊とあわせて造ったことに言及するものが多くなり、特にその二菩薩が観音・大勢至であることを明記するものも少なからずある。また、「一軀」ではなく、「阿彌陀像一部」「阿彌陀像一鋪」という表現も、三尊であることを意識したものであろう。これは、後述するように、阿弥陀仏とともに二菩薩の観想を重視する『観経』が普及したことと呼応していると考えられる。

最後に無量寿・阿弥陀像銘に見える天や浄土に生まれたいという願望を表す用語について見てみたい。久野氏が指摘したとおり、「往生西方極樂世界」という語を有する天保六年（五五五）無量寿仏像（図2-7-1）の銘文には、「極樂」という、それまで造像記には現れなかった語が見える。「託生」ではなく「往生」という語を使用していることから、新しい浄土信仰の指標的存在とみなしてよいと思われる。ただし「極樂」という語がそれ以降多用されるようになったわけではない。北斉・隋代の有紀年造像銘でこの語が使われるものは他に見当たらない。唐代以降の造像銘にはしばしば見られるようになるが、「浄土」という語の方が使用される頻度は圧倒的に多い。また、中国浄土教の教理史上でも、「極樂」という語はそれほど重視されなかったことが柴田泰氏によって明らかにされている(86)。

むしろ、北斉・隋代の無量寿・阿弥陀像銘の特徴として第一に挙げるべきは、西方浄土祈願に関する用語の種類の豊富さであると思われる。特にそれが顕著であるのは、北斉時代の造像銘に現れ始める尊名である阿弥陀仏の造像銘においてである。「託生西方妙樂國土」という従来の定型句以外に、「竝生安樂」「俱思淨土」「願生不動淨土(87)」「俱投浄土」「成形應身、忽生蓮座」「往生西方无量淨土」「蓮華化生、不受五蘊之胎」「往生淨土」「往生安樂世界」など、おおよそ定型句と言えるものはないが、「倶投淨土」「不動淨土」などは新出の表現とみなすことができ、「成形應身、忽生蓮座」「蓮華化生、不受五蘊之胎」なども蓮華託生を強調し、浄土信仰の表現に意を用いていると言える。また、「願法界衆生斷一切惡、脩一切善。願從今身乃至佛身、共一切衆同誦大乘」という南響堂山石窟の隋開皇四年（五八四）阿弥陀造像記（表2-7-4参照）は、「欲生彼國者、當修三福。一者、孝養父母、奉事師長、慈心不殺、修十善業。二者、受持三歸、具足衆戒、不犯威儀。三者、發菩提心、深信因果、讀誦大乘、勸進行者」［T12：341c］という『観経』の文をふまえた表現であろう。このように、浄土思想に関するバラエティに富んだ新しい用語が出現し、いまだ定型化していないということこそ、新しい浄土思想の生成期に起こる現象とみなすことができ、「極樂」という用語も、新しい浄土信仰を標榜する多様な表現のうちの一つであったと考えるべきである。また、表で提示した北朝の有紀年阿弥陀造像銘文において、「亡者生天」といった定型句を始めとする、天に生まれることを願う用語が見られないことは、特筆しておくべきことであろう。[88] すなわち従来の天と浄土が混合した信仰とは、やはり一線を画そうとしていることをここからも読みとることができる。

第三節　造像銘に見る阿弥陀仏名

前節では、阿弥陀を主尊と明記する有紀年造像銘が流行し始めるのが、おおよそ北斉後半期からであることに言及したが、本節では、様々な尊名の造像銘中に現れる阿弥陀の名号について同様の傾向が確認されるかどうかを検討してみたい。阿弥陀仏名自体は、既に北魏時代の造像銘中に見えている。正光五年（五二四）孫遼浮図銘[89]には「方觀彌陀、濾淪濛汜」とあり、山西省黎城県文博館所蔵の建義元年（五二八）張法光・法整兄弟造像碑[90]には、「□覩彌陀、禳却之會等登上首」とある。禳却は穰佉のことで、弥勒が成仏するときの転輪聖王の名であるから、阿弥陀と弥勒信仰の同居したものと言えよう。[91] また、陝西省銅川市耀州区薬王山碑林所蔵の永安二年（五二九）雷漢仁造像碑[92]にはすでに紹介したように、「上生兜卒、又上一切諸師伏問法、下生西方阿彌陀伏國」とあり、一方では弥勒兜率への上生を願いながら、他方では、阿弥陀西方浄土へ生まれることを願っている。以上の事例から推測すると、北魏時代、「阿彌陀」三尊像はいまだ造られなかったかもしれないが、「無量壽」という仏名だけではなく、「阿彌陀」という仏名もある程度普及していたようである。しかし、弥勒信仰と混在しているものが多く、それほど重視されていないように思われる。

北斉時代になると事例はさらに多くなる。もと山西汾陽県田村定覚寺に存在した大寧二年[93]（五六二）田奧児造像記[94]には「願逝者乘此以至道場、上謁殄[95]陀、永歸常樂」とある。山東の都昌県安楽寺比丘僧遵造盧舎那造像記[96]には、「彌陀大聖應響時宜」とあり、また、北斉時代のものと思われる山西省沁源県文物館所蔵の邑義六十人等造観音石像記にも「託報安養、面奉彌陀」とある[97]。後述する北斉武平四年（五七三）臨淮王造無量寿像記には、「常住之因遂植、彌陀之願仍起」とある。このような中で阿弥陀仏への帰依をより直接的に表明するものが出現する。すなわち、北斉武平二年（五七一）の紀年を有する河北省渉県木井寺観音経碑には、小南海石窟にも刻まれる『涅槃経』の施身聞偈や『大智度論』巻四に見られる弗沙仏の「天上天下无如佛」で始まる偈とともに、「南无阿彌陀佛」の文字が刻まれている[98]。『観経』の第十六観においては、下品下生の者が「南無阿彌陀佛」と唱えることで極楽に往生できると述べられているのである。また、北響堂山石窟大業洞にも、「阿彌陀像一部」を造り、「南无阿彌陀佛・觀世音菩薩・大勢至菩薩」と西方三聖への帰命を表明した大業七年（六一一）の題記（表2-7-4参照）がある。一方、山東地方では、北斉・北周時代の摩崖石刻に「大空王佛」などとともに「阿彌陀佛」の名号を刻んだものが数箇所見られ、『観経』の一節を刻んだ刻石も存在する[99]。北周の事例としては、甘粛省天水出土天和元年（五六六）権彦・弟景暉等造石浮図記[100]の「願七世祖宗、沐浴彌陀之水」というものが挙げられる。

以上のように、阿弥陀という名自体は既に北魏時代にはある程度普及していたと考えられるが、弥勒信仰と融合しているものもあり、いまだ不明瞭である。北斉後半期になると、造像銘中に「南无阿彌陀佛」と阿弥陀仏への帰命を表明するものが出現するなど、阿弥陀仏の名号に対する信仰が興起してくる状況を確認することができる。

第四節　新出土の北斉天保元年阿弥陀像について

二〇一二年、東魏・北斉時代の都であった鄴南城遺址の東側に位置する臨漳県北呉荘村から二九〇〇件近くの仏像（破片等含む）が発掘された。その中の一体に北斉天保元年（五五〇）の紀年を有し、かつ、「阿彌陀」と銘記された石像がある（口絵参照）。これは、現在知られている確実な事例のうちで、最も早い紀年の阿弥陀像である。その材質はいわゆる「白石」と呼ばれる白大理石であり、高さ一〇三、台座の幅五三・四～五四・六、奥行き三一・二センチメートルである。像の表面には、赤などの彩色痕以外に、金箔がはっきりと残っている。

主尊の阿弥陀仏は立像で、肉髻を有し、なで肩で細身であり、通肩に纏った袈裟は、身体にぴったりと貼りつくように表される。衣文は二本線によってU字形で平行に表されている。二本線の衣文は東魏・北斉時代の河北・山東の如来像にしばしば見られる形式である(101)。主尊の両側下方には、腰部から踝にかけて顔を外側に向けた一対の龍が左右対称に表され、後肢の跳ね上げた方の片足で、蓮花から半身をのぞかせる化生童子を支えている(102)。化生童子の上方には、主尊の周囲を取り囲むように、飛天が八体浮彫され、そのうち最上部の二体は中央の単層の宝塔を片手で支えている。宝塔の両側上方には蓮花上に坐し宝珠を片手で捧げ持つ童子が浮彫される。両脇侍菩薩はともに上半身を露わにし、裸足で蓮華座に立ち、右手に蓮蕾、左手に桃形の法器を持っている。下半身は裳を身に着けるが左右で形式が異なっている。右脇侍（向かって左の像）は、長短二重の裳を着けるが、上側の裳は裏地がのぞく表現となっており、さらにその上から別布で腰を覆い、腹前でそれを結んでいる。左脇侍の裳は、腹前に巻いた別布の結び目の間から、裾の合わせ目が覗く表現となっており、衣文線は両脚とも膝頭から同心円状に刻まれている。

台座の正面には、中央の香炉の両側に二体の獅子が向き合うようにして配され、さらにその外側には神王像が表される。向かって左は火神王、右は樹神王である。また、台座左右両側面にも各三体ずつ神王像が表され、左側面は向かって左から順に獅子神王、象神王、珠神王、右側面は向かって左から順に風神王、龍神王、河神王である(103)。

光背背面には、樹下思維像が墨線で描かれるが、類似の線刻画像は武定二年（五四四）張景章造観音像[104]の背面に見える。ただし本像には、二体の僧形供養者が描かれている点が異なる。

台座背面の銘文（図2-7-5）には、

維大齊天保元年歳次庚午五月廿八日長孫氏陸謹爲亡夫北徐州刺史長孫柬、敬造阿彌陀像一區。擧高三尺。仰願亡夫乘此善根、往生安樂世界、親近供養一切諸佛、常聞正法、永超八難、具足成就功德智慧、普及羣生皆同斯願。

維れ大齊天保元年歳は庚午に次る五月廿八日、長孫氏陸謹みて亡夫北徐州刺史長孫柬の爲に、敬みて阿彌陀像一區を造る。擧高三尺たり。仰ぎ願わくは亡夫此の善根に乘じて、安樂世界に往生し、一切諸佛を親近供養し、常に正法を聞き、永えに八難を超え、功德智慧を具足成就し、普ねく羣生に及ぶまで皆な斯の願を同じくせんことを。

図2－7－5　北斉天保元年（550）阿弥陀像背面下部

とある。この造像記によれば、本像は陸氏が亡き夫である北徐州刺史長孫柬の供養のために造像したものである。長孫氏は北魏帝室の宗族十姓、陸氏は勲臣八姓に列し、ともに胡族であると考えられる。

浄土信仰に関して言えば、願文に「往生安樂世界」とある語が注目される。「往生」という語は、西域の敦煌石窟西魏大統五年（五三九）滑氏造無量寿像記[105]に「往生妙樂」とある事例が最も早いが、中原ではこれが最初期の事例である。「安樂世界」という表現も造像記においては最初期の事例である。逆に仏典では、この語は『無量寿経』『法華経』『華厳経』『悲華経』『涅槃経』『大智度論』などの主要な大乗仏典に、阿弥陀仏の西方浄土を表す語として用いられている。

また、それ以外の語句についても「親近供養一切諸佛」「常聞正法」「具足成就功德智慧」など、短文の割に造像銘としてはやや特殊な語が使用されており、経典に造詣の深い鄴都の僧による撰述と思われる[106]。

本像は、正面の像の美しさもさることながら、より注目すべきは、光背背面下部に禅定比丘像がかなり大きく浮彫され、さらに台座にも同様の図像が二体有り、合計三体も表されていることである（図2－7－5）[107]。山林の小岩窟内で覆頭衣を着け、禅定する比丘の姿を表したものと思われるが、岩窟の周囲に動物が顔を覗かせている点が興味深い。この像に禅定比丘像が三体も表されていることは、以下で述べるように、阿弥陀像の出現と禅観とが密接に関連することを示唆している。

第五節　「禪師」と阿弥陀造像

北斉期の阿弥陀信仰の出現には、「禪師」と呼ばれる、禅観・念誦などの実践を重視した僧[108]が重要な役割を果たしたことを示す石刻資料が存在する。特に重要な事例が、北斉文宣帝の師でもあった僧稠禅師の禅観窟で知られ、河南省北東部に位置する小南海石窟中窟である。窟門の題記には、「大齊天保元季靈山寺僧方法師故雲陽公子林等率諸邑人、刊此巖窟、髣像眞容。至六季中、國師大德稠禪師重瑩修成、相好斯備。方欲刊記金言、光流末季、但運感將移、暨乾明元年歳次庚辰、於雲門帝寺、奄從遷化。衆等仰惟先師、依准觀法、遂鏤石班經[109]」とあり、石窟内の浮彫などの装飾や経文が僧稠の観法に基づくものであったことが分かる。この窟内の西壁には、仏像の上方に『観無量寿経』に基づく九品往生の浄土図が浮彫されており、勝木言一郎氏や稲本泰生氏など仏教美術史家から初期の浄土図像の事例として注目されている[110]。つまり、『涅槃経』に基づく四念処の観法実践で有名な僧稠が『観無量寿経』に基づく西方浄土の観想も重視していたことが明らかにされたのである。『続高僧伝』巻十六僧稠伝によれば、北斉文宣帝は僧稠の教えに心服し、天保三年（五五二）に勅命によって鄴城の西南八〇里の龍山の南に雲門寺を構えてそこに僧稠を住まわせ、またそれとは別に石窟大寺主を兼任させたが、修行僧が千人にも達しようとする程であったという。さらに、国内の諸州に別に禅肆を置き、念慧に通達した者に教授させるように勅命を下したとある［T50：554b］。北斉時

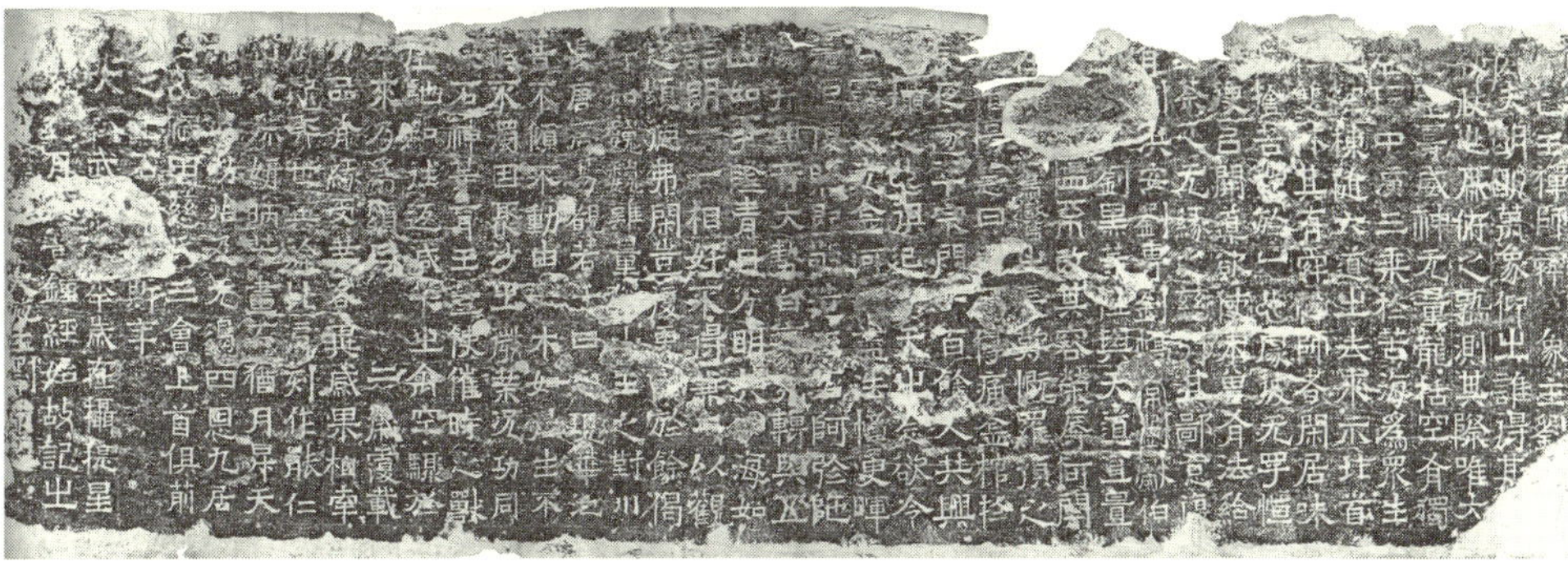

図2-7-6　北斉武平元年（570）舜禅師造阿弥陀像記

代、禅観に励む僧がにわかに増加したことは容易に想像される。

さて、河北の阿弥陀造像記で特に注目すべきであるのが、武平元年（五七〇）十一月の舜禅師造像記（図2-7-6）[111]である。この造像記の拓影は縦三四×横一〇二センチメートルの横長であり、おそらく像の台座に刻まれたものと思われる。この銘文の全容については次節で検討するが、文には「其有舜禪師者、閑居味道、（中略）、无縁之慈、引其鄙意。復有劉洪安・劉專・劉嶠常・劉獻伯・□□・劉黒等、（中略）、遂率宗門一百餘人、（中略）、卽敬造？玉？石阿彌陀像、并觀音・大勢」とあり、舜禅師の主導により、劉氏一族百余人とともに阿弥陀三尊像を造っている。願文の前には「□邑主舜禪師」「象主劉……」、後には「大施主劉□」の題記があり、舜禅師が邑主として劉氏一族を率い、阿弥陀三尊像を造ったことが記されている。

武平元年の十一月という、舜禅師造像記と同年同月に造られた、同じ劉氏一族の造龍華浮図記[112]には、「沔河之北、贊皇之南」と「贊皇」の名が見える。『続高僧伝』巻十七智舜伝によると、智舜は二〇歳を過ぎてから出家し、先述した僧稠禅師に師事し、白鹿山にて十年修行した後、賛皇許亭山に北遊したとある［T50：569c］。智舜は仁寿四年（六〇四）正月に七一歳で遷化しているので、劉氏一族を率いこの阿弥陀三尊像を造ったのは三〇代半ば過ぎであることになり、彼が賛皇にいた頃と時期的に符合する。伝には、「後年疾既侵、身力斯盡。常令人稱念、繫想淨方」［T50：570a］と彼の浄土信仰が表されており、阿弥陀三尊像を造っているのも、僧稠禅師から学んだ浄土観法に基づく浄土信仰によるのであろう。

次に暈禅師造像記を見てみたい。この碑も原所在地が不明である。碑陽（あるいは碑陰か?）に、「其淨行比暈丘《ママ》禪師率領邑義四部五十人等、乃殖良緣、廣脩寶業、敬造阿彌陀玉像一區。希往託生、仰求出世之功」とあり、碑側に「武平三……月廿三日、雹水村四部道俗邑義五十人等敬造阿彌陀白玉像一區。爲皇帝陛下・師僧・父母・法界衆生俱投淨土」とある。雹水村に関して、『続漢書』郡国志涿郡の条には、「故安、易水出、雹水出」とある(113)。また、『太平寰宇記』巻六六河北道瀛州高陽県の条には、「易水、今名南易水、又名雹水」とあり、河北の地名である。河北の定州を中心として分布する白玉（白大理石）像である点もそれを裏付ける。碑陰（あるいは碑陽）の碑額には「邑主暈禪師」「禪房主因禪師」の題記があり、碑身の部分には、比丘や比丘尼、邑人らの名が刻まれている。舜禅師造像と同様、禅師が邑主となり阿弥陀像を造り、浄土信仰が表明されている点に注目すべきである。

さらに、太行山脈の南に位置し、禅僧が活躍した場所として『続高僧伝』にもしばしばその名の見える白鹿山に存在した河清四年（五六五）玄極寺碑（図2-1-11）には、多くの「禪師」の肩書を有する僧の名とともに、「石經□石碑像、定光・釋迦・彌勒・□彌陀・觀世音・大勢至・普賢・文殊・十六王□像」を造ったという記述があり、他の仏名とともに、阿弥陀三尊の名が見えるのである。また、前述したとおり、太行山脈に位置する木井寺において、「護草慇禽之侶、頭陀巖藪之徒」と称される、武安県沙門都曇和法師によって主導された義邑により建造された観音経碑に、『涅槃経』の施身聞偈とともに「南无阿彌陀佛」の名号が刻まれていることも、僧稠禅師の小南海石窟の図像や石刻と類似点があり、無視できない。

以上の考証の結果、河北から河南北東部にかけての太行山脈を中心とした地域で、禅観念誦の修行に励んでいた僧稠や智舜をはじめとする禅師たちの修行の一環として、『観無量寿経』に基づく浄土の観想や「阿彌陀佛」の名号の念誦など阿弥陀仏信仰が積極的に広められ、それが次第に重視されるようになり、北斉後半期における阿弥陀像の流行や、「南无阿彌陀佛」と記した石刻の出現という形であらわれたという可能性が考えられる。次節では、実際に『観経』を典拠とする語句が見える造像銘の事例を紹介しよう。

第六節　北斉期無量寿・阿弥陀造像銘に見る『観無量寿経』の影響

北斉時代頃から阿弥陀浄土信仰が普及しはじめた要因として、浄土の具体的イメージを説く『観経』の影響を無視することはできない。この経典については、曇鸞が『浄土論註』に数箇所引用していること、また、河南博物院所蔵の北魏普泰元年（五三一）釈迦多宝造像記に『涅槃経』や『提謂波利経』『無量寿経』とともに『観経』の名があることからも分かるように[114]、北魏時代、既にある程度は受容されていたと考えられる。ただし、『観経』に説かれている三尊の特徴を反映した実際の造像が北魏時代から既に広く行われていたかというと、実際の作例が報告されていないこともあり、やはり疑問が残る。

それが、北斉時代になると浄影寺慧遠や霊裕による『観経』の注釈書が出現する。また、既に言及したように、『観経』を典拠とする九品往生を表現した浄土浮彫が小南海石窟中窟内の西壁仏像の上方に見られ、窟外の題記により、北斉天保六年（五五五）に、僧稠禅師の観法に基づいた窟内の浮彫などの装飾が完成したことが分かっている[115]。つまり、『涅槃経』に基づく四念処の観法実践で有名な僧稠が、『観経』に基づく西方浄土の観想も重視していたことが明らかにされたのである。小南海石窟よりも成立年代がやや遅れる南響堂山石窟にもこの経典を一部典拠とする浄土浮彫図が見られることが既に指摘されている[116]。

石窟だけではなく、単立の無量寿像や阿弥陀像の銘文においても、北斉時代には明確に『観経』をふまえた文章が現れるようになる。これは以前の造像記では見られなかったことで、中国における浄土思想の展開を考える上で非常に興味深い現象である。筆者がこれまで発見したのは以下の三点である。紀年の早い順に紹介していこう。

①河清三年（五六四）邑義人造阿弥陀像記（図2-7-7）[117]

この造像断石は一九九三年春、山東省兗州市の泗河で発見された。高さ三八、幅一四一、厚さ二二センチメートル

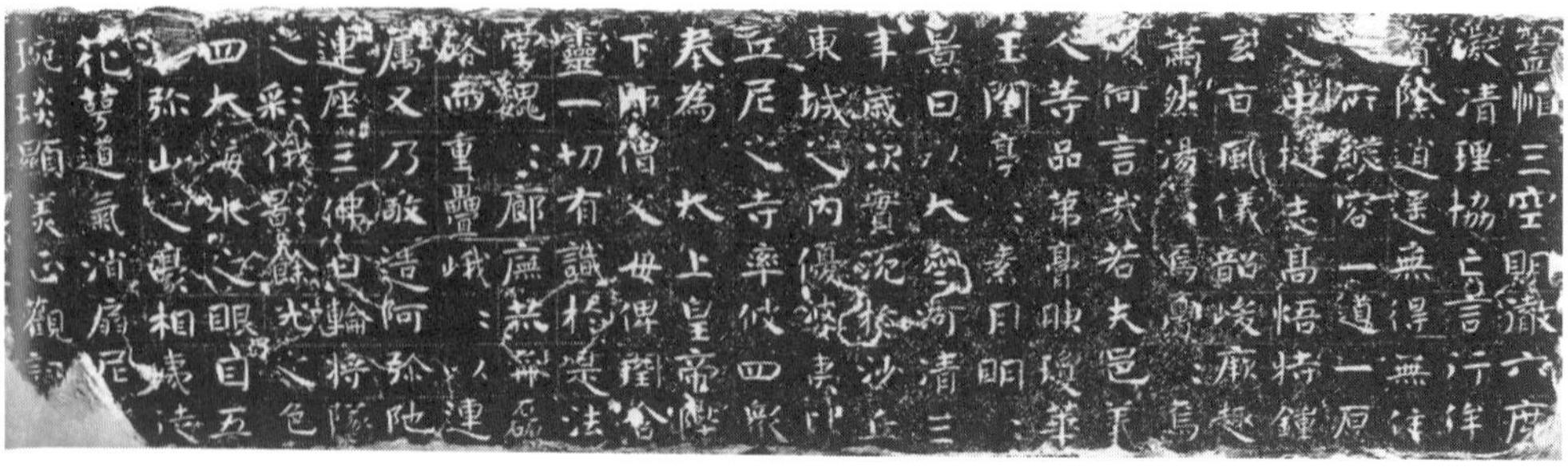

図２－７－７　北斉河清３年（564）邑義人造阿弥陀像記

であり、おそらく造像の台座にあたると考えられる。遺憾ながら像の方は発見されていない。主尊として「阿彌陀」と明記する最初期の事例の一つである。また、内容についても『観経』をふまえていると考えられる表現が見られ、注目すべき内容を有している。以下、録文を掲げてみよう。

蓋惟三空明徹、六度凝清。理協亡言、行侔實際。逍遙無得無住[之]所、縱容一道一原之中。挺志高悟、特鍾玄旨、風儀韶峻、厥趣蕭然。盪〻焉、亹〻焉、復何言哉。若夫邑義人等、品第膏腴、瓊華玉閏、亭〻素月、明〻景日、以大齊河清三年歳次實沈、於沙丘東城之内、優婆夷比丘尼之寺、率彼四衆、奉爲　太上皇帝陛下・師僧・父母、俾閏《潤》含靈・一切有識。於是法堂魏〻、廊廡赫奕、磊硌而重疊、峨〻以連屬。又乃敬造阿彌陀連座三佛。日輪將墜之彩、俄影餘光之色、四大海水之眼目、五須彌山之豪相、夷徒花萼、道氣消扇、尼□琬琰、顯美正觀。詞（下缺）

蓋し惟えらく三空は明徹にして、六度は凝清たり。理は亡言に協《かな》い、行は實際に侔《ひと》し。無得無住の所に逍遙し、一道一原の中に縱容す。志を高悟に挺《ぬき》んじ、特に玄旨を鍾《あつ》め、風儀韶峻にして、厥の趣蕭然たり。盪盪たり、亹亹たり、復た何をか言わんや。夫《か》の邑義人等の若きは、品第膏腴、瓊華玉閏にして、亭亭たる素月、明明たる景日のごとく、大齊河清三年歳は實沈に次《やど》るを以て、沙丘東城の内、優婆夷比丘尼の寺に於いて、彼の四衆を率い、奉じて太上皇帝陛下・師僧・父母の爲にし、含靈・一切有識を閏《うるお》わしめん。是に於いて法堂は魏魏たり、廊廡は赫奕たり、磊硌にして重疊たり、峨峨にして以て連屬す。又た乃ち敬みて阿彌陀連座三佛を造る。日輪將に墜ちんとするの彩、俄影餘光の色、四大海水の眼

目、五須彌山の豪《毫》相、夷徒の花萼(118)、道氣扇を消し、尼□の琬琰、正観を顯美す。詞に□く（下缺）

『文物』の報告でも指摘されるとおり、武成帝のことを指す銘文中の「太上皇帝」という称号が使用されるのは天統元年（五六五）以降であり、この造像記が実際に刻まれたのも天統元年以降、天統四年（五六八）十二月に帝が死去するまでの間であろう。

さて、この造像記によれば、沙丘東城内の比丘尼と在俗の女性信者である優婆夷の寺において、太上皇帝・師僧・父母・一切衆生のため、男女道俗の邑義人が「阿彌陀連座三佛」を造像したという。文中の「四大海水之眼目、五須彌山之豪相」という語句は、『観経』の「佛身高六十萬億那由他恆河沙由旬。眉間白毫右旋宛轉如五須彌山。佛眼清淨如四大海水清白分明」[T12:343b]に基づいているのは疑いの余地がないであろう(119)。特に、この「豪相」、すなわち眉間の白毫の相については、「観無量壽佛者、從一相好入、但観眉間白毫極令明了。見眉間白毫相者、八萬四千相好自然當見」[T12:343c]とあるように、無量寿仏を観想する時、最初に仏の眉間の白毫を非常に明瞭に観ずることから始めるように記され、それができれば他の八万四千の身体的特徴もおのずと見ることができるとされている。すなわち、この白毫の観想が無量寿仏の観想の要とされ、最も重視されていることは注目すべきである。また最後に見える「正観」という語についても「作此観者名爲正観。若他観者名爲邪観」[T12:342a]という意味で用いているのであろう。同様に『観経』との関係を有する記述を捜していくと、「阿彌陀連座三佛」というのは、『観経』の華座想の文や像想の「復當更作一大蓮華在佛左邊、如前蓮華等無有異。復作一大蓮華在佛右邊。想一観世音菩薩像坐左華座」[T12:343ab]とある、阿弥陀の両脇に観音、大勢至菩薩が侍するという文をふまえた表現であろう。また、「日輪將墜之彩、俄影餘光之色」とあるのは、同経において太陽が西に沈むところを観想する日想観を述べた「佛告韋提希、汝及衆生、應當專心繫念一處、想於西方。云何作想。凡作想者、一切衆生自非生盲、有目之徒皆見日沒、當起想念、正坐西向、諦観於日、令心堅住、專想不移、見日欲沒狀如懸鼓。既見日已、閉目開目皆令明了。是爲日想」[T12:341c–342a]という箇所をふまえていると思われる。以上のように、この造像記は、その銘文の多くに『観経』に基づく表現を用いている阿弥陀像記の初期の事例として非常に貴重である。

②武平元年（五七〇）舜禅師造阿弥陀像記（図2-7-6）[120]

前節においても一部言及したこの造像記には、舜禅師が劉氏一族百余人とともに阿弥陀三尊像を建立したことが記されている。既に述べたように、この舜禅師というのは、『続高僧伝』巻十七に立伝される智舜である可能性が極めて高い。その伝によると、「後年疾既侵、身力斯盡。常令人稱念、繋想淨方」［T50：570a］とあり、浄土信仰が表されている。また、別の伝には、彼が『観経』の十六観を修し、豫章の道俗が智舜に対して観経の講義を懇請したと記すものもある。[121]彼が阿弥陀三尊像を造っているのも、師である僧稠禅師から学んだ『観経』の観法に基づくと考えられるが、実際に造像記にも『観経』をふまえた表現が見られる。それではやや長文であるが造像記の全文を掲げてみよう。

夫明明萬象、仰之誰得其□。攸攸兆庶、俯之熟測其際。唯大覺靈尊、威神无量、籠括空有、獨在環中、演三乘於苦海、爲衆生之梁棟、隨六道之去來、示北首於雙林。其有舜禪師者、閑居味道、[122]捨苦樂於一心、處彼无翆、[123]恆方便以開導、欲使未曾有法、給□荼心、无緣之慈、引其鄙意。復有劉洪安・劉專・劉嶠常・劉獻伯・□□・劉黒等、性與天道、直置□□。□慍不改其容、榮辱何關在□。□鷲鸞之長歎、慨羅預之見損。傷慧日□□傳、痛金棺於長夜。遂率宗門一百餘人、共興四攝之心、倶起□天之念、欲令甘露久光、金河□盡、法幢更暉、慧炬復照、即敬造玉石[124]阿彌陀像、幷觀音・大勢。白毫宛轉、與五山如爭隆、靑目分明、共四海如詣朗。一一相好、不得兼二以觀之。頌德弗閑、豈復更□於餘偈。將知、巍巍難量、猶山王[125]之對川長、唐唐易覩、若千[126]日之現華池。昔不傾不動、由□木如往生、不穢不濁、因聚沙之微業。況功同□石、神等育王、豈使催時之獸虛馳如往返、滅竿之禽空驟於去來。乃爲頌曰、二儀覆載、萬品有緣、受業各異、感果相牽。御龍奕世、英倫比肩、刻作能仁、相好殊姸。晒若晝石、猶月昇天、□□□飾、沾及无邊。四恩九居、□茲福田、慈氏三會、上首倶前。□之金石、□□斯年。

大齊武□□季歳在攝提星□□月□黄鍾[127]經始。故記之。

夫れ明明たり萬象、之を仰げば誰か其の□を得ん。攸攸たり兆庶、之を俯《うつむきみ》れば熟《た》（孰）れか其の際を測らん。

唯だ大覺靈尊のみ、威神无量にして、空有を籠括し、獨り環中に在りて、三乘を苦海に演べ、衆生の梁棟と爲り、六道の去來に隨いて、北首を雙林に示す。其れ舜禪師なる者有り、閑居し道を味わい、苦樂を一心に捨て、彼の无罣《?》に處り、恆に方便もて以て開導し、未曾有の法を□荼心に給し、无緣の慈をして其の鄙意を引かしめんと欲す。復た劉洪安・劉專・劉嶠常・劉獻伯・□□□・劉黑等有り、性は天道に與《あずか》り、直は□□に置く。□慍にも其の容を改めず、榮辱にも何ぞ在《?》□に關らん。鷲《?》鷟の長歎を□、羅預の損なわるるを慨き、慧日の□□傳を傷み、金棺を長夜に痛む。遂《か》くて宗門一百餘人を率い、共に四攝の心を興し、俱に□天の念を起こし、甘露をして久しく光《かがや》かし、金河をして□盡たらしめ、法幢更に暉き、慧炬復た照らし、卽ち敬みて玉《?》石《?》阿彌陀像、幷びに觀音・大勢を造る。白毫宛轉たること五山と隆を爭うが如く、青目分明たること、四海と朗を諍《あらそ》うが如し。一一の相好、二を兼ねて以て之を觀るを得ず。德を頌《たた》うるに閑《いとま》あらざること、豈に復た更に餘偈に□。將《は》た知らん、巍巍にして量り難きこと、猶お山王の川の長きに對するがごとく、唐唐として覩《み》易きこと、千日の華池に現れたるが若きを。昔し傾かず動かざること、木を□し往《?》生するに由り、穢れず濁らざること、沙を聚むるの微業に因る。況んや功は□石に同じく、神は育王に等しきをや、豈に催時の獸をして虛しく往返に馳せ、減竿の禽をして空しく去來に騄《は》せしめんや。乃ち頌を爲りて曰く、二儀覆載、萬品有緣、業を受くること各おの異なり、果を感じ相い牽く。龍を御すこと奕世、英倫比肩し、能仁を刻作し、相好殊妍たり。昞《あき》らかなること畫石の若く、猶お月の天に昇るがごとし、□□□飾、无邊に沾《うるお》い及ぶ。四恩九居、茲の福田に□、慈氏三會、上首俱に前まんことを。之を金石に□し、□を斯の年に□す。

大齊武□□季、歲は攝提星に在る□□月□黃鍾經始す。故に之を記す。

この願文の前には「□邑主舜禪師」、後には「大施主劉□□」とあり、舜禅師の教導・感化により、劉氏一族が資金を拠出した造像であることが分かる。造像記の「白毫宛轉、與五山如爭隆、青目分明、共四海如諍朗」という表現が①と同じく『観経』の「眉間白毫右旋宛轉如五須彌山。佛眼清淨如四大海水淸白分明」に由来することは明白であり、「一一相好不得兼二以觀之」という表現の「一一」という語は、「若欲念彼佛者、當先作此妙花座想。作此想時不得雜觀。皆應一一觀之。一一葉、一一珠、一一光、一一臺、一一幢皆令分明」［T12：343a］などのように『観経』に多用され、あるいは、「觀無量壽佛者、從一相好入、但觀眉間白毫極令明了。見眉間白毫相者、八萬四千相好自然當見」［T12：343c］という、無量寿仏を観想するには、まず眉間の白毫相を観想することから始めるという文をふまえているようにも考えられる。また、「无緣之慈、引其鄙意」とあるのは、同経の「諸佛心者、大慈悲是。以無緣慈、攝諸衆生」［T12：343c］という句に基づくであろう。

もう一つ見逃してはならないのは、阿弥陀三尊像の造像記でありながらも、頌において「慈氏三會、上首俱前」と弥勒信仰が表明されていることであり、智舜が西方浄土信仰一辺倒ではなかったことが分かる。智舜の師の僧稠禅師は小南海石窟中窟において、窟内西壁上部に『観経』に基づく浄土図像を表現したのに対応する形で、東壁北側上部に兜率天にて弥勒が説法する図像を浮彫している。[128] すなわち、智舜は僧稠の信仰を継承していると考えられよう。

③武平四年（五七三）臨淮王像碑（図2-7-8）

この碑は、北斉の臨淮王が無量寿三尊像を造ったことを記した、武平四年（五七三）の紀年を有し、高さ四メートルを越える巨大な造像碑である。元来、その遺跡から一九九六年に多数の仏像が出土したことでも有名な青州龍興寺（旧名南陽寺）に建てられていたが、現在は青州市偶園に安置されている。臨淮王とは婁昭の次子婁定遠のことで、『北斉書』巻十五に立伝されている。彼は北斉の帝室高氏の外戚にあたり、武成帝に寵愛され、要職を歴任し、趙郡王高叡らとともに和士開の排斥を計画したが失敗し、青州刺史に左遷され、最後には贓貨の罪で弾劾され自殺したという人物である。非常に長文であるため全文を掲載するのは差し控えるが、[129]『観経』と関連する箇所を提示してみたい。碑文には、「悲此有之難拘、慨茲生之易滅。常住之因遂植、彌陀之願仍起」と、この世の無常を歎き、常住の因が植えられ、阿弥陀の願が起こることが述べられ、

遂於此所、爰營佛事、制无量壽像一區。高三丈九尺。幷造觀世音・大勢至二大士、而俠侍焉。庶國道與華胥競高、帝業共虛空比壯、含靈賦命盡植優花。乃具以三心、成之百寶。白銀之麗咸寫、紫金之妙畢圖。豪《毫》如五嶺之

図2-7-8　北斉武平４年（573）臨淮王像碑

旋、卽之便覩。目似四溟之潔、驗之猶在。毗楞寶冠、帶左而馳耀、鉢摩肉髻、據右而飛光。

遂くて此の所に於いて、爰に佛事を營み、无量壽像一區を制す。高さ三丈九尺たり。幷びに観世音・大勢至二大士を造り、焉に俠侍せしむ。庶《こいねが》わくは國道は華胥と高きを競い、帝業は虚空と壯を比べ、含靈賦命 盡《ことごと》く優花を植えんことを。乃ち具するに三心を以てし、成すに百寶を之《もつ》てす。白銀の麗咸く寫し、紫金の妙 畢《ことごと》く圖《えが》く。豪は五嶺の旋るが如く、之に卽けば便ち覩《まみ》ゆるがごとし。目は四溟の潔に似、之を驗《しら》ぶれば猶お在《いま》すがごとし。毗楞の寶冠、左に帯びて耀を馳せ、鉢摩の肉髻、右に據りて光を飛ばす。

と、高さ三丈九尺もの無量寿仏像と、その脇侍として観世音・大勢至二菩薩像を造ったことが述べられる。この文には『観経』からとられた表現が多用されている。「具以三心」というのは『観経』の「上品上生者、若有衆生願生彼國者、發三種心、卽便往生。何等爲三。一者至誠心。二者深心。三者迴向發願心。具三心者、必生彼國」[T12 : 344c] という表現をふまえたものであると考えられる。「百寶」という語も「時韋提希禮已擧頭、見世尊釋迦牟尼佛、身紫金色、坐百寶蓮華」[T12 : 341b]、「次作水想。……下有金剛七寶金幢、擎琉璃地。其幢八方、八楞具足。一一方面百寶所成。……樓閣千萬百寶合成」[T12 : 342a] など、同経によく見られる語である。また、「豪如五嶺之旋、卽之便覩。目似四溟之潔、驗之猶在」という語句も①、②の事例と同様、「眉間白毫右旋宛轉如五須彌山。佛眼清淨如四大海水清白分明」に基づくものである。さらに、「毗楞寶冠、帶左而馳耀」というのは同経「次亦應觀観世音菩薩。

……頂上毘楞伽摩尼寶、以爲天冠。其天冠中有一立化佛、高二十五由旬。觀世音菩薩面如閻浮檀金色。眉間毫相備七寶色、流出八萬四千種光明」[T12 : 343c] に基づき、「鉢摩肉髻、據右而飛光」とあるのは、「次觀大勢至菩薩。……頂上肉髻如鉢頭摩花。於肉髻上有一寶瓶、盛諸光明、普現佛事」

［T12：344a］に基づくと考えられる。ここに掲げた文以外に碑銘の「三蓮接耀、五道光含、十方輝眺」という箇所についても、「三蓮接耀」は①の「連座三佛」と同じ典拠であり、「五道光含」は「次亦應觀觀世音菩薩。……擧身光中五道衆生一切色相皆於中現」［T12：343c］という部分を、「十方輝眺」は「次當更觀無量壽佛身相光明。……一一好中復有八萬四千光明、一一光明遍照十方世界、念佛衆生攝取不捨」［T12：343b］などをふまえた表現であると考えられる。

この無量寿像は、当時青州の「甲寺」、つまり第一の寺であった南陽寺（龍興寺）に建てられたのであるが、三丈九尺という像の大きさもあり、青州地方の仏教界にかなりのインパクトを与えたと考えられる。事実、隋代になってもなお「阿彌陀」ではなく、「無量壽」の名を主尊の像に用いているのは、**表2-7-5**を参照すれば分かるように雲門山や諸城の造像など青州周辺である山東地方中部地域にほぼ限られている。

以上、北斉時代の造像記三点について『観経』をふまえていることが明確であることを示した。特に臨淮王像碑に顕著なように、観想の対象である三尊の視覚的特徴について述べた部分を典拠として用いているのである。

塚本善隆氏は、「無量壽」から「阿彌陀」への変化の原因として、道綽や善導といったいわゆる浄土教の祖師たちに関する記述を中心に、無量寿の名によってよりもむしろ無量光の名の上に慈悲救済がよく現されていることや、実践的側面として、繰り返し名号を称念するには、「南無無量壽佛」より「南無阿彌陀佛」の方が語調もよいのみならず、呪術的な神聖性が伴われ易いこと、また羅什訳『阿弥陀経』の読誦や書写の普及ということを指摘した。

塚本氏の指摘した点について大筋では正しいと考えられるが、実際の造像銘の内容の変化に即して導き出された結論ではないため、やや理念的・抽象的である感は否めず、なぜ北斉王朝の時代に河北を中心にこの変化が起こったかを充分に説明できていないように思われる。そこで筆者は、以上で見てきた無量寿や阿弥陀像銘に関する検討結果をふまえつつ、より具体的にその原因を推測してみたい。

造像銘における「阿彌陀」という尊名の普及は、『観経』に基づく図像や造像銘の語句の普及とほぼ時を同じくして起こっており、特にこの経の視覚的イメージの重視と密接に結びついていた。阿弥陀仏の名号については北魏時代よりある程度知られていたようであるが、そうした阿弥陀仏に対する知識はただちに像名には反映されなかったようである。

新しい「阿彌陀」という尊像名が、なぜ北斉時代に急速に広まったかを考えると、第五節において指摘したように、鄴都周辺の太行山脈一帯で修行に励み、民衆への布教も同時に行っていた例えば智舜のような多数の「禪師」が、阿弥陀像の造立に積極的に関与していたことをその主な要因として挙げることができる。本章の冒頭でも述べた、従来指摘されている北朝時代の造像銘の浄土信仰に関する内容から推測すると、北魏時代の教化僧たちは、人々に受容されやすいように、積極的に神仙・昇仙思想と結びつけて西方浄土の教えを説いていたと考えられる。そうした場合、不老長寿の神仙思想と結びつきやすい「無量壽」の名の方が布教に好都合であったに違いない。しかし、『觀経』に説かれているような具体的視覚イメージを伴う新しい西方浄土に対する信仰を人々に広めようとすれば、神仙思想と結びつきやすい「無量壽」名ではかえって不都合が生じる。『觀経』では、下品下生の者でも「南無阿彌陀佛」と唱えれば極楽に往生できると説く上に、観音・勢至という脇侍菩薩が重視され、また三尊に関する記述も視覚的イメージを重視する。既に指摘されているように、北斉時代には、西域出身の曹仲達という画工は、「梵像」の制作を得意とし、都にて非常に有名となったし[130]、五通曼荼羅という、阿弥陀仏と五十菩薩の図像が西域より伝来していた[131]。実践を重視する禅師は、『觀経』に基づく称名・観想の実践面においても、人々への新しい浄土思想の布教においても、従来の北魏の漢人風の衣を身にまとう像とは異なり、『觀経』の持つ視覚的イメージをいくらかでも反映し、なおかつ西域色を帯びた新しい像を歓迎したであろうし[132]、そのような像については、北魏時代の「無量壽」とは異なる、西域的イメージを連想する「阿彌陀」の方がふさわしいと考えたのではないだろうか。

おわりに

最後に、本章の内容をまとめておきたい。第一節では、天や浄土に生まれることを表す用語を分類整理し、それぞれの用語の最初期の事例や典拠などを考察し、その特徴について述べ、総体的には、時代が下るにしたがい、天に関する用語の使用が減少し、浄土に関する用語が増加するという侯旭東氏の説が正しいことが確認できた。

本章第一節で新たに明らかになったこととして、「亡者生天」「上生天上」「託生西方妙樂國土」「神生淨土」といったいくつかの定型句が存在し、その定型句と結びつきやすい語句があること、また語句によって地域的分布や時代的盛衰が相違することなどが挙げられる。また、一見西方浄土と見なしてしまいがちな「西方」「妙樂」という語が、天と強い結びつきを示すのは、弥勒の居所が天上の西方と考えられていたこともその一因であると論じた。そして、天や浄土に関する用語には盛衰があり、とりわけ北斉時代の河北地域で、天に関する用語が「亡者生天」に集約される一方、様々な浄土に関する新しい用語が出現することを論じた。

第二節では、北朝時代から隋代にかけての有紀年無量寿・阿弥陀像銘を表の形で提示し、それらの地域的・時代的相違を考察し、「無量壽」から「阿彌陀」への変化が北斉時代の後半、河北地域を中心におこることを明らかにした。また、北斉時代になると、「幷二菩薩」、さらには観音・勢至と具体的に名を示すものなど、三尊像であることを明示するものが北魏よりも増加し、特に阿弥陀像銘に関して、浄土信仰を表すバラエティに富んだ新しい用語が多く出現し、生天思想とは一線を画そうとしていたことを示した。

第三節では、北魏時代には造像銘中に阿弥陀の名が既に見えるが、いまだ信仰としては不明瞭であり、北斉時代になると「南无阿彌陀佛」という阿弥陀仏への帰依を表明する銘文が出現するなど、阿弥陀信仰がより明確に表現されるようになることを指摘した。

第四節では、鄴城遺址周辺から新たに出土した最初期の阿弥陀像について検討し、その銘文に新たな浄土信仰を示す語句が用いられていること、また、背面に禅定図像が三体も表され、阿弥陀像と禅観との結びつきが強く意識されていたことを指摘した。

第五節では、北斉の文宣帝に師事され、当時非常に大きい影響力を有した僧稠の禅観に基づいて装飾がなされたと銘に記されている小南海石窟に、『観経』に基づく図像が刻まれたことを重視すべきであり、また、僧稠の弟子である智舜禅師が邑主となり阿弥陀三尊像を造ったと考えられる事例があることなどを新たに紹介した。そして、初期の阿弥陀像銘は、山西ではなく河北地方に最も多く、禅師により主導された義邑による阿弥陀造像銘がいくつか見られることから、北斉時代の阿弥陀造像の興起には、曇鸞の系統とはまた別の、僧稠―智舜といったような、禅観・念誦を重視する太行山脈周辺を中心に活動した「禪師」たちに着目する必要があるとの卑見を述べた。

第六節では、北斉時代の無量寿・阿弥陀像銘三例について『観経』に基づく表現が多く見えることを新たに指摘し、「阿彌陀」という像名の普及は、『観経』に基づく図像や造像銘の普及とほぼ時を同じくしており、この経の視覚的イメージの重視と密接に結びついていたことを指摘した。そして、鄴都周辺の太行山脈一帯で禅観念誦を実践し、なおかつ民衆への布教をも行っていたであろう禅師と呼ばれるような僧たちが、新しい西方浄土教を広めるにあたって、『観経』の思想を反映した造形を有する仏像を造り、尊名を従来の無量寿から阿弥陀に変えた方が新しい浄土思想であることを表明しやすかったという可能性を新たに提示した。

以上、北朝時代から隋にかけての有紀年造像銘を主な資料として、北斉時代から確認できる地域社会における西方浄土信仰の新たな変化の様相について明らかにしてきた。本章の検討結果をふまえれば、侯旭東氏が提示した、西方浄土信仰が流行したと言っても、無量寿や阿弥陀仏について知る者はまれで、その他の教義内容は北朝末年まで基本的に受容しなかったとする見解[133]は、北斉時代について言えば訂正が必要であろう。北斉時代の河北地域を中心として、『観経』に基づく新たな西方阿弥陀浄土信仰の広がりが造像銘の分析から確認できるのである。

最後に、今後検討すべき課題を挙げておきたい。北朝から唐代にかけての地域社会レベルでの西方浄土信仰の変遷をより詳細に跡づけるには、唐代の造像銘についてもその全体像を把握する必要があると思われる。また、本章で検討したような新たな西方浄土信仰が、実践面だけではなく、当時の教理的課題といかに対応するかも検討すべきであろう。具体的には、『観経』の注釈書を撰した浄影寺慧遠を始めとする地論師や、『観経』を重視した道綽・善導などの著作との関連も検討する必要があると思われる。後考を俟ちたい。

註

（1）望月信亨［一九四二］六〇～六三頁、塚本善隆［一九四一a→一九七四b］四二一～四六一頁、藤堂恭俊［一九五一→一九五八］一～六四頁、侯旭東［一九九八a］一七三～一九〇頁など。

（2）塚本善隆［一九四一a→一九七四b］二五四～二六五頁、四三六～四六一頁。

（3）佐藤智水［一九七七a→一九九八］一〇二～一〇五頁。なお、金銅仏に限定してこのテーマを扱った氏の成果に佐藤智水［二〇一三b］がある。

（4）久野美樹［一九八九］。

（5）松原410a、埋仏31、曲陽82。

（6）松原430b、埋仏33、曲陽147。

（7）石川琢道［二〇〇七→二〇〇九］。齊藤隆信［二〇〇六→二〇〇八］。

（8）ちなみに、齊藤氏が造無量寿像・願生西方・見阿弥陀仏の三者が揃って現れる最も早い事例とする天保七年（五五六）比丘尼如静の造像銘「大齊天保七年歳次丙子閏月癸巳朔廿四日丙申、佛弟子比丘尼如靜、爲亡師比丘尼始靚、願造無量壽佛聖像一區。願令亡者託生西方妙樂佛國、與佛局、面覩諸佛、見存者受福無量、共成佛道」は偽刻ではないだろうか。鮑康『觀古閣叢稿三編』巻上自題造象拓冊には、「僞作者、亦載之。如齊天保七年尼如靜一石、王廉生知之悉、竝知刻者姓名乃人家柱角下物也」と述べられており、これを偽刻としている。また、この造像記の干支は、趙郡王高叡造無量寿像記「大齊天保七年歳次丙子閏月癸巳十五日丁亥」と同様の誤りを犯している。天保七年閏月は正しくは癸酉朔であり、十五日丁亥も癸酉朔で計算してこそ一致する。これと同様に、比丘尼如静の方も癸酉朔で計算してこそ、二四日が丙申となる。以上のような誤りが偶然に一致するとは考えがたいため、比丘尼如静造像記は高叡造無量寿像記を参照しつつ偽刻されたものと考えられる。

（9）侯旭東［一九九八a］一七三～一九〇頁。

（10）劉長東［二〇〇〇］一九二頁。

（11）南朝造像銘の研究には、八木宣諦［一九九六］がある。氏は、大宝元年（五五〇）李元福妻詈氏阿弥陀造像記を早期阿弥陀像の事例として挙げる。しかし、この造像記は、拓本画像（京 TOU1228X）を参照すると、大宝元年ではなく、唐の天宝元年（七四二）である。匋24（石1.11.8214）もこの造像記の紀年を天宝元年とする。

（12）南朝の浄土信仰に関しては、劉長東［二〇〇〇］十～一九三頁を参照。また、『出三蔵記集』巻十二法苑雑縁原始集目録序第七「雜圖像」に記される造像記の題目［T55：92bc］においても、すべて阿弥陀ではなく無量寿と表記される。

（13）松原64：65ab、大村186附図463：464、図典444、世美全268、珍図406。

（14）この図像の詳細な年代考証と図像解釈については、李裕群［二〇一四］参照。

(15) 東魏武定八年（五五〇）三月八日張安祖妻侯篋造像記（曲陽59）。
(16) 北魏景明三年（五〇二）尹愛姜等廿一人造像記（漢魏3.355、彙録2271、龍録587、京NAN0061X、拓3057、魏目37、大村193）。
(17) 北魏正始元年（五〇四）高平杜韓造像記（松原111ab、図典460、六朝金銅54、中国の金銅仏25、珍図432）。
(18) 北魏皇興五年（四七一）新城県民仇寄奴造像記（図典440、松原36：37、六朝金銅43、珍図396）。ちなみに同一人物による観音造像記（珍図395）も存在し、この造像記にも「上生天上」の語が見える。
(19) 北魏皇興五年（四七一）新城県民仇寄奴造像記（前掲註（18）参照）。
(20) 北魏延昌四年（五一五）比丘僧敬造像記（現地調査〔山西省沁水県後托盤摩崖〕、厚重200）。
(21) 安居香山・中村璋八編［一九七一］によれば、正しい書名は『楽叶図徴』だと思われる。
(22) 張総［一九九九］参照。
(23) 北魏太和十四年（四九〇）魯氏造像記（京NAN0031X）。
(24) 北魏永煕三年（五三四）比丘尼道信造像記（拓5192、碑林全105.60）。
(25) 長芸389、北碑95、臨潼碑石80、道美244、薬7.69、漢魏6.100。この造像碑については第一部第三章を参照。
(26) 北魏神亀三年（五二〇）翟蛮造像記（漢魏5.59、松原146a、拓4080、北大菁華185、魏目131、魯二一103、匋6、大村235、珍図42、祈り96）。
(27) 漢魏3.287、拓3026、魏目14、松原99b、魯二一23、陝志6〔石1.22.16434〕、寰図2.129、考文1987.3.25、北碑9、長芸366、道芸35、佐藤科研3、世美全364、道古3.686、百品4、陝精6、道美210、薬1.3。
(28) 中原2002.5.66、龍仏研46.202、北拓280、河南36。
(29) 松原132ab、長芸391、道芸106、碑林全105.87、道美252、長韻22。
(30) 拓5179、魏目248、考文1996.2.15、佐藤科研46、百品79、薬1.288。
(31) 彙録1873、龍録614、京NAN0112X、魏目93、瓊13、大村205。「託生紫蓮、神昇兜率」の箇所、実際の銘文は「託生紫神蓮昇兜率」である。刻む順序を誤ったと考えられるので訂正して示した。
(32) 北魏正光二年（五二一）錡麻仁道教造像記（魏目146、魯二一121、陝志6、北碑80、長芸382、道芸78、佐藤科研30、道美234、薬1.84、漢魏5.123）。
(33) 北魏延昌元年（五一二）劉洛真兄弟造像記（漢魏4.223、彙録1876、龍録623、拓4004、京NAN0135X、魏目101、萃27、瓊13）。
(34) 北魏孝昌二年（五二六）□会造像記（彙録1526、龍録446、拓5025、京NAN0302X、魏目190、瓊13、大村228）。

(35) 佐藤智水［一九七七a→一九九八］一〇六頁。
(36) 漢魏3.300、彙録1842、龍録579、京NAN0040X、拓3033、北大菁華83、萃27、瓊12、魏目17、寰図2.130、北拓270。
(37) 浄土思想に言及する諸経論とそこで用いられる浄土を表す用語については、藤田宏達［一九七〇］一三七～一六四頁を参照。
(38) 平川彰［一九九〇］五～十九頁。
(39) ただし「妙樂」については、南朝梁普通六年（五二五）造像記（漢魏3.186、文物2001.10.29、川南82）に「永離三塗、恆受妙樂」と見える。
(40) 雲岡録17。
(41) 松原90、図典457、OS147a、六朝金銅47、中国の金銅仏14、珍図427。
(42) 松原88：89、大村198、図典456、六朝金銅50、珍図428。
(43) 久野美樹［一九八九］四一頁。
(44) 北魏永平三年（五一〇）比丘尼法慶造像記（彙録1871、龍録611、京NAN0108X、魏目87、瓊13、大村204）。
(45) 佐藤智水［二〇一三b］三五三頁。
(46) 北魏正始二年（五〇五）三種法栄造像記（鄴菁140）。この書の録文では、「妙諸天上」となっているが、鄴城博物館で実物を確認したところ、正しくは「妙洛天上」であった。
(47) 北斉天保五年（五五四）北平郡望都県馬阿顕兄弟三人姉妹造像記（拓7034、斉遺175）。
(48) 久野美樹［一九八九］四六～四七頁。
(49) 松原39：40。
(50) 前掲註(26)北魏神亀三年（五二〇）翟蛮造像記。
(51) 「大魏造像記」（『臨朐続志』巻十七〔石3.28.20〕）。
(52) 文物2003.9.85、巴蜀仏教5、川南174。
(53) 『高僧伝』巻五道安伝「安毎與弟子法遇等、於彌勒前、立誓願生兜率。後至秦建元二十一年正月二十七日、忽有異僧形甚庸陋、來寺寄宿。寺房既迮、處之講堂。時維那直殿、夜見此僧從窓隙出入、遽以白安。（中略）安請問來生所往處。彼乃以手虚撥天之西北、即見雲開、備覩兜率妙勝之報」［T50：353bc］。
(54) この点については、侯旭東［一九九八a］一七九～一九〇頁参照。
(55) 北魏太和十九年（四九五）丘穆陵亮夫人尉遅造像記（漢魏3.285、彙録1840、龍録577、京NAN0036X、拓3023、北大菁華167、魏目13、瓊12、硯5、寰図2.130）。
(56) 北魏延昌四年（五一五）清信士造像記（雲岡録18）。

(57) 曲陽59。
(58) 平川彰［一九九〇］五～十九頁。
(59) 松原71b、図典447、珍図410。
(60) 南斉永明二年（四八四）紀徳真造像記（大村154）に「七世亡靈同生淨土」とある。
(61) 文物2004.9.70、曲陽11。
(62) 松原266：267、埋仏22、中美全138、世美全302、曲陽23。
(63) 漢中碑石6、陝精4。
(64) 中国金銅仏41、大村185。なお大村は、「化生西方天□□□蓮花……」と釈読する。
(65) 拓2129、大村143、川南272。ただし川南はこの造像の真偽を疑っている。
(66) 魏目226〔碑側のみ〕、魯二一169〔碑陰のみ〕、佐藤科研41、薬1.279。
(67) 北魏孝昌二年（五二六）滎陽太守元寧造像記（京NAN0288X、魏目188、魯二一139、萃29、大村238、寰図2.166）。
(68) この造像記の詳細については、第一部第二章第二節を参照。
(69) 北魏永熙二年（五三三）劉景和造像記（漢魏7.48、彙録1141、龍録361）。
(70) 松原42：43、西安碑林100、陝美33、図典441、石仏選粋59：60、中美全74、碑林全105.1、世美全256。
(71) 彙録2296、龍録583、京NAN0058X、拓3054、魏目33、萃27、瓊12、世美全334、寰図2.126、北拓277。
(72) 陝図下188、佐藤科研35、薬1.250。
(73) 珍図443。
(74) 北魏太安三年（四五七）宋徳興造像記（六朝の美術50、図典438、松原27ab、OS116、魏目2、石仏選粋57：58、珍図6）。
(75) 敦供116、敦編211、敦窟1.246。
(76) 漢魏3.296、彙録1841、龍録578、京NAN 0038X、拓3031、硯5、瓊12、寰図2.131。
(77) 『大智度論』巻九「百億須彌山、百億日月、名爲三千大千世界。如是十方恆河沙等三千大千世界、是名爲一佛世界。是中更無餘佛、實一釋迦牟尼佛。是一佛世界中、常化作諸佛種種法門、種種身、種種因緣、種種方便以度衆生」［T25：125b］。
(78) この造像記は、願文に「歳在玄枵」とあることから建弘五年とする説が日中双方の学者から提出されており、筆者もこの説を重視したいが、結論は保留しておきたい。拙稿［二〇〇八d］においては、炳霊寺の十方仏を建弘元年としたが、次註に述べるように建弘元年と考えることは困難な面もあり訂正を要する。仏名題記の具体的時期は確定できず、後考に俟ちたい。建弘五年説については、福山敏男［一九七一］、王恵民［一九九八b］を参照。
(79) 「勢至」を「勢志」と表す事例として、雲岡石窟第十一窟太和七年（四八三）題記のある造像区画の菩薩像の榜題には、「大勢志菩薩」とある。建弘題記の下の供養者の題名には、「□國大禪師曇摩毗之像」とあり、この「曇摩毗」は『高僧伝』巻十一玄高伝において、「領徒立衆訓以禪道。然三昧正受既深且妙。隴右之僧稟承蓋寡」［T50:397ab］という曇無毘に比定されている。禅定に深く通じていた西域僧の曇無毘が、西方三聖の像を造り、西方浄土の観想を行っていたことも可能性としては十分にあり得るであろう。ただし、この造像区画には、西方三聖の仏名とともに『六十華厳』如来名号品に見える南方智火仏などの十方仏名の榜題も存在する。『六十華厳』の翻訳時期については、『出三蔵記集』巻九によると、元熙二年（四二〇）六月十日に訳出が終わり、永初二年（四二一）十二月二十八日に校了したとされる［T55:61a］。そうであるとすると、この西方三聖の題記も建弘元年（四二〇）に書かれたと考えるのは困難であり、建弘五年の可能性は残されるが、それより年代が下る可能性も否定できない。

（80）国家文物局教育処［一九九三］三九頁。李玉珉［二〇〇二］註一〇三。

（81）表に掲げた鞏県石窟の東魏天平の紀年を有する造像記は現在では所在が確認できず、文字も欠字が多いので阿弥陀像と断定するのは憚られる。また、石川琢道氏は、最も早い紀年を有する阿弥陀造像銘の確実な事例として、『魏目』一〇八頁の永熙元年（五三二）李四娘造像記を挙げる。この造像記は龍門石窟普泰洞外壁にあるとされるが、字体も北魏の典型的なものとは異なる。『龍門石窟碑刻題記彙録』下巻の該当箇所を捜すと、一四二〇の題記であることが分かる。この録文でも「永熙」とは判読しておらず、他の普泰洞外壁の紀年題記はみな唐代のものであることから推測すると、おそらくこれも唐代のものではないだろうか。さらに氏の掲げるその次に早い阿弥陀像銘の事例は、天平元年（五三四）四月廿七日比丘僧恵等造像記であり、全文を掲げると「天平元年卯月廿七日、比丘僧惠等敬造阿彌陀像一區。願弟子等身騰九空、迹登十地、萬品衆生壹同此願」となる。『魏書』巻十二孝静帝紀によれば、東魏孝静帝は、永熙三年（五三四）十月に即位し改元して天平元年としたのであり、「天平元年卯月」とあるのは問題である。また、この「萬品衆生壹同此願」という語は、他の造像記に類例のない語で違和感があり、逆に「身騰九空、迹登十地」という語は、龍門石窟古陽洞の龍門廿品として有名な北魏太和七年・景明三年の孫秋生造像記や、邑主高樹・維那解佰都卅二人造像記に見える語である。以上のことから考えると、この造像記は偽刻の可能性が高い。

（82）淑徳拓、魯一六1023、斉遺36。

（83）文物1965.3.31、河南276、石仏選粋35、重修滑県志附金石録〔石3.29.22〕。

（84）例えば、山西省臨汾市丁村民俗博物館所蔵の北斉天保四年（五五三）造像碑には「唯大齊天保四年歳在水?酉五月壬戌朔十六日丁丑日、□□六人造石象一區、方廣三卷」とある（陶倩・陶富海［二〇〇六］）。「方廣三卷」とは全三巻の『大通方広経』のことであろう。また、山西博物院所蔵の北周保定二年（五六二）陳海龍造像碑にも、この経に基づく仏菩薩名が多く刻まれていることは第二部第三章を参照。

(85) ただし、「幷二菩薩」の記述がなくても、実際の造像には脇侍を有するものも多い。

(86) 柴田泰［一九九二］［一九九四］を参照。

(87) 「不動浄土」については、おそらく『涅槃経』光明遍照高貴徳王菩薩品「爾時世尊卽說偈言、不害衆生命、堅持諸禁戒、受佛微妙教、則生不動國」［T12 : 490c–491a］から続く一連の文章を承けた用語と推測される。

(88) 隋代については、表2-7-4中の隋開皇十五年（五九五）斐慈明邑子等阿弥陀像銘の彙録の録文には「升天」とある。この造像銘は大半が欠損しており、また、「行參軍裴慈明」という語句が録文では重複しており、現地調査による確認が必要である。また、非常に多数存在する唐代有紀年龍門阿弥陀像銘の中には、天に関する語句を有するものが三件ある。拙稿［二〇一四a］一五〇頁表4を参照。

(89) 百品59。

(90) 長治58。

(91) ただし「彌勒」を「彌陀」と刻み間違えた可能性も考慮に入れる必要がある。

(92) 前掲註(66)参照。

(93) 銘文には「大寧二年歳次辛巳二月八日」とあるが、「歳次辛巳」は大寧元年にあたるので「二」は誤りであると指摘されている。

(94) 汾陽県金石類編83。

(95) 筆者は実物を拝見していないので断定はできないが、「殄」は「彌」の異体字「弥」を移録の際に誤ったのではないだろうか。

(96) 『昌楽県続志』十七（石3.27.578）、『寿光県志』十三（石3.27.555）。

(97) 三晋・沁源6。

(98) 馬忠理・馬小青［二〇〇六］二八三頁。

(99) 桐谷征一［二〇〇一a］、張総［二〇〇三］。

(100) 敦編138。

(101) 二本線の衣文については、岡田健［一九八五］三四頁、八木春生［二〇一三］八八頁において言及されている。例えば、諸城博物館所蔵の如来像（山東石仏48）にも二本線の衣文が見られる。

(102) この形式の塔を八木春生氏は「天宮」式単層塔と名づける。八木春生［二〇一三］一〇二～一〇五頁参照。

(103) 神王像については、八木春生［二〇〇四］四一～七〇頁参照。

(104) 鄴菁144。

(105) 滑氏造無量寿像記は滑□安造像記（敦供117、敦編212、敦窟1.245）と滑黒奴造像記（敦供116、敦編211、敦窟1.246）の二件存在する。銘文は酷似する。

(106) CBETA二〇一四年版の検索結果によれば、南北朝以前の経論に限ると、「親近供養」+「一切諸佛」の組み合わせは、『羅魔伽経』に見える。「常聞正法」は『華厳経』に六箇所、『大方等大集経』『正法念処経』『舎利弗問経』『大通方広経』、菩提流支訳『勝思惟梵天所問経論』に各一箇所見える。「具足成就」+「功德智慧」の組み合わせは、『大方等大集経』と菩提流支訳『弥勒菩薩所問経論』に各一箇所見える。地論教学の影響が看取されよう。

(107) 禅定比丘像については須藤弘敏［一九八九］参照。

(108) 「禪師」は「法師」「律師」と併称される存在であり、主に禅定などの実践を行う僧の呼称である。敦煌文献には、西魏時代のこの三師についての教団規定と見なされる資料も存在する。詳細は、塚本善隆［一九七五ａ］二八五～三一五頁、諸戸立雄［一九九〇］五三～一〇七頁を参照。

(109) 漢魏9.72、拓7102、魯二四727、瓊21、安陽県志金石録2（石3.28.477b）、安陽県金石録2（石1.18.13833b）、大村311、北拓476、百品174。

(110) 勝木言一郎［一九九六］、稲本泰生［二〇〇二］。

(111) 漢魏9.349、拓8015、百品236、斉遺270。この造像記の文末には「大齊武□□季歳在攝提星／□□月□黃鍾經始」とあるが、「攝提」は十二支では寅であるので、武平元年（五七〇）であり、「黃鍾」とあるので十一月であることが分かる。

(112) 百品234。字体も類似するので、あるいは、舜禅師造像記と同一者の揮毫によると考えられる。

(113) 『水経注』巻十一易水の条にも、「司馬彪郡國志云、雹水出故安縣」とある。

(114) 「普太元年歳次在亥八月戊戌朔敬造多寶石像一區・釋迦木像一區・白玉多寶彌勒雜事三區・觀音金像一區・梅但剋漆三相雜事像一區・涅槃經兩部・法華經兩部・勝鬘經兩部・悲華經一部・玄魚經一部・金光明經一部・金剛鉢若經一部・十地經一部・提胃經一部・無量受經一部・觀經一部・初敎一部・恩室經一」とある（北拓310）。

(115) 前掲註(108)。顔娟英［一九九八］、勝木言一郎［一九九六］、稲本泰生［二〇〇二］なども参照。

(116) 顔娟英［一九九八］、大西磨希子［二〇〇二］。

(117) 漢魏9.166、文物1996.3.65、斉遺260。

(118) この四字は優婆夷（女性の在家信者）達が姉妹のように親しみあうさまを言う。

(119) この箇所の典拠については昭和女子大学教授田熊信之氏より御教示をいただいた。この場を借りて深く感謝の意を申し上げたい。

(120) 前掲註(111)参照。

(121) このことは戒珠『浄土往生伝』巻中［T51:116b］に記されている。伝には、智舜が『観経』の十六観を修し、豫章の道俗が観経の講義を請い、智舜はそれに対し、「觀經淨土敎也。淨土吾所修也。吾豈於此拒之哉。吾從命焉」と答え承諾したという注目すべき記事がある。この記事の前には「後憩廬山大林寺、以昔遠師有蓮臺淨社之修、又其遺跡炳然尚在。於是踵其前躅、修十六觀」と廬山の大林寺にとどまった折に、慧遠のかつての修行を思慕して、十六観を修したという記事がある。しかし、これは、『続高僧伝』には全く言及のない部分で、唐突に慧遠と結びつけて権威づけを行っているところに記事の作為性が感じられる。したがって、『観経』を講義し十六観を修したという記事もやや信憑性に欠ける。

(122)『百品』では「道」を「□」とする。

(123)『百品』では「處彼」を「據披」とする。

(124)『百品』では「玉石」を「西方」とする。筆者も拙稿［二〇〇八c］では「西方」としたが、北斉～隋の阿弥陀単立像で「西方阿彌陀」とするものは他になく、字形も「玉石」の方が近いので訂正しておきたい。

(125)『百品』では「山王」を「山玉」とする。

(126)『百品』では「千」を「二《?》」とする。

(127)『百品』では「黄鍾」を「寶鐘」とする。

(128)東壁北側大蓮華の上端の長方形の榜題に「彌勒爲天衆説法時」と刻まれている。なお北斉から隋代にかけての弥勒と阿弥陀が一対で表される図像構成については、謝振発［二〇〇六］に詳しい。

(129)全文の試訳については拙稿［二〇〇九c］参照。

(130)『歴代名画記』巻八「曹仲達、本曹國人也。北齊最稱工、能畫梵像。官至朝散大夫。僧悰云、曹師於袁、氷寒於水。外國佛像亡競於時」、『集神州三宝感通録』巻中「時有北齊畫工曹仲達者、本曹國人。善於丹青、妙盡梵迹、傳模西瑞、京邑所推。故今寺壁正陽皆其眞範」［T52:421b］。

(131)『集神州三宝感通録』巻中「阿彌陀佛五十菩薩像者、西域天竺之瑞像也。（中略）隋文開敎、有沙門明憲、從高齊道長法師所得此一本、説其本起與傳符焉。是以圖寫流布遍於宇内」［T52:421ab］。

(132)北斉時代の都である鄴の近くに位置し、北斉時代の皇帝窟として知られる北響堂山石窟では、東魏までの厚い衣を身にまとう像から一転して、薄い衣を身にまとい、肉体の一部を大きく露出し、体軀の曲線を意識してみせるいわゆる北斉様式の像が登場している。岡田健［二〇〇〇］などを参照。

(133)侯旭東［一九九八a］一八四～一九〇頁。

結論

最後に、各章において明らかにしたことを要約し、それをふまえて北朝後期地域社会における仏教の造像活動に関わる特徴を数点にまとめておきたい。

第一部では、義邑に関する問題を中心に、長文の造像銘の文章構造や各地域における義邑の分析を行った。第一章第一節においては、邑義や義邑に関する用語の意味について検討した。第二節では、造像の仏教信仰集団である義邑に関する研究史を振り返り、義邑の地域性や造像銘に表現された思想が重要な課題であるとした。そして、造像銘文に用いられている用語の典拠となる経典を調査し、論理構造を詳細に分析することで思想的背景を検証しなおす必要があることを指摘した。第三節において、実際に多くの造像銘を紹介し、その内容について順を追って邑義造像銘を中心に使用語句の典拠に注意を払いつつ考察した。そのなかで特に邑義造像活動の思想的基盤として感応思想が重要であることを見出し、第四節において、感応思想がどのような形で造像銘に表現されているかを論じた。

第二章では、筆者が収集した邑義造像銘を、その集団の自称や構成員の肩書の特徴に基づき、地域別に分類して表を作成し、義邑の地域的特徴を探った。従来の義邑についての一般的理解は、義邑における長（リーダー）としての「邑主」、世話役としての「維那」、普通会員としての「邑子」、邑義たちの指導に当った教化僧「邑師」というものであった。しかし、このような特徴は全ての地域にあてはまるものではない。

北魏龍門石窟の義邑では、「邑師」が教化僧、「邑主」は俗人のリーダーであり、義邑内には「邑師」—「邑主」—「維那」—「邑子」という序列が見られる。これがおそらく北魏の帝都周辺における義邑の一般的形態であると推定できよう。先述した従来の義邑に関する理解もこれをもとにしたものである。

しかし、同じ河南地域でも、北東部の汲郡を中心とした豫北地域では「光明主」が多く、南部に見られない「八關齋主」の肩書が見られるなど、南部と異なる特徴が見られる。

山西地域においては、平城と洛陽の交通路にあたる地域において古くから造像が行われた。五世紀末の邑義造像も見られ、邑義肩書も河南との共通点が多い。ただし、「輪王主」などの転輪王関係の肩書は他地域には見られず、河南・陝西で見られる「邑老」がこの地域に見られないという相違がある。

また、同じ山西でも山西省南西部、いわゆる河東地域では、北魏の正光年間（五二〇～五二五）前後から河東薛氏などの名族や在地豪族による、大型の邑義造像碑が出現し、「扶像主」「迎像軍主」「採像幢主」など邑義肩書も他地域とは異なった独自性を有している。

一方、陝西地域の義邑は、河南・山西地域とは大きくその様相を異にする。最大の相違は、道仏二教混淆像碑を造る義邑の存在であり、これら道仏二教像を造る義邑は、渭水の北側にある、富平県・耀州区・臨潼区櫟陽鎮を中心とする比較的狭い範囲に分布する。邑義肩書についても「邑謂」「治律」「彈官」「典錄」「邑曰」など、この地域特有のものが多数見られ、肩書の種類が豊富である。西魏以降は環境が大きく変化し、道仏像の数が減少し、陝西の東部（北魏の華州）地域に軍事的色彩を帯びた義邑が多数出現する。

以上の地域と大きく異なり、肩書の種類が非常に少ないのが、河北・山東地域である。河北や山東の北部・西部では、多くの場合むしろ「邑主」が教化僧であり、「邑師」という肩書は筆者が収集した資料には見られない。また、この地域で「邑子」が見られるのは、洛陽から鄴へ遷都した東魏以降である。東魏以降の事例も「邑子」はごく僅かであり、「邑人」や「邑義」が多い。一方、山東の青斉地域では、主に「法義」という語が使用されている。

地域差に加えて、時代差、すなわち北魏から東西魏以降にかけての変化も大きい。北魏時代の邑義造像がほとんど見られない山東の西部や、河北・山東の省境地域において、東魏時代になると新たに邑義造像が多く出現する。そして、「邑人」「母人」という呼称が一般会員に用いられる事例が河北や山東北部・西部地域で現れる。教化僧の肩書が「王主比丘」である造像は東魏以降の滄州に属する地域（現在の河北省黄驊市と山東省無棣県）で見られる。また、東魏・北斉王朝の両都である晋陽と鄴を結ぶ交通路の重要性が増し、この太行山脈を挟んで山西・河北に跨がる地域に特徴的な肩書を有する義邑が複数出現した。

以上のように義邑の地域差が顕著であることは、北朝時代の義邑が、「皇帝のため」と願文に表明していながらも、中央政府・教団による地方末端までのピラミッド型の統制のもとにあったのではないことが分かる。しかし、逆に、広範な地域ごとにかなりの共通性を有していることは、各義邑が個別事情を有しながらも、全くばらばらであったわけではなく、それぞれの地域においてある程度、義邑がどのようなものであるべきか、あるいは邑義造像に関わって行われた宗教儀礼や背景にある宗教思想について、教化僧、あるいは、地域社会における主導的な立場の人々の間で共通認識を有していたことになるだろう。本論で行った地域区分が、義邑の範囲にとどまらず、社会的に見ても意味のあるものであるか、あるいは造像の様式による地域区分とどの程度一致するかなどは、今後検証すべき課題である。

第三章では、第二章で他地域との顕著な差が明らかとなった陝西、特に関中の造像記に見られる邑義肩書の詳細な分析を行った。この地域の特徴は道教像と仏像を一つの造像碑に組み込む二教像碑の存在にある。まず、二教像碑の各面における仏像と道教像の配置状況を調査し、従来道仏二教混淆造像などというように漠然と称されてきたものが、道教像を上位に配置する道仏像と仏像を上位に配置する仏道像の二種に区別できることを示した。そして、北魏時代は道仏像が多いが、北周以降になると仏道像が多数を占めることを明らかにした。

次いで、邑義たちの肩書を上記区分に従って分析した。その結果、道教・仏教二教が密接に関わる関中の一種特殊な状況下における供養者たちの序列化意識や、仏像を造った義邑と道教像（道仏像）を造った義邑との間で、邑義肩書に相違があることを明らかにし、その一部はおそらく二教が行った斎会の内容の相違に由来していると推測した。第三節ではそれらの特殊な肩書について考察し、道士の姓が張や王などに集中し、道仏像を造った義邑の間には互いに密接な関係が看取されること、また、邑謂などの肩書について従来とは異なる説を提示した。

次いで第四節では、道仏像三例、仏道像一例について供養者を分析し、道仏像を造った義邑には、①僧が加わっていないもの、②道士が邑師となっているが僧の名も見えるもの、③僧侶と道士がともに邑師となっているものの三種あり、すべて道教を上位に配してはいるが、それぞれ道と仏に対する扱いに差があることを明らかにした。造像の主体である一族や義邑の仏道二教に対する立場には相違があり、またその宗教的指導者との関係（例えば指導者が一族内の者であるのか、など）の相違もある。よって、道仏像は仏教を道教の一部分と見なした道教徒により造られたものである、と単純に言ってしまうことはできない。

一方、仏道像は二教ともに信奉する一族により造立されたものが多いと思われる。仏道像の例として夏侯僧□造像碑の供養者肩書を分析し、同じく泥陽県に属する呉洪標道教造像碑との関係について検討した。その結果、夏侯氏一族が道仏二教ともに信奉したという可能性以外に、姻戚関係にあった有力豪族である呉氏への配慮があった可能性を指摘した。

第五節では、道教像碑や二教像碑に見られる老子化胡説の影響について検討した。僧が参加する二教像碑や仏像の願文において老子化胡に関連する記述は見られず、実際に僧も参加する場においても老子化胡が強調されたとは考えられず、二教像碑におけるその影響力は限定されると述べた。

第六節では、西魏時代になるとこの地域の道仏像や道教像が減少する理由について、北魏末の北地郡における戦乱と毛遐による賊討伐に参加した氐・羌族（特に羌族）の地位上昇という視点を新たに提示した。

第二部においては、第一部で明らかとなった地域性をふまえた上で、造像銘と具体的な信仰や実践を説く仏典（特に偽経）との関係を論じた。

第一章においては、多数の仏・菩薩名が刻まれる造像銘の諸事例を紹介した。多仏名石刻は、時代的には東西魏以降増加し、地域的には広範囲に見られるが、特に山西・河南地方に仏・菩薩名を多数刻んだ造像碑が多く見られる。とりわけ山西は千仏造像碑の多さも際立っており、山西において造像と結びついた仏名信仰が盛んであったことが明らかとなった。その仏名の選択については、三世十方の諸仏を表すという原則は見られるものの、必ずしも経典に厳格に依拠しようとする態度は見られず、かなり自由な選択がなされたこと、そして、刻まれた仏・菩薩名が、『大通方広経』『菩薩瓔珞本業経』『大方等陀羅尼経』といった実践的性格が強く、特に懺悔と関わりの深い経典に基づいている場合があり、そうした造像はとりわけ山西地方に集中し、邑義たちの手によるものである場合が多いことを指摘した。また、供養者肩書として「齋主」がしばしば見え、さらに「懺悔主」「行道主」という肩書も見られる。僧や尼僧の指導のもと、邑義たちは仏名を唱え礼拝・行道・懺悔し、時によっては菩薩戒授与の儀礼が行われていた可能性が高く、山西における、邑義造像と結びついた礼懺の実践の盛行が明らかとなった。

第二章から第四章では、それぞれ順に、『大方等陀羅尼経』『大通方広経』『菩薩瓔珞本業経』と密接な関連を有する造像銘について、敦煌文献などを援用しつつ、義邑における仏教信仰と実践の内実について復元的解釈を試みた。

第二章では、新発見の『大方等陀羅尼経』十二夢王の名と図像が刻まれた石刻の分析を手掛かりとして、方等懺と、神秘的体験を求める好相行、さらに称名信仰との関係を論じた。また、この石刻の事例では、邑義たちが八関斎などと比べ、さらに専門的な「方等懺」という懺悔行法を行っていたと考えられることを指摘し、『続高僧伝』の方等懺実践者である曇栄や智満がこの石刻の所在地である山西南東部と深い関わりを有していたことから、この地域の宗教的土壌とでも言うべきものを考慮すべきことを提起した。

第三章では、三宝の称名と懺悔を説く『大通方広経』の成立地が南朝梁初の「荊・襄」であるとする『続高僧伝』の記述が正しいと認められることを、この経との関連を示す三件の造像銘などの旧所在地を紹介しつつ論証した。特に陳海龍造像碑に刻まれた仏名の典拠を網羅的に調査し、二仏名を除きすべて『方広経』に典拠を有すること、さらに、この経の仏・菩薩名のほとんどが他の経からの借用であることを明らかにし、この経に基づく懺悔儀礼が行われていた可能性を指摘した。

次に、『方広経』の思想内容について、まず、『方広経』が「諸經に依約し、抄撮して部を成」したものであるという道宣の記述に示唆を得て、『方広経』の典拠を全巻にわたって調査した。その結果、様々な経典から文章を抄出しながらも、とりわけ『涅槃経』から多く文章を採用していること、そして、『涅槃経』の一体三宝や一闡提に関する思想を巧みに取り込み、それを三宝名号の礼拝・称名による懺悔によって一闡提の罪をも滅することができるという、この経独自の主張の思想的基盤としていることを明らかにした。本論の主要なテーマの一つである地域性との関係で言えば、これら『方広経』との関係を示す山西の造像碑は、筆者が当地域の特色であると認識する、造像と結びついた仏名信仰を示す事例と言える。

第四章では、従来『華厳経』との関係が指摘されていた陽阿故県村造像記の内容を検討した。まず、供養者の構成を明らかにし、次いで、刻まれている内容が『菩薩瓔珞本業経』の十信と四十二賢聖の心名と、心所行法（十観心所観法）・義相、さらに世間の果報としての輪王であることを明らかにした。そして経典との比較を通じて明らかになった特徴として、菩薩の階梯が五十二位として捉えられていること、菩薩の最高位の修行として、『菩薩瓔珞本業経』の経文とは異なり、観仏または見仏を配置したこと、転輪王の重視などを指摘した。この造像の旧所在地は山西南東部であり、「懺悔主」という肩書を持つ者もいることから、これまで筆者が主張した山西の特色である、仏名信仰・懺悔儀礼と結びついた造像事例の一つと見なすことができる。また、菩薩戒を説く経典に依拠していることを明確に窺うことができる北朝時代の石刻造像記として、管見の限りでは唯一と言える貴重な事例である。

以上、第二部の第一章から第四章にかけては、造像銘に刻まれた仏・菩薩・神王あるいは転輪王名に着目して分析をすすめてきた。第一章においても言及したように、これまで義邑で行われていた斎としては八関斎がよく知られるところであったが、方等懺などの斎懺が行われていたことは知られていなかった。十二夢王石刻などの石刻の存在によって初めて、本格的な斎懺が特に山西地域の義邑において実践されていたことが明らかになり、懺悔や菩薩戒に関わる実践的性格の強い偽経が実際に北朝地域社会において用いられていたことが明確になったのである。

第五章と第六章においては、中国における観音信仰の新たな展開として、偽経『高王経』と『観世音十大願経』、さらに関連する石刻を取りあげて論じた。第五章では、『高王経』成立と同時代の造像銘文、特に五巌寺石窟の高王寺主らによる観音像と造像銘文を、道宣などが記した孫敬徳にまつわる霊験譚と関連づけて検討した。また、経文内容についても先学の諸成果をふまえて分析し、経文のほぼすべてが諸経典から抽出され、それに少し手を加えたものであることを明らかにした。経典の構成としては、読誦すれば大きな功徳が得られる読誦経典としての性格を強く持たせることを考慮して、ベースとなる『救苦観世音経』をもとに仏名信仰や病気平癒の現世利益のある偈頌を追加したものであることを明らかにした。その上で、高歓のとりまきの僧たちの手によって短期間に作成された可能性が高いことを指摘した。

具体的には、『高王経』に関する孫敬徳の霊験譚について、道宣が典拠とする『斉書』や『斉志』は隋の王劭撰述のものを指すと考えられ、道宣が必ずしも典拠を曖昧にしているとは言えないこと、東魏北斉時代の観音像の盛行やその皇帝崇拝の含有率の高さ、五巖山に存在する、高王寺主とその檀越爾朱氏の発願にかかる興和元年造観音像銘の存在によって、『高王経』と観音像とのつながりが推察されることから、道宣の記述した孫敬徳の霊験譚も観音像の霊験を含むその主要部分は『高王経』成立とほぼ同時か直後に成立したと考えられることを論じた。そして、高歓のとりまきの僧が、河北地方に普及していた観音信仰を利用し、新たに諸経より抜粋して『高王経』を撰述し、坐形をとる特殊な観音像、さらに孫敬徳の霊験譚をセットにして高王の名を広めようと発案したと推測した。

第六章では、石刻に見える「観世音佛」という仏名について、観音の成仏を説く経典との関連を探った。特に『観世音十大願経』では、観音が過去世において、「空王観世音佛」の御前で、もし自らの名をとなえて救済されない衆生がいるならば自らは成仏しない、将来成仏の際に、また「觀世音」と号するとして十大願を発した。北斉の刻経碑にこの経の観音願が刻まれており、それが『遺教経』の後に刻まれていたことを明らかにした。このことは、他の隋代の八会寺刻経龕や、既に指摘した北響堂山大業洞の仏名題記の配列を考え合わせると、釈迦のあとを承けたこの世の救済者として観音を位置づけ、それが観音の本願によるものであることを強調したものと論じた。

第七章では、北斉後半期、河北地域を中心に浄土教主の仏名が「無量壽」から「阿彌陀」へと変化する事情について、造像銘の生天、往生浄土に関する用語の分析を試みた。

本章第一節で新たに明らかになったこととして、「亡者生天」「上生天上」「託生西方妙樂國土」「神生淨土」といったいくつかの定型句が存在し、その定型句と結びつきやすい語句があること、また語句によって地域的分布や時代的盛衰が相違することなどが挙げられる。また、一見西方浄土と見なしてしまいがちな「西方」「妙樂」という語が、天と強い結びつきを示すのは、弥勒の居所が天上の西方あるいは西北方と考えられていたこともその一因であると論じた。そして、天や浄土に関する用語には盛衰があり、とりわけ北斉時代の河北地域で、天に関する用語が「亡者生天」に集約される一方、様々な浄土に関する新しい用語が出現することを明らかにした。

第二節では、北朝時代から隋代にかけての有紀年無量寿・阿弥陀像銘を表の形で提示し、それらの地域的・時代的相違を考察し、「無量壽」から「阿彌陀」への変化が北斉時代の後半、河北地域を中心におこることを明らかにした。また、北斉時代になると、「并二菩薩」、さらには「觀音」「勢至」と具体的に名を示すものなど、三尊像であることを明示するものが北魏・東魏よりも増加し、特に阿弥陀像銘に関して、浄土信仰を表すバラエティに富んだ新しい用語が多く出現し、従来の生天信仰とは一線を画そうとしていたことを指摘した。

第三節では、北魏時代には造像銘中に阿弥陀の名が既に見えるが、いまだ信仰としては不明瞭であり、北斉時代になると「南无阿彌陀佛」という阿弥陀仏への帰依を表明する銘文が出現するなど、阿弥陀信仰がより明確に表現されるようになることを指摘した。

第四節では、鄴城遺址周辺から新たに出土した最初期の阿弥陀像について検討し、その銘文に新たな浄土信仰を示す語句が用いられていること、また、背面に禅定比丘図像が三体も表され、阿弥陀像と禅観との結びつきが強く意識されていたことを論じた。

第五節では、北斉の文宣帝の師であり、当時非常に大きい影響力を有した僧稠の弟子である智舜禅師が邑主となり、阿弥陀三尊像を造ったと考えられる事例があることなどを新たに紹介した。そして、初期の阿弥陀像銘は、山西ではなく河北地方に最も多く、禅師により主導された義邑による阿弥陀造像銘がいくつか見られることから、北斉時代における阿弥陀造像の興起と普及には、曇鸞の系統とはまた別の、僧稠―智舜といったような、禅観・念誦を重視する太行山脈周辺を中心に活動した「禪師」たちに着目する必要があるとの卑見を述べた。

第六節では、北斉時代の無量寿・阿弥陀像銘三例について『観経』に基づく表現が多く見えることを新たに指摘し、「阿彌陀」という像名の普及は、『観経』に基づく図像や造像銘の普及とほぼ時を同じくしており、この経の視覚的イメージの重視と密接に結びついていたことを指摘した。そして、鄴都周辺の太行山脈一帯で禅観念誦を実践し、なおかつ民衆への布教をも行っていたであろう「禪師」と呼ばれるような僧たちが、新しい西方浄土教を広めるにあたって、『観経』の思想を反映した造形を有する仏像を造り、尊名を従来の無量寿から阿弥陀に変えた方が新しい浄土思想であることを表明しやすかったという可能性を新たに提示した。

以上、各章で明らかにしたことをまとめた。本論の最初に掲げた、東西魏分裂から隋代にかけての地域社会における仏教の信仰と実践を明らかにするという課題について、陝西における道仏融合の斎会と強く結びついた造像碑の存在、山西における仏名信仰や懺悔儀礼、菩薩戒を説く偽経を背景に持つ造像碑の存在、北斉時代の河北を中心とした『観経』を典拠とする語句を有する銘文を付した阿弥陀像の興起、当時の鄴都からかなり近い五岩山に造営された『高王経』との関連をうかがわせる特殊な観音像の存在など、それぞれの歴史的・思想的背景を有した地域社会における、主に義邑という信仰集団による実践的な性格の強い様々な経典の使用が明らかになったという点、不十分ながらもいささかの成果は挙げられたかと思われる。

以下では、本論で明らかにしたことをもとに、北朝後期、特に、仏教の教学と実践面において見るべき発展を遂げた東魏・北斉仏教の造像活動に関わる特徴を数点にまとめておきたい。

①尊格の多様化

北朝仏教を南朝仏教と対比したとき、しばしば南朝の「貴族仏教」に対し、北朝は「国家仏教」とされる。そのことを象徴する事例としてよく挙げられるのは、南では廬山慧遠の「沙門不敬王者論」、すなわち僧は王を礼敬すべきではないという主張が認められたのに対し、北魏王朝では沙門法果が太祖道武帝を当今の如来であると見なしていつも皇帝を礼拝していたことである(1)。

また、北魏では「帝身の如く」、つまり皇帝の姿に似せて仏像が造られたことも北魏が国家仏教であると言われる理由の一つである。(2) 雲岡の曇曜五窟は道武帝以下歴代五帝のための窟であることはほぼ定説となっており、北魏時代の造像は釈迦と弥勒中心であるのも、そのような仏教的皇帝観と密接な関わりがあるとされる。(3)

しかし、そのような皇帝を如来と見なす思想が洛陽遷都後も長らく継承されたわけではない。塚本善隆氏が述べたように、雲岡石窟に表現されたものが「皇帝に依って存する仏教」であるのに対し、龍門石窟は、賓陽中洞に皇帝皇后礼仏図が浮彫されるなど、「皇帝も帰依する仏教」へと変容している。(4)

東魏北斉王朝の鄴都を中心とした仏教は基本的に洛陽仏教の継承であるが、東魏初頭に『高王観世音経』が撰述され、高王寺主によって特異な形式の観音像が造られるなど、北魏王朝とは異なり、観音が称揚された形跡が確認できる。

観音以外では、北魏時代に信仰を集めた釈迦・弥勒に加え、盧舎那・阿弥陀、さらには、仏・菩薩名を多数刻む造像碑や摩崖石窟も見られるようになり、造像銘に現れる仏の尊格が多様化した。第二部第一章で見たように、現存する経典には見当たらない仏名もしばしば登場する。北斉時代と北斉滅亡後の北周時代、山東西部から河北南部にかけての摩崖や石窟に刻まれた「大空王佛」はこの時代・地域特有の仏名である。以上のように各地域において多様な尊格の仏に対する信仰が存在したことを窺い知ることができる。

②地域的特色を有した義邑による造像活動の全盛期

北魏時代において、義邑には地域差がすでに顕著に表れていたが、東魏以降も基本的にはこの地域差を受け継いでいる。ただし、北魏王朝が東西に分裂し、鄴が東魏・北斉王朝の都になると、地域環境に大きな変化が生じた。東魏時代、そうした環境の変化に即した形で義邑の地域分布にも変化が生じている。すなわち、それまで邑義造像がほとんど見られなかった山東西部や河北東部沿海地域にも邑義造像が出現し、鄴都と晋陽を結ぶ交通路沿いには、この地域に特徴的な邑義肩書を有し、高氏のためと標榜する義邑による造像が行われた。また河南では東西両王朝の軍事的緊張を背景に、集団の結束を目的とした大規模な邑義造像が多く見られるようになり、北魏時代と比較して邑義造像の数はさらに増加した。この東魏・北斉時代が邑義造像の全盛期である。

③偽経の積極的活用による地域社会における仏教実践の普及

南朝や隋では偽経の排斥がしばしば行われたが、北朝においてはそのような形跡がなく、偽経に対する態度が寛容であった(5)。北魏王朝は太宗明元帝の時代、「沙門を以て民俗を敷導」させたが(6)、太武帝の廃仏を経た後、人民の教化を目的として撰述されたのが『提謂波利経』である。北魏王朝はこのような偽経を用いた人民の教化を禁止するのではなく、むしろ奨励したとされる(7)。

東魏・北斉王朝もこのような偽経に対する寛容な態度を継承している。『高王観世音経』がその最たる事例であり、政権側もむしろ積極的に偽経を為政者の建威づけに利用しているのである。本論第二部では義邑において偽経『大通方広経』や『瓔珞経』を用いた仏教実践がなされていたことを論じた。偽経は、地域社会で結成された義邑に具体的な仏教実践方法を提供するものであり、地域社会への仏教の普及を推進する重要な役割を担っていたのである。

④仏名信仰の興起

東魏時代になると造像碑の小仏龕に仏名を刻むものがしばしば見られるようになる。それらは、例えば「十六王子」など、『妙法蓮華経』等の翻訳経典に基づくものもあれば、『方広経』や『瓔珞経』などの偽経に基づくものもある。多数の仏名を刻むという行為は、その称名・礼拝による滅罪と現世利益の獲得を意図したものである。「値佛聞法」、すなわち仏に会って説法を聴きたいというのは、この時代の造像銘に見える最も典型的な願目であるが、仏を見ることを妨げているのが過去世より積み重ねられてきた罪障であり、これを除くには多数の仏・菩薩の称名・礼拝による懺悔が有効であると考えられた(8)。

北魏時代の石窟や造像碑の中にも多数の小仏龕いわゆる千仏で埋め尽くされる事例は多くある。しかしながら、個々の仏名について注意を払っている事例は非常に少ない。東魏以降には多数の仏名を刻んだ造像碑が、山西・河南、とりわけ山西に多く出現した。他にも鄴の近郊に開かれた北響堂山石窟にも多数の仏名が刻まれている。『高王経』にも六方六仏の仏名信仰が組み込まれている。山西の造像において仏名信仰が最も顕著に見られるが、山西に限らず広汎な地域に広がっていたと考えてよいだろう。ただしその仏名の内容については各地で異なっており、偽経に基づくものもあれば、現存経典にはその典拠を見出せないような仏名石刻もあることは第二部第一章で述べた。

⑤偽経に基づく観音信仰の称揚

第二部第五章で論じたように偽経『高王経』の撰述には、東魏王朝の実権を握っていた高歓が関与したと考えられる。東魏時代「高王」という名を高氏以外の者が無断で用いるとは考えられないからである。この目的は、世間に普及していた観音信仰をかりて「高王」という名を世に知らしめることであったと推測される。北魏王朝が宣揚した釈迦―弥勒とは異なる尊格として、特に河北地域において篤い信仰を集めていた観音が採用されたのである。

また、この河北地域には観音がその過去世に「空王観世音佛」のもとで発した十大願『観世音十大願経』を刻んだ北斉時代の刻経碑も存在し、無紀年だが、像の様式から北斉～隋時代に比定されている観音信仰にかかわる四つの経典（『法華経』普門品と『高王経』を含めた三つの偽経）を刻んだ刻経碑も存在する(9)。

ただし、各地の造像において人気を博した尊格は異なっており、北魏時代の釈迦・弥勒のように、東魏北斉の全地域において観音が最多の造像対象となったわけではないことにも留意すべきである。

⑥阿弥陀造像の興起

これについては第二部第七章で詳論したので長くは繰り返さないが、現世における救済を担当するのが観音だとすれば、阿弥陀仏は浄土往生による死後の救済を保障する役割を担う存在である。それと同時に、阿弥陀仏は『観経』に基づく観想の対象としても重視された。北斉時代における初期阿弥陀像は河北地方及びその周辺に多く、その銘文には『観無量寿経』の語句が使用され、実践重視の僧である「禪師」が指導する義邑による阿弥陀像の事例が複数存在した。

⑦教学と実践との密接な関係

南朝仏教と北朝仏教を対比してしばしば指摘されるのが、南朝の教学に偏向した仏教に対して北朝は禅定など実践重視の仏教というものである。しかし、北魏洛陽において『十地経論』を主な研究対象とする地論教学が勃興し、鄴都に遷った後、その研究や講論が盛んに行われたことも確かな事実である。鄴都で教学を研鑽した地論師たちがいかなる実践を行ったかについては定かでないが、その教学では、成仏へと至る菩薩の修行階梯をいかに設定するかということに大きな関心が払われた。[10] 第二部第四章で紹介した『菩薩瓔珞本業経』に基づく石刻もそれを示す事例である。鄴都近郊の太行山脈一帯では東魏・北斉時代の仏教石刻が多く残存し、銘文からは山中の寺院で修行していた多数の「禅師」たちの存在が確認できる。[11] 三階教の祖師信行や、禅宗の初祖菩提達摩に次いで第二祖とされる慧可も鄴及びその周辺で活動した人物であり、こうした教学と実践との密接な関係の中で、独自の教理と実践体系を有する新たな宗派的仏教が生み出された。

塚本善隆氏は、龍門石窟唐代造像では阿弥陀や観音が多いことから、そこには「中国の我々はいかにして救われるか」「中国の国民が成仏を求める教」が表現されているとした。[12] 以上で見てきたように、すでに東魏・北斉時代において、観音像が多く造られ、阿弥陀像が造られ始めた。まさに「我々がいかにして救われるか」「いかにすれば成仏できるか」が模索されたのがこの時代である。

王朝が仏教による人民の教化を奨励した環境下において、必要に応じて偽経が撰述され、それに基づいて多様な仏教が各地で行われた。本論において紹介した数々の石刻も、地域社会で行われた様々な仏教実践の一断片である。東魏・北斉時代は、「いかにして成仏するか」「我々がいかにして救われるか」という課題を共有しながら、その解決に向けて各地域において様々な思索と実践がなされた時代である。これはさながら「仏教実践の実験場」と称することができよう。北周武帝の廃仏を経て、隋の文帝はこうした北朝時代の多様な仏教を長安に集め統合しようとする施策

を次々と取っていくのである。(13)

註

（1）『魏書』釈老志「初、法果毎言、太祖明叡好道、即是當今如來、沙門宜應盡禮。遂常致拜」。

（2）『魏書』釈老志「師賢仍爲道人統。是年、詔有司爲石像、令如帝身。既成、顏上足下、各有黑石、冥同帝體上下黑子。論者以爲純誠所感」。

（3）佐藤智水［一九七七b→一九九八］一三四～一七二頁、石松日奈子［二〇〇五］九五～一〇〇頁。

（4）塚本善隆［一九四一a→一九七四b］四五九頁。

（5）劉淑芬［二〇一〇］二四三～二五四頁。

（6）『魏書』釈老志「太宗踐位、遵太祖之業、亦好黄老、又崇佛法、京邑四方、建立圖像、仍令沙門敷導民俗」。

（7）塚本善隆［一九四一b→一九七四b］一八七～二四〇頁。

（8）例えば第二部第六章で紹介したように、敦煌文献S〇七九五『観世音仏名』の冒頭部では、仏名を記した後に「却八十劫生死之罪」などと、称名による滅罪を記した割註を付している。

（9）この碑については第二部第五章を参照。

（10）船山徹［二〇〇五］三七三～四〇八頁。

（11）拙稿［二〇一三］ならびに本書第二部第七章を参照。

（12）塚本善隆［一九四一a→一九七四b］四五八頁。

（13）隋の文帝の仏教政策については山崎宏［一九四二］二七四～三五四頁、塚本善隆［一九七四c］一～五〇頁参照。

附録

別表A～N② 注意事項

・これらの表は各地域の邑義造像銘に見える邑義肩書の数を集計し、さらに尊像名や奉為、典拠などを示したものである。「主な典據」に示した略称については、附録の「書名・雑誌名略称」に依拠する。
・残存状況「〇」はおおよそ刻まれた供養者の全体をうかがうことができると考えられるもの、「部」は本来の一部にすぎないと考えられるもの、「無」は筆者が供養者題記を資料として得られなかったものである。
・表の数字は人数を表す。何も数字がない場合は一人であることを示す。欄の数字の前に「大」や「都」「主」などがあるのは、例えば維那の欄であれば、それぞれ「大維那」「都維那」「維那主」を意味する。例えば「大2、都」とあれば、大維那が二人、都維那が一人である。
・人数を示す数字は筆者が推測もまじえ数えた数であるが、像には欠損部分があるものも多く、数字は像に刻まれた本来の人数より少ない場合が多い。筆者の推測をまじえた数え方というのは、例えば、「邑子」の場合、「□子」であれば、他に該当する肩書がないと考えられるので数に含め、「邑□」であれば「邑主」「邑正」である可能性もあり、「邑子」とは確定出来ないので含めていない。また、姓名がなく肩書のみの場合も数に含めている。
・比丘の欄では、邑師比丘とある場合は数に入れず、他の肩書である場合は数に含めた。
・例えば「邑子維那」とあるように複数有する場合、邑子1、維那1として別々に数えた。
・肩書の欄に「〇」とあるのは、願文中、あるいは碑額標題に「邑子」と現れるものである。「多」は多数、「有」は数が不明だが存在を確認できたものを表す。
・官職例の欄の「：」という記号は、同じ官職を有する者が複数存在する場合に用いた。
・表中の**ゴシック太字**で表記した邑義肩書は、その地域に特徴的なものである。強調するため肩書を省略せずに記した場合がある。
・像の現在地については、中国国外の博物館に所蔵されるものを中心に、数を限定して記した。

邑老	像主	光明主	清信士女	肩書無	その他	官職例	備考	主な典據
							邑師道育 邑師普明 邑師曇秀 邑師法宗	漢魏3. 262、拓3014、雲岡 8 . plate30、雲岡錄 4 、魏目 8 、龍佛研46. 184
				2			邑師惠壽	彙錄2282、魏目28、龍錄837、瓊12、大村191
				125	孟廣達文、蕭顯慶書	中散大夫滎陽太守孫道務、寧遠將軍中散大夫潁川太守安城令衞白犢、新城縣功曹劉起祖；孫秋生		漢魏3. 350、彙錄2296、龍錄583、京 NAN0058X、拓3054、魏目33、瓊12、萃27、北拓277、大村192
				30				漢魏3. 353、彙錄1847、龍錄585、京 NAN0060X、拓3055、魏目38、硯 5 、瓊12、大村193
				18				漢魏3. 355、彙錄2271、龍錄587、京 NAN0061X、拓3057、魏目37、大村193
				33				漢魏4. 5、彙錄2521、龍錄589、京 NAN0067X、拓3065、魏目46、瓊12
						輔國將軍直閤將軍□□□□梁州大中正安戎縣開國子楊大眼		漢魏4. 13、彙錄2023、龍錄677、萃28、瓊12、大村191、年代は石松日奈子[2006] 139-179頁參照
				87			比丘慧敢	彙錄2522、年代は李文生［1996］表參照
				46			邑師僧智	彙錄2523、年代は李文生［1996］表參照
					典坐、唄匿、香火		N 258龕。隣の小龕に永平２年（509）造像記あり	彙錄1988、年代は石松日奈子［2005］156頁參照
							邑師道暈	拓3127、魏目81、龍錄607
							邑師慧敢 彙錄は正始２年とする	彙錄1853、拓3133、魏目89
				21			邑師慧暢（大村・魏目は「惠咸」とする）	漢魏4. 280、彙錄2314、龍錄634、京 NAN0180X、拓4055、魏目122、寰圖2. 151、瓊13、校碑294、大村206
							邑師惠感	彙錄2315、龍錄635、京 NAN0186X、魏目126、瓊13、大村216
2		1		22	願主		邑師惠感	彙錄2322、龍錄642、京 NAN0192X、魏目135、寰圖2. 155、萃28、瓊13、大村217
				21				彙錄0926、龍錄 4 、拓4176、京 NAN0266X、魏目172、瓊13、大村227
3	1							漢魏5. 327、彙錄1164、拓4185、京 NAN0275X、魏目180、瓊13、大村227、龍錄350

別表A(1)　北魏時代の雲岡・龍門石窟

別表A(1)　北魏時代の雲岡・龍門石窟

No.	殘存狀況	年	月日	名稱	關係地	尊像名	主な奉爲	邑師	比丘	維那(主)	邑主	邑子	邑(中)正
1	○	太和7（483）	0803	「邑義信士女等五十四人」「同邑諸人」	雲岡第11窟東壁	石廟形像九十五區及諸菩薩	國 皇帝陛下 太皇太后 皇子	4					
2	部	景明元（500）	0000	「邑像」「邑師惠壽」	龍門1443窟古陽洞	なし	なし	1					
3	○	景明3（502）	0527	「邑子像」「新城縣功曹孫秋生・新城縣功曹劉起祖二百人等」	龍門1443窟古陽洞	石像	國祚永隆 三寶彌顯			15	1	○	
4	○	景明3（502）	0530	「邑主高樹・維那解佰都卅二人」	龍門1443窟古陽洞	石像	元世父母 現世眷屬			1	1		
5	部	景明3（502）	0623	「娣女」「（上缺）子・維那尹愛姜（中略）等廿一人」	龍門1443窟古陽洞	石彌勒	七世父母 所生眷屬		尼	2			
6	○	景明4（503）	0805	「邑主馬振拜・維那張□成・維那許興族卅四人」	龍門1443窟古陽洞	石像	皇帝			2	1		
7	部	景明（500–503）		「邑子像」「邑主仇池楊大眼爲孝文皇帝造象記」	龍門1443窟古陽洞	石像	孝文皇帝				1	○	
8	○	景明（500–503）		（比丘慧敢等造像記）「邑主來溫□」	龍門1443窟古陽洞	なし	なし		1	2	1		邑正
9	○	景明（500–503）		（邑師僧智・邑主鄭天意等題記）	龍門1443窟古陽洞	なし	なし	1		7	1		
10	部	509–517頃		（殘維那造像記）	龍門1443窟古陽洞	像	國 帝祚暈隆		尼2	5、都3+			
11	部	永平2（509）	1116	「邑師道暈・邑主賈元英・維那陰王勝・韓思齊・□見憘廿二人等」	龍門1443窟古陽洞	彌勒	國？	1		3	1		
12	○	永平3（510）	0605閏	「邑子等廿三」「政邑主魏僧通」「邑宜兄弟」	龍門1443窟古陽洞	彌勒	□世父母 所生父母 邑宜兄弟	1		2	政、副	19	
13	○	神龜元（518）	0615	「杜遷等廿三人」（杜安遷）	龍門1443窟古陽洞	釋迦	七世父母	1	1				
14	部	神龜2（519）	0315	「邑師惠感」「邑主孫念堂・呉士□」「都唯那呉□□」「唯那張□□」	龍門1443窟古陽洞	なし	なし	1		2、都	2		
15	○	神龜3（520）	0609	「關口趙阿歡諸邑卅五人」「邑儀兄弟」	龍門1443窟古陽洞	彌勒	邑儀兄弟	1		3、都	1		邑正
16	部	正光5（524）	1125	「道俗廿七人」	龍門0647窟	像	皇□□下 皇太后					1	
17	○	正光6（525）	0515	「像主蘇胡仁合邑十九人等」「諸邑子等」	龍門0712窟蓮花洞	釋加	皇帝陛下 諸邑子等					15	

邑老	像主	光明主	淸信士女	肩書無	その他	官職例	備考	主な典據
				1＋			邑師……	彙錄1165、京 NAN0363X、魏目245、瓊13、龍錄362、大村225、蓮花洞87；195
							□□惠感、邑師惠晏	彙錄1899
				10				彙錄2067
							供養者行列圖像あり	彙錄2590～2611、龍錄800
						龍驤將軍李仲孫、殿中將軍苗定國など		彙錄2649～2659、李文生［1996］表
								彙錄2511
			女5	1			供養者「麻令姿」は No. 21 比丘僧紹造像記にも見える	彙錄823、龍錄342

別表A(2) 北魏時代の雲岡・龍門石窟

No.	残存状況	年	月日	名稱	關係地	尊像名	主な奉爲	邑師	比丘	維那(主)	邑主	邑子	邑(中)正
18	部	永熙2（533）	0820	「法儀之衆、遂至廿餘人」(元□)	龍門0712窟 蓮花洞	石像	皇帝□□法界有形	1		2			
19	部			「維那樂惠……等率□□□儀諸人」（惠感造像記）	龍門1443窟 古陽洞	缺	缺	1		1		5	
20	部			「邑子像」「邑主魏桃樹」	龍門1443窟 古陽洞	なし	なし			1	1	○	
21	部			比丘僧紹	龍門1519窟 火焼洞	釋迦	なし		1			20	
22	部			「邑子像」「邑子龍驤將軍李仲孫」	龍門1752窟 龍驤將軍洞	なし	なし					6	
23	部			「邑主朱安成」	龍門1443窟 古陽洞	なし	なし			3	1		
24	部			「淸信女王雙栦」	龍門0572窟 汴州洞窟外	なし	なし					2	

(大)像主	**天宮、塔、浮圖主**	(大)齋主	清信士女	佛弟子	肩書無	その他	官職例	備考	主な典據
			士、女	多	多	石匠		邑主程佰起	洛陽3.101、賀玉萍［2010］94
大、後面	**天宮4**		女14	13	1	化生主、禪師主、香花主、樹主2、香爐主、師子主、像夫主、思惟像主、加葉主、菩薩主2	掃逆將軍翟興祖、平昌令劉伏生、汝南令石靈鳳、掃虜將軍京邑東市司馬王安興、高陽王典祠令嚴百性、殄寇將軍蘇景茂	大像主趙買德	中原1985.2.21、石佛選粹6、北拓294、河南84
	浮圖9	1		○	3		侍中車騎大將軍儀同三司右衞將軍御史中尉領左右武陽縣開國公侯剛、前將軍武衞將軍領細作令寧國伯乞伏寶、武衞將軍景明寺都將元衍、冠軍將軍中散大夫華林都將領右衞司馬孟永	侯剛、乞伏寶(乞伏保)、元衍は『魏書』に見える。劉根は浮圖主兼唯那主	漢魏5.269、拓4164、京NAN0259X；NAN0268X、魏目167、北拓302、河南90
					多				文物1980.3.56、中國國寶展2004圖85、松原194ab、石佛選粹9、河南93
	浮圖3	2				浮圖主……寺法師3		景明寺、永光寺、瑨昇寺	魯一四779
						檀越主2、邑母多數	軍主孫慕仁	「建功孝昌之始、郊（功）就建義之初」	文物1997.10.64、洛陽3.128、考古1986.2.132
1			士	○	15	像師、開□堪像？		韓氏がほとんど。像主韓小文	華夏考古1998.1.58
									文物1997.10.64、洛陽3.126、考古1986.2.132
1	**須彌塔**	1				居士、光明主			漢魏7.82、拓5199、京NAN0368X；0670X、魏目253、瓊16、大村244、匋7、魯二一219

別表B－a　河南を中心とした地域　黄河以南（北魏）

No.	殘存狀況	年	月日	名稱	關係地（不明以外すべて河南省）	尊像名	主な奉爲	邑師	比丘	維那（主）	邑主	邑子	邑正	邑老
1	○	正光元（520）	0715	「佛弟子程伯起等」	虎頭寺石窟（宜陽縣城關鎮東13km苗村南）	釋迦	皇帝陛下皇太后		12	15	9＋	3		
2	○	正光４（523）	0215	「**法義**卅人等」（翟興祖）	1964年偃師南蔡莊宋灣村出土	石像菩薩立侍寶塔	皇帝陛下七世父母邊地衆生有形之類	2		2	2	37	邑正	
3	○	正光５（524）	0530	「佛弟子劉根卌一人等」「**法義之衆**」	光緒年間洛陽韓旗屯村出土	三級塼浮圖	皇帝陛下中宮眷屬士官僚庶法界有形			1、主２		30		
4	○	孝昌元年（525）	0710	「……儀□□一百八十五人等」「諸邑儀」（比丘道晗）	滎陽大海寺址出土	彌勒、无量壽、多寶釋迦、阿閦		1	8、大	16	1		邑正9	
5	部	孝昌２（526）	1018	「道沖等」「慕化四方得七十餘緡」	景明寺は洛陽の寺院	三級浮圖諸聖像	多人							
6	○	建義元（528）	0315	「邑主王進達・杜顯（缺７字）合二百人等」「邑主王進達・唯那廿七人、都合二百人等」「敦崇法義」	新安縣西沃石窟（原在黄河南岸壁）	石窟	皇祚永延民寧道業蠢類含生		3、尼２	11、都15	1、都２	多		
7	○	永安２（529）	0303	「口信士佛弟子韓小文」「其父子兄弟合家等」	扶溝縣（鄭州市南東約100km）韭園鎮十里店村出土	石像	國土安寧龍王歡欽仁民豊樂蠢動群萠		3			8		
8	部	普泰元（531）	0429	「邑老韓法勝・邑老楊衆興・邑正王進達都合三十四人等造石窟像一區願文」	新安縣西沃石窟（原在黄河南岸壁）	石窟像	皇祚永延民寧道□法界有形					23＋	邑正	2
9	○	永熙３（534）	0628	「合邑之人」（韓顯祖）	出土地不詳。造形は河南によく見られる横長の石	須彌塔、石像二軀	なし		1	2	1	24		1

菩薩主	**天宮、塔、浮圖主**	(大)齋主	供養主	清信士女	肩書無	その他	官職例	備考	主な典據
						大檀越主、檀越主13	鎭遠將軍歩兵校尉前河北太守鎭固城大都督周城縣開國男白實、鎭遠府功曹參軍宗思賓、伏波將軍南陽新野二郡太守趙文榮、伏波將軍國子博士南陽太守固城鎭都鑒軍張儼ほか多數	※「唯那主邑子等名如左」とあるが唯那主は見えず。宗姓19、張5、趙3	翰影1.47、魯二三515、大村286、百品91
	塔主	大3	1			邑女9	黄臺縣沙門都僧衍、殿中將軍杜縣令杜照賢、冠軍將軍京兆郡守杜慧進、開國侯杜景？、積野將軍定陵郡守杜猛略、殿中將軍奉朝請杜文和、寧朔將軍順陽郡守杜零茂、驪驤將軍萇社令汝陽太守江州刺史杜平蠻ほか多數	願文では都邑主杜照賢、維那杜慧進だが、題記ではそれぞれ大都邑主、大都維那	漢魏8.195、拓6015、京NAN0464A-H（Bは東魏杜文雅）、寰圖2.173、魯二三545、大村291、百品122、禹縣志14
						開法華經主比丘、邑子沙彌		邑子比丘多數	魯二三559、百品140
							禪師大弟子沙門倫・豔二統	大德沙門生禪師、高足大沙門統遵法師	漢魏7.135、拓6028、京NAN0375A-D、寰圖2.178、魯一五817、萃30、瓊17、北拓259、百品85
					有			右半部缺	漢魏7.151、拓6033、傅11678、寰圖2.179、大村254、萃30
					多		……統師曇珍	文物1963.7.51に紹介される造像はこの像を模したもの	松原258abc、OS176、中國美術25、珍圖76、河南529
				○		袁及寺主僧成		河南は天平二年（535）とする	宜陽縣志16(石3.29.609)、河南153、現地調査(開封市博物館)
									彙錄1614、龍錄455、拓6043、京NAN0393X、大村249
		1				民望31、敬公門師、營福都維那、當營構寺主、檀越	新除使持節都督潁州諸軍事驃騎將軍潁州刺史當州都督崔叔仁、故潁川太守王儒、中軍將軍潁州長史宋果、安東將軍銀青光祿大夫潁州督府張史趙勲之、持節鎭南將軍潁川太守高沖ほか多數	潁州沙門統2、潁州沙門都5、長兼都維那4など僧官多數。齋主白塔寺道場	漢魏7.259、拓6071、京NAN0413AB、寰圖2.184、萃30、瓊19、魯一五881、北拓360、百品100

別表B－b(1)　河南を中心とした地域　黄河以南（東西魏以降）

別表B－b(1)　河南を中心とした地域　黄河以南（東西魏以降）

No.	殘存状況	王朝	年	月日	名稱	關係地（省名記載・不明以外はすべて河南省）	尊像名	主な奉爲	邑師	比丘	維那	邑主	邑子	**(邑)中正**	化主	邑老	(大)像主	(開佛・菩薩)光明主
1	○	西魏	大統3(537)	0408	「率固城上下村邑諸郡守及都督戍主十州武義等」(中興寺碑)	鎭平縣楊營鄉賈莊村中興寺	中興寺石像、釋迦行像、浮圖	國主大王□史			※唯那主	寺16、鄕	31		勸化大檀越主			開光明4
2	○	西魏	大統13(547)	1115	「都邑主杜照賢・維那杜慧進等十三人」	原在禹縣杜岡寺	石像	三寶永隆國祚康泰師僧父母因緣眷屬法界衆生		2	大都、都	大都、都	34	**邑中正2**			北面上堪、北面多寶、西面思惟、西面、東面2	
3	○	西魏	大統17(551)	0418	「道俗卅七人等」(宗慈孫)	「南陽郡涅陽縣」(現鄧州市東北)	釋迦金像、石像、彌勒像、法華經	帝主永康百僚長□師僧父母眷屬知識		邑子比丘15、ほか4	4	1	42				金	石像開明、彌勒像開明
4	無	東魏	天平2(535)	0408	「中嶽嵩陽寺碑」「高足大沙門統遵法師」「接引群生」「率諸邑義」	「中嶽嵩陽寺」在嵩陽書院	天宮、白玉像	皇帝國境寧泰太后										
5	部	東魏	天平3(536)	0101	「合邑等」「合邑諸人」(王方略)	原在偃師市古聖寺	須彌塔	皇帝陛下師僧七世父母	2	2	1				敎化主			
6	部	東魏	天平3(536)	0123	「諸邑等」「合邑一百人等」	原在地不明(リートベルク美術館藏)	釋迦像	皇帝陛下師僧父母法界衆生		15	15、都2							
7	部	東魏	天平3(536)	0425	「袁及寺主僧成爲己造石象一區、并有合邑子女」「合邑」	原在宜陽縣西25里河東營淨安寺(俗名河東寺)佛殿内	石象	皇帝陛下合邑蠕動蠢類		5＋	○、都2	○	○					
8	無	東魏	天平4(537)	0819	「□丘惠相□□□□普慧□道俗卅人」	龍門1192窟唐字洞	像	七世父母□□衆生		○								
9	○	東魏	興和2(540)	0000	「禪靜寺刹前銘　敬史君之碑」「勉率僚佐」	原在長葛市老城鎭第一初級中學院		皇帝陛下祚隆天地			營福都、長兼都4		15					

菩薩主	**天宮、塔、浮圖主**	(大)齋主	供養主	淸信士女	肩書無	その他	官職例	備考	主な典據
						4			
左相、右相							伏波將軍白水令上堪像主張永洛	開大像光明主比丘	新鄭縣志29(石3.28.216)、中原2000.1.60、翰影1.42、河南165
	天宮	大				邑正		天宮主王惠略	漢魏8.56、拓6142、京NAN0459X、魯二二407、大村271、翰影1.44
								姓名なし。題「邑主(空格八字)敬造石像碑文」	漢魏8.83、拓6150、萃31、大村273
						□像	父車騎將軍豫州刺史名涅初、亡父珍遠將軍京兆太守雍州刺史杜玶、中兵參軍陽翟郡功曹杜文雅、鎭西將軍陽翟太守荊州刺史杜王國、寧遠將軍奉車都尉杜思賢	杜零徽は願文では都忠正だが題記では邑忠正。漢魏・百品は杜文雅を杜文雍とするが、雍州刺史の「雍」と字體が異なる	漢魏8.119、拓6162、京NAN0486B-D；0464B、寰圖2.197、魯二二475、大村279、翰影1.45、北拓404、百品135、禹縣志14
	天宮4	4		女2					漢魏8.271、拓7015、京NAN0503X；0506X、魯一六945、大村316
				4					百品144、禹縣志14
									彙錄1677、龍錄571、傅23096
		15			有	五戒、彌勒主	前魯陽郡中正趙慶祖		文物1984.5.49、中原1994.2.17、河南190
			女3				前驃騎將軍南兗州大……、前儀同府長史顏進興、前滎陽郡中正顏伯端、前行陳郡太守顏伯壽、前廣武郡中正曲梁縣令顏買德、前滎陽郡主簿陽武縣令顏方建、前曲梁縣功曹顏顯慶など	顏氏中心	圖典505、中國美術38、珍圖103

別表B－b(2)　河南を中心とした地域　黄河以南（東西魏以降）

No.	殘存狀況	王朝	年	月日	名稱	關係地（省名記載・不明以外はすべて河南省）	尊像名	主な奉爲	邑師	比丘	維那	邑主	邑子	**(邑)中正**	化主	邑老	(大)像主	(開佛・菩薩)光明主
10	部	東魏	武定元(543)	0203	「合邑等」「此下道俗等」(張永洛)	新鄭市出土	石像	皇家 祚隆萬代		1				**邑中正**			上堪	開大像光明
11	○	東魏	武定5(547)	0703	「至信佛弟子合邑五十人等」(邑主王遵慶)	原在洛陽存古閣	靈塔	皇祚昌延	1		1、都	1	45					
12	無	東魏	武定6(548)	0912	「佛弟子邑主（空格八字)等」「奨引邑義」	原在偃師	像	皇家 景祚康延				○						
13	○	東魏	武定8(550)	0208	「都邑主杜文雅・都維那杜英儁・都忠正杜零徽十四人等」	原在禹縣杜岡寺	石像	皇帝陛下 諸邑 七世父母 一切有形			1、都	1、都	8	**邑忠正、忠正**			西面上堪、中堪、西面下堪、東面上堪、東面下堪、多寶、北面釋加	
14	○	北齊	天保3(552)	0308	「淸信士張世寶合邑卅餘人」「合邑諸人」	不明（河南に多い形狀)	塼天宮	皇祚昌延 三寶增輝 合邑諸人 師僧父母		沙彌		都	15	**邑中正2**			5	
15	部	北齊	天保3(552)	0423	「邑主馬敬賢合邑五十人等」	原在禹縣城内天寧寺	石像	皇帝 國祚永延 師僧父母									當陽	
16	無	北齊	天保4(553)	0000	「邑師僧嚴道俗卅八人等」「合邑道俗」	龍門1387窟藥方洞	坩一所	國 帝祚輝隆 萬國歸心	○									
17	部	北齊	天保5(554)	1108	「南陽人前魯陽郡中正趙慶祖・五戒趙始隆等」「村鄉伯善三百餘人」「勸奬村邑」	「龍門趙村」解放前洛陽出土	石像	天下太平 法輪常轉 皇祚永隆	1	尼4	5	30＋	56＋	**邑中正2**				
18	部	北齊	天保8(557)	0408	「比丘僧法陰・都唯那前驪驤將軍南兗州大……」	「曲梁縣令」(リートベルク美術館藏)	なし	なし		2	14、都2		104					

菩薩主	**天宮、塔、浮圖主**	(大)齋主	供養主	清信士女	肩書無	その他	官職例	備考	主な典據
						香火、清淨、發心造像主、坩主	前板授豫州刺史劉碑、前奉朝請洛州平正劉方興、陽城縣功曹劉聲聞、横野將軍劉□□、前陽城郡平正劉酉芝	劉氏中心	漢魏9. 10、拓7069、京NAN0533A−C、萃33、瓊21、大村323、魯二三677、中原2006. 2. 78、北拓432、百品159、河南200
	天宮	都		24、女			龍相府仕曹參軍洛州陽城令青州樂安郡太守梁胡仁妻韋五光	正面不明、清信は女性の名	漢魏9. 1、拓7066、京NAN0531AB、翰影1. 55、魯二三667、瓊21、金石續編2、大村322、百品157
		3				香爐主沙門2	邑師順陽郡沙門都惠略	都像主高海亮、都像主張暾鬼	松原379；380ab；381ab、文物1963. 10. 13、中美全144、世美全306、北拓472、河南218
1						四面都佛主、……佛主		供養者題記大部分殘缺	文物1980. 9. 56、中美全12、齊遺209
				○				都邑主馬郡國	考古1996. 6. 502、大村328、山東寺廟塔窟475
	塔	1		6		東堪主、北堪主	使持節□□軍右金紫光祿大都督假建武□威將軍□奉朝請正都……南新安二縣令鞏虎頭、……將軍員外奉朝請騎兵……、輔國將軍……城羅柵防境都督韓察……など	他三面不明	百品210
						施宅主、典坐主			文物1980. 9. 56、中美全145、齊遺229
						□堪佛主		他三面不明	大村331、瓊21、中原1994. 1. 109、百品214
				20、女3		中堪□主	邑師沙門都□敬		萃33、大村332

別表B−b(3)　河南を中心とした地域　黄河以南（東西魏以降）

No.	殘存狀況	王朝	年	月日	名稱	關係地（省名記載・不明以外はすべて河南省）	尊像名	主な奉爲	邑師	比丘	維那	邑主	邑子	**(邑)中正**	化主	邑老	(大)像主	(開佛・菩薩)光明主
19	○	北齊	天保8(557)	0700	「篤信佛弟子劉碑……故能同率緇素」(劉碑造像碑)	原在登封東南20km劉碑村	像	皇祚永隆宰輔顯上	2、大2		29、都3	大都6、都3	296＋	**中正2**			當陽大、西歒	
20	○	北齊	天保8(557)	1129	「智禪師弟子靜明……勸化邑義等」「合邑諸人」「東西勸化、邑義同津」	原在登封嵩山少林寺鼓樓下	修故塔幷石象	群生國祚大康世業永固		9、尼11	9、大、都	1、都	182	**邑忠正**				
21	○	北齊	天保10(559)	0825	「佛弟子張暾鬼・高海亮・霍早卅人等」	1957年襄城縣西孫莊出土	天宮	大齊皇祚永隆	1	3、尼6、沙彌	1、都2	1	22	**忠正2**			都2、釋加4、維磨文殊	
22	部	北齊	天保10(559)	1002	「建崇寺邑主夏侯顯穆・邑主王紹業・邑主孫外貴・邑主夏侯景昕・維那・邑子卌人等」	1965年安徽省亳縣咸平寺址出土	四面石象	皇帝陛下群僚百官師僧父母		尼9	○、都2	4	○				……像主	
23	部	北齊	皇建元(560)	1026	「清信士佛弟子方道顯」	山東省鄄城縣億城寺遺址出土	釋迦	皇帝陛下七世父母邊地衆生有形之類			都	都	多					
24	部	北齊	河淸2(563)	0108	「率宗眷、援及四有？鄉□」(鞏虎頭)	「□南・新安二縣令」	脩故塔	皇帝含氣□見眷屬		4、尼3	2	1	17					2、都
25	部	北齊	河淸2(563)	0902	「佛弟子上官僧度……」	1965年安徽省亳縣咸平寺址出土	石像	皇帝陛下萬品四生		6	3、都	1、都	多	**中正2、都中正**				
26	無	北齊	河淸3(564)	0208	「大比丘僧法師……率契道俗一百人等」「合邑義」	原在密縣超化寺	白玉石像(釋迦)	皇帝										
27	○	北齊	河淸3(564)	0420	「都邑主張暎族・薛景略・仇洪昶	原在登封縣蔣莊在孫寺	伽藍	三寶□□七世父母過往□師	3		都邑5	都14	100	**都邑忠正5**			東堪2、西堪、□堪	

菩薩主	**天宮、塔、浮圖主**	(大)齋主	供養主	清信士女	肩書無	その他	官職例	備考	主な典據
4		1				碑主、典坐、坎主2、香爐主2、清淨主	邑師沙門都僧龜；僧徽	両側面不明。 肩書は№31韓永義造像記と類似	漢魏9.160、拓7142、寰圖2.209
									河南232
		1				發心主			文物1980.9.56、齊遺250
		2				典坐2、香火2、坐主2	洛州都兼治中奉朝請皇甫士通、洛陽郡中正姜范、征東將軍洛州大中正平恩縣開國男皇甫迥、冠軍將軍洛州金墉鎮前車騎府司馬趙恩榮	都邑師太上公寺普珍法師、景明寺法和、迦毗羅神王、那羅延神王	漢魏9.264、拓7182、寰圖2.212、萃34、大村337、中原1985.4.89、百品228、河南240
				女				碑陰不明	漢魏9.267、拓7183、京NAN0593X、寰圖2.214、魯二四777、萃34、匋12、瓊22、大村338、百品226
		像		女				台座四面。他の肩書はさらに上段にあったか？	翰影1.59、萃34、瓊22、大村339
	天宮					當佛主、西堪主、東堪主	前部郡從(事)魏崇禮、市令劉元翼		漢魏9.275、拓7190、京NAN0597X、翰影1.60、大村336
									翰影1.61、中原1985.4.62
				38	有		南荊州安昌縣令張伏恭、宣威將軍趙文景	邑子清信1。張噉鬼の名が見える。 清信はほぼ全て女性	松原455、文物1963.10.13、北拓494、河南244

別表B－b(4)　河南を中心とした地域　黄河以南（東西魏以降）

No.	殘存狀況	王朝	年	月日	名稱	關係地（省名記載・不明以外はすべて河南省）	尊像名	主な奉爲	邑師	比丘	維那	邑主	邑子	**(邑)中正**	化主	邑老	(大)像主	(開佛・菩薩)光明主
					・寇智業・陶洪遠・李祖憐、都□百□拾人等」「合邑□一百五十人等」(在孫寺造像)			現在居眷										
28	部	北齊	河清3(564)	1008	「碑主韓山剛」「法義諸人」(崇靈寺碑)	？	碑	法義諸人先亡上昇眷屬蒙暈現在休吉皇帝陛下	2		2、都	都、左葙、右葙	43	**邑中正**		3	2	像2、左葙菩薩2、右葙菩薩
29	部	北齊	天統2(566)	0225	「清信佛弟子邑主董醜邑主……卅五人等」	1976年少林寺後和尚墓地發見		皇帝陛下師僧善友邑子等			都2	2	23	**邑忠正2**				
30	部	北齊	天統3(567)	0200	「佛弟子石濟周卅人等」	1965年安徽省亳縣咸平寺址出土	石像	國□永祚弟子等師父獲安		1	2、都	1	33	**中正**			太子、都、當陽	
31	○	北齊	天統3(567)	0315	「合邑諸人等」(韓永義)	原在洛陽平等寺	七佛寶堪、二菩薩、賢聖諸僧、彌勒下生、梵王帝釋、舍利	國祚永隆三寶增盛法界四生	都	13	2	2	15	**中正2**		3	3、都	
32	部	北齊	天統3(567)	0408	「大都邑主宋買廿二人等」	原在偃師壽聖寺	天宮	三寶常存法輪永固王祚尅隆		尼	3、都	大都、都	23	**邑中正2**				開東面、開西面像
33	部	北齊	天統3(567)	0515	「邑義一百人等」「邑義諸人」(朱道威)	原在許州關帝廟	丈八大像	皇家永康群品師僧		22	5、都		57					
34	部	北齊	天統3(567)	1008	「邑義姚景・郭度哲卌人等」	洛陽出土	なし	なし				1	5				石	
35	部	北齊	天統3(567)	1209	「太子像主嚴元慶」	原在鄢陵縣	なし	なし					14				太子3、北堪3、西堪	
36	○	北齊	天統4(568)	0000	「大都邑主張伏惠……相勸率信行之徒」	1957年襄城縣汝河西岸孫莊村石佛寺址出土	石像	三寶永隆國休□延		3、尼10		大都	114				上坎彌勒2、中坎釋迦2、	

菩薩主	**天宮、塔、浮圖主**	(大)齋主	供養主	淸信士女	肩書無	その他	官職例	備考	主な典據
				女19		都佛堂主3、佛堂主23	宋市榮伏波將軍、掃寇將軍宋敕興	邑子肩書のみ1	洛陽4.1
						都邑省2、太邑子	輔國將軍大都督馬犁奴、帥都督杜……、省補都督魯回		寶豐縣志14(石3.30.131)
									彙錄1512；1515、拓7195、京NAN0601X、龍錄232；343、齊遺259
									彙錄0666、拓7198、京NAN0603X、龍錄158
	天宮4	12				施地主	前赫連史君羅城局參軍市三門都督爲亡父母唱		文物1963.10.13、北拓498、齊遺264、河南198
		15、起像				彌勒下生主3、北面象主比丘尼8	伏波將軍儀州司馬廣武郡西面都督南潁川郡城局參軍石永興、鎭遠將軍加廣武太守張元勝、閃州騎兵參軍倉州洛陵縣令董相勝、鎭南府錄事參軍□□珍	碑側不明。武平二年十一月廿七日刻も含む	漢魏9.314、拓8002；8031、京NAN0618AB、翰影1.64、魯二四805、萃34、瓊22、大村343附圖635、百品238
	天宮6＋	3＋	1			堪主9	洛州倉督可普賢	碑兩側は後刻	寰圖2.215、萃34、大村345、中原1985.4.89、百品246、河南260
									彙錄2676、拓8036、京NAN0637X、龍錄766、瓊20、大村310、中原2000.6.23
				士1					寶豐縣志14(石3.30.132)
								上部缺。一面のみ	翰影1.66
									文物1980.9.56、齊遺288

別表B−b(5)　河南を中心とした地域　黄河以南（東西魏以降）

No.	殘存状況	王朝	年	月日	名稱	關係地（省名記載・不明以外はすべて河南省）	尊像名	主な奉爲	邑師	比丘	維那	邑主	邑子	**(邑)中正**	化主	邑老	(大)像主	(開佛・菩薩)光明主
																	第三坎无量受	
37	○	北齊	天統4(568)	0500	「龍 門□村人」「比丘曇震」	滎陽王宗店石窟	缺	缺		1	12、都3	1、都	46	**邑中正2**				
38	部	北齊	天統4(568)	0501	「杜□□□奴率化□□□□五十餘」	原在寶豐縣馬渡街	石像	□□延福無窮			10、都3	都3	15	**都邑中政2**	都化主2			
39	○	北齊	天統4(568)	0915	「合邑十五等」	龍門1172龕	釋迦	皇祚永隆萬代師伏		3		1	10	**邑中□**				
40	無	北齊	天統4(568)	1100	「像主趙□□□維那張客□□□劉萇……叔□邑□」	龍門0549龕	釋迦	七世先亡己身眷屬			○						○	
41	部	北齊	天統5(569)	1201	「合邑建福銘」「廣州德廣郡高陽縣人張暾鬼・張伏恭一百人等」	1957年襄城縣汝河西岸孫莊村石佛寺址出土	天宮	皇帝含生之類			都4	大都3、都	39	**邑中正2**			當陽	
42	○	北齊	武平元(570)	0126	「都邑主董洪達……率邑徒卌人等」	在登封少林寺	なし	帝祚永隆存沒父母因緣眷屬	1	尼8	2、都4	大都	17	**忠正2**	勸化主2	1	當陽2、藥師、北面8	都開4
43	○	北齊	武平2(571)	0915	「邑師比丘僧道略……邑義三百餘人等」	原在洛陽平等寺	神碑	有性厥靈凡命含品	1	3	1、都	4、都2	56+	**都中正、中正3**		1	都2	
44	部	北齊	武平3(572)	0912	「比丘曇山合邑等」	龍門1787窟路洞	石像	皇帝陛下國祚安寧		○			2					
45	○	北齊	武平4(573)	0208	「至信大士杜子亮・杜寶孟・王瓅、合邑十五人等」	原在寶豐縣白雀寺	石像	里（皇）帝永安			都2	都	11	**大中正2**				
46	部	北齊	武平4(573)	0500	「大檀越主禮壽洛」	原在禹縣淺井村	石像	缺					21					
47	部	北齊	武平5(574)	0708	「合邑等」	1965年安徽省亳縣咸平寺址出土	石像	皇祚萬年			1、都		3	**邑中正**			都	

菩薩主	**天宮、塔、浮圖主**	(大)齋主	供養主	清信士女	肩書無	その他	官職例	備考	主な典據
									拓8061、萃35、瓊22、魯一六1111、大村353
									彙錄1198、拓8066、京NAN0653X、龍錄366、瓊20
									漢魏10.83、彙錄1741、拓8070、京 NAN0471AB；0655AB、寰圖2.128、萃35、大村310、龍錄575
									嵩山30；263、河南287
			17	3					拓8078、偃師金石遺文記補遺（石2.14.10140）
						彌勒主2		邑子肩書のみ2	瓊22、中原2000.1.59、河南290

別表B－b(6)　河南を中心とした地域　黄河以南（東西魏以降）

No.	殘存狀況	王朝	年	月日	名稱	關係地（省名記載・不明以外はすべて河南省）	尊像名	主な奉爲	邑師	比丘	維那	邑主	邑子	**(邑)中正**	化主	邑老	(大)像主	(開佛・菩薩)光明主
48	部	北齊	武平5（574）	1000	「合邑」「諸邑□」（等慈寺殘造像記）	氾水縣等慈寺	缺	缺					8					
49	○	北齊	武平6（575）	0309	「輩舍合邑廿二人等」	龍門0721龕	石像	七世父母	1	1			20	**邑中正**				
50	無	北齊	武平6（575）	0601	「都邑師道興造石像記并治疾方」「爰有合邑人等」	龍門1387窟藥方洞窟門	釋迦尊像一軀并二菩薩□僧侍立	資益邑人師僧父母七世現存皇祚永延	都									
51	部	北齊	武平6（575）	1208	「合邑七十人」（邑主賈伏光）	原在登封市東金店鄉	天宮	皇祚永隆師僧七世父母			1＋	2	33					
52	部	北齊	武平7（576）	0415	「都邑主楊安都合邑五十人等」	原在偃師市後周村	碑像	帝祚永延金輪曜世		2	都	都	1	**邑中正2**				
53	部	北齊	武平7（576）	1123	「邑師僧智・都邑主宋始興、合邑一百人等」（會善寺造像碑）	原在登封市會善寺	石像	齊□君	3	4、尼19、沙彌尼3	1	都2	56	**邑中正2**				

邑主	邑子	(大)像主	**(開)光明主**	(大)齋主	清信士女	佛弟子	肩書無	その他	官職例	備考	主な典據
			1			1	108	□□主		都唯那牛伯陽	圖典458、松原106、世美全292、祈り82、珍圖21、龍佛研46.189、河南522
							87			郭氏が主	魏目25、OS95、龍佛研46.193
			1		○	○	17	佛主、太州人梁神伯		太州(泰州)州治は蒲坂	中原2002.5.66、佐藤智水[2004]203、龍佛研46.195、河南28
			開佛、雙開菩薩		士	70+		「張榮國開多保佛雙光明供養佛」			魏目41、松原122a、文叢5.128、中原2002.5.66、佐藤智水[2004]203、龍佛研46.205、北拓286、河南31
	76+		**佛**					……主			中原2002.5.66、佐藤智水[2004]203、龍佛研46.202、北拓280、河南36
	多									ほぼ全員楊氏	拓3073、京NAN0072A-B、魏目49、河朔新(石2.12.8891b)、文博1993.3.51、龍佛研46.208、百品15
			開佛2			77		扶石　施専。唯那が開佛光明		太和13年發願。「淨土生天」	松原121、佐藤智水[2004]201、珍圖23、龍佛研46.224、河南523
	○			1			46	浮圖主3、都？綰？主		一光三尊像	松原124b、珍圖30、龍佛研46.235
	67+		**彌勒、七佛、佛、菩薩**	**八關大**					雁門令七佛光明主王秋	帛依寺主王胡	龍佛研45.89；105、河南43
	51+		**開彌勒、開佛、七佛**		士4？、女29+			都邑中正、北修武大仕	征西大將軍府長史軍主兼中兵參軍柳□□		中原2007.6.58、佐藤智水[2004]203、河南48
	13+	大	**開佛、右葙開菩薩**					右葙菩薩主	純州義鄉縣令呉和貴		中原2004.6.66、河南62
	97	大	**開菩薩2、開大佛、開彌勒佛**		女3			**邑母3**	華陰令楊文憘、頓丘縣令李九伯、下蔡縣令楊法生	楊文憘は大像主かつ開彌勒佛光明主	松原162、佐藤智水[2004]203、魯二一107、世美全260、珍圖37、河南526
	2					1			□懷州戸曹從事㑺眞。他に板授太守・縣令多數		佐藤智水[2004]199、珍圖44
	22		**開佛**	大						横長の石	漢魏5.264、拓4162、京NAN0258X、寰圖2.160、魯二一131
大像							6	南陽趙崇篡舫、太原王遵義文隷	□□使楊元輔、都督薛匹智伐妻獨孤蒲斤	大像邑都唯那比丘道陰	拓5139、魏目230、魯二一171、百品77

別表C-a(1)　河南を中心とした地域　黄河以北〔豫北地域〕(北魏)

No.	殘存狀況	年	月日	名稱	關係地（不明以外はすべて河南省）	尊像名	主な奉爲	邑師	比丘	維那
1	○	景明元（500）	0401	「牛伯陽共諸邑等」	「封丘」（鄭州市東北75km）（大阪市立美術館藏）	石像	皇帝			8、都3
2	○	景明元（500）	0715	「合邑七十人」（郭市買）	？	石像	國主安寧			4
3	○	景明2（501）	0005	「清信□佛弟子□□□□合□□人」（皇甫德）	輝縣市出土	釋迦像	皇帝陛下		1	4
4	○	景明4（503）	0000	「張村合邑捌拾人」（張難揚）	輝縣市東部に張村あり	石像	皇帝			16
5	○	景明4（503）	1007	「閻村邑子七十二人等」	原在輝縣市常村鄉沿村	石像	皇帝 己身			4
6	○	正始元（504）	0107	「比丘法雅（中略）與宗那邑一千人」	1918年汲縣周家出土	九級	孝文皇帝		○	多
7	○	正始2（505）	1111	「司州汲郡汲縣崇儀鄉白善剛東大佝村合邑儀唯那佝齊八十人等」	汲縣出土「汲郡汲縣」（セントルイス美術館藏）	五級塼浮圖、玉像	魏國永隆			4
8	○	延昌2（513）	1128	「邑子一百人」（祁惠光）	（香雪美術館藏）	浮圖、石像	なし			3
9	○	熙平2（517）	0000	「邑子七十人」（王三郎）	原在輝縣市呉村鄉山陽村	像	皇帝		1	4、都、大都
10	○	熙平2（517）	1123	孔惠超	「北修武」（現輝縣市西南）	なし（七佛、彌勒）	なし	1	1	3
11	部	神龜元（518）	0606	「合邑子五十人」「合邑諸人」（呉晏子）	原在淇縣石佛寺	石像	皇帝陛下		2	4
12	○	正光元（520）	1025	「合邑壹百卌人等」（楊文憘）	新鄉市將來（リートベルク美術館藏）	釋迦（背面彌勒）	國	1	1	8
13	○	正光3（522）	0811	「老民尚天賜等七十人」	汲郡汲縣（シンシナティ美術館藏）	像	皇帝聖母			5、都2
14	○	正光5（524）	0515	「(杜文)慶等廿人」	原在輝縣	天宮	皇帝陛下			1、都
15	部	永安3（530）	0711	「廣業寺大邑石像壹區」「……餘人」「大像邑主前廣業寺主比丘慧雙率造」	原在武陟縣林村崇寧寺、後に呉公祠馬神廟に移される	釋迦、天宮	皇帝陛下		7	大像邑都

邑主	邑子	(大)像主	**(開)光明主**	(大)齋主	清信士女	佛弟子	肩書無	その他	官職例	備考	主な典據
	多	1	**佛開**		士、女6＋	○		**邑父**			淑德拓、松原198、佐藤智水［2004］203、珍圖64、河南527
大2、都5	多				女多			造塔主、左葙菩薩主、右葙菩薩主、寺主2、**邑母**	蕩寇將軍冀元石、輔國將軍太府寺主簿劉□□、開國太農雲方□守趙……	邑主や邑子が清信女、寺主惠敬	河南57
都	34		**右葙開菩薩**	起像4、興像				邑老、佛殿主、釋迦多寶佛主、七佛…	威遠將軍遼□縣□□太守呉頭	呉晏子が唯那として見える	中原2004.6.66、河南66
	27	1	**1**					菩薩主2		臺座缺失	中美全90、北拓322、河南119

別表C－a(2)　河南を中心とした地域　黄河以北〔豫北地域〕（北魏）

No.	殘存狀況	年	月日	名稱	關係地（不明以外はすべて河南省）	尊像名	主な奉爲	邑師	比丘	維那
16	部	永熙２（533）	0408	「清信士佛弟子趙見憘・趙阿内・趙阿蔭・趙洪顯四人等」「邑儀兄弟」「合邑諸人」	出土地不詳（サンフランシスコ・アジア美術館藏）	□像	皇帝			10
17	部	518以前		西明寺造像	新鄉市西南隅翟坡鎭小宋佛村西明寺	なし	なし		尼	
18	部	518前後		邑老田邁	淇縣東北９km高村鄉石佛寺村石佛寺大殿内現存	なし	なし		2	8、都
19	部	524-534		田延和	淇縣城關出土	なし	なし		2	2

(大)像主	(開佛・菩薩)光明主	菩薩主	天宮、塔、浮圖主	(大)齋主	供養主	清信士女	肩書無	その他	官職例	備考	主な典據
								佛弟子８		李氏中心	松原241a、大村253附圖557
							37				松原246a、圖典485、六朝の美術241
											京NAN0389X、魯一五835、文叢5. 125、河南文博通訊1980. 4. 30、百品89
大	**開佛**	2	天宮	1	香火供養主			施地主、治地普薩、三佛主、思唯佛主	東燕令呂方興	呂氏中心。「呂定歡」「呂甒生」は№７呂昇歡合邑造像記にも見える	倉本尙德［2012］
								施石主程昌犁		「天下人民餓死者衆。榮見此苦、卽發洪願」	大村258、瓊19、上海博物館集刊8. 227、安徽通志稿15（石3. 11. 406）
				八關			多	合雙□主、佛弟子		「八關齋主呂顯宗爲亡父母供養時」	京NAN0408X、傅10939、魯二二283、未央3. 8
1	**4**	6		2、**八關**	4			頂蓋主、□殿主、中京鎭國寺道人２、邑９	中堅將軍汲縣令郭整、縣功曹中正郡參議中正郡兼功曹師紹、縣功曹師慶、中堅將軍介休令竺黑龍、征虜將軍前汲郡承牛惠明、襄威將軍前汲縣令楊榮世、板授壽張令呂引など	呂氏中心。他に師、楊、姚、雷、尙、郭、相、王、尹など。像主呂龍琚、供養主比丘曇寶。碑側不明	傅23294-１；２、魯二二297
				八關大			有		征南將軍滑永、鎭遠將軍閻表、□□將軍孫馥	五巖寺石窟八關大齋主王龍仁、妻靳何姬	中原1989. 2. 76、漢唐宗敎13、現地調査
3、北面、□面、行道四面	**1、開佛、開二佛**	3、左、左相、右	天宮2	1、**大八關、八關6**	1		有	都唯那大像碑主、都邑金像義井主、金像□、寺主、講堂主、行道主、法華經主、開經主、道場主、起像主、淸淨主	洛州從事李豹、長樂太守李次、昌陽國郎中令李景、前郡功曹公國郎中令李景宣、江陽王國常侍李仵樂、梁城國太農李賓和、梁城國郎中令李穆、大尉府長流參軍李邕、寧朔將軍步兵校尉張同など。板授太守・縣令多數	趙郡李氏による造像。輔國寺主、都唯那大像碑主、八關齋主都唯那、開經主比丘	漢魏7. 318、拓6090、京NAN0424X、重修滑縣志附金石錄１（石3. 29. 21）、魯二二313、大村260、文叢5. 132、北拓384、百品110、河南155

別表C－b(1)　河南を中心とした地域　黄河以北〔豫北地域〕(東魏以降)

No.	殘存狀況	王朝	年	月日	名稱	關係地（不明以外はすべて河南省）	尊像名	主な奉爲	邑師	比丘	維那	邑主	邑子	邑(中)正	邑老
1	部	東魏	天平2(535)	0427	「佛弟子□萬集□諸邑子廿人等」	河南派彫刻（松原）（プリンストン大學美術館藏）	石像、菩薩兩軀	邑子等		2					
2	○	東魏	天平3(536)	0810	「合邑五戒等」	河南派彫刻（松原）（大阪市立美術館藏）	石像	なし	1	5					
3	無	東魏	天平4(537)	0725	「獲嘉縣東淸流福地□安村、有大檀主」「道俗一百餘人」	「獲嘉縣」	脩故塔（天宮）	皇家寶運深基							
4	○	東魏	元象元(538)	0520	「佛弟子呂猛虎等八十人共作邑儀」「合邑之人」	東燕令（東燕縣治所は延津縣東北35km）（リンデン博物館藏）	石象	皇帝陛下合邑之人七世父母因緣眷屬天下合生之類		5	4、都2	都	38		
5	部	東魏	興和2(540)	0000	「佛弟子程榮」	原在長垣縣蘧子祠	なし	死者生天生者飽滿奴婢者解脱					3		
6	部	東魏	興和2(540)	0218	「居士廉富義率道俗」	原在汲縣西30里廉堰奶奶廟（觀音堂）	天宮壇廟、井、兩拾四軀、碑像	皇帝陛下勃海王群寮伯官一切衆		1					
7	部	東魏	興和3(541)	0000	「都邑主呂昇歡合邑等」「與同志精信者」「伏波將軍呂昇歡」	原在汲縣城西南25里故汲城村鎭國寺	天宮、金像	皇帝陛下臣民		26	58	102、都	88	邑正3	
8	部	東魏	興和4(542)	0315	「五巖寺石窟銘」「邑子四十人等」	鶴壁市五巖寺石窟	石窟	なし		8、尼4			27		
9	○	東魏	興和4(542)	1008	「李氏合邑造□像碑頌文」「斯等邑人」	淸光緖年間滑縣城北、康李村出土	天宮浮圖、交龍石碑像	皇祚晏安寧靜邊方合邑慶賴		11	39、大都2、都13	1、都2	106		

(大)像主	(開佛・菩薩)光明主	菩薩主	天宮、塔、浮圖主	(大)齋主	供養主	清信士女	肩書無	その他	官職例	備考	主な典據
	1	1								邑主比丘、都唯那比丘、邑子肩書のみ17。呉氏中心	傅10951、瓊19、珍圖81
1	**菩薩2、開佛**		佛塔	1				治地主、坎主	邵郡功曹湯陰令上官香、平南將軍河内太守李壽、鎭遠將軍上官法儀、縣功曹上官景業、參議忠正上官穆、縣忠正上官珍國		淑德拓、魯二二325
1、大4、四面都		5		**八關**		女2		**邑母34**、道場主、□官行道主、王子像主11、都王子像主、天龍主			漢魏7.332、中國歷史文物2007.6.4
	開							**邑母10**、定光佛主	懷州西面都督長史路軌、前部郡從事路達、前大郡主簿路惠顯	路氏中心。邑主都維那法猛、都維那法儁、都唯那法萇。碑陰に佛傳故事の綫刻畫有り	漢魏7.342、拓6095、京NAN0427X；0472A-C、寰圖2.191、文叢5.125、大村263、金石續編２、瓊19、魯二二337、松原291a、北拓394、百品114、河南160
大	**1**	2		1、**八關4**			有	**邑女61**、禪師、寺主２、維摩主	寺主鎭東將軍林慮太守赫連子悅、平東將軍魏德令范伯醜、租曹從事郡中正魏德令龐顏、輕車將軍財州錄事參軍賀蘭思遠、太師祭酒楊泰、西河太守李溫、幽州刺史盧遵、臨洮太守雷珍、鎭遠將軍葛珍など	赫連子悅は正史に見え墓誌も有り。都維那齋主蘇叔昭	拓6096、京NAN0429X、魯二二343、大村262、珍圖85、百品112、故宮院刊2009.3.121、WE188
											漢魏7.364、松原254、OS182、拓6102、寰圖2.190、魯二二374、萃31、大村366、珍圖87
多寶2								維摩主、淨施主、如林寺居士王思賓、文殊主	魏大法師故沙門都法恩、建州主簿開府儀同參軍事王善、冠軍將軍安西府長史板授洛陽令後授武德太守程日龍、寧朔將軍鄭□壽、冠軍將軍板授河陰令程顯族、前□□□縣主簿郭□顯	上坐と寺主が邑師。衆潤寺故寺主僧熾	漢魏8.14、拓6124、大村268、瓊19、魯二二387、百品118
	開佛		天宮12					都盟主、民望、民望土豪、橋主	郡沙門都維那法雲、車騎將軍左光祿大夫平皐令京兆杜護宗、前將軍	「楊膺寺・金城寺・雍城寺・恆安寺・苟塚寺・朱營寺	漢魏8.94、拓6153、京NAN0478X、傅23297-1-4、寰圖2.195、萃31、瓊19、

別表C－b(2)　河南を中心とした地域　黄河以北〔豫北地域〕(東魏以降)

No.	殘存狀況	王朝	年	月日	名稱	關係地（不明以外はすべて河南省）	尊像名	主な奉爲	邑師	比丘	維那	邑主	邑子	邑（中）正	邑老
10	○	東魏	興和4(542)	1105	「大呉村合邑一百人等」「佛弟子邑義一百人等」	原在長垣縣東南大留寺（リートベルク美術館藏）	石像	缺		18	1、都	1	73		
11	○	東魏	興和4(542)	1125	「合邑等」「人皆稱傳、勸率崇善、四輩競臻、敦契置邑」(上官香)	原在汲縣	石像	皇帝陛下忠宮内外州郡令長師僧父母香火因緣		3	5	1	31		
12	○	東魏	武定元(543)	0621	「佛弟子都維那聶顯標邑義六十餘人等」	趙超氏の考察によれば原所在地は沁陽一帯	四面石像	皇帝陛下群官司牧	1	尼2	6、都2	2	100	邑中正3、中正	
13	○	東魏	武定元(543)	0727	「清信士合道俗九十人等」	原在河内縣北孔村廟中	石像	廣被群品帝道熙明	1	5	都3	1	23		
14	○	東魏	武定元(543)	0800	「州武猛從事汲郡□□□□□六鄉人秀老遂割損家資、率諸邑義五百餘人」	「汲郡」原在淇縣浮山封崇寺（メトロポリタン美術館藏）	寶塔五層	皇家國祚永延	1	30、尼16	59、都4	都	多		
15	部	東魏	武定2(544)	0301	「邑義等」(李洪演)	原在獲嘉縣法雲寺（ヴィクトリア&アルバート美術館藏）	像	萬品					5		
16	部	東魏	武定3(545)	0715	「邑主朱永隆・唐豐七十人等」「魏大法師故沙門都法恩」「弟子法度」「上坐僧惠・寺主法合」「普相率厲、敦崇邑義」	原在河内縣清化鎭唐村	天宮	福潤含生	2	15					
17	部	東魏	武定7(549)	0408	「武德于府君等義橋石像之碑」「宣威將軍懷州長史行	焦作市博愛縣金城鄉武閣寨村	義橋石像								

(大)像主	**(開佛・菩薩)光明主**	菩薩主	天宮、塔、浮圖主	(大)齋主	供養主	清信士女	肩書無	その他	官職例	備考	主な典據
									懷縣令趙郡李同賓、征西將軍州縣令扶風馬周洛、殄難將軍溫縣令廣寧燕景裕、征虜將軍郡丞東平呂思哲など	・管令寺諸師……咸施材木、構造橋梁、楊膺寺發善之源、以爲橋主」	大村275
1		2						**邑母3**	前郡兼功曹呂安勝、厲威將軍員外奉朝請土河都督賈景和、輕車將軍員外給事中張……、伏波將軍員外給事中前……	廉天長は廉富の息子。№6參照。「羣仙形像兩千餘區、橋梁義井處處皆置」	漢魏8.131、拓6166、京NAN0489X；0490AB、魯二二483、翰影1.46
2、北龕、南面	**開佛3、右葙菩薩、開左葙菩薩**	1、右葙、左葙		大		士女		齋場主、廣福寺主、上坐比丘尼2、石碑主	像主征東將軍府主薄督軹沁二縣事楊榮、征西將軍長流參軍督溫縣野王懷縣河陽四縣事袁略、寧遠將軍帳内都督孟璨、帳内都督也蛭阿醜、河内郡五官□和、河内郡光初主簿祭酒從事宋顯、野王縣功曹吉貴、使持節高陽戍主梁永、盪寇將軍西面都督主田思祖、河陽鎭司馬樂勲など	「南面像主前郡功曹西面都督宋顯伯」「襄威將軍南面都督石碑主曹思」「旨授洛陽縣令蓋僧堅」「都維那伏波將軍防城司馬程洛文拜書」	漢魏8.274、拓7016、文叢5.127、金石續編2、郝春文［2006］4、北拓426、河南185
北堪大、南堪大		右相2、左相2			2			阿難主、迦葉主、像人		供養主比丘	拓7019、魯二三591
彌勒	**佛、菩薩**				1	男9、女9					拓7022、魯二三597
石2、當陽、東堪、南堪、西堪、	**1**	右、左2、右葙、左葙、□	天宮	1	1		有	頂生王主	なし		漢魏8.321、拓7035、魯二三613、文叢5.127、百品146
										「建福之頌」一面のみ。供養者題記には「邑子慶令賓」とある	翰影1.54
	開大像6			**5、八關**			有	東西二寺都福主魯文	羅田縣令魯思貴（魯文字の息子）、橫野將軍	碑陰供養者題記磨滅激しい	漢魏9.13、拓7071、京NAN0535X、魯一六979、文叢

別表C－b(3) 河南を中心とした地域 黄河以北〔豫北地域〕(東魏以降)

No.	殘存狀況	王朝	年	月日	名稱	關係地（不明以外はすべて河南省）	尊像名	主な奉爲	邑師	比丘	維那	邑主	邑子	邑(中)正	邑老
					武德郡事河南于子建」「助福者比肩、獻義者聯轂」										
18	○	東魏	武定8(550)	0300	「篤居士廉富」「率我鄉邦三十人等」「子天長……勸率邑儀」(廉天長爲父廉富敬造義井文頌)	原在汲縣西30里廉堰奶奶廟（觀音堂）	刊文頌□	皇帝陛下大丞相		2	12	3			12
19	○	北齊	天保3(552)	0408	「邑社曹思等石像之碑」「邑社宋顯伯等卌餘人」	原在沁陽	塼……	なし	邑師父	尼13	都	1	21		4
20	○	北齊	天保3(552)	0517	「貞信比丘道平勸匠**信解邑母大士**一百人等」	原在輝縣	碑像	皇家永隆七世先亡		1	23、都2	都2	58	邑中正2	
21	部	北齊	天保3(552)	0820	「比丘尼僧嚴・清信女宋洛」	原在輝縣	像	皇帝陛下七世師僧父母檀越施主	都	尼11					
22	○	北齊	天保5(554)	0402	「天宮頌文」「邑儀人等」(暢洛生等)(葉容等)	原在新鄉市	二寶塔、石像三區	皇帝永隆百官朝慶法界有形			3、都2	2	24	中正2	1
23	部	北齊	天保7(556)	0715	「敬令賓邑義□」「合率鄉豪英儒兩百餘人」(比丘曇濟等)	原在新鄭縣三堂寺	石像	皇帝陛下師僧父母法界衆生		13			97		
24	部	北齊	天保9(558)	0208	「摩訶上士、姓魯、名文字、……遂捨	新鄉市魯堡百官寺遺址出土	繡像(千佛)、人中石像、寶	皇帝陛下	都	多	多、都多		多		

(大)像主	**(開佛・菩薩)光明主**	菩薩主	天宮、塔、浮圖主	(大)齋主	供養主	淸信士女	肩書無	その他	官職例	備考	主な典據
								字、寺主、起福主など	魯□□など		5.128、北拓466、百品165、河南210
											新鄭縣志29（石3.28.216）
彌勒、南面大	**1**	3、南面						起像主、石經主、經主3	邑師獲嘉縣都惠超	李氏、董氏中心	魯二三697
東堪、□堪、□陽		2		7	2			合標主、**邑母3**		楊、魏、尙、呂氏中心。横長の石	京NAN0541X、翰影1.56、魯一六985、文叢5.128
											中原1998.2.82、山陽14、河南223
						8				一面のみ。他の三面不明。禮氏中心	翰影1.57
1		左相、右相	浮圖	**八關9**				寺主、檀施主、都管主、邑2、勸主2、佛殿主2、佛殿、難主、釘生王主、天王主、當陽□□		横長の石	拓7137、魯二四763、齊遺232
									北豫州州都白水王府行參軍兼別駕毛叉		漢魏9.151、拓7138、京NAN0567X、松原433、珍圖106、百品212
大2		右葙、左葙		1				起像（象）主17、給寺主			漢魏9.297、拓7200、京NAN0607A-D、魯二四795、百品230、北京石博271
1、當陽大21	**開**			1	1	士5、女15	有	左葙迦葉主、右葙阿難主、碑主2、西龕左葙迦葉主、西龕右葙阿難主、東龕	介休令楊景□、介休縣功曹左道榮、介休縣主簿上官□智、板授滎陽太守郭□德、板授淸河太守後授尉州刺史張□兒、板授洛陽令後授建州刺史喬龍儁、板授東	介休縣は北魏永安年間に汲郡陳城に僑置。碑陰不明。左道榮は龍門石窟路洞の造像記（龍錄799）にもその名が見える。「尤」	拓8012、魯二四811、百品242

別表C－b(4)　河南を中心とした地域　黄河以北〔豫北地域〕(東魏以降)

No.	殘存狀況	王朝	年	月日	名稱	關係地（不明以外はすべて河南省）	尊像名	主な奉爲	邑師	比丘	維那	邑主	邑子	邑(中)正	邑老
					伽藍地兩區、立寺置僧……於是近者不勸而來、遠方自率而至、合邑千人」(魯思明造像記)		車、寶塔								
25	無	北齊	天保9(558)	0400	「唯那」	原在新鄭縣三堂寺墻上	七級浮圖	缺			多				
26	○	北齊	天保10(559)	0210	「摩訶上士李榮貴兄弟董都等」「領七十餘等人」「邑義等」	原在輝縣	石經像(觀音經)	皇帝陛下國祚永隆法輪常轉	1		20、都		36	邑忠正	
27	○	北齊	天保10(559)	0428	「邑主魏法興合邑一百餘人等」	原在汲縣	天宮	皇帝陛下臣僚百官			9、都2	2	78		
28	無	北齊	皇建2(561)	0228	「秦村嬴覺寺邑子五十五人等」	焦作市王褚鄉新店村圓覺寺舊址發見	釋迦碩像	皇帝陛下							
29	部	北齊	皇建2(561)	0915	「比丘惠瓊……率衆心」「邑子有百」	原在新鄭縣北成皋寺	石像	僧佛日顯法理常存皇祚永隆		6	3、都	2	34		
30	部	北齊	河清3(564)	0328	張延欽・張轉興等	原在淇縣	なし	なし	□師		2、都	大都、都3	34	邑忠正	
31	無	北齊	河清3(564)	0412	「北豫州州都白水王府行參軍兼別駕毛叉」「比丘僧道政」「率邑義卌人等」	原在新鄭縣觀音寺「在垣堌寺所」(フリア美術館藏)	石像	なし		4、尼					
32	部	北齊	天統5(569)	0408	「都唯那潘景暉・張煞鬼・李仕暉・陽脩羅、仰率儒徒七十人等」	原在安陽（北京石博による）「觀音寺」	碑像一傴二侗菩薩	皇帝四王諸天			都4	都			
33	部	北齊	武平元(570)	1114	「清信士女楊暎香・任買女等邑義八十人」	原在新鄉市東南30里介休崇慶寺	涅槃經、像四龕	なし							

（大）像主	(開佛・菩薩)光明主	菩薩主	天宮、塔、浮圖主	（大）齋主	供養主	清信士女	肩書無	その他	官職例	備考	主な典據
								□□主、起象主	來郡太守陳興副	ではなく「左」である	
24		左相、右相		13				佛槃主、檀越主、□佛主、鍾主3	殿中將軍石城戍主趙伯憘、前河内郡中正魯光□	趙伯憘は檀越主、魯光□は都邑主。他三面不明。造像基座	拓8025、河内縣志22（石3.29.211）、百品248
11、大、南面都		菩薩大像主		7、大			有	□支龕主、釋迦・彌勒・阿彌陀・彌勒觀世音、無量壽、維磨大像主など	郡太守□□、郡功曹汲僧智、前郡功曹汲延和、平昌令汲仲敬、前梁城縣令汲道阼、開府長史汲思和、前軍主汲顯族	汲氏中心	文物1965.3.31、重修滑縣志附金石錄1（石3.29.22）、石佛選粹35、河南276
當陽大		左相、右相	大天宮	大都、右相				起像主、萇樂［寺］主	前郡主簿酒桀、焦州錄事參軍呂磨儁	あるいはD地域か？焦州は所在不明	魯二四873、齊遺290
當陽大		1			1			阿難主、迦葉主、上坐	陽城居衛大將軍周貴祖	「天保年中、諸邑等共發善心、興立此意、即捨家珍、造鍾一口」碑三面畫像	文叢5.129、北拓502、河南299

別表C－b(5)　河南を中心とした地域　黄河以北〔豫北地域〕（東魏以降）

別表C－b(5)　河南を中心とした地域　黄河以北〔豫北地域〕（東魏以降）

No.	殘存狀況	王朝	年	月日	名稱	關係地（不明以外はすべて河南省）	尊像名	主な奉爲	邑師	比丘	維那	邑主	邑子	邑(中)正	邑老
34	部	北齊	武平2(571)	0700	「永顯寺法師道端……帥邑義三百人」	原在沁陽縣紫陵村開化寺 「在太行山大窮谷上寺之中」	石像	施及群生		15	57、都10	都2	10		
35	部	北齊	武平3(572)	0008	「通識大士劉度□率諸汲邑義一百人」「長者結宗、邑義傾珍、信發功盡」(佛時寺造像碑)	原在浚縣酸棗廟村佛時寺	四面石像	皇帝		5、尼11					
36	部	北齊	武平5(574)	1025	「蓑樂□主惠表・惠晉・惠悟□發弘願」	？	天宮	皇帝陛下師僧父母因緣眷屬							
37	部	北齊	武平年間(570-576)	0000	「□光寺僧大都邑主法萬……都維那周榮祖合有□百人等」「上坐法藏・法運」	原在新鄉市博物館	鍾、□碑像	存亡父母			都	大都			

邑主	邑子	像主	開（光）明主	齋主	肩書無	その他	官職例	備考	主な典據
					74		建興太守李道興	郭氏中心。他に畢、陽氏。李道興は『魏書』卷72に立傳	髙平金石志768；844、龍佛研46. 187、佐藤智水［2005b］83
						供養者二名の題記削除痕あり。		女性の義邑。王氏中心、他に畢、浩、郭、張、李、趙、司徒、申屠、牢、崔など	佐藤智水［2012］133、現地調査（山西博物院）
1		1			多	造像人		馬氏多い。邑主劉始士女、唯那劉早生	厚重200、現地調査
2					多			酒氏中心	三晉・沁水7、佐藤智水［2013a］79
1					多			酒氏中心	三晉・沁水6、佐藤智水［2013a］75
					7＋			殘石	龍佛研46. 237
	5＋							姓氏不明	汾陽縣金石類編73
1			開明	1	34	邑正呂憘		呂氏中心。他に酒、都、敬、馬氏など。邑師比丘曇儀	古銘46；134；180
4	14				30	清信士佛弟子2、清信女		馬氏、酒氏中心。酒市德、酒鍾葵など	古銘139；181
1	40		開明	1		呂黒成は唯那兼齋主、酒文智は唯那兼開明主		願文は左右兩側に有り。酒氏中心	松原150、OS74、珍圖40、佐藤智水［2013a］78
		2	開明	大		匠師2、髙坐主、**福德主**、香火主2、啡匿（唄匿）主		郭氏中心。他に方、續、原氏。「福德主」の肩書はこの地域のみ	松原149b、六朝の美術234
1、都	20＋	17＋				都……		任氏中心	三晉・靈石5
									長治57
1		1			45＋	清信士17＋、清信士女	□□將軍趙終□、幷州平北府默曹參軍張僧紹	趙、范、李、郭、韓氏など	京 NAN0249X、東南文化1998. 3. 118、古銘137；181
2、都	54		開光明	1		開南葙佛光明主、開東葙菩薩光明主、開北葙光明主		造形は№8と類似。牢、蘇、閻、王氏中心	松原211、圖典480、祈り99

別表D－a(1)　山西中・南東部（北魏）

別表D－a　山西中・南東部（北魏）

No.	残存状況	王朝	年	月日	名稱	關係地（不明以外すべて山西省）	尊像名	主な奉爲	邑師	比丘	維那
1	○	北魏	太和20(496)	0000	「邑子」（李道興）	在高平市建寧鄉建南村資積寺	石像	皇帝陛下			都2
2	○		5C末		王黄羅	原在高平市邢村	なし	なし			9、都
3	○	北魏	延昌2(513)	0621	「馬文……姓」	沁水縣後托盤摩崖	石像	國主皇□合門大小		2	1
4	部	北魏	延昌2(513)	0808	「邑主酒畔成・酒三成」「酒進生・酒角鵄酒騰子卅三人」	原在沁水縣鄭莊鎮西大村	石像	七世父母所生父比			1
5	部	北魏	延昌4(515)	0814	「境里川口村人酒德爾・酒平女・酒文宗・酒角鵄等」	柳木巖摩崖（沁水縣）	石像	皇帝陛下太皇太后諸公群臣			3
6	部	北魏	延昌4(515)	1007	「却波村邑師比丘法歡合邑七十人」	（交城縣玄中寺藏）	石佛？像	皇帝陛下天下太平人民和順	1		
7	部	北魏	熙平元(516)	0900	（妙覺寺造像）	原在汾陽縣南馬莊妙覺寺	なし	なし			
8	○	北魏	神龜元(518)	0903	「邑主呂雙・都唯那……」「邑子家春」	原在平遙（南京博物院藏）	石像	國主州郡令長察土人民邑子家眷	1	12	8、都
9	○	北魏	神龜2(519)	0903	「邑主馬光仁・邑主酒榮・唯那合邑子等」「邑子等」（邑主馬小課）	原在山西省（南京博物院藏）	石像	皇帝諸佛七世所生邑子等			10
10	○	北魏	神龜3(520)	0420	「建興郡端氏縣水礁泉合村邑子」「合邑等」（邑主呂黒成・酒文知）	「建興郡端氏縣水礁泉合村」（リートベルク美術館藏）	石像	皇帝諸佛七世所生合邑等			3
11	○	北魏	正光元(520)	0903	「邑子等一百人」	？（大阪市立美術館藏）	釋迦牟尼像	天下太平國主人民七世父母所生眷屬一切无邊羣生			都、主2、唯那都
12	部	北魏	正光元(520)	1215	「合邑廿八人造像」	原在靈石縣兩渡鎮圪臺村石佛寺	像	帝祚延康千寺永隆			4、都
13	無	北魏	正光2(521)	0609	「佛弟子卅二人等」「邑儀兄弟」（路安周）	沁縣南涅水村出土	？	皇帝陛下邊地一切			
14	○	北魏	正光4(523)	0813	「幷州太原郡平遙縣樂壁寺邑主趙道富共六十人等」	原在平遙（南京博物院藏）	石像	皇帝陛下七世父母所生父母歷劫諸師因緣眷屬无邊衆生		2	4
15	○	北魏	普泰元(531)	0529	「沁鄕里大將壁邑主蘇進達・邑□闔安香・唯那窂買德・唯那闔□□□・唯那王寵、唯那窂迴・唯那□□百人等」「此土淸信士合邑等」	「沁鄕里大將壁」（大阪市立美術館藏）	石像	國主群遼百官七世……生父母因緣眷屬師徒弟子			10、都

(大都)像主	起像主・扶像主	開(光)明主	菩薩主	(大)齋主	香火主	**福徳主**	轉輪王、天王主	肩書無	その他	官職例	備考	主な典據
											「復立僧尼二寺」	文物世界2005.5.75、長治67、山西碑碣14、三晉・沁源9
大	起	開明	1	大					造像手、清信士2、佛弟子	假伏波將軍張定宗、都督護湊澤令趙方利、縣主簿趙舍珍		現地調査
								多	祖師、和上	白駕永安守劉迴光、定襄令王文稷、魯郡王□□從事吏劉恭、□州部郡從事吏田貴、州主簿郭貴□、代郡太守住(任？)□、中平參軍王醜など	比丘、尼多數	定襄1(石2.13.9949)
												山右1、大村257附圖562
南面大、大2、四面大、北面大、西面大	起	開明	南面佐相、南面右相、北面左相、左相、	大	香火				壁支佛主、南面左相上坎佛主、寶佛主、開明□□主、南面右相迦□主、南面中坎右相弟二主、南面中坎右相弟四主、南面中坎右相弟一主、南面中坎右相弟二主、南面中□右弟三□、北面右相上坎佛主、大通佛主、西面上坎佛主、西面思唯佛主、西面下坎主、五戒	龍驤將軍西河令陳天護、前武鄉令酒羽、前山陽縣令高□俱妻衞氏女、前郡中正郭常起；趙郡功曹李買、前太學中正郭景儁、鎭西府長史常龍□、前安平郡中正張顯功、前相州主簿呂思光、司徒胡公下郎中四門□士涇州長史督□□□太守酒小雅、前□西曹鄭恭、南降(絳)郡主簿高明僖など	邑師延業寺主□安平□都僧恩、四面大像主内黃人龍驤將軍督湊澤人染……、大像主燉煌人前郡中正酒買、敎化都邑主前祭酒從事郡功曹酒貴□、敎化都邑主前縣中正張洪遠	松原263ab、京博38；122
1			1	1				多		當郡都盟主王承先		校碑369、東南文化1998.3.118、古銘45；141；182
1									檀越主、延昌寺比丘成公僧明、延昌寺主比丘尼曇止、清信女多數、佛弟子、邑正	龍門縣主簿王富買、郡金曹掾大橋都督南面都督房奸軍主王□、前曲沃令丁伏僖、龍門縣功曹董暹、軍主史容養	碑陰後刻の可能性有り。東雍州沙門統曇聡撰文、正平郡都僧欽	新絳縣志9、山西文物1983.2.77、文物世界2009.6.30、現地調査(山西博物院)

別表D－b⑴　山西中・南東部（東魏以降）

No.	殘存狀況	王朝	年	月日	名稱	關係地（不明以外すべて山西省）	尊像名	主な奉爲	邑師	比丘	維那（主）	邑主	邑子	邑中正	化主
1	無	東魏	天平3（536）	0223	「幷州上黨郡寄氏縣白木都王天扶弟曇方及諸邑儀等」	沁源縣法中鄉柏木村南100m寺址出土	塔三區、經十二部、銅像八區	國主 化隆延祚 左右盡忠 邊兇亭危							
2	○	東魏	天平3（536）	0426	「□辟村清信士佛弟子……子一百餘人等」	「溲澤令」（北京首都博物館藏）	?	皇帝陛下			12、都3		多		勸化主3
3	部	東魏	天平3（536）	0927	「七寶山靈光寺道人慧顏慧端等」「咸願四海羣賢英儁等迭相率化入邑、崇千佛」	定襄縣七巖山千佛殿摩崖	七佛・彌勒下生・當來千佛	皇帝陛下		多、尼多	千像大3			千像大中正	
4	無	東魏	元象元（538）	1015	「合邑諸母一百人等」（壽聖寺）	在和順縣	□□像	國主 師僧父母							
5	○	東魏	興和4（542）	0000	「……村幷汾晉雍四州諸人等」	「擧建州秀才」（京都国立博物館藏）	石像	皇祖……	1		9、都4	敎化都2、都2			
6	部	東魏	武定元（543）	1200	「郿樹要村人佛弟子王早樹」「合邑諸人」	原在潞安縣（南京博物院藏）	石像	皇帝陛下 □世父母 所生父母				3	39＋		
7	○	東魏	武定2（544）	0901	「比丘僧纂」（釋迦多寶像碑）	原在新絳縣西南20里樊村寺院	釋迦多寶二像	一切 像主 國王 父母 一切衆生		1、尼11	1	2	25		

(大都)像主	起像主・扶像主	開(光)明主	菩薩主	(大)齋主	香火主	**福徳主**	轉輪王、天王主	肩書無	その他	官職例	備考	主な典據
大、多寶、釋迦、北勘2、南勘2		開光明4、東面開光明、東面開光	2、化2	大		**都福徳主**			寺主2、聖僧主4、阿難主、迦葉主、助福人、供養主	盪寇將軍韓龍、定州刺史許早生、征虜將軍太原太守王籠、新興太守牛惠達、脩武令大都督張倍成、河陰令令狐珞、濩澤令郭曇顯、萇平令王文憘、郡忠正安平郡丞永安令程紹仙、郡功曹王靈儁、前郡五官節恭、郡五官王哲、郡中正史纂義、皂服從事王顯宗、州主簿王稱賓、防境都督王龍など	(太原?)王氏中心。州沙門都比丘道力、安平郡沙門都萬善寺法照、□郡沙門都法□	京 NAN 0448 AB、華夏考古2005.4.84
								多	佛弟子5	汾州前主簿別駕□□史中山西河二郡太守建州刺史田達、□州主簿兼治中田靈和、西河郡中正田道延、前西河郡中正田小猥、前西河郡功曹田明之、橫野將軍、蕩寇將軍、旨授郡守縣令多數	田氏が大多數	汾陽縣金石類編74
都									南面堪主、西面堪主、堪主、勸□、清信士40	恆農太守萮□、祭酒楊□	邑主比丘僧哲	漢魏8.231、拓7001、山西文物1986.1.56、現地調査(太原文廟)
2					1		四天2		堪主7、上堪主2、**清淨主**、帝釋主、□□那刊佛主	新興太守楊雋成、河北郡太守張宜弟、太原太守齊大□、博陵太守喬苟始、陽曲令楊道龍、定襄令馬歸生、原平令李僧、秦州長史劉拔□、厲武將軍杜萇命、殄寇將軍楊道□、都督楊雅、州主簿楊族など	比丘僧哲、原平令李僧、堪主比丘	漢魏8.235、拓7003、魯二三577、山西文物1986.1.56、現地調査(太原文廟)
都大、上龕、中龕、下龕、當陽大		光明2		左	邑義香火主				左金崗主、右金崗主、金崗主、迦葉主、交龍主、阿難主、寶聖主、左師子王主、左寶塔主、寶瓶主、左神龍王主、香爐主、神龜主、右神龍王主、右寶塔主、右師子王主、供養主比丘	將作大匠王顯貴、前京兆太守杜寶相、前□□□□□□功曹杜顯族、前平陽太守任貳清、前西河太守相里興龍、開府行參軍相里叔悅、殄□將軍給事中□永、祭酒從事史相里繼宗、隰城令相里榮智、前華州西曹書佐相里山洪、前廣州長史任昇、隊主蚰蛭相周など	相里氏中心	山西通志97.48(石3.30.526)、汾陽縣金石類編80

別表D-b(2)　山西中・南東部（東魏以降）

No.	殘存狀況	王朝	年	月日	名稱	關係地（不明以外すべて山西省）	尊像名	主な奉爲	邑師	比丘	維那（主）	邑主	邑子	邑中正	化主
8	○	東魏	武定4（546）	0209	「安平郡沙門都萬善寺法照勸化諸邑義等」	「安平郡」（現在の沁水縣）	石像	忘師 皇家 州郡令長 師僧父母 檀越施主 法界衆生		20、尼8、沙彌8	4		61		勸化主
9	○	東魏	武定7（549）	0408	「汾州前主簿・別駕□□史・中山西河二郡太守建州刺史田達邑義八十五人」	原在汾陽市田村定覺寺	石像（釋迦觀世音彌勒幷諸佛本師八十六□佛）	皇道繼昌 故大丞相 渤海王大 將軍□弟 邑義諸人 己身眷屬 有形				都			
10	○	北齊	天保元（550）	0530	「□信邑義長幼僧哲等卌人」	原在陽曲縣大漢村	石四面像	皇帝國主 人民長壽 邑内大小 香火因緣		8	1	1		中正	
11	○	北齊	天保元（550）	0615	「洛音村淸信諸邑義長幼僧通等八十人」	原在陽曲縣大漢村	四面石像（釋迦大像十二堪）	皇帝國主 人民長壽 邑内大小 香火因緣		4	2		76	大忠正2	
12	○	北齊	天保3（552）	0115	「敬賢里人任敬志」（相里寺碑、任敬志等造像碑、崇勝寺碑）	原在汾陽縣大相村崇勝寺	釋迦石像	皇祚永隆 七世眷屬 延及邊地	2	2	3、都、都檢校維那主	都	多		

(大都)像主	起像主・扶像主	開(光)明主	菩薩主	(大)齋主	香火主	**福德主**	轉輪王、天王主	肩書無	その他	官職例	備考	主な典據
								有		郡中正上官敬悅妻王、中正上官顯雋妻張、周壁戍主上官達……	邑義肩書見られず	三晉・陽城6
											邑子の肩書は最初の人物のみ	文物1991.12.40
○、大				大2、副					大浮圖□、大彌勒像主	征東將軍西河太守宋僧朗、前開府錄事參軍李……、前上黨郡中正宋廣、……主簿大唯那宋□□	他に「前授潁川太守宋□□」など板授太守多數	石佛選粹25、現地調査（山西省藝術博物館）
					1			多	**清請主**	盟主趙景貴、殿中將軍善元縣令尉清周、前郡正制除定襄令潘光、前祭酒石碑柵長史劉淵、前郡功曹行驢夷楊猛、前開國馮迴、郎中崔雀、制除永安太守賈枹成、詔除平昌陽曲二縣令劉道胤、詔除盧奴廣武二縣令趙郎奴など	天柱王領民統軍趙文威	定襄1（石2.13.9951）、現地調査（定襄縣七巖山）
當陽	扶		2	1、大	都				多寶主、釋加主、加葉主、阿難主、金剛主、範王主、**高坐主**			三晉・沁源10、現地調査（沁源縣文物館）
							□輪					現地調査（沁源縣文物館）
大、副大四面、西方、東方、北方、南方、上方、下方、釋迦、多寶定光、彌勒、无量壽、思惟	起	開光明、光明	4、都	大、起像、右葙		**大福德主**			都供養主、供養主、檀越主、思惟主、六佛都主、阿難主2、迦葉主2、佛殿主、阿羅漢主、居士2	盟主董黃頭、京兆太守鞏世興、陽阿縣功曹王猛虎幷妻祁、前高平縣功曹楊茂幷妻、前郡錄事鞏白龍、戸曹參軍鞏市龍、長流參軍王顯業幷妻、遊防軍主鞏兙生、上黨北平二郡太守鞏廣周、河間太守王朱兒、玄氏朝陽二縣令高市幷妻鞏、晉陽玄氏二縣令高市幷妻鞏など	都維那盟主董黃頭	道端5.168、高平金石志155、百品167、三晉・高平7
千				起大								拓7085、山右2
大				大2							『大方等陀羅尼經』十	文物世界2000.6.35、文

別表D－b(3)　山西中・南東部（東魏以降）

別表D－b(3)　山西中・南東部（東魏以降）

No.	殘存狀況	王朝	年	月日	名稱	關係地（不明以外すべて山西省）	尊像名	主な奉爲	邑師	比丘	維那（主）	邑主	邑子	邑中正	化主
13	部	北齊	天保6（555）	0920	「正信佛弟子上官顯願・上官達合邑五十人等」	陽城縣周壁村	釋迦石像一區幷阿難迦葉及二菩薩	皇帝陛下昆季諸王中宮后妃臣僚百官							
14	○	北齊	天保6（555）	1128	「邑子等」	昔陽縣東冶頭鄉靜陽村東南0.5km出土	白玉像	なし		1	都		33		
15	部	北齊	天保7（556）	0617	（天保七年）	原在太原近郊（あるいは黎城縣？）	缺	缺		1	多、都		多		
16	○	北齊	天保7（556）	0901	「淸信佛弟子廣武縣令趙郎奴」	定襄縣七巖山	釋迦像一區二菩薩	三寶永輝國康萬代七世先亡			5、都2	1		中正6	
17	○	北齊	天保8（557）	0309	「故白木都道俗……顯和・王定胡一百八十人等」	沁源縣法中鄉柏木村寺址出土	石像	國□□隆四夷務義邑義諸人		19、尼15	2	都	多		
18	部	北齊	天保9（558）	0415	「□□合村邑子等」「都領七十八邑子中正張洪貴」	沁源縣法中鄉柏木村寺址出土	石像	國祚延康皇帝陛下因緣百官					多	中正	
19	○	北齊	天保9（558）	0727	「佛弟子董黃頭七十人等」「契崇邑義」	原在高平市鞏村大廟	釋迦碑像一區（彌勒慈氏及无量壽佛藥師定光思惟多寶阿難迦葉幷諸菩薩）	皇帝陛下延祚無窮四方慕化邑義諸人			7、都	都	62		教化主
20	部	北齊	天保10（559）	0715	「比丘法悅邑子等一千人」	原在介休縣史村	千像	亡父亡母					○		
21	部	北齊	乾明元（560）	0208	「藏陰山寺比丘曇始共道俗五十	原在晉城市靑蓮寺	龍華	皇帝陛（下）			都				

(大都)像主	起像主・扶像主	開(光)明主	菩薩主	(大)齋主	香火主	**福德主**	轉輪王、天王主	肩書無	その他	官職例	備考	主な典據
											二夢王圖像と榜題あり	物2007. 10. 87
		開明			1			28	**像銘主**、東坎主、南坎主、西坎主、北坎主、故人3			現地調查（南涅水石刻館）
		大像開明	2	16	都2	**都福德主4**			邑母129、邑頭16、迦葉主、阿難主2、佛弟子			汾陽縣金石類編83
5、大			1	大2		**大都福德主**	金輪王像2、銀輪王像、金輪王、銀輪王、銅輪王		供養主2、邑義正、道場主、**懺悔主**、水精王像2、……像主多數	高平令許僧賁、韋城令劉�、太學博士郡中正周清郎、郡中正李安善；周石哥；劉永達；正世隆、郡功曹周貴和、長史劉郎仁、外兵參軍高慶安、長流參軍劉……、軍主史僧興など	『菩薩瓔珞本業經』の菩薩名。妻や子と併記	山右2
1、副、大5、大副3、思遺、相德	大起	開光明	2、左相2、右相2	左相大、右相、都副		**都副德主**	輪王		供養主、佛塔主、迦葉主2、阿難主2、道場主、**懺悔主**	南降郡太守梁方洛、陽阿令翟□、□□將軍員外司馬閻惠豊、殿中將軍梁□虎、宣威將軍征蜀統軍侯僧、西曹梁□義、當州倉督梁貴進		淑德拓
19、大6、大玉、副玉、東堪、西堪、北堪大、西面		光明	左相、右相	副	1	**都福德主**		多	營象人、□迦主、佛殿主、**高坐主**、邑女、佛主4、思惟主4	殿中將軍幷州刺史王蘭遠、冀州刺史王季、清河太守張道尙、上黨郡中正馮多、倉曹參軍張乾、□南將軍光祿大夫長子令王嵩業、厲武將軍滎陽郡太守陽武令王岳、章武王下錄事參軍陽平など多數	妻の參加者多い	有鄰館精華26、現地調查（藤井有鄰館）
												松原443ab
大				1					靜源寺主道林、弟子	車騎將軍左光祿大夫郭……、豫州刺史郭世珍、恆州刺史郭法常、殷州刺史郭洪度、定州刺史續令和、上黨太守郭……、郡主簿郭遵伯、祭酒郭進、太學生郭世淵など	郭、續、申屠、常、李、董など	松原454、珍圖109

別表D－b⑷　山西中・南東部（東魏以降）

No.	残存状況	王朝	年	月日	名稱	關係地（不明以外すべて山西省）	尊像名	主な奉爲	邑師	比丘	維那（主）	邑主	邑子	邑中正	化主
					人等」			師僧父母法界衆生							
22	○	北齊	皇建2（561）	0408	「邑義廿七人」	沁縣南涅水村出土	五級石像	皇帝陛下中宮内外□□守令國祚永隆四方寧□		2	主				敎化主
23	○	北齊	大寧2（562）	0208	「……邑等」（菩薩主田奥兒）	原在汾陽縣田村定覺寺	釋迦石像幷□□□木□像三龕	皇帝永隆四方寧太		22	都2	都2	55		
24	○	北齊	河清2（563）	0515	「陽阿故縣村合邑長幼等」	原在澤州縣大陽鎮南河庵	石□華像	皇帝□僧七世父母因縁眷屬邊地四生		1、尼3	1、大都2	大都2	多		
25	○	北齊	河清2（563）	0827	「梁罷村續英合率邑子七十人等」	「陽阿令」（北京故宮博物院藏）	浮圖、玉像	皇帝陛下臣寮百官州郡令長			30、都7	都2	4		
26	○	北齊	河清3（564）	0810	（張乾妻馮法姜等造像記）	「上黨郡中正」「幷州主簿」	なし	なし		11、尼20	8、主、婦女	□都2			都勸化人
27	部	北齊	天統4（568）	0715	「上當郡邑儀卌九人等」	上黨郡	なし	爲國興福皇帝陛下中宮内外州郡令長					多		
28	部	北齊	天統5（569）	0318	「法師道林…遂能鳩集合邑二百人等」「導引邑徒」	傳原在長子縣（ネルソン・アトキンス美術館藏）	釋迦丈六阿彌陀	先皇皇帝邑徒道俗四生			○、都2		多		

(大都)像主	起像主・扶像主	開(光)明主	菩薩主	(大)齋主	香火主	**福德主**	轉輪王、天王主	肩書無	その他	官職例	備考	主な典據
大、當陽大2	起	開明	左相2、右相2		1	**都福得主**			禪主2、上勘佛主、東勘佛主、左相非天主、右相非天主、左相梵王主、右相梵王主			長治70、三晉・沁源13、現地調查（沁源縣文物館）
	扶		左葙					有	願成主3、副願成、**清靜主**、佛弟子、**道萇主**（道場主）、香花主、左葙阿難主	鎭遠將軍龍門令李□	楊、張氏中心	北大06511、魯二四869、山右2
51、當陽			1	多、開明、起像大					當陽大佛主、上坎觀世音佛主、釋迦佛主、多寶佛主、上坎伽葉主、伽葉主、阿南（阿難）主			山右2

別表D－b(5)　山西中・南東部（東魏以降）

No.	殘存狀況	王朝	年	月日	名稱	關係地（不明以外すべて山西省）	尊像名	主な奉爲	邑師	比丘	維那（主）	邑主	邑子	邑中正	化主
29	○	北齊	武平2（571）	0208	「村名白木都、其邑……徒友六十」「邑主閻起邕六十人等」（閻興和）	沁源縣法中鄉柏木村南100m寺址出土	石銘	國主 百官令長 存忘 邊地有刑		尼21	都唯那主	1、都	56		勸化主
30	部	北齊	武平5（574）	0300	「……子楊珍洛……」	光緒14年新絳縣縣署出土	缺	缺		1	都唯那主	都			1、都
31	部	北齊	武平6（575）	0317	「化主鄭季茂·邑主鄭賢儁六十一人等」	？	石像	皇帝福閏 郡僚□□				1			1

邑子	像主	**化主**	**邑正**	**起像主・扶像主**	**(大)齋主**	**轉輪王主など**	**開(光)明主**	その他	官職例	備考	主な典據
27				**扶象主、扶□主**			**開明主**			碑下部騎馬供養者像と榜題の組み合わせがNo. 4に類似	拓4067
	大				**大齋主**		**開佛光明主**	法師	定陽郡主簿楊采僖、平遙令李道會	邑主のうち1人と大像主は姓名なし。肩書なしが多い	珍圖59
約170		**都化主**		**起像主**	**齋主**	**上轉主**	**開明主**			姓名なし「邑子」有り。王氏と楊氏中心。願文の字體は問題あり、後刻か？	文物2014. 11. 74
35			**邑正2**		**齋主2**	**衛天王主**	**開明主、開彌勒像主**	西相菩薩主、東相菩薩主、開西相阿難主、開佐相加葉佛主、淸信女16	**幢主崔永高；董□、□像軍主楊叔定；王伯□、**□沙門統道王	董氏中心。邑子4姓名なし。董成國は菩薩主兼邑正	北大06130、拓4145、山右1、新絳縣志9
多	1		**邑正**		**齋主**	**上轉主**		邑那、淸信士		齋主、上轉主姓名なし。張氏中心。他に衞、侯、任、王、蘇など。象主張曇洛	珍圖57（年號は「……卯九月甲申朔廿三日丙五〔＝午〕日」から計算）
43		**化主**	**邑正2**	**扶像主**	**大齋主、齋主12＋**		**開明主2、上堪開明主**	供養主、伽羅主、願成主、邑統	**採像軍主杜小洛、採□軍主關養**	供養主、大齋主はともに關退	魏目219、珍圖60、百品67、WE70
22＋2			**邑正2**	**扶像主2**	**大齋主**		**開明主8**		**採像幢主齊法興；杜貳龍、採像軍主杜普洛**	この造像の「開明主杜延和」は保定三年（563）造像碑（E-b.No.16、原在萬榮縣）で邑主	圖典479、OS109、珍圖61、WE74
約380	石像主		**邑正5**		**齋主2**	**上轉□**		□中正、淸信	直後羽林監安陽男薛鳳規、三□（交？）壁主張埠	隋の追刻有り。邑主のうち2人（僧智・法遵）、唯那のうち3人（道翫・道行・曇演）が僧。完成は永安3年の數年後	拓5141；9154、京NAN 0344 A－D；NAN0346X、寰圖2. 167、魯二一179、大村241、百品71、文物1990. 8. 58
24		**勸化主**	**邑正**	**扶像主**	**齋主2**		**開佛光明主**	佛弟子11	**迎像軍主解觸；田洪佰**	齋主2、扶像主は姓名なし	松原222a、圖典482、珍圖63

別表E－a　山西南西部〔河東地域〕（北魏）

No.	殘存狀況	王朝	年	月日	名稱	關係地（不明以外すべて山西省）	尊像名	主な奉爲	邑師	比丘	維那	邑主
1	部	北魏	神龜2（519）	0402	「邑主暢對侯・都唯那張令國二人率領合邑卅余人等」「合邑諸人」	？	石像	皇帝國主 □父母 生身父母			都	1
2	部	北魏	神龜3（520）	0517	「邑主維那李僧智・王阿含等」「邑義之徒」	「定陽郡主簿」原在吉縣（ヴィクトリア＆アルバート博物館藏）	妙聖之眞容	皇帝陛下 邑義之徒 三途六趣			1	2
3	部	北魏	正光2（521）	0800	「邑子二百人」「此邑徒」	原在襄汾縣北膏腴村善惠寺		國主父母 一切衆生				大都
4	部	北魏	正光4（523）	0626	「佛□□□□卅六人等」「邑師幷諸邑子等」（董成國・崔永高）	光緒年間新絳縣龍興宮故基出土	……石象	皇帝祚延 邑師 諸邑子等 六趣四衢	○	1	3、都2	2
5	部	北魏	正光4（523）	0923	「合邑五十四人」「四□邑子」	（ロイヤルオンタリオ博物館藏）	石像	國主萬歲 佰官先□ 四□邑子			5、都	2
6	○	北魏	建義元（528）	0628	「合邑七十人等」（杜善勝）	（メトロポリタン美術館藏）	室家（釋迦）石像	皇帝陛下 國督祚康 合邑			4、都2	2、都2
7	○	北魏	永安2（529）	0205	「合邑五十人等」（杜延勝）	（ボストン美術館藏）	なし	皇帝陛下 合邑諸人	2		8、都2	4、都2
8	○	北魏	永安3（530）	0000	「佛弟子比丘僧智・比丘道翫・比丘道行・比丘曇演・直後羽林監安陽男薛鳳規鄉原道俗等」	原在稷山縣三交村（中國國家博物館藏）	石像	なし		35、尼19	13、都3	23
9	○	北魏	永興2（533）	0215	「佛弟子解保明勸化上下邑子五十人等」	（メトロポリタン美術館藏）	石像	皇帝陛下 七世父母 所生父母			2、都、典齋	2、都

起像主、扶像主、迎像主	開(光)明主	菩薩主	供養主	(大)齋主	轉輪王、天王主	淸信士女	その他	官職例	備考	主な典據
							門師２、□主、肩書なし22＋			漢魏8.173、拓6006、京NAN0395X、魯二三525、百品95、芮城縣志13
發心起像主		左相□		１、副		２、女７	當陽大佛主、右當陽佛主、左相當陽佛主、佛弟子など。他に十六王子と七佛の佛主。邑子族正多數	使持節通直散騎□侍驃騎大將軍建州刺史正平太守當郡大都督華陰縣開國侯楊標、鎭遠將軍員外散騎侍郎建義都督前高涼□安丘縣開國子楊淸、建義都督巢山監軍鎭遠將軍前平陽令高涼令安平縣開國侯巨始光など	高涼縣の屬僚多數。「邑師高涼三藏比丘辯賢」は字體が他と異なり北周の後刻か？	魯二三529、大村289附圖５、中國歷博1985.7.90、百品104
扶像主４		４	１				迦葉主、阿難主、金剛主、□□坩主、堪主31＋		邑師尼、陳神姜は供養主であり邑主。肩書のみ多數	漢魏8.193、拓6011、京NAN0463A-D、文物季刊1989.1.84、OS166、百品126
	開光明、開老君光明、開立侍光明６			１、都			鍾主、都但官、飛仙主２、天宮主、金剛主３、香爐主３、師子主３、擲主、坎主２、□夫主	防鄉都盟主大都宗□蔡當川、假威遠將軍別將汝南太守蔡□□、當斫太巳殿材都軍長史假小黃縣令蔡定興など	蔡氏中心	拓6020、京NAN0692A、魯二三553、大村300、山右１、瓊16、道美292、現地調査（芮城永樂宮）
	開明、都開佛光明			１、正、副	上轉主	女２	當陽佛堪主、第二堪主、□像主、寺主比丘法藏、佛弟子族正梁景儁弟……	威遠將軍新城縣令梁珍洛、儀陽太守梁定望、正平太守梁伯雙、龍門郡功曹梁景□、安定縣令武興郡太守靳定保、威遠將軍龍門令廚龍憘、中陽郡主簿梁顯和、中京太學生靳□など	珍圖は大統十三年とする。碑陰不明。梁氏中心	松原314、珍圖95、新絳縣志９
起像主	開明	有	有	有、副		女	都堪主、堪主多數、釋凡王主、阿難主、迦葉主、思惟主、梵王主、邑母多數	車騎大將軍大都督東郡□□□南涼州利州三州刺史三州諸軍事新豐縣……、都督寧景粲、龍門郡中正寧延□、正平郡五官龍……、蕩寇將軍右員外侍郎王標稱息曇崇など	大半が寧氏	松原317ab；318abcd、OS169、珍圖97

別表E－b⑴　山西南西部〔河東地域〕（西魏以降）

No.	残存状況	王朝	年	月日	名稱	關係地（すべて山西省）	尊像名	主な奉爲	邑師	比丘	維那（主）	邑主	邑子	**邑正**	**典錄**	化主	（大都）像主
1	部	西魏	大統4（538）	1226	「佛弟子合邑卌人等」「香火邑義」	芮城縣西關外蜀黍地出土		皇帝國主師僧父母	1		2				**典錄**		3
2	○	西魏	大統6（540）	0715	「率文武鄉豪長秀」「巨始光合縣文武邑義等」	民國十年頃稷山縣出土（中國國家博物館藏）		皇帝陛下大丞相			6、都	4、都	多	**邑正**	**典錄2**		1
3	○	西魏	大統13（547）	0908	「佛弟子合邑人等」（陳神姜）	原在運城	石像	皇帝陛下法界含生	1	尼11	24	1	114				都、當陽、多寶、釋迦、彌勒
4	○	西魏	大統14（548）	0408	「蔡洪陸世孫合邑」（道教造像）	原在芮城縣蔡村	太上老君	先背□□在生眷屬法界有生皇家			1	都		**邑正、都邑正**	**都典錄**		
5	部	西魏	大統15（549）	0000	「［梁］興慶等二百……」「法義眷屬」	原在新絳縣西北30里泉掌鎮聖母廟前（サンフランシスコ・アジア美術館藏）	？	皇帝陛下師僧父母法義眷屬		2	11、都	12、都	多				1
6	部	西魏	大統17（551）	0723	「雋信諸寧合宗并諸鄉秀士女道俗」	原在稷山縣太寧村（シカゴ美術館藏）	碑像、天宮	皇帝陛下大丞相群官百僚	2	有、尼	有、都2	都	多		**典錄**		當陽、當陽彌勒

起像主、扶像主、迎像主	開(光)明主	菩薩主	供養主	(大)齋主	轉輪王、天王主	清信士女	その他	官職例	備考	主な典據
起像主	開明	4、藥王、觀世音	5	2、覆2		1、女28	**採像軍主2**、加葉主、阿難主、當陽佛主、釋加佛主、多寶佛主、佛弟子2	都督李驚顯、奉朝請正平郡功曹郡主簿郡尉薛通尙、汾州主簿吐京太守郭全安、亡父大都督戎州司馬平原扶溝二縣令高涼縣功曹東豐縣開國男薛盛、亡伯父司州從事郡五官郅珍敬など	肩書なし3	魯二三563、松原319ab、OS172、大村295附圖578、珍圖102
起像主、迎像主				1			迦葉主、但越主、和張主、阿難主、□梵王主		三面缺	聞喜縣志20下(石3.23.425)
起像主			12	起像				晉州州主簿李□	三面缺	聞喜縣志20下(石3.31.425)
扶像主				4、大都、大			**大都邑長2**、**邑長3**、檀越主3			京 NAN 0547X、現地調査(芮城縣博物館)
			2	1、副			州郡縣三藏法師、禪師、律師多數。南高坐主、北高坐主、道場主2、燈明主2、幡花主、栖玄居士、都邑中正2	使持節車騎大將軍儀同三司栢壁防大都督高涼郡守平原縣開國侯拔拔兕、高涼郡功曹郡中正衞玉、使持節車騎大將軍儀同三司大都督肆州刺史勲州都汾陽縣開國侯薛悊、州主簿華山郡開國公薛道長、玉壁主臨汾縣令李衆保、薛壁屯主王始和など多數	延壽公（萬紐于寔）は『周書』卷15立傳。碑側の最下層「都化主董秀息世昂」〜「開明大齋主」は北周末刻。鄖國公は韋孝寬。韋孝寬は宣政元年（578）上柱國となる	會田大輔[2013]、北村一仁[2015]、淑德拓、京NAN0702X、寰圖2.224、百品176
迎像主7	都開明、南面上堪開明、南面下堪開明	南面左相、西面右相、西面左相、北面左相		7、婦女		17	都七堪主、當陽上堪主、文殊主、**採像主2**、東面堪主、九龍主、西面上堪主、西面下堪主2、西面堪主、堪主、佛弟子21、願成主			山西精華157、現地調査（山西博物院）
起像主	開明	多	1	2		18、女10	沙彌尼5、檀越主、當陽佛主、他に……佛主、……菩薩主多數	撫軍將軍右金紫光祿大都督魏定陽令後封正平□平雉城三郡太守高陸縣開國公陳叔儁、宣威將軍虎賁給事始平□開國子陳迴顯、輔國將軍中散都督陳季標など	陳氏中心。都像主比丘尼法藏。詳細は第二部第三章を參照	松原320；321ab、百品200、現地調査（山西博物院）

別表E－b(2)　山西南西部〔河東地域〕（西魏以降）

No.	残存状況	王朝	年	月日	名稱	關係地（すべて山西省）	尊像名	主な奉爲	邑師	比丘	維那（主）	邑主	邑子	**邑正**	**典錄**	化主	（大都）像主
7	○	西魏	恭帝元(554)	0412	「弟子薛山俱・薛季�・薛景、鄉宿二百他人等」	「正平郡功曹」「高涼縣功曹」（ボストン美術館藏）	石像	皇祚永康 黔黎休□	2	2＋、尼4	7、主、都3	都大、都	116＋	**邑正2**		1	大、副大
8	部	西魏	恭帝元(554)	1023	「合右道俗八十人等」	原在聞喜縣戸頭村	玉石像	皇帝陛下 群寮萬司 師僧同學	2								都、當陽2、堪當陽
9	部	西魏	恭帝3(556)	0908	「諸村合邑等」「弟子合邑等」	原在聞喜縣下莊村	石像	皇帝陛下七世所生因緣眷屬合邑諸人									□陽
10	○	北周	武成2(560)	0915	「大邑師焦神興率化邑人」（道教造像）	原在芮城縣風陵渡鎭前北曲村	石像	帝主 七世父母 因緣眷屬 法界衆生	1、都大宗2		1、都	8、大都	45	**邑正、大邑正**	**典錄**	6、三部都	都大、副大
11	○	北周	保定元(561)	0310	「周大將軍延壽公碑頌」「使持節大將軍大都督勳州汾州絳州晉州建州玉壁城車箱城龍頭城栢辟城樂昌城姚襄城諸軍事勳州刺史延壽郡開國公（延壽公碑）	在稷山縣太陽鄉白家莊村南（石佛寺址？）	靈塔	皇帝陛下		39、沙彌16	都2	1、都5、副	129		**都典錄2**	都4、副	
12	○	北周	保定2(562)	0000	（衞秦王）	原在運城市解州鎭	？	亡者	2	2、尼11						□心	都
13	○	北周	保定2(562)	0124	「比丘尼法藏」（陳海龍）	運城市上郭鄉邵村出土	文石象	皇帝陛下 群僚百官 國土人民 師徒		尼34		都					1、都

起像主、扶像主、迎像主	開(光)明主	菩薩主	供養主	(大)齋主	轉輪王、天王主	清信士女	その他	官職例	備考	主な典據
			2	□面、1	□面王	1	□像主、都邑中正	絳州刺史龍頭城開府儀同三司豐利公弟子宇文貞、郡君達奚、鳳州刺史王羅雲、□遠將軍右員外□常□□都督祁令和、蒲坂令董虠	董氏多い。拓・周遺は月日「0926」	拓8107、京NAN0556X、魯二五935、山右2、聞喜縣志21上（石3.31.417）周遺65、現地調査（山西省藝術博物館）
迎像主	開明	3、左、右、	1	4、大、副、開明			香火主、發心主、梵王主2、師子主3、阿難主3、迦葉主3、金剛主、精舍主、高坐主、前□金像主、堪主3	前將軍佐銀青光祿大夫敫□太守都督衞敬儁、輔國將軍中散大夫都督胡海□、冠軍將軍中散大夫開國安邑侯趙平太守建義大都督衞遵義	衞氏中心	山西精華158、現地調査（山西博物院）
扶像主2、迎像主2			2	4、開明2	轉輪、上輪、下輪、中輪、衝天、東面王、北面王、□面王2		興像主、金剛□主、當陽大佛主、當陽佛主、鎭瓶主、**邑長**多數	□州刺史杜法和、□川郡守……、□□郡守閻女族、壽陽縣令……、安邑縣令杜道□、縣功曹杜延□、縣主簿杜□、殿中司馬杜□略、討寇將軍殿中將軍……など	高さ約4m。杜延和は邑主(汾陰）縣功曹。杜氏中心	現地調査（山西省藝術博物館)、山西精華159、石佛選粹30
迎像主		□	2、開明	開明			左相羅漢主、右相加葉主、典供主、寶盖主、典坐	□陰縣令駱州戶曹從事……、蒲州刺史王重興、蒲州主簿王胡仁、蒲州別駕王令標、蒲州州都王元朗、兼長史外兵參軍王伯標、逑州市令治集曹董昌、晉昌郡守王伯明、同黃縣令任富祖、郡功曹張彊儁、明威將軍冗從事王仲遠、柱國親信王乾邕など	王氏中心	傳00838、京NAN0568X
	開光明3、開金剛、加葉、阿難、菩薩、□□佛、金剛像、思惟像	2	3				左葙迦葉像……師子主2、金剛主2、鹿王主、加葉主、阿難主2、當陽……、婆羅□主、右□□像主、□法像主、**引像主**、香花主	假山北令陳臺貴、假安邑縣令陳珍文、假魯陽令陳章□、□州戶曹……、□寇將軍……、明威將軍□□□□和など		拓8124、京NAN0587A－C、魯二五969、百品220、芮城縣志13

別表E－b(3)　山西南西部〔河東地域〕(西魏以降)

No.	殘存狀況	王朝	年	月日	名稱	關係地(すべて山西省)	尊像名	主な奉爲	邑師	比丘	維那(主)	邑主	邑子	**邑正**	**典錄**	化主	(大都)像主
14	部	北周	保定2(562)	0626	「檀泉寺比□尼法眞……、絳州刺史龍頭城開府儀同三司豐利公弟子宇文貞」(檀泉寺造像)	原在聞喜縣寺底村	等身□迦像			尼2		3	25			大、1	1
15	○	北周	保定2(562)	0811	「象主衞超王共一百他人」	原在運城市解州鎭	十方四面石像	天王 一切衆生 國祚永隆 八方寧一	6	尼38	4、都	5	83	**邑正2**	**典錄2**	3、都	1、大、副3
16	部	北周	保定3(563)	0723	「邑師曇嚮・邑主杜延和合邑七百他人等」	原在萬榮縣東社村(東杜村？)	？	皇業永隆 民安聖澤 法界普沾 存亡獲慶	1	2		2	多			1	
17	部	北周	保定4(564)	0612	「……范一十三□勸□□村一百」(王元朗)	蒲州	文石……	國…… 帝主永延 七世所生	1	2	主	2		**邑正**	**典錄**	2、都	
18	○	北周	天和元(566)	0208	「佛弟子合村長幼等」	1917年芮城縣西陌村崇聖寺佛殿前出土	石像	なし	2		主	都		**邑正**	**典錄**	3、都、邑、□	當陽、左相思唯、右相思唯、釋加

起像主、扶像主、迎像主	開(光)明主	菩薩主	供養主	(大)齋主	轉輪王、天王主	清信士女	その他	官職例	備考	主な典據
	燈光明主、太上□□光明主、南面燈光明主、北面燈光明主、東面燈光明主、西面燈光明主、四面都開光明3、南面開光明、西面開光明		4	4、大			五老主6、南面中堪主、上堪主、侍者主2、玉女主3、仙人主3、檀越主2、上堪玉女主、中堪玉女主、下堪玉女主、四面都坎主、西堪主、靜林宮主、上堪……主、左相侍者□、居士主、中堪主、西面中坎主、……中堪主、西面小堪主9、第三堪主、小堪主	衞州獲嘉縣令胡延標、父趙郡守陳仙海	都邑主胡延標。王氏中心	芮城縣志13、道美341、現地調査（芮城縣博物館）
	開明			開明				……騎大將軍開□儀同三司大都□□□中大夫勳州諸軍事勳州刺史龍〔頭城〕主義門郡開國公拔拔嵘、夫人□寧郡君賀拔、龍門郡功曹勳州主簿開府義門公府司錄薛椉、掃難將軍龍頭防倉曹王信など		北村一仁［2015］、聞喜縣志20下（石3.31.428）

別表E－b(4)　山西南西部〔河東地域〕(西魏以降)

No.	殘存狀況	王朝	年	月日	名稱	關係地（すべて山西省）	尊像名	主な奉爲	邑師	比丘	維那（主）	邑主	邑子	**邑正**	**典錄**	化主	（大都）像主
19	○	北周	天和2（567）	0308	（壇道造像）（道教造像）	原在芮城縣栢南鎭壇道村（現芮城縣東端）	缺	缺			都、都唯那主	2、都2、四部	多			都、肆部花主	石
20	部	北周	天和6（571）	0614	「龍頭城主開府義門公……遂放軍主趙和一十人□四方慕化衆民及城内軍人等」（拔拔嵘）	聞喜縣城東55里龍頭堡	石□	皇帝陛下法界衆生			都	都	多			都□	2

(大都)像主	(大)齋主	**香火主**	**都維**	**清淨主**	**銘像主**	**轉輪王・天王主**	肩書無	その他	官職例	備考	主な典據
							31			河東衞氏	魏目90；99、侯旭東[2005]233、龍佛研46. 229
石窟大		**香火主**	**都維**				29	都唯那主邑師道淵、開佛光明主、西堪主、東堪主、菩薩主２、勸化主、佛弟子	石艾縣唯那道淵、使持節驃騎大將軍開府儀同三司大行臺令公幷州刺史下祭酒通大路使張法樂、征北將軍金紫光祿大夫令公下都督陰平、都督王未生、別將范永、統軍王寶德など	「幷州田像」大王＝高歡、令公＝高澄	山右１
大	1	**香火主**	**□維主**	**清淨主**				光明主	長史董□		三晉・壽陽10
當陽		**香火主**	**都維主**					佛堂主		渤海大王＝高澄	京 NAN0461X、魯二二411、山右１、大村271、文物1997. 1. 73、侯旭東［2005］234
							24	「梁寺曇喬供養」	州沙門都僧觀、厲武將軍智道善；邢阿平；李洪賓；何法安；霍元攸；楊神虎；鐔元貞；劉顯仲、勇士都將鐔伏安	「造像一區。平治道路、刊石立碑」	京 NAN0480X、傳10994、魯二二465、大村274、金石續編２、山右１
							56		「廣□嚮豪、立爲督將」	「先發弘願、〻令軍侶行還、建□像一區」	漢魏8. 254、拓7010、金石續編２、山右２、百品142
當陽２	6、八關	**香火主**				**輪王、衢天王**		清信士女	板授恆州……	衞氏最多、他に張、王氏が多い	拓7108、魯二四737、山右２、文物1997. 1. 73、百品178、侯旭東［2005］235
當陽	15、八關		**都維主**	**清淨主２**		**轉輪王、衢天王、東王、南王、西王、北王**		佛堂主、堂主５		衞氏最多、他に張、王氏が多い	漢魏9. 121、拓7124、京 NAN0561X、山右２、文物1997. 1. 73、魯二四747、大村314、百品208、侯旭東［2005］237
					銘像主			菩薩主、都邑比丘		年號は「四月己丑朔」から算出。	河朔新５、傳26460、北大

別表F(1)　山西・河北省境地域

No.	殘存狀況	王朝	年	月日	名稱	關係地	尊像名	主な奉爲	比丘	維那(主)	邑主	邑子	邑中正
1	部	北魏	永平3(510)	0123	「河東郡人□在安祿交居住合村邑子等」(衞龍虎)	山西省平定縣開河寺石窟藏	石像	皇帝陛下 七世父母		都4	都2		
2	○	東魏	元象元(538)	0907	「石艾縣唯那道淵、共(中略)佛弟子張法樂」「邑義等七十□人」(紅林渡佛龕記)	山西省平定縣移穰村西約3里紅林灣	石窟大像	皇祚永休 八表寧安 **大王令公**神算獨超 邑義等	(弟子9)	3、都、都唯那主			
3	部	東魏	武定4(546)	0600	「比丘惠□・零嵩寺大像主法義□人一百人等」	山西省壽陽縣陽摩山(羊摩山)摩崖	?	皇帝	2	1			
4	○	東魏	武定5(547)	0718	「幷州樂平郡石艾縣安鹿交村邑義王法現合廿四人等」	山西省平定縣開河寺石窟	石室(三佛、六菩薩、阿難、迦葉)	佛法興隆 皇帝陛下 **勃海大王**	2			24	
5	部	東魏	武定7(549)	0408	「肆州永安郡定襄縣高嶺以東諸村邑義道俗等」「先有願、共相契約、建立法儀」	原在山西省盂縣城北40里興道村興化寺	像碑	皇帝陛下 勃海大王 三寶永隆 累級師僧 □世父母	9			1	
6	部	北齊	天保2(551)	0715	「邢多五十人等」「定襄縣佛弟子邑儀等」	原在山西省盂縣城北40里興道村興化寺	□像	皇祚遐□	1	2	1		中正2
7	○	北齊	皇建2(561)	0525	「幷州樂平郡石艾縣安鹿交村邑義陳神忻合率邑子七十二人等」	山西省平定縣開河寺石窟	石室	佛法興隆 皇帝陛下 **金輪應庭** 群遼宰守 國土安寧			1	65	
8	○	北齊	河清2(563)	0217	「阿鹿交村邑子七十人等」	山西省平定縣開河寺石窟	石室(三佛、六菩薩、阿難迦葉、八部神王、金剛力士)	佛法興隆 皇帝陛下 臣遼百官 兵駕不起 五穀熟成 萬民安寧	2	4		78+	
9	部	北齊	河清3(564)	0400	「邑徒等」「合邑」(尹景穆)	原在河北省涉縣城西北25里索堡鎮普	金石像	皇帝陛下	3、尼3		3、都	34	

(大都)像主	(大)齋主	香火主	都綰	清淨主	銘像主	轉輪王・天王主	肩書無	その他	官職例	備考	主な典據
										兩側面不明	A13704、魯二四911
2、大	2	香火主2	都綰主		起雙像銘主	天王2、上轉2、中轉2、衝天		銘坐主、天華主、交龍主　佛坐主2、飛天主2、大力主2、頂山主2、道場主2、師子主2、天堂主2、銘主、花洛主2、高坐主2、地神香主2、發心主、堪主、法師、阿闍利		趙氏多い	漢魏9.272、拓7189
大	1		都綰	清淨主				菩薩主2、堪主10+		年次は「□□□□□□丑□□／辛卯□□□□□□」から天統五年歳次己丑正月辛卯朔と推定	現地調查（太原文廟）、山西古蹟志38
北堪大2	14	香火5	都綰	清淨2	銘象主5					衞・范・李氏など	北大A331072；A13761
	大、副			清淨主	都銘像主			龍像主、上堪龍像主、當陽觀音主、左相飛天主、右相飛天主、彌勒主、迦葉主、阿難主、思惟主2、上堪主、中堪主、下堪主		賈、習、郭氏など	漢魏10.97、拓8076

別表F(2)　山西・河北省境地域

No.	殘存狀況	王朝	年	月日	名稱	關係地	尊像名	主な奉爲	比丘	維那(主)	邑主	邑子	邑中正
						光寺							
10	部	北齊	天統3(567)	0916	「邑義人等」「光茲新邑」「合邑四百卌人等」(殷恭安)	?	石像三軀、銘一區	邑義人等 眷屬内外 龍八部 帝主永隆	37	主2	2、都		
11	○	北齊	天統5(569)	0100	「佛弟子等」(潘百年)	山西省盂縣興道村出土	十六王子像	天下□□ 國主延祚		2	1	多	2
12	○	北齊	武平4(573)	0623	「般石合村邑義人等」	山西省平定縣	彌勒玉像	皇帝陛下 師僧父母 一切法界衆生	8	2	2	多	
13	○	北齊	武平7(576)	0115	「合邑五十人等」	?	石銘像(觀音)	皇帝陛下 國祚永隆 師僧父母 七世父母 生身父母 因緣眷屬 邊地衆生	15、尼2	主	都		

邑子	清信士女	侍者	彈官(但官)	平望	道士	道民	録生	邑謂	邑日	治律	唄匿	比丘	沙彌	(佛)弟子	肩書無	その他	官職例	備考	主な典據
78	士	2	彈官2		8	12	22								70	三洞法師4、門師、門師母、萬年縣寇文安			漢魏4.45、魯二一55、龍佛研46.217、百品26、道美217、藥7.3
		1	彈官		5	22						2	1	佛7	22	道人師僧集		供養者胡服	松原132ab、碑林全105.87、道美252、長韻22
39		2	但官2、憚官	4	3				邑日2			2		4	2		輔國將軍武都太守李元安	邑師李元安	碑林全105.27、陝美47、道美225、長韻9
48		2	彈官2				10									仙師、仙童2、典邑子、典錄生、壇衞			漢魏5.24、魯二一85、陝志6、道美228、藥7.30
1		4	彈官2	1		54	16					1		佛4		壇衞主		「雍州馮翊郡萬年縣西鄉人」	魯二一91、陝志6、百品46、道美231、藥7.46
174								邑謂4、東面謂	邑日2	治律		27	2	佛20	4		鎭南將軍金紫光祿大夫幷州大中正行咸陽郡事晉陽子安定伯王子悅、中堅將軍前萇城太守原州州都咸陽郡承獨頭子萇城縣開國子周天寶、通直□騎嘗侍平南將軍都督南陽子昌樂縣開國伯韓山靖、鎭西將軍石安令元賢、咸陽郡市令王敬ほか多數		北拓288、藝研9.235、貞魂1.42
8		2	但官2	2													富平令王承祖		漢魏5.54、魯二一97、佐藤科研27、道美232、藥1.69、百品50
36、故	士	2	但官2				13									佛道□			碑林全105.33、佐藤科研28、道美236、長韻12
19	士8		但官4					邑胃6										南面缺	萃29、大村236、百品53
多				邑平望、平				邑謂2		治律		4				都佛堂主、西面佛堂主、南面佛堂主、東面佛□□、邑	□□宗主王業洛、巴？東郡守王念集？、都督王□洛		富平縣文物局所藏資料、陝志6(石1.22.16436)、宋莉70、現地調

別表G－a(1)　臨潼区櫟陽鎮・富平県・耀州区を中心とした渭北地域（北魏）

別表G－a(1)　臨潼区櫟陽鎮・富平県・耀州区を中心とした渭北地域（北魏）

No.	残存状況	道佛分類	年	月日	名稱	關係地（すべて陝西省）	尊像名	主な奉爲	像主	檀越主	邑主	典坐	香火	邑師	邑正	邑老	化主	維那	**典録**
1	○	道	正始2（505）	0926	「眞□道民馮神育同邑二百人等」「合邑二百廿人」	臨潼櫟陽鎭出土	石像（太上）	帝主熙隆						1	3	2		2	**2**
2	○	道佛	504-515		「邑子等四十五人」（田良寛）	出土地不詳	石像	…隆九玄七祖門族大小						邑師主	1			2	**1**
3	○	道佛	熙平2（517）	0523	「邑子六十人等」（呂氏合邑）	原在富平縣小學	石像	□□					1	1	4	1	1	1	**1**
4	○	道佛	神龜2（519）	0707	「合邑善興□……開光七十人」「邑子」（邑師王神傑）（邑老田清）（王守令）	臨潼櫟陽鎭出土		皇帝統無窮　國興身長存願見太上君						1	邑政2	1			
5	○	道佛	神龜2（519）	1014	「大巍門師張乾度・師道妙率邑子七十人等」「共興邑儀」（劉道生）	臨潼櫟陽鎭出土	刑像	皇帝陛下牧守令長常在太上左右							5	1			
6	○	佛	正光元（520）	0100	「靈武池陽郡城鄕老諸邑子等」（王子悦）	「靈武池陽郡城」	石二丈四像、天宮石像	國	3、東南西北面各1	但越主2	14	11	7、邑	3	邑政2		13、邑、大2、上	8、邑	**5、邑**
7	○	道	神龜3（520）	0408	「合邑廿人等」（邑師錡雙胡）（錡石珍）	耀縣漆河出土	石像	爲國爲家皇帝陛下				1	1	1	2				**2**
8	○	道佛	正光3（522）	0000	「□□郡靈□□□合有邑子一百人」（茹氏合邑）	「［咸陽］郡靈［武縣］」？	刊石聖容	皇祚熙隆群僚寧沾邑子生天				2	3	1	4	3	2	2	**2**
9	部	？	正光3（522）	0805	「袁永……東鄕暎周五十人」	高陵縣出土	石像	なし			1		2		邑政3		1	1、都4	**2**
10	無	佛	正光3（522）	0914	「雍州北地郡富平縣東鄕邑子一□□人」「全村千百卌人造至十七年」	「雍州北地［郡］富平縣」	石像	帝主延年州刺史守令安寧七世所生			2、都	2	2	1	2		2、都		**2**

邑子	清信士女	侍者	彈官(但官)	平望	道士	道民	錄生	邑謂	邑日	治律	唄匿	比丘	沙彌	(佛)弟子	肩書無	その他	官職例	備考	主な典據
				□												長			査(富平縣文廟)
184	士2							邑謂				1	1			齋□、都……、南面……、錄主、賢者	討寇將軍宜君令南宮法興、大都督□□武安周、都督韓□	邑師王僧興	佐藤科研35、藥1.250
66		1	彈官			2			邑日					佛3	107				漢 魏5.210、道美239、藥7.55
18＋		2	但官2															女性の義邑。碑陰は宋代の寺碑記	宋莉72、道美242現地調査（富平縣文廟）
35		2	彈官2	2	1		3	邑胃								門師			拓4166、萃32、瓊16、金石續編1、關文1
15		1	彈官2	2	1	9				始律2	拔匿2			1		三洞法師5、侍經2、侍香2、監齋2	板假太守多數、宗主秦雍盟統主	平望社豪	漢 魏6.100、臨潼碑石80、道美244、藥7.69
31、亡2			彈官2					邑謂2				1	1			書人夫蒙顯達		女性の義邑。邑子清信多數	拓5179、佐藤科研46、百品79、藥1.288
23	士24	2	彈官2	2				邑謂2							2	都鑒、彭官2	□□功曹夏侯天□	邑師僧均	佐藤科研43、道美257、藥1.154
31		1	但官	3			16								2	侍香4、典錄生		邑師張□；張□生；張乾度	佐藤科研93、道美258、藥1.170

別表G－a(2)　臨潼区櫟陽鎮・富平県・耀州区を中心とした渭北地域（北魏）

別表G－a(2)　臨潼区櫟陽鎮・富平県・耀州区を中心とした渭北地域（北魏）

No.	殘存狀況	道佛分類	年	月日	名稱	關係地（すべて陝西省）	尊像名	主な奉爲	像主	檀越主	邑主	典坐	香火	邑師	邑正	邑老	化主	維那	**典錄**
					（王氏百三十人造像）														
11	○	佛	正光4（523）	0709	「雍州北地郡宜君同官土門三縣邑子二百五十人等」「諸邑子等」（青龍魏碑）	原在耀縣北石柱青龍村西路邊	石像	天龍八部皇帝陛下	南面、西面	1、但越主2	1	2	2	1	1	20	1	2、都	**2**
12	○	道佛	正光4（523）	0726	「合宗邑子七十一人等」「邑等」（師氏合邑）	原在臨潼徐陽鄉鄧王村	石像	皇帝陛下	3、南面	1		2	4	2	邑政3		1	1	**1**
13	部	佛道	正光5（524）	0024	「合有母姉邑子六十人（下缺）造石像」（像主楊法映）	富平縣長春檀山學校出土	石像	（缺）	2		3							1	
14	部	？	正光5（524）	0620	「合邑……」（魏氏合邑）	原在富平縣	像	□主國土清大			2						2		
15	○	道佛	孝昌3（527）	0408	（龐氏合邑）	原在臨潼代王鄉張賈村	太上道君太上老君				2	2			2	2	2	2	**2**
16	○	佛	永熙2（533）	0508	「北雍州宜君郡黄堡縣邑主儁蒙文姫・［甍姫］娥合邑子卅一人等」	耀縣漆河出土	石像	國祚永隆人民□治			2、亡2		2		2			2、亡2	**2**
17	○	佛道	514～528		「北地郡翟陽縣夏侯僧□合邑子九十人」	耀縣漆河出土	石像	帝主延康邊境寧太		1	2	2	2	1	2		2	2	**1**
18	○	道佛？	516～528		「合右邑子七十人等」（李天寶）	（耀縣藥王山碑林藏）	石像	二聖重光			1		1	3				1	

典録	邑長	邑子	齋主	彈官	道士	道民	邑謂	邑日	治律	比丘	沙彌	その他	官職例	備考	主な典據
2		8		2			1					平望	大行臺尚書北雍州刺史宜君縣開國公毛遐	邑主平望雷昌明	漢魏8.159、佐藤科研50、藥2.3
2					1	1							撫軍將軍石保令王洛生、功曹孟永興、主簿雷元知、錄事孫元顯、戸曹掾孟蓋（民）、金曹掾蓋天和　知曹掾似先道錄、兵曹掾炤龍祖、西曹掾未平睹		文物1989.4.60、長藝401；453、道美280
		4								2		佛弟子	□□將軍銀青光祿大夫頻陽令永建縣開國子髙子路、主簿髙神、□□將軍奉朝請鎭東府鎧曹參軍張賓、大丞相左府錄事史許伏施	「息 桃□坐 禪」など家族の坐禪題記あり。「頻陽令髙遠乘馬時」	長韻27、陜藝56、碑林全105.91、現地調査（西安碑林）
		18													藥5.48、佐藤科研102
		16								8	8			「比丘法超開佛眼」「比丘法忩開眉開白豪」	漢魏8.171、陜精15、碑林全197.1246、現地調査（富平縣文廟）
1		24		2				3		3	5	和上	威烈將軍富平令頻陽縣開國男曹續生、父拔拔西夏州朔方郡功曹		萃32、大村289、碑林全197.1252、現地調査（富平縣文廟）
1		33						2	2	1	2		……郡□□永寧令□州府主簿荔非郎虎、殿忠將軍假伏波將軍陽安令荔非侍郎、前郡功曹史督護三原□呉二縣令都督荔非仵虎、……郡□彭城縣開國男劉顯、尙書刑部令史雷筞など	邑師同官縣維那比丘法安	考文1994.2.46、藥2.26
1		51		但官								檀主			漢魏8.206、佐藤科研51、道美299、藥2.185
1		50						1			4	門師、都□主			萃32　大村293
															佐藤科研55、藥2.86
		31					1			9	8	□佛主	軍統主雷□□、軍主雷子□など	碑陽碑陰文字缺	臨潼碑石54、藥7.80、現地調査（臨潼博物館）
		28			1		2			尼3	2	都錄2、肩書無33		邑師沙門尼曇景	漢魏10.145、佐藤科研56、道美306、藥3.257
3		20					5		1			天宮主2、塔主2、登主		邑師比丘尼、女性の集團	萃36、瓊23、關文1、大村364、周遺55、現地調査（西安碑林）

別表G－b⑴　臨潼区櫟陽鎮・富平県・耀州区を中心とした渭北地域（西魏以降）

別表G－b⑴　臨潼区櫟陽鎮・富平県・耀州区を中心とした渭北地域（西魏以降）

No.	殘存狀況	道佛	王朝	年	月日	名稱	關係地（すべて陝西省）	尊像名	主な奉爲	像主	檀越主	邑師	邑主	典坐	香火	邑正	邑老	化主（花主）	維那
1	○	佛	西魏	大統元（535）	0215	「諸邑子」（毛遐）	1930年沮河出土	石像	天下太平皇祚永康				2	2	2	2	2	2	2
2	部	佛道	西魏	大統元（535）	0709	（福地水庫石窟造像記）	宜君縣福地水庫石窟	不明	不明	1			2		1			1	
3	部	佛	西魏	大統3（537）	0702	「……將軍銀靑光祿大夫頻陽令永建縣開國子髙子路及朝史邑子等」	原在富平縣小學	石像	皇帝陛下歷劫先師										
4	○	佛	西魏	大統4（538）	0	「和伏慶……等」「二十一人」	出土地不詳	觀世音	缺	1	1	2	1					1	
5	○	佛	西魏	大統4（538）	0608	「邑師法超道俗邑子卅人等」（比丘仇法超）	富平縣工商局家屬院發見（舊清涼寺址）	石像	帝主延境遐方啓化國富民豐罷兵休鉀	1		鄉邑大都			1		5		
6	○	？	西魏	大統5（539）	0225	「現治富平令曹、幷邑子卌四人等」（曹續生）	原在富平縣杜村鎭蓮湖書院	像四偃	帝主永隆□王□長壽			1	1、鄉		2	1	2	2	2
7	○	佛	西魏	大統12（546）	0323	「像主茘非郎虎、……邑主任安保六十人」	耀縣稠桑鄉墻村寺廟遺址發見	石像	皇帝陛下大丞相	1		2	1	2	2			1	3、都
8	○	道佛	西魏	大統14（548）	0421	「合諸邑子七十人等」（辛延智）	耀縣雷氏舊藏	大道如來二聖眞容	皇帝陛下大丞相	4		1	4		3	1	8	3	1
9	○	佛？	西魏	大統15（549）	0514	「諸邑子」（像主呉神達）	原在涇陽縣	缺	諸邑子等法□□心	3		1	1	1	1			2	1
10	無	佛	西魏	天統17（551）	0400	「邑子七十六人等」「合邑子等」	耀縣雷氏舊藏	石像	皇祚永延天下寧謐										
11	部	佛	西魏	恭帝2（555）	0715	「諸邑子等」「合邑子等」（「像主沙彌僧法輝」）	原在富平縣美原鎭美原中學	石像	皇祚永隆國祚寧泰	2		1		2				1	1
12	○	佛道	北周	武成元（559）	1008	「合諸邑義……白人」（像主綒阿魯）	原藏于文正書院（耀縣城内西街小學）	なし	なし	3		1	6、都2	2	2	2	7	5	2
13	○	佛	北周	武成2（560）	0208	「邑子五十人等」（王妙暉）	「長安城北渭水之陽」原在咸陽	釋迦	周皇帝晉國公	5	但日主	1	7	7	6			6、都2	1、都5、行3

典録	邑長	邑子	齋主	彈官	道士	道民	邑謂	邑日	治律	比丘	沙彌	その他	官職例	備考	主な典據
												2、鍾主、登明主4			
														願文はNo. 7荔非郎虎・任安保造像記と酷似	考文1994. 2. 48、藥3. 13
2	2	47	1	但官2			4		1	1				碑上半部缺	魯二五945、佐藤科研113、藥3. 36
2	12	55	2						2	3、尼11		登明主、侍者2		張操は扶風人	魯二五939、陝志6（石1. 22. 16439）、現地調查（涇陽縣太壺寺）
8		42		4			8					像都檀主5、像檀主7、梵音3		肩書のみ姓名なし多數	考文1994. 2. 50、藥3. 28
1	1	24								1	1			邑師沙彌。文字大部分磨滅	漢魏10. 157、咸陽碑石3、周遺62、佛影16、現地調查（咸陽市博物館）
8	7	76					8						征東將軍右金紫光祿帥都督前清水胡里中鄉三縣令南鄉郡守楊子先、州禮曹錄事李暉、橫野將軍員外司馬拓王世覆、假驢驤將軍樂安北地二郡守五郡宗主故成黙ほか多數	拓王氏多い。他に成、李、楊姓など	高陵碑石圖2錄文103、現地調查（高陵縣文化館）
2		30					2		2				開府儀同馮翊郡守佚莫陳昇、開府儀同前馮翊郡守宇文擧		文博1992. 2. 72、臨潼碑石90、藥7. 87
4、都	1	112+		但官2					1	2、尼2		天宮主、八面大天宮主、邑、清信女5		閻、啖、楊姓など。啖は氏族。楊も氏族か？女性多い	淳化金石文存19、現地調查（淳化縣博物館）
															文博2007. 5. 20

別表G－b(2)　臨潼区櫟陽鎮・富平県・耀州区を中心とした渭北地域（西魏以降）

別表G－b(2)　臨潼区櫟陽鎮・富平県・耀州区を中心とした渭北地域（西魏以降）

No.	殘存狀況	道佛	王朝	年	月日	名稱	關係地（すべて陝西省）	尊像名	主な奉爲	像主	檀越主	邑師	邑主	典坐	香火	邑正	邑老	化主（花主）	維那
14	無	佛	北周	保定元(561)	0909	「邑子一百一拾仵人等」	1988年稠桑鄉西墻村發見	石像	皇帝陛下晉國公										
15	○	?	北周	保定2(562)	0000	「邑子一百人等」（同琋清奴・同琋龍歡）	耀縣漆河出土	なし	皇帝群僚	4			2、都	2	6	5	5	7	2
16	○	佛	北周	保定2(562)	0000	「像主張道元□□及四部大衆一百人等」「像主張操」「諸邑義等」	「善會寺」在涇陽縣城内惠果寺	无量壽、釋迦	皇帝陛下晉國公	无量壽、釋迦		7	1	2	2			4、都	都2
17	○	?	北周	保定2(562)	0208	「北谷中原合邑綱維幷諸邑子等」（鉗耳世標）	耀縣演池鄉呂村發見	像	三寶隆輝皇帝延祚			1	8、都3	7	6	7		8、都4、都邑	4、都、行、直
18	部	佛?	北周	保定2(562)	0208	「佛弟子比丘□歳一百廿人」「相約勸率、敦崇邑義」（程寧遠）	原在咸陽市秦都區馬莊鄉押枝村西南道口	釋迦□□□□龕、諸賢聖、□神侍	□化永隆佛法長世	□□、□、□面	1	1	1		2			□	2
19	○	?	北周	保定2(562)	0400	「邑子合士女一百九十八人」	高陵縣外貿公司基建工地出土	石像	皇家延祚四夷歸化諸邑□□□水滲心超昇不退	7、都	但越主	2	6、都	7	8			7、都	8
20	○	佛	北周	保定2(562)	0408	「楊仵女・楊景祥等伯仲兄弟卅餘人」	臨潼櫟陽鎮北門外出土	釋迦	皇帝陛下大冢宰	2		2	2、都	2	2	2		2、都	2
21	部	佛	北周	保定5(565)	0226	「鄉義邑子二百人等」	1985年淳化縣方里鎭于寨村發見	八面石像	なし	9、大2	3、大4	2	11、南面、八面都、大		5	1	2	8、大4	3
22	無	佛道?	北周	保定5(565)	0400	「合邑卌人等」「建崇邑義」「諸邑子等」	涇陽縣	石像	國主人王										

典録	邑長	邑子	齋主	彈官	道士	道民	邑謂	邑日	治律	比丘	沙彌	その他	官職例	備考	主な典據
2	2	50+					2			2				檀越主紀乾	文博1992.2.72、臨潼碑石92、藥7.119
1、典籙	1	22								1					萃37、大村369
3		24						3	2	6		光明主2	□田縣令蔣郎子、宣威將軍給事忠蔣世豐、平東將軍帥都督靈武縣令宇文□、假宗康郡守像主蔣雙王、虎牙將軍蔣楷、横野將軍蔣照□など	造像基座。背面不明、東面殘缺	現地調査（涇陽縣博物館）
7		115					7		8	1、尼22	沙彌尼2	□□尼2		女性多い。邑師比丘僧令。邑老は臨潼碑石の錄文にのみ見える	文博1992.2.74、臨潼碑石94、藥7.124
	1	98					3							三面刻	萃37、大村370
															漢魏10.230、咸陽碑石14、道美319、佛影18
2	2	10						2	2			道場主	冠軍將軍大中都督大將軍龍綱公記室欒樂、掃寇將軍武騎司馬李屯		漢魏10.240、拓8147、京NAN0630X、匋14、大村372

別表G－b(3)　臨潼区櫟陽鎮・富平県・耀州区を中心とした渭北地域（西魏以降）

別表G－b(3)　臨潼区櫟陽鎮・富平県・耀州区を中心とした渭北地域（西魏以降）

No.	殘存狀況	道佛	王朝	年	月日	名稱	關係地（すべて陝西省）	尊像名	主な奉爲	像主	檀越主	邑師	邑主	典坐	香火	邑正	邑老	化主(花主)	維那
23	○	佛	北周	天和元(566)	1125	「馮翊郡□□子老少八十二人」「諸邑子紀乾等」	臨潼櫟陽鎮北門外出土	无量壽	皇帝 晉國公	1	1				2	2		2	2
24	部	佛？	北周	天和2(567)	0000	「合邑□人等」（邑子李男香）	原在涇陽縣	□象	□□衆生					2	1				都
25	部	佛？	北周	天和2(567)	0519	「蔣哲……及卌人」「邑子等」	「靈武縣令」	石像	亡父皇［帝］陛下	1、都、南面		2	2、都	1	3	政	17	1、都	1、都
26	○	佛	北周	天和2(567)	0627	「邑師等……能敬率鄉人、乃崇勝善、合諸邑等二百五十他人」「諸邑子」	臨潼櫟陽鎮北門外出土	盧舍那	國 法界衆生	都3、7		1	4、都2	7	8	7	1	6、都2	7
27	○	？	北周	天和4(569)	0801	「諸邑子清信女優婆夷等」（顏那米等）	原在涇陽縣	石像	皇帝陛下 大冢宰	東面2、南面、北面、□、□□		3	2		3		1	4、都	1、都
28	無	佛道	北周	天和4(569)	0822	「邑師比丘道先合邑子五百廿人等」「檀越主王迎男」	咸陽博物館藏	石像	皇帝聖祚長延		○	○							
29	○	佛	北周	天和6(571)	0415	「邑師比丘曇貴・像主趙富洛合邑子廿八人等」	原在涇陽縣	觀世音	天龍八部 帝主人王	1		1	2	1	1			2	2、行

化主	維那	典錄	邑子	淸信士女	**邑謂**	**邑日**	**治律**	**唄匿**	比丘	沙彌	肩書無	その他	官職	備考	主な典據
	2			士40		**日 2**	**治律 2**		2			錄事		張、樊氏中心	魏目73、北大c3347
				士 8							42				碑林全105. 24、龍佛硏46. 231
	2	2	66		**邑謂 2**			**敗匿 2**				師主、像師、錄事 2 、大鮮師、大鮮胡上、十鮮師、十鮮胡上、蟬師		精舍を建て、雜果七十餘を植える	考文1999. 6. 59、碑林全197. 1197
3	3 、都	2	15	士 7 、女14		**邑日 2**	**治律 2**		1	1		水？花主	討寇將軍尹伯龍		松原203abcd、珍圖56、陝精13
		2	33			**邑日 2**	**治律 2**	**唄匿**		1		開明主、小弟		構成員はほぼすべて僧	松原212ab・213 ab、碑林全105. 49、長韻17、現地調査（西安碑林）
	1	1	22				**持律**					書生尹子勇、但官			戸縣碑刻 5 ；289、貞魂1. 74

別表H－a　Gの西・南方地域（北魏）

No.	殘存狀況	年	月日	名稱	關係地（不明以外すべて陝西省）	尊像名	主な奉爲	像主	邑主	典坐	香火	邑師	邑正	邑老
1	部	正始5（508）	0624	「鄕原□」（樊令周）	？	なし	なし			2	1			
2	部	延昌元（512）	0705	「浮圖主楊美問邑子廿二人」	1951年西北文物處から西安碑林へ移送	浮圖一級石象三枚	帝主群僚							
3	○	神龜3（520）	0223	「師主雍州扶風郡始平縣道人俗姓晏僧定同子出家、邑子合有六十七人」「諸邑子等」	「涇州新平郡白土縣民東鄕神水三□里」	千佛石像、四面細好銘	皇帝陛下			2	2	1	1	
4	○	武泰元（528）	0408	「邑主杜和容等」	不詳	石像	國主□□祚隆七百	1	1	4	4	2		
5	部	普泰元（531）	0503	「邑子合有一百人」	乾縣出土	石像（釋迦・无量壽・思惟・小像六十七區など）	皇帝陛下天龍八部	1	1		1	1		
6	部	永興2（533）	0000	「合諸來邑子卌五人等」	原在戸縣龐光鎭東焦將村北雲游寺址	石像	國祚延隆四海淸□			1	1		邑政	

邑老	化主	維那	典錄	邑長	邑子	齋主	**邑謂**	**邑日**	**治律**	比丘	沙彌	その他	官職例	備考	主な典據
	1	1	1		7	1						**邑謁**		「……太歲在甲子六月八日」邑師比丘僧辯	陝志6、金石續編2
	2	1、都	1		13			**邑日**	**治律2**					邑師□□；僧法	青龍寺66、考古1992.7.624、現地調査（西安青龍寺）
					多					多		興寺統師［比］丘、大鄉邑法師比丘僧歡	使持節司徒公左軍大都督侍中冀州大中正勃海郡開國公高仲密		碑林集刊2000.107、現地調査（西安碑林）
	6	都2、望鄉3	4、都2	3	多				**1、都治律**				防□都督張伯保	碑陰・碑側にも題記多數あり	貞魂2.103、現地調査（藍田蔡文姫紀念館）
	1	2	6	4	127				**治律7**			南東西［北］各面浮圖主、長史2			萃36、大村365
	□	1	1		100										萃36、大村365
													宣威將軍虎賁給……奴		圖典517
	2				6	1、邑齋主	**邑謂2**		**治律2**	比丘□	沙彌尼	菩薩主2、□□菩薩主、□住主、都錄2			關文1
		2	2		27	2	**邑謂2**		**治律2**				□□將軍諫議長利縣南啻二縣令愼政郡丞治都督費永進、曠野將軍殿中司馬費雷、大司馬府吏部朝官費胡、陽烈將軍費伯達、□雜宗主費子推など	女性多い	萃37、大村373

別表H－b　Gの西・南方地域（西魏以降）

No.	殘存狀況	王朝	年	月日	名稱	關係地（すべて陝西省）	尊像名	主な奉爲	像主	檀越主	邑師	邑主	典坐	香火	邑正
1	部	西魏	大統10（544）	0608	「合邑子廿七人等」（祭臺村佛背銘）	原在咸寧縣南關（現青龍寺）	定光	皇帝陛下州牧守令			1	1	1	1	1
2	部	西魏	大統11（545）	0415	「佛弟子卅人等」	西安市青龍寺遺址出土	釋迦	皇家法界	1		2	1	1	2	
3	部	西魏	大統12（546）	1019	「高仲密與冀州勃海鄉結一千五百人立義虎牢」	1953年在西安東關發見	觀世音	皇帝大丞相							
4	部	西魏	大統14（548）	0208	「清信士佛弟子□像主王龍標・張思保等同邑□□百六？十九人等」	（藍田蔡文姫紀念館藏）	定光像丈六幷碑花像	皇帝陛下大丞相	2、大龕	大、南面、但越	2	2			
5	○	北周	武成2（560）	0408	「□□太原四部邑子□□卌人等」	原在長安縣圓通寺	七級浮圖	先帝	□□		4		4	4	
6	○	北周	保定4（564）	0609	「諸邑子」（同琋氏）	原在長安	像	缺			2	2	2	2	
7	無	北周	天和5（570）	0516	「諸邑子卅人等」（世子劉紹等）	西安北門外古寺出土	釋迦	皇帝□□□國公				1			
8	部	北周	天和年間（566-571）	0215	「諸邑義一百六十人等」	原在咸寧縣南鄉	石像	國祚遐延	北面			2	2		
9	○	北周	天和6（571）	0521	「佛弟□□□□邑子□僚憂婆夷合邑子□□□□人等」（費氏造像）	原在長安縣	なし	天王國主	1		1	1	2	1	

邑正	邑老	化主	維那	典錄	邑長	邑子	齋主	邑謂	比丘	その他	官職例	備考	主な典據
										開四面像	郡主簿昨和法□、「兄弟四人爲四統酋」	碑側一面のみ	魏目223
2	2		2	2		31		2	6	沙彌４、清信士、佛弟子、肩書無４		道教像龕が一龕のみ有り「比丘僧振造五十三佛」	陝石42、松原151 abcd 、碑林全105. 79、長韻20
		１、都	都			19	1			大像開明主、菩薩開明主２、阿難開明主、迦釋《ママ》開明主、北面大像開明主、左相菩薩主、右相菩薩主、觀世音開明主、思惟開明像主	寧遠將軍統軍茘非慶壽、威列將奉朝請茘非廣通、輔國將軍中散大夫都督茘非思明、南安邑令王賣得、幢主甍標歡など	その他肩書として故優婆夷、清信優婆夷３、清信女、清信士女侍童、清泉堂主など	貞魂2. 107、考文2005. 4. 14
	1	１、都、東面、西面	3	1		123	２、都				城陽男斛斯祥、帥都督三原縣令華陰男屋引洛、帥都督方洋二州刺史永寧子賀蘭婁、高陸縣開國子大都督宇文永、帥都督部鄉縣開國子庫汗宗、都督范縣伯擒拔□、統軍賀蘭寧、別將斛斯成、都督擒拔慶など		碑林全106. 104、淑德拓、馬56
左葙、右葙		大、左葙、右葙	都、左葙、右葙		大２	89	左葙、右葙			開明像主比丘、彌勒開明主、高坐主、鄉黨	肆安縣令罕井明孫、曠野將軍殿中司馬屈男神□、横野將軍員外司馬同琋永、征東將軍右金紫光祿都督洛川縣開國伯上官略、白水郡五官雷洪達、輔國將軍中散金曹從事郡主薄地連敦、輔國將軍中散都督李慶寶、蒲城縣法曹府昨和暢など	大像主安定公寺大邑長昨和高儁、左葙齋主安定公寺大邑長昨和遵	漢魏10. 180、拓8114、京NAN0569Ａ－C、魯二五949、萃36、瓊23、大 村366、馬70、藥7. 95
都		都、南面	都、南面	南面		66	南面			佛堂主、南面光明主、左葙侍憧、右葙侍憧、南面邑員、都邑員	虎賁給事中散大夫昨和富進、□□將軍□右員外□中侍都督罕井舉、武鄉□□先長和、□督賀蘭延暢	昨和氏中心	瓊23、關文１
邑政		1	1	1		15		邑胄		書生呂稚卿	前將軍左銀青光祿都督甘州刺史宋金保、曠野將軍員外司馬斌州市令禮平	邑師衍覺寺比丘僧妙、鄮稽郡山陰縣民潘	漢魏10. 201、拓8128、魯二五975、關文１

別表Ⅰ(1)　Gの東方地域（北魏時代の華州を中心とした地域）

No.	残存状況	王朝	年	月日	名稱	關係地（省名無記載はすべて陝西省）	尊像名	主な奉爲	像主	檀越主	邑師	邑主	典坐	香火(主)
1	部	北魏	建義元(528)	0623	「邑主□□邑主□□六十人等」	「華州白水郡白水縣□山南□禿山北」	石像	國主□□				2		
2	○	北魏	530頃		（朱黒奴）	華縣支家瓜村出土	なし	なし	2		2	5	2	1、邑香火
3	○	西魏	恭帝3(556)	0515	「荔非廣通合邑子五十人等」	白水縣北宋妙覺寺塔地宮出土	石像	皇祚永康 百遼休太 龍王降雨 五穀豐溢 萬民安寧	南面、東面、西面	1	2	都		香火主
4	○	北周	武成2(560)	0915	「合方邑子等百數人」	原在渭南縣泰莊村	釋迦	黃帝比下	都、北面2、西面	像	6	1、都、東面、西面、□□	2、都	香火主2
5	○	北周	保定4(564)	0908	「大像主昨和儁將率鄉原識正之夫、勸發邦川歸貞大士合邑一百五十人等」(聖母寺碑)	原在蒲城縣椿林鄉敬母村（聖母寺遺址）	四面像	天龍八部 皇帝 福祚唯永 公卿將士 保國安民 明見佛性	大、 南面上堪、 南面中堪、 北面上堪、 釋加、彌勒、 无量壽、觀世音	2		都、東面、西面、	左葙、右葙	左葙香火主、右葙香火主
6	部	北周	566	0723	「佛弟子一百廿八人等」「得信士都邑主昨和拔祖合邑等」	原在蒲城縣	釋迦	皇帝陛下	當陽			都、南面		南面香火主
7	部	北周	天和元(566)	1120	「佛弟子十七人等」（僧妙・宋金保）	原在同州府城内（現大荔縣）	釋迦	皇家帝祚 存亡父母	1		1	1	1	香火主

邑正	邑老	化主	維那	典錄	邑長	邑子	齋主	邑謂	比丘	その他	官職例	備考	主な典據
											國、鎮遠將軍左銀青光祿歩□校尉故縣開國伯帥都督嚴忻	弘理	
1		15、大都、都	3	1、都	3、都	177			1	邑越主、邑越3、中正	中軍將軍帥都督新豐縣令普乇康、殿中將軍部郡從事乇皇郡守孫□、平東將軍右光祿都督丹川郡守永陽縣開國子□拔暉、驃騎將軍右光祿都督孫祥、前將軍左銀青光祿都督假蒲州刺史孫□、假京兆郡守□□孫、中堅將軍槃禾郡守張神覆、征東將軍右金紫光祿都督張賢など		魯二五985、貞魂2.138、現地調查（藍田縣蔡文姫紀念館）
		1、都		都		10				都供養生（主？）、堪主	前將軍左銀青光祿大夫……、建忠將軍誠議治大都督孔城、彌難將軍積弩司馬治都督……、驃騎將軍右光錄都督溫折防、治幢主趙暢、軍主皇甫遠、治統軍李外賓、治都督侯伏安など	北齊との境界付近	宜陽縣志16（石3.29.610）
				1		7					縣主簿甍定昌、曠野將軍殿中司馬甍暢明、都督甍仲義、□興縣令甍萇□など		關文1、大村374、百品256、周遺98

別表Ⅰ(2)　Gの東方地域（北魏時代の華州を中心とした地域）

№.	殘存狀況	王朝	年	月日	名稱	關係地（省名無記載はすべて陝西省）	尊像名	主な奉爲	像主	檀越主	邑師	邑主	典坐	香火（主）
8	○	北周	天和5(570)	0103	「豪桀延□三百卌他人」「敦崇邑契」「諸邑等」（普屯康）	新豐縣は現臨潼區東北新豐鎭東南	碑像四佛	皇帝國祚延康 民豐萬世 諸邑等得爵祿 光寵日益 子孫繁興 承基累代 慈氏成佛			6	23、大都	2	4
9	○	北周	天和5(570)	0600	（天和五年石像碑座）	河南省宜陽縣北洛河北岸林泉莊龍王廟墻上	なし	なし	都			1、都	1	
10	部	北周	建德元(572)	0408	「佛弟子邑主都督覺仲義・邑師比丘智盛合邑子八十人等」（大覺寺造像）	原在白水縣西固鄕潘家村内	石像	皇帝陛下 群公百辟	都	1		1		

香火	邑正	化主(花主)	維那	典錄	邑子	齋主	比丘	その他	官職例	備考	主な典據
1	1		1、都	1	44						考文1984. 5. 32、西北集錄11
	1	1	都		22	1	1	石主			考文1984. 5. 32、石佛選粹21
	1	2	2、南面		54			供養主、起像主	殿中將軍員外司馬任顯族；楊恭、輕車將軍奉□都尉別將郭永頤		考文1984. 5. 32、西北集錄117

香火	邑正	化主(花主)	維那	典錄	邑生	齋主	邑謂	比丘	その他	官職例	備考	主な典據
1			教唯那	1	忘者邑生			1	邑老2、定坐、忘者、肩書無42		長武縣博物館に「邑生」の題記を有する無紀年造像碑他にもあり	文物2006. 1. 65、龍佛研46. 234、貞魂1. 28
		□	3	4	13＋				都錄…		磨滅・破損激しい。呂・董・車姓など	現地調査（扶風縣博物館）、文物世界2002. 5. 7
					3＋						道教像	道美270、長藝349；398
					5＋						彭氏	慈善寺179
			2		38＋			1		□城太守□州別駕岂主祿文		甘石213
1	1		2	1	13＋				□□□僧？遵		兩側面にのみ文字有り。彭・李氏中心	現地調査資料（靈臺縣博物館）
都香火主、東西南北各面香火主1	西面、東面邑政、□□□正、南面邑政	都、南東西各面1、□面花主	都、東西南北各面1	都、東西南北各面1	103	都、東西南北各面1	都、南東西各面1、□□	1	佛堂主	寧遠將軍儀同司馬孫□□、寧遠將軍統軍庫延豐□、輕車將軍別將宇文元達、驃騎將軍都督地連昌、車騎將軍帥都督紇奚愼、都督啓寧縣平州刺史賈延、建中將軍誠紫別將郭永、帥都督眞定縣開國侯吐難慶、前將軍右銀青光祿大都督明水縣開國公豆盧相など		敦編246、考文1985. 4. 109、甘石216、魏文斌・鄭炳林［2005］
2	都	1、都	都	2	13	2			浮圖主	寧遠將軍右員外常侍鶉觚令李顯、長安縣人車騎將軍左光祿韓定□、輔國將軍前河東郡守梁令伯		松原473、石佛選粹43、隴右1（石1. 21. 15979）、文物1983. 7. 48、甘石221

別表J　Gの北方地域（洛川県・黄陵県などの陝北地域）

No.	殘存狀況	王朝	年	月日	名稱	關係地（すべて陝西省）	尊像名	主な奉爲	像主	邑師	邑主
1	部	西魏	大統12（546）	0803	「合邑六十人」「勸導鄉豪道俗等」（□法龍造像碑）	洛川縣土基公社鄜城村出土	釋迦	皇帝陛下 大丞相		1	2
2	部	西魏	大統14（548）	0223	「……人等」「遵崇邑儀」（似先難及）	1978年黃陵縣西峪村發見	缺	國主 大丞相王	1	1	2、都
3	○	北周	建德2（573）	0710	「佛弟子景曇和・楊恭八十等」	洛川縣土基公社鄜城村出土	石像	皇帝陛下 群遼伯官	都、思惟、彌勒、當陽	1	1、都

別表K　一般会員を「邑生」と称する義邑が多い地域（甘粛省隴東地区・陝西省西部）

No.	殘存狀況	王朝	年	月日	名稱	關係地	尊像名	主な奉爲	像主	檀越主	邑師	邑主	典坐
1	○	北魏	延昌2（513）	1022	比丘僧法慧	1996年陝西省長武縣丁家鄉直谷村出土	なし	なし					
2	部	北魏	正光2（521）	0913	法門寺三駕村出土造像碑	陝西省扶風縣法門寺三駕村北出土	不明	不明					2
3	部	北魏	無紀年		荔非興王造像碑	陝西省彬縣文化館所藏	不明	不明					
4	部	北魏	無紀年		常村北魏千佛造像碑	原在陝西省麟游縣河西鄉常村古寺廟遺址	不明	不明					
5	部	北魏？	無紀年		「□城太守□州別駕邑主祿文」	（甘肅省博物館藏）	なし	なし				2	
6	部	西魏	大統11（545）	0315	「邑生廿五人等」	2009年甘肅省靈臺縣興中臺鎭坷臺村出土	石象	諸邑生等七世所生 一切衆生					1
7	○	北周	保定元（561）	0115	「合邑生一百三十人等」	1984年甘肅省正寧縣羅川聶店村出土	人中釋迦	法界衆生 黃帝比下	都		3	都、南東西各面1、□□	都、東西南北各面1
8	○	隋	開皇元（581）	0423	「佛弟子李阿昌等廿家……然諸人等、謹請比丘僧欽爲師、徒名曰大邑」	原在涇州古城華嚴海印寺内（甘肅省涇川市水泉寺）	碑像	不明	1		2	都2	

邑主・邑義主	**邑義**	(大) 像主	肩書無	その他	官職	備考	主な典據
	邑義35	1、大	有	齋主、書人張僧達、沙門5、作多寶佛塔主、佛弟子多數、淸信士2、淸信女2		大半が張氏	松原137、OS149、珍圖31、北大A33450
			25			邸姓13人、楊姓7人	松原174a、埋佛7、曲陽1
						杜洛周が定州城をこの月に攻め陥としている	故宮院刊2001.4.4、文物2004.9.70、曲陽11、漢魏6.137
		石2	多		浮陽太守王零和、安德縣令……		漢魏7.182、文物1999.6.72、山東石佛10
			多	正信	撫軍將軍殷州長史河東侯薛安民、安東將軍銀青光祿大夫秦州別駕金城太守趙元顯、伏波將軍大行臺下帳内別將程顯邕、州西曹賈仲業、趙郡功曹郝市邕、趙郡主簿褚豐禮など	ほかに板授官多數。薛安民：『魏書』卷44薛野賭傳附傳薛忱傳「長子忱、字安民。正光中襲爵。……出爲殷州驃騎府長史」	漢魏7.222、拓6053、京NAN0405X、寰圖2.183、常山2、瓊18、金石續編2、魯一五851、百品97
			22			僧が過半	松原278a、OS203a、大村259
			67	上坐2		全員僧	漢魏8.49、拓6141、京NAN0455X、魯二二405、定縣志18（石3.24.269）
		1	17	菩薩主2、起像主、光明主、寶塔主、命過			漢魏8.59、拓6143、文物1997.7.64
邑主比丘			52			邑主比丘曇豐	松原383b、OS203b
			10	故人			北大A13636、東光縣志10（石3.23.544）
		1				ほとんど缺損	魯二三713、文叢5.124、齊遺205
邑義主比丘尼2	**邑義**	3、白衣大		□主宋伏香			漢魏9.64、拓7100、瓊21、大村328、賴非181
都邑主			有		冠軍將軍…、□偏將軍瑯琊郡丞、□□西□勳□前□西都督	都邑主□僧□	漢魏9.68、拓7099、京NAN0546AB、瓊21

別表L①(1)「邑義」「邑義人」と称する義邑

No.	残存状況	王朝	年	月日	名稱	關係地	尊像名	主な奉爲	比丘	(都)維那
1	○	北魏	熙平元(516)	0715	「定州中山望都山陽村大像主張布**諸道俗邑義**卅八人等」	「定州中山望都山陽村」(河北省望都縣)(ペンシルバニア大學博物館藏)	彌勒石像	宣武皇帝 今照陛下	13	
2	○	北魏	神龜3(520)	0403	「定州中山上曲陽**邑義**廿六人等」	「上曲陽」(河北省曲陽縣)	彌勒	皇家 邊地衆生	1	
3	無	北魏	眞王5(528)	0108	「上曲陽城内唯那楊天仁等二百人**邑義**」「**見在邑義**」	「上曲陽城内」(河北省曲陽縣)	彌勒	**亡邑義**		1
4	○	東魏	天平4(537)	0801	「滄州樂陵郡濕沃縣上方同寺道玉・陽平郡清淵縣人嚴懷安二人率**邑義**三百人等」	山東省惠民縣惠民鎭西南4km沙河楊村出土	彌勒石□三區。衆雜經三百	皇帝陛下 左右□□令長 **邑義知識**	僧、尼2	13
5	部	東魏	元象2(539)	0215	「凝禪寺三級浮圖之碑」「正信佛弟子趙居士、名融……卽共……即共長兄浮陽太守文奴・元氏令文□・邯鄲令貳奴・元氏令靈和・房子令靈宣長・兼參軍市□兄弟等……率鄕賢道俗二千餘人等」「鄕人中兵參軍鄭鑒**邑義**二千等」	原在河北省元氏縣北白婁村	三級浮圖	皇猷□隆 丞相休永 王公百司 師僧父母 識性之類		
6	○	東魏	興和3(541)	0230	「九門安樂王寺道遇**邑義**廿三人」	「九門縣安樂王寺」(河北省藁城市西北)(フリア美術館藏)	白玉像	皇家 師僧父母		
7	○	東魏	武定5(547)	0208	「豐樂七帝二寺**邑義人等**」	原在定州(河北省)	白玉龍樹思惟像	皇帝陛下 師僧父母 邊地衆生		
8	○	東魏	武定5(547)	0704	「**邑儀**一百卅四人等」(像主王蓋周)	山東省濟南市長淸區五峰鄕黑峪村西部遺址出土	石像	國祚永隆七世父母 居家眷屬一切昆蟻	14	8、都3
9	○	北齊	天保2(551)	0921	「**邑義**道俗七十八人等」	(フリア美術館藏)	白玉彌勒	國祚彌□帝主永□ 師僧父母 一切邊地衆生	1	4、都
10	部	北齊	天保5(554)	0408	「東光人趙獨方・尼曇照**同邑義**卅人」	「東光人」(河北省東光縣)	觀音	皇帝陛下 師僧父母 香火法義	尼6	
11	無	北齊	天保10(559)	0429	「寶山寺僧靈壽**邑義**伯十人等」	原在河南省安陽市寶山	……、憂田王白玉像	國祚永隆		
12	部	北齊	乾明元(560)	0625	「比丘尼慧承・比丘尼靜遊・趙迎・聶義姜率□諸邑」	原在山東省濟南市長淸區五峰鄕石窩村南部蓮華洞	彌勒	皇帝陛下群臣宰守 諸師父母含生之類	尼2	
13	部	北齊	乾明元(560)	0715	「比丘僧**邑義**……」	山東省臨沂市蘭山出土	缺	皇帝 中宮内外 使君守令參寮	1+	

邑主・邑義主	**邑義**	(大) 像主	肩書無	その他	官職	備考	主な典據
		大、東堪大、西堪大、□堪、□堪大、中堪大		中堪菩薩主、經主比丘		大像主比丘惠朗	賴非160、百品172、山東類3.284
邑主比丘2		父母3	58	齋主、施地主2、浮圖主、柵柱主、都綰主、開復主、香几主、捨財		常山によると佛龕上左榜に「邑義」とある。拓では確認できず。成氏中心	拓7105、常山2、大村329
大都邑主	**邑義58**	14、東龕大、西龕大、第一龕大、大12		大碑像主、右葙金剛主、左葙金剛主、八王子主6、寶瓶香……、師子王主、□聖天女主左葙菩薩主5、右葙菩薩主5、東龕菩薩主、□龕菩薩主	肥城令孟桃枤、鎭遠將軍前淮陽郡承帯宿豫縣令孟……、安東將軍蒙授膠州刺史孟敬祖、平南將軍蒙授魯陽郡太守孟群虎、前祭酒從事蒙授聊城令孟曇□、……縣令孟僧田	大都邑主前東濟郡正孟貳郎、都維那比丘	北大 A13690
							漢魏9.166、文物1996.3.65
	邑義24	西龕2、北龕	有	□明主、起像主6			漢魏9.300、拓7201、魯二四799、硯7、大村341、齊遺263、臨沂縣志12
	邑義5			中正2			大村342、百品232
			14				曲陽149
義主				元鄉葬、元貢義、元造義、施主、上坐、寺主、居士、義夫	明使君斛律令公長息安東將軍使持節岐州諸軍事岐州刺史……世達、公第九息儀同三司駙馬都尉世遷、定州軍士呂貴親など	「國統光師弟子沙門三藏法師曇遵」石柱建立の年代考證については定興縣志を參照	漢魏9.96、拓7116、京NAN0557A-H、魯一六1051、定興縣志16（石3.23.609b)、文物1977.12.79、佐藤科研144、百品184
			16			16人全員賈氏	漢魏9.318、拓8003、京NAN0619X
都邑主比丘	**邑義32**、邑子15	大2、上堪定光、太子	有	邑中正2、大齋主5、大邑義、光明主2、南堪主、大碑主2、金剛主2、寶塔主、師子龍王主、聖僧主3、聞(文)珠主、維摩主、釋迦苦行主、供養主2、□夫主、佐葙菩薩主2、右葙菩薩主2	曜鋒將軍諸葛元偘、行臺下都軍長史王元誕、□新安郡二正郡公曹□虛、揚州刺史息陽翟郡邑中正黃臺縣主簿扈銀寶	興聖寺主諸葛始興、邑義比丘尼2	寰圖2.217、魯二四835、瓊22、費縣志14上（石3.26.176)、百品250
邑義主						西面缺損、背面不明	漢魏9.418、拓8041、萃34、瓊22、大村348

別表L①(2) 「邑義」「邑義人」と称する義邑

No.	殘存狀況	王朝	年	月日	名稱	關係地	尊像名	主な奉爲	比丘	(都)維那
14	部	北齊	皇建元(560)	0903	「佛弟子比丘法慧」「**邑儀諸人**」(海檀寺碑)	「東平郡須昌縣海檀寺」(山東省)	靈尊、觀音經	皇道□興父師常樂**邑儀諸人**法界有形	3	
15	○	北齊	皇建2(561)	0129	「邑□人等」「**邑義**」(成雙胡)	原在正定縣(河北省)	父母像、浮圖	皇□□□邊方寧竫七世□亡見在師僧父母因緣眷屬一切含生	3	3、都
16	○	北齊	大寧2(562)	0106	「正信佛弟子都邑維那孟貳郎率領**邑義**一百人等」「**邑義**合一百餘人等」	原在山東省肥城市南45里南陽莊	碑像上下五龕	皇帝陛下 王境萬民 有形之類 一百人 七祖先靈	4	17、都邑、都
17	無	北齊	河清3(564)	0000	「**邑義人等**」「於沙丘東城之内優婆夷比丘尼之寺、率彼四衆」	山東省兗州市泗河河床中發見	阿彌陀連座三佛	太上皇帝陛下 師僧父母 含靈		
18	○	北齊	天統5(569)	0415	「**邑義**孫昨卅人等」	「南瑯琊」山東省臨沂市普照寺出土	僧寺	なし		都2
19	部	北齊	天統5(569)	0914	「**邑義**六十人等之碑頌」「司州汲郡尙孝擧」(棲閑寺邑義)	原在山東省臨沂市蘭山孔廟明倫堂	石碑像	皇帝□□ 三塗		
20	○	北齊	天統5(569)	1014	「**邑義**十三人等」	河北省曲陽縣修德寺址出土	白玉象	皇帝陛下師僧父母居家眷屬		2
21	○	北齊	武平元(570)	0000	「標異義慈惠石柱頌」「信心**邑義**維那……合二百人等」「義衆」	河北省定興縣	石柱	なし		1
22	○	北齊	武平元(570)	0211	「賈家莊**邑義**十六人」	原在北京市宣武區法源寺	白玉像	皇帝陛下師僧父母		
23	○	北齊	武平3(572)	0318	「都維那王子□群虎高□高□□等」「率領道俗邑□卌人」(興聖寺造像碑)	原在費縣方城鎭諸滿村	四面石碑像	國祚延隆 七世存亡 法界衆生	24、尼4	8、左葙都、右葙都、都2
24	無	北齊	武平3(572)	閏1216	「**邑義主**一百人等」	原在兗州	靈塔	(缺)		

邑主・法義主	**邑人**	(大)像主	肩書無	その他	官職例	備考	主な典據
邑主比丘			23+	母人		「玉像」、劉氏中心	北大 B3348
	邑人125			故人２		朱氏中心	漢魏9.7、拓7068、魯二三691
				雲門寺僧織書	故雲陽公子林、□波將軍彭惠通刊		漢魏9.72、拓7102、魯二四727、瓊21、大村311、北拓476、百品174
							曲陽101
石象都邑主	**邑人63**			造碑人、元建造寺主	本州西曹齊禮□、清州別駕齊□□、外兵參軍劉榮顯、前安憙縣治事功曹ほか板授官多數	僕射魏收造文、石象都邑主□□尉永	拓7113、京 NAN0554AB、魯一六1007、定縣志18（石3.24.270）、百品180、山路隆浩［2008］
		3	4				松原427、OS245、珍圖122
邑主２、都邑主	邑子26、**邑人１**	60、大、都	有	光明主、開佛光明主２、浮圖主、菩薩主10、大齋主２、齋主４、供養主４、道場主３、行道主２、碑主、起碑主、居士、白鹿玄極寺主、大鍾主、大施優婆夷、清信士３、清信女３	郡中正王桃湯、安東將軍秘書丞梁州大中正楡縣開國男兼散騎常侍聘南使主皇甫亮、梁平西將軍永安縣開國侯天門郡太守朱豐國、中堅將軍共縣令袁秀、輕車將軍給事中張粲など	「大像主邑主齋主中散大夫張思顯、父荊州刺史蠡、母大施優婆姨王」。皇甫亮、張子彥は正史に見える。禪師７、法師２、律師３	魯一六1023、淑德拓
大邑主練行沙門２				**大經主**	上祖郭溫、青冀二州刺史	郭氏「出自太原、因封關左」	漢魏9.213、拓7163、百品216、春秋2014.3.50
	邑人23	大、副		邑政３、光明主、清信士			拓7176、魯二四769、大村336
	邑人19＋						現地調査（博興縣博物館）
		８、大、次		開明主、法主莊嚴寺内禪主趙州常書法樂、寺主７、起大像主	趙州祭酒宋文雅、趙州參議中正攝西曹書佐州主簿宋紹業、朔州刺史宋安舍、趙郡太守宋領宗、平昌令宋安宗、安國令宋安集	板授官數人。「宋氏祖湛。…始漢孝帝用湛趙郡公。子孫因封、不還西河」「寺主比丘僧法住俗字宋景樂」	拓7199、大村341
邑主暈禪師	**邑人12**		10	禪房主因禪師		「～～母～」という表記	漢魏10.3、拓8043、大村348、魯二四847
	邑人３		1				駿台史學130.144、現地調査(中皇山)

別表L②(1)「邑人」と称する義邑

No.	殘存狀況	王朝	年	月日	名稱	關係地	尊像名	主な奉爲	比丘	(都)維那
1	部	東魏	武定6(548)	閏0711	「**邑人等**」(僧顔造像)	?	思□玉像一區二菩薩		8、尼4	3
2	○	北齊	天保8(557)	1200	「朱氏**邑人**等」	原在慶雲城南管家寺(山東省慶雲縣)	玉石象	皇祚永延邊方寧太存亡同津含生等潤		17、都2
3	○	北齊	乾明元(560)	0000	「靈山寺僧方法師・故雲陽公子林等率**諸邑人**」	河南省安陽市小南海石窟		先師	1	石窟都
4	無	北齊	乾明元(560)	0708	「莊嚴寺共寺下**諸趙邑人等**」	河北省曲陽縣修德寺址出土	彌勒下生	皇帝陛下師僧父母法界有形		
5	○	北齊	大寧2(562)	0208	「齊太師錄尙書事彭城王高湝」「讚三寶福業碑」(彭城寺碑)	原在河北省定州東70里廢寺中	なし	皇家世祀共圓□周	36	5、都4
6	部	北齊	河淸4(565)	0208	「曲陽縣宕城諸劉村**邑人等**」	「曲陽縣宕城諸劉村」(河北省)(フリア美術館藏)	白玉像	師僧父母皇帝陛下七世先亡邊地衆生		
7	○	北齊	河淸4(565)	0408	「慧據法師……率諸四部」「**三寶邑人**敬造」(玄極寺碑)	原在河南省輝縣城西70里白鹿山	石經、石碑、尊像多數	なし	15、尼51	6、都5
8	部	北齊	天統元(565)	0906	「**大邑主練行沙門悲・教二禪師**」「大經主中丘縣人郭顯邕……遂共禪師等……五百餘人」「**邑人五百**」	在河北省邢台市郭村小學門前東側	一切經卷、過三千部□十二	なし		大4
9	○	北齊	天統2(566)	0410	「同邑卅餘人」(大像主劉僧信)	原在濟寧(山東省)	彌勒	皇家臣庶父母師僧己身一□	3	3、都、副2
10	部	北齊	天統2(566)	0904	「公乘青頭・劉長胤・蘇六五十人等」	山東省博興縣出土	盧舍那	皇帝永隆國土寧泰七世父母師僧現前眷屬		
11	部	北齊	天統5(569)	0408	「道俗**邑人**」(大像主宋文雅)	「趙州」(河北省趙縣)	□□大像	爲國興福	1、尼	
12	○	北齊	武平3(572)	0023	「淨行比丘暈禪師、率領邑義四部五十人等」「雹水村四部道俗邑義五十人等」	雹水村(南易水=雹水)易州(河北省)	阿彌陀白玉像	皇帝陛下師僧父母法界衆生	13、尼14	1
13	○	北齊	武平4(573)	0000	「龍花寺比丘法玉・劉貳同妻馮令興・王靈援**邑人**	原在河北省涉縣木井寺遺址	石經碑(遺教經)	皇帝一切衆生	1	

邑主・法義主	**邑人**	(大)像主	肩書無	その他	官職例	備考	主な典據
邑主尼	**邑人18**			中正			大村349、常山3
	邑人7						考古1997.7.27、現地調査（博興縣博物館）
	邑人15＋	大		故人8＋、王母40＋			文物1999.6.70、齊遺211、碑刻造像467
	邑人4＋		有	**經主**、中正、白石寺、龍華寺、石窟寺	兗州主□羊穆、厲威將軍兗州東陽平太守□州五城上郡太守太山羊鍾、郡功曹東市貴など		漢魏10.125、寰圖2.217、賴非167、山東類3.290、碑刻造像171
	邑人4＋	1					寧津縣志10（石3.23.513）
				經主、東嶺僧安道壹署經	寧朔將軍大都督任城郡守經主孫治、齊任城郡功曹周平陽縣功曹大都維那趙郡李巨敖、齊搜揚好人平越將軍周任城郡主簿大都維那閭長嵩	趙郡李氏が參加	山左10、拓8178；8179、硯7、賴非102、碑刻造像23、山東類4.43

比丘	(都)維那	(大)像主	清信士女	肩書無	その他	官職例	備考	主な典據
				17			白大理石像。刻まれた17人のうちほぼ全員が女性	松原249、埋佛11、曲陽16
1	都			14			白大理石像（松原によれば河北派）。僧以外全員女性	魯二二385、圖典494、松原274a
			○	有			白大理石像	松原391a
	7			34			「白玉象」	匋11、大村316
1	4	覯勘		50	舍地但越主2			拓7051、齊遺185
2、尼7	都2	2		15			白大理石像。「～～母～」という表記。「都維那像主比丘智元」	松原394ab；395ab、大村325、珍圖104
尼2	3			69				大村327
	14、都			54	都管		白大理石像。「～～母～」という表記	漢魏9.307、考古1980.3.242

別表Ｌ②(2) 「邑人」と称する義邑

No.	殘存狀況	王朝	年	月日	名稱	關係地	尊像名	主な奉爲	比丘	(都)維那
					等」					
14	○	北齊	武平4(573)	0517	「邑主尼法元等」	原在河北省曲陽縣	思惟	皇帝陛下七世師僧父母一切衆生		1、都
15	部	北齊	武平4(573)	0619	「匡社正劉貴率領廿人等」	山東省博興縣張官村北出土	盧舍那	皇帝陛下邊地衆生		
16	部	東魏末〜北齊初			「大像主張稱伯」	山東省惠民縣惠民鎭西南4km沙河楊村玉林寺址出土	？	七世西亡居家眷屬	10＋尼2	4
17	部	北齊	無紀年		文殊般若經碑	原在山東省汶上縣白石鄕小樓村水牛山頂上	文殊般若經		2＋	都
18	部	北齊	無紀年		像主趙敬仙	光緒17年寧津縣出土(山東省)				
19	部	北周	大象元(579)	0800	「有信佛弟子匡喆及弟顯……與同義人李桃・湯□奴等……乃率**邑人**」「齊大沙門安法師」	山東省鄒城市鐵山摩崖	大集經、碑	なし		

別表Ｌ③ 「母人」と称する義邑

No.	殘存狀況	王朝	年	月日	名稱	關係地	尊像名	主な奉爲
1	部	東魏	天平4(537)	0228	「朝陽村**邑儀男子母人**卅人等」「邑儀人等」	河北省曲陽縣修德寺址出土	釋迦	皇家祚隆无窮无邊衆生邑儀人等
2	○	東魏	武定3(545)	0523	「比丘僧道和共**母人**」	？	觀世音	なし
3	部	北齊	天保4(553)	0124	「淸信**邑義等母人**」	？	玉像	國主先忘生天現在□福
4	○	北齊	天保4(553)	0220	「公孫村**母人**合卅一人等」	？	白玉象	なし
5	部	北齊	天保7(556)	0301	「高劉二姓邑義五十一人等」「**母人**廿一人等」	？	浮圖	國王帝主師僧父母邊地衆生
6	○	北齊	天保10(559)	0215	「像主比丘惠祖・比丘智元・像主□□吉**母人等**」	？（東京国立博物館藏）	龍樹思惟	皇帝萬民含識受苦衆生師僧父母
7	○	北齊	乾明元(560)	0415	「大交村**邑義母人**七十五人等」	？	雙觀世音	皇帝陛下師僧父母法界衆生
8	○	北齊	武平元(570)	0115	「賈壇村**邑義母人等**」	河北省藁城縣北賈同村出土	玉像	法界

邑主・法義主	邑子	像主	肩書無	その他	官職例	備考	主な典據
		1	多	弟子、石像金色主		詳しい考證は佐藤智水[2007b]參照	拓3062、京NAN0066X、魯二一43、龍佛研46.199、百品12
法義主比丘		石1	多	淸信士4、淸信女		詳しい考證は佐藤智水[2007b]參照	拓3076、NAN0073A－B、匋6、大村208、魯二一47、龍佛研46.213、百品21
						維那比丘9、都維那比丘4	深州風土記11上（石3.24.517）
			30	□主			春秋1990.3.22
			28	塔主		他三面不明	魯一五915、大村270、匋9、未央3.14
	邑義人、邑子2、邑人	1		李祥伯妻王奉貴		濕沃縣王氏、魏昌縣劉氏、般縣王・張氏、樂陵縣李氏が參加	漢　魏8.74、文物1999.6.70、山東石佛14、石刻造像448
比丘像邑主2	邑子81		有	邑大中正、大邑中正、邑中正、石象齋主、象塔寺都主、象寺都主、象塔香火主、飛天主、瓊大施主、瓊施主、□施主、觀施主、石象塔東堪主、石象光明主	兩縣令桓肆周、平東將軍前昌樂縣令桓小成、昌陽縣開國淸河太守光援祖、平東將軍臨漳縣令光朝賓、寧朔將軍華陽公國郎中令尹景輝、廣平郡太守光相周など	寺主比丘、「此法師、名道、諱瓊、迺承波長漢、赤龍之胤、元在河閒、今寄居易陽人也」	漢　魏8.102、拓6155、京NAN0479X、魯二二453、大村277、山右1、石佛選粹22、百品133
			多				拓7081、石佛選粹28、現地調査（南和縣人民醫院）
			65	鄕老		兩側不明	漢魏9.74、拓7103、京NAN0548X、寰圖2.206、瓊21、金石續編2、賴非156
邑主2							敦煌研究2005.1.61、響記2.93
	邑子122	大		大頌主、大建心主、經主、大化主、菩薩主2、齋主3		齋主比丘2	漢魏9.158、拓7141（碑陽）、傅10507(碑側)、文物1997.3.69、石佛選粹31、賴非162
	邑子31	1	有	都管唯那、五臣主、太子像主、淸信士	趙州主簿柴養奴、郡主簿柴加祿、郡兼功曹柴同、冠軍將軍中散大夫柴士和、□郡功曹陽阿縣令板柴□演、□陽廣平二郡太守板柴世文ほか多數	「近祖誕、晉永嘉之初、詔除冀州刺史開國任城侯。隨官爵土、因封廣平」	漢魏9.205、拓7160、現地調査(平鄕縣文化體育局)

別表L④(1)　その他義邑

No.	殘存狀況	王朝	年	月日	名稱	關係地	尊像・經名	主な奉爲	比丘	(都)維那
1	○	北魏	景明4(503)	0402	「幽州范陽郡涿縣當陌村高伏德像主・維那劉雄合三百人」	「涿縣當陌村」(河北省涿州市)	石像	皇帝陛下	7、尼2	1
2	○	北魏	正始元(504)	0309	「涿縣當陌村維那髙洛周七十人等」	「涿縣當陌村」(河北省涿州市)	釋迦石像	皇帝陛下		2
3	部	東魏	興和3(541)	0225	「□陽境内僧二百餘人等」	原在河北省饒陽縣	玉像彌勒	皇帝陛下羣臣百官	144	9、都4
4	○	東魏	武定4(546)	0208	「香火竹□□等卅三人」	1964年河北省唐縣寺城澗村出土	思惟	皇帝陛下	尼	
5	部	東魏	武定4(546)	1008	「兗㊀泰山郡牟縣上栂村人維那主樂天祐・維那主張□□・維那主劉貳健・維那主謝貴・維那主孫武胡廿人等」	「兗［州］泰山郡牟縣上栂村人」(山東省)	塔	皇帝陛下州郡令長七世父母居家眷屬現存安□法戒衆生		主6
6	部	東魏	武定6(548)	0314	「濕沃人唯那像主王叔義・邑義人定州中山郡魏昌縣人劉㲃貴・趙景仲」「邑子李慶邑儀等」	山東省惠民縣惠民鎭西南4㎞沙河楊村出土	石像	皇帝陛下哈生之類		1
7	部	東魏	武定7(549)	0408	「武安龍山寺主比丘道瓚記」「便率彼英傑信心令儁一百餘人」	原在河北省武安市陽邑鎭北叢井村西端龍興寺門外	文碑、勇塔	なし	5	32、都、大都2、大、都錄
8	○	北齊	天保10(559)	0213	「慧炬寺僧道潤唯那……」	在河北省南和縣北關	石碑、像一百鋪、一切經	皇帝一切		83
9	部	北齊	皇建元(560)	1220	「鄉老舉孝義雋脩羅之碑」「餘等鄉老壹伯餘人」	山東省泗水縣出土	維摩經	なし		
10	無	北齊	河淸2(563)	0621	「邑主魏□□・邑主□□□□」	南響堂山石窟19號摩崖(河北省)	石像兩區	皇帝陛□□□□□法界衆生		
11	○	北齊	河淸3(564)	0708	「大頌主劉珍東・大建心主張曇偘・大都維那張法敬・大都維那張苗・大都維那王遵義二百人等」	原在山東省鉅野縣小徐營古石佛寺	經像(華嚴經十惡品)	國祚永□眷屬一切衆生	2	47、大都7、都
12	○	北齊	天統元(565)	0800	「象主柴季蘭合邑卌餘人」	原在河北省平鄉縣北柴村	石像	なし	11、尼3	25、都2

邑主・法義主	邑子	像主	肩書無	その他	官職例	備考	主な典據
□邑主舜禪師		1		大施主			漢魏9.349、拓8015、百品236

王主	(都)維那	邑人、**王人**	(大)像主	肩書無	その他	官職例	備考	主な典據
王主比丘		**王人20＋**	1					AS05(黃驊市博物館現地調査資料)
王主比丘僧	**王母唯那**			30				滄州文物古迹93、藝研10.299：M5
王主比丘僧		邑人		15	主書像人、**故人2**			藝研10.299：AS15
前故師王主比丘僧、後師□主比丘僧	**1、王唯那**	**王人23**			**故人6**、左葙菩薩主、右葙菩薩主	樂陵令…、陽信令…		漢魏8.339、文物1983.7.45
大王主比丘僧	都維那、大維那2	**王人18**	大			**故人**頁廣太守張族	女性の義邑。大維那王貴姜、大維那王妁她	漢魏9.29、松原383a、圖典506、文物1983.7.45、山東石佛53

別表L④(2)　その他義邑

No.	殘存狀況	王朝	年	月日	名稱	關係地	尊像・經名	主な奉爲	比丘	(都)維那
13	部	北齊	武平元(570)	1100	「舜禪師」「復有［劉］洪安・劉專・劉嶠常・劉獻伯・□□□・劉黒等、……遂率宗門一百餘人」	原在河北省贊皇縣	阿彌陀像幷觀音大勢	なし		

別表M　「王主比丘」主導の義邑

No.	殘存狀況	王朝	年	月日	名稱	關係地	尊像名	主な奉爲
1	部	東魏	武定7(549)	0220	なし	河北省黃驊市出土	觀世音玉石像	皇祚無窮法輪御世
2	○	東魏	武定7(549)	0918	「**王主比丘僧**惠休・**王母唯那**王妙・馬句男……**諸王母**卅一人等」	河北省黃驊市出土	白玉石像	國王帝主州郡令長
3	○	北齊	天保5(554)	0225	「高城縣**王主比丘僧**法洛合法義廿人等」	河北省黃驊市出土	玉像	父母
4	○	北齊	天保5(554)	1020	「**王維那**張洪慶・維那張蒲昌三十五人」	山東省無棣縣何庵村出土	玉石像	皇帝陛下州郡令長七世父母居家眷屬
5	○	北齊	天保9(558)	0929	「大像主陽顯姜夫故人張族㠩廣太守居家眷屬諸邑義廿七人等」	山東省無棣縣何庵村出土	白玉像	皇帝陛下羣聊百官土境人民邊地衆生

維那(主)	**法義主**	法義	(大)像主	清信士女	肩書無	その他	官職	備考	主な典據
	法儀主		1		23		省略（第一部第二章參照）	東清河崔氏。崔鴻は『魏書』卷67に附傳。墓誌もあり	漢魏5. 35、拓4071、瓊15、大村234、石佛選粹64
主 4					87		當利本縣令王珍之（板授）		拓4127、京 NAN0227A、魏 目149、大村236、瓊15
主 4					25			女性の集團	漢 魏5. 216、拓4147、京 NAN0088X；NAN0248X、魏目161、魯二一129、大村231、瓊16、佐藤智水［2012］137
					74＋			□福寺比丘も參加	漢魏5. 285、拓4171、京 NAN0262X、魏目169、瓊16、臨淄縣志（石3. 27. 543）、大村237
				士17					京 NAN0274X、益志26（石3. 27. 413）
									文參1958. 4. 41、美術與考古上270
2			1		多	寺主、石主、女人 5		王氏中心。像主王敬賓、寺主王德寶	美術與考古上272、現地調查（博興縣博物館）
2				士11	21				拓5021、魏目203、魯二 一141、山右 1 、匋 7 、益志26（石3. 27. 413）
2 、都 4					34		鄧恭伯には官職名が記されないが、妻崔令姿墓誌によると「征北將軍金紫光祿大夫」	都維那のうち比丘 1	京 NAN0292X、魏 目202、瓊16、魯二一143、大村231
都 2					8				漢魏6. 116、拓5065、京 NAN0313X、魏目208、瓊16、大村232、魯二一157
	義主 2				93	施地主、塔主 2 、基主 2 、命過		義主葛道濟；尹勝	漢魏6. 120、拓5067、山東通志151（石2. 12. 9290）
2					123		青州刺史廣陵□政皂服從事孔惠恩	李姓72、殷姓19	拓5194、魏目228、魯二一175、益志26（石3. 27. 416）、大村240
				○	80＋			孔氏がほとんど。他に邢・李氏	益志26（石3. 27. 418）、現地調查（青州市博物館）
7 、都					89	施地主		百品は「施地主」を「都化主」とするが誤り。「此是定光佛出」	魏目250、魯二一215、匋 7 、大村244、松原199、OS143、珍圖65、百品83

別表Ｎ①－ａ　「法義」と称する義邑（北魏）

別表Ｎ①－ａ　「法義」と称する義邑（北魏）

No.	殘存状況	王朝	年	月日	名稱	關係地（すべて山東省）	尊像名	主な奉爲	比丘
1	○	北魏	神龜 2 (519)	0911	「齊州東清河郡鄃縣人崔懃」「**法儀兄弟**廿五人各錢一百裁佛」「像主崔懃用錢九千□」	「鄃縣」	石像	皇帝陛下 三公主司 居家眷屬	
2	○	北魏	正光 3 (522)	0126	「光州長廣郡□利縣維那主蘇胡・張碩・□珍・蘇慶伯**法義等**」	「光州長廣郡當利縣」平度縣出土	なし	なし	4、尼21
3	○	北魏	正光 4 (523)	0729	「**法義兄弟姉妹**等」（劉愛女等）	黄石崖	石窟像廿四軀	なし	
4	○	北魏	正光 5 (524)	0811	「青州高陽郡新城縣成買寺主道充率化刹邑道俗**法義兄弟姉妹**一百人」	「新城縣」	彌勒尊像	一切羣生	15
5	○	北魏	正光 6 (525)	0500	「青州齊郡臨淄人**法義等**十七人」（張買等）	「臨淄」黄石崖？	石像	なし	
6	無	北魏	正光 6 (525)	0615	「青州樂安郡般縣王世和・王文・王□・王伏會等**法義兄弟**」	「般縣」原在博興城東南40里般若寺村東北	尊像	皇帝陛下 □官伺牧	
7	部	北魏	孝昌 2 (526)	0000	「青州樂陵郡陽信縣**法儀**六十餘人」	「陽信縣」博興縣龍華寺址出土	彌勒像	皇帝陛下 七世父母 一切衆生	尼 2
8	○	北魏	孝昌 2 (526)	0327	「□林合法□□□自鹿登鹿□卅一人」「**諸法義**」	益都北馬皆莊（馬官莊）吉祥寺出土	缺	國家郡……諸法義住世眷屬諸賢等侶	3
9	○	北魏	孝昌 2 (526)	0908	「**帝主元氏法義**卅五人」	黄石崖	彌勒像	四恩三有 法界衆生	3
10	部	北魏	孝昌 3 (527)	0710	「**法義兄弟**一百餘人」	黄石崖	石窟、靈像	帝主法堺群生師僧父母居家眷屬	5
11	○	北魏	孝昌 3 (527)	0917	「**法義**九十人等」	博興縣出土	專塔	七世父母 現存眷屬	
12	○	北魏	永安 3 (530)	0809	「青州齊郡臨淄縣高柳村比丘惠輔・比丘僧□・比丘僧詳・比丘惠珍・維那李懷・維那李元伯**法義兄弟姉妹**一百午十人等」	「臨淄縣」	彌勒尊像	皇帝陛下州郡令長七世父母居家眷屬亡過現存法界倉生	4、尼 6
13	部	北魏	永熙 2 (533)	0323	「清信士佛……**法義**」	益都東夏鎮段家莊出土	石像	皇祚永隆	
14	部	北魏	永熙 3 (534)	0305	「**法義兄弟**二百人等」	臨淄出土（メトロポリタン美術館藏）	尊像	皇帝陛下 七世父母	8、尼 2

維那（主）	**法義主**	**法義**	（大）像主	菩薩主	清信士女	肩書無	その他	官職例	備考	主な典據
主					士、女	有	命過3		台座正面のみ、他の面にも供養者題記あり。王氏中心	文參1958.4.41、文物1996.12.75、現地調査（東營市歴史博物館）
					有	有			光背背面佛綫刻畫あり	文物1996.5.59
1、都	**瀆義主**	**法義2**				多	中正	驪驤將軍中散大夫□慶州司馬胡萬雙、雁門太守胡某之など	瀆義主胡元方	山左9、北大A33653；A13547；06257
2							□主			漢魏7.255、拓6069、大村258、瓊19
						有				考古1996.3.285
					○					現地調査（臨朐縣博物館）
1、主13			2			103			像主王伏敬；王明	京NAN0433X、魯二二363、匋9、校碑368、大村264、百品116
都維比丘		**法儀56**	石	右相、左相		7			王氏中心。石像主王雙虎、妻袁光暈、左相菩薩主清州人朱仕相	金石續編2、東阿縣志4（石3.27.3）、賴非184
		法義28				多	施地主2、……主		張氏中心	拓6177、魯二二493、大村280附圖570、山東通志152（石2.12.9382）無文
									「天保□□□次甲戌□□□辰朔十二□□申」	拓7038、魯二三629、大村319、益志26（石3.27.420）
5					清信□	72	施石人、塔主		塔主牟光、施石人劉永固	漢魏8.396、拓7057、京NAN0527X、魯二三663、匋11、大村321、百品150
主3										昌樂縣續志17（石3.27.579）
			1			36			像主張明智	漢魏9.81、拓7109、瓊21、大村329
							□堪佛主			北大A13695、瓊21、大村330
3	**□義主**	**法義**		1			化生主			百品206
										漢魏9.185、拓7153、京NAN0577X、匋12、大村335
2		**法義36**							維那張衆□；孟次虎	漢魏9.197、拓7157、大村335、濰縣志38

別表N①-b(1)「法義」と称する義邑（東魏以降）

No.	殘存狀況	王朝	年	月日	名稱	關係地（不明以外すべて山東省）	尊像名	主な奉爲	比丘
1	部	東魏	天平4(537)	0330	「青州永寧寺比丘□□**諸法義等**」	廣饒縣李鵲鎭李鵲村出土	釋迦牟尼	□帝父母師僧無邊衆生亡過現存	25、尼17
2	無	東魏	天平4(537)	0726	「今右七十餘人等造福略功德之誦」「……郡昌國縣桓尹村**法義**」「義等諸人」	青州市黃樓鎭遲家莊村北興國寺址出土	石像	缺	
3	○	東魏	興和2(540)	0600	胡元方	泰安市徂徠山姚莊雲禪寺出土	…象、銀像、四面	邊地群生	
4	部	東魏	興和2(540)	1200	「青州北海郡膠東縣人孫思賓**法義**卅七人」	「青州北海郡膠東縣」	石像	國王帝主□僧父母居家眷屬一切衆生	4
5	部	東魏	興和3(541)	1113	「畦蠻寺僧□□□□・比丘寶主・比丘惠猷・比丘法土・比丘明朗**法儀**卅二人」	1972年章丘市張官村出土	石□	□帝陛下師僧父母七世善友知識有形	25＋
6	無	東魏	武定元(543)	0900	「清信□**法儀**造像」	臨朐縣明道寺址出土	缺	缺	
7	○	東魏	武定2(544)	0216	「維那王貳郎綰率**法義**三百人等」「**法義兄弟**」「青州北海郡都昌縣方山東新王村凡**法義**有三百人等」	「青州北海郡都昌縣方山東新王村」	一佛二菩薩、大通智勝	合門眷屬天下……義諸人家眷屬	8、尼37
8	○	東魏	武定2(544)	1204	「東阿縣王雙虎**法儀**五十九人等」	東阿縣張秋鎭白洋村出土	觀世音	皇帝陛下州郡令長師僧父母因緣眷屬一切衆生	3
9		東魏	武定(543-550)		「意瑗**法義**造佛國之碑」	原在安丘	?	?	
10	○	北齊	天保5(554)	0412or0612	「楊郎寺尼惠衆・法眞・智敬・法敬・智由・智遷・靜玉・惠興・曇了・李妃・王暈**法義**乙十人等」	原在青州海岱書院	盧舍那	國祚永□□方安□	尼10
11	○	北齊	天保8(557)	0322	「**法儀兄弟**八十人等」「天保八年郭猛造像一軀」	昌邑縣南盤馬埠出土	妙塔	皇祚永隆邊方寧太居眷三有之徒	
12	部	北齊	天保8(557)	0729	「廢劇縣□民那主夏慶孫・王葉生・馬曹**法儀**三十二人等」	原在昌樂縣南郝鎭關帝廟	盧舍那	皇帝陛下州郡令長師僧父母居家眷屬一切衆生	2
13	○	北齊	皇建2(561)	1030	「許儁・孫洪珍・其拔迴・田野祿**法義**卅人等」	濰縣陳介祺舊藏	盧舍那	國王帝主師僧父母居家眷屬	1
14	無	北齊	河清元(562)	0002	「**法儀**百餘□等」	濰縣陳介祺舊藏	定光	法儀存亡天下泰豐含生	
15	部	北齊	河清2(563)	1123	「□義主陳榮・李潘等慧解玄宗、心照法相、率**諸法義**三百餘人」	莒州（沂水縣東南）出土	石像	福鍾帝主延祚千零干戈息刃	
16	無	北齊	河清4(565)	0327	「**法儀兄弟**王惠顒廿人等」	?	盧舍那	皇帝陛下師僧父母善友知識一切群生	
17	部	北齊	天統元(565)	0715	「如同**法義優婆姨**等、稟性神機……」	濰縣東南鄉泉河頣莊出土	娑羅	皇帝師僧父母居眷一切	

維那（主）	**法義主**	**法義**	（大）像主	菩薩主	清信士女	肩書無	その他	官職例	備考	主な典據
20、都2			當陽、東堪、西堪、南堪		○		齋主、光明主、塔主	昌陽縣令于景略	塔主丁騏驎	現地調査（山東省博物館）
					正信士					拓7194
			3、都	1					都像主劉□、像主比丘尼智度、像主比丘道軌	漢魏10.46、拓8059、山東通志150（石2.12.9252）

比丘	維那（主）	邑主	（大）像主	清信士女	肩書無	その他	官職例	備考	主な典據
	8			○	多			側面一面未確認	佐藤智水［2012］135
1			1		13＋	金色主、命過		像主師僧達	漢魏6.16、拓5031、大村238、魯二一147
尼12					72			女性が大半の集團	拓5066、京NAN0314A-B、魯二一159、文物1996.12.75
				○		菩薩主3			漢魏8.37、松原286b、考古1990.8.717、考古學報1994.2.231、山東石佛13
	5			○	59				漢魏8.54、文物1983.7.38、現地調査（博興縣博物館）
23、尼4	○					佛弟子13			漢魏8.317、拓7033、魯二三609、大村318
									漢魏9.77、拓7107、魯二四735、壽光縣志13（石3.27.554）
	5		1		72	寺主		寺主陳貮、像主薛貮姫	京NAN0563X、魯二四755、大村358、續修歷城縣志31（石3.25.399）
尼3	○		盧舍那2、東龕、西龕、□龕、大2、右葙			寺主、施鴟尾石……		大像主夏紫陵、亡父夏府君、寺主王……	拓7144、京NAN0571X、匋12（正面）、匋13（背面）、大村334、OS240
		○							漢魏9.182、拓7150、京NAN0574X、萃33、大村334

別表N①-b(2)「法義」と称する義邑（東魏以降）

No.	殘存狀況	王朝	年	月日	名稱	關係地（不明以外すべて山東省）	尊像名	主な奉爲	比丘
18	○	北齊	天統3（567）	0301	「淸信仕佛弟子都維那于景略・蘇□率領**法儀**卅人等」	「昌陽縣令」	天宮塔	龍天八部國王帝主一切衆生	2
19	無	北齊	天統3（567）	0911	「正信士**法義**廿餘人等」	原在廣饒縣	彌勒	皇帝陛下國祚□隆七世父母現在合門含生□類	
20	部	北齊	武平5（574）	0722	「齊國大沙門軌禪師及道俗**法義**一百人等」「**法義人等**」（智度等造像記）	泗水城北4里	金像廿軀、造玉石像廿軀、造一切經佛轝幷像五軀	皇帝陛下羣僚百官州郡令長師僧父母一切衆生蠢動之淚法義人等	

別表N②「法義」と称さない義邑

No.	殘存狀況	王朝	年	月日	名稱	關係地（すべて山東省）	尊像名	主な奉爲
1	部	北魏	正光3（522）	0106	「靑州齊郡臨淄縣淸信士女張勝男率佰六十餘人等」	「靑州齊郡臨淄縣」臨淄出土	釋迦牟尼石像	師僧父母兄弟一切衆生
2	部	北魏	孝昌2（526）	0602	「靑州齊郡臨淄縣人帥僧達・范伯孫・帥買・比丘道就・張道仁邑義四十人等」	「靑州齊郡臨淄縣人」	彌勒尊像	皇帝陛下師僧父母己身居家眷屬一切无邊衆生
3	○	北魏	孝昌3（527）	0813	「邑儀六十人等」	「靑州齊郡臨淄縣」原在廣饒縣西營鄉張淡村	如來石像	なし
4	部	東魏	武定4（546）	1008	「淸信士佛弟子夏侯豐珞・趙顯明邑儀兄弟廿餘人等」	1988年諸城市南郊出土	彌勒	皇家師僧父母亡過見存居家眷屬一切衆生
5	部	東魏	武定5（547）	0608	「正信士佛弟子大唯那郭神通・張靖・馬秋・馬敬寶・董業士女七十餘人等」	博興縣龍華寺址出土	勝利	皇帝陛下百僚庶□七世祖宗含生蠢類
6	○	北齊	天保5（554）	0215	「諸維那等卌人」	原在濰縣西南鄉成張莊	太子	國王帯主師僧父母居家眷屬一切衆生
7	無	北齊	皇建2（561）	0408	「邑義七十人等」	原在壽光縣太平寺	盧舍那	灑及四恩遍潤三友
8	○	北齊	河淸2（563）	0402	「佛弟子薛貳姫率邑義□十人等」	歷城東郭出土（續修歷城縣志）	鐵丈六像	皇帝陛下州郡令長七世存亡法界衆生
9	部	北齊	河淸3（564）	0000	「都維那董淵・都維那王那……」	原在靑州永寧寺	象（盧舍那）	缺
10	無	北齊	河淸4（565）	0304	「邑主朱曇思・朱僧利一百人等」	博興縣出土	寶塔	國祀永隆覆載等一

書名・雑誌名略称一覧（筆画順）

凡例

一、漢字の画数については、『全訳漢辞海』第二版、東京、三省堂に依拠する。
一、表において正字体で示した典拠も通用漢字の画数で計算する。
一、典拠は基本的に該当箇所の最初の頁を示す。ただし、図版No.や録文No.で示す場合もあり、発行年の下に「図版No.」「録文No.」と記したものがこれに該当する。
一、金石著録の略称の場合、例えば「萃23」は、『金石萃編』巻二三に収録されていることを示す。例えば〔石3.24.723〕とあるのは、『石刻史料新編』第三輯第二四冊七二三頁を指す。
一、『文物』『考古』などの雑誌の場合、「年・期・該当箇処の最初の頁数」で表す。例えば「文物1980.5.12」は『文物』一九八〇年第五期十二頁を指す。

○和文・中文

【二画】

十字路　大広編『中国・美の十字路展』大阪、大広、二〇〇五年。

【三画】

大代華嶽廟碑　有正書局輯『大代華嶽廟碑』上海、有正書局、一九二五年。
大村　大村西崖『支那美術史雕塑篇』東京、仏書刊行会図像部、一九一五年。
山左　畢沅・阮元『山左金石志』（石一・十九）。
山右　胡聘之『山右石刻叢編』（石一・二〇〜二一）。

山西文物　山西文物編輯室編『山西文物』（内部発行）。
山西古蹟志　水野清一・日比野丈夫『山西古蹟志』京都、中村印刷株式会社出版部、一九五六年。
山西碑碣　山西省考古研究所編『山西碑碣』太原、山西人民出版社、一九九七年。
山西精華　山西省博物館編『山西省博物館蔵文物精華』太原、山西人民出版社、一九九九年。
山東石仏　山口県立萩美術館・浦上記念館編『仏教美術の黎明　山東省石仏展――山口県・山東省友好協定締結25周年』萩、山口県立萩美術館・浦上記念館、二〇〇八年。図版No.
山東寺廟塔窟　趙浦根・朱赤主編『山東寺廟塔窟』済南、斉魯書社、二〇〇二年。
山東通志　楊士驤等修、孫葆田等纂『山東通志』（『山東金石志』）（石一二・十二）。
山東類　山東石刻分類全集編輯委員会編『山東石刻分類全集』青島、青島出版社・済南、山東文化音像出版社、二〇一三年。
山陽　郭建設・索全星『山陽石刻芸術』鄭州、河南美術出版社、二〇〇四年。
三晋目・晋城　呉広隆・秦海軒編著『三晋石刻総目』晋城市巻、太原、山西古籍出版社、二〇〇四年。
三晋・安沢　高剣峰主編『三晋石刻大全』臨汾市安沢県巻、太原、三晋出版社、二〇一二年。
三晋・沁水　車国梁主編『三晋石刻大全』晋城市沁水県巻、太原、三晋出版社、二〇一二年。
三晋・沁源　杜天云主編『三晋石刻大全』長治市沁源県巻、太原、三晋出版社、二〇一一年。
三晋・寿陽　史景怡主編『三晋石刻大全』晋中市寿陽県巻、太原、三晋出版社、二〇一〇年。
三晋・高平　常書銘主編『三晋石刻大全』晋城市高平市巻、太原、三晋出版社、二〇一一年。
三晋・堯都　王天然主編『三晋石刻大全』臨汾市堯都区巻、太原、三晋出版社、二〇一一年。
三晋・陽城　衛偉林主編『三晋石刻大全』晋城市陽城県巻、太原、三晋出版社、二〇一二年。
三晋・霊石　楊洪主編『三晋石刻大全』晋中市霊石県巻、太原、三晋出版社、二〇一〇年。
上海博物館集刊　『上海博物館集刊』上海、上海人民出版社（第一期）、上海古籍出版社（第二～六期）、上海書画出版社（第七期以降）。

小御仏　山口県立萩美術館・浦上記念館編『小さな御仏たち』萩、山口県立萩美術館・浦上記念館　二〇〇四年。図版No.
川碑　高文・高成剛編『四川歴代碑刻』成都、四川大学出版社、一九九〇年。
川南　四川博物院・成都文物考古研究所・四川大学博物館編著『四川出土南朝仏教造像』北京、中華書局、二〇一三年。

【四画】

旧松原　松原三郎『増訂・中国仏教彫刻史研究』東京、吉川弘文館、一九六六年。図版No.
戸県碑刻　呉敏霞主編『戸県碑刻』西安、三秦出版社、二〇〇五年。
水泉　劉景龍・趙会軍編著『偃師水泉石窟』北京、文物出版社、二〇〇六年。
水野　水野清一『中国の仏教美術』東京、平凡社、一九六八年。
中原　『中原文物』鄭州、《中原文物》編輯部。
中国の金銅仏　大和文華館『特別展　中国の金銅仏』奈良、大和文華館、一九九二年。図版No.
中国国宝展2004　東京国立博物館・朝日新聞社編『中国国宝展』東京、朝日新聞社、二〇〇四年。図版No.
中国金銅仏　李静傑主編『中国金銅仏』北京、宗教文化出版社、一九九六年。
中国美術　長廣敏雄責任編集『中国美術』第三巻彫塑、東京、講談社、一九七二年。
中国歴博　中国歴史博物館館刊編委会編『中国歴史博物館館刊』北京、文物出版社。
中国歴史文物　『中国歴史文物』北京、中国歴史文物編輯部。
中美全　中国美術全集編輯委員会編『中国美術全集』雕塑篇三　魏晋南北朝雕塑、北京、人民美術出版社、一九八八年。
巴蜀仏教　龍顕昭主編『巴蜀仏教碑文集成』成都、巴蜀書社、二〇〇四年。
文叢　『文物資料叢刊』北京、文物出版社、一九七七～一九八七年。
文博　『文博』西安、陝西人民出版社。
文参　『文物参考資料』北京、文物出版社。
文物　『文物』北京、文物出版社。
文物季刊　『文物季刊』太原、《文物季刊》編輯部。

六朝の美術　大阪市立美術館編『六朝の美術』東京、平凡社、一九七六年。図版No.
六朝金銅　和泉市久保惣記念美術館『特別展　六朝時代の金銅仏』和泉、和泉市久保惣記念美術館、一九九一年。図版No.
仏影　咸陽博物館編『仏影留痕——咸陽博物館仏教文物陳列』西安、三秦出版社、二〇一二年。
仏蹟　常盤大定・関野貞『支那仏教史蹟』東京、仏教史蹟研究会、一九二五～一九二八年。
仏教芸術　『仏教芸術』大阪、毎日新聞社。

【五画】

甘石　張宝璽編著『甘粛仏教石刻造像』蘭州、甘粛人民美術出版社、二〇〇一年。
甘菁　甘粛省文物局編『甘粛文物菁華』北京、文物出版社、二〇〇六年。
甘博　甘粛省博物館編『甘粛省博物館文物精品図集』西安、三秦出版社、二〇〇六年。
古銘　徐湖平主編『古代銘刻書法』〔南京博物館院珍蔵系列〕天津、天津人民美術出版社、二〇〇三年。
史蹟　常盤大定・関野貞『中国文化史蹟』増補、京都、法藏館、一九七五～一九七六年。
石　新文豊出版公司編輯部（輯）『石刻史料新編』台北、新文豊出版社、一九七七～二〇〇六年。
石仏選粋　李静傑編著『石仏選粋』北京、中国世界語出版社、一九九五年。図版No.
石交録　羅振玉『石交録』（石四・六）。
石松　石松日奈子『北魏仏教造像史の研究』国立、ブリュッケ、二〇〇五年。
石璋如　石璋如「陝西耀県的碑林与石窟」（『中央研究院歴史語言研究所集刊』二四、台北、中央研究院歴史語言研究所、一九五三年）録文No.
世美全　曾布川寛・岡田健（責任編集）『世界美術大全集』東洋編三　三国・南北朝、東京、小学館、二〇〇〇年。
北大　北京大学図書館所蔵石刻拓本所蔵No.
北大菁華　北京大学図書館金石組・胡海帆・湯燕編『北京大学図書館蔵歴代金石拓本菁華』北京、文物出版社、一九九八年。図版No.
北京石博　北京石刻芸術博物館編『北京石刻芸術博物館蔵石刻拓片篇目提要』北京、学苑出版社、二〇一四年。

北拓　李仁清編『中国北朝石刻拓片精品集』鄭州、大象出版社、二〇〇八年。
北涼石塔　殷光明『北涼石塔研究』新竹、覚風仏教芸術文化基金会、二〇〇〇年。
北碑　陝西省耀県薬王山博物館・陝西省臨潼市博物館・北京遼金城垣博物館合編『北朝仏道造像碑精選』天津、天津古籍出版社、一九九六年。
未央　未央刊行会編『未央――書道史研究』富士見、未央刊行会。

【六画】

安陽古碑　鄧叶君・李長生・孫景鳳主編『安陽県古碑刻集萃』（出版社不明）、二〇〇四年。
安徽通志稿　徐乃昌『安徽通志稿』（『安徽通志金石古物考稿』）（石三・十一）。
曲陽　馮賀軍『曲陽白石造像研究』北京、紫禁城出版社、二〇〇五年。録文No.
考文　『考古与文物』西安、陝西人民出版社。
考古　『考古』北京、科学出版社。
考古学報　『考古学報』北京、科学出版社。
存逸考　毛鳳枝『関中金石文字存逸攷』（石二・十四）。
西安碑林　西安碑林博物館編『西安碑林博物館』西安、陝西人民出版社、二〇〇〇年。
西北集録　戴春陽『西北石刻集録』（『中国西北文献叢書』第七輯・『西北考古文献』第十巻）、蘭州、蘭州古籍書店、一九九〇年。
百品　顔娟英主編『北朝仏教石刻拓片百品』台北、中央研究院歴史語言研究所、二〇〇八年。
有鄰館精華　有鄰館学芸部編『有鄰館精華』京都、藤井斉成会、二〇〇三年。

【七画】

芸研　中山大学芸術学研究中心編『芸術史研究』広州、中山大学出版社。
宋莉　宋莉『北魏至隋代関中地区造像碑的様式与年代考証』博士論文、西安美術学院、二〇一一年。
佐藤科研　佐藤智水研究代表『4-6世紀における華北石刻史料の調査・研究』平成十三〜十六年度科学研究費補助金（基盤

研究B（1））研究成果報告書、二〇〇五年。
汾陽県金石類編　王堉昌『汾陽県金石類編』太原、山西古籍出版社、二〇〇〇年。
図典　金申『中国歴代紀年仏像図典』北京、文物出版社、一九九四年。
芮城県志　牛照藻修・張亘等纂『芮城県志』民国十二年排印本（『中国方志叢書』台北、成文出版社、華北地方八五）。

【八画】

斉遺　「全北斉文補遺」（韓理洲等輯校編年『全北斉北周文補遺』西安、三秦出版社、二〇〇八年）。
祈り　大阪市立美術館編『中国の石仏――荘厳なる祈り』大阪、大阪市立美術館、一九九五年。図版№。
河南　河南博物院編・王景荃主編『河南仏教石刻造像』鄭州、大象出版社、二〇〇九年。
河南文博　河南文博通訊編輯部編『河南文博通訊』鄭州、河南文博通訊編輯部。
河北　河北省博物館編『河北省博物館文物精品集』北京、文物出版社、一九九九年。
河朔　顧燮光『河朔訪古随筆』（石二・十二）。
河朔新　顧燮光『河朔訪古新録』（石二・十二）。
邯粋　邯鄲市文物研究所編『邯鄲古代雕塑精粋』北京、文物出版社、二〇〇七年。
京　京都大学人文科学研究所所蔵石刻拓本資料　http://kanji.zinbun.kyoto-u.ac.jp/db-machine/imgsrv/takuhon/　管理番号。
京博　京都国立博物館編『京都国立博物館蔵　仏教彫刻』京都、便利堂、一九八四年。作品番号。
金石続編　『金石続編』（石一・四〜五）。
周遺　「全北周文補遺」（韓理洲等輯校編年『全北斉北周文補遺』西安、三秦出版社、二〇〇八年）。
青龍寺　鄧友民主編『青龍寺』香港、香港大道文化有限公司、一九九二年。
拓　北京図書館金石組編『北京図書館蔵中国歴代石刻拓本匯編』鄭州、中州古籍出版社、一九八九〜一九九一年（例えば「拓８０４３」とあるのは第八巻四三頁を表す）。
長芸　李凇『長安芸術与宗教文明』北京、中華書局、二〇〇二年。

長治　常福江主編『長治金石萃編』太原、山西春秋電子音像出版社、二〇〇六年。
長韻　趙力光編著『長安仏韻――西安碑林仏教造像芸術』西安、陝西師範大学出版社、二〇一〇年。
定珍　河北省文物局編『定州文物蔵珍』広州、嶺南美術出版社、二〇〇三年。
定襄　牛誠修『定襄金石攷』（石二一・十三）。
匋　端方『匋斎蔵石記』（石一一・十一）。
匋金　端方『匋斎吉金石録』（石二一・七〜八）。
松原　松原三郎『中国仏教彫刻史論』東京、吉川弘文館、一九九五年。図版No.
国史　王献唐『国史金石志稿』青島、青島出版社、二〇〇四年。
武安県志　杜済美修・郗済川纂『民国武安県志』民国二九年鉛印本（『中国地方志集成』上海、上海書店出版社、河北府県志輯六四）。

【九画】

荘厳　俄軍主編『荘厳妙相――甘粛仏教芸術展』西安、三秦出版社、二〇一一年。
飛鳥　Miho Museum 編『中国・山東省の仏像　飛鳥仏の面影――開館10周年記念特別展』甲賀、Miho Museum 友の会、二〇〇七年。
咸長　宋聯奎『咸寧長安両県続志』民国二五年排印本（『中国方志叢書』台北、成文出版社、華北地方二二九）（石・三・三一）。
禹県志　王琴林等纂修『禹県志』民国二〇年刊本影印（『中国方志叢書』台北、成文出版社、華北地方四五九）。
咸陽碑石　張鴻傑主編『咸陽碑石』西安、三秦出版社、一九九〇年。
香雪　香雪美術館編『館蔵名品図録』改訂版、神戸、香雪美術館、一九七九年。
首博　首都博物館編『古代仏像芸術精品展』北京、北京出版社、二〇〇五年。
春秋　『文物春秋』石家荘、文物春秋雑誌社。
珍図　金申編著『海外及港台蔵歴代仏像――珍品紀年図鑑』太原、山西人民出版社、二〇〇七年。

洛陽　楊超傑『洛陽周囲小石窟全録』北京、外文出版社、二〇一〇年。
故宮院刊　故宮博物院院刊編委会編『故宮博物院院刊』北京、文物出版社。
厚重　山西省文物局編著『厚重山西――山西省第三次全国文物普査重要新発現選編』北京、科学出版社、二〇一〇年。
貞魂　馬建国主編『貞石之魂――閑逸斎碑刻拓片蔵珍』揚州、広陵書社、二〇一一年。
美術与考古上　顔娟英主編『美術与考古』上、北京、大百科全書出版社、二〇〇五年。

【十画】

益記　段松苓『益都金石記』（石一・二〇）。
益志　法緯堂『益都県図志』（『益都金石志』）（石三・二七）。
神塚　神塚淑子『六朝道教思想の研究』東京、創文社、一九九九年。
高平金石志　《高平金石志》編纂委員会編『高平金石志』北京、中華書局、二〇〇四年。
校碑　方若著・王壮弘増補『増補校碑随筆』上海、上海書画出版社、一九八一年。
高陵碑石　董国柱編著『高陵碑石』西安、三秦出版社、一九九三年。
陝石　李域錚『陝西古代石刻芸術』西安、三秦出版社、一九九五年。
陝志　武樹善『続修陝西通志稿』（『陝西金石志』）（石一・二二）。
陝芸　李凇『陝西仏教芸術』台北、芸術家出版社、一九九九年。
陝図下　国家文物局主編『中国文物地図集・陝西分冊』下、西安、西安地図出版社、一九九八年。
陝美　李凇『陝西古代仏教美術』西安、陝西人民教育出版社、二〇〇〇年。
陝精　陝西省社会科学院・陝西省文物局編『陝西碑石精華』西安、三秦出版社、二〇〇六年。
孫貫文　孫貫文「北京大学図書館蔵歴代石刻拓本草目」『考古学集刊』七～十四。
唐道　神塚淑子『唐代道教関係石刻史料の研究』平成十五年度～十七年度科学研究費補助金〔基盤研究C〕研究成果報告書、二〇〇六年。
馬　馬長寿『碑銘所見前秦至隋初的関中部族』北京、中華書局、一九八五年。

埋仏　楊伯達著、松原三郎訳・解題『埋もれた中国石仏の研究――河北省曲陽出土の白玉像と編年銘文』東京、東京美術、一九八五年。図版No.

浜松石　町田市立博物館編『中国の金銅仏・石仏――浜松市美術館蔵小杉惣一コレクション』町田、町田市立博物館、一九九四年。図版No.

華夏考古　『華夏考古』鄭州、華夏考古編輯部。

書跡　『書跡名品叢刊』東京、二玄社、一九五八～一九八〇年。

【十一画】

萃　王昶『金石萃編』（石一・一～四）。

淑徳拓　淑徳大学書学文化センター蔵拓。

常山　沈濤『常山貞石志』（石一・十八）。

曹永斌　曹永斌『薬王山石刻重勘紀略』上、油印稿、一九八二年。

隆興寺　河北省正定県文物保管所編著『正定隆興寺』北京、文物出版社、二〇〇〇年。

曾布川　曾布川寛『中国美術の図像と様式　研究篇』東京、中央公論美術出版、二〇〇六年。

淳化金石文存　姚生民・姚暁平編著『淳化金石文存』西安、三秦出版社、二〇一〇年。

【十二画】

雲岡　水野清一・長廣敏雄『雲岡石窟――西暦五世紀における中国北部仏教窟院の考古学的調査報告――東方文化研究所調査　昭和十三年―昭和二十年』京都、京都大学人文科学研究所雲岡刊行会、一九五一～一九七五年。

雲岡録　「雲岡金石録　録文」（水野清一・長廣敏雄『雲岡石窟――西暦五世紀における中国北部仏教窟院の考古学的調査報告――東方文化研究所調査　昭和十三年―昭和二十年』第二巻、京都、京都大学人文科学研究所雲岡刊行会、一九五五年）。録文No.

硯　汪鋆『十二硯斎金石過眼録』（石一・十）。

隋遺　韓理洲輯校編年『全隋文補遺』西安、三秦出版社、二〇〇四年。

敦供　敦煌研究院編『敦煌莫高窟供養人題記』北京、文物出版社、一九八六年。
敦窟　敦煌文物研究所編『中国石窟　敦煌莫高窟』東京、平凡社、一九八〇～一九八二年。
敦編　王素・李方『魏晋南北朝敦煌文献編年』台北、新文豊出版社、一九九七年。
傅　傅斯年図書館所蔵仏教造像拓片登録号。
道古　張勛燎・白彬『中国道教考古』北京、線装書局、二〇〇六年。
道芸　胡文和『中国道教石刻芸術史』北京、高等教育出版社、二〇〇四年。
道美　李凇『中国道教美術史』第一巻、長沙、湖南美術出版社、二〇一二年。
道端　道端良秀『中国仏教史全集』東京、書苑、一九八五年。
道略　陳垣編『道家金石略』北京、文物出版社、一九八八年。
循金　范寿銘『循園金石文字跋尾』（石二一・一二〇）。

【十三画】

彙録　劉景龍・李玉昆主編『龍門石窟碑刻題記彙録』北京、中国大百科全書出版社、一九九八年。録文No.
嵩山　王雪宝編著『嵩山少林寺石刻芸術大全』北京、光明日報出版社、二〇〇四年。
滄州文物古迹　滄州市文物局編『滄州文物古迹』北京、科学出版社、二〇〇七年（二〇〇八年版もあり、頁数が異なる）。
慈善寺　西北大学考古専業・日本赴陝西仏教遺跡考察団・麟游県博物館編著『慈善寺与麟渓橋——仏教造像窟龕調査研究報告』北京、科学出版社、二〇〇二年。
漢中碑石　陳顕遠編著『漢中碑石』西安、三秦出版社、一九九六年。
漢唐宗教　巫鴻主編『漢唐之間的宗教芸術与考古』北京、文物出版社、二〇〇〇年。
漢魏　毛遠明編著『漢魏六朝碑刻校注』北京、線装書局、二〇〇八年。
蓮花洞　劉景龍編著『蓮花洞——龍門石窟第７１２窟』北京、科学出版社、二〇〇二年。
新絳県志　徐昭倹修・楊兆泰纂『新絳県志』民国十八年鉛印本（『中国方志叢書』台北、成文出版社、華北地方四一三）。

【十四画】

碑刻造像　郭建芬等編著『碑刻造像』（山東文物叢書⑩）、済南、山東友誼出版社、二〇〇二年。
碑林全　高峡主編『西安碑林全集』広州、広東経済出版社、一九九九年。
鳳台　『（乾隆）鳳台県志』（『中国地方志集成』南京、鳳凰出版社、山西府県志輯三七）。
関文　毛鳳枝編『関中石刻文字新編』（石一・二二）。
管子学刊　《管子学刊》編輯部編『管子学刊』山東省淄博市。

【十五画】

鞏拓　周国卿編著『鞏県石窟北朝造像全拓』北京、国家図書館出版社、二〇〇八年。
鞏窟　平凡社・文物出版社共編『中国石窟　鞏県石窟寺』東京、平凡社、一九八三年。
魯　北京魯迅博物館・上海魯迅紀念館編『魯迅輯校石刻手稿』上海、上海書画出版社、一九八七年（例えば「魯二五132」とあるのは第二函第五巻一三二頁を表す）。

【十六画】

薬　陝西省考古研究院・陝西省銅川市薬王山管理局編、張燕編著『陝西薬王山碑刻芸術総集』上海、上海辞書出版社、二〇一三年。
翰影　李源河主編『翰墨石影——河南省文史研究館館蔵搨片精選』揚州、広陵書社、二〇〇三年。録文No.
寰図　藤原楚水編『増訂寰宇貞石図』東京、興文社、一九三九～一九四〇年。
鄴菁　中国社会科学院考古研究所・河北省文物研究所・河北省臨漳県文物旅游局編著『鄴城文物菁華』北京、文物出版社、二〇一四年。
頼非　頼非『山東北朝仏教摩崖刻経調査与研究』北京、科学出版社、二〇〇七年。
龍興寺　青州市博物館編『青州龍興寺仏教造像芸術』済南、山東美術出版社、一九九九年。
龍仏研　『龍谷大学仏教文化研究所紀要』京都、龍谷大学仏教文化研究所。号数・頁数。
龍録　「龍門石刻録　録文」（水野清一・長廣敏雄『龍門石窟の研究』東京、座右宝刊行会、一九四一年）。録文No.
龍総　劉景龍・楊超傑編著『龍門石窟総録』文字著録（全十二巻）北京、中国大百科全書出版社、一九九九年。

【十七画】

濰県志　陳鶴儕・劉東候・丁倬千纂修『濰県志』（民国三〇年鉛印本影印）台北、台湾学生書局、一九六八年。

駿台史学　『駿台史学』東京、駿台史学会。

【十八画】

魏目　仏教拓片研読小組編『中央研究院歴史語言研究所蔵北魏紀年仏教石刻拓本目録』台北、中央研究院歴史語言研究所、二〇〇二年。図版No.

臨潼碑石　趙康民・李小萍編著『臨潼碑石』西安、三秦出版社、二〇〇六年。

臨沂県志　王景祜等纂　沈兆禕等修『臨沂県志』民国六年鉛印本（『中国方志叢書』台北、成文出版社、華北地方二三）。

観妙観徼　林亦英編『観妙観徼――山西省館蔵道教文物』香港、香港大学美術博物館、二〇〇三年。

【十九画】

瓊　陸増祥『八瓊室金石補正』（石一・六～八）。

識語　池田温編『中国古代写本識語集録』東京、東京大学東洋文化研究所、一九九〇年。

隴右　張維『隴右金石録』（石一・二一）。

【二〇画】

響　水野清一・長廣敏雄『河北磁県・河南武安響堂山石窟――河北・河南省境における北斉時代の石窟寺院』京都、東方文化学院京都研究所、一九三七年。

響記　張林堂主編『響堂山石窟碑刻題記総録』北京、外文出版社、二〇〇七年。

【二九画】

驪勝　趙康民『驪山勝跡』西安、陝西人民出版社、一九九三年。

○欧文

CKJS　René-Yvon Lefebvre d'Argencé, editor in charge. *Chinese, Korean and Japanese Sculpture: The Avery Brundage*

Collection, Asian Art Museum of San Francisco. Tokyo: Kodansha International, 1974.

OI　Abe, Stanley K. *Ordinary Images*. Chicago and London: The University of Chicago Press.

OS　Sirén, Osvald. *Chinese Sculpture from the Fifth to the Fourteenth Century*. London: Ernest Benn, 1925.

WE　Denise Patry Leidy and Donna Strahan. *Wisdom Embodied: Chinese Buddhist and Daoist Sculpture in the Metropolitan Museum of Art*. New York: Metropolitan Museum of Art: New Haven: Yale University Press 2010.

○その他略号

・道蔵

HY　翁独健編『道蔵子目引得』北平、哈仏燕京学社、一九三五年に付された経典番号。

・大蔵経

T　『大正新脩大蔵経』。

Z　『大日本卍続蔵経』新文豊出版社影印本。

・敦煌文献

S　スタイン蒐集敦煌文献（『敦煌宝蔵』『英国国家図書館蔵敦煌遺書』所収）。

P　ペリオ蒐集敦煌文献（『敦煌宝蔵』『法国国家図書館蔵敦煌西域文献』所収）。

Дx　ロシア科学アカデミー東洋学研究所サンクトペテルブルク支所所蔵敦煌文献『俄羅斯科学院東方研究所聖彼得堡分所蔵敦煌文献』所収。

BD　中国国家図書館蔵敦煌文献（『中国国家図書館蔵敦煌遺書』所収）。

○現地調査地リスト

・日本

大阪市立美術館、東京国立博物館、京都国立博物館、奈良国立博物館、藤井有鄰館、台東区立書道博物館。
淑徳大学書学文化センター、京都大学人文科学研究所。

・中国

北京

中国国家図書館、北京大学図書館、首都博物館、中国国家博物館、北京石刻芸術博物館、故宮博物院、保利芸術博物館、房山雲居寺。

河北省

河北省博物館、河北省文物保護中心、正定県隆興寺、廊坊市博物館、滄州市博物館、黄驊市博物館、衡水市文化局、平郷県文化体育局、平郷県文物管理所、隆堯県石刻館、南和県人民医院、定州市博物館、曲陽県八会寺、定州市博物館、定州石刻館（漢王墓）、曲陽県北嶽廟、易県文物管理所、唐県東魏石窟、水浴寺石窟、北響堂山石窟、南響堂山石窟、邯鄲市博物館、鄴城博物館、南和県東韓完小学校、磁州窯博物館、林旺石窟、趙王廟摩崖仏龕、渉県中皇山摩崖。

山東省

山東省博物館、山東省石刻芸術博物館、済南市博物館、東営市歴史博物館、博興県博物館、青州市博物館、臨淄石刻館、臨朐県山旺化石博物館、諸城市博物館、黄石崖摩崖、鉄山摩崖、鄒城市博物館、兗州市博物館、崗山摩崖、鉅野県文廟、東平洪頂山摩崖、東平白仏山石窟、駝山石窟。

山西省

山西博物院、山西省芸術博物館、太原文廟、開河寺石窟、定襄県七廟山、沁源県文物館、高平市高廟山石窟、高平市博物館、安沢県海東摩崖、安沢県良馬村摩崖、吉県摩崖、襄汾県博物館、襄汾県汾城鎮文廟碑林、臨汾博物館、晋城市碧落寺石窟、芮城永楽宮、芮城県博物館、運城舜帝陵、郷寧県千仏洞、南涅水石刻館、黎城県博物館、晋城市博物館、雲岡石窟、天龍山石窟、和順県蚕児村摩崖、和順県趙村摩崖、和順県麒麟溝、和順県沙峪村摩崖、左権県程家荘摩崖、楡社県化石博物館、楡社県箕城鎮银郊村福勝寺、楡社県箕城鎮王景村摩崖、楡社県円子山石窟、楡社県彰修村附近摩崖石窟、楡社県仰天村焼香凹摩崖、楡社県張果老峰石塔、楡社県郝北鎮圪塔灘石窟、楡社県講堂郷韓荘摩崖、楡社県河峪郷上赤峪村崇聖寺、沁水県柳木岩摩崖、沁水県後托盤摩崖、沁水県文史博物館、沁県南泉郷摩崖、沁源県韓家窯摩崖、沁源県紅蓮山摩崖。平遥県朱坑郷西溝村摩崖、文水県永葆麗博物館、交城県玄中寺、太谷県塔寺石窟、太谷県槐樹底摩崖、太谷県馬陵関摩崖

河南省

河南博物院、鄭州市博物館、偃師商城博物館、偃師石橋小学校、開封市博物館、洛陽古代芸術館、洛陽博物館、少林寺、千唐誌斎、嵩陽書院、浚県大伾山、浚県浮丘山、龍門石窟、鞏県石窟、水泉石窟、小南海石窟、鶴壁五巌寺摩崖石窟、宝山霊泉寺（大住聖窟）。

陝西省

西安碑林博物館、西安博物院、陝西省歴史博物館、大唐西市博物館、青龍寺、臨潼博物館、蔡文姫紀念館、耀県薬王山碑林、富平県文廟、洛川県民俗館、三原県博物館、涇陽県博物館（文廟）、涇陽県太壺寺、彬県石窟、長武県博物館、淳化県博物館、咸陽市博物館、咸陽市文物保護中心、戸県文廟、扶風県博物館（城隍廟）、白水県文化館、高陵県文化館、蒲城県博物館、永寿県文化館、法門寺、西北大学博物館。

甘粛省

敦煌石窟、炳霊寺石窟、甘粛省博物館、霊台県博物館、寧県博物館、合水県保全寺石窟、合水県隴東古石刻芸術博物館

寧夏回族自治区

須弥山石窟、固原博物館

上海

上海博物館

・台湾

国立歴史博物館、国立故宮博物院、中央研究院傅斯年図書館、中台山博物館

参考文献一覧

一、造像銘資料・図録（別途　書名・雑誌名略称を参照）

二、その他の引用資料・使用版本等

ア、造像銘以外の石刻資料

『漢魏南北朝墓誌彙編』天津、天津古籍出版社、二〇〇八年。

イ、仏教関係

『大正新脩大蔵経』東京、大正新脩大蔵経刊行会。

『大日本卍続蔵経』台北、新文豊出版社影印本。

『中華大蔵経』北京、中華書局、一九八三～二〇〇四年。

『高麗大蔵経』ソウル、東国大学校、一九五七～一九七八年。

『国訳一切経』東京、大東出版社。

『新国訳大蔵経』東京、大蔵出版。

『聖語蔵経巻――宮内庁正倉院事務所所蔵』（ＤＶＤ-ＲＯＭ）、東京、丸善神護景雲二年御願経三、二〇〇七年。

『敦煌宝蔵』台北、新文豊出版社、一九八一～一九八六年。

『中国国家図書館蔵敦煌遺書』北京、北京図書館出版社、二〇〇五年～。

『英国国家図書館蔵敦煌遺書』桂林、広西師範大学出版社、二〇一一年～。

『法国国家図書館蔵敦煌西域文献』上海、上海古籍出版社、一九九四～二〇〇五年。

『俄羅斯科学院東方研究所聖彼得堡分所蔵敦煌文献』上海、上海古籍出版社、一九九二年～。

『甘粛蔵敦煌文献』蘭州、甘粛人民出版社、一九九九年。

『敦煌秘笈』大阪、武田科学振興財団、二〇〇九～二〇一三年。

『房山石経』北京、中国仏教図書文物館、一九八六～一九九三年。

『高僧伝』北京、中華書局、一九九二年。

『続高僧伝』北京、中華書局、二〇一四年。

『出三蔵記集』北京、中華書局、一九九五年。

『洛陽伽藍記校箋』北京、中華書局、二〇〇六年。

『法苑珠林校注』北京、中華書局、二〇〇三年。

『北山録校注』北京、中華書局、二〇一四年。

『仏祖統紀校注』上海、上海古籍出版社、二〇一二年。

ウ、史書・類書・地方志等

『魏書』など二十四史……中華書局標点本。

『資治通鑑』北京、中華書局、一九五六年。

『史通通釈』上海、上海古籍出版社、一九七八年。

『元和姓纂附四校記』北京、中華書局、一九九四年。

『類聚国史』〔新訂増補国史大系第五・六巻〕東京、吉川弘文館、一九三四年。

『通典』北京、中華書局、一九八八年。

『日本足利学校蔵宋刊明州本六臣注文選』北京、人民文学出版社、二〇〇八年。

『芸文類聚』上海、上海古籍出版社、一九九九年。

『初学記』北京、中華書局、一九六二年。

『荊楚歳時記校注』台北、文津出版社、一九八八年。

『玉燭宝典』（中国古典新書続編八）東京、明徳出版社、一九八八年。

『水経注校証』北京、中華書局、二〇〇七年。

『太平寰宇記』北京、中華書局、二〇〇七年。

『読史方輿紀要』北京、中華書局、二〇〇五年。

『華陽国志校補図注』上海、上海古籍出版社、一九八七年。

『（民国）禹県志』民国二十年刊本影印（『中国方志叢書』華北地方四五九）台北、成文出版社、一九七六年。

『（乾隆）鳳台県志』乾隆四九年刻本影印（『中国地方志集成』山西府県志輯三七）南京、鳳凰出版社、二〇〇五年。

『（光緒）山西通志』光緒十八年刻本影印（『続修四庫全書』六四一～六四六）上海、上海古籍出版社、一九九七年。

『安邑県志』運城市地方志編纂委員会整理、太原、山西人民出版社、一九九一年。

『敦煌社会経済文献真蹟釈録』第一輯、北京、書目文献出版社、一九八六年。

エ、その他

『十三経注疏』（標点繁体本）北京、北京大学出版社、二〇〇〇年。

『重修緯書集成』東京、明徳出版社、一九七一～一九九二年。

『釈名疏証補』上海、上海古籍出版社、一九九五年。

『楽律全書』（『北京図書館古籍珍本叢刊』四）北京、書目文献出版社、一九八八年。

『正統道蔵』文物出版社（北京）・上海書店（上海）・天津古籍出版社（天津）一九八八年。

『中華道蔵』北京、華夏出版社、二〇〇四年。

『管子校注』北京、中華書局、二〇〇四年。

『淮南子集釈』北京、中華書局、一九九八年。

『列子集釈』北京、中華書局、一九七九年。

『王弼集校釈』北京、中華書局、一九八〇年。

『老子道徳経河上公章句』北京、中華書局、一九九三年。

『荘子集釈』北京、中華書局、一九六一年。

『抱朴子外篇校箋』北京、中華書局、一九九一年。

『抱朴子内篇校釈（増訂本）』北京、中華書局、一九八五年。

『神仙伝校釈』北京、中華書局、二〇一〇年。

『歴代名画記』東京、岩波書店、一九三八年。

『古詩紀』（文淵閣四庫全書影印本）台北、中文出版社、一九八三年。

『容斎随筆』北京、中華書局、二〇〇五年。

『観古閣叢稿三編』（鮑康編『観古閣叢刻九種』上海、上海古籍出版、一九九二年）。

三、研究論文・著書

（本書の内容と密接に関わる重要な論考のみ初出の典拠を示した。初出の典拠に関しては必ずしも網羅的ではないことをお断りしておきたい）

【和文】（著者名五十音順）

会田大輔［二〇〇六］「蕭詧の「遺使称藩」に関する一考察――『周書』に描かれた蕭詧像をめぐって」『文化継承学論集』三。

――――［二〇〇七］「北周「張僧妙碑」からみた宇文護執政期の仏教政策」（氣賀澤保規編『中国石刻資料とその社会――北朝隋唐期を中心に』東京、汲古書院）。

――――［二〇〇九］「北魏後半期の州府僚佐――「山公寺碑」を中心に」『東洋学報』九一―二。

――――［二〇一三］「北周宇文護執政期の地方統治体制――「延寿公碑」からみた河東地域」『東アジア石刻研究』五。

阿部賢次［二〇〇〇］→【中文】の項参照。

新井慧誉［一九七〇］「経録からみたシナ訳『薬師経』成立に関する一考察――帛尸梨蜜多羅訳の問題」『東方学』三九。

飯田剛彦［二〇一二］「聖語蔵経巻「神護景雲二年御願経」について」『正倉院紀要』三四。

池田温編［一九九〇］『中国古代写本識語集録』東京、東京大学東洋文化研究所。

池田魯参［一九七一］「天台感応思想の成立意義」『駒沢大学仏教学部研究紀要』二九。

石井公成［一九八七］「伝勒那摩提の「七種礼法」について」『印度学仏教学研究』三五–二。

――［一九九五ａ］「誓願の威力か亀の恩返しか」『駒沢大学仏教学部研究紀要』五三。

――［一九九五ｂ］「初期中国仏教における現世的誓願信仰の流行と衰退」『日本仏教学会年報』六〇。

――［一九九六］「六朝における道教・仏教の焼香儀礼」『駒沢大学大学院仏教学研究会年報』二九。

石川琢道［二〇〇七→二〇〇九］「北魏の無量寿仏信仰――造像銘を通じて」『浄土学』四四。

――［二〇〇九］『曇鸞浄土教形成論――その思想的背景』京都、法藏館。

石野智大［二〇〇六］「「隋諸葛子恒等邑義造像記」についての一考察――開皇十三年における沂州邑義と軍人」『明治大学大学院文学研究論集』二五。

石松日奈子［一九八八→二〇〇五］「中国交脚菩薩像考」『仏教芸術』一七八。

――［一九九三→二〇〇五］「弥勒像坐勢研究――施無畏印・倚坐の菩薩像を中心に」『東京国立博物館研究誌』五〇二。

――［一九九六］「中国仏教造像碑の調査研究」『鹿島美術財団年報』十三別冊。

――［一九九七ａ］「中国仏教造像碑の調査研究（二）」『鹿島美術財団年報』十五別冊。

――［一九九七ｂ→二〇〇五］「北魏河南の一光三尊像」『東方学報』京都、六九。

――［一九九八→二〇〇五］「陝西省耀県薬王山博物館所蔵「魏文朗造像碑」の年代について――北魏始光元年銘の再検討」『仏教芸術』二四〇。

――［二〇〇三→二〇〇五］「雲岡中期石窟新論――沙門統曇曜の失脚と胡服供養者像の出現」『東京国立博物館研究誌』五八七。

――［二〇〇五］『北魏仏教造像史の研究』国立、ブリュッケ。

――［二〇〇六］「中国仏教造像の供養者像――仏教美術史研究の新たな視点」『美術史』五五–二。

――［二〇一一］『古代中国・中央アジアの仏教供養者像に関する調査・研究』平成二〇（二〇〇八）～二三（二〇一

〇）年度科学研究費補助金基盤研究（C）研究成果報告書。

泉芳璟［一九三二］「仏説諸法勇王経解題」『国訳一切経』（経集部・第十五巻）東京、大東出版社、一九三二年。

稲本泰生［二〇〇〇］「小南海中窟と僧稠禅師――北斉石窟研究序説」（荒牧典俊編著『北朝隋唐中国仏教思想史』京都、法藏館）。

――［二〇〇二］「小南海中窟と滅罪の思想――僧稠周辺における実践行と『涅槃経』『観無量寿経』の解釈を中心に」『鹿園雑集』四。

井ノ口泰淳［一九六四］「敦煌本『仏名経』の諸系統」『東方学報』京都、三五。

伊吹敦［一九九〇］「『続高僧伝』の増広に関する研究」『東洋の思想と宗教』七。

入澤崇［一九九九］「観無量寿経の背後にあるもの」『仏教大学総合研究所紀要』別冊一。

上山大峻［一九九五］「敦煌出土『大通方広経』とそのチベット訳」『龍谷大学論集』四四五。

エーリク・チュルヒャー著・田中純男他訳［一九九五］『仏教の中国伝来』東京、せりか書房。

横超慧日［一九五八］『中国仏教の研究』京都、法藏館。

――編［一九七〇］『北魏仏教の研究』京都、平楽寺書店。

――［一九八一］『涅槃経と浄土教』京都、平楽寺書店。

大阪市立美術館編［一九九五］『中国の石仏――荘厳なる祈り』大阪、大阪市立美術館。

大西磨希子［二〇〇二］「中国河北省南響堂山石窟における西方浄土変の研究」『鹿島美術研究』二〇別冊。

――［二〇〇七］『西方浄土変の研究』東京、中央公論美術出版。

大野栄人［一九七八］「方等陀羅尼経に基づく方等懺法の考察――中国における実修とその意義」『宗教研究』五一―二。

大野法道［一九六三］『大乗戒経の研究』東京、山喜房仏書林。

大野雅仁［一九九一］「隋文帝時代の仏教――開皇期の名僧の招致をめぐって」『大谷大学大学院研究紀要』八。

大庭脩［一九六四］「魏晋南北朝告身雑考――木から紙へ」『史林』四七―一。

大原嘉豊［二〇〇六］「「法界仏像」に関する考察」（曾布川寛編『中国美術の図像学』京都、京都大学人文科学研究所）。

大南龍昇［一九七五］「三昧経典における見仏と観仏」『印度学仏教学研究』二三―二。

――――［一九七七］「見仏――その起源と展開」『大正大学研究紀要　仏教学部・文学部』六三。

――――［一九九五］「『観無量寿経』の成立と禅観経典」『大正大学研究紀要　人間学部・文学部』八〇。

大村西崖［一九一五］『支那美術史雕塑篇』東京、仏書刊行会図像部。

阿純章［二〇〇五］「受菩薩戒儀の変遷――召請三宝の作法を中心に」『東アジア仏教研究』三。

――――［二〇〇七］「奉請三宝の由来――智顗以前に中国で行われた懺悔法を中心に」『印度学仏教学研究』五六―一。

岡田健［一九八五］「北斉様式の成立とその特質」『仏教芸術』一五九。

――――［一九九七］「山東歴城黄石崖造像」『美術研究』三六六。

――――［二〇〇〇］「南北朝後期仏教美術の諸相」（曾布川寛・岡田健責任編集『世界美術大全集』東洋編三、三国・南北朝、東京、小学館）。

小笠原宣秀［一九三二］「支那南北朝仏教と社会教化」『龍谷史壇』十。

――――［一九三四］「支那南北朝時代仏教々団の統制――特に僧官僧曹に就いて」『龍谷史壇』十四。

奥野光賢［一九九九］「『涅槃経』をめぐる最近の研究について――一闡提論を中心として」『駒沢短期大学仏教論集』五。

小田義久［一九七二］「華北胡族国家の文化政策――特に仏教を中心として」『龍谷大学論集』十三。

愛宕元［一九九二］「唐代楼観考――欧陽詢撰「大唐宗聖観記」碑を手掛かりとして」（吉川忠夫編『中国古道教史研究』京都、同朋舎出版）。

落合俊典編［一九九五］『中国撰述経典（其之三）』（七寺古逸経典研究叢書　第三巻）東京、大東出版社。

――――編［一九九六］『中国撰述経典（其之二）』（七寺古逸経典研究叢書　第二巻）東京、大東出版社。

落合守和［一九八〇］「《翻梵語》所引の《歴国伝》」『人文学報』（東京都立大学人文学部）一四〇。

小野玄妙［一九三一］「梁荘厳寺宝唱の翻梵語と飛鳥寺信行の梵語集」『仏典研究』三―二一。

香川孝雄［一九九三］『浄土教の成立史的研究』東京、山喜房仏書林。

――――［一九九九］「『観無量寿経』の成立問題試考」『仏教大学総合研究所紀要』別冊一。

勝木言一郎［一九九六］「小南海石窟中窟の三仏造像と九品往生図浮彫に関する一考察」『美術史』四五―一。

河南省文物研究所編［一九八三］『中国石窟　鞏県石窟寺』東京、平凡社。

鎌田茂雄［一九八四～九九］『中国仏教史』第三～六巻、東京、東京大学出版会。

神塚淑子［一九九三→一九九九］「南北朝時代の道教造像――宗教思想史的考察を中心に」（礪波護編『中国中世の文物』京都、京都大学人文科学研究所）。

――［一九九九］『六朝道教思想の研究』東京、創文社。

――［二〇〇六］「隋代の道教造像」『名古屋大学文学部研究論集（哲学）』五二。

――［二〇〇七］「天尊像・元始天尊像の成立と霊宝経」『名古屋大学中国哲学論集』六。

辛嶋静志［二〇〇六］「一闡提（icchantika）は誰か」（望月海淑編『法華経と大乗経典の研究』東京、山喜房仏書林）。

川勝義雄［一九八二］「中国的新仏教形成へのエネルギー――南岳慧思の場合」（福永光司編『中国中世の宗教と文化』京都、京都大学人文科学研究所）。

川本芳昭［一九九八］『魏晋南北朝時代の民族問題』東京、汲古書院。

甘粛省文物工作隊・炳霊寺文物保管所編［一九八六］『中国石窟　炳霊寺石窟』東京、平凡社。

菅野博史［一九八三］「竺道生における機と感応について」『印度学仏教学研究』三二―一。

――［一九八七］「『大般涅槃経集解』における僧亮の感応思想」『東方』三。

――［二〇〇七］「中国仏教初期の機と感応思想について――道生・僧亮を中心として」『創価大学人文論集』十九。

菊地章太［一九九四］「六世紀中国の救世主信仰――『証香火本因経』を手がかりに」（道教文化研究会編『道教文化への展望』東京、平河出版社）。

――［二〇〇三］『弥勒信仰のアジア』東京、大修館書店。

北島信一［二〇〇六］→【中文】の項参照。

北村一仁［二〇〇八］「南北朝後期潁川地区の人々と社会――石刻史料を手掛かりとして」『龍谷史壇』一二九。

――［二〇一三］「北朝～隋初期の河東地域における諸仏教事業の背景――絳部地区出土仏教碑記の研究・序説」『東洋

支苑』八一。

――［二〇一五］「北朝～隋における民衆仏教と地域社会――山西省運城市出土の仏教石刻を用いて」（龍谷大学アジア仏教文化研究センター編『二〇一四年度研究報告書』京都、龍谷大学アジア仏教文化研究センター）。

木村清孝［一九九六］「大通方広経」（落合俊典編『中国撰述経典（其之二）』〔七寺古逸経典研究叢書　第二巻〕東京、大東出版社）。

木村宣彰［二〇〇九］『中国仏教思想研究』京都、法藏館。

桐谷征一［一九八七］「房山雷音洞石経攷」（野村耀昌博士古稀記念論集刊行委員会編『野村耀昌博士古稀記念論集――仏教史仏教学論集』東京、春秋社）。

――［一九九〇］「偽経高王観世音経のテキストと信仰」『法華文化研究』十六。

――［二〇〇一a］「北朝摩崖刻経と経文の簡約化――選択から結要へ」『大崎学報』一五七。

――［二〇〇一b］「中国における石刻経の類型」『身延山大学仏教学部紀要』二。

――［二〇〇二］「北斉大沙門安道壹の刻経事跡」『大崎学報』一五八。

久野美樹［一九八八］「中国初期石窟と観仏三昧――麦積山石窟を中心として」『仏教芸術』一七六。

――［一九八九］「造像背景としての生天、託生西方願望――中国南北朝期を中心として」『仏教芸術』一八七。

倉本尚徳［二〇〇七］「北朝造像銘にみる道仏二教の関係――関中における邑義の分析を中心に」『東方宗教』一〇九。

――［二〇〇八a］「北朝時代における方等懺と好相行――『大方等陀羅尼経』十二夢王石刻図像の新発見とその意義」『仏教文化研究論集』十二。

――［二〇〇八b］「南北朝時代における『大通方広経』の成立と受容――同経石刻仏名の新発見」『中国哲学研究』二三。

――［二〇〇八c］「北朝造像銘にみる禅師と阿弥陀信仰――「無量寿」から「阿弥陀」への尊名の変化に関連して」『印度学仏教学研究』五七―一。

――［二〇〇八d］「北朝時代の多仏名石刻――懺悔・称名信仰と関連して」『東洋文化研究所紀要』一五四。

――［二〇〇九a］「『大通方広経』の懺悔思想――特に『涅槃経』との関係について」『東方学』一一七。

――［二〇〇九b］「北朝石刻にみる「観世音仏」信仰」『印度学仏教学研究』五八―一。

――［二〇〇九c］「北斉臨淮王像碑の試訳と初歩的考察」『東洋文化研究所紀要』一五六。

――［二〇一〇a］「北朝・隋代の無量寿・阿弥陀像銘――特に『観無量寿経』との関係について」『仏教史学研究』五二―二。

――［二〇一〇b］「北朝期における『菩薩瓔珞本業経』実践の一事例――陽阿故県村造像記について」『東アジア仏教研究』八。

――［二〇一一］「北朝造像銘における転輪王関係の用語の出現」『印度学仏教学研究』六〇―一。

――［二〇一二］「ハイデルベルク大学東亜芸術史研究所訪問記――「中国における仏教石刻」プロジェクトの概要」（龍谷大学アジア仏教文化研究センター編『二〇一一年度研究報告書』京都、龍谷大学アジア仏教文化研究センター）。

――［二〇一三］「林慮山と白鹿山――北朝時代の太行山脈一帯における僧の修行地の問題について」『印度学仏教学研究』六一―二。

――［二〇一四a］「龍門北朝隋唐造像銘に見る浄土信仰の変容」『東アジア仏教学術論集――中・日・韓国際仏教学術大会論文集』二。

――［二〇一四b］「北朝石刻資料よりみた『高王観世音経』の成立事情」『明大アジア史論集』十八。

氣賀澤保規［一九八二］「隋末弥勒教の乱をめぐる一考察」『仏教史学研究』二三―一。

――［一九八三］「東魏＝北斉政権と漢人」谷川道雄編『中国士大夫階級と地域社会との関係についての総合研究』京都大学。

――編［一九九六］『中国仏教石経の研究』京都、京都大学学術出版会。

――（訳・序文）、梶山智史（翻訳協力）［二〇〇五］『碑刻史料からみた前秦隋初期の関中部族』科学研究費補助金成果報告書、明治大学。

小林太市郎［一九五〇→一九七四］「晋唐の観音」『仏教芸術』十。

――――［一九七四］『仏教芸術の研究』（小林太市郎著作集　第七巻）京都、淡交社。

小林正美［一九九〇］『六朝道教史研究』東京、創文社。

――――［一九九三］『六朝仏教思想の研究』東京、創文社。

――――［二〇〇三］『唐代の道教と天師道』東京、知泉書房。

――――［二〇〇四］「霊宝斎法の成立と展開」『東方宗教』一〇三。

――――［二〇〇五ａ］「道教の斎法儀礼の原型の形成――指教斎法の成立と構造」（福井文雅博士古稀・退職記念論集刊行会編『アジア文化の思想と儀礼――福井文雅博士古稀記念論集』東京、春秋社）。

――――［二〇〇五ｂ］「金籙斎法に基づく道教造像の形成と展開――四川省綿陽・安嶽・大足の摩崖道教造像を中心に」『東洋の思想と宗教』二二。

小南一郎［一九八二］「六朝隋唐小説史の展開と仏教信仰」（福永光司編『中国中世の宗教と文化』京都、京都大学人文科学研究所）。

――――［一九八三］「顔之推『冤魂志』をめぐって――六朝志怪小説の性格」『東方学』六五。

齊藤隆信［二〇〇六→二〇〇八］「中国初期浄土教再探」『日中浄土』十九。

齋藤龍一［二〇〇六］「中国南北朝時代の「鄜県様式」仏教・道教造像に関する再検討」（曾布川寛編『中国美術の図像学』京都、京都大学人文科学研究所）。

佐伯真也［一九九八］「崔鴻一族墓誌銘訳注五種（一）」『大東文化大学中国学論集』十五。

――――［一九九九］「崔鴻一族墓誌銘訳注五種（二）」『大東文化大学中国学論集』十六。

佐川英治［二〇〇五］「東魏北斉革命と『魏書』の編纂」『東洋史研究』六四‐一。

――――［二〇〇六］→【中文】の項目参照。

佐藤心岳［一九八三］「北斉鄴都の仏教」『印度学仏教学研究』三二‐一。

佐藤泰舜［一九三〇］「六朝時代の観音信仰」『寧楽』十三。

佐藤智水［一九七七a→一九九八］「北朝造像銘考」『史学雑誌』八六–十。

――［一九七七b→一九九八］「雲岡仏教の性格――北魏国家仏教成立の一考察」『東洋学報』五九–一・二。

――［一九七九→一九九八］「北魏廃仏論序説」『岡山大学法文学部学術紀要（史学篇）』三九。

――［一九九〇→一九九八］「北魏末の大乗の乱と災害」『岡山大学文学部紀要』十四。

――［一九九八］『北魏仏教史論考』岡山、岡山大学文学部。

――［二〇〇四］「華北石刻史料の調査――南北朝時代の造像史料から」『唐代史研究』七。

――研究代表［二〇〇五a］『4–6世紀における華北石刻史料の調査・研究』平成十三～十六年度科学研究費補助金（基盤研究B（1））研究成果報告書。

――［二〇〇五b］「北魏太和末年の大型石仏像」『龍谷大学論集』四六六。

――［二〇〇六］「中国における初期の「邑義」について（上）」『仏教文化研究所紀要』四五。

――［二〇〇七a］「中国における初期の「邑義」について（中）――銘文編一（北魏孝文帝・宣武帝期）」『仏教文化研究所紀要』四六。

――［二〇〇七b］「河北省涿県の北魏造像と邑義（前編）」『仏教史研究』四三。

――［二〇一〇］「山西省塔寺石窟北壁の北魏造像と銘文」『龍谷史壇』一三〇。

――［二〇一二］「中国における初期の邑義について（下）――北魏における女性の集団造像」『仏教文化研究所紀要』五一。

――［二〇一三a］「山西省沁水県の柳木岩摩崖造像と碑文について」（宮治昭研究代表『ガンダーラの美術の資料集成とその統合的研究』平成二〇～二四年度科学研究費補助金（基盤研究A）研究成果報告書Vol. I）。

――［二〇一三b］「中国初期金銅仏の銘にみえる祈願――仏に遇う、仏に遇いたい」（宮治昭研究代表『ガンダーラの美術の資料集成とその統合的研究』平成二〇～二四年度科学研究費補助金（基盤研究A）研究成果報告書Vol. II）。

――［二〇一五］「北魏時代の山東石像銘史料の探索と整理」（伊藤敏雄編『石刻史料と史料批判による魏晋南北朝史研

究』平成二三～二六年度科学研究費補助金（基盤研究A）研究成果報告書）。

佐藤哲英［一九二九→一九八一］「瓔珞経の成立に関する研究」、「同（二）」『龍谷大学論叢』二八四、二八五。

――［一九六一］『天台大師の研究――智顗の著作に関する基礎的研究』京都、百華苑。

――［一九八一］『続・天台大師の研究――天台智顗をめぐる諸問題』京都、百華苑。

塩入良道［一九六四］「中国仏教に於ける礼懺と仏名経典」（結城教授頌寿記念論文集刊行会編『結城教授頌寿記念――仏教思想史論集』東京、大蔵出版）。

――［一九六六］「中国仏教における仏名経の性格とその源流」『東洋文化研究所紀要』四二。

――［一九七七］「慈悲道場懺法の成立」（吉岡義豊博士還暦記念論集刊行会編『吉岡博士還暦記念道教研究論集――道教の思想と文化』東京、国書刊行会）。

――［二〇〇七］『中国仏教における懺法の成立』東京、大正大学天台学研究室。

塩沢裕仁［二〇一三］『後漢魏晋南北朝都城境域研究』東京、雄山閣。

柴田泰［一九九二］「訳語としての阿弥陀仏の「浄土」」『印度哲学仏教学』七。

――［一九九四］「中国仏教における「浄土」の用語再説」『印度哲学仏教学』九。

下田正弘［一九九七］『涅槃経の研究――大乗経典の研究方法試論』東京、春秋社。

謝振発［二〇〇六］「北響堂山石窟南洞北斉石経試論――唐邕の刻経事情をめぐって」（曾布川寛編『中国美術の図像学』京都、京都大学人文科学研究所）。

新川登亀男［二〇〇〇］「日本古代の「方広経」受容前史」（平井俊栄博士古稀記念論文集刊行会編『平井俊栄博士古稀記念論集――三論教学と仏教諸思想』東京、春秋社）。

末木文美士・梶山雄一［一九九二］『観無量寿経・般舟三昧経』（浄土仏教の思想　二）東京、講談社。

須藤弘敏［一九八九］「禅定比丘図像と敦煌第二八五窟」『仏教芸術』一八三。

諏訪義純［一九八八］『中国中世仏教史研究』東京、大東出版社。

――［一九九七］『中国南朝仏教史の研究』京都、法藏館。

相田洋　［二〇〇二］「義と社」『青山学院大学文学部紀要』四三。
曾布川寛　［一九九〇→二〇〇六］「響堂山石窟考」『東方学報』京都、六二。
――　［一九九三→二〇〇六］「龍門石窟における北朝造像の諸問題」（礪波護編『中国中世の文物』京都、京都大学人文科学研究所）。
――　［二〇〇六］『中国美術の図像と様式』研究篇・図版篇、東京、中央公論美術出版。
――　［二〇〇八］「雲岡石窟再考」『東方学報』京都、八三。
高雄義堅　［一九三二］「北魏に於ける仏教教団の発達に就て」『龍谷大学論叢』二九七。
高瀬奈津子　［二〇〇七］「北魏末・東魏代の斉州と龍洞石窟の造営」『札幌大学総合論叢』二四。
高橋継男編　［二〇〇七］『中国石刻関係図書目録（1949-2007）』東京、汲古書院。
高柳恒栄　［一九二五］「燉煌発掘写経の研究」『仏教研究』十九（六-一二）。
田上太秀　［一九九六～一九九七］『ブッダ臨終の説法――完訳　大般涅槃経』一～四、京都、大蔵出版。
――　［二〇〇〇］「一闡提とは何者か」『駒沢大学仏教学部論集』三一。
谷川道雄　［一九七六］『中国中世社会と共同体』東京、国書刊行会。
――　［一九九八］『増補　隋唐帝国形成史論』東京、筑摩書房。
田村俊郎　［二〇一一］「中国南北朝時代における『高王観世音経』とその展開――サンフランシスコ　アジア美術館所蔵経碑を手がかりに」『東方宗教』一一八。
池麗梅　［二〇一三］「『続高僧伝』研究序説――刊本大蔵経本を中心として」『鶴見大学仏教文化研究所紀要』十八。
――　［二〇一四］『石山寺一切経本『続高僧伝』巻八――翻刻と書誌学的研究』横浜、鶴見大学仏教文化研究所。
竺沙雅章　［一九九一］「『開宝蔵』と『契丹蔵』」（古典研究会編『国書漢籍論集――古典研究会創立二十五周年記念』東京、汲古書院）。
中国中世史研究会編　［一九七〇］『中国中世史研究――六朝隋唐の社会と文化』東京、東海大学出版会。
――　［一九九五］『中国中世史研究続編』京都、京都大学学術出版会。

張宝璽　［一九八六］「炳霊寺の西秦窟」（甘粛省文物工作隊・炳霊寺文物保管所編『中国石窟　炳霊寺石窟』東京、平凡社）。

塚本啓祥・磯田熙文校註［二〇〇八］『新国訳大蔵経　涅槃部1』（大般涅槃経（南本）Ⅰ）東京、大蔵出版。

塚本善隆［一九三五→一九七五b］「房山雲居寺の石刻大蔵経」『東方学報』京都、第五冊副刊。

――［一九四一a→一九七四b］「龍門石窟に現れたる北魏仏教」『龍門石窟の研究』（水野清一・長廣敏雄『龍門石窟の研究』東京、座右宝刊行会）。

――［一九四一b→一九七四b］「中国の在家仏教特に庶民教の一経典――提謂波利経の歴史」『東方学報』京都、十二―三。

――［一九七四a］『魏書釈老志の研究』（塚本善隆著作集　第一巻）東京、大東出版社。

――［一九七四b］『北朝仏教史研究』（塚本善隆著作集　第二巻）東京、大東出版社。

――［一九七四c］『日中仏教交渉史研究』（塚本善隆著作集　第六巻）東京、大東出版社
――［一九七五a］『中国中世仏教史論攷』（塚本善隆著作集　第三巻）東京、大東出版社。

――［一九七五b］『中国近世仏教史の諸問題』（塚本善隆著作集　第五巻）東京、大東出版社。

津田左右吉［一九四二・一九四三→一九六五］「神滅不滅の論争（一）」「同（二）」「同（三）」『東洋学報』二九―一、二九―二、三〇―一。

――［一九四四→一九六五］「シナに無量寿仏といふ名の用ゐられたことについて」『東洋学報』二九―三・四。

――［一九六五］『シナ仏教の研究』（津田左右吉全集　第十九巻）東京、岩波書店。

土橋秀高［一九六八→一九八〇］「ペリオ本「出家人受菩薩戒法」について」『仏教学研究』二五・二六。

――［一九八〇］『戒律の研究』京都、永田文昌堂。

――［一九八二］『戒律の研究　第二』京都、永田文昌堂。

手島一真［二〇一三］「空王・空王仏・大空王仏――北朝末期仏教石刻に見る仏教の中国的変容」（氣賀澤保規編『中国中世仏教石刻の研究』東京、勉誠出版）。

寺川真知夫［一九九六］『日本国現報善悪霊異記の研究』大阪、和泉書院。

天水麦積山石窟芸術研究所編［一九八七］『中国石窟　麦積山石窟』東京、平凡社。

東京大学東洋文化研究所三教交渉史研究班［一九八〇］「『北山録』訳注一」『東洋文化研究所紀要』八一。

藤堂恭俊［一九五一→一九五八］「北魏時代に於ける浄土教の受容とその形成——主として造像銘との関聯に於いて」『仏教文化研究』一。

——［一九五八］『無量寿経論註の研究』京都、仏教文化研究所。

戸上定香［一九三七］「支那の義井及び義橋に就いて」『龍谷史壇』二〇。

常盤大定・関野貞［一九二五〜二八］『支那仏教史蹟』東京、仏教史蹟研究会。

——・——［一九七五〜七六］『中国文化史蹟』京都、法藏館。

礪波護［一九九九］『隋唐の仏教と国家』東京、中央公論新社。

——編［一九九三］『中国中世の文物』京都、京都大学人文科学研究所。

中田祝夫［一九七八］「『日本霊異記』所引の一仏典——大通方広懺悔滅罪荘厳成仏経について」（伊藤博・渡瀬昌忠編『石井庄司博士喜寿記念論集　上代文学考究』東京、塙書房）。

中村喬［一九八五］「正月十五日の風習と燃灯の俗——中国の年中行事に関する覚え書」『立命館文学』四八五・四八六。

中村裕一［二〇〇九ａ］『中国古代の年中行事　第一冊　春』東京、汲古書院。

——［二〇〇九ｂ］『中国古代の年中行事　第二冊　夏』東京、汲古書院。

——［二〇一〇］『中国古代の年中行事　第三冊　秋』東京、汲古書院。

——［二〇一一］『中国古代の年中行事　第四冊　冬』東京、汲古書院。

長岡龍作［二〇〇九］「仏教における「霊験」——仏が感応する場と表象」『死生学研究』十二。

長廣敏雄［一九四五→一九八四］「雲岡石窟における千仏構成」『宝雲』三四。

——［一九八四］『長廣敏雄中国美術論集』東京、講談社。

那波利貞［一九三八→一九七四］「唐代の社邑に就きて（上）」「同（中）」「同（下）」『史林』二三―二、二三―三、二三―四。

――――［一九三九↓一九七四］「仏教信仰に基きて組織せられたる中晩唐五代時代の社邑に就きて（上）」「同（下）」『史林』二四―三、二四―四。

――――［一九七四］『唐代社会文化史研究』東京、創文社。

西本照真［一九九八］『三階教の研究』東京、春秋社。

任継愈主編　小川隆他訳［一九九四］『定本中国仏教史Ⅲ』東京、柏書房。

野村耀昌［一九六八］『周武法難の研究』東京、東出版。

服部克彦［一九六五］『北魏洛陽の社会と文化』京都、ミネルヴァ書房。

――――［一九六八］『続北魏洛陽の社会と文化』京都、ミネルヴァ書房。

服部法照［一九九〇］「文殊師利般涅槃経と観経類」『印度学仏教学研究』三九―一。

浜口重国［一九三八↓一九六六］「高斉出自考――高歓の制覇と河北の豪族高乾兄弟の活躍」『史学雑誌』四九―八。

――――［一九六六］『秦漢隋唐史の研究』下、東京、東京大学出版会。

林巳奈夫［一九九三］『龍の話――図像から解く謎』東京、中央公論社。

春本秀雄［一九九〇］「『提謂波利経』と中華思想」『宗教研究』二八三。

平井宥慶［一九八七］「北朝国家と仏教学」『三康文化研究所年報』十九。

平川彰［一九七六↓一九九〇］「懺悔とクシャマ」『法華文化研究』二。

――――［一九九〇］『浄土思想と大乗戒』東京、春秋社。

福田真［一九九四］「北朝末期における仏教の変容過程と華北社会」『愛知学院大学大学院文学研究科文研会紀要』四・五。

福山敏男［一九七一］「炳霊寺石窟の西秦造像銘について」『美術研究』二七六。

藤井教公［一九九一］「一闡提について」『印度学仏教学研究』三九―二。

藤枝晃［一九六二］「北朝写経の字すがた」『墨美』一一九。

藤田宏達［一九七〇］『原始浄土思想の研究』東京、岩波書店。

――――［二〇〇七］『浄土三部経の研究』東京、岩波書店。

――・桜部健［一九九四］『無量寿経・阿弥陀経』（浄土仏教の思想　二）東京、講談社。

藤谷昌紀［二〇〇二］「敦煌本『本業瓔珞経疏』の引用経論について」『大谷大学大学院研究紀要』十九。

――［二〇〇三］「『菩薩瓔珞本業経』の二十四願偈について」『印度学仏教学研究』五二―一。

――［二〇〇四］「『瓔珞経』と蕭子良の『浄行優婆塞経』」『印度学仏教学研究』五三―一。

――［二〇〇五ａ］「『菩薩瓔珞本業経』の諸本について――近年の大蔵経研究の動向を踏まえて」『仏教学セミナー』八一。

――［二〇〇五ｂ］「『菩薩瓔珞本業経』の諸本について――敦煌写本 S.3460を中心に」『印度学仏教学研究』五四―一。

――［二〇〇六］「『菩薩瓔珞本業経』の研究」大谷大学博士課程学位論文。

――［二〇〇七］「蕭子良の抄経・著作の性格について」『印度学仏教学研究』五六―一。

藤善真澄［一九七〇］「隋唐仏教への視角」（中国中世史研究会編『中国中世史研究――六朝隋唐の社会と文化』東京、東海大学出版会）。

――［一九七三］「王劭の著述小考」（藤原弘道先生古稀記念会編『藤原弘道先生古稀記念史学仏教学論集』出版地不明、藤原弘道先生古稀記念会）。

――［一九七五］「隋唐仏教時代区分試論――度僧制と貢挙制」『東洋学術研究』一四―三。

――［一九七七］「北斉系官僚の一動向――隋文帝の誕生説話を手がかりに」『鷹陵史学』三・四。

――［一九八七］「末法家としての那連提黎耶舎――周隋革命と徳護長者経」『東洋史研究』四六―一。

――［一九九一］「曇鸞大師生卒年新考――道宣律師の遊方を手がかりに」『教学研究所紀要』一。

――［二〇〇二］『道宣伝の研究』京都、京都大学学術出版会。

藤原楚水纂輯［一九三九～四〇］『増訂寰宇貞石図』東京、興文社。

藤原楚水［一九七五～七八］『訳注語石・中国石刻学概論』東京、省心書房。

布施浩岳［一九四二→一九七三］『涅槃宗の研究』東京、叢文閣（一九七三年東京、国書刊行会から再版）。

船山徹［一九九五］「六朝時代における菩薩戒の受容過程――劉宋・南斉期を中心に」『東方学報』京都、六七。

――［一九九六］「疑経『梵網経』成立の諸問題」『仏教史学研究』三九―一。

――［二〇〇二a］「捨身の思想――六朝仏教史の一断面」『東方学報』京都、七四。

――［二〇〇二b］「「漢訳」と「中国撰述」の間――漢文仏典に特有な形態をめぐって」『仏教史学研究』四五―一。

――［二〇〇三］「龍樹、無著、世親の到達した階位に関する諸伝承」『東方学』一〇五。

――［二〇〇五］「聖者観の二系統――六朝隋唐仏教史鳥瞰の一試論」（麦谷邦夫編『三教交渉論叢』京都、京都大学人文科学研究所）。

――研究代表［二〇〇六］『南斉・竟陵文宣王蕭子良撰『浄住子』の訳注作成を中心とする中国六朝仏教史の基礎研究』平成十五年度～平成十七年度科学研究費補助金（基盤研究C（2））研究成果報告書。

――［二〇〇七］「六朝仏典の翻訳と編輯に見る中国化の問題」『東方学報』京都、八〇。

――［二〇一三］『仏典はどう漢訳されたのか――スートラが経典になるとき』東京、岩波書店。

――［二〇一四］「梁代の仏教――学術としての二三の特徴」（小南一郎編『学問のかたち――もうひとつの中国思想史』東京、汲古書院）。

――［二〇一五］「中国仏教の経典読誦法――転読と梵唄はインド伝来か」（村上忠良研究代表『宗教実践における声と文字――東南アジアからの展望』京都大学地域研究統合情報センター共同研究平成25年度～平成27年度研究成果論集）。

古川徹［一九九三］「仏道混合造像碑考」『広島文教女子大学紀要』二八。

古田和弘［一九七二］「中国仏教における一闡提思想の受容」『大谷学報』五二―一。

朴亨国［一九九七］「いわゆる人中像という名称について――吉村怜『盧舎那法界人中像の研究』の再検討」『密教図像』十六。

前田繁樹［二〇〇四］『初期道教経典の形成』東京、汲古書院。

牧田諦亮［一九六六→一九七六］「高王観世音経の成立――北朝仏教の一断面」『仏教史学』十二―三。

――［一九六八・一九七一→一九七六］「敦煌本提謂経の研究」（上）（下）『仏教大学大学院研究紀要』一、二。

――［一九七〇］『六朝古逸観世音応験記の研究』京都、平楽寺書店。

――［一九七二→一九七六］「『大通方広経』管見」（野上俊静編『大谷大学所蔵敦煌古写経　坤』京都、大谷大学東洋学研究室）。

――［一九七六］『疑経研究』京都、京都大学人文科学研究所。

牧野和夫［一九九九］「七寺蔵『大乗毘沙門功徳経』と「因縁・説話」」（落合俊典編『中国日本撰述経典（其之四）』〔七寺古逸経典研究叢書　第四巻〕東京、大東出版社）。

松原三郎［一九五四］「北魏の鄜県様式石彫に就いて」『国華』七五三。

――［一九六一］『中国仏教彫刻史研究』東京、吉川弘文館。

――［一九九五］『中国仏教彫刻史論』東京、吉川弘文館。

――［一九九七］「玉石像考――中国仏教彫刻の系譜として」『仏教芸術』二三〇。

松本文三郎［一九〇四→二〇〇六］『極楽浄土論』東京、金港堂書籍。

――［一九一一→二〇〇六］『弥勒浄土論』東京、丙午出版社。

――［一九一八］「六朝時代支那俗間の浄土思想に就いて」『無尽灯』二三―三。

――［一九一九］『支那仏教遺物』東京、大鐙閣。

――［二〇〇六］『弥勒浄土論・極楽浄土論』東京、平凡社。

丸山宏［二〇〇四］『道教儀礼文書の歴史的研究』東京、汲古書院。

水上文義［一九九四］「解題　大方等陀羅尼経」（遠藤祐純・福田亮成・水上文義校註『新国訳大蔵経　密教部六』東京、大蔵出版）。

水谷幸正［一九六一］「一闡提攷」『仏教大学研究紀要』四〇。

水野清一［一九四〇→一九六八］「半跏思惟像について」『東洋史研究』五―四。

――［一九六八］『中国の仏教美術』東京、平凡社。

水野清一・長廣敏雄［一九三七］『河北磁県・河南武安響堂山石窟』京都、東方文化学院京都研究所。

――・――［一九四一］『龍門石窟の研究』東京、座右宝刊行会。

――――・――――［一九五一～七五］『雲岡石窟――西暦五世紀における中国北部仏教窟院の考古学的調査報告』京都、京都大学人文科学研究所雲岡刊行会。

溝口雄三・丸山松幸・池田知久編［二〇〇一］『中国思想文化事典』東京、東京大学出版会。

道端良秀［一九七二］『中国の石仏・石経』京都、法藏館。

三石善吉［一九九〇］「マイトレーヤ・ミレニアム――北魏大乗の乱」『筑波法政』十三。

宮川尚志［一九五五］「南北朝の軍主・隊主・戍主等について」『東洋史研究』十三―六。

――――［一九六四］『六朝史研究　宗教篇』京都、平楽寺書店。

宮治昭［一九九二］『涅槃と弥勒の図像学』東京、吉川弘文館。

――――［一九九五・一九九六］「トゥルファン・トヨク石窟の禅観窟壁画について――浄土図・浄土観想図・不浄観想図」上中下『仏教芸術』二二一、二二三、二二六。

――――［二〇〇二］「観経変の成立をめぐって――トヨク小窟・小南海石窟・敦煌初唐窟」『日本仏教学会年報』六七。

村中祐生［一九九八］『大乗の修観形成史研究』東京、山喜房仏書林。

望月信亨［一九一七］「疑似経と偽妄経　仁王経、梵網経、瓔珞経」『仏書研究』一〇六―三一。

――――［一九三〇］『浄土教の起原及発達』東京、共立社。

――――［一九四二］『支那浄土教理史』京都、法藏館。

――――［一九四六］『仏教経典成立史論』京都、法藏館。

望月良晃［一九八八］『大乗涅槃経の研究――教団史的考察』東京、春秋社。

森正夫［一九八二］「中国前近代史研究における地域社会の視点」『名古屋大学文学部研究論集』史学二八。

森三樹三郎［一九八六］『六朝士大夫の精神』京都、同朋舎出版。

森江俊孝［一九七二］「竺道生の感応思想」『印度学仏教学研究』二一―一。

――――［一九七三］「梁三大法師の感応思想」『印度学仏教学研究』二二―一。

守屋美都雄訳注、布目潮渢・中村裕一補訂［一九七八］『荊楚歳時記』東京、平凡社。

諸戸立雄［一九九〇］『中国仏教制度史の研究』東京、平河出版社。

八木宣諦［一九九六］「南朝造像記の研究――資料と概要」『印度学仏教学研究』四四―一。

八木春生［二〇〇二→二〇〇四］「鞏県石窟考」『芸術研究報』二三。

――［二〇〇四］『中国仏教美術と漢民族化――北魏時代後期を中心として』京都、法藏館。

――［二〇一三］『中国仏教造像の変容――南北朝後期および隋時代』京都、法藏館。

安居香山・中村璋八編［一九七一］『重修緯書集成』巻三、詩・礼・楽、東京、明徳出版社。

矢吹慶輝［一九三三］『鳴沙餘韻解説』東京、岩波書店。

山口県立萩美術館・浦上記念館編［二〇〇四］『小さな御仏たち』萩、山口県立萩美術館・浦上記念館。

山口正晃［二〇〇八］「『現在十方千五百仏名並雑仏同号』小考――「仏名経類」の発展過程と関連して」『敦煌写本研究年報』二。

山﨑順平［二〇一四］「『高王観世音経』の原初テキストについて――南北朝から隋唐の諸本の比較検討から」『集刊東洋学』一一一。

山﨑宏［一九三三→一九四二］「隋唐時代に於ける義邑及び法社に就て」『史潮』三―二。

――［一九四二］『支那中世仏教の展開』東京、清水書店。

――［一九六七］『隋唐仏教史の研究』京都、法藏館。

山路隆浩［二〇〇八］「「彭城寺碑」にみる魏収と仏教」『龍谷大学大学院文学研究科紀要』三〇。

山田明爾［一九七六］「観経攷――無量寿仏と阿弥陀仏」『龍谷大学論集』四〇八。

山部能宜［二〇〇〇］「『梵網経』における好相行の研究」（荒牧典俊編著『北朝隋唐中国仏教思想史』京都、法藏館）。

結城令聞［一九三六］「支那仏教における末法思想の隆起」『東方学報』東京、六。

楊伯達著・松原三郎訳・解題［一九八五］『埋もれた中国石仏の研究――河北省曲陽出土の白玉像と編年銘文』東京、東京美術。

横手裕［二〇〇八］『中国道教の展開』東京、山川出版社
吉川忠夫［一九八四］『六朝精神史研究』京都、同朋舎出版。

――［一九九八］『中国人の宗教意識』東京、創文社。

吉村怜［一九五九→一九九九b］「盧舎那法界人中像の研究」『美術研究』二〇三。

――［一九九九a→一九九九b］「盧舎那法界人中像再論――華厳教主盧舎那仏と宇宙主的釈迦仏」『仏教芸術』二四二。

――［一九九九b］『天人誕生図の研究――東アジア仏教美術史論集』東京、東方書店。

六朝・隋唐時代の道仏論争研究班［一九八八］「「笑道論」訳注」『東方学報』京都、六〇。

渡辺信一郎［一九九四］『中国古代国家の思想構造――専制国家とイデオロギー』東京、校倉書房。

渡辺義浩［一九九五］『後漢国家の支配と儒教』東京、雄山閣。

【中文】（著者名漢語拼音アルファベット順）

A

阿部賢次［二〇〇〇］「陝西省的北魏雕刻――来源、賛助、願望」（巫鴻主編『漢唐之間的宗教芸術与考古』北京、文物出版社）。

B

北島信一［二〇〇六］「彩色石壁摩崖刻経論及其年代考」（焦徳森主編『北朝摩崖刻経研究（三）』呼和浩特、内蒙古人民出版社）。

C

曹凌編著［二〇一一］『中国仏教疑偽経綜録』上海、上海古籍出版社。

――［二〇一四］「敦煌本《十方千五百仏名経》雑考」『敦煌研究』二〇一四-四。

常福江主編［二〇〇六］『長治金石萃編』太原、山西春秋電子音像出版社。

陳国符［一九六三］『道蔵源流攷』北京、中華書局。

陳連慶［一九九三］『中国古代少数民族姓氏研究――秦漢魏晋南北朝少数民族姓氏研究』長春、吉林文史出版社。

陳明達［一九六三］「鞏県石窟寺的雕鑿年代及特点」（河南省文化局文物工作隊編『鞏県石窟寺』北京、文物出版社）。

陳平［二〇〇〇］「河南中小型石窟調査的主要収獲」（巫鴻主編『漢唐之間的宗教芸術与考古』北京、文物出版社）。
陳瑞琳［一九八五］「甘粛正寧県出土北周仏像」『考古与文物』一九八五-四。
陳弱水［二〇〇五］「説「義」三則」『公共意識与中国文化』台北、聯経出版。
陳爽［一九九八］『世家大族与北朝政治』北京、中国社会科学出版社。
陳寅恪［一九五〇］「崔浩与寇謙之」『嶺南学報』十一-一。

D

丁明夷［一九八六］「従強独楽建周文王仏道造像碑看北朝道教造像」『文物』一九八六-三。
――［一九八八］「北朝仏教史的重要補正――析安陽三処石窟的造像題材」『文物』一九八八-四。
董家亮［二〇〇二］「安陽霊泉寺・大住聖窟――隋代「礼仏・懺悔等文石刻」的清理発現及意義」『仏学研究』二〇〇二。
杜正宇［二〇一〇］『西魏北周時期具官方色彩的仏教義色』台北県永和市、花木蘭文化出版社。

F

樊英民［一九九六］「兗州発現北斉造像記」『文物』一九九六-三。
峰峰鉱区文物保管所・芝加哥大学東亜芸術中心［二〇一三］『北響堂山石窟刻経洞――南区1、2、3号窟考古報告』北京、文物出版社。
馮賀軍［二〇〇五］『曲陽白石造像研究』北京、紫禁城出版社。
傅暁静［二〇〇八］『唐五代民間私社研究』北京、経済科学出版社。

G

《高平金石志》編纂委員会編［二〇〇四］『高平金石志』北京、中華書局。
高峡主編［一九九九］『西安碑林全集』広州、広東経済出版社。
国家文物局教育処編［一九九三］『仏教石窟考古概要』北京、文物出版社。
郭新明［二〇〇〇］「晋城青蓮寺発現北斉石刻造像」『文物世界』二〇〇〇-六。

H

邯鄲市文物研究所編［二〇〇七］『邯鄲古代彫塑精粋』北京、文物出版社。
郝春文［一九九一］「東晋南北朝仏社首領考略」『北京師範学院学報』一九九一-三。
――［二〇〇六］『中古時期社邑研究』台北、新文豊出版公司。
何利群［二〇一四］「従北呉荘仏像埋蔵坑論鄴城造像的発展階段与〝鄴城模式〟」『考古』二〇一四-五。
河北省文化局文物工作隊［一九六六］「河北定県出土北魏石函」『考古』一九六六-五。
河南省古代建築保護研究所編［一九九一］『宝山霊泉寺』鄭州、河南人民出版社。
河南省文物局編［二〇〇八］『河南文物』中冊、鄭州、文心出版社。
河南省文物研究所・鶴壁市博物館［一九八九］「鶴壁五岩寺石窟」『中原文物』一九八九-一。
賀世哲［二〇〇六］『敦煌図像研究――十六国北朝巻』蘭州、甘粛教育出版社。
賀玉萍［二〇一〇］『北魏洛陽石窟文化研究』開封、河南大学出版社。
侯旭東［一九九八ａ］『五、六世紀北方民衆仏教信仰――以造像記為中心的考察』北京、中国社会科学出版社。
――［一九九八ｂ］「《敬福経》雑考」（方広錩主編『蔵外仏教文献』第四輯、北京、宗教文化出版社）。
――［二〇〇五］『北朝村民的生活世界――朝廷、州県与村里』北京、商務印書館。
胡国強［二〇〇四］「両件北魏〈真王五年〉造像銘考」『文物』二〇〇四-九。
――主編［二〇〇九］『你応該知道的200件曲陽造像』北京、紫禁城出版社。
胡文和［二〇〇四］『中国道教石刻芸術史』北京、高等教育出版社。
胡知凡［二〇〇八］『形神倶妙――道教造像芸術探索』上海、上海辞書出版社。

J

焦徳森主編［二〇〇三］『北朝摩崖刻経研究（続）』香港、天馬図書。
――主編［二〇〇六］『北朝摩崖刻経研究（三）』呼和浩特、内蒙古人民出版社。
金申［二〇〇四］『仏教美術叢考』北京、科学出版社。

――編著［二〇〇七］『海外及港台蔵歴代仏像――珍品紀年図鑑』太原、山西人民出版社。

――［二〇〇八→二〇一〇］「古代仏造像的石料来源問題」（西安碑林博物館編『紀念西安碑林九百二十周年華誕国際学術研討会論文集』北京、文物出版社）。

――［二〇一〇］『仏教美術叢考続編』北京、華齢出版社。

晋城市建設局編［二〇一〇］『山西晋城古村鎮』北京、中国建設工業出版社。

L

頼非［二〇〇三］「僧安刻経考述」（焦徳森主編『北朝摩崖刻経研究（続）』香港、天馬図書）。

――［二〇〇七］『山東北朝仏教摩崖刻経調査与研究』北京、科学出版社。

頼鵬挙［二〇〇二］『絲路仏教的図像与禅法』中壢、円光仏学研究所。

頼文英［二〇〇六］「六世紀中国華北地区的法華「十六王子」信仰」『円光仏学学報』十。

李会智・師煥英［二〇〇二］「浄影寺慧遠生平小考」『五台山研究』二〇〇二―一。

――・高天［二〇〇三ａ］「山西晋城青蓮寺史考」『文物世界』二〇〇三―一。

――・――［二〇〇三ｂ］「山西晋城青蓮寺仏教発展之脈絡」『文物世界』二〇〇三―二。

李静傑［一九九六］「仏教造像碑尊像雕刻」『敦煌学輯刊』一九九六―二。

――［一九九七］「仏教造像碑分期与分区」『仏学研究』一九九七。

――［一九九八］「仏教造像碑」『敦煌学輯刊』一九九八―一。

――［二〇〇〇］「中国北朝期における定光仏授記本生図の二種の造形について」『美学美術史研究論集』十七・十八。

――・田軍［一九九九］「定州系白石仏像研究」『故宮博物院院刊』一九九九―三。

李利安［二〇〇八］『観音信仰的淵源与伝播』北京、宗教文化出版社。

李清泉［二〇〇〇］「済南地区石窟、摩崖造像調査与初歩研究」『芸術史研究』二。

李凇［一九九九］『陝西仏教芸術』台北、芸術家出版社。

――［二〇〇〇］『陝西古代仏教美術』西安、陝西人民教育出版社。

――［二〇〇二］『長安芸術与宗教文明』北京、中華書局。

――［二〇一二］『中国道教美術史』第一巻、長沙、湖南美術出版社。

李文生［一九九六］「龍門石窟仏社研究」『歴史文物』一九九六-六-一二。

李献奇［一九八五］「北魏正光四年翟興祖等人造像碑」『中原文物』一九八五-一二。

李小栄［二〇〇三］「『高王観世音経』考析」『敦煌研究』二〇〇三-一。

李玉昆［一九八四］「従龍門造像銘記看北朝的仏教」『世界宗教研究』一九八四-一二。

李玉珉［一九八六］「半跏思惟像再探」『故宮学術季刊』三-三。

――［一九九八］「宝山大住聖窟初探」『故宮学術季刊』十六-一二。

――［二〇〇二］「南北朝観世音造像考」（邢義田主編『中世紀以前的地域文化、宗教与芸術』台北、中央研究院歴史語言研究所）。

李裕群・張慶捷［一九九九］「山西高平高廟山石窟的調査与研究」『考古』一九九九-一。

――［二〇一四］「山西沁県南泉北魏仏教摩崖石刻考」『文物』二〇一四-一。

梁暁鵬［二〇〇六］『敦煌莫高窟千仏図像研究』北京、民族出版社。

林保堯［一九九三］『法華造像研究――嘉登博物館蔵東魏武定元年石造釈迦像考』台北、芸術家出版社。

劉長東［二〇〇〇］『晋唐弥陀浄土信仰研究』成都、巴蜀書社。

劉東光［一九九一］「有関安陽両処石窟的幾個問題及補充」『文物』一九九一-八。

劉慧達［一九七八→一九九六］「北魏石窟与禅」『考古学報』一九七八-三（のち宿白［一九九六］『中国石窟寺研究』北京、文物出版社に増補収録）。

劉建華［一九九五］「河北曲陽八会寺隋代刻経龕」『文物』一九九五-五。

――［一九九九］「北斉趙郡王高叡造像及相関文物遺存」『文物』一九九九-八。

――・魏蘭香［二〇〇八］「河北黄驊県出土北朝白石造像」『芸術史研究』十。

劉建軍［二〇〇七］「『大方等陀羅尼経』的〝十二夢王〟石刻図像」『文物』二〇〇七-十。

劉景龍・李玉昆（主編）［一九九八］『龍門石窟碑刻題記彙録』北京、中国大百科全書出版社。
――・趙会軍（編著）［二〇〇六］『偃師水泉石窟』北京、文物出版社。
劉淑芬［一九九三］「五至六世紀華北郷村的仏教信仰」『中央研究院歴史語言研究所集刊』六三―三。
――［一九九四］「北斉標異郷義慈恵石柱――中古仏教社会救済的個案研究」『新史学』五―四。
――［二〇〇一→二〇〇八］「従民族史的角度看太武滅仏」『中央研究院歴史語言研究所集刊』七二―一。
――［二〇〇六→二〇〇八］「中国撰述経典与北朝仏教的伝布――従北朝刻経造像碑談起」（呉昌廉主編『労貞一先生百歳冥誕紀念論文集〈簡牘学報第十九輯〉』台北、台北市簡牘学会・中華簡牘学会）。
――［二〇〇七］「中古仏教政策与社邑的転型」『唐研究』十三。
――［二〇〇八］『中古的仏教与社会』上海、上海古籍出版社。
――［二〇〇九］「香火因縁――北朝的仏教結社」（黃寛重主編『中国史新論――基層社会分冊』台北、中央研究院・聯経出版）。
――［二〇一〇］「従造像碑看南北朝仏教的幾個面向――石像・義邑和中国撰述経典」（林富士主編『中国史新論――宗教史分冊』台北、中央研究院・聯経出版）。
劉屹［二〇一一］『神格与地域――漢唐間道教信仰世界研究』上海、上海人民出版社。
劉昭瑞［二〇〇七］『考古発現与早期道教研究』北京、文物出版社。
柳揚［二〇〇三］「釈迦、老君並坐像――従一種流行的造像図式看北朝仏道両教関係」（林亦英編『観妙観徼――山西省館蔵道教文物』香港、香港大学美術博物館）。
盧建栄［一九九五］「従造像銘記論五至六世紀北朝郷民社会意識」『台湾師大歴史学報』二三。
羅宏才［二〇〇七→二〇〇八］「北魏正光元年〝雍光里邑子造像碑〟初探」『芸術史研究』九。
――［二〇〇八］『中国仏道造像碑研究――以関中地区為考察中心』上海、上海大学出版社。
呂春盛［一九八七］『北斉政治史研究――北斉衰亡原因之考察』台北、国立台湾大学出版委員会。
呂鉄鋼主編［一九九九］『房山石経研究』香港、中国仏教文化出版。

M

馬長寿［一九八五］『碑銘所見前秦至隋初的関中部族』北京、中華書局。

馬衡［一九七七］『凡将斎金石叢稿』北京、中華書局。

馬忠理［一九九一］「鄴都近邑北斉仏教刻経初探」（中国書法家協会山東分会・山東石刻芸術博物館編『北朝摩崖刻経研究』済南、斉魯書社）。

――［二〇〇三］「邯鄲鼓山、滏山石窟北斉仏教刻経」（焦徳森主編『北朝摩崖刻経研究（続）』香港、天馬図書）。

――・馬小青［二〇〇六］「渉県木井寺北斉観音経碑小考」（焦徳森主編『北朝摩崖刻経研究（三）』呼和浩特、内蒙古人民出版社）。

毛漢光［一九九〇］『中国中古政治史論』台北、聯経出版。

毛遠明校注［二〇〇八］『漢魏六朝碑刻校注』北京、線装書局。

――［二〇〇九］『碑刻文献学通論』北京、中華書局。

孟憲実［二〇〇九］『敦煌民間結社研究』北京、北京大学出版社。

密県文物管理委員会［一九七八］「密県発現東魏造像石龕」『河南文博通訊』一九七八–一。

N

寧可［一九七九］「記晋《当利里社碑》」『文物』一九七九–十二。

――［一九八五］「述〝社邑〟」『北京師範学院学報』一九八五–一。

寧強・胡同慶［一九八六］「敦煌莫高窟第２５４窟千仏画研究」『敦煌研究』一九八六–四。

O

欧陽中石編著［二〇〇九］『渉県北斉刻経』瀋陽、万巻出版公司。

Q

青州市博物館［一九九八］「青州龍興寺仏教造像窖蔵清理簡報」『文物』一九九八–二。

邱忠鳴［二〇〇六］「芸術趣味与家族信仰変遷――以崔懃造像座為中心的個案研究」『芸術史研究』八。

S

山東省博物館・Heidelberger Akademie der Wissenschaften・中国社会科学院世界宗教研究所［二〇〇六］「山東東平洪頂山摩崖刻経考察」『文物』二〇〇六―十二。

山東省文物考古研究所［一九八四］「臨淄北朝崔氏墓」『考古学報』一九八四―二。

山東石刻分類全集编輯委員会編［二〇一三］『山東石刻分類全集』青島、青島出版社。

山西省博物館編［一九九九］『山西省博物館館蔵文物精華』太原、山西人民出版社。

山西省古建築保護研究所・北京大学考古学系石窟調査組［一九九七］「山西平定開河寺石窟」『文物』一九九七―一。

陝西省考古研究院・陝西省銅川市薬王山管理局編、張燕編著［二〇一三］『陝西薬王山碑刻芸術総集』上海、上海辞書出版社。

陝西耀県薬王山博物館・陝西臨潼市博物館・北京遼金城垣博物館合編［一九九六］『北朝仏道造像碑精選』天津、天津古籍出版社。

尚永琪［二〇〇八］『3-6世紀仏教伝播背景下的北方社会群体研究』北京、科学出版社。

邵正坤［二〇〇八］『北朝家庭形態研究』北京、科学出版社。

聖凱［二〇〇四］『中国仏教懺法研究』北京、宗教文化出版社。

施和金［二〇〇八］『北斉地理志』北京、中華書局。

宋傑［二〇〇六］『両魏周斉戦争中的河東』北京、中国社会科学出版社。

宿白［一九九六］『中国石窟寺研究』北京、文物出版社。

――［一九九九a］「青州城考略――青州城与龍興寺之一」『文物』一九九九―八。

――［一九九九b］「龍興寺沿革――青州城与龍興寺之二」『文物』一九九九―九。

――［一九九九c］「青州龍興寺窖蔵所出仏像的幾個問題――青州城与龍興寺之三」『文物』一九九九―十。

T

唐長孺［一九八三］「北朝的弥勒信仰及其衰落」『魏晋南北朝史論拾遺』北京、中華書局。

湯用彤［一九三八］『漢魏両晋南北朝仏教史』長沙、商務印書館。

陶倩・陶富海［二〇〇六］「記一通北斉天保四年造像碑」（山西省考古学会・山西省考古研究所共編『山西省考古学会論文集

四』太原、山西人民出版社)。

W

王承文［二〇〇二］『敦煌古霊宝経与晋唐道教』北京、中華書局。

王恵民［一九九八ａ］「北魏仏教伝帖原件《大慈如来告疏》研究」『敦煌研究』一九九八―一。

――［一九九八ｂ］「炳霊寺建弘紀年応為建弘五年」『敦煌研究』一九九八―三
王静芬著・張善慶訳［二〇一〇］「仏名与懺儀――以張栄遷碑和陳海龍碑為中心」『敦煌研究』二〇一〇―二。

王景荃［二〇〇二］「豫北地区景明年間仏教石刻造像初探」『中原文物』二〇〇二―五。

――主編［二〇〇九］『河南仏教石刻造像』鄭州、大象出版社。

王素・李方［一九九七］『魏晋南北朝敦煌文献編年』台北、新文豊出版。

王永波・雷徳侯主編［二〇一四］『中国仏教石経・山東省第一巻』杭州、中国美術学院出版社。

王堉昌原著・郝勝芳主編［二〇〇〇］『汾陽県金石類編』太原、山西古籍出版社。

王振国［二〇〇六］『龍門石窟与洛陽仏教文化』鄭州、中州古籍出版社。

王仲犖［一九八〇］『北周地理志』北京、中華書局。

汪小洋・李彧・張婷婷［二〇一〇］『中国道教造像研究』上海、上海大学出版社。

魏文斌・鄭炳林［二〇〇五］「甘粛正寧北周立仏像研究」『歴史文物』台北、十五―九。

温玉成［一九八五］「碑刻資料対仏教史的幾点重要補正」『中原文物』特刊。

――［一九九三］『中国石窟与文化芸術』上海、上海人民美術出版社。

――［二〇〇三］「『大慈如来告疏』研究」『仏学研究』十二。

X

謝振発［二〇〇六］→【和文】の項参照。

徐可然［二〇一二］「兗州金口壩仏教碑刻研究」曲阜師範大学修士学位論文。

Y

厳耕望［一九九〇］『中国地方行政制度史』台北、中央研究院歴史語言研究所。

――［二〇〇五］『魏晋南北朝仏教地理稿』台北、中央研究院歴史語言研究所。

――［二〇〇七］『唐代交通図考』上海、上海古籍出版社。

顔娟英［一九九一］「河北南響堂山石窟寺初探」（宋文薫等主編『考古与歴史文化――慶祝高去尋先生八十大寿論文集』下、台北、正中書局）。

――［一九九八］「北斉禅窟的図像考――従小南海石窟到響堂山石窟」『東方学報』京都、七〇。

――［二〇〇二］「北朝華厳経造像的省思」（邢義田主編『中世紀以前的地域文化・宗教与芸術』台北、中央研究院歴史語言研究所）。

――主編［二〇〇八］『北朝仏教石刻拓片百品』台北、中央研究院歴史語言研究所、二〇〇八年。

顔尚文［一九九七］「法華思想与仏教社区共同体――以東魏〈李氏合邑造像碑〉為例」『中華仏学学報』十。

楊伯達［一九六〇］「曲陽修徳寺出土紀年造象的芸術風格与特徴」『故宮博物院院刊』二。

姚薇元［一九五八→二〇〇七］『北朝胡姓考　修訂本』北京、中華書局。

殷光明［二〇〇〇］『北涼石塔研究』新竹、覚風仏教芸術文化基金会。

于君方［一九九五］「「偽経」与観音信仰」『中華仏学学報』八。

兪鹿年［二〇〇八］『北魏職官制度考』北京、社会科学文献出版社。

運城市地方志編纂委員会整理［一九九一］『運城県志』太原、山西人民出版社。

Z

張宝璽［一九八六］→【和文】の項参照。

――［一九九二］「建弘題記及其有関問題的考釈」『敦煌研究』一九九二―一。

――［二〇〇一］『甘粛仏教石刻造像』蘭州、甘粛人民美術出版社。

張儐生［一九八〇］『魏書地形志考釈』台北、徳育書局。

張慶捷・李裕群・郭一峰［二〇〇〇］「山西高平羊頭山石窟調査報告」『考古学報』二〇〇〇-一。
張煒令［一九九〇］「関令尹喜神化研究」『道教学探索』一九九〇-三。
――［一九九一］「北朝之前楼観道教修行法的歴史考察」『道教学探索』一九九一-四。
張新斌・馮広浜［一九八八］「河南新郷県所見両尊造像」『文博』一九八八-六。
張勛燎・白彬［二〇〇六］『中国道教考古』北京、線装書局。
張沢珣［二〇〇九］『北魏関中道教造像記研究――附造像碑文録』澳門、澳門大学。
張焯［二〇〇六］『雲岡石窟編年史』北京、文物出版社。
張総［一九九八］「白仏山等十六王子像概述」『敦煌研究』一九九八-三。
――［一九九九］「天宮造像探析」『芸術史研究』一。
――［二〇〇二］『説不尽的観世音――引経・据典・図説』上海、上海辞書出版社。
――［二〇〇三］「山東碑崖刻経経義内涵索探」（焦徳森主編『北朝摩崖刻経研究（続）』香港、天馬図書）。
――［二〇〇四］「石刻仏経中的新発現与新解読」（栄新江・李孝聡主編『中外関係史――新史料与新問題』北京、科学出版社）。
――［二〇〇六］「『高王観世音経』刻写印諸本源流」（李振剛主編『二〇〇四年龍門石窟国際学術研討会文集』鄭州、河南人民出版社）。
――［二〇一〇］「観世音『高王経』并応化像碑――美国哥倫比亜大学蔵沙可楽捐観音経像碑」『世界宗教文化』二〇一〇-二。
趙超［一九九七］『中国古代石刻概論』北京、文物出版社。
趙洲［二〇一〇］「河北省曲陽県八会寺石経龕」『石窟寺研究』一、北京、文物出版社。
中国仏教協会編［一九七八］『房山雲居寺石経』北京、文物出版社。
中国美術全集編輯委員会編［一九八八］『中国美術全集』彫塑編三・魏晋南北朝彫塑、北京、人民美術出版社。
中国社会科学院考古研究所・河北省文物研究所鄴城考古隊［二〇一三］「河北鄴城遺址趙彭城北朝仏寺和北呉荘仏教造像埋蔵坑」『考古』二〇一三-七。

中国書法家協会山東分会・山東石刻芸術博物館編［一九九一］『北朝摩崖刻経研究』済南、斉魯書社。

中央美術学院石窟芸術考察隊・山西省沢州県旅游文物管理中心［二〇〇五］「山西晋城碧落寺石窟調査記」『文物』二〇〇五-七。

仲崇霖［二〇〇六］「観音経石刻」（焦徳森主編『北朝摩崖刻経研究（三）』呼和浩特、内蒙古人民出版社。

周伯戡［二〇〇九］「中世紀中国在家菩薩之懺法――対《大通方広懺悔滅罪荘厳成仏経》的考察」『台大仏学研究』十八。

周到［一九七八］「劉根造象」『中原文物』一九七八-三。

周紹良［一九九〇］「弥勒信仰在仏教初入中国的階級和其造像意義」『世界宗教研究』一九九〇-二

周叔迦［一九九一］『周叔迦仏学論著集』北京、中華書局。

周錚［一九八五］「西魏巨始光造像碑考釈」『中国歴史博物館館刊』一九八五-七。

佐川英治［二〇〇六］「北斉標異郷義慈恵石柱所見的郷義与国家的関係」（牟発松主編『社会与国家関係視野下的漢唐歴史変遷』上海、華東師範大学出版社）。

【欧文】

Abe, Stanley K. [1996]. "Northern Wei Daoist Sculpture from Shaanxi Province." *Cahiers d'Extrême-Asie*, Vol.9, pp.69–83.

——— [2002]. *Ordinary Images*. Chicago and London: The University of Chicago Press.

Arnold, Matthias [2008]. "Buddhist Stone Scriptures from Shandong, China." 2008 Annual Conference of CIDOC Athens, September 15–18.

Bokenkamp, Stephen R. [1996]. "The Yao Boduo Stele as Evidence for the "Dao-Buddhism" of the Early Lingbao Scriptures." *Cahiers d'Extrême-Asie*, Vol.9, pp.55–67.

Buswell, Robert E., ed. [1990]. *Chinese Buddhist Apocrypha*. Honolulu: University of Hawaii Press.

Chavannes, Édouard [1913]. *Mission archéologique dans la Chine septentrionale*. 13vols. Paris: Ernest Leroux.

Forte, Antonino [2005]. *Political Propaganda and Ideology in China at the End of the Seventh Century*. Kyoto: Scuola Italiana di studi sull'Asia orientale, 2nd ed.

Giles, Lionel [1957]. *Descriptive Catalogue of the Chinese Manuscripts from Tunhuang in the British Museum*. London : The Trustees of the British Museum.

Hou, Xudong [2009]. “The Buddhist Pantheon.” John Lagerwey and Lü Pengzhi, ed. *Early Chinese Religion, Part Two : The Period of Division* (*220–589 AD*). Leiden : Brill, pp.1095–1168.

James, Jean M [1989]. “Some Iconographic Problems in Early Daoist-Buddhist Sculptures in China.” *Archives of Asian Art*, Vol.42, pp.71–76.

Kuo, Li-ying [1995]. “La récitation des noms de “Buddha” en Chine et au Japon.” *T'oung Pao*, Vol.81, pp.230-268.
→京戸慈光訳「中国ならびに日本における仏名の読誦」(落合俊典編［一九九五］)。

Ledderose, Lothar [2003]. “Thunder Sound Cave.” Wu Hong, ed. *Between Han and Tang : Visual and Material Culture in a Transformative Period*. Beijing : Cultural Relics Publishing House, pp.235–265.

Lee, Sonya [2003]. “Nirvana Buddha and Its Doubles : Coffin Image, Maitreya, and the Rhetoric of Continuity on the Art.” Wu Hong, ed. *Between Han and Tang : Visual and Material Culture in a Transformative Period*. Beijing : Cultural Relics Publishing House, pp.191–234.

——— [2008]. “Transmitting Buddhism to a Future Age : The Leiyin Cave at Fangshan and Cave Temples with Stone Scriptures in Sixth-Century China.” *Archives of Asian Art*. Vol.60.

Lefebvre d'Argencé, René Yvon [1974]. *Chinese, Korean and Japanese Sculpture : The Avery Brundage Collection, Asian Art Museum of San Francisco*. Tokyo : Kodansha International.

Lingley, Kate [2010]. “Patron and Community in Eastern Wei Shanxi : The Gaomiaoshan Cave Temple *Yi*-Society.” *Asia Major*, Vol.23, No.1, pp.127–172.

Liu, Shufen [2009]. “The Return of the State : On the Significance of Buddhist Epigraphy and Its Geographic Distribution.” John Lagerwey and Lü Pengzhi, ed. *Early Chinese Religion, Part Two : The Period of Division* (*220–589 AD*). Leiden : Brill, pp.319–42.

McNair, Amy [2007]. *Donors of Longmen: Faith, Politics, and Patronage in Medieval Chinese Buddhist Sculpture*. Honolulu: University of Hawai'i Press.

Mollier, Christine [2008]. *Buddhism and Taoism Face to Face: Scripture, Ritual, and Iconographic Exchange in Medieval China*. Honolulu: University of Hawai'i Press.

Sirén, Osvald [1925]. *Chinese Sculpture from the Fifth to the Fourteenth Century*. London: Ernest Benn.

Williams, Bruce C. [2002]. *Mea Maxima Vikalpa: Repentance, Meditation, and the Dynamics of Liberation in Medieval Chinese Buddhism, 500–650 CE*. Ph.D. dissertation, University of California, Berkeley.

——— [2005]. "Seeing through Images: Reconstructing Buddhist Meditative Visualization Practice in Sixth-Century Northeastern China." *Pacific World*, Third Series 7, pp.33–89.

Wong, Dorothy C. [1998→2004]. "Four Sichuan Buddhist Steles and the Beginnings of Pure Land Imagery." *Archives of Asian Art*, vol.51, pp.56–79.

——— [2000]. "Women as Buddhist Art Patrons during the Northern and Southern Dynasties (386–581)." Wu Hung, ed., *Between Han and Tang: Religious Art and Archaeology of a Transformative Period*. Beijing: Wenwu Press, pp.535–566.

——— [2004]. *Chinese Steles: Pre-Buddhist and Buddhist Use of a Symbolic Form*. Honolulu: University of Hawai'i Press.

——— [2007]. "Guanyin Images in Medieval China, Fifth to Eighth Centuries." William Magee, ed., *Bodhisattva Avalokiteśvara (Guanyin) and Modern Society*. Conference Proceedings. English Volume. Taipei: Chung-Hwa Institute of Buddhist Studies, pp.254–302.

——— [2008]. "What's in a Buddha's Name: Case Study of a Sixth-Century Chinese Buddhist Stele from the Shaolin Monastery." Leo Swergold, Eileen Hsu, et al., *Treasures Rediscovered: Chinese Stone Sculpture from the Sackler Collections at Columbia University*. New York: Miriam and Ira D. Wallach Art Gallery, Columbia University, pp.17

–26.

Yamabe, Nobuyoshi [1999]. *The Sūtra on the Ocean-Like Samādhi of the Visualization of the Buddha : The Interfusion of the Chinese and Indian Cultures in Central Asia as Reflected in a Fifth Century Apocryphal Sutra.* Ph.D. Dissertation submitted to Yale University.

Yü, Chün-fang [2001]. *Kuan-yin : The Chinese Transformation of Avalokiteśvara.* New York : Columbia University Press.

Zürcher, Erik [1959]. *The Buddhist Conquest of China : The Spread and Adaptation of Buddhism in Early Medieval China.* Leiden : Brill.

→田中純男ほか訳『仏教の中国伝来』東京、せりか書房、一九九五年。

——— [1980]. "The Buddhist Influence on Early Taoism : A Survey of Scriptural Evidence." *T'oung Pao*, Vol.66, pp.84–147.

——— [1982]. "Prince Moonlight." *T'oung Pao*, Vol.68, pp.1–75.

あとがき

本書は二〇一一年五月東京大学大学院人文社会研究科に提出した課程博士学位申請論文をもとに大幅な改訂を加えたものである。今回の出版にあたり平成二六年度東京大学学術成果刊行助成制度の補助を受けた。最初に、刊行が大幅に遅延したことを関係者各位にお詫び申し上げたい。

本論に収録した論考のもとになった既発表論文は以下のとおりである。新たに書き下ろした部分以外でも、旧稿にかなりの加筆・修正を加えている。旧稿と本書の意見が異なるところは、今後旧稿ではなく本書を筆者の見解としていただきたい。

序章　書き下ろし

第一部

第一章　書き下ろし

第二章　書き下ろし

第三章　「北朝造像銘にみる道仏二教の関係——関中における邑義の分析を中心に」『東方宗教』一〇九、二〇〇七年。
全体的に加筆・修正。第四節は書き下ろし。

第二部

第一章　「北朝時代の多仏名石刻——懺悔・称名信仰と関連して」『東洋文化研究所紀要』一五四、二〇〇八年。
第二章　「北朝時代における方等懺と好相行——『大方等陀羅尼経』十二夢王石刻図像の新発見とその意義」『仏教文化研究論集』十二、二〇〇八年。
第三章　「南北朝時代における『大通方広経』の成立と受容——同経石刻仏名の新発見」『中国哲学研究』二三、二〇〇八年、「『大通方広経』の懺悔思想——特に『涅槃経』との関係について」『東方学』一一七、二〇〇九年。
第四章　「北朝期における『菩薩瓔珞本業経』実践の一事例——陽阿故県村造像記について」『東アジア仏教研究』八、二〇一〇年。
第五章　「北朝石刻資料よりみた『高王観世音経』の成立事情」『明大アジア史論集』十八、二〇一四年。
第六章　「北朝石刻にみる「観世音仏」信仰」『印度学仏教学研究』五八―一、二〇〇九年。
第七章　第一節　書き下ろし。
第二節〜第五節「北朝造像銘にみる禅師と阿弥陀信仰——「無量寿」から「阿弥陀」への尊名の変化に関連して」『印度学仏教学研究』五七―一、二〇〇八年。
「北朝・隋代の無量寿・阿弥陀像銘——特に『観無量寿経』との関係について」『仏教史学研究』五二―二、二〇一〇年。
結論　書き下ろし

最初に、博士論文をまとめるにあたり、終始暖かい激励とご鞭撻をいただいた大学院生時代の指導教官丘山新先生に心より感謝申し上げたい。先生には、修士課程在学中より格別のご厚誼をいただいた。そして先生のお薦めもあり、博士課程では東洋史研究室から中国思想文化研究室に籍を移した。今まで研究を続けることができたのも、ひとえに先生のお導きによるものである。本論にも先生のお話から着想を得たことが随所に活かされている。

次に、学位申請論文の審査の労をとっていただいた、主査横手裕先生、副査末木文美士先生、小島毅先生、蓑輪顕量先生、佐川英治先生に厚く御礼申し上げたい。その時いただいた貴重な御指摘・御助言をもとに、本書に収録した第一部第二章と第三章については、大幅に旧稿を改めた。

当時の中国思想文化研究室の川原秀城先生、小島毅先生、横手裕先生は、他学科出身の私を研究室に暖かく迎えてくださり、研究に専念できる環境を与えて下さった。特に博士論文の主査をお引き受け下さった横手裕先生には、道仏二教交渉研究の面で、また、特に資料の読解に関して懇切丁寧な御指導をいただいた。

博士論文の副査を御担当いただいた末木文美士先生には、東京大学総合図書館蔵嘉興大蔵経の調査メンバーの末席に私を加えていただき、論文執筆にあたっても様々な御指導をいただいた。今回の出版にあたり法藏館をご紹介下さったのも先生である。

京都大学人文科学研究所の船山徹先生には、先生が東京大学に集中講義のため来られた時からのご縁であり、京都大学人文科学研究所の拓本閲覧に便宜を図っていただき、先生が主催する研究班の末席に加えて下さった。また、ドイツハイデルベルク大学に訪問学者として滞在し、レダローゼ教授にお目に掛かることができたのも先生のご推薦によるものであった。船山先生からはいつも様々な鋭いご指摘を頂戴し、啓発されること多々で恐縮するばかりである。

中国人民大学留学時代には方立天先生、張風雷先生をはじめ沢山の先生にお世話になった。調査旅行の際には各地で様々な仏像を拝見し、伝世文献資料からは味わえない実物資料の魅力に惹きつけられた。そして造像や造像銘を用いた研究の第一人者である諸先生方や、各地の博物館の館員の方々が、全く面識のない私の厚かましい訪問に対しても、暖かく迎えて下さったことにも大変勇気づけられた。具体的にお名前を挙げさせていただくと、中国社会科学院の張総先生・李裕群先生、清華大学李静傑先生、北京大学李松先生、中国芸術研究院美術研究所金申先生、上海大学羅宏才先生、薬王山碑林の王耀銀氏などである。特に北朝造像銘に関してすでに著書を刊行されておられた侯旭東先生のご自宅には何度もお邪魔し、有益なアドバイスをたくさんいただいた。上記諸先生方の学恩に厚く感謝申し上げたい。

二〇一〇年度からは、この年から新設された龍谷大学アジア仏教文化研究センターにおいて博士研究員として四年間奉職した。頻繁に開催される研究会の準備や報告書の作成等に追われる忙しい日々であったが、当時のセンター長桂紹隆先生、副センター長木田知生先生をはじめ、東アジア地域班の班長佐藤智水先生、中川修先生、長谷川岳史先生、市川良文先生には大変お世話になった。特に北朝造像銘研究の第一人者である佐藤智水先生には、中国現地調査団に加えていただき、具体的な銘文読解の方法などを直接御指導いただいたことは筆者にとってこの上ない幸運であった。頻繁に開催されていたセンター主催の研究会にて、仏教に関するあらゆる分野の一流の先生方の講演を拝聴する機会に恵まれ、視野を広げることができたことも私の貴重な財産である。

アジア仏教文化研究センター退職後の二〇一四年度からは、台湾の中央研究院歴史語言研究所において助研究員として奉職させていただいている。ここは大変恵まれた研究環境で、傅斯年図書館に所蔵される五万点にものぼる金石拓本を自由に閲覧可能である。隔週で開催される仏教石刻拓本研究会は、拓本を目の前にして、顔娟英先生、劉淑芬先生はじめ諸先生方と自由に議論できる貴重な研鑽の場である。自身の幸運を思わずにいられない。

その他にもお世話になった先生や同学は多い。石刻資料研究の第一人者である氣賀澤保規先生や窪添慶文先生、さらに明治大学の石刻勉強会のメンバーには石刻資料読解の研鑽の場を与えていただいた。また、道教文化研究会では、私に何度も研究発表の場を与えて下さり、忌憚のない御意見を頂戴している。とりわけ故増尾伸一郎先生は、私の拙い発表を論文にまとめるよう熱心に励まして下さった。先生のご冥福をお祈りさせていただきたい。

なお、今回の出版にあたっては、煩雑な校正をはじめあらゆる面で法藏館の上山靖子氏に大変お世話になった。また、龍谷大学の北村一仁氏には同じ資料を扱う数少ない同年代の研究仲間であり、今回も様々な御助言をいただいた。本書の校正には、中央研究院文哲所に訪問学者として滞在されている柳幹康氏に漢文書き下しのチェックを御願いし、また、論の構成等に関しても貴重な御教示を受けた。引用文献等のチェックについては龍谷大学の赤羽奈津子氏、桐原孝見氏、川股寛享氏、打本和音氏、平法子氏のお手を煩わした。特に平法子氏には美術史学の立場から仏像の造形について数々のアドバイスも賜った。ここに感謝申し上げたい。

最後に私がなぜ仏像の銘文という実物資料に興味を持ったかについてよく質問されるので、この場をお借りして説明しておきたい。

私は奈良市郊外の田舎の寺院出身であるが、地元小学校の校区にはたくさんの古い遺跡や古墳があった。小学校の課外活動として郷土クラブがあり、私も興味本位で参加した。その活動内容は、訪問予定の遺跡について皆で勉強した後、放課後に顧問の先生に連れられて自転車で遺跡めぐりをするというものであった。当時大変楽しかったことは今でも鮮明に記憶に残っている。まさか調査活動の場を中国に移して今でも同じようなことをやっているとは当時夢にも思わなかったが、この時感じた実物資料の持つ魅力や野外調査の楽しさが、現在も研究を続ける原動力になっている。このような奈良という歴史有る土地で私を産み育て、精神面・経済面で支えてくれた両親に感謝の辞を述べ、締めくくりとさせていただきたい。

倉本尚徳

平成二十八年（二〇一六）二月二十九日

六朝隋唐仏教展開史	船山 徹著	八、〇〇〇円
六朝隋唐文史哲論集Ⅰ 人・家・学術	吉川忠夫著	一〇、五〇〇円
六朝隋唐文史哲論集Ⅱ 宗教の諸相	吉川忠夫著	一一、五〇〇円
隋唐佛教文物史論考	礪波 護著	九、〇〇〇円
中国中古の学術と社会	古勝隆一著	五、〇〇〇円
中国仏教思想研究	木村宣彰著	九、五〇〇円
中国仏教美術と漢民族化 北魏時代後期を中心として	八木春生著	一六、〇〇〇円
中国仏教美術の変容 南北朝後期および隋時代	八木春生著	二〇、〇〇〇円
雲岡石窟中小窟龕の展開 空間・装飾・工人	熊坂聡美著	一二、〇〇〇円

法藏館

価格税別

倉本尚徳（くらもと　しょうとく）

1976年生まれ。東京大学文学部東洋史学専修課程卒。東京大学大学院人文社会系研究科博士課程単位取得退学。龍谷大学アジア仏教文化研究センター博士研究員を経て、現在、中央研究院歴史語言研究所助研究員。博士（文学）

主な著書・論文

「『大通方広経』の懺悔思想――特に『涅槃経』との関係について」『東方学』117、「北朝・隋代の無量寿・阿彌陀像銘――特に『観無量寿経』との関係について」『仏教史学研究』52(2)、「善導の著作と龍門阿弥陀造像記――『観経疏』十四行偈石刻の新発見」『印度学仏教学研究』63(2)、『中国南北朝仏教研究』（北京：宗教文化出版社、共著）、『最澄・空海将来『三教不斉論』の研究』（国書刊行会、共著）ほか。

北朝仏教造像銘研究

二〇一六年三月三一日　初版第一刷発行
二〇二二年四月二八日　初版第二刷発行

著　者　倉本尚徳
発行者　西村明高
発行所　株式会社法藏館
京都市下京区正面通烏丸東入
郵便番号　六〇〇－八一五三
電話　〇七五－三四三－〇〇三〇（編集）
〇七五－三四三－五六五六（営業）

装幀者　山崎登
印刷・製本　亜細亜印刷株式会社

©S. Kuramoto 2016 *Printed in Japan*

ISBN 978-4-8318-7444-3 C3071
乱丁・落丁の場合はお取り替え致します

Studies of Inscriptions on Northern Dynasties Buddhist Sculpture

Shōtoku KURAMOTO

Table of Contents

北朝佛教造像銘研究
提要

倉本　尚德

專章記述佛教（釋）、道教（老）歷史的〈釋老志〉，最早見於北齊魏收所撰《魏書》。正史中專章討論佛、道教，想必當時宗教已是社會組成中不可忽視的部分。隨著佛教逐漸普及，也衍生出許多具有藝術價值的佛教造像，著名的雲岡石窟、龍門石窟造像就是這一時期的代表。今日，華北各地仍然遺留著許多北朝時代的佛教造像，其中被稱為“義邑”、“邑義”、“法義”的信仰集團所造石像中的銘文（造像銘），成為探索當時滲入各區域的佛教信仰、實踐活動不可或缺的資料。

北朝造像銘研究，始自塚本善隆〈龍門石窟に現れたる北魏佛教〉一文。該文由龍門石窟造像銘，解明北魏以“釋迦—彌勒”為主的信仰至唐代轉變為“阿彌陀—觀音”為主的信仰形態。其後，佐藤智水〈北朝造像銘考〉一文，搜集大量造像銘，指出北魏佛教教團以“釋迦—彌勒”的教義支持國家的意圖。劉淑芬〈五至六世紀華北鄉村的佛教信仰〉、〈香火因緣——北朝的佛教結社〉等文，從造像銘分析鄉村結社的宗教活動。侯旭東《五、六世紀北方民眾佛教信仰》一書，則更具體地由造像銘說明五、六世紀北方不成體系的民眾佛教信仰。前述關於北朝造像銘的代表性研究，多為概括性論述，並未充分探述各地域的信仰差異。

相較於佛教史學的研究，專精於美術考古的學者在現地考察的基礎上，多能更直接地感受到地域佛教的多樣性，如：石松日奈子《北魏佛教造像史の研究》、八木春生《中國佛教造像の變容》等研究。上述美術考古方面的研究成果，雖然注意到區域的差異，但在思想信仰與佛教實踐的討論又顯得不夠充分。儘管侯旭東、佐藤智水等人近期的研究中，曾論及義邑的區域性差異，也僅僅是討論當地民眾與國家關係的社會面相，並未深入探述佛教信仰的核心問題—思想、信仰、實踐。本書以前輩學者的研究為基礎，由造像銘重新檢討北朝區域社會中，佛教信仰與實踐形態的歷史發展，並試著闡明其多樣性。

第一部　邑義造像銘的概要與其地域特徵

第一章　北朝造像銘的概要與感應思想———31

關於信仰集團，每個研究者使用的稱呼不同。劉淑芬主張信仰集團的名稱應該用“義邑”，不應該用“邑義”，因為“邑義”是集團成員的名稱。筆者同意“邑義”是成員的名稱，但以“義邑”一詞統稱北朝時期的信仰集團則有待商榷。

北朝造像銘僅有“諸邑義”“合邑……”等重視個人特徵的字樣，甚少見到該團體的名稱，更沒有“義邑”的實例。就此而言，北朝的信仰組織是比較鬆散的。（但為了方便，在本書裡，信仰集團仍暫稱為“義邑”，其成員稱為“邑義”，其造像稱為“邑義造像”）

北朝長篇邑義造像銘的基本結構，可分作九段。①年月日；②題目；③佛法的意義與造像的意義；④義邑的主倡者與像主名及其經歷；⑤發願的經過、造像的過程；⑥尊像名；⑦像的裝飾、容貌、選址；⑧發願文；⑨供養者名。主要在表述著：佛的真理（“至道”或“眞容”）必須透過“語（語言）、像（造像）”才能傳達。其次引用《大智度論》中的詞彙如“財是五家”、“財非己有”、“唯福可恃”等，說明喜捨財產的正當性，接著指出“異體同心”、“體別心同”、“異人同心”等，表達邑義們同心雕造著佛像。同時，造像銘中亦會記載著邑義造像的相關人員、取材地點、安置的場地等。

此外，在造像銘中時常可以見到“感應”思想。邑義們希望“值佛聞法”、“見佛真容”，但罪業深重的衆生無法見到佛的“眞容”，邑義們必須“同心”、“同感”地透過懺悔滅除罪障，並且使用名石、聘請名匠造像，並將造像安立在山水優美處，佛的“眞容”才會“應現”。

第二章　義邑的地域特徵———94

筆者收集了四百餘件北朝有紀年的邑義造像銘，根據邑義頭銜和造像願文裡載明的自稱，將華北地區分成 A-N 區，製作成各地區的義邑一覽表，由該表可清晰見到各地的區域特徵：在陝西、山西、河南地區時常見到“邑師”的邑義頭銜，河北、山東地區則無。河北、山東北部和西部地區在東魏、北齊時期出現“邑人”、“母人”等頭銜；河北、山東省境沿海地區則出現“王主”、“王人”、“王母”等特殊的邑義頭銜。

義邑的出現與其活動內容明顯與地理、政治、社會環境有關，具有濃厚的區域性

格。北魏時期河北沿海地區和山東西部（兗州等）地區原來甚少有邑義造像，東魏以後受鄴都佛教的影響，逐漸出現邑義造像。東魏時期，執權者勃海王高歡往來的重要路線，晉陽—鄴城沿線，出現數例宣稱“為勃海大王”的邑義造像銘。東魏以後，河南北部地區的軍事、政治重要性逐漸提高，出現沿著大路挖義井、建義橋的事例。各個地區的義邑幾乎都有獨特的邑義頭銜，例如：河北、山東省境沿海一帶（東魏時的滄州境內）的“王主比丘”；河南北部地域的“八關齋主”；山西南西部（河東地區）的“迎像（軍）主”、“扶像主”、“上轉主”；陝西地區的“典錄”、“平望”、“治律”、“邑謂”、“邑曰”等。

第三章　北朝時代關中地區道佛二教義邑———173

陝西關中地區的義邑較特殊，除了在該地邑義頭銜上可以見到與當地盛行的齋會有關，還有一種過去以“道佛二教造像”稱呼的道佛二教混合造像。筆者將之區分為“道佛像”或“佛道像”，並且為了釐清不同的邑義頭銜，再分成佛像、佛道像、道教像、道佛像四種。佛道像是以佛像為主的二教混合造像，一般南面為佛像，佛教僧侶擔任邑師。道佛像則以道教神像為南面，道士擔任邑師。參與製作二類像的成員頭銜有顯著的差異，參與佛像製作者，多使用“治律”、“邑謂”、“邑曰”等頭銜；道佛像上則多使用“彈官”、“侍者”、“錄生”等頭銜。此外，西魏以後，義邑所造的道佛像、道像數量減少；相反的，佛像、佛道像卻增加了。二類像的消長，是因為北地郡較多信仰佛教者的氐、羌族，在北魏末期該地發生叛亂時，共同推舉“酋帥”毛遐的弟弟毛鴻賓為盟主，西魏戰亂平定後，氐、羌等少數民族的地位上升，就任官職者增加，隨著經濟情況的改善，遂有能力製造許多佛像。

第二部　造像銘與佛教經典

第一章　北朝時代多佛名石刻——關於懺悔和稱名信仰———231

北朝地區的造像，有許多刻著“佛名”、“菩薩名”的例子。特別在東西魏分裂後，出現許多刊刻“佛名”、“菩薩名”的像例。該類造像銘，主要是刊刻在造像碑中，並且集中在山西、河南等地區。目前看不出造像者是如何選擇刊刻的“佛名”、“菩薩名”，“佛名”、“菩薩名”也並非出自單一的經典。但值得注意的是，所刊刻的“佛名”、“菩

薩名”，多出自於和懺悔有很深淵源的經典，如《大通方廣經》、《菩薩瓔珞本業經》、《大方等陀羅尼經》等具強烈實踐性格的經典。該類特別與懺悔等實踐性格強烈的經典有關聯的造像銘，又大多集中在山西地區，並且是由邑義們制作。

第二章　北朝時代的方等懺與稱名信仰——《大方等陀羅尼經》十二夢王石刻圖像的新發現與其意義———279

一九九四年在山西東南部晉城市青蓮寺新發現一鋪石刻，該石刻刻有《大方等陀羅尼經》裡十二夢王名字和圖像的石刻。《大方等陀羅尼經》記載必須夢見十二夢王才能實踐該經典所說的“方等懺”，同時十二夢王會成為稱念其名修行者的守護神。該石刻表明了邑義們實行著比八關齋更專業的方等懺，並證明方等懺和追求神秘體驗的好相行、稱名信仰之間的關係。《續高僧傳》也記載著方等懺實踐者—曇榮和智滿，即是在該石刻的所在地—山西東南部活動著。這表示北朝時山西東南部確實有著行方等懺等懺法的實踐者。

第三章　南北朝時代《大通方廣經》的成立、傳播與懺悔思想———307

《續高僧傳》記載著宣揚稱念三寶名和懺悔學說的《大通方廣經》是在南朝梁初的“荊、襄”一帶成立的。敦煌文獻裡已發現西魏時期《大通方廣經》的懺悔科儀書。《大通方廣經》到隋唐時代也仍然流行，日本的淳和天皇也曾讓空海等高僧用這部佛經實踐懺悔。

筆者發現與《大通方廣經》有關內容的石刻共有三件。其中一件是在山西南部出土的北周陳海龍造像碑，該碑四面刻滿小佛龕，其榜題的佛、菩薩名大部分就是出自《大通方廣經》。從與《大通方廣經》有關造像銘原址以及相關文獻得知，《大通方廣經》傳播地區主要是南朝梁、陳與西魏、北周境內。

《大通方廣經》有很獨特的懺悔思想，是抄錄各種經典所成的，尤其是《涅槃經》。該經裡巧妙地引入了《涅槃經》裡“一體三寶”、“闡提成佛”等思想，並且進一步宣稱進行禮拜、稱念三寶名的懺悔行就連一闡提的重罪也可以消除。

第四章　北朝時期實踐《菩薩瓔珞本業經》的個案研究——陽阿故縣村造像記———378

本章重新檢討了過去認為和華嚴思想有關係，原位於山西東南部的陽阿故縣村造像銘。該造像銘的佛教內容與《菩薩瓔珞本業經》（以下簡稱《瓔珞經》）的內文基本上一致。《瓔珞經》是偽經，主要講菩薩四十二位階與菩薩戒的實踐。該石刻出現“水精王主”、“金輪王主”、“銀輪王主”等邑義頭銜。《瓔珞經》裡記載“轉輪王”也有水精、金、銀、銅、鐵等位階，與菩薩位階相對應。除此以外，山西地區的佛教造像銘偶爾出現不見於他處的“輪王主”等邑義頭銜。

特別注意的是，與經典不同，該石刻設定的菩薩最高修行是“仰觀尊顏”，也就是“觀佛”。《瓔珞經》卻沒有特別提到“觀佛”。可知該石刻有著自身獨特的內容，並不完全依據《瓔珞經》。

《瓔珞經・大眾受戒品》說授菩薩戒前必須要懺悔，該造像銘也出現“懺悔主”的頭銜，這可證明山西地區有結合佛名信仰、懺悔禮儀的造像活動。而該造像銘是筆者所知，唯一以宣揚菩薩戒的經典為依據的北朝石刻造像銘，彌足珍貴。

第五章　《高王觀世音經》的成立與觀音像———416

筆者於本章考察出自離鄴城不遠的河南鶴壁市五巖寺石窟“高王寺主”所造觀音像、造像銘（東魏興和元年〔539〕），以及道宣等所記孫敬德靈驗譚。孫敬德的靈驗譚的內容如下：東魏天平年（534-537）中，他蒙受冤獄，並被判了死刑。在獄中，他夢見一位沙門教他念誦《救苦觀世音經》。之後，當他到達刑場時，已念滿千遍《救苦觀世音經》，劊子手在其頸上落刀三次，刀折不傷。宰相高歡聽到後，上表請求免其死刑，并命令頒布該經。這部經典就是《高王觀世音經》。當孫敬德回家後，他平常禮拜的觀音像頸部有三道刀跡。“高王寺主”所造觀音像應該與這個故事有關。

《高王經》幾乎全經都是擷取自不同的佛經（包括《救苦觀世音經》），再稍加改動而成。因此可以推測，依附高歡的僧侶為了高王（高歡）的名聲，利用孫敬德靈驗譚和河北地區普遍的觀音信仰，重新從各經典裡抽取有功德的佛名、偈頌、咒文，編撰了《高王經》，並且提議在高王寺造立觀音像。

第六章　《觀世音十大願經》與“觀世音佛”———457

本章考察石刻中的“觀世音佛”及相關碑刻。“觀世音佛”依據的主要經典是《觀世音十大願經》。該經提到觀音菩薩特別與閻浮提有緣的原因就是過去觀音在閻浮提

“空王觀世音佛”面前所發的本願。他發願將來成佛時的名稱也是“觀世音”。河北木井寺北齊刻經碑裡所刻的《觀世音十大願經》的觀音願，是緊接著《遺教經》石刻刻上的。同樣的，河北曲陽八會寺隋代刻經龕的《十大願經》觀音願也刻在《遺教經》的旁邊。《遺教經》就是釋迦牟尼佛臨將涅槃時的遺囑。

另外，北響堂山大業洞在過去七佛的最後一位釋迦牟尼佛像旁邊刻了觀音像和彌勒像。綜合上述事例，筆者認為“觀世音佛”這一佛名強調著觀音繼承釋迦成為救濟此世者的崇高地位。

第七章　從北朝、隋代造像銘看西方淨土信仰的變化——以《觀無量壽經》為中心——472

筆者於本章試圖透過分析北朝和隋代無量壽和阿彌陀佛造像銘，說明造像銘裡西方淨土教主的佛名從“無量壽”轉為“阿彌陀”的原因。該變化主要出現在北齊後期，並以河北地區為中心。很多學者已指出，北魏時期“淨土”、“天”是相似的信仰概念，沒有本質上的區別。但在北齊時期新出現的阿彌陀像銘文中，不再出現“生天”等詞彙，反而出現了許多新的淨土詞彙，例如“極樂世界”、“不動淨土”等。由此可知，刻阿彌陀佛像銘的撰文者有意將新的淨土信仰從過去含混不清的生天、淨土信仰區分開來。

僧稠的禪觀窟小南海石窟，右壁刻有根據《觀無量壽經》的西方淨土九品往生圖浮雕。北齊文宣帝之師僧稠的弟子智舜，作為“邑主”建造了阿彌陀、觀音、大勢至三尊像，並且在該石窟造像銘中出現與《觀無量壽經》中有關禪觀的文句。由此可知，僧稠—智舜此一系統禪師們依據著《觀無量壽經》修行，是西方淨土信仰者。同時，筆者還發現若干在太行山脈周邊修行的禪師們率領諸邑義建造阿彌陀佛像的例子。這些禪師們留下的文字資料並不多，但這些在太行山脈周邊修行的禪師們所推動的阿彌陀佛信仰可能是北齊時代阿彌陀造像興起的重要原因之一。

造像銘擁有與佛教思想、信仰、實踐有關的豐富內容，從中可見到佛教信仰和佛教文化濃厚的區域性格：陝西關中地區的道佛融合，並與齋會緊密結合的造像銘；山西流行著宣揚佛名信仰、懺悔儀禮、以菩薩戒思想為背景的造像銘；以河北為中心所出現新的觀音信仰，新出阿彌陀佛像銘等。總之，北朝區域社會裡的佛教信仰和實踐並不一致，有著豐富的多樣性和新的發展。

図版典拠

カラー口絵：北斉天保元年（550）阿弥陀像　鄴城考古隊提供（解説は第二部第七章第四節を参照）。

図1-1-1：北斉天保9年（558）崔氏宗門宝塔之頌　中央研究院傅斯年図書館所蔵拓本（傅図登録号：28501）。

図1-1-2：北魏神亀3年（520）晏僧定造像記　羅宏才氏提供。

図1-1-3：東魏武定3年（545）厙狄干造像記　筆者撮影。

図1-2-1：雲岡石窟第11窟東壁上層南端　北魏太和7年（483）邑義信士女五十四人造像記　水野清一・長廣敏雄『雲岡石窟：西暦五世紀における中国北部仏教窟院の考古学的調査報告：東方文化研究所調査　昭和十三年–昭和二十年』第八巻第十一洞、京都大学人文科学研究所、1953、PLATE30。

図1-2-2：北魏景明元年（500）邑師恵寿造像記　劉景龍編著『古陽洞：龍門石窟第1443窟』北京：科学出版社、2001、第1冊、図版313。

図1-2-3：北魏景明3年（502）孫秋生造像記　劉景龍編著『龍門二十品：碑刻与造像芸術』北京：中国世界語出版社、1995（頁番号なし）「孫秋生造像碑」。

図1-2-4：北魏正光4年（523）翟興祖造像碑碑陽・碑側　李仁清編『中国北朝石刻拓片精品集』下、鄭州：大象出版社、2008、294頁。

図1-2-5：北魏正光5年（524）劉根造浮図記　河南博物院編・王景荃主編『河南仏教石刻造像』鄭州：大象出版社、2009、91頁。

図1-2-6：北斉天保10年（559）高海亮造像碑碑陽　河南博物院編・王景荃主編『河南仏教石刻造像』鄭州：大象出版社、2009、218頁。

図1-2-7：北斉天保10年（559）高海亮造像碑碑陰　河南博物院編・王景荃主編『河南仏教石刻造像』鄭州：大象出版社、2009、219頁。

図1-2-8：北魏正光元年（520）楊文憘造像　金申編著『海外及港台蔵歴代仏像：珍品紀年図鑑』太原：山西人民出版社、2007、37頁。

図1-2-9：東魏興和4年（542）李氏合邑造像碑　河南博物院編・王景荃主編『河南仏教石刻造像』鄭州：大象出版社、2009、155頁。

図1-2-10：北斉武平3年（572）仏時寺造像碑　河南博物院編・王景荃主編『河南仏教石刻造像』鄭州：大象出版社、2009、277頁。

図1-2-11：北魏太和20年（496）李道興等邑子造像碑　《高平金石志》編纂委員会編『高

平金石志』北京：中華書局、2004、カラー図版33頁。

図1－2－12：北魏無紀年（5世紀末）王黄羅造像碑　山西省博物館編『山西省博物館館蔵文物精華』太原：山西人民出版社、1999、150頁。

図1－2－13：北魏神亀3年（520）水礁泉合村邑子造像碑　金申編著『海外及港台蔵歴代仏像：珍品紀年図鑑』太原：山西人民出版社、2007、40頁。

図1－2－14：西魏恭帝元年（554）薛山倶造像碑　金申編著『海外及港台蔵歴代仏像：珍品紀年図鑑』太原：山西人民出版社、2007、102頁。

図1－2－15：北魏永安2年（529）杜延勝造像碑　羅世平主編『中国美術全集　宗教雕塑一』合肥：黄山書社、2010、58頁。

図1－2－16：開河寺石窟　筆者撮影。

図1－2－17：北斉河清3年（564）尹景穆造像碑碑陽　中央研究院傅斯年図書館所蔵拓本（傅図登録号：26460－2）。

図1－2－18：北斉河清3年（564）尹景穆造像碑碑陰　中央研究院傅斯年図書館所蔵拓本（傅図登録号：26460－1）。

図1－2－19：北魏普泰元年（531）乾県出土邑子合有一百人造像碑　趙力光編著『長安仏韻：西安碑林仏教造像芸術』西安：陝西師範大学出版社、2010、17頁。

図1－2－20：北魏熙平元年（516）山陽村邑義卅八人造像　金申編著『海外及港台蔵歴代仏像：珍品紀年図鑑』太原：山西人民出版社、2007、31頁。

図1－2－21：北斉無紀年　臨漳県習文郷太平渠出土造像　羅世平主編『中国美術全集　宗教雕塑一』合肥：黄山書社、2010、133頁。

図1－2－22：北周大象元年（579）鉄山摩崖刻経　劉正成主編『中国書法全集　北朝摩崖刻経巻』北京：栄宝斎出版社、2000、巻頭カラー図版「鉄山北周刻経」。

図1－2－23：北斉無紀年　文殊般若経碑碑陽・碑側　《山東石刻分類全集》編輯委員会編著『山東石刻分類全集』第3巻、北朝仏教刻経1、青島：青島出版社・済南：山東文化音像出版社、2013、290頁。

図1－2－24：東魏武定6年（548）王叔義造像　《山東石刻分類全集》編輯委員会編著『山東石刻分類全集』第8巻、仏教窟龕・単体造像、青島：青島出版社・済南：山東文化音像出版社、2013、230頁。

図1－2－25：北斉天保9年（558）諸邑義廿七人等造像　《山東石刻分類全集》編輯委員会編著『山東石刻分類全集』第8巻、仏教窟龕・単体造像、青島：青島出版社・済南：山東文化音像出版社、2013、230頁。

図1－2－26：北魏神亀2年（519）法儀兄弟廿五人造像台座　北京図書館金石組編『北京

図書館蔵中国歴代石刻拓本匯編』第4巻、鄭州：中州古籍出版社、1989、71頁。

図1-3-1：北魏無紀年　田良寛造像碑　趙力光主編『長安仏韻：西安碑林仏教造像芸術』西安：陝西師範大学出版社、2010、22頁。

図1-3-2：北魏無紀年　田良寛造像碑南面下部　淑徳大学書学文化センター蔵拓　筆者撮影。

図1-3-3：北魏正光4年（523）師氏七十一人造像碑南面　李凇『中国道教美術史』第1巻、長沙：湖南美術出版社、239頁。

図1-3-4：北魏正光4年（523）師氏七十一人造像碑南面「邑師王白龍」　陝西省考古研究院・陝西省銅川市薬王山管理局編、張燕編著『陝西薬王山碑刻芸術総集』第7巻、上海：上海辞書出版社、63頁。

図1-3-5：北魏正光4年（523）師氏七十一人造像碑西面「邑師段法昌」　陝西省考古研究院・陝西省銅川市薬王山管理局編、張燕編著『陝西薬王山碑刻芸術総集』第7巻、上海：上海辞書出版社、67頁。

図1-3-6：北魏孝昌3年（527）龐氏造像碑南面　李凇『中国道教美術史』第1巻、長沙：湖南美術出版社、244頁。

図1-3-7：北魏無紀年　夏侯僧□造像碑南面　陝西省考古研究院・陝西省銅川市薬王山管理局編、張燕編著『陝西薬王山碑刻芸術総集』第1巻、上海：上海辞書出版社、161頁。

図1-3-8：北魏無紀年　夏侯僧□造像碑北面　陝西省考古研究院・陝西省銅川市薬王山管理局編、張燕編著『陝西薬王山碑刻芸術総集』第1巻、上海：上海辞書出版社、162頁。

図1-3-9：北魏無紀年　呉洪標造像碑南面　陝西省考古研究院・陝西省銅川市薬王山管理局編、張燕編著『陝西薬王山碑刻芸術総集』第1巻、上海：上海辞書出版社、100頁。

図1-3-10：西魏大統元年（535）毛遐造像碑南面　陝西省考古研究院・陝西省銅川市薬王山管理局編、張燕編著『陝西薬王山碑刻芸術総集』第2巻、上海：上海辞書出版社、8頁。

図2-1-1：西秦建弘元年（420）または5年（424）大禅師曇摩毗等造像　李裕群主編『中国美術全集　石窟寺雕塑一』合肥：黄山書社、2010、134頁。

図2-1-2：西秦建弘元年（420）または5年（424）大禅師曇摩毗等造像（描き起こし図）　張宝璽「建弘題記及其有関問題的考釈」図4（『敦煌研究』1992-1）。

図２－１－３：北魏太和７年（483）雲岡石窟第11窟東壁上層南端　邑義信士女五十四人造像　李治国主編『中国石窟雕塑全集３　雲岡』重慶：重慶出版社、2001、図140。

図２－１－４：北魏永熙３年（534）水泉石窟　比丘尼仙造像　　劉景龍・趙会軍編著『偃師水泉石窟』北京：文物出版社、2006、図55。

図２－１－５：東魏天平２年（535）嵩陽寺碑碑陰　　河南博物院編・王景荃主編『河南仏教石刻造像』鄭州：大象出版社、2009、145頁。

図２－１－６：東魏天平２年（535）務聖寺造像碑碑陰　　中央研究院傅斯年図書館所蔵拓本（傅図登録号：10821）。

図２－１－７：東魏天平２年（535）務聖寺造像碑碑側　　中央研究院傅斯年図書館所蔵拓本（傅図登録号：10908）。

図２－１－８：西魏大統６年（540）巨始光造像碑碑陽　　中央研究院傅斯年図書館所蔵拓本（傅図登録号：10896－２）。

図２－１－９：北斉天保９（558）董黄頭七十人等造像碑碑陰　　筆者撮影。

図２－１－10：北周保定２年（562）陳海龍造像碑碑陽　　林樹中主編『中国美術全集　雕塑篇三』北京：人民美術出版社、1988、図139。

図２－１－11：北斉河清４年（565）玄極寺碑　　淑徳大学書学文化センター蔵拓、筆者撮影。

図２－２－１：北斉乾明元年（560）十二夢王石刻南面　劉建軍「『大方等陀羅尼経』的“十二夢王”石刻図像」『文物』2007-10　図１。

図２－２－２：北斉乾明元年（560）十二夢王石刻西面（描き起こし図）　劉建軍「『大方等陀羅尼経』的“十二夢王”石刻図像」『文物』2007-10　図７。

図２－２－３：北斉乾明元年（560）十二夢王石刻北面（描き起こし図）　劉建軍「『大方等陀羅尼経』的“十二夢王”石刻図像」『文物』2007-10　図８。

図２－２－４：北斉乾明元年（560）十二夢王石刻東面（描き起こし図）　劉建軍「『大方等陀羅尼経』的“十二夢王”石刻図像」『文物』2007-10　図９。

図２－２－５：北斉乾明元年（560）十二夢王石刻南面浮彫碑　　劉建軍「『大方等陀羅尼経』的“十二夢王”石刻図像」『文物』2007-10　図３。

図２－３－１：北斉天保４年（553）造像碑南面　　陶倩・陶富海「記一通北斉天保四年造像碑」（山西省考古学会・山西省考古研究所共編『山西省考古学会論文集　四』太原：山西人民出版社、2006）図１。

図２－３－２：北斉天保４年（553）造像碑西面　　陶倩・陶富海「記一通北斉天保四年造像碑」（山西省考古学会・山西省考古研究所共編『山西省考古学会論文集　四』太原：山西人民出版社、2006）図２。

図2-4-1：北斉河清２年（563）梁罷村邑子七十人等造像碑碑陽　　淑徳大学書学文化センター蔵拓、筆者撮影。

図2-4-2：北斉河清２年（563）梁罷村邑子七十人等造像碑碑陰　　淑徳大学書学文化センター蔵拓、筆者撮影。

図2-4-3：北斉河清２年（563）梁罷村邑子七十人等造像碑願文部分　　淑徳大学書学文化センター蔵拓、筆者撮影。

図2-5-1：東魏興和元年（539）造観世音像石窟銘　　筆者撮影。

図2-5-2：東魏興和元年（539）観世音像石窟外景　　筆者撮影。

図2-5-3：東魏興和元年（539）観世音像石窟内部　　筆者撮影。

図2-5-4：東魏武定８年（550）杜文雅造像碑『高王経』　中央研究院傅斯年図書館所蔵拓本（傅図登録号：11000-１）。

図2-5-5：山東省兗州市金口垻附近出土残石　　徐可然「兗州金口垻仏教碑刻研究」曲阜：曲阜師範大学修士学位論文、2012、27頁、図20。

図2-6-1：S. 0795『観世音仏名』部分　　方広錩・呉芳思主編『英国国家図書館蔵敦煌遺書』第13巻、桂林：広西師範大学出版社、2013、356頁。

図2-6-2：S. 0795『観世音仏名』巻末尾題　　方広錩・呉芳思主編『英国国家図書館蔵敦煌遺書』第13巻、桂林：広西師範大学出版社、2013、368頁。

図2-6-3：北響堂山石窟大業洞七仏・観世音菩薩名　　張林堂主編『響堂山石窟碑刻題記総録』弐、北京：外文出版社、2007、図94。

図2-6-4：北響堂山石窟大業洞弥勒仏名　　張林堂主編『響堂山石窟碑刻題記総録』弐、北京：外文出版社、2007、図98。

図2-6-5：北響堂山石窟大業洞の七仏・観音・弥勒像　　筆者撮影。

図2-6-6：八会寺刻経龕と石屋平面図　　劉建華［1995］（『文物』1995-５、80頁）の平面図をもとに筆者作成。

図2-7-1：北斉天保６年（555）無量寿像　　故宮博物院編・胡国強主編『你応該知道的200件曲陽造像』北京：紫禁城出版社、2009、65頁。

図2-7-2：北魏無紀年　山西省沁県南泉郷摩崖　　筆者撮影。

図2-7-3：北魏太和22年（498）肥如県比丘僧造像台座　　金申編著『海外及港台蔵歴代仏像：珍品紀年図鑑』太原：山西人民出版社、2007、427頁。

図2-7-4：北魏太和22年（498）呉道興造光世音像背面　　松原三郎『中国仏教彫刻史論』東京：吉川弘文館、1995、図版編１、89頁。

図2-7-5：北斉天保元年（550）阿弥陀像背面下部　　鄴城考古隊提供。

図2-7-6：北斉武平元年（570）舜禅師造阿弥陀像記　　中央研究院傅斯年図書館所蔵拓本（傅図登録号：10116）。

図2-7-7：北斉河清3年（564）邑義人造阿弥陀像記　　宮大中主編『中国書法全集　北朝造像題記二』北京：栄宝斎出版社、2010、456頁。

図2-7-8：北斉武平4年（573）臨淮王像碑　　中央研究院傅斯年図書館所蔵拓本（傅図登録号：03239）。